NomosPraxis

Dr. Thomas Krodel
Vorsitzender Richter am Bayerischen Landessozialgericht
Dr. Constantin Cantzler
Richter am Sozialgericht Nürnberg

Das sozialgerichtliche Eilverfahren

5. Auflage

Nomos

Zitiervorschlag: Krodel/Cantzler Sozialgerichtliches Eilverfahren

Die Deutsche Nationalbibliothek verzeichnet diese Publikation in der Deutschen Nationalbibliografie; detaillierte bibliografische Daten sind im Internet über http://dnb.d-nb.de abrufbar.

ISBN 978-3-8487-7624-5

5. Auflage 2022

Vorwort zur 5. Auflage

Nachdem seit der 4. Auflage des Handbuchs etwas Zeit vergangen ist, wurde die nunmehr vorliegende 5. Auflage des Handbuchs im Hinblick auf Gesetzeslage, Rechtsprechung und Literatur umfassend aktualisiert. Hierzu wurden insbesondere auch die praxisrelevanten Muster angepasst. Um dem Charakter des Handbuchs als reichhaltigem Nachschlagewerk für die Praxis auf wissenschaftlicher Grundlage weiter Rechnung zu tragen, wurden nicht nur einzelne Kapitel vertieft, wie zum Beispiel zum einstweiligen Rechtsschutz bei Unanfechtbarkeit des in der Hauptsache streitigen Verwaltungsakts oder zu den Rechtsbehelfen gegen die gerichtliche Eilentscheidung, sondern auch weitere Gliederungspunkte aufgenommen, zum Beispiel zur aufschiebenden Wirkung von Widerspruch und Klage im Bereich des Asylbewerberleistungsgesetzes oder zur vorläufigen Entscheidung gemäß § 41a SGB II.

Wegen des Europabezugs des einstweiligen Rechtsschutzes wird wieder auf die 1. und 2. Auflage, jeweils Rn. 358 ff., und wegen der Historie des sozialgerichtlichen einstweiligen Rechtsschutzes auf die 1. Auflage, Rn. 409 ff., verwiesen.

Mein herzlicher Dank gilt Herrn Dr. Thomas Krodel, der das vorliegende Werk begründet und bis zur 4. Auflage betreut hat und mir nunmehr die Fortführung anvertraut hat. Dank geht auch an Dr. Eva Feldbaum für die Mitarbeit an der Vorauflage sowie an die Lektorin RAin Charlotte Frickinger.

Juni 2022 *Constantin Cantzler*

Inhaltsverzeichnis

Abkürzungsverzeichnis

aA	anderer Ansicht
aaO	am angegebenen Ort
ABl.	Amtsblatt
abl.	ablehnend
Abs.	Absatz
abw.	abweichend
aE	am Ende
Alg II	Arbeitslosengeld II
allg.	allgemein
allgA	allgemeine Ansicht
ÄndG	Änderungsgesetz
AEVO	Arbeitserlaubnisverordnung
aF	alte Fassung
Ag(in)	Antragsgegner(in)
Alg	Arbeitslosengeld
ANBA	Amtliche Nachrichten der Bundesagentur für Arbeit
Anm.	Anmerkung
AO	Abgabenordnung
AöR	Archiv des öffentlichen Rechts
ARB	Assoziationsratsbeschluss
ARSP	Archiv für Rechts- und Sozialphilosophie
arg.e. c.	Umkehrschluss
Art.	Artikel
Ast(in)	Antragsteller(in)
AÜG	Arbeitnehmerüberlassungsgesetz
AufenthG	Aufenthaltsgesetz
Aufl.	Auflage
ausf.	ausführlich
ausdr.	ausdrücklich
aW	aufschiebende Wirkung
BA	Bundesagentur für Arbeit
BArbBl.	Bundesarbeitsblatt
BayLSG	Bayerisches Landessozialgericht
BayVBl.	Bayerische Verwaltungsblätter
BB	Der Betriebsberater (Zeitschrift)
Bd.	Band
BErzGG	Bundeserziehungsgeldgesetz
BFH	Bundesfinanzhof
BGB	Bürgerliches Gesetzbuch
BGBl.	Bundesgesetzblatt
BGH	Bundesgerichtshof
BRAGO	Bundesrechtsanwaltsgebührenordnung
Breithaupt	Breithaupt, Entscheidungssammlung aus dem Sozialrecht
BSG	Bundessozialgericht
BSHG	Bundessozialhilfegesetz
Bsp.	Beispiel

bspw.	beispielsweise
BT-Drs.	Bundestags-Drucksache
BVerfG	Bundesverfassungsgericht
BVG	Bundesversorgungsgesetz
BVerwG	Bundesverwaltungsgericht
bzgl.	bezüglich
bzw.	beziehungsweise
DAngVers	Deutsche Angestelltenversicherung
dh	das heißt
ders.	derselbe
DöV	Die öffentliche Verwaltung
DVBl.	Deutsche Verwaltungsblätter
eAO	einstweilige Anordnung
EG	Europäische Gemeinschaft
EGV	EG-Vertrag
ER	Einstweiliger Rechtsschutz
EU	Europäische Union
EuGH	Europäischer Gerichtshof
EZB	Europäische Zentralbank
FamRZ	Zeitschrift für Familienrecht
ff.	folgende
FGO	Finanzgerichtsordnung
Fn.	Fußnote
GdB	Grad der Behinderung
gem.	gemäß
GewArch	Gewerbearchiv (Zeitschrift)
ggf.	gegebenenfalls
ghM	ganz herrschende Meinung
GKG	Gerichtskostengesetz
GK-SGB	Gemeinschaftskommentar – SGB
GKV	Gesetzliche Krankenversicherung
GVG	Gerichtsverfassungsgesetz
HLU	Hilfe zum Lebensunterhalt
hM	herrschende Meinung
Hs.	Halbsatz
idF	in der Fassung
idR	in der Regel
iE	im Einzelnen
iErg	im Ergebnis
insbes.	insbesondere
iR	im Rahmen
iSd	im Sinne des
iSv	im Sinne von
iSe	im Sinne einer
iVm	in Verbindung mit
iwS	im weiteren Sinn
JuS	Juristische Schulung (Zeitschrift)
KK	Krankenkasse

krit.	kritisch
KV	Kassenärztliche Vereinigung
Ls.	Leitsatz/-sätze
LSG	Landessozialgericht
LVA	Landesversicherungsanstalt
mablAnm	mit ablehnender Anmerkung
MDR	Monatsschrift für Deutsches Recht
ML/K/L	Meyer-Ladewig/Keller/Leitherer
mW	mit Wirkung
mwN	mit weiteren Nachweisen
mWv	mit Wirkung vom
nF	neue Fassung
NJW	Neue Juristische Wochenschrift
NVwZ	Neue Zeitschrift für Verwaltungsrecht
NVwZ-RR	Neue Zeitschrift für Verwaltungsrecht – Rechtsprechungsreport
NW	Nordrhein-Westfalen
NZA	Neue Zeitschrift für Arbeitsrecht
NZS	Neue Zeitschrift für Sozialrecht
OLG	Oberlandesgericht
Os.	Orientierungssatz
OVG	Oberverwaltungsgericht
PKH	Prozesskostenhilfe
Rn.	Randnummer
RP	Rheinland-Pfalz
RSAV	Risikostrukturausgleichsverordnung
Rspr.	Rechtsprechung
RVG	Rechtsanwaltsvergütungsgesetz
RVO	Reichsversicherungsverordnung
s.	siehe
s. a.	siehe auch
S.	Satz/Seite
SG	Sozialgericht
SGb	Die Sozialgerichtsbarkeit
SGB	Sozialgesetzbuch
SGG	Sozialgerichtsgesetz
SH	Schleswig-Holstein
SK	Streitwertkatalog 2012
sog.	sogenannt
SozSich	Soziale Sicherheit (Zeitschrift)
str.	streitig
stRspr	ständige/r Rechtsprechung
SozR	Urteilssammlung aus dem Sozialrecht
SozVers	Die Sozialversicherung (Zeitschrift)
u.a.	unter anderem
usw	und so weiter
VA	Verwaltungsakt
VerwArch	Verwaltungsarchiv (Zeitschrift)
VfO	Verfahrensordnung

VGH	Verwaltungsgerichtshof
vgl.	vergleiche
VO	Verordnung
VV	Vergütungsverzeichnis zum RVG
VwGO	Verwaltungsgerichtsordnung
VwVfG	Verwaltungsverfahrensgesetz
WzS	Wege zur Sozialversicherung (Zeitschrift)
zB	zum Beispiel
ZfS	Zentralblatt für Sozialversicherung, Sozialhilfe und Versorgung
ZfSH/SGB	Zeitschrift für Sozialhilfe und Sozialgesetzbuch
ZPO	Zivilprozessordnung
zust.	zustimmend
zutr.	zutreffend

Literaturverzeichnis

Alexy, Theorie der Grundrechte, 1985

Anders/Anders, Quod erat demonstrandum oder Beweislastumkehr im sozialgerichtlichen Verfahren, SGb 2000, 454

Anders/Gehle, ZPO, Kommentar, 80. Aufl. 2022 (zit.: Anders/Gehle)

Barton, Vorläufiger Rechtsschutz gegen den Erstattungsbescheid aufgrund der 59-er Regelung, NZA 1985, 721

Bartlsperger, Das Abwägungsgebot in der Verwaltung als objektives und individualrechtliches Erfordernis konkreter Verhältnismäßigkeit, in: Erbguth, Oebbecke u.a. (Hrsg.), Abwägung im Recht, Symposium und Verabschiedung von Werner Hoppe am 30. Juni 1995 in Münster aus Anlass seiner Emeritierung, 1996, 79

Bauer/Diller/Schuster, Das Korrekturgesetz zur „Scheinselbständigkeit", NZA 1999, 1297 ff.

Bender/Nack, Vom Umgang der Juristen mit der Wahrscheinlichkeit, in Festschrift aus Anlass des 10jährigen Bestsehens der deutschen Richterakademie in Trier 1983, 263

Behn, Verschärfte Bedürftigkeitsprüfung bei der Arbeitslosenhilfe, ZfS 1994, 161 ff.

Berchtold, Sozialgerichtsgesetz Handkommentar, 6. Aufl. 2021 (zit.: HK-SGG)

Berchtold/Richter, Prozesse in Sozialsachen, 2. Aufl. 2016 (zit.: PHdB-SozS)

Berlit, Vorläufiger gerichtlicher Rechtsschutz im Leistungsrecht der Grundsicherung für Arbeitsuchende – ein Überblick, info also 2005, 3

Bernsdorff, Vorläufiger Rechtsschutz im Sozialgerichtsprozess – Eine Bewertung der Entwürfe eines Sechsten SGG-ÄndG, SGb 2001, 465

Bettermann, Sofortiger Vollzug und Erfolgsaussichten der Anfechtung, DVBl 1976, 64

Bickel, Vorläufiger Rechtsschutz und materielles Verwaltungsrecht, DöV 1983, 49

Bieritz-Harder/Conradis/Thie, Sozialgesetzbuch XII Sozialhilfe Lehr- und Praxiskommentar, 12. Aufl. 2020 (zit.: LPK-SGB XII)

Brand, Sozialgesetzbuch Arbeitsförderung – SGB III –, Kommentar, 9. Aufl. 2021 (zit.: Brand)

Brandt, Der vorläufige Rechtsschutz gegen das Handeln der Eingriffsverwaltung im sozialgerichtlichen Verfahren, NZA 1985, 726

Bühs, Abänderung einer einstweiligen Anordnung vor dem Sozialgericht, ZFSH SGB 2017, 680

Burkholz, Der Untersuchungsgrundsatz im verwaltungsgerichtlichen Eilverfahren – Eine Untersuchung über die Bedeutung des § 920 ZPO im Verwaltungsprozess, 1988

Burkiczak, BVerfG stellt klar – Summarische Prüfung auch im Eilverfahren wegen Grundsicherungsleistungen zulässig, SGb 2015, 151

Busch, Nochmals: Vorläufiger Rechtsschutz und materielles Verwaltungsrecht, DöV 1983, 623

Cantzler, Asylbewerberleistungsgesetz, Handkommentar, 1. Aufl. 2019 (zit.: HK-AsylbLG)

Christen, Der Zugang zum deutschen Arbeitsmarkt nach der EU-Erweiterung, BArbBl 2004, 4 ff.

Dau, Merkzeichen „G" und Menschenwürde – einstweilige Regelung im Feststellungsverfahren, jurisPR-SozR 3/2013 Anm. 3, jurisPR-MedizinR 3/2013 Anm. 5

Diekmann/Schulenburg, Europarecht als vorrangiger Prüfungsmaßstab im einstweiligen Rechtsschutzverfahren, NZS 2003, 518 ff.

Druey, Interessenabwägung – Eine Methode? In: Beiträge zur Methode des Rechts, St. Gallen Festgabe zum Schweizerischen Juristentag 1981 (Hrsg. Jur. Abteilung der Hochschule St. Gallen für Wirtschafts- und Sozialwissenschaften und dem St. Gallischen Juristenverein), 131

Duden, Band 10: Bedeutungswörterbuch, 2. Aufl. 1985

Dünn/Rüb, Die Neuregelung der bedarfsorientierten Grundsicherung im Alter und bei Erwerbsminderung zum 1. Januar 2005, Deutsche Rentenversicherung 2005, 614

Dürig/Herzog/Scholz, Grundgesetz, Kommentar, Stand Juli 2021 (zit.: Dürig/Herzog/Scholz)

Dürr, Das öffentliche Baunachbarrecht, DöV 1994, 841 ff.

Ebsen, Gesetzesbindung und „Richtigkeit“ der Entscheidung. Eine Untersuchung zur juristischen Methodenlehre, 1974

Eicher/Luik/Harich, SGB II Grundsicherung für Arbeitsuchende, Kommentar, 5. Aufl. 2021 (zit.: Eicher/Luik/Harich)

Enderlein, Abwägung in Recht und Moral, Dissertation, Alber-Reihe Praktische Philosophie, Band 42, 1992

Erichsen/Klenke, Rechtsfragen der „aufschiebenden Wirkung“ des § 80 VwGO, DöV 1976, 833

Eyermann, Verwaltungsgerichtsordnung, Kommentar, 15. Aufl. 2019 (zit.: Eyermann)

Faude, §§ 128 AFG, 1395 b RVO: „Verfassungskonforme“ Auslegung verfassungswidriger Normen der Eingriffsverwaltung, BB 1985, 1002

Fichte/Jüttner, SGG Sozialgerichtsgesetz, Kommentar, 3. Aufl. 2020 (zit.: Fichte/Jüttner)

Fichtner, Bundessozialhilfegesetz, 1. Aufl. 1999 (zit.: Fichtner)

Finkelnburg/Jank, Vorläufiger Rechtsschutz im Verwaltungsstreitverfahren, 4. Aufl. 1998 (zit.: Finkelnburg/Jank VorlRS)

Finkelnburg/Dombert/Külpmann, Vorläufiger Rechtsschutz im Verwaltungsstreitverfahren, 7. Aufl. 2017 (zit.: Finkelnburg/Dombert/Külpmann VorlRS)

Foerste, Verdeckte Rechtsfortbildung in der Zivilgerichtsbarkeit, JZ 2007, 122

Freitag, Die einstweilige Anordnung im Sozialgerichtsverfahren bei self-executing Normen, SGb 1979, 7

Freudenberg, Einstweiliger Rechtsschutz gegen Betriebsprüfungsbescheide, B+P 2020, 422

Fritz, Anmerkung zum Beschluss des Bundesverfassungsgerichts vom 28. März 1985, SozVers 1985, 302

Gagel, SGB II/SGB III Grundsicherung und Arbeitsförderung, Kommentar, Stand Dezember 2021 (zit.: Gagel)

Gagel, Trägerübergreifende Fallbehandlung statt Antragsabwicklung als Grundprinzip des SGB IX, SGb 2004, 464

Gern, Güterabwägung als Auslegungsprinzip des öffentlichen Rechts, DöV 1986, 462

Gerold/Schmidt, Rechtsanwaltsvergütungsgesetz, Kommentar, 25. Aufl. 2021 (zit.: Gerold/Schmidt)

Grube/Wahrendorf/Flint, SGB XII Sozialhilfe mit Eingliederungshilfe (SGB IX Teil 2) und Asylbewerberleistungsgesetz, Kommentar, 7. Aufl. 2020 (zit.: Grube/Wahrendorf/Flint)

Grunsky, Der einstweilige Rechtsschutz im öffentlichen Recht, JuS 1977, 217

Günther, Einstweiliger Rechtsschutz im Vorfeld der Beförderung, NVwZ 1986, 697 ff.

Guckelberger, Zulässigkeit und Anfechtbarkeit verwaltungsgerichtlicher Hängebeschlüsse, NVwZ 2001, 275 ff.

Guthardt, Der Anspruch auf Anordnung der sofortigen Vollziehung eines Verwaltungsakts mit Drittwirkung, DVBl 1972, 567

Häfelin, Bindung des Richters an den Wortlaut des Gesetzes in Festschrift für Cyril Hegenauer zum 65. Geburtstag, Hrsg. Riemer, Walder, Hans u.a., 1986 (zit.: Häfelin FS Cyril, 1986, 111)

Hassemer, Gesetzesbindung und Methodenlehre, ZRP 2007, 214

Hauck/Noftz, SGB I – XII, Kommentar, 2019 (zit.: Hauck/Noftz)

Heberlein, Zur Beschwerdebefugnis bei Anordnung der sofortigen Vollziehung (§ 97 Abs. 3 SGG), SGb 1985, 412

Heinz, Die Bedeutung des Prozessrechts für das materielle Sozialrecht im Wandel der letzten 100 Jahre, SGb 1984, 390

Heinze, Einstweiliger Rechtsschutz im sozialgerichtlichen Verfahren, NZA 1984, 305

Heinze, Einstweiliger und vorläufiger Rechtsschutz in Streitfällen des Arbeits-, Sozial- und Wirtschaftsrechts in Festschrift für Zeuner, Hrsg. Bettermann u.a., 1994 (zit.: Heinze FS Zeuner, 1994, 369)

Heinze, Internationaler einstweiliger Rechtsschutz, RIW 2003, 922

Henne, Gebührenbestimmung im einstweiligen Rechtsschutz, ASR 2020, 14

Herold-Tews/Merkel, Der Sozialgerichtsprozess, 7. Aufl. 2017 (zit.: Herold-Tews/Merkel Sozialgerichtsprozess)

Herzberg, Kritik der teleologischen Gesetzesauslegung, NJW 1990, 2525

Huba, Grundfälle zum vorläufigen Rechtsschutz nach der VwGO, JuS 1990, 384

Hubmann, Wertung und Abwägung im Recht, 1977

Hufen, Verwaltungsprozessrecht, 12. Aufl. 2021 (zit.: Hufen VerwProzR)

Hummel, Unbegrenzte Vorlage von Kontoauszügen?, info also 2001, 131

Husmann, Der ungeregelte vorläufige Rechtsschutz in sozialgerichtlichen Anfechtungssachen, SGb 1987, 442

Huster, Kellndorfer, Die aufschiebende Wirkung bei Widersprüchen, SozVers 1983, 113

Iglesias, Der EuGH und die Gerichte der Mitgliedstaaten – Komponenten der richterlichen Gewalt in der Europäischen Union, NJW 2000, 1889

Jahn, Anordnung sofortiger Vollziehung von Verwaltungsakten bereits vor Rechtsbehelfseinlegung, BayVBl. 1988, 552

Jakobs, Der Grundsatz der Verhältnismäßigkeit – Mit einer exemplarischen Darstellung seiner Geltung im Atomrecht, Osnabrücker rechtswissenschaftliche Abhandlungen Band 3, 1985

Jansen, Die Struktur rationaler Abwägungen, in: Ethische und strukturelle Herausforderungen des Rechts 1997, 152–168, ARSP, Beiheft 66, 152

Kakeldey, Anm. zum Beschluss des LSG Nordrhein-Westfalen vom 19.12.1996, SGb 1998, 284

Klerks, Darlegung des Verbrauchs von Vermögen, info also 2015, 135

Klerks, Vorläufiger gerichtlicher Rechtsschutz bei Streitigkeiten über Unterkunftskosten, info also 2014, 195

Klier, Höhe der gesetzlichen Gebühren im Sozialrecht nach § 3 Rechtsanwaltsvergütungsgesetz, NZS 2004, 469

Knispel, Auswirkungen der Neuregelung der Rechtsbeziehungen der Krankenkassen und ihrer Verbände zu den Leistungserbringern durch das GKV-Gesundheitsreformgesetz 2000, NZS 2001, 466

Koch, Die normtheoretische Basis der Abwägung, in: Erbguth, Oebbecke u.a. (Hrsg.), Abwägung im Recht, Symposium und Verabschiedung von Werner Hoppe am 30. Juni 1995 in Münster aus Anlass seiner Emeritierung, 1996

Koch/Rüssmann, Juristische Begründungslehre, Eine Einführung in Grundprobleme der Rechtswissenschaft, Schriftenreihe der Juristischen Schulung Heft 22, 1982

Köhler, Überblick über die Neuregelungen des einstweiligen Rechtsschutzes im sozialgerichtlichen Verfahren, WzS 2004, 65

Körner/Leitherer/Mutschler, Kasseler Kommentar zum Sozialversicherungsrecht, Stand Dezember 2021 (zit.: KassKomm)

Kopp, Besprechung von Martens, Suspensiveffekt, Sofortvollzug und vorläufiger gerichtlicher Rechtsschutz bei atomrechtlichen Genehmigungen, DVBl 1985, 420

Kopp, Besprechung von Schoch, Vorläufiger Rechtsschutz und Risikoverteilung im Verwaltungsrecht, 1988, AöR 114, 510

Kopp/Schenke, VwGO, 27. Aufl. 2021 (zit.: Kopp/Schenke)

Korenke, Das neue SGB II: Grundsicherung für Arbeitssuchende (Hartz IV), SGb 2004, 525

Krahmer/Trenk-Hinterberger, Sozialgesetzbuch I Allgemeiner Teil Lehr- und Praxiskommentar, 4. Aufl. 2020 (zit.: LPK-SGB I)

Krasney/Udsching, Handbuch des sozialgerichtlichen Verfahrens, 7. Aufl. 2016 (zit.: Krasney/Udsching SGVerf-HdB)

Krodel, Das Gerichtsstandswahlrecht des Klägers nach § 372 SGB III, NZS 2000, 495

Krodel, Der sozialgerichtliche einstweilige Rechtsschutz in Anfechtungssachen – dargestellt am Beispiel des sog. Werkvertragsausschlussverfahrens –, NZS 2001, 449

Krodel, Die neue Regelung des sozialgerichtlichen einstweiligen Rechtsschutzes in Vornahmesachen, NZS 2002, 180

Krodel, Die Begründetheit des Antrags auf Erlass einer einstweiligen Anordnung, NZS 2002, 234

Krodel, Maßstab der Eilentscheidung und Existenzsicherung, NZS 2006, 637 ff.

Krodel, Sozialgerichtliche Eilverfahren und Existenzsicherung, Beispiele aus der Rechtsprechung, NZS 2007, 20 ff.

Krodel, Die sozialgerichtliche Eilentscheidung zwischen Subsumtion und Abwägung, NZS 2009, 18 ff.

Krodel, Das sozialgerichtliche Eilverfahren, 3. Aufl. 2012

Krodel, Eilrechtsschutz in der sozialgerichtlichen und anwaltlichen Praxis – hier Regelungsanordnung, NZS 2014, 653

Krodel, Eilrechtsschutz in der sozialgerichtlichen und anwaltlichen Praxis – hier Anfechtungssachen, NZS 2014, 681

Krodel, Sozialgerichtlicher Eilrechtsschutz – hier: Anwendungsbereiche der Anordnung und Feststellung der aufschiebenden Wirkung, NZS 2015, 244

Kuhla/Hüttenbrink, Der Verwaltungsprozess, 3. Aufl. 2002 (zit.: Kuhla/Hüttenbrink Verwaltungsprozess)

Kummer, Das sechste Gesetz zur Änderung des Sozialgerichtsgesetzes, SGb 2001, 705

Kummer, Jahrbuch des Sozialrechts 1999, 384

Kummer, Das Sechste Gesetz zur Änderung des Sozialgerichtsgesetzes, SGb 2001, 705

Kunkel, Sanktionen bei Verletzung des Sozialdatenschutzes, ZfSH/SGB 1990, 337

Larenz, Methodenlehre der Rechtswissenschaft, 6. Aufl. 1991 (zit.: Larenz Methodenlehre)

Leipold, Grundlagen des einstweiligen Rechtsschutzes, 1971

Leisner, Der Abwägungsstaat – Verhältnismäßigkeit als Gerechtigkeit?, 1997

Leisner, „Abwägung überall" – Gefahr für den Rechtsstaat, NJW 1997, 636

Leitherer, Aktuelle Probleme des sozialgerichtlichen Verfahrens, NZS 2007, 225

Leitherer, Gesetz zur Änderung des Sozialgerichtsgesetzes und des Arbeitsgerichtsgesetzes – Änderungen des SGG, NJW 2008, 1258

Lemmer, Die einstweilige Anordnung im Sozialgerichtsverfahren, 1982

Loytved, Die sozialrichterliche Vorlage zum Gerichtshof der Europäischen Gemeinschaften, SGb 2001, 1

Lüke, Vorläufiger Rechtsschutz bei Verwaltungsakten mit Drittwirkung, NJW 1978, 81

MacCormick. Legal Reasoning and Legal Theory, 1978

Marschner, Vorläufige Entscheidungen über Leistungen nach dem Arbeitsförderungsgesetz, ZfSH/SGB 1995, 178

Mastronardi, Juristisches Denken, 2. Aufl. 2003

Merold, Das sozialgerichtliche Eilverfahren unter besonderer Berücksichtigung der Bedarfe nach § 22 SGB II, ASR 2016, 184

Meyer-Ladewig/Keller/Leitherer/Schmidt, Sozialgerichtsgesetz, 13. Aufl. 2020 (zit.: MKLS)

Müller, Juristische Methodik, 3. Aufl. 1989

Münder/Geiger, Sozialgesetzbuch II Grundsicherung für Arbeitsuchende Lehr- und Praxiskommentar, 7. Aufl. 2021 (zit.: LPK-SGB II)

Münder, Das SGB II – Die Grundsicherung für Arbeitsuchende, NJW 2004, 3209

Mutius von, Zum Suspensiveffekt „unzulässiger" Rechtsbehelfe, VerwArch 66 (1975), 405

Niemann, Der Umfang der Bestandsschutzregelung des Artikel 10 Einführungsgesetz Psychotherapeutengesetz (PsychThG), NZS 2003, 16

Oldenburger, Anordnung der aufschiebenden Wirkung bei auf grob fahrlässig unrichtigen Honorarabrechnungen gestützten Rückforderungsbescheiden, jurisPR-MedizinR 3/2013 Anm. 5

Orru, Das Problem des Richterrechts als Rechtsquelle, ZRP 1989, 441

Ossenbühl, Abwägung im Verfassungsrecht, in Abwägung im Recht, in Erbguth, Oebbecke u.a. (Hrsg.), Abwägung im Recht, Symposium und Verabschiedung von Werner Hoppe am 30. Juni 1995 in Münster aus Anlass seiner Emeritierung, 1996, 25

Papier, Rechtliche Bindung und gerichtliche Kontrolle planender Verwaltung im Bereich des Bodenrechts, NJW 1977, 1714 ff.

Park, Rechtsfindung im Verwaltungsrecht, Grundlegung einer Prinzipientheorie des Verwaltungsrechts als Methode der Verwaltungsrechtsdogmatik, 1999

Pawlowski, Methodenlehre für Juristen, Theorie der Norm und des Gesetzes, 3. Aufl. 1999

Peters/Sautter/Wolff, Kommentar zur Sozialgerichtsbarkeit, Band 2, 4. Aufl., Stand September 2021 (zit.: Peters/Sautter/Wolff Sozialgerichtsbarkeit)

Philipp, Besonderheiten des verwaltungsgerichtlichen Verfahrens in sozialrechtlichen Streitigkeiten, BayVBl. 1989, 387

Plagemann, Vorläufiger Rechtsschutz im Verfahren vor den Sozialgerichten, 1979

Podlech, Wertungen und Werte im Recht, AöR 95, 185

Pohlendt, Verfahrensrechtliche Probleme des vorläufigen Rechtsschutzes im sozialgerichtlichen Verfahren, SozVers 1982, 57

Redeker/Kothe/von Nicolai, Verwaltungsgerichtsordnung, Kommentar, 17. Aufl. 2022 (zit.: Redeker/von Oertzen)

Renck, Ernstliche Zweifel an der Rechtmäßigkeit des angefochtenen Verwaltungsakts, NVwZ 1992, 338

Renner, Zur gerichtlichen Aussetzung des Sofortvollzugs im Verwaltungsprozess, MDR 1979, 887

Ruffert, Suspensiveffekt und Wirtschaftsstandort Deutschland: Vorläufiger Rechtsschutz nach dem 6. VwGOÄndG, NVwZ 1997, 654

Ruland, Sozialhilfe als Grundsicherung, NJW 2000, 3257

Rüthers, Geleugneter Richterstaat und vernebelte Richtermacht, NJW 2005, 2759

Rüthers, Methodenrealismus in Jurisprudenz und Justiz, JZ 2006, 53

Schilken, Abwägung im Verfahrensrecht, insbesondere im Zivilprozessrecht, in: Erbguth, Oebbecke u.a. (Hrsg.), Abwägung im Recht, Symposium und Verabschiedung von Werner Hoppe am 30. Juni 1995 in Münster aus Anlass seiner Emeritierung, 1996, 55

Schlarmann/Buchner, Auswirkungen des Sechsten SGG-Änderungsgesetzes auf vertragsärztliche, krankenhausrechtliche und sonstige Streitigkeiten aus dem SGB V, NJW 2002, 644

Schlegel/Voelzke, juris PraxisKommentar SGB Sozialgesetzbuch I – XIV (zit.: jurisPK-SGB …)

Schlegel/Voelzke, juris PraxisKommentar SGG Sozialgerichtgesetz (zit.: jurisPK-SGG)

Schlehofer, Juristische Methodologie und Methodik der Fallbearbeitung, JuS 1992, 572

Schmaltz, Probleme des vorläufigen Rechtsschutzes im Baunachbarrecht, DVBl 1992, 230

Schmidt, Vorläufiger Rechtsschutz im sozialgerichtlichen Verfahren, SGb 1980, 510

Schmidt-De Caluwe, Vorläufige Verwaltungsakte im Arbeitsförderungsrecht, NZS 2001, 240

Schnapp, Anm. zur Entscheidung des Bundesverfassungsgerichts vom 19.10.1977, SGb 1978, 343

Schoch, Friedrich, Der vorläufige Rechtsschutz im 4. VwGO-Änderungsgesetz, NVwZ 1991, 1121

Schoch, Suspensiveffekt unzulässiger Rechtsbehelfe nach § 80 I VwGO?, BayVBl. 1983, 358

Schoch/Schneider, Verwaltungsrecht VwGO Kommentar Band I und II, Stand Juli 2021 (zit.: Schoch/Schneider)

Schoch, Vorläufiger Rechtsschutz und Risikoverteilung im Verwaltungsrecht, 1988
Schultze, Die sofortige Vollziehung der Entscheidung über die Entziehung der kassenärztlichen Zulassung, SGb 1980, 386
Schütze, SGB X Sozialverwaltungsverfahren und Sozialdatenschutz, Kommentar, 9. Aufl. 2020 (zit.: Schütze)
Schweiger, Die Verwaltungspraxis der „vorläufigen Sperrzeit“, NZS 2015, 810
Siebold, SGB II – Zum Vorliegen eines Anordnungsgrundes im Hinblick auf Bedarfe für Unterkunft und Heizung, ASR 2015, 109
Sieckmann, Rechtsregeln und Rechtsprinzipien, ARSP Beiheft 25 (1985), 13 ff.
Sieckmann, Regelmodelle und Prinzipienmodelle des Rechtssystems, Studien zur Rechtsphilosophie und Rechtstheorie Band I, 1990
Sieckmann, Zur Abwägungsfähigkeit von Prinzipien, ARSP Beiheft Nr. 53 Praktische Vernunft und Rechtsanwendung, 1991, 205
Sieckmann, Semantischer Normbegriff und Normbegründung, ARSP 80 (1994), 227
Sieckmann, Abwägung von Rechten, ARSP 81 (1995), 164
Sieckmann, Zur Begründung von Abwägungsurteilen, Rechtstheorie 26 (1995), 45
Sieckmann, Autonome Abwägung, ARSP 90 (2004), 66
Siegfried, System des vorläufigen Rechtsschutzes bei sozialrechtlichen Streitigkeiten, SGB 1989, S. 555
Simon, Die Unabhängigkeit des Richters 1975
Skouris, Anm. zu OVG Münster, Beschluss vom 18.7.1974 – XII B 422/74, DVBl 1975, 920
Spellbrink, Einstweiliger Rechtsschutz in Grundstreitigkeiten nach dem SGB II, Sozialrecht aktuell 2007, 1
Spiolek, Einstweiliger Rechtsschutz im sozialgerichtlichen Verfahren, ZFSH/SGB 2001, 80
Steinwedel, Anm. zu LSG Saarland, Beschluss vom 28.2.1990 – L 2 K 3/89, SGb 1991, 115
Stelkens/Bonk/Sachs, Verwaltungsverfahrensgesetz, Kommentar, 9. Aufl. 2018 (zit.: Stelkens/Bonk/Sachs)
Stern, Der einstweilige Rechtsschutz im Verwaltungsprozess, JuS 1981, 343
Struck, Interessenabwägung als Methode, in Dogmatik und Methode, 1975, Josef Esser zum 65. Geburtstag (Hrsg. Dubischar, Folkers u.a.), 171
Stück, Subsumtion und Abwägung, ARSP 1998 (84), 405
Thran, Leistungsverfügung und Sozialhilfe, FamRZ 93, 1403
Tiedemann, Vorläufiger Rechtsschutz gegen die Vollziehung nicht vollziehbarer Verwaltungsakte, MDR 1979, 717
Timme, Der einstweilige Rechtsschutz in der Rechtsprechung der Landessozialgerichte, NZS 1992, 91
Timme, Neuregelungen im SGG und in der ZPO, NZS 2004, 292
Unger, Einstweiliger Rechtsschutz in außerbetrieblichen beruflichen Rehabilitationsverhältnissen, SGb 1985, 226
Vogl, Die Bedeutung der Anträge auf Vollziehungsaussetzung und Wiederherstellung der aufschiebenden Wirkung, NVwZ 2018, 1448
Vogg, Einstweilige Feststellungsverfügung?, NJW 1993, 1357
Wahrendorf, Das sozialgerichtliche Eilverfahren – dargestellt an Fällen des SGB II, XII und des AsylbLG, Sozialrecht aktuell 2013, 225
Wenner, Neues zum Kostenrecht und beim einstweiligen Rechtsschutz, SozSich 2001, 422
Wenner, Gerichte dürfen den Rechtsschutz nicht verweigern, SozSich 2016, 44
Wenzel, Zur einstweiligen Verfügung im Arbeitskampf-, Vertrags- und Betriebsverfassungsrecht, NZA 1984, 112

Wenzel, Die Bindung des Richters an Gesetz und Recht, NJW 2008, 345

Windoffer, Die Klärungsbedürftigkeit und -fähigkeit von Rechtsfragen im verwaltungsgerichtlichen Verfahren des einstweiligen Rechtsschutzes, 2005

Wündrich, Vorläufiger Rechtsschutz im sozialgerichtlichen Verfahren im Bereich des SGB II (Teil II), SGb 2009, 267

Wolber, Aufschiebende Wirkung der Klage bei Entzug einer laufenden Leistung in der Sozialversicherung, SGb 1975, 438

Zeihe, Anm. zum Beschluss des LSG Baden-Württemberg vom 24.6.1981, SGb 1982, 365

Zippelius, Rechtsphilosophische Aspekte der Rechtsfindung, JZ 1976, 150

Zippelius, Über die rationale Strukturierung rechtlicher Erwägungen, JZ 1999, 112

Zöller, Zivilprozessordnung, Kommentar, 34. Aufl. 2022 (zit.: Zöller)

Inhaltsverzeichnis der Checklisten, Muster und Orientierungshinweise

Muster Antrag/Beschluss Vornahmesachen

Sonstige Übersichten

A. Formelle Fragen der Eilentscheidung

1 Damit das Gericht in der Sache entscheiden kann, müssen auch in dem im Verhältnis zum Hauptsacheverfahren selbstständigen[1] einstweiligen Rechtsschutzverfahren die **allgemeinen Prozessvoraussetzungen** vorliegen. Für die allgemeinen Sachentscheidungsvoraussetzungen gelten im Eilverfahren dieselben Grundsätze wie im Hauptsacheverfahren. Auch hier muss also die deutsche Gerichtsbarkeit gegeben sein, die Beteiligten müssen partei- (§ 70 SGG) und prozessfähig sein (§ 71 SGG) usw.

Beispiel: Zur **Bestellung eines besonderen Vertreters** für einen prozessunfähigen Beteiligten **nach § 72 Abs. 1 SGG** im Verfahren des einstweiligen Rechtsschutzes.[2]

2 Im Folgenden werden die Prozessvoraussetzungen nur angesprochen, soweit sich für das einstweilige Rechtsschutzverfahren Besonderheiten ergeben.[3] Ferner sind als formelle Fragen darzustellen das Antragserfordernis, die Anhörung der Beteiligten, die mündliche Verhandlung und die Rechtsbehelfe gegen die gerichtliche Eilentscheidung.

I. Ordnungsgemäßer Antrag

3 Einstweiliger Rechtsschutz kann nur auf Antrag gewährt werden, vgl. § 86b Abs. 1 S. 1, Abs. 2 S. 1 SGG. Das gilt trotz Fehlens einer entsprechenden Regelung in § 86b Abs. 2 S. 2 SGG auch für die Regelungsanordnung.[4] Der Antrag ist nicht an **Fristen** gebunden.[5] Ob bei einem längeren Zuwarten des Antragstellers der Eilantrag noch erfolgreich sein kann, ist eine Frage des Rechtsschutzbedürfnisses bzw. der Eilbedürftigkeit. Der Antrag muss der **Form** nach schriftlich gestellt werden (zu der seit dem 1.1.2022 bestehenden Pflicht für Rechtsanwälte, Behörden, juristische Personen des öffentlichen Rechts und nach dem SGG vertretungsberechtigte Personen, Anträge als elektronische Dokumente an das Gericht zu übermitteln, vgl. § 65d SGG). Er ist auch per Fax oder zur Niederschrift des Gerichts (§ 86b Abs. 2 S. 4 SGG, § 920 Abs. 3 ZPO) zulässig. Der Antrag ist sowohl in Anfechtungs- als auch in Vornahmesachen schon **vor Klageerhebung** zulässig, § 86b Abs. 3 SGG, in Anfechtungssachen sogar schon vor Einlegung eines Widerspruchs.[6] In Anfechtungssachen setzt eine stattgebende Eilentscheidung jedoch die Einlegung des Rechtsbehelfs, dessen aufschiebende Wirkung angeordnet werden soll, zumindest bis zum Zeitpunkt der gerichtlichen Eilentscheidung voraus;[7] ein nicht existenter Rechtsbehelf kann keine aufschiebende Wirkung entfalten. Der Antrag ist ggf. auszulegen oder umzudeuten.[8] Im Zweifel ist zu fragen, was ein verständiger Antragsteller begehren würde (§ 123 SGG analog; s. a. → Rn. 8, 328).

4 **Beispiele:**

- Die **Auslegung** oder auch die **Umdeutung** eines Antrags auf Erlass einer einstweiligen Anordnung nach § 86b Abs. 2 SGG in einen Antrag auf Gewährung vorläufigen Rechtsschutzes nach § 86b Abs. 1 SGG ist zulässig und kann zur Gewährung effektiven Rechtsschutzes geboten sein.[9] Der Antrag auf Erlass einer einstweiligen Anordnung nach § 86b Abs. 2 SGG kann

1 Vgl. LSG NRW 19.9.2007 – L 7 B 183/07 AS ER; LSG Nds-Brem 15.11.2004 – L 4 B 23/04 KR.
2 BVerfG 16.8.2017 – 1 BvR 1547/17 und 1 BvR 1584/17.
3 Allg. zu den Prozessvoraussetzungen, die auch für das ER-Verfahren gelten MKLS/Keller SGG Vor § 51 Rn. 15.
4 Vgl. zu § 123 Abs. 1 S. 2 VwGO Schoch/Schneider/Schoch § 123 Rn. 124.
5 Zu den für § 80 VwGO geregelten Antragsfristen Redeker/von Oertzen VwGO § 80 Rn. 55.
6 Vgl. zu § 80 VwGO Kopp/Schenke § 80 Rn. 139.
7 Vgl. MKLS/Keller SGG § 86b Rn. 8a.
8 Vgl. LSG Bln-Bbg 27.1.2006 – L 15 B 1105/05 SO ER; LSG BW 18.10.2006 – L 7 SO 3313/06 ER-B.
9 HessLSG 18.4.2007 – L 7 SO 85/06 ER Rn. 24; LSG Bln-Bbg 27.1.2006 – L 15 B 1105/05 SO ER, FEVS 57, 447; ThürLSG 20.6.2014 – L 6 R 512/14 B ER, juris Rn. 19.

auch zugleich einen Antrag auf Anordnung der aufschiebenden Wirkung nach § 86 Abs. 1 SGG beinhalten.[10]

- Der Antrag auf Anordnung der aufschiebenden Wirkung des Widerspruchs umfasst zugleich jenen auf Anordnung der aufschiebenden Wirkung der später erhobenen Klage.[11]
- Vom Antrag auf Anordnung der aufschiebenden Wirkung kann zugleich ein Antrag auf Aufhebung der Vollziehung umfasst sein. Die ist im Wege der Auslegung zu ermitteln, § 123 SGG analog.[12]
- Zur Umdeutung eines Antrags nach § 86b Abs. 1 SGG in einen Antrag auf Erlass einer einstweiligen Anordnung nach § 86b Abs. 2 S. 1 SGG.[13]
- Der Antrag eines Durchgangsarztes, die Unwirksamkeit der Kündigung an der Beteiligung am Durchgangsarztverfahren festzustellen, ist zu weit gefasst. Er ist dahin gehend auszulegen, dass der Antragsteller im Wege des einstweiligen Rechtsschutzes berechtigt werden soll, bis zum Abschluss des Hauptsacheverfahrens weiterhin als Durchgangsarzt tätig zu sein.[14]
- Liegt ein Dauerverwaltungsakt vor – wie dies zB bei einer Bewilligung von Leistungen nach dem SGB II, aber auch des SGB XII oder des AsylbLG möglich ist (s. a. → Rn. 535) – und wird die bisher gewährte Leistung im Bewilligungszeitraum „eingestellt", kann ein Antrag auf Erlass einer einstweiligen Anordnung als Antrag auf Anordnung bzw. Feststellung der aufschiebenden Wirkung auszulegen sein,[15] um dem erkennbar gewordenen Rechtsschutzziel zum Erfolg zu verhelfen (s. a. → Rn. 12, 195).
- Der Antrag auf einstweiligen Rechtsschutz stellt idR keine Widerspruchserhebung dar.[16]

Der schriftliche Antrag muss Antragsteller, Antragsgegner und Gegenstand des Antragsverfahrens enthalten, § 92 S. 1 SGG analog[17] idF des 8. SGG-ÄndG.[18] In Anfechtungssachen muss also zumindest der Verwaltungsakt, dessen Vollziehung in Frage steht, in Vornahmesachen zumindest der zu sichernde Hauptsacheanspruch bezeichnet werden. Richtiger Antragsgegner ist der Träger der Ausgangsbehörde. Zudem ist der Name des Antragstellers und eine ladungsfähige Anschrift anzugeben.[19] Auch die Regelungen des § 92 Abs. 2 SGG idF des 8. SGG-ÄndG bzgl. der Aufforderung zur Ergänzung der Klage gelten im Eilverfahren entsprechend. 5

Durch die Stellung des Antrags wird die Sache gem. § 94 SGG analog rechtshängig mit der in § 17 Abs. 1 S. 2 GVG vorgesehenen Folge, dass die Sache von keinem Beteiligten anderweitig anhängig gemacht werden kann. Ein dennoch erfolgter zweiter – hinsichtlich des Streitgegenstandes identischer – Antrag wäre wegen doppelter Rechtshängigkeit unzulässig; das gilt selbstverständlich auch, wenn sich der zuerst gestellte Antrag bereits im Stadium des Beschwerdeverfahrens befindet. Eine doppelte Rechtshängigkeit ist auch gegeben, wenn über den erstgestellten Antrag bereits entschieden wurde, dieser aber noch nicht in formeller Rechtskraft erwachsen, also noch mit der Beschwerde anfechtbar ist.[20] Das Eilverfahren kann durch Rücknahme des Eilantrags beendet werden. Auch ein Anerkenntnis des Antragsgegners oder ein Vergleich sind möglich. Die Vorschriften des Hauptsacheverfahrens gelten entsprechend.[21] 6

---

10 S. dazu BayLSG 8.7.2019 – L 18 AY 21/19 B ER.
11 LSG Bln-Bbg 17.1.2006 – L 29 B 1104/05 AS ER, juris Rn. 22; LSG NRW 17.1.2005 – L 2 B 9/03 KR ER, Breithaupt 2005, 437; BayLSG 30.7.2012 – L 5 R 267/12 B ER, juris Rn. 14.
12 S. dazu SächsLSG 11.9.2019 – L 7 AS 857/19 B ER.
13 LSG Bln-Bbg 9.2.2014 – L 1 KR 50/14 B ER, juris Rn. 10.
14 LSG Nds-Brem 13.3.2003 – L 6/3 U 462/02 ER, Breithaupt 2003, 575 f.
15 Vgl. zB HessLSG 18.4.2007 – L 7 SO 85/06 ER Rn. 24; LSG Bln-Bbg 27.1.2006 – L 15 B 1105/05 SO ER; ähnl. BayLSG 14.3.2007 – L 8 SO 48/07 ER; abw. SchlHLSG 6.9.2005 – L 9 B 186/05 SO ER.
16 LSG BW 14.12.2016 – L 7 AS 4120/16 ER-B.
17 Zur analogen Anwendung von § 82 VwGO in verwaltungsgerichtlichen Eilverfahren Kopp/Schenke § 82 Rn. 1.
18 BGBl. 2008 I 444 (445) mW ab 1.4.2008.
19 Vgl. dazu SchlHLSG 12.12.2016 – L 5 KR 154/16 ER.
20 S. dazu LSG NRW 23.11.2016 – L 9 SO 132/16 B.
21 Vgl. zur VwGO Schoch/Schneider/Schoch § 123 Rn. 123.

II. Rechtsweg

7 Der Rechtsweg zu den Sozialgerichten ist im einstweiligen Rechtsschutzverfahren eröffnet, wenn dieser in dem entsprechenden Klageverfahren (Hauptsache), auf dessen Streitgegenstand sich der Eilantrag bezieht, gegeben ist (§ 51 SGG). Insbes. sind die Sozialgerichte seit dem 1.1.2005 zuständig für die Sozialhilfe, § 51 Abs. 1 Nr. 6a SGG[22] sowie in Angelegenheiten der Grundsicherung für Arbeitsuchende, § 51 Abs. 1 Nr. 4a SGG idF des 7. SGG-Änderungsgesetzes (BGBl. 2004 I 3302 f.); die meisten sozialgerichtlichen Eilverfahren sind diesen Bereichen zuzuordnen. Der Eilantrag ist gem. § 86b Abs. 3 SGG schon vor Erhebung der Klage statthaft; insofern kann es sich um die Prüfung eines fiktiven Streitgegenstands des Hauptsacheverfahrens handeln. Sieht das Sozialgericht für einen bei ihm gestellten Antrag auf einstweiligen Rechtsschutz den Rechtsweg nach § 51 SGG nicht als gegeben an, spricht das Gericht nach Anhörung der Beteiligten von Amts wegen durch Beschluss die Unzulässigkeit des beschrittenen Rechtswegs aus und verweist zugleich den Rechtsstreit an das zuständige Gericht des zulässigen Rechtsweges (§ 202 S. 1 SGG iVm § 17a Abs. 2 S. 1 GVG). Gegen den Beschluss ist nach § 17a Abs. 4 S. 3 GVG iVm § 172 SGG die Beschwerde zum Landessozialgericht statthaft. Der Beschluss des Landessozialgerichts ist nach § 177 SGG unanfechtbar; die weitere Beschwerde im Zwischenstreit zur Klärung des zulässigen Rechtswegs an das BSG ist im einstweiligen Rechtsschutz ausgeschlossen.[23]

III. Statthaftigkeit[24]

1. Allgemeines

8 **Orientierungshinweis (Checkliste Statthaftigkeit):**

1. Liegt ein Hauptsacheverfahren vor (zB Antrag bei der Behörde, anfechtbarer Verwaltungsakt)?
   - Falls nein, dann ist ein einstweiliges Rechtsschutzverfahren nicht statthaft.
2. Ist in der Hauptsache Anfechtungsklage statthaft?
   - Dann Anfechtungssache (vorrangig), § 86b Abs. 1 S. 1 SGG, Antrag auf Anordnung/Feststellung der aufschiebenden Wirkung statthaft
3. Ist in der Hauptsache Verpflichtungsklage/kombinierte Anfechtungs- und Leistungsklage statthaft?
   - Dann Vornahmesache, § 86b Abs. 2 SGG, Antrag auf Verpflichtung des Antragsgegners im Wege der einstweiligen Anordnung statthaft

Ohne Antrag kann einstweiliger Rechtsschutz gem. § 86b Abs. 1 S. 1, Abs. 2 SGG nicht gewährt werden. Das gilt trotz Fehlens einer entsprechenden Regelung in § 86b Abs. 2 S. 2 SGG auch für die Regelungsanordnung. Worauf dieser gerichtet ist, muss ggf. durch Auslegung ermittelt werden (§ 123 SGG analog). Bei eindeutig formulierten Anträgen kommt eine Umdeutung in Betracht (s. a. → Rn. 4).[25] Insbes. ist ggf. ein Antrag auf Anordnung der aufschiebenden Wirkung in einen Antrag auf Erlass einer einstweiligen Anordnung umzudeuten und umgekehrt. Der Antrag auf Erlass einer einstweiligen Anordnung ist wegen des Vorrangs der Anfechtungssachen (§ 86b Abs. 1 S. 1 S. 1. Hs. SGG) nur statthaft, wenn kein einstweiliger Rechtsschutz nach § 86b Abs. 1 SGG beansprucht werden kann. Ob einstweiliger Rechtsschutz nach § 86b Abs. 1 SGG

---

22 Eingefügt durch Art. 38 G v. 27.12.2003 (BGBl. I 3022).
23 BSG 6.3.2019 – B 3 SF 1/18 R; s. dazu auch BVerfG 14.2.2016 – 1 BvR 3514/14.
24 Zu den Anwendungsbereichen von § 86b Abs. 1 und Abs. 2 SGG s. a. → Rn. 326 ff. und Krodel NZS 2002, 184 f.
25 Vgl. zur VwGO Schoch/Schneider/Schoch § 123 Rn. 104.

beansprucht werden kann, hängt von der Klageart in der Hauptsache ab, die ihrerseits an die zugrundeliegende Verwaltungsmaßnahme anknüpft.[26] Das Vorliegen eines Verwaltungsakts ist zwar unverzichtbare Bedingung für die Anwendbarkeit der §§ 86a und 86b Abs. 1 SGG.[27] Einstweiliger Rechtsschutz kann aber auch über § 86b Abs. 2 SGG zu gewähren sein, wenn es um einen Verwaltungsakt geht,[28] zB im Fall der Versagung einer Leistung durch ablehnenden Verwaltungsakt. Ein sicherer Indikator für die Statthaftigkeit des Eilantrags ist mithin nur die Klageart in der Hauptsache. Zu überlegen ist also zunächst immer, welche Klage im entsprechenden Hauptsacheverfahren statthaft wäre. Ist dies keine Anfechtungsklage, ist ein Antrag auf Erlass einer einstweiligen Anordnung statthaft.[29]

Eine Statthaftigkeit ist grundsätzlich zu verneinen, wenn es bereits an einem einer vorläufigen Regelung iSd § 86b SGG zugänglichen **Hauptsacheverfahren fehlt** (s. a. → Rn. 11, 15). Dabei ist zu beachten, dass der Antrag auf einstweiligen Rechtsschutz bei Gericht nicht zugleich die Einlegung des Hauptsacherechtsbehelfs beinhaltet. Dies ergibt sich bereits daraus, dass das einstweilige Rechtsschutzverfahren im Verhältnis zum Hauptsacheverfahren selbstständig und Streitgegenstand des Eilverfahrens nicht das materielle Recht als solches, sondern dessen Sicherung ist (s. a. → Rn. 42; zur Funktion und Rechtsnatur der Eilentscheidung iE → Rn. 460 ff.). Während eine Klage regelmäßig die Durchführung eines Vorverfahrens voraussetzt und auf die endgültige Klärung des Rechtsstreits abzielt, erfordert die Durchführung eines Verfahrens auf vorläufigen Rechtsschutz – abhängig von der Verfahrensart – nicht (einmal) zwingend das Vorliegen eines Verwaltungsakts und das Verfahren ist allein auf eine vorläufige Regelung bei gegebener Eilbedürftigkeit ausgerichtet.[30] Was speziell die formelle Abgrenzung zum Widerspruch angeht, handelt es sich beim Antrag auf einstweiligen Rechtsschutz nicht um einen Rechtsbehelf. Überdies ist die Zielsetzung beim Widerspruch – nochmalige Überprüfung eines Bescheids auf Rechtmäßigkeit und ggf. Zweckmäßigkeit durch die Verwaltungsbehörde – eine andere.[31] 9

2. Anfechtungssachen

In Anfechtungssachen kommen Eilanträge in Betracht, die auf die Anordnung von aufschiebender Wirkung bzw. sofortiger Vollziehbarkeit gem. § 86b Abs. 1 S. 1 SGG (s. a. → Rn. 11), auf die Feststellung der aufschiebenden Wirkung gem. § 86b Abs. 1 S. 1 Nr. 2 SGG analog (s. a. → Rn. 12) und auf die Aufhebung der Vollziehung gem. § 86b Abs. 1 S. 2 SGG (s. a. → Rn. 13) gerichtet sind (s. a. den Überblick bei → Rn. 185 ff.). Das Vorliegen eines Verwaltungsakts ist dabei unverzichtbare Bedingung für die Anwendbarkeit der §§ 86a und 86b Abs. 1 SGG.[32] 10

a) Eilanträge gem. § 86b Abs. 1 S. 1 SGG

Sind in der Hauptsache Anfechtungswiderspruch und Anfechtungsklage statthaft, handelt es sich um einen Antrag nach § 86b Abs. 1 S. 1 SGG. Der Antrag ist auf die Anordnung / Wiederherstellung der aufschiebenden Wirkung (§ 86b Abs. 1 S. 1 Nr. 2 SGG) bzw. auf die Anordnung / Wiederherstellung der sofortigen Vollziehbarkeit (Nr. 1 und 3) zu richten. Praktisch am bedeutsamsten ist der Antrag nach Nr. 2. Der Antrag ist in diesen Fällen statthaft zur vorläufigen Abwehr der Rechtsbeeinträchtigung, die durch die sofortige Vollziehbarkeit eines Verwal- 11

26 SächsLSG 22.2.2016 – L 3 AS 613/15 B ER, juris Rn. 23; vgl. dazu Schoch/Schneider/Schoch § 123 Rn. 22.
27 S. a. BSG 25.3.2015 – B 6 KA 9/14 R, juris Rn. 36 zum einstweiligen Rechtsschutz bei einem öffentlich-rechtlichen Vertrag.
28 S. dazu Schoch/Schneider/Schoch § 123 Rn. 26.
29 Vgl. Hufen § 33 Rn. 6; abw. Schoch/Schneider/Schoch § 123 Rn. 22.
30 Vgl. BayLSG 11.11.2013 – L 7 AS 401/13, juris Rn. 28.
31 Vgl. BayLSG 11.4.2011 – L 7 AS 214/11 B ER; LSG BW 14.12.2016 – L 7 AS 4120/16 ER-B, juris Rn. 5; BayLSG 6.10.2020 – L 20 KR 356/20 B ER, juris Rn. 21 mwN.
32 S. a. BSG 25.3.2015 – B 6 KA 9/14 R, juris Rn. 36 zum einstweiligen Rechtsschutz bei einem öffentlich-rechtlichen Vertrag.

tungsakts droht. Praktische Bedeutung erlangt der Antrag auf Anordnung der aufschiebenden Wirkung vor allem im Zusammenhang mit der Aufhebung bereits bewilligter Sozialleistungen (s. a. unten Beispiele). Der Antrag auf Gewährung von einstweiligem Rechtsschutz ist zwar schon vor Erlass des Widerspruchsbescheides bzw. vor Erhebung der Anfechtungsklage statthaft. Dies stellt § 86b Abs. 3 SGG klar. Eine stattgebende gerichtliche Entscheidung über einen Antrag auf einstweiligen Rechtsschutz kann in Anfechtungssachen aber vor Erhebung des Rechtsbehelfs, dessen aufschiebende Wirkung festgestellt werden soll, nicht ergehen;[33] daran ändert auch die Regelung des § 86b Abs. 3 SGG nichts. Eine gerichtliche Befugnis zur Aussetzung der Vollziehung bei fehlendem Hauptsacherechtsbehelf ist gesetzlich nicht vorgesehen. Es besteht insbes. kein Bedürfnis für eine analoge Anwendung des § 86a Abs. 3 S. 1 SGG im gerichtlichen Verfahren für den Zeitraum zwischen Stellung des Eilantrags und Einlegung des Hauptsacherechtsbehelfs, da es dem Antragsteller zuzumuten ist, den Hauptsacherechtsbehelf, dessen aufschiebende Wirkung dann angeordnet werden kann, einzulegen.

Beispiele:

- § 86b Abs. 1 S. 1 Nr. 2 SGG: Hebt die Behörde im Bereich des **SGB II** eine für einen bestimmten Zeitraum bewilligte Sozialleistung auf und legt der Betroffene dagegen Widerspruch ein, ist diese Aufhebung dennoch von Gesetzes wegen sofort vollziehbar (§ 39 Nr. 1 SGB II, § 86a Abs. 2 Nr. 4 SGG). Statthafter gerichtlicher Rechtsbehelf ist ein Antrag auf Anordnung der aufschiebenden Wirkung (§ 86b Abs. 1 S. 1 Nr. 2 SGG). Eine Frage der Begründetheit ist es dann, ob das Gericht mit konstitutiver Wirkung anordnet, dass der vom Antragsteller gegen die Aufhebung eingelegte Widerspruch aufschiebende Wirkung hat. Von der Aufhebung zu unterscheiden ist die Rückforderung gezahlter Beträge. Der Rechtsbehelf dagegen hat von Gesetzes wegen aufschiebende Wirkung (§ 86a Abs. 1 S. 1 SGG), da § 39 Nr. 1 SGB II nur die Aufhebung nennt (→ Rn. 128). Welcher Eilantrag insofern statthaft ist, hängt davon ab, ob die Behörde die Sofortvollziehbarkeit angeordnet hat, dann ist ein Antrag auf Anordnung der aufschiebenden Wirkung statthaft. Ist dies nicht der Fall, ist ein Antrag auf Feststellung der aufschiebenden Wirkung des Rechtsbehelfs gegen die Rückforderung statthaft, § 86b Abs. 1 S. 1 Nr. 2 SGG analog. Im Bereich des **SGB XII** ist in Anfechtungssachen ohne behördlich angeordnete Sofortvollziehbarkeit und abgesehen von den Fällen des § 93 Abs. 3 SGB XII ebenfalls die Feststellung der aufschiebenden Wirkung zu beantragen (Beispiel → Rn. 12).
- § 86b Abs. 1 S. 1 Nr. 1 SGG: Der Arzt A erhält eine Zulassung zur vertragsärztlichen Versorgung ohne Vollziehbarkeitsanordnung nach § 86a Abs. 2 Nr. 5 SGG. Die Kassenärztliche Vereinigung ficht die Zulassung mit aufschiebender Wirkung an. Statthaft ist nun ein Antrag des A auf Anordnung der sofortigen Vollziehbarkeit (s. a. → Rn. 169, 186 f.).
- § 86b Abs. 1 S. 1 Nr. 3 SGG: A erhält eine sofort vollziehbare Zulassung zur vertragsärztlichen Versorgung. Die Vollziehbarkeit wird von der Behörde auf Widerspruch der Kassenärztlichen Vereinigung gem. § 86a Abs. 3 S. 1 SGG ausgesetzt. Statthaft ist nun ein Antrag des A auf Wiederherstellung der sofortigen Vollziehbarkeit (s. a. → Rn. 194).

b) Eilanträge gem. § 86b Abs. 1 S. 1 SGG analog

12 Ist die aufschiebende Wirkung bereits von Gesetzes wegen eingetreten, ist für die Anordnung der aufschiebenden Wirkung kein Raum. Einstweiliger Rechtsschutz muss aber auch in den Fällen möglich sein, in denen aufschiebende Wirkung zwar eingetreten ist, von der Behörde aber missachtet wird. Vollzieht die Verwaltung also in rechtswidriger Weise einen in rechtlicher Hinsicht gar nicht vollziehbaren Verwaltungsakt (sog. faktische Vollziehung), ist ein Antrag auf

33 MKLS/Keller SGG § 86b Rn. 8a; Krodel NZS 2001, 449 (457); Plagemann Rn. 14; Schoch/Schneider/Schoch § 80 Rn. 460.

Feststellung der aufschiebenden Wirkung statthaft.[34] Ggf. ist ein Antrag auf Anordnung der aufschiebenden Wirkung in einen solchen Antrag umzudeuten[35] bzw. entsprechend auszulegen.

Beispiel:

- Hebt die Behörde im Bereich des SGB XII eine bewilligte Sozialleistung (zB eine nach §§ 27ff. oder § 41 SGB XII bewilligte Grundsicherungsleistung) auf, hat ein dagegen eingelegter Widerspruch gem. § 86a Abs. 1 S. 1 SGG aufschiebende Wirkung. Statthafter gerichtlicher Rechtsbehelf ist ein Antrag auf Feststellung der aufschiebenden Wirkung (§ 86b Abs. 1 S. 1 Nr. 2 SGG analog). Für einen solchen Antrag besteht ein Rechtsschutzbedürfnis, wenn die Behörde die aufschiebende Wirkung missachtet[36] (s. a. → Rn. 195 f.).
- Vorläufiger Rechtsschutz gegen den Verwaltungsakt des Unfallversicherungsträgers, die Zahlung von Verletztengeld einzustellen, ist mit einem Antrag auf Feststellung der aufschiebenden Wirkung nach § 86b Abs. 1 SGG (und nicht mit einem Antrag nach § 86b Abs. 2 SGG) geltend zu machen.[37]

c) Statthaftigkeit des Antrags auf Aufhebung der Vollziehung gem. § 86b Abs. 1 S. 2 SGG

Die Anordnung bzw. Feststellung der aufschiebenden Wirkung sind rechtsgestaltender Natur 13
und nicht vollstreckungsfähig. Um die Vollzugsfolgen zu beseitigen, ist eben die vollstreckungsfähige Aufhebung der Vollziehung gem. § 86b Abs. 1 S. 2 SGG erforderlich. Gem. § 86b Abs. 1 S. 2 SGG kann das Gericht die Aufhebung der Vollziehung anordnen, wenn der Verwaltungsakt zum Zeitpunkt der Entscheidung schon vollzogen oder befolgt worden ist. Der Antrag auf Aufhebung der Vollziehung gem. § 86b Abs. 1 S. 2 SGG ist statthaft, wenn das Gericht zuvor die aufschiebende Wirkung konstitutiv angeordnet oder deklaratorisch festgestellt und die Behörde den Verwaltungsakt dennoch rechtswidriger Weise vollzogen hat oder vollzieht[38] (zu § 86b Abs. 1 S. 2 SGG iE → Rn. 197 ff.).

Beispiel: Die Behörde hebt im Bereich des SGB XII eine bewilligte Sozialleistung (zB eine nach §§ 27 ff. oder § 41 SGB XII bewilligte Grundsicherungsleistung) auf, ohne die Vollziehbarkeit gem. § 86a Abs. 2 Nr. 5 SGG anzuordnen, und vollzieht die Aufhebung trotz eingelegten Widerspruchs, der gem. § 86a Abs. 1 S. 1 SGG aufschiebende Wirkung hat, durch Einstellung der Zahlung. Das Sozialgericht hat bereits per Beschluss die aufschiebende Wirkung des Widerspruchs festgestellt. Statthaft ist nun auch ein Antrag auf Aufhebung der Vollziehung gem. § 86b Abs. 1 S. 2 SGG, die im vorliegenden Fall in einem vollstreckungsfähigen „Zahlungsbefehl" besteht („Der Antragsgegner hat an den Antragsteller monatlich ... EUR ab ... zu zahlen"). Durch die gerichtliche Anordnung der Zahlung wird die in der behördlichen Zahlungseinstellung zu sehende Vollziehung der Aufhebung der Bewilligung auf der Grundlage des § 86b Abs. 1 S. 2 SGG aufgehoben.

d) Statthaftigkeit der Anordnung der aufschiebenden Wirkung bei Erledigung der Hauptsache

Durch die Erledigung der Hauptsache wird zwar der Antrag auf Anordnung der aufschieben- 14
den Wirkung nicht unstatthaft, aber es besteht für ihn kein Rechtsschutzbedürfnis mehr. Ein **Fortsetzungsfeststellungsantrag** wäre im Verfahren zum einstweiligen Rechtsschutz **unstatthaft** und damit unzulässig.[39] Das ergibt sich daraus, dass Rechtsschutzziel eines Antrags auf Anordnung der aufschiebenden Wirkung die Nichtvollziehung des Verwaltungsakts ist und nicht die abschließende Prüfung von dessen Rechtsmäßigkeit.

---

34 ThürLSG 29.7.2015 – L 8 SO 855/15 B ER, juris Rn. 20; BayLSG 13.4.2015 – L 8 AY 6/15 B ER; SächsLSG 15.1.2013 – L 3 AS 1010/12 B PKH, juris Rn. 17.

35 Vgl. LSG LSA 10.11.2016 – L 1 R 153/16 B ER, juris Rn. 17 mwN.

36 Vgl. zB LSG NRW 24.7.2015 – L 20 AY 36/15 B, juris Rn. 15; BayLSG 14.3.2007 – L 8 SO 48/07 ER.

37 LSG BW 6.5.2015 – L 8 U 1502/15 ER-B, juris Rn. 19.

38 BayLSG 13.4.2015 – L 8 AY 6/15 B ER, juris Rn. 19 (zur Anwendbarkeit bei Feststellung der aufschiebenden Wirkung); LSG LSA 22.12.2010 – L 5 AS 374/10 B ER, juris Rn. 72.

39 BayLSG 15.7.2009 – L 7 AS 243/09 B ER.

Beispiel: Die Anordnung der aufschiebenden Wirkung nach § 86b Abs. 1 S. 1 Nr. 2 SGG setzt voraus, dass sich der angefochtene Verwaltungsakt noch nicht erledigt hat. Hat sich eine Meldeaufforderung iSd § 59 SGB II durch Verstreichen des Meldetermins nach § 39 Abs. 2 SGB X erledigt, so ist einstweiliger Rechtsschutz mangels eines bestehenden Rechtsschutzbedürfnisses zu versagen.[40]

3. Vornahmesachen

a) Allgemeines

15 Zunächst ist der Vorrang der Anfechtungssachen zu beachten. Ein Antrag auf Erlass einer einstweiligen Anordnung ist dann **nicht statthaft**, wenn der **Anwendungsbereich der aufschiebenden Wirkung** eröffnet ist. Das ist dann der Fall, wenn in der Hauptsache die Anfechtungsklage die richtige Klageart ist. Handelt es sich in der Hauptsache nicht um eine Anfechtungsklage, kommt im einstweiligen Rechtsschutzverfahren eine einstweilige Anordnung in Betracht. Geht es in der Hauptsacheklage nicht um die Anfechtung eines Verwaltungsakts und wird keine Erweiterung der Rechtsposition angestrebt, ist die **Sicherungsanordnung** iSd § 86b Abs. 2 S. 1 SGG statthaft. Geht es in der Hauptsacheklage nicht um die Anfechtung eines Verwaltungsakts und wird eine Erweiterung der Rechtsposition angestrebt, ist die **Regelungsanordnung** iSd § 86b Abs. 2 S. 2 SGG statthaft. Es steht wegen der Gesetzesbindung nicht im Belieben des Gerichts, auf welchen Tatbestand es seine Entscheidung stützt. Die Problematik der Differenzierung zwischen Sicherungs- und Regelungsanordnung wird zum Teil der Begründetheit der einstweiligen Anordnung zugewiesen, gehört aber zur Statthaftigkeit und damit zur Zulässigkeit.[41] Der Eilantrag kann selbst dann statthaft sein, wenn **noch keine Maßnahme der Behörde** vorliegt;[42] zu prüfen ist in solchen Fällen allerdings, ob ein Rechtsschutzbedürfnis des Antragstellers vorliegt, was zu verneinen sein wird, wenn in der Hauptsache noch nicht einmal ein Antrag bei der Behörde gestellt worden ist.[43] Im Übrigen kann der Antrag auf Erlass einer einstweiligen Anordnung aber auch schon vor Klageerhebung statthaft sein, § 86b Abs. 3 SGG. Ein Eilantrag ist nicht mehr statthaft, wenn das (zugehörige) **Hauptsacheverfahren** durch ein rechtskräftiges Urteil **abgeschlossen** ist. Hat sich die **Hauptsache erledigt**, entfällt das Rechtsschutzbedürfnis für den Antrag auf Erlass einer Anordnung. Ein Fortsetzungsfeststellungsantrag ist im Verfahren des einstweiligen Rechtsschutzes unstatthaft.[44] Denn der Antrag auf Erlass einer einstweiligen Anordnung dient der vorläufigen Sicherung eines Hauptsacheanspruchs bzw. der vorläufigen Regelung eines streitigen Rechtsverhältnisses (s. a. → Rn. 460 ff., 465 f.), nicht der verbindlichen Feststellung der Rechtsmäßig- oder Rechtswidrigkeit von Verwaltungshandeln. An der Statthaftigkeit fehlt es auch insoweit, als das Antragsbegehren auf die vorläufige gerichtliche Regelung eines Sachverhalts gerichtet ist, der im Bezug genommenen Hauptsacheverfahren gar nicht streitgegenständlich ist. Gleiches gilt, insoweit der Antrag im Verfahren des einstweiligen Rechtsschutzes über das hinausgeht, was in der Hauptsache beansprucht wird. Als Orientierungssatz gilt: Im Verfahren des einstweiligen Rechtsschutzes kann – auch vorläufig nicht – nie mehr als in Hauptsache erreicht werden und auch nichts anderes.

---

40 LSG NRW 30.11.2015 – L 19 AS 1799/15 B ER.

41 Vgl. dazu ausf. 1. Aufl. Rn. 14; für die VwGO s. dazu Hufen § 31 Rn. 7; Eyermann/Happ VwGO § 123 Rn. 18 ff.

42 Vgl. Hufen § 31 Rn. 8.

43 Vgl. Hufen § 31 Rn. 10; VGH BW DVBl 1989, 1197; abw. Schoch/Schneider/Schoch § 123 Rn. 102, 106 aE, 121b aE: keine Statthaftigkeit wegen fehlendem streitigem Rechtsverhältnis.

44 AllgA, u.a. LSG BW 23.11.2015 – L 1 AS 4375/15 ER-B; zur Unzulässigkeit des Fortsetzungsfeststellungsantrags im Eilverfahren s. a. BVerwG 27.1.1995 – 7 VR 16/94, NVwZ 1995, 586.

Beispiele:

- Die Behörde hatte Hilfe zum Lebensunterhalt (§§ 27 ff. SGB XII) „bis auf weiteres" bewilligt und die Zahlung eingestellt. Ob einstweiliger Rechtsschutz nach § 86b Abs. 1 oder 2 SGG statthaft ist, hängt davon ab, ob die Einstellung in rechtlicher Hinsicht als **Aufhebung einer Bewilligung oder** – falls die ursprüngliche Bewilligung nicht fortwirkt – als **Ablehnung einer (erneuten) Bewilligung** zu qualifizieren ist (zur Problematik des Dauerverwaltungsakts → Rn. 74, 535).
- Die Ausführung einer **Pfändung im Vollstreckungsverfahren** ist kein Verwaltungsakt. Mit der Zustellung eines wirksamen Pfändungsbeschlusses wird die Pfändung bereits bewirkt. Die eigentliche Regelung liegt in der Pfändung und Überweisung durch das Vollstreckungsgericht. Richtige Klageart in der Hauptsache wäre eine allgemeine Leistungsklage und nicht eine Anfechtungsklage. Statthafte Verfahrensart im Eilverfahren ist daher ein Antrag auf Erlass einer einstweiligen Anordnung nach § 86b Abs. 2 S. 2 SGG.[45]

b) Antrag nach § 926 Abs. 1 ZPO

Ist die Klage bei Stellung des Antrags noch nicht erhoben worden, ist ggf. ein entsprechender Hinweis des Gerichts geboten. Durch die Verweisung des § 86b Abs. 2 S. 4 SGG auf § 926 Abs. 1 ZPO, der die Verpflichtung des Antragstellers zur Klageerhebung von einem entsprechenden Antrag des Antragsgegners abhängig macht, wird klargestellt, dass das Gericht den Betroffenen zur Erhebung der Hauptsacheklage anhalten, aber nicht zwingen kann. Nur der Antragsgegner kann den Antragsteller in ein Hauptsacheverfahren zwingen. Dies soll dem Schutz des Antragsgegners vor einer zu langen Bindung an eine im Hauptsacheverfahren nicht überprüfte Entscheidung dienen. Aus § 926 Abs. 1 ZPO folgt ferner, dass die gerichtliche Festsetzung der auflösenden Bedingung eines Außer-Kraft-Tretens der Anordnung für den Fall, dass die Klageerhebung binnen einer bestimmten Frist unterbleibt, unzulässig ist.[46] 16

Der Antrag des Antragsgegners auf Fristsetzung zur Klageerhebung ist darauf gerichtet, dass das Gericht dem Antragsteller des Eilverfahrens eine Frist zur Klageerhebung setzt.[47] Die Fristsetzung nimmt das Gericht nach pflichtgemäßem Ermessen vor. Ist noch kein Antrag bei der Behörde gestellt oder noch kein Verwaltungsverfahren durchgeführt, kann das Gericht auch eine Frist zur Antragstellung bei der Behörde bzw. zur Erhebung des Widerspruchs setzen. Der Antrag setzt ein offenes Hauptsacheverfahren voraus. Steht fest, dass die Hauptsacheklage abgewiesen werden muss, ist der Antrag auf Fristsetzung zur Erhebung der Hauptsacheklage unzulässig.[48] Über den Antrag auf Erhebung der Hauptsacheklage wird durch Beschluss entschieden. Der Beschluss ist mit der Beschwerde anfechtbar. Ist vor der Klageerhebung noch ein Verwaltungs- oder Widerspruchsverfahren durchzuführen, scheidet ein auf eine Fristsetzung zur Klageerhebung gerichteter Antrag aus. Das Gericht setzt in diesen Fällen dem Antragsteller eine Frist für die Stellung des Antrags auf Erlass des begehrten Verwaltungsakts bzw. zur Einlegung des Widerspruchs. 17

Beispiele: 18

- Maßgebend für die Bestimmung, in welcher Weise vorläufiger gerichtlicher Rechtsschutz zu gewähren ist, ist der **im Hauptsacheverfahren statthafte Rechtsbehelf**. Ist in der Hauptsache die korrekte Klageart die kombinierte Anfechtungs- und Verpflichtungsklage? Wenn im Hauptsacheverfahren eine kombinierte Anfechtungs- und Verpflichtungsklage (oder eine kombinierte Anfechtungs- und Leistungsklage nach § 54 Abs. 4 SGG) gegeben ist, kann vor-

45 BayLSG 15.2.2008 – L 8 B 420/07 SO ER; LSG Bln-Bbg 30.6.2006 – L 10 B 406/06 AS ER.
46 Zur VwGO Finkelnburg/Jank VorlRS Rn. 255.
47 S. dazu MKLS/Keller SGG § 86b Rn. 48 mwN.
48 Vgl. Schoch/Schneider/Schoch § 123 Rn. 184.

läufiger gerichtlicher Rechtsschutz nur über den Erlass einer einstweiligen Anordnung erlangt werden.[49]

- Ein **Eilantrag auf Akteneinsicht** bei der Behörde ist grundsätzlich statthaft, und zwar als Regelungsanordnung, da eine Erweiterung der Rechtsposition angestrebt wird, die in der Hauptsache mit der Leistungsklage zu verfolgen wäre.[50]
- 19 Eine **Aufrechnung kann durch den Leistungsträger durch Verwaltungsakt geregelt werden.**[51] Widerspruch und Anfechtungsklage sind dann statthaft und haben aufschiebende Wirkung, § 86a Abs. 1 S. 1 SGG, wenn keine Vollziehbarkeit gem. § 86a Abs. 2 Nr. 5 SGG angeordnet ist. Erfolgt die Aufrechnung nicht durch Verwaltungsakt (vgl. aber zur Aufrechnung durch Verwaltungsakt im Bereich des SGB II § 43 Abs. 4 S. 1 SGB II), beinhaltet die Aufrechnung die Vollziehung eines (zuvor zu erlassenden) Aufhebungsverwaltungsakts. Dann kann die Aufhebung der „Vollziehungsmaßnahme" Aufrechnung gem. § 86b Abs. 1 S. 2 SGG beantragt werden. Dieser Antrag wird Erfolg haben, wenn die aufschiebende Wirkung des Rechtsbehelfs gegen die Aufhebung der Bewilligung gerichtlich angeordnet oder festgestellt ist.

IV. Zuständigkeit

1. Gericht der Hauptsache und perpetuatio fori

20 Zuständig für den Antrag auf vorläufigen Rechtsschutz ist das **Gericht der Hauptsache** (vgl. § 86b Abs. 1 S. 1, Abs. 2 S. 1, 3 SGG). Gericht der Hauptsache ist nach der „Grundregel" des § 86b Abs. 2 S. 3 Hs. 1 SGG das Gericht des ersten Rechtzugs. Ist die Hauptsache bei Stellung des Eilantrags (vgl. dazu § 86b Abs. 3 SGG) noch nicht rechtshängig (vgl. § 94 SGG), ist zu prüfen, bei welchem Gericht die Hauptsache erstinstanzlich anhängig zu machen wäre.[52] Nach dem Erlass des Endurteils ist das Sozialgericht für einen Antrag auf vorläufigen Rechtsschutz nicht mehr zuständig, sobald Berufung gegen seine Entscheidung eingelegt wurde (vgl. § 86b Abs. 2 S. 3 Hs. 2 SGG). Die Zuständigkeit des Sozialgerichts als Gericht der Hauptsache ist somit mit dem Einsatz des Devolutiveffekts und dem Beginn der Berufungsinstanz nicht mehr gegeben. Das Berufungsgericht ist als Gericht der Hauptsache bei der Prüfung des Eilantrags auf den Gegenstand der Berufung beschränkt.

21 Entscheidend für die Bestimmung der Zuständigkeit sind grundsätzlich die Verhältnisse zum Zeitpunkt der Antragstellung. Nach dem Grundsatz der **perpetuatio fori** bleibt die Zuständigkeit auch dann erhalten, wenn sich die zuständigkeitsbestimmenden Umstände nach Rechtshängigkeit des Eilantrags verändern (§ 98, § 202 SGG iVm § 17 Abs. 1 S. 1 GVG).[53] In Durchbrechung dieses Grundsatzes ist das einstweilige Rechtsschutzverfahren an das Gericht der Hauptsache zu verweisen, wenn nach Antragstellung eine Änderung der die Zuständigkeit begründenden Umstände eintritt und die bis dahin noch nicht anhängige Hauptsacheklage bei einem anderen Gericht erhoben wird (s. a. → Rn. 23). Die Eilsache folgt also der Hauptsache. Insofern hat die aus Art. 19 Abs. 4 GG abgeleitete Sicherungsfunktion, die den dienenden Charakter des Eilverfahrens kennzeichnet, Vorrang vor § 17 Abs. 1 S. 1 GVG. Dasselbe gilt für den – in der Praxis allerdings eher seltenen – Fall, dass das Sozialgericht über die Klage, aber noch nicht über den Eilantrag entschieden hat. Mit dem Rechtsmittel in der Hauptsache geht die Zuständigkeit für das

49 SächsLSG 22.2.2016 – L 3 AS 613/15 B ER, juris Rn. 23.
50 Vgl. zu § 44a VwGO 1. Aufl. Rn. 17.
51 So ausdr. zur Verrechnung BSG 31.8.2011 – GS 2/10. Vgl. ferner BSG 24.7.2003 – SozR 4-1200 § 52 Nr. 1, Rn. 7 f. (Verrechnung als öffentlich-rechtliche Willenserklärung); BSGE 53, 208 (209); 64, 17 (22); 66, 63 (Aufrechnung Verwaltungsakt); offen gelassen in BSGE 67, 143 (146) und in BSG 27.3.2007 – B 13 RJ 43/05 R; vgl. aber BVerwGE 66, 218 (220); DöV 1986, 146; BFHE 149, 482 (484) (Aufrechnung kein Verwaltungsakt, sondern die rechtsgeschäftliche Ausübung eines schuldrechtlichen Gestaltungsakts); s. zum Ganzen auch → Rn. 124, 196; zur Aufrechnung im Bereich des SGB II → Rn. 129, 567.
52 Vgl. zur VwGO Finkelnburg/Jank VorlRS Rn. 929; Schoch/Schneider/Schoch § 123 Rn. 112.
53 Vgl. zum Gerichtsstandswahlrecht nach Antragstellung Krodel NZS 2000, 495 (497).

Eilverfahren automatisch ohne Verweisungsantrag auf die Berufungsinstanz über.[54] Dies ergibt sich aus § 86b Abs. 2 S. 3 Hs. 2 SGG, der eine vom ersten Halbsatz der Vorschrift abweichende Zuständigkeit des Berufungsgerichts als Gericht der Hauptsache für den Fall eines anhängigen Berufungsverfahrens vorsieht. Bzgl. des Zuständigkeitswechsels ist nach dem eindeutigen gesetzlichen Wortlaut auf den Zeitpunkt der Einlegung der Berufung gegen die erstinstanzliche Entscheidung (= Anhängigkeit) abzustellen.[55] Die nach § 86b Abs. 2 S. 3 Hs. 2 SGG begründete (Sonder-)Zuständigkeit endet mit dem rechtskräftigen Abschluss des Berufungsverfahrens (Eintritt der formellen Rechtskraft), also mit der Erledigung des Rechtsstreits durch rechtskräftige Entscheidung, Prozessvergleich, Klage- oder Berufungsrücknahme, angenommenes Anerkenntnis oder übereinstimmende Erledigungserklärung der Beteiligten. Ein Berufungsverfahren ist dann nicht mehr anhängig. Gleiches gilt, wenn der Rechtsstreit durch Einlegung der Revision beim BSG (vgl. § 160 Abs. 1 SGG – Zulässigkeit der Revision) anhängig[56] wird. Wird gegen die Entscheidung des Berufungsgerichts Nichtzulassungsbeschwerde nach § 160a SGG eingelegt, bleibt das Berufungsgericht hingegen wegen der rechtskrafthemmenden Wirkung der Nichtzulassungsbeschwerde Gericht der Hauptsache (vgl. § 160a Abs. 3 SGG). Dies folgt daraus, dass allein durch die Einlegung der Nichtzulassungsbeschwerde nicht die Hauptsache – als Bezugspunkt des Eilverfahrens – beim Revisionsgericht anhängig wird. Vielmehr ist Gegenstand des Verfahrens über die Nichtzulassungsbeschwerde nur die Nebenentscheidung des Berufungsgerichts über die Nichtzulassung der Revision. Mit der Beendigung des Beschwerdeverfahrens durch Beschwerderücknahme oder durch Ablehnung der Beschwerde durch das BSG (vgl. § 160a Abs. 4 S. 3 SGG) wird die Berufungsentscheidung formell rechtskräftig. Damit endet auch die Zuständigkeit des Berufungsgerichts als Gericht der Hauptsache.[57] Es greift – wie im Falle einer anhängigen Revision – wieder die (Grund-)Regel des § 86b Abs. 2 S. 3 Hs. 1 SGG: Gericht der Hauptsache ist das Gericht des ersten Rechtzugs.

2. Sachliche und örtliche Zuständigkeit

Sachlich zuständig sind in erster Instanz grundsätzlich die Sozialgerichte, § 8 SGG. Eine abwei- 22
chende erstinstanzliche Zuständigkeit der Landessozialgerichte für bestimmte Rechtsstreitigkeiten regelt § 29 Abs. 2 SGG; Abs. 3 und 4 der Vorschrift enthalten spezielle erstinstanzliche Zuweisungen an das LSG NRW bzw. an das LSG Bln-Bbg. Weitere Ausnahmeregelungen sind § 202 S. 2 SGG iVm § 201 GVG (erstinstanzliche Zuständigkeit der Landessozialgerichte für Klagen wegen überlanger Verfahrensdauer) und § 202 S. 3 SGG iVm §§ 63 ff. GWB (erstinstanzliche Zuständigkeit der Landessozialgerichte für Streitigkeiten über Entscheidungen des Bundeskartellamts, die die freiwillige Vereinigung von Krankenkassen nach § 172a SGB V betreffen). Eine erstinstanzliche Zuständigkeit des BSG ist schließlich in den Fällen des § 39 Abs. 2 S. 1 SGG (Streitigkeiten nicht verfassungsrechtlicher Art zwischen dem Bund und den Ländern sowie zwischen verschiedenen Ländern in Angelegenheiten des § 51 SGG), des § 160 Abs. 6 S. 4 SGB III (Klagen von Fachspitzenverbänden der am Arbeitskampf beteiligten Tarifvertragsparteien gegen die Entscheidung des Neutralitätsausschusses und auf eine andere Feststellung), des § 88 Abs. 6 S. 2 SVG (Klagen auf Versorgung von Personen, die als Soldaten dem Bundesnachrichtendienst angehören oder angehört haben, und von ihren Hinterbliebenen) sowie des § 240 Abs. 1 Nr. 5 SGB IX (Rechtsstreitigkeiten, die aufgrund des SGB IX im Geschäftsbereich des Bundesnachrichtendienstes entstehen). Die **örtliche Zuständigkeit** bestimmt sich nach den §§ 57 ff. SGG.

54 Vgl. Schoch/Schneider/Schoch § 80 Rn. 481.
55 AA LSG RhPf 3.11.2005 – L 5 ER 91/05 KA, juris Rn. 12: Erlass des erstinstanzlichen Endurteils.
56 Vgl. Voelzke in Schlegel/Voelzke jurisPK-SGG § 86b Rn. 18.
57 AA BayLSG 15.11.2016 – L 11 AS 672/16 ER unter Vermischung der Begrifflichkeiten von „Hauptsache“ und „gerichtlichem Hauptsacheverfahren“.

23 Ist der **Eilantrag zum unzuständigen Gericht** erhoben worden, ist das Eilverfahren nach § 98 S. 1 SGG, § 17a Abs. 2 S. 1 GVG an das zuständige Gericht zu verweisen.[58] Ist die Hauptsacheklage schon erhoben worden, ist das Gericht der Hauptsache auch für das Eilverfahren zuständig, und zwar selbst dann, wenn die Hauptsacheklage zu einem unzuständigen Gericht erhoben wurde.[59] Dies ergibt sich zum einen aus dem eindeutigen Wortlaut des § 86b Abs. 1 S. 1 SGG („Gericht der Hauptsache", nicht: „das für die Hauptsache zuständige Gericht"), zum anderen folgt aber auch aus der dienenden Funktion (s. a. → Rn. 435 ff., 440 ff.) des einstweiligen Rechtsschutzverfahrens, dass die Zuständigkeit für Hauptsache- und Eilverfahren nicht auseinanderfallen darf. Die aufschiebende Wirkung tritt ab Klageerhebung bei dem unzuständigen Gericht ein.[60] Die Zuständigkeit kann sich auch aus § 17a Abs. 2 S. 2 GVG[61] ergeben, wenn ein Gericht die Unzuständigkeit nach Anhörung der Beteiligten ausgesprochen und den Rechtsstreit zugleich an das zuständige Gericht des zulässigen Rechtswegs verwiesen hat.[62] Der Verweisungsbeschluss ist für das für zuständig erklärte Gericht grundsätzlich[63] selbst dann bindend, wenn die Verweisung zu Unrecht erfolgt, § 17a Abs. 2 S. 3 GVG. Die Bindungswirkung soll sich auch auf ein nachfolgendes Hauptsacheverfahren beziehen,[64] damit die Zuständigkeiten für Eil- und Hauptsacheverfahren nicht auseinanderfallen. Zwingend ergibt sich das aus den Regelungen zum einstweiligen Rechtsschutz im SGG und dessen Funktion allerdings nicht. Danach folgt das Eilverfahren mit seiner dienenden Sicherungsfunktion dem Hauptverfahren.

3. Sonderfall: Gerichtsstandswahlrecht des Antragstellers / Klägers

24 Dem Antragsteller des Eilverfahrens bzw. dem Kläger des Hauptsacheverfahrens kann ein **Gerichtsstandswahlrecht** zustehen. In Betracht kommen die Wahlrechte gem. § 57 Abs. 1 S. 1 S. 2. Hs. SGG und gem. § 369 SGB III. Das Gerichtsstandswahlrecht gilt im einstweiligen Rechtsschutzverfahren wegen der ansonsten bestehenden Gefahr eines Auseinanderfallens der Zuständigkeiten im Eil- und im Hauptsacheverfahren analog. Daraus folgt weiter, dass der Kläger mit seiner Gerichtsstandswahl in der Hauptsache auch die Zuständigkeit des Gerichts im einstweiligen Rechtsschutzverfahren bestimmt. Sollte der Eilantrag vor der Erhebung der Hauptsacheklage gestellt werden, bindet die Gerichtsstandswahl im einstweiligen Rechtsschutzverfahren den Kläger auch für die Hauptsacheklage. Voraussetzung ist allerdings, dass der Antragsteller sein Gerichtsstandswahlrecht tatsächlich ausgeübt hat. Zu beachten ist hier insbes., dass Stellung des Eilantrags bzw. Klageerhebung einerseits und Ausübung des Gerichtsstandswahlrechts andererseits zwei voneinander zu unterscheidende Prozesshandlungen sind.[65]

---

58 Nach BayLSG 3.12.2015 – L 11 AS 775/15 ER mwN gilt dies auch im Falle funktionaler (instanzieller) Unzuständigkeit.

59 Vgl. zur Zuständigkeit in der VwGO Schoch/Schneider/Schoch § 80 Rn. 479, § 123 Rn. 112.

60 Plagemann Rn. 141.

61 Die Regelungen der §§ 17 ff. GVG gelten auch im einstweiligen Rechtsschutzverfahren; Finkelnburg/Jank VorlRS Rn. 70; abw. Redeker/von Oertzen VwGO § 80 Rn. 57 (gerichtszweigübergreifende Verweisung nach § 17a GVG unzulässig).

62 Vgl. Schoch/Schneider/Schoch § 123 Rn. 116, 119.

63 Vgl. zu Ausnahmen von der Bindungswirkung MKLS/Schmidt SGG § 98 Rn. 9, 9a; BAG 14.1.1994 – 5 AS 22/93, DB 1994, 1380; BSG 8.4.1980 – 1 S 9/79: Keine Bindung allenfalls, wenn das Verfahren des verweisenden Gerichts extreme Fehler aufweist oder die Verweisungsentscheidung willkürlich ist, nicht schon bei schweren Fehlern.

64 Str.; vgl. OLG Dresden 11.11.2011 – - 4 W 1075/11, MDR 2012, 246; Finkelnburg/Jank VorlRS Rn. 68 aE; aA Anders/Gehle/Vogt-Beheim GVG § 17a Rn. 10 mwN; HessVGH 18.7.1995 – 3 TG 1929/95; diff. BayVGH 29.7.2002 – 20 A 02.40066, 20 A 02.40068: Bindungswirkung, wenn die Zuständigkeit im Eilverfahren abschließend und nicht nur prognostisch geprüft wurde.

65 Dazu Krodel NZS 2000, 495 (497).

V. Antragsbefugnis

Der Antragsbefugnis entspricht im Hauptsacheverfahren die Klagebefugnis. Die Antragsbefugnis ist mithin eine besondere Prozessvoraussetzung in den Verfahren, bei denen es in der Hauptsache um eine Anfechtungs- oder Verpflichtungsklage geht. Der Antragsteller muss also geltend machen, durch die Vollziehbarkeit eines Verwaltungsakts bzw. durch die Ablehnung oder Unterlassung der begehrten vorläufigen Regelung in eigenen Rechten verletzt oder gefährdet zu sein, § 54 Abs. 1 S. 2 SGG analog. Die Analogie rechtfertigt sich schon daraus, dass der Antragsteller wegen der Offenhaltefunktion des einstweiligen Rechtschutzverfahrens in dem Hauptsacheverfahren klagebefugt sein muss, sodass die Grundsätze des § 54 Abs. 1 S. 2 SGG ohne Weiteres auf das einstweilige Rechtsschutzverfahren übertragen werden können. Antragsbefugt ist der Antragsteller, wenn er Tatsachen geltend macht, die den Anordnungsanspruch und den Anordnungsgrund oder – bei einer Abwägungsentscheidung (s. a. → Rn. 304, 450) – das Überwiegen der für den Antragsteller sprechenden Belange begründen können. Ist unter keinem Gesichtspunkt denkbar, dass eine Anordnung oder Feststellung der aufschiebenden Wirkung bzw. eine einstweilige Anordnung eine Verletzung oder Gefährdung eigener Rechte des Antragstellers verhindert, fehlt es an einer Antragsbefugnis.[66] Von der Antragsbefugnis zu unterscheiden ist die der Begründetheit des Eilantrags zuzuordnende Frage, ob die mit der jeweils zu fordernden Wahrscheinlichkeit vorliegenden Tatsachen einen Anordnungsanspruch und -grund bzw. ein Überwiegen der für den Antragsteller sprechenden Abwägungsbelange begründen. 25

Beispiele:

- Den **Geschäftsführern einer GmbH** fehlt die Antragsbefugnis für einen ausschließlich im eigenen Namen gestellten Antrag auf Gewährung von einstweiligem Rechtsschutz gegen einen an die GmbH auf der Grundlage von § 28p SGB IV erlassenen Beitragsbescheid.[67]
- Ein Krankenhausträger hat keinen eigenen Anspruch auf Anerkennung eines **Belegarztes**, der in einer belegärztlichen Abteilung seines Krankenhauses arbeiten möchte, sodass es ihm im Verfahren des einstweiligen Rechtsschutzes an der Antragsbefugnis fehlt.[68]

VI. Rechtsschutzbedürfnis

1. Allgemeines

Um einstweiligen gerichtlichen Rechtsschutz in Anspruch nehmen zu können, bedarf es eines entsprechenden (allgemeinen) Rechtsschutzbedürfnisses, das ebenfalls als eigene **Sachentscheidungsvoraussetzung** fungiert und gleichsam eine „Reservefunktion" hat. Das bedeutet, dass im Einzelfall aufgeworfene Zulässigkeitsprobleme zunächst den spezielleren Prozessvoraussetzungen, insbes. der Antragsbefugnis, zuzuordnen sind. Rechtsschutzbedürfnis ist gegeben, wenn die gerichtliche Eilentscheidung dem Antragsteller einen tatsächlichen oder rechtlichen Vorteil bringt und der Antragsteller sein Begehren nicht auf einfachere, schnellere und billigere Art durchsetzen kann,[69] sodass gerichtlicher Rechtsschutz nicht erforderlich ist. 26

Beispiele:

- Zum fehlenden Rechtsschutzbedürfnis für **vorbeugenden Rechtsschutz.**
- Zur Zumutbarkeit für einen Empfänger von **Leistungen der Grundsicherung**, einen Verwaltungsakt abzuwarten und dann die Rechtsbehelfe auszuschöpfen und eine Aussetzung

---

66 Vgl. zB LSG Bln-Bbg 23.1.2012 – L 7 KA 71/11 B ER, juris Rn. 16 (Bejahung der Antragsbefugnis trotz entsprechender Zweifel).
67 LSG BW 18.11.2020 – L 11 BA 3248/20 ER-B, juris Ls.
68 LSG Nds-Brem 25.11.2015 – L 3 KA 95/15 B ER.
69 ZB durch einen Vorschuss oder vorläufige Leistungen nach §§ 42, 43 SGB I, → Rn. 503 ff.

des Vollzugs des Verwaltungsakts zu erstreiten; Ausnahme: unzumutbare Nachteile durch nachgängigen Rechtsschutz.[70]

- Zur Unzulässigkeit des Antrags eines Krankenhausträgers auf Feststellung, dass er im Fall einer künftigen rechtskräftigen Abweisung seiner Klage gegen eine Entscheidung nach § 136b Abs. 5 S. 6 SGB V von den Krankenkassen **geleistete Vergütungen** für entsprechende Leistungen, die vor Abschluss des Klageverfahrens erbracht wurden, **nicht zu erstatten** hat.[71]
- Zum Entfallen des Rechtsschutzbedürfnisses für eine Beschwerde, mit der (neben der erstinstanzlichen Eilentscheidung) die Versagung der Gewährung von **Prozesskostenhilfe** für das Verfahren erster Instanz angegriffen wird, wenn der im Beschwerdeverfahren obsiegende Antragsgegner die außergerichtlichen Kosten des Antragstellers auch für das Verfahren erster Instanz zu tragen hat.[72]
- Zum Nichtentfallen eines Rechtsschutzbedürfnisses für einen Antrag auf vorläufigen Rechtsschutz in einem **Wettbewerbsstreit** zwischen Krankenkassen aufgrund der Möglichkeit der Einschaltung der Aufsichtsbehörde.[73]
- Für einen Antrag auf Gewährung einstweiligen Rechtsschutzes in Gestalt einer Anordnung der aufschiebenden Wirkung von Widerspruch bzw. Anfechtungsklage gegen einen Aufhebungsbescheid besteht dann kein Rechtsschutzbedürfnis, wenn für den Aufhebungszeitraum bereits eine **rechtskräftige zusprechende einstweilige Anordnung** in Gestalt einer Regelungsanordnung existiert.[74]

2. Anfechtungssachen

a) Rechtsschutzbedürfnis des Adressaten des Verwaltungsakts

27 In Anfechtungssachen **fehlt das Rechtsschutzbedürfnis** für eine Anordnung der aufschiebenden Wirkung, wenn auch ohne eine gerichtliche Entscheidung eine Vollziehung des Verwaltungsaktes ausgeschlossen ist, etwa weil die **Behörde verbindlich erklärt** hat, **von einer Vollziehung abzusehen.**[75] Insbes. fehlt das Rechtsschutzbedürfnis für eine Feststellung der aufschiebenden Wirkung, wenn die Behörde die von Gesetzes wegen eingetretene aufschiebende Wirkung gar nicht missachtet.[76] Darüber hinaus fehlt das Rechtsschutzbedürfnis in Anfechtungssachen **vor Bekanntgabe des Verwaltungsakts,**[77] da eine Vollziehung die Existenz des Verwaltungsakts voraussetzt. Insofern kann aber der Erlass einer einstweiligen Anordnung in Betracht kommen, um den bevorstehenden Erlass eines belastenden Verwaltungsakts zu verhindern. Auch hier wird allerdings eine Anordnung häufig an dem fehlenden Rechtsschutzbedürfnis bzw. Anordnungsgrund scheitern (s. a. → Rn. 26). Nach Bekanntgabe des Verwaltungsakts und vor Erlass eines Widerspruchsbescheides kann ein Rechtsschutzbedürfnis für eine gerichtliche Anordnung fehlen, wenn der Bürger zunächst **bei der Verwaltungsbehörde eine Entscheidung beantragt** hat und eine solche Entscheidung noch nicht vorliegt. Angesprochen sind hier die Fälle des § 86a Abs. 3 SGG. In diesen Fällen ist der Weg für eine gerichtliche Eilentscheidung erst frei, wenn die Widerspruchsbehörde die beantragte Entscheidung unangemessen lange hinauszögert, endgültig und eindeutig zu erkennen gegeben hat, dass eine Aussetzung der Vollziehung seitens der Exekutive nicht in Betracht kommt[78] oder die Aussetzung der Vollziehung abgelehnt hat. Ein Antrag nach § 86b Abs. 1 S. 1 SGG setzt zwar nicht voraus, dass zuvor versucht worden ist, vorläufigen Rechtsschutz durch die Verwaltung

70 LSG BW 31.1.2008 – L 8 AS 5585/07 ER-B, L 8 AS 5585/07; BayVGH 31.5.2005 – 11 CE 05.921.
71 BayLSG 25.7.2019 – L 4 KR 117/19 B ER.
72 LSG Bln-Bbg 29.1.2008 – L 25 B 2146/07 AS ER.
73 LSG RhPf 13.12.2007 – L 5 ER 289/07 KR, L 5 ER 289/07, juris Rn. 7; abw. LSG Saarl 21.6.2006 – L 2 B 5/06 KR und SchlHLSG 26.9.2007 – L 5 B 522/07 KR ER.
74 LSG BW 6.2.2020 – L 3 AS 4073/19 ER-B, juris Ls. 1.
75 Vgl. dazu LSG NRW 24.7.2015 – L 20 AY 36/15 B, juris Rn. 15; LSG BW 29.8.2018 – L 11 KR 2686/18 ER-B; zu § 80 VwGO Kopp/Schenke § 80 Rn. 136; Schoch/Schneider/Schoch § 80 Rn. 498a.
76 LSG NRW 13.1.2016 – L 19 AS 2021/15 B ER, juris Rn. 4; 28.10.2015 – L 8 R 442/15 B ER, juris Rn. 32.
77 Vgl. Finkelnburg/Jank VorlRS Rn. 93.
78 Vgl. Husmann SGb 1987, 448; Timme NZS 1992, 94 mwN.

zu erlangen.[79] Denn die Durchführung des Verfahrens nach § 86a Abs. 3 SGG ist nicht Zulässigkeitsvoraussetzung für ein gerichtliches Anordnungsverfahren.[80] Hat der Betroffene keinen Antrag bei der Behörde gestellt, kann er daher auch unmittelbar bei Gericht die Anordnung der aufschiebenden Wirkung beantragen.[81] Dies gilt auch in den Fällen des § 86a Abs. 2 Nr. 1 SGG, da eine dem § 80 Abs. 6 VwGO entsprechende Regelung nicht ins SGG übernommen wurde.[82] Hat der Betroffene jedoch einen Antrag bei der Behörde gestellt, wird er idR die behördliche Entscheidung nach § 86a Abs. 3 S. 1 SGG abwarten müssen. Das Rechtsschutzbedürfnis für eine gerichtliche Eilentscheidung kann dann fehlen, insbes. wenn der Antrag bei der Behörde erst vor kurzem gestellt wurde und diese noch nicht zu erkennen gegeben hat, dass der Antrag abgelehnt wird. Die dargestellten Überlegungen gelten entsprechend für die Fälle des § 86b Abs. 1 S. 1 Nr. 1 SGG bei einem gegenüber dem Gericht gestellten Antrag auf Anordnung der sofortigen Vollziehbarkeit, wenn bereits eine behördliche Vollziehbarkeitsanordnung beantragt wurde. Ist der fragliche Verwaltungsakt bestandskräftig geworden, ist der Eilantrag abzulehnen. Dies ist jedoch – jedenfalls bei zwar eingelegtem, aber unzulässigem Rechtsbehelf – keine Frage des Rechtsschutzbedürfnisses, da außer in den Fällen der Evidenz auch der unzulässige, insbes. der verfristete Rechtsbehelf wegen des Suspensionsautomatismus des § 86a Abs. 1 S. 1 SGG aufschiebende Wirkung hat (s. a. → Rn. 78 f.). Der Eilantrag wird in Fällen eingetretener Bestandskraft aber idR wegen des dann durchschlagenden Gewichts des Abwägungselements der fehlenden Erfolgsaussicht des Hauptsacherechtsbehelfs unbegründet sein.[83]

Falls **noch kein Hauptsacherechtsbehelf** eingelegt ist, kann wegen § 86b Abs. 3 SGG das Rechts- 28
schutzbedürfnis nicht ohne Weiteres verneint werden. Das Gericht wird allerdings iR seiner Hinweispflicht darauf aufmerksam machen, dass trotz § 86b Abs. 3 SGG ohne eingelegten Rechtsbehelf eine aufschiebende Wirkung nicht angeordnet werden kann, und dem Antragsteller ggf. eine Frist setzen, innerhalb derer der Rechtsbehelf einzulegen ist.[84] Nach Ablauf dieser Frist ist das Rechtsschutzbedürfnis zu verneinen.

b) Einstweiliger Rechtsschutz zugunsten eines Dritten

Liegt ein **Verwaltungsakt mit Drittwirkung** vor, haben auch Anfechtungswiderspruch bzw. -kla- 29
ge des Dritten gem. § 86a Abs. 1 S. 1, 2 SGG aufschiebende Wirkung. Die Frage des Rechtsschutzbedürfnisses für eine Anordnung der sofortigen Vollziehbarkeit durch das Gericht wird vor allem im Falle der Anfechtung eines begünstigenden Verwaltungsakts durch einen belasteten Dritten von Bedeutung. Auf Antrag des begünstigten Adressaten des Verwaltungsakts kann – bei eingetretener aufschiebender Wirkung – die Behörde gem. § 86a Abs. 2 Nr. 5 SGG bzw. das Sozialgericht gem. § 86b Abs. 1 S. 1 Nr. 1 SGG die sofortige Vollziehbarkeit anordnen. Auf Antrag des belasteten Dritten kann – bei eingetretener sofortiger Vollziehbarkeit – die Behörde

79 AA LSG NRW 2.1.2018 – L 11 KA 39/17 B ER, juris Rn. 31.
80 LSG BW 7.1.2002 – L 13 AL 3590/01 ER-B; Krasney/Udsching V Rn. 45.
81 Einschränkend LSG NRW 19.5.2014 – L 11 KA 99/13 B ER, juris Rn. 36. S. dazu auch BVerfG 14.3.2018 – 1 BvR 300/18: Danach ist es jedenfalls nicht willkürlich, wenn ein Gericht das allgemeine Rechtsschutzbedürfnis für einen Antrag nach § 86b Abs. 1 S. 1 Nr. 2 SGG verneint, wenn es aufgrund der konkreten Umstände – hier: mögliches behördliches Versehen – nicht fernliegend erscheint, dass die Behörde die Erklärung, den streitigen Verwaltungsakt nicht zu vollstrecken, kurzfristig abgeben könnte, und der Betroffene dennoch einen Versuch, diese herbeizuführen, nicht unternimmt. Ein solcher Versuch der Kontaktaufnahme mit der Behörde ist nicht mit einer förmlichen Antragstellung nach § 86a Abs. 3 SGG gleichzusetzen.
82 Dies gilt auch für Verwaltungsakte mit Drittwirkung. S. dazu auch Schoch/Schneider/Schoch § 80 Rn. 20, 74 mwN und die gesetzliche Regelung des § 80a Abs. 3 S. 2 VwGO (zur allg. Bezugnahme auf § 80 Abs. 6 VwGO als Redaktionsversehen Schoch/Schneider/Schoch § 80a Rn. 74).
83 IErg ebenso Spellbrink Sozialrecht aktuell 2007, 1 (3) (Verneinung des Anordnungsanspruchs); HessLSG 24.4.2006 – L 9 AS 39/06 ER.
84 In Vornahmesachen ist eine Fristsetzung ohne Antrag des Antragsgegners nicht zulässig, da gem. § 86b Abs. 2 S. 4 SGG, § 926 Abs. 1 ZPO nur der Antragsgegner den Antragsteller in ein Hauptsacheverfahren zwingen kann.

bzw. die Widerspruchsbehörde gem. § 86a Abs. 3 S. 1 SGG bzw. das Gericht gem. § 86b Abs. 1 S. 1 Nr. 2 SGG die sofortige Vollziehbarkeit aussetzen bzw. die aufschiebende Wirkung anordnen. Für all diese Anträge kann ein Rechtsschutzbedürfnis bestehen.

30 **Beispiele:**

- Nach Erledigung des Verwaltungsaktes „**Meldeaufforderung**" fehlt das Rechtsschutzbedürfnis für einen Eilantrag. Im Fall einer Sanktion aufgrund eines etwaigen Meldeversäumnisses steht dem Betroffenen einstweiliger Rechtsschutz gegen den Absenkungsbescheid zur Verfügung; dann ist inzident die Rechtmäßigkeit der Meldeaufforderung zu prüfen.[85]
- Zum Rechtsschutzbedürfnis der kassenärztlichen Vereinigung bei einem Rechtsbehelf gegen die für sofort vollziehbar erklärte **Ermächtigung eines Arztes zur Erbringung von labor- und elektrokardiographischen Untersuchungen** iR der kassenärztlichen Versorgung.[86]
- Dem Antrag, die aufschiebende Wirkung von Widerspruch und Anfechtungsklage gegen die **Feststellung der Beendigung der Zulassung aus Altersgründen** festzustellen, fehlt regelmäßig das Rechtsschutzbedürfnis.[87]
- Zum fehlenden Rechtsschutzbedürfnis bei einer Klage gegen eine **Beitragsnachforderung** aufgrund der aufschiebenden Wirkung von Widerspruch und Klage gegen Statusentscheidungen.[88]
- Gibt die Behörde (Versicherungsträger) einem Antrag auf **Aussetzung der Vollziehung eines Beitragsbescheides** nach § 86a Abs. 3 SGG **mit der Auflage zur Verzinsung** der Beitragsforderung statt, fällt dadurch das Rechtsschutzinteresse für eine Entscheidung des Gerichts nach § 86b Abs. 1 S. 1 Nr. 2 SGG nicht weg.[89]

3. Vornahmesachen

a) Allgemeines

31 - Ein Rechtsschutzbedürfnis in Vornahmesachen setzt voraus, dass der Antragsgegner im einstweiligen Rechtsschutzverfahren den in der Hauptsache streitigen Anspruch verneint. Ein **Rechtsschutzbedürfnis** fehlt daher regelmäßig, wenn der Antragsteller sein (Hauptsache-)Begehren im Verwaltungsverfahren überhaupt noch nicht geltend gemacht hat[90] bzw. wenn die Exekutive sein Begehren noch nicht abgelehnt hat (s. a. → Rn. 33). Letzteres folgt zum einen aus dem Grundsatz der Gewaltenteilung, Art. 20 Abs. 3 GG, zum anderen daraus, dass § 86b Abs. 2 SGG ein streitiges Rechtsverhältnis fordert. Allerdings sind Ausnahmen iR des vorbeugenden Rechtsschutzes denkbar,[91] zB bei einer vorbeugenden Unterlassungsklage. In diesen Fällen kommt eine Sicherungsanordnung in Betracht (s. a. → Rn. 333).

32 - Ein Rechtsschutzbedürfnis kann auch bzgl. der **Feststellung von bestimmten Rechten oder der Rechtmäßigkeit bestimmter Anordnungen oder Maßnahmen** bestehen.[92] Zwar sind Feststellungen nicht der Vollstreckung fähig. Dennoch kann es erforderlich sein, die Ver-

---

85 LSG NRW 30.11.2015 – L 19 AS 1799/15 B ER, juris Rn. 4.
86 Nach BSG SozR 3-1500 § 97 SGG Nr. 3.
87 LSG Bln-Bbg 28.11.2007 – L 7 B 153/07 KA ER, juris Rn. 21.
88 HessLSG 12.1.2005 – L 8/14 KR 110/04 ER; dazu auch → Rn. 70.
89 LSG BW 31.7.2015 – L 11 R 2693/15 ER-B, juris Rn. 15; aA LSG Hmb 2.3.2015 – L 2 R 11/15 B ER; diff. HessLSG 12.6.2014 – L 1 KR 150/14 B ER; zur Aussetzung der Vollziehung der Beitragsforderung mit der Auflage zur Verzinsung Pietrek jurisPR-SozR 12/2021 Anm. 3.
90 Vgl. LSG Bln-Bbg 3.2.2016 – L 15 SO 15/16 B ER, L 15 SO 14/16 B ER PKH, juris Rn. 10; BayLSG 19.1.2016 – L 15 VK 14/15 B ER, juris Rn. 55; 21.12.2016 – L 15 VK 17/16 ER; Krasney/Udsching V Rn. 46; s. dazu auch BVerfG 14.3.2018 – 1 BvR 300/18; 30.10.2009 – 1 BvR 2442/09.
91 S. dazu BVerfG 23.4.2009 – 1 BvR 3405/08, juris Rn. 14 ff.
92 HM; aA u.a. BayLSG 25.7.2019 – L 4 KR 117/19 B ER. Soweit das BayLSG seine Auffassung damit begründet, dass eine vorläufige Feststellung sinnlos sei, weil sie keine Klarheit zu schaffen vermag, überzeugt das nicht. Es entspricht dem Wesen des vorläufigen Rechtsschutzes, dass regelmäßig nicht dieser, sondern erst die rechtskräftige Entscheidung in der Hauptsache endgültige Klarheit, genauer: Rechtssicherheit, schafft.

eitelung von Rechten durch bloßen Zeitablauf bis zum Hauptsacheverfahren durch eine feststellende einstweilige Anordnung zu verhindern.[93]

b) Kein behördliches „Vorverfahren"

Die **Durchführung eines behördlichen „Vorverfahrens"** ist nicht Zulässigkeitsvoraussetzung für einen gerichtlichen Antrag auf Erlass einer einstweiligen Anordnung.[94] Ohne ablehnende behördliche Entscheidung wird aber idR kein Rechtsschutzbedürfnis für eine gerichtliche Eilentscheidung gegeben sein.[95] Ausnahmsweise kann ein Rechtsschutzbedürfnis ohne (ablehnende) Verwaltungsentscheidung zu bejahen sein, wenn die Verbescheidung unangemessen lange dauert oder die Behörde gegenüber dem Antragsteller oder dem Gericht zu erkennen gegeben hat oder aufgrund sonstiger Umstände mit großer Wahrscheinlichkeit davon ausgegangen werden muss,[96] dass sie einen entsprechenden Antrag ablehnen werde.[97] 33

Beispiele: 34

- Fehlendes Rechtsschutzbedürfnis für den Erlass einer Regelungsanordnung in Bezug auf ein Tätigwerden des Gerichts, wenn der SGB II-Grundsicherungsträger den **Leistungsantrag noch nicht** förmlich **abgelehnt** hat.[98]
- Ein Rechtsschutzbedürfnis fehlt, wenn der im SGB-II-Leistungsbezug stehende Antragsteller eine unverzügliche (dh unter Abkürzung der normalen Bearbeitungszeit vorzunehmende) **Abänderung seiner Leistungsbewilligung** begehrt und deren besondere Dringlichkeit dem Antragsgegner nicht dargelegt hat.[99]
- Kein Rechtsschutzbedürfnis mehr für ein Verfahren des einstweiligen Rechtsschutzes, wenn Jobcenter begehrte **Leistungen vollumfänglich bewilligt**.[100]
- Ein Rechtsschutzbedürfnis kann wegen **fehlender Mitwirkung** des Antragstellers in Vornahmesachen ausnahmsweise zu verneinen sein, wenn infolgedessen eine substanzielle Prüfung des geltend gemachten Anspruchs durch die Leistungsbehörde (bislang) gar nicht möglich war.[101] Im Übrigen ist einer fehlenden Mitwirkung bei der Prüfung von Anordnungsanspruch und Anordnungsgrund iR der richterlichen Abwägung bzw. Überzeugungsbildung Rechnung zu tragen (s. a. → Rn. 279 ff., 287 f., 417, 425).
- Das Rechtsschutzbedürfnis kann zu verneinen sein, wenn der Betroffene vom zuständigen Leistungsträger **Vorschüsse** (§ 42 SGB I) oder von dem zuerst angegangenen Leistungsträger **vorläufige Leistungen** erhält (§ 43 SGB I) (s. a. → Rn. 503 ff.).[102]
- Zum Entfallen des Rechtsschutzbedürfnisses für ein Rechtsschutzverfahren über die Erteilung einer **Zusicherung zur Übernahme der Unterkunftskosten** nach erfolgtem Umzug.[103]
- Zum Rechtsschutzbedürfnis für die **vorläufige Feststellung** der Berechtigung eines Hilfsmittelversorgers zur Abgabe und Abrechnung von Blutzuckerstreifen im Wege der Regelungsanordnung.[104]
- Bei einer **bestandskräftigen Verwaltungsentscheidung** über die Hauptsache wird im sozial- 35
gerichtlichen Bereich trotz der Möglichkeit eines Überprüfungsverfahrens nach § 44 SGB X (s. a. → Rn. 46 ff., 540) bereits das Rechtsschutzbedürfnis für ein Eilverfahren zu verneinen sein, wenn der Ausgangsverwaltungsakt noch nicht einmal angefochten wurde (s. aber → Rn. 27).

---

93 Vgl. BVerfG NJW 1988, 249.
94 Vgl. Krasney/Udsching V Rn. 45.
95 LSG BW 3.1.2008 – L 8 AS 5486/07 ER-B; LSG Bln-Bbg 27.9.2007 – L 32 B 1558/07 AS ER, juris Rn. 2.
96 LSG Bln-Bbg 27.9.2007 – L 32 B 1558/07 AS ER, juris Rn. 2.
97 Vgl. Krasney/Udsching V Rn. 46.
98 LSG BW 3.1.2008 – L 8 AS 5486/07 ER-B, L 8 AS 5486/07.
99 LSG BW 9.9.2015 – L 1 AS 3579/15 B, juris Rn. 4.
100 BayLSG 1.12.2015 – L 11 AS 703/15 B ER.
101 S. dazu den Beispielsfall bei LSG Nds-Brem 7.7.2015 – L 13 AS 137/15 B ER.
102 Krasney/Udsching V Rn. 46.
103 BayLSG 18.3.2015 – L 11 AS 875/14 B ER.
104 SächsLSG 29.10.2015 – L 1 KR 37/15 B ER.

36 ■ Ein Rechtsschutzbedürfnis des Antragstellers fehlt auch, wenn kein Grund dafür besteht, das Hauptsacheverfahren offen zu halten, zB weil die **Behörde die begehrte Rechtsposition** ohne gerichtliche Entscheidung vorläufig oder endgültig **einräumt** und dies gegenüber dem Gericht oder in einer Zwischenregelung verbindlich feststellt, oder – umgekehrt – weil die **in der Hauptsache erhobene Klage offensichtlich unzulässig oder über sie bereits rechtskräftig entschieden** ist. Dies folgt schon aus der Sicherungs- und Offenhaltefunktion des einstweiligen Rechtsschutzverfahrens.

37 ■ Das Rechtsschutzbedürfnis für den Erlass einer einstweiligen Anordnung fehlt ferner dann, wenn der Antragsteller bereits über einen **Titel mit entsprechendem Inhalt** verfügt, aus dem er mit gleichem Erfolg vollstrecken kann.[105]

38 ■ Das Rechtsschutzbedürfnis fehlt für eine Behörde, die **selbst die erforderlichen Anordnungen**, zB durch Verwaltungsakt, **treffen** kann;[106] so können etwa Umlagebeiträge aus der Sprechstundenbedarfsvereinbarung für Berlin durch Verwaltungsakt festgesetzt werden, für eine entsprechende einstweilige Anordnung besteht kein Rechtsschutzbedürfnis.[107] Es ist grundsätzlich nicht Aufgabe des einstweiligen Rechtsschutzverfahrens, Verbandsstreitigkeiten zwischen zwei juristischen Personen des öffentlichen Rechts, die zudem gem. Art. 20 Abs. 3 GG an Gesetz und Recht gebunden sind, einer einstweiligen Regelung zuzuführen. Sinn und Zweck des vorläufigen Rechtsschutzes ist es vielmehr, als Ausgleich gegenüber dem grundsätzlichen Wirksamkeits- und Vollziehbarkeitsprinzip beim Verwaltungsakt die Waffengleichheit zwischen Staat und Bürger herzustellen. Denn die aufschiebende Wirkung dient der Kompensation des Übergewichts der öffentlichen Verwaltung und deren Befugnis zu einseitig verbindlichen Rechtsfolgeanordnungen durch Verwaltungsakt.[108]

39 ■ Für die **Beschwerde des Grundsicherungsträgers** nach dem SGB II gegen den Beschluss des Sozialgerichts zur Gewährung von Grundsicherungsleistungen im Wege des einstweiligen Rechtsschutzes besteht das erforderliche Rechtsschutzbedürfnis, wenn ohne Beseitigung der Rechtskraftwirkung durch das eingelegte Rechtsmittel eine Vollstreckung droht.[109]

VII. Antragsfrist

40 Eine Antragsfrist ist in den §§ 86a, 86b SGG nicht vorgesehen. Der Antragsteller muss also von Gesetzes wegen keine Frist für seinen Eilantrag einhalten. Allerdings kann bei einem langen Zuwarten des Antragstellers das Vorliegen eines Anordnungsgrundes fraglich sein, was jeweils für den konkreten Einzelfall zu entscheiden ist. In Betracht kommt auch eine prozessuale Verwirkung, die zur Unzulässigkeit des Eilantrags führen kann. Auch hier ist die zeitliche Grenze, die der Antragsteller für eine Verwirkung überschritten haben muss, im Einzelfall[110] festzulegen.

VIII. Rechtskraft

1. Das Fehlen entgegenstehender Rechtskraft als Zulässigkeitsvoraussetzung

41 Ist über einen Antrag nach § 86b Abs. 1 SGG oder über einen Antrag auf Erlass einer einstweiligen Anordnung rechtskräftig entschieden worden, ist ein **erneuter** auf dasselbe Begehren gerichteter **Antrag** wegen der entgegenstehenden Rechtskraft des ursprünglichen Beschlusses unzulässig. Beschlüsse im Eilverfahren sind der formellen Rechtskraft fähig.[111] § 141 SGG ist analog

105 LSG Bln-Bbg 14.1.2008 – L 27 P 53/08 ER.
106 Vgl. Schoch/Schneider/Schoch § 123 Rn. 121a; HmbOVG NJW 1989, 605; OVG NRW NVwZ-RR 1996, 169.
107 LSG Bln 29.10.2003 – L 15 B 49/03 KR ER.
108 LSG Bln 27.2.2004 – L 15 B 69/03 KR ER.
109 LSG NRW 10.9.2014 – L 7 AS 1385/14 B ER, juris Rn. 14.
110 Zur Verwirkung des Klagerechts LSG BW 9.12.1998 – L 5 KA 2502/97.
111 LSG NRW 3.4.2014 – L 2 AS 572/14 B ER, L 2 AS 573/14 B, juris Rn. 2; LSG Bln-Bbg 1.2.2011 – L 9 KR 362/10 B ER, juris Rn. 2; zur (formellen) Rechtskraft ablehnender Beschlüsse, wenn kein Rechtsmittel mehr möglich oder eingelegt worden ist: LSG BW 8.9.2010 – L 7 SO 3038/10 ER-B; LSG Bln 26.10.2004 – L 15 B 88/04 KR ER; 10.7.2002 – L 15 B 39/02 KR ER; Schoch/Schneider/Schoch § 123 Rn. 168, § 80 Rn. 529.

anzuwenden. Mit Ablauf der Beschwerdefrist (§ 173 SGG) oder bei ausgeschlossener Beschwerde (→ Rn. 57) ist die Entscheidung des Sozialgerichts unanfechtbar. Gegen die Beschlüsse des LSG ist eine Beschwerde zum BSG ohnehin nicht gegeben, § 177 SGG. Die den einstweiligen Rechtsschutz betreffenden Beschlüsse sind mit Einschränkungen einer **sachlichen Bindungswirkung** (→ Rn. 42 f.) fähig.[112] Das hat zur Folge, dass solche Beschlüsse zB der Stellung eines neuen Antrages mit gleichem Rechtsschutzziel bei unveränderter Sach- und Rechtslage entgegenstehen[113] oder die Behörde daran hindern, die im Beschluss angeordnete Rechtsfolge unter Berufung auf einen später erlassenen Änderungs- oder Versagungsbescheid nicht umzusetzen.[114] Denn sie beinhalten eine selbstständige und – ab Unanfechtbarkeit der Eilentscheidung – für die Beteiligten nicht mehr angreifbare und insofern grundsätzlich endgültige Entscheidung über die sofortige Vollziehbarkeit, die Sicherung eines bestehenden Rechts oder die vorläufige Erweiterung der Rechtsposition. Eilentscheidungen enthalten also eine endgültige Entscheidung über eine vorläufige Regelung. Dabei erstreckt sich die Bindungswirkung eines rechtskräftigen Beschlusses auf Anordnung der aufschiebenden Wirkung eines Widerspruches nach § 86b Abs. 1 S. 1 Nr. 2 SGG auch auf eine nach Erlass eines Widerspruchsbescheids erhobene Klage.[115] Dies ist schon aus Gründen des effektiven Rechtsschutzes geboten, da andernfalls jedenfalls zwischen Klageerhebung und dem erneuten Ergehen einer gerichtlichen Entscheidung im einstweiligen Rechtsschutzverfahren ein Rechtsvakuum entstünde. Auch prozessökonomische Gesichtspunkte und der Aspekt der Rechtssicherheit sprechen für die Erstreckung der Bindungswirkung. Sollte sich mit Erlass des Widerspruchsbescheids die Sachlage verändert haben, steht der Behörde die Möglichkeit eines Antrags nach § 86b Abs. 1 S. 4 SGG offen. Die vorstehenden Ausführungen gelten gleichermaßen für den Fall, dass im Verfahren des einstweiligen Rechtsschutzes bereits ein rechtskräftiger Beschluss über die Ablehnung des Antrags auf Anordnung der aufschiebenden Wirkung des Widerspruchs ergangen ist.[116] Die **Bindungswirkung dauert** vorbehaltlich einer abweichenden Festsetzung des Gerichts (längstens) bis zur Rechtskraft der Hauptsacheentscheidung bzw. bis zur Bestandskraft des zugrunde liegenden Verwaltungsakts. Zur Möglichkeit der Stellung eines **Abänderungsantrags nach § 86b Abs. 1 S. 4 SGG** bei geänderter Sach- und Rechtslage → Rn. 45, 200 ff., 442.

Beispiele:

- Die Behörde darf einen **(ggf. erst im Beschwerdeverfahren erlassenen) Bescheid nicht vollziehen**, wenn der Vollzug die gerichtliche Leistungsverpflichtung aus dem Eilverfahren aushebeln würde. Die gerichtliche Eilentscheidung hat (vorläufige) Rechtskraft und ist für die Beteiligten verbindlich.[117]
- Einem **erneuten Antrag auf Gewährung von Leistungen der Grundsicherung im Wege des einstweiligen Rechtsschutzes** steht (bei identischem Streitgegenstand) ein im Eilrechtsschutz ergangener rechtskräftiger ablehnender Beschluss entgegen. Auch Beschlüsse über

---

112 Vgl. LSG BW 8.9.2010 – L 7 SO 3038/10 ER-B; 17.12.2009 – L 7 SO 5021/09 ER; LSG Bln-Bbg 5.11.2008 – L 34 B 1982/08 AS ER; SchlHLSG 22.10.2007 – L 4 B 583/07 KA ER; LSG BW 5.11.2007 – L 8 AL 3045/07 B, allerdings ohne Eingehen auf § 86b Abs. 1 S. 4 SGG; LSG NRW 23.7.2007 – L 19 B 86/07 AS; ThürLSG 30.1.2004 – L 6 RJ 914/03 ER; MKLS/Keller SGG § 86b Rn. 19, 44a.

113 Vgl. u.a. LSG NRW 30.5.2016 – L 8 LW 5/15 B ER; ThürLSG 30.1.2004 – L 6 RJ 914/03 ER, juris Ls. 2; LSG NRW 23.7.2007 – L 19 B 86/07 AS; SchlHLSG 22.10.2007 – L 4 B 583/07 KA ER Rn. 15; LSG BW 5.11.2007 – L 8 AL 3045/07 B, juris Rn. 14; MKLS/Keller SGG § 86b Rn. 45a; BFH 18.12.1991 – II B 112/91, BFHE 166, 114; BFH NVwZ 93, 607, 608.

114 S. dazu Harks jurisPR-SozR 16/2020 Anm. 1; Bühls ZFSH SGB 2017, 680 (682).

115 Ganz hM, vgl. LSG Hmb 27.2.2012 – L 3 R 12/12 B ER, juris Rn. 5; LSG Saarl 12.3.2019 – L 1 R 7/18 B ER; LSG Bln-Bbg 13.9.2019 – L 1 BA 75/19 B ER; LSG BW 20.3.2006 – L 8 AS 369/06 ER-B; LSG NRW 17.7.2020 – L 11 KA 23/19 B ER; MKLS/Keller SGG § 86b Rn. 19; aA jurisPK-SGG/Burkiczak § 86b Rn. 216.

116 Vgl. LSG NRW 4.5.2020 – L 8 BA 54/19 ER; ThürLSG 28.2.2014 – L 6 KR 145/14 ER.

117 BayLSG 17.8.2012 – L 7 AS 564/12 B ER, juris Rn. 34.

Anträge auf einstweilige Anordnung erwachsen in formelle und materielle Rechtskraft, wenn kein Rechtsmittel mehr möglich ist oder ein solches nicht eingelegt wird.[118]

2. Grenzen der sachlichen Bindungswirkung

42 Die sachliche Bindungswirkung von Eilentscheidungen erfährt jedoch einige Durchbrechungen, die in der Eigenart der Eilentscheidung begründet liegen. Die Bindungswirkung des Eilbeschlusses erstreckt sich zum einen nur auf den **Streitgegenstand des Eilverfahrens**, also nicht auf das materielle Recht als solches, sondern auf dessen Sicherung. Schon insofern ist die Bindungswirkung begrenzt. Im Hinblick auf diese Eigenart des einstweiligen Rechtsschutzes ist jeweils im konkreten Fall genau zu untersuchen, ob und inwieweit die aufschiebende Wirkung, die sofortige Vollziehbarkeit, die Sicherung eines bestehenden Rechts oder die vorläufige Erweiterung der Rechtsposition eingetreten ist. Zu prüfen ist also jeweils, worüber in der Eilentscheidung entschieden wurde und inwieweit dementsprechend eine sachliche Bindung gegeben ist.

43 Die Rechtskraft einer auf eine vorläufige Erweiterung der Rechtsposition gerichteten Regelungsanordnung soll zum anderen durchbrochen werden, wenn nach Erlass der gerichtlichen Entscheidung eine **Änderung der Sach- oder Rechtslage** eingetreten ist (s. a. → Rn. 45, 202 ff., 442).[119] Der dritte Bereich, in dem sich Einschränkungen für die sachliche Bindungswirkung von Eilentscheidungen ergeben, gilt nur für **Anfechtungssachen, bei denen das Gericht ohne Abwägung entschieden** hat. Grundsätzlich kann die Verwaltung nicht erneut über die sofortige Vollziehbarkeit entscheiden, wenn das Gericht die aufschiebende Wirkung aufgrund einer Abwägung von Aufschub- und Vollziehungsinteresse angeordnet hat. Eine Bindungswirkung tritt jedoch nicht ein, wenn das Gericht die Eilentscheidung ohne Abwägung getroffen hat. Das ist zB der Fall, wenn das Gericht die Vollziehbarkeitsanordnung nur aufgehoben hat, weil diese nicht mit einer ordnungsgemäßen Begründung versehen war oder weil im behördlichen Verfahren die Anhörung des Antragsgegners unterlassen wurde.[120] Hier ist die Behörde berechtigt, die Vollziehbarkeitsanordnung nach Anhörung bzw. mit ordnungsgemäßer Begründung neu zu erlassen. Eine Abwägung führt das Gericht ferner nicht durch, wenn die Behörde einen Verwaltungsakt rechtswidriger Weise vollzogen hat (s. a. → Rn. 197). Auch hier ist trotz Vorliegens einer gerichtlichen Eilentscheidung eine Vollziehbarkeitsanordnung der Verwaltung noch möglich.

3. Abgrenzungen

a) Endgültigkeit der Entscheidung über eine vorläufige Regelung

44 Abzugrenzen ist die Eilentscheidung über den ursprünglichen Eilantrag von dem Verfahren aufgrund eines später gestellten neuen Eilantrags. Hat sich zum Zeitpunkt des Eingangs des neuen Antrags die Sach- oder Rechtslage im Verhältnis zu der vorhergehenden Eilentscheidung so verändert, dass eine neue Beurteilungsgrundlage und damit ein **neuer Streitgegenstand** gegeben sind, handelt es sich um ein neues Eilverfahren. Die Endgültigkeit der ursprünglichen Eilentscheidung steht einem neuen Verfahren dann nicht entgegen.

45 Ist der **Streitgegenstand identisch** geblieben, ist zu unterscheiden: Ist die **Rechtsbehelfsfrist gegen die Eilentscheidung noch nicht abgelaufen**, kommt nur die Beschwerde in Betracht, um die Eilentscheidung überprüfen zu lassen. **Nach Eintritt der formellen Rechtskraft der Eilentscheidung** bis zum rechtskräftigen Abschluss des Hauptsacheverfahrens kommt eine Abänderung der Eil-

---

118 S. u.a. LSG NRW 3.4.2014 – L 2 AS 572/14 B ER, L 2 AS 573/14 B, juris Rn. 2; LSG Bln-Bbg 1.2.2011 – L 9 KR 362/10 B ER, juris Rn. 3.

119 Vgl. auch LSG NRW 23.7.2007 – L 19 B 86/07 AS, juris Rn. 7, 10; LSG BW 5.11.2007 – L 8 AL 3045/07 B, juris Rn. 14.

120 Vgl. VGH BW NVwZ-RR 1995, 174, 175; LSG Bln-Bbg 8.3.2017 – L 23 SO 56/17 B ER; Schoch/Schneider/Schoch § 80 Rn. 530, 532.

entscheidung gem. § 86b Abs. 1 S. 4 SGG in Betracht (→ Rn. 200 ff., 442). Ist das Hauptsacheverfahren rechtskräftig abgeschlossen, entfaltet die Eilentscheidung keine Wirkung hinsichtlich ihres materiellen Regelungsgehalts mehr,[121] auch eine Abänderung der Eilentscheidung kommt nicht mehr in Betracht. Die inhaltliche Bindungswirkung dauert längstens bis zur Rechtskraft der Hauptsacheentscheidung (bzw. bis zur Bestandskraft des in der Hauptsache fraglichen Verwaltungsakts).[122] Ist also der Streitgegenstand identisch geblieben, sind die Beschwerdefristen abgelaufen und ist das Hauptsacheverfahren noch nicht rechtskräftig abgeschlossen, kommt nur ein Abänderungsverfahren gem. § 86b Abs. 1 S. 4 SGG in Betracht. Ein Verfahren nach § 86b Abs. 1 S. 4 SGG, wonach das Gericht die Maßnahme auf Antrag jederzeit aufheben oder ändern kann, stellt im Verhältnis zum ursprünglichen Eilverfahren ein neues selbstständiges Verfahren dar, bei dem sich die Rechtspositionen der Beteiligten gegenüber dem ursprünglichen Verfahren verändern können, aber kein Rechtsmittelverfahren zur Überprüfung der ursprünglichen Entscheidung. Jenseits der Möglichkeit des Abänderungsverfahrens tritt Unanfechtbarkeit der Eilentscheidung dahin gehend ein, dass zwischen den Beteiligten über denselben Streitgegenstand nicht mehr anders entschieden werden kann. Die Eilentscheidung erwächst in Rechtskraft, § 141 Abs. 1 SGG analog. Insofern liegt nach Unanfechtbarkeit eines solchen Beschlusses eine endgültige[123] Entscheidung über eine vorläufige[124] Regelung vor.

b) Unanfechtbarkeit des in der Hauptsache streitigen Verwaltungsakts

aa) Allgemeines

Von der Unanfechtbarkeit der Eilentscheidung selbst ist die Unanfechtbarkeit des in der Hauptsache streitigen Verwaltungsakts zu unterscheiden. Die Unanfechtbarkeit des Verwaltungsakts tritt insbes. bei rechtskräftigem Abschluss des Hauptsacheverfahrens ein, ferner selbstverständlich bei Nichterhebung bzw. nicht rechtzeitiger Erhebung des statthaften Rechtsbehelfs (Klage oder Widerspruch). Mit der Unanfechtbarkeit des angefochtenen Verwaltungsakts endet auch die aufschiebende Wirkung des Rechtsbehelfs. In Vornahmesachen ist der Eilantrag bei Unanfechtbarkeit des die begehrte Leistung versagenden Verwaltungsakts und nicht gestelltem Antrag gem. § 44 SGB X jedenfalls unbegründet, weil kein durch Eilverfahren sicherungsfähiges Recht gegeben ist.[125] Auch in Anfechtungssachen ist die (mutmaßlich) entgegenstehende Bestandskraft des angefochtenen Bescheids regelmäßig eine Frage der Begründetheit des Antrags. Die Statthaftigkeit eines Antrags auf einstweiligen Rechtsschutz wird durch die Bestandskraft des angefochtenen Verwaltungsakts jedenfalls nicht berührt.[126] Denn die Statthaftigkeit betrifft allein die Frage, ob der Antragsteller bezogen auf sein Rechtsschutzbegehren die richtige Antragsart gewählt hat. Wurde der Ausgangsverwaltungsakt allerdings noch nicht einmal angefochten, dürfte ein Rechtsschutzbedürfnis für das Verfahren des einstweiligen Rechtsschutzes zu verneinen sein (s. a. → Rn. 27, 35). 46

Wird allerdings – auf Antrag oder von Amts wegen – ein **Überprüfungsverfahren nach § 44 SGB X** eingeleitet, kann ein nachfolgend bei Gericht gestellter Antrag auf Gewährung einstweiligen Rechtsschutzes nicht allein mit Hinweis auf die Bestandskraft des (Ausgangs-)Verwaltungsaktes abgelehnt werden. Zwar erscheint der Rechtsschutzanspruch aus Art. 19 Abs. 4 GG zunächst einmal verbraucht, da der Betroffene entweder von seinem Anfechtungsrecht keinen Gebrauch gemacht hat oder die Anfechtung des Verwaltungsakts im Verwaltungsverfahren und 47

121 Vgl. MKLS/Keller SGG § 86b Rn. 19; Plagemann Rn. 143; Siegfried SGb 89, 555 (565).
122 Vgl. Schoch/Schneider/Schoch § 123 Rn. 168a.
123 Da kein Rechtsbehelf mehr möglich ist.
124 Da die Regelung nur bis zur rechts- bzw. bestandskräftigen Hauptsacheentscheidung wirkt.
125 IErg ebenso Spellbrink Sozialrecht aktuell 2007, 1 (3) (Verneinung des Anordnungsanspruchs).
126 AA zB LSG Bln-Bbg 3.9.2014 – L 20 AS 2061/14 B ER.

in einem ggf. nachfolgendem gerichtlichen Verfahren bereits erfolglos geblieben ist oder der Betroffene iR einer vergleichsweisen Einigung selbstbestimmt über seinen Rechtsschutzanspruch verfügt hat. Der Gesetzgeber hat jedoch mit der – im Verwaltungsrecht singulären – Vorschrift des § 44 SGB X gerade die Möglichkeit geschaffen, die Bestandskraft eines Verwaltungsakts, selbst wenn dieser rechtskräftig gerichtlich bestätigt worden ist,[127] zum Vorteil des nicht begünstigten Adressaten zu durchbrechen. Damit geht zwingend ein (erneuter) Rechtsschutzanspruch nach Art. 19 Abs. 4 SGG einher und damit auch die Möglichkeit, gerichtlich um einstweiligen Rechtsschutz zu ersuchen.[128]

Das **Rechtsschutzbedürfnis** für einen Antrag auf Gewährung einstweiligen Rechtsschutzes wird jedoch – wie allg. in Vornahmesachen (→ Rn. 33) – regelmäßig zu verneinen sein, wenn noch keine behördliche Überprüfungsentscheidung vorliegt, es sei denn die Verbescheidung dauert unangemessen lange. Hingegen kann in der vorliegenden besonderen Konstellation die hohe Wahrscheinlichkeit einer ablehnenden behördlichen Entscheidung naturgemäß keinen Gesichtspunkt darstellen, um das Rechtsschutzbedürfnis zu bejahen. Andernfalls würde der Umstand, dass ein Verwaltungsakt bereits einmal rechtlich geprüft wurde, in sinnwidriger Weise dazu führen, dass die Möglichkeit der gerichtlichen Prüfung im Eilverfahren im 2. Durchlauf weniger strengen prozessualen Anforderungen unterläge als im Ausgangsverfahren. Auch mit Blick auf die tatbestandlichen Voraussetzungen des § 44 Abs. 1 SGB X muss also der Behörde eine Prüfung, ob bei Erlass des ggf. zurückzunehmenden Bescheides Recht unrichtig angewandt oder von einem unrichtigen Sachverhalt ausgegangen wurde, möglich gewesen sein, bevor der Betroffene in zulässiger Weise von der Möglichkeit eines Eilantrags nach § 86b SGG Gebrauch machen kann.[129] Aus diesem Grund kann allein die Stellung eines Antrags nach § 44 SGB X bei der Behörde während eines gerichtlichen Eilverfahrens dem Antrag auf Gewährung einstweiligen Rechtsschutzes nicht doch noch zum Erfolg verhelfen, wenn dieser wegen der Bestandskraft des Ausgangsbescheids abgelehnt werden müsste.

bb) Stellung eines Antrags nach § 44 SGB X in originären Anfechtungssachen

48 Das Überprüfungsverfahren nach § 44 SGB X ist auf die (teilweise) Rücknahme eines rechtswidrigen nicht begünstigenden Verwaltungsaktes gerichtet. Statthaft ist in der Hauptsache daher stets eine Klage auf Verpflichtung der Behörde zur Rücknahme des Ausgangsbescheids; regelmäßig wird diese Verpflichtungsklage ergänzt um eine Anfechtungsklage gegen den – die Rücknahme ablehnenden – Überprüfungsbescheid nach § 44 SGB X und ggf. – in Fällen einer Leistungsablehnung – um eine Leistungsklage (s. dazu § 54 Abs. 1 S. 1 und Abs. 4 SGG).[130] Damit handelt es sich bei einem sozialgerichtlichen Eilverfahren, dem ein Überprüfungsverfahren nach § 44 SGB X zugrunde liegt, stets um eine **Vornahmesache**, nicht um eine Anfechtungssache (zur Abgrenzung → Rn. 8 ff., 327 f.).[131] Statthaft ist daher auch in Verfahren nach § 44 SGB X, in denen ursprünglich eine bloße Anfechtungssituation gegeben war (zB Anfechtung eines Beitragsbescheids, Anfechtung der Aufhebung einer Leistungsbewilligung) und somit ein Antrag nach § 86b Abs. 1 S. 1 Nr. 2 iVm § 86a Abs. 2 SGG statthaft gewesen wäre, der Antrag auf Erlass einer einstweiligen Anordnung nach § 86b Abs. 2 SGG.[132]

49 Problematisch erscheint, dass das primäre Rechtsschutzziel in der Hauptsache die Rücknahme des Ausgangsbescheids ist. Eine Verpflichtung der Behörde zur „vorläufigen Rücknahme“ eines

---

127 AllgA vgl. bspw. BSG 26.10.2017 – B 2 U 6/16 R, juris Rn. 16 mwN.
128 So iE auch BayLSG 25.1.2010 – L 11 AS 796/09 B ER.
129 IdS auch LSG LSA 18.6.2018 – L 6 KR 30/18 B, juris Rn. 47.
130 So auch die stRspr des BSG, vgl. bspw. 30.1.2020 – B 2 U 2/18 R, 10.6.2021 – B 9 BL 1/20 R, 20.1.2021 – B 13 R 13/19 R, 12.9.2019 – B 11 AL 19/18 R, 7.12.2017 – B 14 AS 8/17 R, jeweils mwN.
131 IdS auch SchlHLSG 6.1.2016 – L 5 KR 209/15 B ER.
132 So iE auch BayLSG 11.9.2015 – L 16 AS 510/15 B ER.

Verwaltungsakts im Verfahren des einstweiligen Rechtsschutzes erschiene aber nicht nur paradox, stellt sich die Rücknahme im verwaltungsrechtlichen Sinne doch als finaler Verwaltungsakt dar, der das Pendant zum Erlass bildet.[133] Vielmehr hätte dies auch zur Folge, dass der Rechtsschutz im Überprüfungsverfahren nach § 44 SGB X weiter reichen würde als im Ausgangsverfahren. Dort wäre nur die Anordnung oder Feststellung der aufschiebenden Wirkung möglich gewesen, die die Hemmung der Vollziehbarkeit des angefochtenen Verwaltungsakts zur Folge gehabt und damit dessen Vollziehung verhindert hätte (s. a. → Rn. 87 ff.). In Betracht kommt daher in Verfahren nach § 44 SGB X, die originäre Anfechtungssachen betreffen, – sozusagen als Äquivalent zur Anordnung der aufschiebenden Wirkung – nur eine Verpflichtung der Behörde zur (befristeten) **Aussetzung der sofortigen Vollziehbarkeit des Ausgangsverwaltungsakts.** Dies genügt jedenfalls in Fällen, in denen sich das Rechtsschutzinteresse des Antragstellers darauf beschränkt, dass die Behörde infolge der Aussetzung der Vollziehbarkeit die (weitere) Vollstreckung des Ausgangsverwaltungsakts allein durch bloßes Nichtstun unterlässt (zB unterbleiben bei einem Beitragsbescheid Maßnahmen zur Beitragsbeitreibung). Doch auch in Fällen, in denen als Folge der Aussetzung der sofortigen Vollziehbarkeit ein weiteres Handeln der Behörde erforderlich wird, genügt regelmäßig allein die Verpflichtung der Behörde zur Aussetzung. Denn die Behörde ist an das Prinzip der Gesetzesmäßigkeit der Verwaltung gebunden. Das bedeutet, da der Ausgangsverwaltungsakt infolge der Aussetzung seiner Vollziehung keine Geltung mehr entfaltet, dass die Behörde entsprechend der danach bestehenden Rechtslage handeln und damit ggf. auch tätig werden muss. Sie muss also bspw. nach der Aussetzung der sofortigen Vollziehbarkeit einer Leistungsaufhebung anschließend die bewilligten Leistungen erbringen. Tut sie das nicht, kommt ein Antrag auf Aufhebung der Vollziehung nach § 86b Abs. 1 S. 2 SGG in Betracht (s. a. → Rn. 13, 197, 296).

Die Frage, ob es sich bei der Aussetzung der Vollziehbarkeit in der vorliegenden § 44 SGB X-Konstellation um einen Fall der Sicherungsanordnung nach § 86b Abs. 2 S. 1 SGG oder einen Fall der Regelungsanordnung nach § 86b Abs. 2 S. 2 SGG handelt, ist eher akademischer Natur. Denn die tatbestandlichen Anforderungen an den Erlass einer einstweiligen Anordnung sind in beiden Fällen gleich, nur die faktisch-rechtliche Wirkung ist bei gleichem Rechtsschutzziel – Sicherung des Hauptsacheanspruchs – eine andere (s. a. → Rn. 330 f.). Streng formal gesehen stellt die gerichtliche Verpflichtung der Behörde zur Aussetzung der sofortigen Vollziehbarkeit des Ausgangsbescheids jedoch eine **Regelungsanordnung** nach § 86b Abs. 2 S. 2 SGG dar,[134] da der Antragsteller eine Erweiterung seiner aktuellen Rechtsposition erfährt: Die Behörde muss die Vollziehbarkeit eines bestandskräftigen Bescheids aussetzen, sodass in der Folge ein wie auch immer gearteter Vollzug des Bescheids (zB durch Verrechnung nach § 52 SGB I, Vollstreckung von Beitragsforderungen oder Nichtauszahlung von bewilligten Leistungen) rechtlich nicht mehr zulässig ist. Damit bleibt aber nicht der status quo erhalten, sondern die Rechtslage wird zugunsten des Antragstellers verändert. Stellt der Antragsteller explizit – § 123 SGG in analoger Anwendung ist hierbei jedoch zu beachten – einen Antrag auf (vorläufige) Rücknahme des Ausgangsbescheids, so ist bei Bejahung eines Anspruchs auf Aussetzung der sofortigen Vollziehbarkeit des Ausgangsbescheids der darüberhinausgehende Antrag (als unzulässig) abzuweisen. 50

Ob die **Voraussetzungen für den Erlass einer einstweiligen Anordnung** – Verpflichtung der Behörde zur Aussetzung der sofortigen Vollziehbarkeit des Ausgangsbescheids – vorliegen, beurteilt sich nach den gleichen rechtlichen Kriterien wie in anderen Fällen der Regelungsanordnung auch (→ Rn. 340 ff.); auch der Prüfungsmaßstab ist derselbe (→ Rn. 412). Es müssen also Anordnungsanspruch und Anordnungsgrund in dem im konkreten Fall erforderlichen Beweismaß 51

133 Krit. zur Möglichkeit einer Verpflichtung zur Rücknahme im Verfahren des einstweiligen Rechtsschutzes auch SächsLSG 22.2.2016 – L 3 AS 613/15 B ER, juris Rn. 27.

134 AA LSG LSA 18.6.2018 – L 6 KR 30/18 B zur Vollziehung eines Beitragsbescheids durch Verrechnung.

glaubhaft sein. Unter der Maßgabe, dass eine ausnahmsweise Modifikation des Beweismaßes aus verfassungsrechtlichen Gesichtspunkten nicht erforderlich ist (→ Rn. 384 ff., 412), ist dies im (Regel-)Fall des Überprüfungsverfahrens nach § 44 Abs. 1 SGB X zu bejahen, wenn ein Erfolg in der Hauptsache überwiegend wahrscheinlich ist, die Behörde also den Verwaltungsakt zurücknehmen muss, weil bei dessen Erlass Recht unrichtig angewandt oder von einem Sachverhalt ausgegangen worden ist, der sich als unrichtig erwiesen hat, und deshalb Sozialleistungen zu Unrecht nicht erbracht oder Beiträge zu Unrecht erhoben worden sind (= Anordnungsanspruch). Zudem muss überwiegend wahrscheinlich sein, dass dem Antragsteller ohne den Eilrechtsschutz der Eintritt wesentlicher Nachteile droht (= Anordnungsgrund). Soweit in der Rspr. vertreten wird, dass in einem Verfahren nach § 44 SGB X strengere Anforderungen an die Glaubhaftmachung von Anordnungsanspruch und/oder von Anordnungsgrund zu stellen sind,[135] gibt es hierfür keine gesetzliche Grundlage. Ohnehin ist ein Erfordernis für die Verschärfung der Anforderungen nicht erkennbar: Liegen zB schon keine belastbaren Anhaltspunkte für eine fehlerhafte Rechtsanwendung oder eine unrichtige Sachverhaltsannahme durch die Behörde vor, wird ein Anordnungsanspruch nicht glaubhaft sein. Soweit die Auswirkungen des Ausgangsbescheids die Vergangenheit betreffen, mangelt es regelmäßig am Vorliegen eines Anordnungsgrunds (s. a. → Rn. 349, 456).

cc) Stellung eines Antrags nach § 44 SGB X in originären Vornahmesachen

52 Wäre beim Ausgangsverwaltungsakt originär bereits die Situation einer Vornahmesache gegeben gewesen (zB Ablehnung eines Leistungsantrags), ergeben sich bei der Frage nach der statthaften Antragsart durch das Überprüfungsverfahren keine Änderungen. Diese bleibt weiterhin der Antrag auf Erlass einer Regelungsanordnung. Allerdings genügt – anders als bei den originären Anfechtungssachen – die Aussetzung der sofortigen Vollziehbarkeit des Ausgangsverwaltungsakts als Antragsziel im Verfahren des einstweiligen Rechtsschutzes in keinem Fall. Denn die bloße Aufhebung des Ausgangsverwaltungsakts reicht in diesen Verfahren nach § 44 SGB X nie zur Erfüllung des Überprüfungsbegehrens. Dieses ist vielmehr final stets auf eine Bewilligung (zB einer Sachleistung) oder eine Leistung (Zahlung von Geld) oder eine Feststellung (zB einer Unfallfolge oder eines Grades der Behinderung) gerichtet. Die Prüfung des Anordnungsanspruchs hat daher bezogen auf das Vorliegen der materiellrechtlichen Voraussetzungen des originär geltend gemachten Anspruchs unter Berücksichtigung der besonderen Voraussetzungen des § 44 SGB X zu erfolgen. Im Übrigen ergeben sich aber keine Abweichungen im Vergleich zur Prüfung bei originären Anfechtungssachen, sodass auf die obigen Ausführungen verweisen werden kann (→ Rn. 48 ff.).

IX. Anhörung

53 Grundsätzlich sind Antragsteller und Antragsgegner sowie ggf. Beigeladene (s. a. → Rn. 55) auch vor einer Eilentscheidung zu hören.[136] Auch die Rechtslage ab 2.1.2002 (Inkrafttreten des 6. SGG-ÄndG) enthält insofern keine ausdrückliche Regelung, das Erfordernis der Anhörung ergibt sich aber aus verfassungsrechtlichen Gesichtspunkten (vgl. Art. 103 GG) sowie aus dem allgemeinen Grundsatz des § 62 SGG. Die Eilbedürftigkeit kann es dabei erforderlich machen,

135 Für besonders strenge Anforderungen an die Glaubhaftmachung des Anordnungsgrundes zB LSG BW 11.10.2010 – L 7 AS 4197/10 ER-B; LSG LSA 24.1.2008 – L 2 B 96/07 AS-ER, juris Rn. 26; LSG NdsBrem 9.2.2006 – L 7 AS 384/05 ER; anders BayLSG 11.9.2015 – L 16 AS 510/15 B ER: Glaubhaftmachung des Anordnungsanspruchs setzt voraus, dass die Rechtswidrigkeit des angefochtenen Bescheides offensichtlich und deshalb klar mit einem für den Antragsteller positiven Ausgang des Überprüfungsverfahrens zu rechnen ist; idS auch LSG LSA 18.6.2018 – L 6 KR 30/18 B; ThürLSG 10.6.2015 – L 6 KR 430/15 B ER; SchlHLSG 6.1.2016 – L 5 KR 209/15 B ER.

136 Vgl. Fichte/Jüttner/Jüttner/Wehrhahn SGG § 86b Rn. 90; Herold-Tews/Merkel Rn. 660.

dass die Fristen für die Möglichkeit, sich zum Prozessstoff zu äußern, vom Gericht sehr kurz angesetzt werden. Ganz ausnahmsweise kann von einer Anhörung abgesehen werden, wenn diese wegen besonderer Eilbedürftigkeit den Zweck der begehrten Anordnung in Frage stellt;[137] in solchen Fällen ist allerdings zu prüfen, ob nur eine Zwischenregelung in Form eines Hängebeschlusses zu erlassen ist, um die unterlassene Anhörung nachholen zu können (zum Hängebeschluss → Rn. 488 ff.).

X. Sonstige Verfahrensfragen

1. Fakultative mündliche Verhandlung

Eine mündliche Verhandlung ist nicht zwingend vorgeschrieben. Die § 86b Abs. 2 S. 4 SGG, § 921 Abs. 1 ZPO stellen die Durchführung einer mündlichen Verhandlung in das Ermessen des Gerichts. Dies gilt auch für Anfechtungssachen, obwohl § 86b Abs. 2 S. 4 SGG von seinem Standort her nur für Vornahmesachen gilt. Ergeht die Eilentscheidung ohne mündliche Verhandlung, müssen die ehrenamtlichen Richter nicht mitwirken.[138] IdR entscheidet das Gericht wegen der Eilbedürftigkeit ohne ehrenamtliche Richter. 54

2. Beiladung

Für die Beiladung im Eilverfahren gilt § 75 SGG, jedenfalls bei Eilentscheidungen in Vornahmesachen, also in Fällen des § 86b Abs. 2 SGG.[139] Eine Verpflichtung des Beigeladenen ist im Wege der einstweiligen Anordnung ebenfalls möglich, § 75 Abs. 5 SGG; allerdings muss es sich auch hier um Leistungsansprüche handeln, die entweder deckungsgleich sind oder in einem Exklusivitätsverhältnis zueinander stehen.[140] Der Beigeladene ist gegen eine ihn verpflichtende Eilentscheidung beschwerdeberechtigt, auch mit der Zielsetzung einer Verpflichtung des Antragsgegners[141]. Die sog. einfache Beiladung (§ 75 Abs. 1 SGG) kann aufgrund der Eilbedürftigkeit des Verfahrens aber grundsätzlich unterbleiben. Bei Eilentscheidungen in Anfechtungssachen – Fälle des § 86b Abs. 1 SGG – wird auch bzgl. der sog. notwendigen Beiladung (§ 75 Abs. 2 SGG) ein Zwang zur Beiladung verneint.[142] Eine notwendige Beiladung wegen anderweitiger Leistungspflicht (§ 75 Abs. 2 Alt. 2 SGG) kommt wegen fehlender Identität des Streitgegenstandes im Verhältnis zum Dritten hier ohnehin nicht in Betracht.[143] 55

Beispiele:

- Zur Verpflichtung des notwendig Beigeladenen nach § 75 Abs. 5 SGG im Eilverfahren.[144]
- Zur Möglichkeit der Verpflichtung des beigeladenen Sozialhilfeträgers in Anwendung des § 75 Abs. 5 SGG,[145] insbes. zur Verpflichtung des (im Verfahren auf SGB II-Leistungen) beigeladenen Sozialhilfeträgers zur Hilfe zum Lebensunterhalt nach dem 3. Kapitel des SGB XII

137 Grundlegend zur nachträglichen Anhörung (zur Anordnung der Untersuchungshaft) BVerfGE 9, 89 (98).
138 § 12 Abs. 1 S. 2 SGG; dazu Siegfried SGb 1989, 555 (558, 566); Timme NZS 1992, 93 (96).
139 MKLS/Schmidt SGG § 75 Rn. 5; MKLS/Keller SGG § 86b Rn. 38.
140 Vgl. BSG 11.6.1992 – 12 RK 45/90; LSG LSA 18.6.2018 – L 6 KR 30/18 B.
141 Vgl. LSG Bln-Bbg 7.12.2016 – L 15 SO 293/16 B ER.
142 Vgl. SächsLSG 12.2.2018 – L 9 KR 496/17 B ER; LSG LSA 15.12.2015 – L 9 KA 18/15 B ER.
143 MKLS/Keller SGG § 86b Rn. 16; s. zur Frage, ob § 75 Abs. 2 Alt. 2, Abs. 5 SGG auch im Falle von Anträgen, die auf Anordnung der aufschiebenden Wirkung von Widerspruch oder Anfechtungsklage gegen die Aufhebung einer Leistungsbewilligung gerichtet sind (§ 86b Abs. 1 S. 1 Nr. 2 SGG), anwendbar ist, auch BVerfG 16.4.2019 – 1 BvR 2111/17.
144 LSG Nds-Brem 21.6.2007 – L 13 SO 5/07 ER; LSG Nds Breithaupt 1997, 381; LSG LSA 18.6.2018 – L 6 KR 30/18 B.
145 LSG BW 1.8.2006 – L7 AY 3106/06 ER – B; zu § 75 Abs. 5 SGG aF LSG BW 15.5.2006 – L 13 AS 1708/06 ER – B; abw. SchlHLSG 9.11.2005 – L 9 B 268/05 SO ER.

nach Maßgabe der Rspr. des BSG,[146] in Bezug auf Unionsbürger, deren Aufenthaltsrecht sich allein aus dem Zweck der Arbeitssuche ergibt.[147]

XI. Entscheidung durch Beschluss[148]

56 Die gerichtliche Entscheidung erfolgt durch Beschluss, vgl. § 86b Abs. 4 SGG. Der Beschluss ist zu begründen (§ 142 Abs. 2 SGG), zuzustellen (§ 63 SGG) und mit einer Rechtsbehelfsbelehrung (§ 66 SGG) zu versehen. Bei einem Beschluss aufgrund einer mündlichen Verhandlung wirken die ehrenamtlichen Richter mit.[149]

Ist das Landessozialgericht erstinstanzlich für die Entscheidung über einen Antrag nach § 86b Abs. 1 oder Abs. 2 SGG zuständig, kann in dringenden Fällen allein der Vorsitzende – anstelle des Senats – über den Antrag entscheiden, § 155 Abs. 2 S. 2 SGG.

XII. Rechtsbehelfe gegen die gerichtliche Eilentscheidung

1. Beschwerde

57 Gegen den gem. § 142 SGG im einstweiligen Rechtsschutzverfahren ergehenden Beschluss ist die **Beschwerde** statthaft, § 172 SGG. Auch der Beigeladene ist beschwerdeberechtigt. Nach § 172 Abs. 3 Nr. 1 SGG ist die Beschwerde aber ausgeschlossen, wenn in der Hauptsache die Berufung nicht zulässig wäre.[150] Auch die Beschwerde gegen die Ablehnung eines Antrags auf Bewilligung von Prozesskostenhilfe ist im Verfahren des einstweiligen Rechtsschutzes nach § 172 Abs. 3 Nr. 2c, Nr. 1 SGG nur statthaft, wenn die Berufung in der Hauptsache nicht der Zulassung bedürfte.[151] Abzustellen ist auf den Zeitpunkt des Erlasses des Eilbeschlusses. Zu diesem Zeitpunkt tritt wegen § 172 Abs. 3 SGG formelle Bestandskraft ein. In den Eilbeschluss ist ein entsprechender Hinweis aufzunehmen. Nicht ohne Zulassung statthaft ist die Berufung in der Hauptsache insbes., wenn der Wert des Beschwerdegegenstandes bei einer Klage, die eine Geld-, Dienst- oder Sachleistung oder einen hierauf gerichteten Verwaltungsakt betrifft, 750 EUR nicht übersteigt,[152] § 144 Abs. 1 S. 1 Nr. 1 SGG idF des 8. SGG-ÄndG.[153] Erfolgt in einem nach Erlass des Eilbeschlusses ergehenden Urteil in der Hauptsache eine Zulassung, kommt allenfalls ein Abänderungsbeschluss nach § 86b Abs. 1 S. 4 SGG in Betracht (→ Rn. 200 ff., 442). Im Hinblick auf die Aufhebung des § 97 Abs. 2 S. 4 SGG aF und wegen § 86a Abs. 4 SGG iVm § 172 SGG dürfte nicht mehr zweifelhaft sein, dass im Übrigen auch dem Eilantrag stattgebende[154] Beschlüsse mit der Beschwerde angegriffen werden können.[155] Auch Änderungs- oder Aufhebungsbeschlüsse unterliegen nach Maßgabe des § 172 SGG der Beschwerde.[156] Die Beschwerde hat keine aufschiebende Wirkung, vgl. § 175 SGG.

146 BSG 3.12.2015 – B 4 AS 44/15 R.
147 Dazu statt vieler LSG Bln-Bbg 21.12.2015 – L 25 AS 3035/15 B ER.
148 Vgl. zum Sonderfall des sog. Hängebeschlusses → Rn. 488 ff.
149 § 12 Abs. 1 S. 2 SGG, argumentum e contrario.
150 § 172 Abs. 3 Nr. 1 idF d Art. 6 G v. 5.8.2010 (BGBl. I 1127) mWv 11.8.2010.
151 LSG NRW 4.5.2015 – L 20 AY 14/15 B, juris Rn. 14.
152 Vgl. zB LSG NRW 4.2.2016 – L 2 AS 2198/15 B ER, juris Rn. 4.
153 BGBl. 2008 I 444 (446) mW ab 1.4.2008.
154 Vor Inkrafttreten des 6. SGG-ÄndG am 2.1.2002 war nach der damals wohl hA die Beschwerde wegen § 97 Abs. 2 S. 4 SGG aF nicht statthaft, wenn dem Eilantrag in der ersten Instanz stattgegeben wurde, vgl. Timme NZS 1992, 95, Fn. 48 mwN; dazu Zeihe SGb 1982, 365 (366); Heberlein SGb 1985, 412 f.
155 Vgl. Spiolek ZFSH/SGB 2001, 80 (83).
156 BT-Drs. 14/5943, 25.

Beispiele:

- Für die Beschwerde einer Behörde fehlt (auch dann) das **Rechtsschutzbedürfnis**, wenn die Behörde erstinstanzlich mittels einstweiliger Anordnung zur Erbringung einer einmaligen Leistung verpflichtet wurde.[157]
- Zum **Beschwerderecht eines** nach § 75 Abs. 5 SGG verpflichteten **Beigeladenen.**[158]
- Zur **Ermittlung des Beschwerdewerts** bei einem unbezifferten Antrag durch überschlägige Berechnung unter Berücksichtigung des Vorbringens des Beschwerdeführers.[159]
- Bei der Bestimmung des Wertes des Beschwerdegegenstandes ist, soweit es um die Bewilligung von **laufenden lebensunterhaltssichernden Leistungen** geht, jedenfalls im Verfahren des einstweiligen Rechtsschutzes grundsätzlich von einer Leistungsdauer von (maximal) zwölf Monaten auszugehen.[160]

Allein bzgl. der **Kostenentscheidung im erstinstanzlichen Eilbeschluss** ist eine isolierte Beschwerde zum Landessozialgericht nicht zulässig (§ 144 Abs. 4 SGG analog); es fehlt an der Statthaftigkeit.[161] Der Ausschluss umfasst auch die Auferlegung von Verschuldenskosten nach § 192 Abs. 1 S. 1 Nr. 2 SGG in einem Beschluss des SG im Verfahren des einstweiligen Rechtsschutzes.[162] 58

Über die Beschwerde entscheidet das **Landessozialgericht** durch **Beschluss**, § 176 SGG. Eine Abhilfeentscheidung durch das Sozialgericht findet nicht mehr statt; § 174 SGG wurde mWv 1.4.2008 aufgehoben. Über die Beschwerde entscheidet das Landessozialgericht im Senat, mit Einverständnis der Beteiligten auch durch den Vorsitzenden bzw. den Berichterstatter, § 155 Abs. 3 SGG. Eine Entscheidung allein durch den Vorsitzenden nach § 155 Abs. 2 S. 2 SGG ist im Beschwerdeverfahren nicht möglich.[163] Die Vorschrift erfasst nur Verfahren, in denen das Landessozialgericht erstinstanzlich für einen Antrag auf Gewährung einstweiligen Rechtsschutzes zuständig ist. Das Landessozialgericht trifft eine **eigene Sachentscheidung** über die gestellten Sachanträge. Dabei ist es auch zur Auslegung und Umdeutung der Anträge berechtigt (§ 123 SGG analog). Jedoch sind der Grundsatz des „ne ultra petita“ (§ 123 SGG) und das Verbot der „reformatio in peius“ ebenso zu beachten[164] wie der durch den Beschwerdegegenstand – die (teilweise) angefochtene erstinstanzliche Entscheidung – limitierte Prüfungsumfang. Eine **Änderung des** gestellten **erstinstanzlichen Antrags** ist in den Grenzen des § 153 Abs. 1 SGG iVm § 99 SGG analog grundsätzlich möglich.[165] Eine **Zurückverweisung an das Sozialgericht** nach § 159 SGG scheidet zumeist wegen der Eilbedürftigkeit aus, kommt aber in Ausnahmefällen in Betracht.[166] Gegen die Entscheidung des Landessozialgerichts ist eine **Beschwerde zum Bundessozialgericht (BSG)** nicht gegeben, § 177 SGG. 59

157 BayLSG 17.3.2021 – L 8 SO 46/21 B ER mablAnm Lange NZS 2021, 615; aA hM, vgl. MKLS/Keller SGG § 86b Rn. 47 mwN.
158 LSG Bln-Bbg 29.11.2016 – L 1 KR 475/16 B ER.
159 LSG NRW 19.10.2016 – L 20 AY 51/16 B ER, L 20 AY 52/16 B.
160 LSG Nds-Brem 12.12.2016 – L 8 AY 51/16 B ER, juris Ls. 2.
161 Berchtold/Richter/Cantzler § 7 Rn. 10; LSG Nds-Brem 5.1.2016 – L 11 AS 1724/15 B ER, juris Rn. 6; LSG LSA 29.9.2014 – L 5 AS 1005/13 B ER; LSG NRW 4.4.2007 – L 19 B 7/07 AS ER, juris Rn. 9.
162 LSG Nds-Brem 5.1.2016 – L 11 AS 1724/15 B ER, juris Rn. 6.
163 S. dazu BVerfG 28.9.2017 – 1 BvR 1510/17.
164 S. dazu LSG Nds-Brem 19.11.2019 – L 8 AY 26/19 B ER.
165 Vgl. LSG LSA 15.12.2015 – L 9 KA 18/15 B ER; LSG Nds-Brem 4.4.2019 – L 11 AS 72/19 B ER, juris Rn. 19 mwN; aA LSG NRW 10.10.2007 – L 19 B 122/07 AS ER, juris Rn. 5; ThürLSG 22.2.2012 – L 4 AS 1825/11 B ER: Erweiterung des Antrags und Antragsänderung im Beschwerdeverfahren nicht zulässig, weil insoweit das Beschwerdegericht nicht das (instanziell) zuständige Prozessgericht der Hauptsache ist.
166 Vgl. zB BayLSG 7.6.2010 – L 18 SO 58/10 B ER (Entscheidung über SGB II-Leistungen einer nur für SGB XII-Leistungen zuständigen Kammer des Sozialgerichts und Zuständigkeit des Beschwerdesenats nur für den Bereich des SGB XII); s. a. LSG NRW 3.12.2015 – L 7 AS 2005/15 B ER, L 7 AS 2006/15 B (Zurückverweisung bei vollständig unterbliebener Aufklärung des dem Eilantrag zugrunde liegenden Sachverhalts unter Verletzung des rechtlichen Gehörs und der Pflicht zur Ermittlung von Amts wegen); BayLSG 8.4.2016 – L 16 AS 203/16 B ER.

2. Wiederaufnahme

60 Nach ghM soll die Möglichkeit der Wiederaufnahme des Verfahrens nach §§ 179 ff. SGG in den Verfahren des einstweiligen Rechtsschutzes nicht bestehen.[167] Mit Blick auf die systematische Stellung der Vorschriften über die Wiederaufnahme im SGG käme allenfalls ihre analoge Anwendung auf die Verfahren nach § 86b SGG in Betracht. Der Wortlaut des § 179 Abs. 1 SGG steht indes einer analogen Anwendung nicht entgegen. Die Beschlüsse in den Verfahren nach § 86b beenden diese – entweder in erster oder in zweiter Instanz – rechtskräftig (s. a. → Rn. 41, 45).[168] Allerdings sprechen bereits Charakter und Normzweck der §§ 179 ff. SGG gegen eine analoge Anwendung. Es handelt sich bei der Wiederaufnahme um einen außerordentlichen Rechtsbehelf, der ausnahmsweise die Durchbrechung der Rechtskraft einer gerichtlichen Entscheidung ermöglicht, weil die durch die Entscheidung endgültige gestalte Rechtslage unter Berücksichtigung der den gesetzlichen Fallkonstellationen zugrunde liegenden Umstände nicht (mehr) hinnehmbar erscheint. In den Verfahren nach § 86b SGG wird die Rechtslage aber regelmäßig nicht endgültig gestaltet. Dies bleibt vielmehr dem Hauptsacheverfahren vorbehalten. Im Übrigen scheint vor dem Hintergrund, dass § 86b Abs. 1 S. 4 SGG in unmittelbarer (→ Rn. 200 ff. für Anfechtungssachen) oder analoger (→ Rn. 442 für Vornahmesachen) Anwendung einen Antrag auf Abänderung eines ergangenen gerichtlichen Eilbeschlusses zulässt, auch kein Bedürfnis für eine analoge Anwendung der §§ 179 ff. SGG auf das sozialgerichtliche Eilverfahren gegeben. Zumindest wäre in diesem Zusammenhang bei einem Wiederaufnahmeantrag das Bestehen eines Rechtsschutzbedürfnisses im Einzelfall zu prüfen.[169]

3. Anhörungsrüge

61 Nach dem Wortlaut des § 178a Abs. 1 S. 1 SGG ist auch gegen Entscheidungen im sozialgerichtlichen Eilverfahren, soweit sie nicht mit der Beschwerde anfechtbar sind, die Anhörungsrüge grundsätzlich statthaft.[170] Die Anhörungsrüge ist nicht nach § 178a Abs. 1 S. 2 SGG ausgeschlossen, weil der Beschluss nach § 86b Abs. 4 SGG keine Zwischenentscheidung iSd Vorschrift darstellt (anders als zB der Hängebeschluss → Rn. 488). Die Möglichkeit zur Erhebung der Anhörungsrüge entspricht auch dem Willen des Gesetzgebers, jedenfalls für Fälle, in denen bei einer erst im Hauptsacheverfahren stattfindenden Korrektur unzumutbare Nachteile drohen.[171] Wenigstens auf diese Fälle sollte die Möglichkeit der Anhörungsrüge gegen Eilbeschlüsse auch beschränkt bleiben. Eine weitere Ausdehnung des Anwendungsbereichs erscheint mit Blick auf den Anspruch auf rechtliches Gehör in der Hauptsache und der Möglichkeit des Abänderungsantrags nach § 86b Abs. 1 S. 4 SGG nicht geboten.

Beispiel: Zur Zulässigkeit eines Antrags auf Wiederaufnahme und einer **Gegenvorstellung** gegen einen rechtskräftigen Beschluss im einstweiligen Rechtsschutzverfahren neben einer Anhörungsrüge.[172]

---

167 Vgl. MKLS/Keller SGG § 86b Rn. 44a mwN.

168 Unzutr. in diesem Zusammenhang BayLSG 12.1.2016 – L 11 AS 850/15 WA, wonach im Falle der Ablehnung des Erlasses einer einstweiligen Anordnung jederzeit ein erneuter Antrag auf einstweiligen Rechtsschutz gestellt werden könne.

169 S. dazu LSG BW 27.6.2014 – L 8 AL 397/14 WA; LSG Bln-Bbg 22.4.2016 – L 9 KR 150/16 B ER RG.

170 Vgl. BVerfG 8.6.2016 – 1 BvR 3046/15, 1 BvR 3084/15, 1 BvR 892/16, 1 BvR 893/16, 1 BvR 910/16 mwN.

171 Vgl. BT-Drs. 15/3706, 14 zur Umsetzung des Plenarbeschlusses des BVerfG 30.4.2003 – 1 PBvU 1/02: Eine Korrektur erst im Hauptsacheverfahren kommt danach insbes. dann nicht in Betracht, wenn die Eilentscheidung endgültige Verhältnisse schafft oder – wegen der Dauer des Hauptsacheverfahrens – faktisch zu endgültigen Verhältnissen führt.

172 LSG Bln-Bbg 22.4.2016 – L 9 KR 150/16 B ER RG.

B. Materielle[173] Fragen der Eilentscheidung in Anfechtungssachen

I. Grundstrukturen der sozialgerichtsgesetzlichen Regelung

1. Systematische Stellung und Überblick

Orientierungshinweis: In der Praxis kommen häufig die §§ 86b Abs. 1 S. 1 Nr. 2, 86a Abs. 2 Nr. 4 SGG iVm § 39 SGB II zur Anwendung, welche insbes. bei Aufhebung einer Leistungsbewilligung die Rechtsgrundlagen für die gerichtliche Eilentscheidung darstellen. 62

Die den einstweiligen Rechtsschutz in Anfechtungssachen regelnden Vorschriften der §§ 86a und 86b Abs. 1, 3 und 4 SGG stehen als gemeinsame Verfahrensvorschriften im zweiten Teil des Sozialgerichtsgesetzes (Verfahren) im Unterabschnitt „Vorverfahren und einstweiliger Rechtsschutz". Der sachliche Zusammenhang zwischen Vorverfahren und einstweiligem Rechtsschutz liegt im Hinblick auf die aufschiebende Wirkung des Widerspruchs auf der Hand. Was die aufschiebende Wirkung der Klage und die einstweilige Anordnung betrifft, lässt sich die Stellung in dem vorgenannten Abschnitt des SGG mit dem Bestreben nach einer gesetzessystematischen Zusammenfassung der Vorschriften des einstweiligen Rechtsschutzes erklären. § 86a Abs. 1 SGG regelt die **gesetzesbewirkte** aufschiebende Wirkung von Widerspruch und Anfechtungsklage. § 86a Abs. 2 und 4 SGG normiert die Fälle der von Gesetzes wegen eintretenden sofortigen Vollziehbarkeit. § 86a Abs. 3 SGG regelt die **behördliche** Anordnung und Aussetzung der sofortigen Vollziehbarkeit. § 86b Abs. 1 SGG fasst die Regelungen des **gerichtlichen** einstweiligen Rechtsschutzes in Anfechtungssachen[174] zusammen, wobei auch die Absätze 3 und 4 Anwendung finden. Im Überblick lässt sich das Zusammenspiel von gesetzesbewirktem und **gerichtlichem** Eilrechtsschutz in Anfechtungssachen nach der von § 86a SGG vorgegebenen Systematik wie folgt darstellen:

- §§ **86a Abs. 1 S. 1,** 86a Abs. 2 Nr. 5, 86b Abs. 1 S. 1 Nr. 1 SGG:
  Rechtsbehelfe haben **grundsätzlich aufschiebende Wirkung,** die bei Missachtung durch die Behörde gerichtlich festgestellt werden kann. Ferner kommt eine behördliche (§ 86a Abs. 2 Nr. 5 SGG) oder gerichtliche (§ 86b Abs. 1 S. 1 Nr. 1 SGG) Anordnung der sofortigen Vollziehbarkeit in Betracht. Die gerichtliche Anordnung der sofortigen Vollziehbarkeit wird insbes. für begünstigende Verwaltungsakte mit belastender Drittwirkung Bedeutung erlangen.
- §§ **86a Abs. 2 Nr. 1–4,** 86b Abs. 1 S. 1 Nr. 2 SGG:
  Von Gesetzes wegen (§ 86a Abs. 2 Nr. 1–4 SGG) ist **sofortige Vollziehbarkeit** gegeben, sodass eine gerichtliche Anordnung der aufschiebenden Wirkung in Betracht kommt. Das Gericht trifft eine (originäre) Entscheidung über die Anordnung der aufschiebenden Wirkung gem. § 86b Abs. 1 S. 1 Nr. 2 SGG, und zwar in den Fällen des § 86a Abs. 2 Nr. 1 SGG nach Subsumtion unter die Merkmale des § 86a Abs. 3 S. 2 SGG, in den Fällen der Nr. 2–4 des § 86a Abs. 2 SGG nach umfassender Abwägung.
- §§ **86a Abs. 2 Nr. 5,** 86b Abs. 1 S. 1 Nr. 2 SGG:
  Im Falle des § 86a Abs. 2 Nr. 5 SGG ist eine **behördliche Vollziehbarkeitsanordnung** vorausgegangen. Das Gericht überprüft die Rechtmäßigkeit der behördlichen Vollziehbarkeitsanordnung, hebt diese ggf. wegen formeller bzw. materieller Rechtswidrigkeit auf und trifft

173 Materiell wird hier iSv „inhaltlich" als Gegenstück zu den in → Rn. 1 ff. behandelten formellen Fragen verwendet. Der Eilrechtsschutz basiert insgesamt auf den prozessrechtlichen Vorschriften der §§ 86a und b SGG.

174 § 86b Abs. 2 SGG regelt den gerichtlichen einstweiligen Rechtsschutz in Vornahmesachen.

ggf. eine (originäre) Entscheidung über die (Wieder-) Herstellung der aufschiebenden Wirkung gem. § 86b Abs. 1 S. 1 Nr. 2 SGG.

- §§ **86a Abs. 3,** 86b Abs. 1 S. 1 Nr. 3 SGG:
  Im Falle des § 86a Abs. 3 SGG ist von Gesetzes wegen (§ 86a Abs. 2 Nr. 1–4 SGG) oder aufgrund behördlicher Anordnung (§ 86a Abs. 2 Nr. 5 SGG) sofortige Vollziehbarkeit eingetreten. Die Ausgangs- oder Widerspruchsbehörde[175] hat die **sofortige Vollziehbarkeit ausgesetzt** (§ 86a Abs. 3 S. 1 SGG). Das Gericht kann die sofortige Vollziehbarkeit wiederherstellen (§ 86b Abs. 1 S. 1 Nr. 3 SGG).

Überblick zum einstweiligen Rechtsschutz in Anfechtungssachen

Rechtsfolge	Rechtsgrundlage	Bedeutung	Gerichtliche Maßnahme	Rechtsgrundlage
aufschiebende Wirkung	§ 86a Abs. 1	tritt automatisch mit Erhebung von Widerspruch oder Anfechtungsklage ein und hemmt vorläufig die Vollziehung	Feststellung der aufschiebenden Wirkung/ Anordnung der sofortigen Vollziehbarkeit	§ 86b Abs. 1 S. 1 Nr. 2 analog bzw. Nr. 1
sofortige Vollziehbarkeit von Gesetzes wegen	§ 86a Abs. 2 Nr. 1–4	**sofortige Geltung (der im VA getroffenen Regelung ab dessen Bekanntgabe)**	Anordnung der aufschiebenden Wirkung	§ 86b Abs. 1 S. 1 Nr. 2
	Nr. 1	*der Entscheidung über Beitragspflichten u.a.*	Maßstab: § 86a Abs. 3 S. 2	
	Nr. 2	*der Regelung des Ausgangs-VA bei (auch teilweiser) Entziehung von laufenden Leistungen im Bereich des sozialen Entschädigungsrechts und der Bundesagentur für Arbeit*		
	Nr. 3	*der Regelung des Widerspruchsbescheids bei (auch teilweiser) Entziehung von laufenden Leistungen in Angelegenheiten der Sozialversicherung*		
	Nr. 4	*in anderen durch Bundesgesetz vorgeschriebenen Fällen*		

175 Zum Umfang der Befugnis der Verwaltungsbehörde BT-Drs. 14/5943, 25.

Rechtsfolge	Rechtsgrundlage	Bedeutung	Gerichtliche Maßnahme	Rechtsgrundlage
sofortige Vollziehbarkeit aufgrund behördlicher Anordnung	§ 86a Abs. 2 Nr. 5	sofortige Geltung der im VA getroffenen Regelung wegen besonderen öffentlichen Interesses an der sofortigen Vollziehbarkeit	Anordnung der aufschiebenden Wirkung	§ 86b Abs. 1 S. 1 Nr. 2
Aussetzung der sofortigen Vollziehung durch die Behörde	§ 86a Abs. 3 S. 1/ § 86a Abs. 3 S. 2	hemmt die Vollziehbarkeit bei überwiegendem privaten Suspensionsinteresse/Aussetzung der Vollziehung bei Beitragspflichten ua. – bei ernstlichen Zweifeln an der Rechtmäßigkeit des VA – bei unbilliger Härte Wiederherstellung der sofortigen Vollziehbarkeit § 86b Abs. 1 S. 1 Nr. 3	Wiederherstellung der sofortigen Vollziehung	§ 86b Abs. 1 S. 1 Nr. 3

2. Sozialgerichtsgesetz und Verwaltungsgerichtsordnung

Bei der Schaffung der sozialgerichtlichen Vorschriften des einstweiligen Rechtsschutzes hat sich der Gesetzgeber an die verwaltungsgerichtlichen Regelungen des einstweiligen Rechtsschutzes angelehnt. Welche Vorschriften des SGG und der VwGO sich entsprechen, lässt sich der untenstehenden Übersicht entnehmen. Auf die jeweiligen Besonderheiten wird kurz hingewiesen. Der Systemvergleich ergibt für weite Teilbereiche inhaltliche und konzeptionelle Übereinstimmungen zwischen den verwaltungsgerichtlichen und den sozialgerichtlichen Regelungen des einstweiligen Rechtsschutzes. 63

Gegenüberstellung SGG – VwGO

SGG	VwGO	Anmerkung
§ 86a Abs. 1 S. 1 SGG	§ 80 Abs. 1 S. 1 VwGO	
§ 86a Abs. 1 S. 2 SGG	§ 80 Abs. 1 S. 2 VwGO	Verwaltungsakte mit Doppel- bzw. Drittwirkung
Fehlt	§ 80a VwGO	– behördliche Anordnung der sofortigen Vollziehbarkeit gem. § 86a Abs. 2 Nr. 5 SGG möglich – gerichtliche Anordnung der sofortigen Vollziehbarkeit gem. § 86b Abs. 1 S. 1 Nr. 1 SGG möglich

SGG	VwGO	Anmerkung
Fehlt	§ 80b VwGO	Beachte: sofortige Vollziehbarkeit von Gesetzes wegen gem. § 86a Abs. 2 und Abs. 4 SGG
§ 86a Abs. 2 SGG	§ 80 Abs. 2 VwGO	Aufschiebende Wirkung entfällt von Gesetzes wegen
Nr. 1	Nr. 1	Sofortige Vollziehbarkeit bei der Anforderung von öffentlichen Abgaben bzw. der Anforderung von Beiträgen usw.
Nr. 2 und 3	Nr. 2	Sofortige Vollziehbarkeit von Gesetzes wegen für jeweils spezifische Bereiche
Nr. 4	Nr. 3	Öffnungsklauseln
Nr. 5	Nr. 4 iVm Abs. 3	Behördliche Vollziehbarkeitsanordnung im überwiegenden öffentlichen Interesse; keine Ausnahmeregelung im SGG
§ 86a Abs. 3 S. 1 SGG	§ 80 Abs. 4 S. 1 VwGO	Behördliche Vollziehungsaussetzung
§ 86a Abs. 3 S. 2 SGG	§ 80 Abs. 4 S. 3 VwGO	Voraussetzungen der Aussetzung der Vollziehung bei öffentlichen Abgaben usw.
Fehlt	§ 80 Abs. 4 S. 2 VwGO	Aussetzung der Vollziehung durch die Behörde gegen Sicherheit bei der Anforderung von öffentlichen Abgaben und Kosten
§ 86b Abs. 1 S. 1 Nr. 2 SGG	§ 80 Abs. 5 S. 1 VwGO	Gerichtliche Anordnung der aufschiebenden Wirkung
§ 86b Abs. 3 SGG	§ 80 Abs. 5 S. 2 VwGO	Eilantrag schon vor Erhebung der Anfechtungsklage
§ 86b Abs. 1 S. 2 SGG	§ 80 Abs. 5 S. 3 VwGO	Anordnung der Aufhebung der Vollziehung
§ 86b Abs. 1 S. 3 SGG	§ 80 Abs. 5 S. 4, 5 VwGO	Wiederherstellung der aufschiebenden Wirkung mit Auflagen oder befristet
Fehlt	§ 80 Abs. 5 S. 4 VwGO	Anordnung einer Sicherheitsleistung, ist auch von der sozialgerichtlichen Regelung gedeckt

SGG	VwGO	Anmerkung
§ 86b Abs. 1 S. 4 SGG	§ 80 Abs. 7 VwGO	Gericht kann auf Antrag die Maßnahmen jederzeit ändern oder aufheben; beachte: § 80 Abs. 7 S. 2 VwGO
Fehlt	§ 80 Abs. 6 VwGO	Antrag bei Behörde als Zulässigkeitsvoraussetzung für gerichtlichen Antrag in bestimmten Fällen

3. Sozialgerichtsgesetz und Finanzgerichtsordnung

Der einstweilige Rechtsschutz im Abgabenrecht besteht in erster Linie in der Aussetzung der 64 Vollziehung von Steuerbescheiden, die zu erfolgen hat, wenn die in den § 361 Abs. 2 AO bzw. § 69 Abs. 2 FGO normierten ernstlichen Zweifel an der Rechtmäßigkeit des angefochtenen Verwaltungsakts gegeben sind. Der einstweilige Rechtsschutz ist hier also ausdrücklich materiell-akzessorisch ausgestaltet. Eine entsprechende Regelung findet sich für den sozial- und verwaltungsgerichtlichen Bereich lediglich für die Fallgruppen der § 86a Abs. 2 Nr. 1 SGG bzw. § 80 Abs. 2 Nr. 1 VwGO. Der Systemvergleich ergibt hier also völlig unterschiedliche konzeptionelle Ansätze.

II. Die aufschiebende Wirkung

Orientierungshinweis: Anfechtungswiderspruch und -klage haben nach dem Grundsatz des 65 § 86a Abs. 1 S. 1 SGG von Gesetzes wegen aufschiebende Wirkung. In Betracht kommt insofern eine (deklaratorische) gerichtliche Feststellung der von Gesetzes wegen eingetretenen aufschiebenden Wirkung in entsprechender Anwendung des § 86a Abs. 1 S. 1 Nr. 2 SGG (s. a. → Rn. 195 f.). Ein Rechtsschutzbedürfnis für eine solche Feststellung besteht, wenn die Behörde die aufschiebende Wirkung missachtet. Eine Interessenabwägung findet hier bei der gerichtlichen Eilentscheidung (Feststellung der – ohnehin von Gesetzes wegen eingetretenen – aufschiebenden Wirkung) nicht statt.

Widerspruch und Anfechtungsklage haben gem. § 86a Abs. 1 S. 1 SGG von Gesetzes wegen grundsätzlich aufschiebende Wirkung, sofortige Vollziehbarkeit tritt nur in den in § 86a Abs. 2, 4 SGG geregelten Fällen ein. Zu untersuchen sind Anwendungsbereich, Voraussetzungen und Rechtsfolgen der aufschiebenden Wirkung sowie deren Beginn und Ende.

1. Der Anwendungsbereich der aufschiebenden Wirkung

a) Aufschiebende Wirkung bei Anfechtungswiderspruch und Anfechtungsklage

Aufschiebende Wirkung haben der Anfechtungswiderspruch und die Anfechtungsklage. Der der 66 Verpflichtungs-/Leistungsklage vorausgehende Widerspruch hat – wie sich aus dem Zusammenspiel von § 86a Abs. 1 S. 1 SGG und § 86b Abs. 2 SGG ergibt – nur insoweit aufschiebende Wirkung, als es um die Ablehnung der begehrten Maßnahme geht. Der Widerspruch gegen die Ablehnung einer Sozialleistung führt nicht dazu, dass die Rechtsposition erweitert und die begehrte Leistung gewährt wird. Solcher einstweilige Rechtsschutz kann nur iR einer Vornahmesache (§ 86b Abs. 2 S. 2 SGG) eintreten. Einstweiliger Rechtsschutz in Anfechtungssachen schützt nur davor, dass ein Eingriff in eine bestehende Rechtsposition nicht eintritt, und dient nicht dazu, eine vorläufige Erweiterung der Rechtsposition zu erreichen. Die bzgl. der Ablehnung einer begehrten Maßnahme eintretende aufschiebende Wirkung führt nicht zu dem gewünschten Rechtsschutzziel. Die aufschiebende Wirkung von Anfechtungswiderspruch und -klage umfasst auch Nebenbestimmungen iSd § 32 SGB X. Soweit nur die isolierte Anfechtung einer Nebenbestimmung erfolgt ist,[176] betrifft die aufschiebende Wirkung ausschließlich die Nebenbestimmung.[177]

b) Aufschiebende Wirkung auch bei gestaltenden und feststellenden Verwaltungsakten

67 Die aufschiebende Wirkung tritt grundsätzlich auch bei **gestaltenden und feststellenden Verwaltungsakten** ein, § 86a Abs. 1 S. 2 SGG (zu Verwaltungsakten mit Drittwirkung → Rn. 68 ff.). Wichtigster Fall des rechtsgestaltenden Verwaltungsakts ist für das Sozialrecht die Aufhebung eines laufende Leistungen gewährenden Verwaltungsakts gem. § 45 oder § 48 SGB X. Rechtsbehelfe dagegen haben zum Teil aufschiebende Wirkung von Gesetzes wegen, so etwa im Bereich des SGB XII oder für die Aufhebung für die Vergangenheit in den in § 86a Abs. 2 Nr. 2 und 3 SGG genannten Gebieten. Zum Teil ist für die Aufhebung sofortige Vollziehbarkeit gesetzlich vorgesehen so etwa in § 39 Nr. 1 SGB II oder in § 86a Abs. 2 Nr. 2 und 3 SGG für die Entziehung, also die Aufhebung für die Zukunft, dh regelmäßig mit Ablauf des Tages der Bekanntgabe des aufhebenden Verwaltungsakts,[178] sofern nicht ein Zeitpunkt ausdrücklich bestimmt wird. Von der Aufhebung als gestaltendem Verwaltungsakt zu unterscheiden ist die mit der Aufhebung für die Vergangenheit meist verbundene Rückforderung bereits erbrachter Sozialleistungen. Rechtsbehelfe dagegen haben aufschiebende Wirkung gem. § 86a Abs. 1 S. 1 SGG, und zwar nach der Neufassung des § 39 SGB II mW ab 1.1.2009[179] auch im Bereich des SGB II (s. a. → Rn. 128).

c) Aufschiebende Wirkung bei Verwaltungsakten mit Drittwirkung

68 Zu unterscheiden sind belastende Verwaltungsakte mit begünstigender Drittwirkung,[180] die im Sozialrecht nicht von Bedeutung sind,[181] und begünstigende Verwaltungsakte mit belastender Drittwirkung, bei denen aufschiebende Wirkung bedeutet, dass von der Begünstigung zunächst kein Gebrauch gemacht werden darf und dass die Belastung zunächst nicht eintritt, wenn der Dritte den Verwaltungsakt mit aufschiebender Wirkung anficht. Macht der begünstigte Adressat dennoch von dem Verwaltungsakt Gebrauch, verstößt er gegen die aufschiebende Wirkung, er handelt „suspensionswidrig" (zur Terminologie → Rn. 82 f.).[182] Der Begünstigte kann aber die Anordnung der sofortigen Vollziehbarkeit bei der Behörde oder bei Gericht beantragen. Der Verwaltungsakt, der nur den Adressaten zugleich begünstigt und belastet, ist kein Verwaltungsakt mit Drittwirkung iSd § 86a Abs. 1 S. 2 SGG.

69 Wie auch im verwaltungsgerichtlichen Bereich hat der Gesetzgeber mit § 86a Abs. 1 S. 2 SGG für den sozialgerichtlichen einstweiligen Rechtsschutz im dreiseitigen Verwaltungsrechtsverhältnis eine Systementscheidung zugunsten der aufschiebenden Wirkung (und gegen die einstweilige Anordnung) getroffen.[183] Auch der Widerspruch des (belasteten) Dritten oder des (belasteten) Adressaten hat bei Verwaltungsakten mit Drittwirkung aufschiebende Wirkung. Die **Verwaltung** kann – je nach Fallkonstellation – eine Vollziehbarkeitsanordnung zugunsten des begünstigten

176 Zur Zulässigkeit der isolierten Anfechtung einer Nebenbestimmung Schütze/Engelmann SGB X § 32 Rn. 51 ff.
177 S. dazu LSG Bln-Bbg 23.11.2016 – L 15 SO 273/16 B ER.
178 S. dazu Krodel NZS 2015, 244 (246).
179 Vgl. Art. 2 Nr. 14 des Gesetzes vom 21.12.2008 (BGBl. I 2917) mWv 1.1.2009.
180 Nur terminologisch anders § 80 Abs. 1 S. 2 VwGO („Verwaltungsakt mit Doppelwirkung").
181 Bsp. zu § 80a Abs. 2 VwGO: gewerberechtliche Untersagungsverfügung zum Schutz der Nachbarn vor Lärm.
182 Zu Suspensiveffekt und aufschiebender Wirkung s. MKLS/Keller SGG § 86a Rn. 3.
183 Zur Regelung im verwaltungsgerichtlichen Verfahren s. Schoch/Schneider/Schoch § 80a Rn. 1 ff.

Adressaten und zulasten des belasteten Dritten oder zugunsten des begünstigten Dritten und zulasten des belasteten Adressaten erlassen. Das **Gericht** kann – je nach Fallkonstellation – gem. § 86b Abs. 1 S. 1 Nr. 2 SGG die aufschiebende Wirkung oder gem. § 86b Abs. 1 S. 1 Nr. 1 oder 3 SGG die sofortige Vollziehbarkeit anordnen (zur Abwägungsentscheidung bei Verwaltungsakten mit Drittwirkung → Rn. 276 f.). Die für eine angemessene Risikoverteilung im Einzelfall erforderlichen behördlichen und gerichtlichen Befugnisse werden also auch für Verwaltungsakte mit Drittwirkung durch das Rechtsschutzsystem der §§ 86a Abs. 2 Nr. 5, Abs. 3 SGG, 86b Abs. 1 S. 1 Nr. 1–3 SGG eingeräumt. Einer dem § 80a VwGO entsprechenden Regelung bedurfte es daher im sozialgerichtlichen Bereich nicht. Mit den Regelungen der § 86a Abs. 2 Nr. 5, Abs. 3 SGG und § 86b Abs. 1 S. 1 Nr. 1–3 SGG können sowohl die Verwaltung als auch das Sozialgericht Vollziehbarkeitsanordnungen im Beteiligteninteresse erlassen. Damit ist die verfassungsrechtlich gebotene Waffengleichheit auch dann gewährleistet, wenn mehrere Privatpersonen beteiligt sind, deren Rechtspositionen grundsätzlich als in gleichem Maße schützenswert anzusehen sind.[184] Eine einseitige Bevorzugung etwa des Aufschubinteresses des belasteten Dritten ist von den Rechtsnormen der §§ 86a und 86b SGG nicht vorprogrammiert.

d) Aufschiebende Wirkung bei Statusentscheidungen

70 Eine Besonderheit gilt für die sogenannten **Statusentscheidungen** der Deutschen Rentenversicherung Bund iR des Statusfeststellungsverfahrens nach § 7a SGB IV. Obwohl mit einer Statusentscheidung eine Entscheidung über die Versicherungspflicht verbunden ist, ist hier § 7a Abs. 7 SGB IV (ab 1.4.2022: § 7a Abs. 6) anzuwenden, der dem § 86a Abs. 2 Nr. 1 SGG als lex specialis vorgeht.[185] Nach § 7a Abs. 7 S. 1 SGB IV haben Widerspruch und Klage gegen Entscheidungen der Deutschen Rentenversicherung Bund darüber, dass eine Beschäftigung iSd § 7 Abs. 1 S. 1 SGB IV vorliegt, aufschiebende Wirkung. Nach hM findet § 7a Abs. 7 SGB IV auf außerhalb des Verfahrens nach § 7a SGB IV getroffene Statusfeststellungen jedoch keine Anwendung (s. a. → Rn. 119, 572).

e) Aufschiebende Wirkung bei Anrufung des Berufungsausschusses gem. § 96 Abs. 4 S. 2 SGB V

71 Eine zusätzliche Erweiterung des Anwendungsbereichs der aufschiebenden Wirkung ergibt sich für den sozialrechtlichen Bereich aus § 96 Abs. 4 S. 2 SGB V. Angesprochen sind hier Entscheidungen über die **Teilnahme an der vertragsärztlichen Versorgung**. An der vertragsärztlichen Versorgung nehmen gem. § 95 Abs. 1 S. 1 SGB V insbes. zugelassene und ermächtigte Ärzte teil. Zur Beschlussfassung und Entscheidung in Zulassungssachen errichten die Kassenärztlichen Vereinigungen und die Landesverbände der Krankenkassen sowie die Verbände der Ersatzkassen für den Bezirk jeder Kassenärztlichen Vereinigung einen Zulassungsausschuss für Ärzte und einen Zulassungsausschuss für Zahnärzte. Gegen die Entscheidungen der Zulassungsausschüsse können die am Verfahren beteiligten Ärzte und Einrichtungen, die Kassenärztlichen Vereinigungen und die Landesverbände der Krankenkassen sowie die Ersatzkassen den Berufungsausschuss anrufen.[186] Diese Anrufung hat gem. § 96 Abs. 4 S. 2 SGB V aufschiebende Wirkung. Die Anrufung des Berufungsausschusses steht also bzgl. ihrer Wirkung dem Widerspruch gleich (s. a. → Rn. 81 ff.)

184 Vgl. BVerfG 1.10.1984 – 1 BvR 231/84, GewArch 1985, 16.
185 Vgl. Plagemann ASR 2001, 87.
186 § 96 Abs. 4 S. 1 idF d Art. 1 Nr. 54 Buchst. d G v. 21.12.1992 (BGBl. I 2266) mWv 1.1.1993, d Art. 1 Nr. 64 Buchst. a G v. 26.3.2007 (BGBl. I 378) mWv 1.7.2008 und d Art. 6 Nr. 17 G v. 28.5.2008 (BGBl. I 874) mWv 1.7.2008.

Beispiele (weitere Bsp. zur GKV → Rn. 573 ff.):

- Zum Recht zur Anordnung der sofortigen Vollziehbarkeit seiner Entscheidung (hier: Ermächtigung zur Teilnahme an vertragsärztlicher Versorgung) durch den Berufungsausschuss wegen des zweistufig verfassten Verwaltungsverfahrens in Zulassungssachen.[187] Auch der Zulassungsausschuss hat als Behörde iSd § 86a Abs. 2 Nr. 5 SGG die Kompetenz, eine Vollziehbarkeitsanordnung zu erlassen (s. a. → Rn. 150 ff.).[188]
- Zur Gewährung einstweiligen Rechtsschutzes gegen die Entscheidung eines Zulassungsausschusses für Ärzte hinsichtlich der Ermächtigung eines Krankenhausarztes zur Durchführung von Dialysebehandlungen auf Überweisung durch Vertragsärzte.[189]
- Der Antrag auf Feststellung der aufschiebenden Wirkung der Klage gegen eine Entscheidung des Berufungsausschusses kann sowohl gegen die erlassende als auch gegen die vollziehende Behörde als Antragsgegnerin gerichtet werden. Dabei wirkt die Anrufung nach § 96 Abs. 4 S. 2 SGB V auf den Zeitpunkt des Erlasses des Beschlusses des Zulassungsausschusses zurück; die Wirkung endet erst mit Ablauf der Klagefrist.[190]

f) Aufschiebende Wirkung auch bzgl. des abändernden oder ersetzenden Verwaltungsakts?

72 Eine Erweiterung des Anwendungsbereichs der aufschiebenden Wirkung ergibt sich für das sozialgerichtliche Verfahren auch aus den §§ 86, 96 Abs. 1[191] SGG. Danach wird der neue Verwaltungsakt nach Klageerhebung Gegenstand des Klageverfahrens, wenn er nach Erlass des Widerspruchsbescheides ergangen ist und den angefochtenen Verwaltungsakt abändert oder ersetzt. Die aufschiebende Wirkung des eingelegten Rechtsbehelfs erfasst insoweit auch den neuen Verwaltungsakt.[192] Allerdings ist bei der Einbeziehung von Folgebescheiden in entsprechender Anwendung des § 96 SGG für die Fälle, in denen der ursprünglich mit der Klage angefochtene Bescheid durch den Folgebescheid zwar nicht unmittelbar abgeändert oder ersetzt wird, der spätere Bescheid aber iR eines sog. Dauerrechtsverhältnisses ergangen ist und ein streitiges Rechtsverhältnis regelt, das „im Kern" dieselbe Rechtsfrage betrifft, Zurückhaltung geboten.[193] ZB kommt eine analoge Anwendung des § 96 SGG auf Bewilligungsbescheide für **Folgezeiträume** bei Leistungen nach dem SGB XII aus den gleichen Gründen wie bei solchen nach dem SGB II[194] nicht in Betracht.[195] Seit seiner Neufassung zum 1.4.2008 ist eine analoge Anwendung des § 96 SGG ohnehin ausgeschlossen.[196]

g) Aufschiebende Wirkung bei nachträglicher (Teil-)Aufhebung einer periodisch wiederkehrend bewilligten Leistung

73 Im Zusammenhang mit einer Einbeziehung nach § 96 SGG ist auch das Problem der Wirkung eines Rechtsbehelfs gegen die Aufhebung einer **periodisch wiederkehrend bewilligten Leistung** zu nennen. Die Problematik lässt sich dahin gehend zusammenfassen, dass einstweiliger Rechtsschutz nach § 86b Abs. 1 SGG in Betracht kommt, soweit die bereits ausgesprochene Bewilligung reicht (zu den Bewilligungszeiträumen für Leistungen zur Sicherung des Lebensunterhalts nach dem SGB II und dem SGB XII → Rn. 535; zu Folgezeiträumen → Rn. 72),[197] weil in der

---

187 LSG Nds-Brem 20.9.2005 – L 3 KA 92/05 ER; 7.9.2006 – L 3 KA 117/06 ER, juris Rn. 27.
188 So BSG 5.6.2013 – B 6 KA 4/13 B.
189 Bsp. nach HessLSG 26.4.2005 – L 4 KA 13/05 ER.
190 LSG Bln-Bbg 26.4.2017 – L 7 KA 31/16 B ER.
191 IdF des Art. 1 Nr. 16 G v. 26.3.2008 (BGBl. I 444) mWv 1.4.2008 (8. SGG-ÄndG).
192 MKLS/Keller SGG § 86a Rn. 5a.
193 Leitherer NZS 2007, 225 (232).
194 LSG Nds-Brem 23.3.2006 – L 8 AS 290/05; abw. LSG BW 18.7.2006 – L 13 AS 1420/06; vgl. auch BSG 7.11.2006 – B 7b AS 14/06 R.
195 BSG 16.10.2007 – B 8/9b SO 2/06 R, juris Rn. 10; BSG SozR 4-4200 § 20 Nr. 1 Rn. 30 und SozR 4-4300 § 428 Nr. 3 Rn. 13 f.
196 Vgl. BSG 28.6.2018 – B 5 RE 2/17 R; Leitherer NJW 2008, 1258 (1261).
197 Dazu Schoch, Vorläufiger Rechtsschutz, S. 810 f.

Hauptsache dann der die Bewilligung aufhebende Verwaltungsakt anzufechten wäre. Der gegen diesen Verwaltungsakt eingelegte Rechtsbehelf hat in den Fällen einer nachträglichen (Teil-)Aufhebung einer periodisch wiederkehrend bewilligten Leistung aufschiebende Wirkung nach Maßgabe des § 86a Abs. 1 und 2 SGG.

Hilfreich kann im Einzelfall die Frage nach der konkreten Handlungsform der Behörde sein, die 74
im Zweifel durch Auslegung zu ermitteln ist. Ist ein Dauerverwaltungsakt erlassen worden (s. a. → Rn. 535), der für einen bestimmten Zeitraum die Leistungsbewilligung zum Inhalt hat, kann die Behörde sich von der Leistungspflicht nur durch einen Aufhebungsbescheid lösen.[198] Setzt sich der Betroffene gegen diesen Aufhebungsbescheid zur Wehr, liegt die Anfechtungssituation mit der möglichen Folge der aufschiebenden Wirkung gem. § 86a Abs. 1 S. 1 SGG vor; allerdings haben Widerspruch und Anfechtungsklage gegen eine Aufhebung im Bereich der Grundsicherung für Arbeitsuchende (zB Arbeitslosengeld II), gem. § 39 Nr. 1 SGB II keine aufschiebende Wirkung. Stellt die Behörde die Zahlung ein, ist zu fragen, ob diese Einstellung als Aufhebung auszulegen ist. Das wird idR der Fall sein, wenn die Einstellung während eines Bewilligungszeitraums erfolgt. Allerdings gibt es auch die Möglichkeit der vorläufigen Zahlungseinstellung nach § 40 Abs. 2 Nr. 4 SGB II und nach § 331 SGB III, die regelmäßig als faktisches Verwaltungshandeln erfolgt („Realakt"), wenn nicht ein Formverwaltungsakt erlassen wird.[199] Wird die Leistung am Ende eines Bewilligungszeitraums eingestellt, fehlt ein anfechtbarer Verwaltungsakt, der Antragsteller begehrt für die Folgezeit eine Erweiterung seiner Rechtsposition.

Beispiel: Eine Anfechtungssache liegt vor, wenn der Betroffene gegen die Aufhebung einer Leis- 75
tungsbewilligung (eventuell in der Gestalt einer „Zahlungseinstellung"), zB betreffend Arbeitslosengeld II (§ 19 SGB II), vorgeht. Umstr. ist für die Hilfe zum Lebensunterhalt (§§ 27 ff. SGB XII), ob diese in rechtlicher Hinsicht jeden Monat neu bewilligt wird. Nach der verwaltungsgerichtlichen Rspr. zum BSHG stellte die laufende Hilfe zum Lebensunterhalt keine rentengleiche Dauerleistung dar, der Bewilligungszeitraum sollte einen Monat betragen.[200] Bei Ablehnung einer weiteren Leistung für den danach liegenden Zeitraum wurde dementsprechend eine einstweilige Anordnung für statthaft gehalten. In der sozialgerichtlichen Rspr. zum SGB XII wird dagegen nach heute ganz hM angenommen, dass die Frage der Bewilligungsdauer davon abhängt, wie die Bewilligung im Einzelfall bei verständiger Würdigung vom Leistungsempfänger verstanden werden konnte. Dem ist zuzustimmen. Denn ein bestimmter Bewilligungszeitraum, etwa von einem Monat, lässt sich der gesetzlichen Regelung nicht entnehmen. Es ist nach den genannten Grundsätzen also im Einzelfall zu prüfen, ob einstweiliger Rechtsschutz nach § 86b Abs. 1 oder Abs. 2 SGG statthaft ist (s. a. → Rn. 535).

2. Voraussetzungen der aufschiebenden Wirkung, insbes. zur Frage der Zulässigkeit des Rechtsbehelfs

Die aufschiebende Wirkung – hier auch als Suspensionseffekt[201] bezeichnet – tritt grundsätzlich als 76
automatische Folge eines Widerspruchs oder einer Anfechtungsklage ein. Nach allgemeiner Auffassung hat auch der **unbegründete**, selbst der offensichtlich unbegründete **Rechtsbehelf** aufschiebende Wirkung.[202] Dies ist sachgerecht, da (von Amts wegen) behördlich oder (auf Antrag) gerichtlich überprüft werden kann, ob sofortige Vollziehbarkeit anzuordnen ist. Bei dieser Überprüfung fließt die Wahrscheinlichkeit der Begründetheit des Rechtsbehelfs als Abwägungselement in die Eilentscheidung ein (iE → Rn. 209 ff.). Der gesetzlich vorgesehene Suspensionsau-

198 Schoch, Vorläufiger Rechtsschutz, S. 813.

199 So die hM, vgl. Gagel/Kallert SGB III § 331 Rn. 2a; Brand/Düe SGB III § 331 Rn. 7.

200 Zum sozialhilferechtlichen Problem des fehlenden Charakters einer Dauerleistung BVerwGE 25, 307 (309); 28, 216 f.; 57, 237, 239; BVerwG DVBl 1996, 857 f.

201 In Abgrenzung zum Suspensiveffekt, der das Hinausschieben der Bestandskraft durch einen Rechtsbehelf bezeichnet (→ Rn. 82 f.). Die Terminologie ist nicht einheitlich, der Begriff „Suspensiveffekt" wird auch iSv aufschiebender Wirkung verwendet; vgl. auch MKLS/Keller SGG § 86a Rn. 3.

202 Vgl. MKLS/Keller SGG § 86a Rn. 10; zur VwGO zB Finkelnburg/Jank VorlRS Rn. 668 mwN.

tomatismus stellt insofern eine angemessene Risikoverteilung zwischen Verwaltung und rechtsschutzsuchendem Bürger dar.

77 Ob auch **bei Unzulässigkeit eines Rechtsbehelfs** zunächst die aufschiebende Wirkung eintritt, ist umstritten. Zwischen den beiden Positionen der in jedem Falle, also auch bei Unzulässigkeit des Rechtsbehelfs eintretenden aufschiebenden Wirkung und der nur bei Zulässigkeit des Rechtsbehelfs eintretenden aufschiebenden Wirkung gibt es vermittelnde Auffassungen, die nach der Art des Unzulässigkeitsgrundes differenzieren. Danach soll bei offensichtlicher Unzulässigkeit oder bei Fehlen bestimmter Zulässigkeitsvoraussetzungen, insbes. bei Verwaltungsrechtsweg, Statthaftigkeit, Widerspruchs- bzw. Klagebefugnis und Fristversäumnis, keine aufschiebende Wirkung eintreten.[203]

78 Nach zutreffender Auffassung hat auch der unzulässige Widerspruch aufschiebende Wirkung, es sei denn, es liegt ein Fall der offensichtlichen Unzulässigkeit vor. Die hier vertretene Auffassung findet ihre Stütze sowohl in Art. 19 Abs. 4 GG als auch im Wortlaut des Gesetzes, da § 86a Abs. 1 S. 1 SGG bestimmt, dass Widerspruch und Anfechtungsklage aufschiebende Wirkung haben, ohne weitere Voraussetzungen zu nennen.[204]

79 Eine **Ausnahme** vom Suspensionsautomatismus ist lediglich für die Fälle der **offensichtlichen Unzulässigkeit** zuzulassen. Denn hier bleibt es im Hinblick auf die Evidenz der Unzulässigkeit des Rechtsbehelfs nicht ungewiss, ob trotz eingelegten Rechtsbehelfs Sofortvollziehbarkeit gegeben ist. Eine Rechtsunsicherheit entsteht nicht. Der Adressat muss sich bei entsprechend offenkundigen Verhältnissen im Klaren darüber sein, dass ihm der Rechtsschutz des § 86a Abs. 1 SGG nicht zugutekommt, sodass auch Art. 19 Abs. 4 GG nicht verletzt ist.

80 **Beispiel:** Erreicht bei einer gegen einen belastenden Verwaltungsakt erhobenen Klage ein an sich rechtzeitig abgesandter Klageschriftsatz das Gericht, zB wegen ungewöhnlich langer Postlaufzeit, erst nach Ablauf der Klagefrist, entfaltet auch die (zunächst) unzulässige, weil verfristete Klage automatisch aufschiebende Wirkung. Dies ist ein Gebot der Effektivität des Rechtsschutzes.[205] Wird der Rechtsbehelf dagegen erst Jahre nach der Bekanntgabe des Verwaltungsakts erhoben, sodass im Hinblick auf die Jahresfrist des § 67 Abs. 3 SGG auch eine Wiedereinsetzung in den vorigen Stand von vorneherein ausscheidet, tritt aufschiebende Wirkung wegen evidenter Unzulässigkeit des Rechtsbehelfs nicht ein. Entsprechendes gilt bei einem Rechtsbehelf eines Dritten, der offensichtlich keine eigene Rechtsverletzung geltend machen kann.[206]

3. Rechtsfolgen und Bedeutung der aufschiebenden Wirkung

a) Zur Terminologie

aa) Geltung, Existenz, Vollziehung und Vollziehbarkeit

81 Für die aufschiebende Wirkung ist zunächst die Klarstellung einiger Begriffe erforderlich.[207] Die aufschiebende Wirkung betrifft die Wirksamkeit eines Verwaltungsakts. Zu unterscheiden sind äußere und innere Wirksamkeit. **Äußere Wirksamkeit** meint nichts anderes als die bloße rechtliche Existenz des Verwaltungsakts.[208] **Innere Wirksamkeit** bedeutet das Entfalten der vorgesehenen Regelung bzw. die Auslösung der mit dem Verwaltungsakt verbundenen inhaltlichen Wirkungen bzw. Rechtsfolgen (Geltung).[209] Zu differenzieren ist auch zwischen den Begriffen der

203 Vgl. dazu MKLS/Keller SGG § 86a Rn. 10; zu Nachweisen aus dem Bereich der VwGO 1. Aufl. Fn. 176–181.
204 Vgl. dazu ausf. 1. Aufl. Rn. 65.
205 Davon unabhängig kann das Gericht per Beschluss Wiedereinsetzung in den vorigen Stand gem. § 67 SGG gewähren, wenn der Betroffene die ungewöhnlich lange Postlaufzeit glaubhaft macht.
206 Vgl. dazu BVerwG 30.10.1992 – 7 C 24/92, NJW 1993, 1610, DVBl 1993, 256.
207 Schoch, Vorläufiger Rechtsschutz, S. 1169.
208 Dazu Stelkens/Bonk/Sachs/Sachs VwVfG § 43 Rn. 164 ff.; KassKomm/Steinwedel SGB X § 39 Rn. 6.
209 Vgl. zum Begriff der inneren Wirksamkeit (hier als Geltung bezeichnet) Stelkens/Bonk/Sachs/Sachs VwVfG § 43 Rn. 166; KassKomm/Steinwedel SGB X § 39 Rn. 7.

Vollziehbarkeit, der Vollziehung und der sofortigen Vollziehbarkeit. **Vollziehung** bedeutet die Verwirklichung des Inhalts des Verwaltungsakts durch das Ziehen unmittelbarer oder mittelbarer tatsächlicher oder rechtlicher Folgerungen.[210] Die **Vollziehbarkeit** eines Verwaltungsakts stellt die Voraussetzung für seine Vollziehung dar. Die Terminologie des Gesetzgebers ist insofern ungenau. Insbes. in § 86a Abs. 2 Nr. 5 und Abs. 3 S. 1 SGG ist von Vollziehung die Rede, gemeint ist aber die Vollziehbarkeit als Voraussetzung der Vollziehung. Der noch nicht angegriffene Verwaltungsakt, bei dem ein Rechtsbehelf aufschiebende Wirkung auslösen würde, ist vollziehbar im vorgenannten Sinne. Der noch nicht angefochtene Verwaltungsakt, bei dessen Anfechtung die aufschiebende Wirkung von Gesetzes wegen entfällt, ist sofort vollziehbar.

bb) Suspensions- und Suspensiveffekt

Die Begriffe der aufschiebenden Wirkung und des Suspensiveffekts können nicht als Synonyme 82 verwendet werden. Der Zusammenhang zwischen aufschiebender Wirkung und bestands- und rechtskrafthemmender Wirkung eines Rechtsbehelfs stellt sich wie folgt dar: Bei **Zulässigkeit des eingelegten Rechtsbehelfs** haben aufschiebende Wirkung und bestands- und rechtskrafthemmende Wirkung eines Rechtsbehelfs nichts miteinander zu tun. Aufschiebende Wirkung bzw. sofortige Vollziehbarkeit betreffen die Frage der Geltung bzw. Nichtgeltung der Regelung des angefochtenen Verwaltungsakts, der Suspensiveffekt die Frage der Hemmung der formellen Rechtskraft durch einen Rechtsbehelf.[211] Bei Zulässigkeit eines Rechtsbehelfs, also insbes. bei offenen Rechtsbehelfsfristen, ist also immer der Suspensiveffekt gegeben. Der Suspensiveffekt ist aber nicht immer mit aufschiebender Wirkung verbunden. Bestands- und Rechtskraft werden auch in den Fällen des § 86a Abs. 2 Nr. 1–4, Abs. 4 SGG gehemmt, obwohl hier aufschiebende Wirkung gerade nicht eintritt. Um den Unterschied zwischen aufschiebender Wirkung und bestands- und rechtskrafthemmender Wirkung eines Rechtsbehelfs terminologisch zu manifestieren, soll im Zusammenhang mit der aufschiebenden Wirkung von Suspensions- oder Aufschubeffekt gesprochen werden.[212]

Der Unterschied zwischen Suspensions- und Suspensiveffekt lässt sich an folgendem Bsp. ver- 83 deutlichen: Ist der **Rechtsbehelf unzulässig,** weil die Rechtsbehelfsfrist nicht eingehalten wurde, tritt Bestands- bzw. Rechtskraft ein. Nach der hier vertretenen Auffassung hat aber – abgesehen von den Fällen der offensichtlichen Unzulässigkeit – auch der unzulässige Rechtsbehelf aufschiebende Wirkung (s. a. → Rn. 77 ff.). Das bedeutet: Soweit kein Fall der sofortigen Vollziehbarkeit von Gesetzes wegen und der offensichtlichen Unzulässigkeit des Rechtsbehelfs gegeben ist, tritt hier der Suspensionseffekt ein, obwohl der Suspensiveffekt nicht gegeben ist. Behörde und Gericht können in diesen Fällen allerdings die sofortige Vollziehbarkeit anordnen.

b) Vollziehbarkeits- oder Wirksamkeitshemmung

Die Bedeutung der aufschiebenden Wirkung lässt sich – wie der Begriff zeigt – nur über die von 84 ihr verursachten Rechtsfolgen klären. Zu den **Rechtsfolgen der aufschiebenden Wirkung** stehen sich im Wesentlichen zwei Auffassungen gegenüber, nämlich die der Vollziehbarkeitshemmung und die der Wirksamkeitshemmung. Die folgende Darstellung des Meinungsstands beschränkt sich auf die grundsätzlichen Positionen,[213] da die verschiedenen Auffassungen in den meisten Fällen iErg zu identischen Lösungen gelangen.[214]

---

210 Vgl. LSG NRW NJW 1989, 798 (799); Zu § 80 VwGO: Finkelnburg/Jank VorlRS Rn. 641.
211 Schoch/Schneider/Schoch § 80 Rn. 88.
212 S. dazu auch MKLS/Keller SGG § 86a Rn. 3. Die Terminologie ist nicht immer einheitlich; Suspensiveffekt wird auch für die aufschiebende Wirkung verwendet.
213 S. dazu MKLS/Keller SGG § 86a Rn. 5; zu den verschiedenen vermittelnden Auffassungen Schoch, Vorläufiger Rechtsschutz, S. 1167 ff.; ferner die Nachweise in der 1. Aufl. Fn. 194–198.
214 Ebenso Schoch/Schneider/Schoch § 80 Rn. 95 unter Zugrundelegung der Prämisse, dass der weite Begriff der Vollziehungshemmung „tatsächlich praktiziert" werde.

85 Die **Theorie der Vollziehbarkeitshemmung**[215] geht davon aus, dass die (äußere) Wirksamkeit des Verwaltungsakts von der aufschiebenden Wirkung unberührt bleibt und nur die Vollziehbarkeit gehemmt wird, wobei Vollziehbarkeit als Voraussetzung der Vollziehung verstanden wird. Zur Begründung wird insbes. in einer grundlegenden Entscheidung des BVerwG[216] ausgeführt, indem § 80 Abs. 2 Nr. 4 VwGO (der dem § 86a Abs. 2 Nr. 5 SGG entspricht)[217] bestimme, dass die aufschiebende Wirkung entfalle, wenn die sofortige Vollziehbarkeit angeordnet werde, bedürfe es keiner erneuten Inkraftsetzung des Verwaltungsakts, mithin nicht der Wiederherstellung seiner Wirksamkeit. Die aufschiebende Wirkung von Rechtsbehelfen auch gegen rechtsgestaltende Verwaltungsakte, die einer Vollziehung nicht fähig seien, stehe der Annahme der Vollziehbarkeitshemmung nicht entgegen, da solchen Verwaltungsakten behördliche Ausführungsmaßnahmen folgten, was nur möglich sei, wenn der zugrundeliegende rechtsgestaltende Verwaltungsakt vollziehbar sei.[218]

86 Die **Theorie der (vorläufigen) Wirksamkeitshemmung**[219] geht davon aus, dass die aufschiebende Wirkung die Wirksamkeit des angefochtenen Verwaltungsakts vorläufig hemmt. Gehemmt werden soll die innere und äußere Wirksamkeit des Verwaltungsakts, die Regelung soll durch die aufschiebende Wirkung als rechtlich nicht existent gelten. Zur Begründung wird insbes. ausgeführt, dass vor allem der gesetzlich normierte Eintritt der aufschiebenden Wirkung auch bei rechtsgestaltenden Verwaltungsakten, die einer Vollziehung nicht fähig seien, zeige, dass die aufschiebende Wirkung etwas anderes als ein bloßes Vollziehungsverbot sein müsse. Nur die Wirksamkeitshemmung gewährleiste umfassenden Rechtsschutz bei Verwaltungsakten mit Drittwirkung.

c) Aufschiebende Wirkung als Vollziehbarkeitshemmung

87 Die gesetzlichen Regelungen des § 39 Abs. 2 SGB X und der §§ 86a Abs. 2 Nr. 5, 86a Abs. 3 S. 1 und 86b Abs. 1 S. 1 Nr. 2 SGG[220] sprechen für die Vollziehbarkeitshemmung. § 39 Abs. 2 SGB X nennt die aufschiebende Wirkung nicht als Unwirksamkeitsgrund,[221] was nur heißen kann, dass das Gesetz davon ausgeht, dass die aufschiebende Wirkung jedenfalls an der äußeren Wirksamkeit des Verwaltungsakts, also an dessen Existenz, nichts ändert, sondern nur dessen Geltung (innere Wirksamkeit) beeinflusst. Für die Vollziehbarkeitshemmung spricht ferner die Ausgestaltung des gesetzlichen Rechtsschutzsystems der §§ 86a und 86b SGG selbst, das keinen Anhaltspunkt für eine Wirksamkeitshemmung bietet. § 86a Abs. 2 Nr. 5 SGG räumt die Möglichkeit der Beseitigung der aufschiebenden Wirkung durch behördliche Anordnung der Vollziehbarkeit ein. Behördliche Aussetzung der Vollziehung und Anordnung der aufschiebenden Wirkung bieten im Hinblick auf ihre Wirkungen denselben Rechtsschutz.[222] Daraus folgt, dass bei aufschiebender Wirkung die Vollziehbarkeit ausgesetzt ist und nicht die Wirksamkeit insgesamt. Dass die aufschiebende Wirkung das Gegenstück zur sofortigen Vollziehbarkeit darstellt und damit nur eine Vollziehbarkeitshemmung bewirkt, wird auch aus dem Zusammenspiel von § 86a Abs. 2 Nr. 5 SGG und § 86b Abs. 1 S. 1 Nr. 2 SGG deutlich. Ist eine behördliche Vollziehbarkeitsanordnung materiell rechtswidrig, hat das Gericht nicht nur das Recht zur Kassation der behördlichen Entscheidung, sondern gem. § 86b Abs. 1 S. 1 Nr. 2 SGG auch das Recht, die aufschiebende Wirkung mit rechtsgestaltender Wirkung anzuordnen; es hebt die Vollziehbar-

215 Vgl. zB BSG NZS 1998, 300; BVerwG NVwZ 1992, 570; MKLS/Keller SGG § 86a Rn. 5.
216 Vgl. BVerwGE 13, 1 ff.
217 Anm. des Verf.
218 Vgl. BVerwGE, 13, 1 (5); vgl. auch MKLS/Keller SGG § 86a Rn. 5.
219 Vgl. zB Schoch, Vorläufiger Rechtsschutz, S. 1185; Schoch NVwZ 91, 1121 (1122); Schoch/Schneider/Schoch § 80 Rn. 92, 102; Erichsen/Klenke DöV 1976, 833 ff.; Huba JuS 1990, 382 (384).
220 Bzw. im verwaltungsgerichtlichen Bereich von § 43 Abs. 2 VwVfG, § 80 Abs. 2 Nr. 4, IV 1, V 1 VwGO.
221 Vgl. zu § 80 VwGO Finkelnburg/Jank VorlRS Rn. 640.
222 Vgl. Schoch/Schneider/Schoch § 80 Rn. 277.

keitsanordnung auf und ordnet die aufschiebende Wirkung an. Eine bloße Aufhebung der Vollziehbarkeitsanordnung würde keinen effektiven Rechtsschutz gewährleisten. Das bedeutet, dass mit der gerichtlichen Anordnung die Rechtslage dahin gehend neu gestaltet wird, dass die sofortige Vollziehbarkeit des Verwaltungsakts[223] gehemmt ist.

d) Inhalt der Vollziehbarkeitshemmung

Die Vollziehbarkeit ist Voraussetzung für die Vollziehung eines Verwaltungsakts. Mit der aufschiebenden Wirkung wird also nicht die Vollziehung untersagt, sondern die Vollziehbarkeit beseitigt. Die §§ 86a und 86b SGG sprechen insofern ungenau von „Vollziehung“, gemeint ist „Vollziehbarkeit“ (s. a. → Rn. 81). Diese Vollziehbarkeit hat die Realisierbarkeit des Inhalts des Verwaltungsakts und damit nicht dessen Existenz, sondern seine Geltung im Blick. Vereinfacht ausgedrückt bedeutet Vollziehbarkeit also nichts anderes, als dass der Verwaltungsakt im Zeitpunkt seiner Bekanntgabe existent ist und dass die von der Behörde ausgesprochene Regelung auch gilt, also tatsächliche und rechtliche Folgerungen aus ihm gezogen werden können. Beim noch nicht angefochtenen (vollziehbaren) oder beim angefochtenen, aber von Gesetzes wegen oder aufgrund behördlicher oder gerichtlicher Anordnung sofort vollziehbaren Verwaltungsakt ist mit der Existenz zugleich die Geltung, also die innere Wirksamkeit und damit auch Vollziehbarkeit gegeben.[224] Daraus ergibt sich im Umkehrschluss der rechtliche Gehalt der aufschiebenden Wirkung.[225] Als Folge der durch die aufschiebende Wirkung eintretenden Vollziehbarkeitshemmung werden vom Zeitpunkt ihres Eintritts an alle Maßnahmen der Vollziehung des Verwaltungsakts[226] im vorbezeichneten Sinne unzulässig. Aufschiebende Wirkung bedeutet also nicht nur, dass der Verwaltungsakt nicht mit Verwaltungszwang durchgesetzt werden kann, sondern dass die Rechtslage von Gesetzes wegen oder auf ausdrückliche Anordnung dahin gehend gestaltet wird, dass für eine Vollziehung keine Rechtsgrundlage gegeben ist und damit der Inhalt des Verwaltungsakts nicht durch das Ziehen unmittelbarer oder mittelbarer tatsächlicher oder rechtlicher Folgerungen verwirklicht werden kann. Die Vollziehbarkeitshemmung umfasst auch Nebenentscheidungen des angefochtenen Verwaltungsakts, zB über die Erhebung von Gebühren. 88

Beispiele:

- Str. ist, ob die Vollziehbarkeitshemmung zB bei Beitragsbescheiden die weitergehende Folge hat, dass **Säumniszuschläge** nach § 24 Abs. 1 SGB IV zwischenzeitlich nicht anfallen.[227]
- Die aufschiebende Wirkung von Widerspruch und gerichtlichen Rechtsmitteln gegen eine fristgebundene Aufforderung der Krankenkasse, einen Reha-Antrag zu stellen, bewirkt für ihre Dauer nicht die Unwirksamkeit der **gesetzten Frist**.[228]

e) Feststellende und gestaltende Verwaltungsakte

Damit lässt sich auch die aufschiebende Wirkung bei feststellenden und gestaltenden Verwaltungsakten erklären (§ 86a Abs. 1 S. 2 SGG). Diese Verwaltungsakte sind einer Vollstreckung nicht fähig und nicht bedürftig. Die aufschiebende Wirkung regelt aber nicht unmittelbar die Vollziehung eines Verwaltungsakts, sondern hemmt dessen Vollziehbarkeit. Die aufschiebende Wirkung hindert die Verwaltung also nicht nur an Folgemaßnahmen, sondern lässt die Rechtswirkungen des angefochtenen Verwaltungsakts nicht eintreten. Für rechtsgestaltende und feststellende Verwaltungsakte bedeutet aufschiebende Wirkung damit, dass der Eintritt der Rechtswirkungen des Verwaltungs- 89

223 Vgl. Finkelnburg/Jank VorlRS Rn. 880.
224 Vgl. Stelkens/Bonk/Sachs/Sachs VwVfG § 43 Rn. 171.
225 AA Schoch/Schneider/Schoch § 80 Rn. 103 ff.
226 Vgl. Plagemann Rn. 137.
227 So zB MKLS/Keller SGG § 86a Rn. 5 mwN; nach LSG Nds-Brem 27.7.2021 – L 2 BA 26/21 stellt die Erhebung von Säumniszuschlägen in diesen Fällen eine unzulässige, weil treuwidrige Rechtsausübung dar; aA LSG BW 29.8.2018 – L 11 KR 2686/18 ER-B.
228 BSG 16.12.2014 – B 1 KR 32/13 R, juris Os. 4; 16.12.2014 – B 1 KR 31/13 R.

akts vorläufig gehemmt ist.[229] Wird ein feststellender Verwaltungsakt angefochten, dürfen aus ihm keine rechtlichen oder tatsächlichen Folgen hergeleitet werden;[230] auch tritt die Gestaltungswirkung eines angefochtenen Verwaltungsakts nicht ein, sodass bspw. eine zugesprochene Begünstigung bei eingetretener aufschiebender Wirkung nicht genutzt werden kann.

90 **Beispiele:**

- Im Schwerbehindertenrecht bleibt zugunsten des Adressaten des Verwaltungsakts, mit dem der **Grad der Behinderung** – GdB – **herabgesetzt** wird, der GdB bei Anfechtung des entsprechenden Aufhebungsbescheides auf alter Höhe. Die rechtsgestaltende Herabsetzung tritt vorläufig nicht ein, auch wenn der Aufhebungsverwaltungsakt rechtlich existent bleibt (zur Feststellung der Schwerbehinderung im Eilverfahren → Rn. 594).
- Umgekehrt führt die **Anfechtung einer Kassenarztzulassung** durch die Kassenärztliche Vereinigung dazu, dass der Begünstigte von der Zulassung vorläufig keinen Gebrauch machen darf. Allerdings tritt bei statusbegründenden Entscheidungen im Vertragsarztrecht die aufschiebende Wirkung eines von einem Dritten gegen eine begünstigende Entscheidung erhobenen Rechtsbehelfs erst (ex nunc) mit dem Zeitpunkt ein, in dem der Begünstigte hiervon Kenntnis erlangt.[231] Die Zulassung bleibt jedoch rechtlich existent (zur Abwägungsentscheidung in diesen Fällen → Rn. 276 f.)
- Zur aufschiebenden Wirkung einer Klage gegen einen **Statusfeststellungsbescheids nach § 7a SGB IV** (Tätigkeit als Fahrer).[232]
- Der Widerspruch des Betroffenen gegen eine **Aufhebung einer** (meist mit der Rückforderung der für die zurückliegenden Zeiträume bereits gewährten Beträge verbundenen) **Leistungsbewilligung** hat – außer im Bereich des SGB II, → Rn. 126 ff. – gem. § 86a Abs. 1 S. 1 SGG aufschiebende Wirkung, soweit es um die Aufhebung für zurückliegende Zeiträume geht. Auch § 86a Abs. 2 Nr. 2 und 3 SGG sehen die sofortige Vollziehbarkeit nur für die Entziehung, also die Aufhebung ex nunc, dh ab dem Zeitpunkt der Bekanntgabe des aufhebenden Verwaltungsakts, vor. Als Folge der Anfechtung einer solchen Aufhebung für die Vergangenheit hat jede Maßnahme zu unterbleiben, die den Eintritt der in dem rechtsgestaltenden Verwaltungsakt „Aufhebung" verfügten Rechtsänderung voraussetzt;[233] denn in diesem Fall gilt die Aufhebung noch nicht, auch wenn sie bereits existent ist.

4. Dauer der aufschiebenden Wirkung

a) Beginn der aufschiebenden Wirkung

aa) Bei aufschiebender Wirkung von Gesetzes wegen, § 86a Abs. 1 SGG

91 Zu unterscheiden ist zwischen dem **Zeitpunkt des Eintritts** und dem **Zeitraum der Wirkung** der aufschiebenden Wirkung. Die von Gesetzes wegen vorgesehene aufschiebende Wirkung tritt mit der Erhebung des Rechtsbehelfs ein. Vor der Erhebung des Rechtsbehelfs besitzt der Verwaltungsakt auch die innere Wirksamkeit, dh die getroffene Regelung gilt mit allen ihr zukommenden Wirkungen ab Erlass des Verwaltungsakts.[234] Der Verwaltungsakt kann bis zur Einlegung des Rechtsbehelfs auch vollzogen werden.[235] In persönlicher Hinsicht tritt die aufschiebende Wirkung nur zugunsten desjenigen ein, der den Rechtsbehelf eingelegt hat. Sie tritt selbst dann ein, wenn die Klage beim unzuständigen Gericht erhoben wurde,[236] es sei denn, die wegen der fehlenden Zuständigkeit gegebene Unzulässigkeit der Klage ist offensichtlich (s. a. → Rn. 77 ff.).

---

229 MKLS/Keller SGG § 86a Rn. 5; vgl. ferner Sachs § 43 Rn. 214; zur VwGO Kopp/Schenke § 80 Rn. 22, 30 ff., zum Sonderfall des gesetzeswiederholenden Verwaltungsaktes Rn. 30 aE.
230 Vgl. Finkelnburg/Jank VorlRS Rn. 645.
231 BSG 11.3.2009 – B 6 KA 15/08 R; 5.6.2013 – B 6 KA 4/13 B.
232 LSG Bln-Bbg 7.12.2016 – L 1 KR 268/16 B ER.
233 Vgl. Finkelnburg/Jank VorlRS Rn. 644.
234 Vgl. Kopp/Schenke § 80 Rn. 53.
235 Vgl. Redeker/von Oertzen VwGO § 80 Rn. 7.
236 Vgl. Plagemann Rn. 141; abw. MKLS/Keller SGG § 86a Rn. 9.

Die mit der Erhebung des Rechtsbehelfs eintretende aufschiebende Wirkung wirkt auf den Zeitpunkt des Erlasses des Verwaltungsakts zurück. Bereits durchgeführten Vollziehungsmaßnahmen wird dadurch die rechtliche Grundlage entzogen.[237] Zur Beseitigung der Vollziehungsfolgen kann der Betroffene eine gerichtliche Entscheidung auf der Rechtsgrundlage des § 86b Abs. 1 S. 2 SGG beantragen (→ Rn. 197 ff.). **92**

bb) Bei aufschiebender Wirkung auf Anordnung des Gerichts, §§ 86a Abs. 2, 4, 86b Abs. 1 S. 1 Nr. 2 SGG

Von den Fällen der von Gesetzes wegen eintretenden aufschiebenden Wirkung sind die Fälle zu unterscheiden, in denen die aufschiebende Wirkung durch das Gericht angeordnet wird, wenn der Verwaltungsakt von Gesetzes wegen oder aufgrund behördlicher Anordnung sofort vollziehbar ist. Bei Anordnung der aufschiebenden Wirkung durch das Gericht gem. § 86b Abs. 1 S. 1 Nr. 2 SGG tritt aufschiebende Wirkung mit der Bekanntgabe der gerichtlichen Entscheidung ein. Insofern wird auch von gerichtsbewirkter aufschiebender Wirkung gesprochen. Auch hier wirkt die aufschiebende Wirkung auf den Zeitpunkt des Erlasses des Verwaltungsakts zurück;[238] insofern stellt sich die Rechtslage bei der gerichtlichen Anordnung der aufschiebenden Wirkung anders dar als bei der Aussetzung der Vollziehung durch die Behörde gem. § 86a Abs. 3 S. 1 SGG, die ex nunc wirkt. In dem gerichtlichen Beschluss kann die Rückwirkung aber beschränkt werden.[239] Die aufschiebende Wirkung, die sich grundsätzlich auf den Verwaltungsakt als Ganzen bezieht, kann durch behördliche oder gerichtliche Bestimmung auch auf Teile des Verwaltungsakts beschränkt werden. Der gerichtliche Beschluss, mit dem die aufschiebende Wirkung angeordnet wird, bindet die Verwaltung (zu Ausnahmen von der sachlichen Bindungswirkung → Rn. 42 f.). Liegt noch keine gerichtliche Entscheidung vor, kann die Behörde die Vollziehung aussetzen, vgl. § 86a Abs. 3 S. 1 SGG (zu den Unterschieden von Vollziehungsaussetzung und aufschiebender Wirkung → Rn. 178 f.). **93**

b) Ende der aufschiebenden Wirkung

Eine gesetzliche Regelung des Endes der aufschiebenden Wirkung fehlt. Eine dem § 80b VwGO entsprechende Regelung[240] wurde nicht in das SGG aufgenommen. § 80b VwGO kann nicht entsprechend angewendet werden, da die §§ 86a und 86b SGG eine abschließende Regelung enthalten.[241] **94**

aa) Ende der aufschiebenden Wirkung des Widerspruchs

Die nach § 86a Abs. 1 SGG **von Gesetzes wegen eintretende aufschiebende Wirkung** des Widerspruchs endet jedenfalls mit der **Erhebung der Anfechtungsklage**, die ggf. wiederum von Gesetzes wegen aufschiebende Wirkung hat. Umstr. ist, ob der Erlass des Widerspruchsbescheids die aufschiebende Wirkung des Widerspruchs unterbricht, oder ob die aufschiebende Wirkung des Widerspruchs über den Erlass des Widerspruchsbescheids hinaus bis zu dessen Bestandskraft oder bis zur Erhebung der Anfechtungsklage fortdauert. Nach zutreffender Auffassung endet die aufschiebende Wirkung des Widerspruchs erst mit der Bestandskraft des Widerspruchsbe- **95**

237 Vgl. Finkelnburg/Jank VorlRS Rn. 670.
238 Vgl. zur VwGO Schoch/Schneider/Schoch § 80 Rn. 535.
239 Vgl. dazu Kopp/Schenke § 80 Rn. 54; Finkelnburg/Jank VorlRS Rn. 871.
240 § 80b VwGO regelt vor allem das Ende der aufschiebenden Wirkung bei Klageabweisung in erster Instanz. § 80b Abs. 1 S. 1 VwGO lautet: „Die aufschiebende Wirkung des Widerspruchs und der Anfechtungsklage endet mit der Unanfechtbarkeit oder, wenn die Anfechtungsklage im ersten Rechtszug abgewiesen worden ist, drei Monate nach Ablauf der gesetzlichen Begründungsfrist des gegen die abweisende Entscheidung gegebenen Rechtsmittels".
241 Vgl. MKLS/Keller SGG § 86a Rn. 2.

scheids[242] oder mit der Erhebung der Klage.[243] Die §§ 86a und 86b SGG kennen keinen Verbrauch des Widerspruchs.[244] Es handelt sich nicht um eine Rückwirkung der aufschiebenden Wirkung der Klage auf den Zeitpunkt des Erlasses des Widerspruchsbescheids, sondern um eine Fortdauer der aufschiebenden Wirkung des Widerspruchs bis zur Unanfechtbarkeit des angefochtenen Verwaltungsakts bzw. bis zur Klageerhebung. Die aufschiebende Wirkung der Klage schließt sich unmittelbar an die aufschiebende Wirkung des Widerspruchs an,[245] wobei für den Fall der Klageerhebung die aufschiebende Wirkung des Widerspruchs mit dem Tag vor dem Eintritt der Rechtshängigkeit der Klage endet. Dadurch, dass das Ende der aufschiebenden Wirkung nicht mit Erlass des Widerspruchsbescheids, sondern erst mit dessen Unanfechtbarkeit bzw. mit Klageerhebung angenommen wird, ist lückenloser einstweiliger Rechtsschutz auch für den Zeitraum zwischen Bekanntgabe des Widerspruchsbescheids und Klageerhebung gewährleistet. Ansonsten[246] entstünde für diesen Zeitraum ein Rechtsschutzvakuum: Ein Widerspruch, dessen aufschiebende Wirkung angeordnet werden könnte, wäre nicht mehr vorhanden, eine Klage läge noch nicht vor. Es gäbe also für diesen Zeitraum keinen Rechtsbehelf, dessen aufschiebende Wirkung angeordnet werden könnte. Dass vor der Klageerhebung, aber nach Erlass des Widerspruchsbescheids der Widerspruch immer noch aufschiebende Wirkung haben kann – und unter dem Gesichtspunkt der Effektivität des einstweiligen Rechtsschutzes haben können muss –, ergibt sich daraus, dass die gerichtliche Anordnung der aufschiebenden Wirkung des Widerspruchs insbes. in den Fällen des § 86a Abs. 2 SGG nach dem eindeutigen Wortlaut des § 86b Abs. 1 S. 1 Nr. 2 SGG auch nach der Zurückweisung des Widerspruchs durch die Widerspruchsbehörde möglich ist.[247]

96 **Ohne Klageerhebung** endet die aufschiebende Wirkung des Widerspruchs mit der Bestandskraft des angefochtenen Verwaltungsakts, also idR bei Unanfechtbarkeit des Widerspruchsbescheids. Die Unanfechtbarkeit des Verwaltungsakts tritt insbes. bei rechtskräftigem Abschluss des Hauptsacheverfahrens ein, ferner selbstverständlich bei Nichterhebung bzw. nicht rechtzeitiger Erhebung der Klage. Darüber hinaus endet die aufschiebende Wirkung des Widerspruchs mit der Anordnung der sofortigen Vollziehbarkeit durch die Behörde oder mit der bestandskräftigen Aufhebung des angefochtenen Verwaltungsakts.

97 § 86b Abs. 1 S. 1 Nr. 2 SGG beschränkt nach seinem Wortlaut die gerichtliche Möglichkeit zur Anordnung der aufschiebenden Wirkung nicht auf den aktuell eingelegten Rechtsbehelf. In den Fällen **gerichtlich angeordneter aufschiebender Wirkung** (§ 86b Abs. 1 S. 1 Nr. 2 SGG) bestimmt sich das Ende der aufschiebenden Wirkung somit allein nach den Maßgaben der gerichtlichen Entscheidung. Befristet das Gericht die angeordnete aufschiebende Wirkung des Widerspruchs nicht, ist anzunehmen, dass sie bis zum Eintritt der Unanfechtbarkeit des Verwaltungsakts andauern soll.[248] Dh in dem Fall, dass ein Widerspruchsbescheid ergeht und nachfolgend Anfechtungsklage erhoben wird, erstreckt sich die gerichtlich angeordnete aufschiebende Wirkung im Regelfall auch auf die Anfechtungsklage.[249] Eine Tenorierung, dass die aufschiebende Wirkung

242 LSG Nds-Brem 28.1.2004 – L 3 KA 427/03 ER Breithaupt 2004, 275.
243 Vgl. MKLS/Keller SGG § 86a Rn. 11; Schoch, Vorläufiger Rechtsschutz, S. 1190 f.; Schoch/Schneider/Schoch § 80 Rn. 119; BVerwGE 78, 192 (209); aA HmbOVG NVwZ 1987, 515; BayLSG Breithaupt 1979, 197 (199); Wolber SGb 1975, 438; Huster/Kellndorfer SozVers 1983, 113 f.; bereits zu § 86a SGG LSG RhPf 26.5.2003 – L 4 ER 26/03 RA (keine Herstellung der aufschiebenden Wirkung nach Erteilung des Widerspruchsbescheids).
244 Vgl. zu § 80 VwGO BVerwG E 78, 192, 209, NVwZ 1988, 251 (255).
245 Vgl. für den verwaltungsgerichtlichen Bereich § 80b Abs. 1 VwGO.
246 Abw. LSG RhPf 26.5.2003 – L 4 ER 26/03 RA mit Hinweis auf § 85 SGG (Ende des Widerspruchsverfahrens mit Erteilung des Widerspruchsbescheids).
247 Ebenso zu § 80 VwGO Schoch, Vorläufiger Rechtsschutz, S. 1191; Schoch/Schneider/Schoch § 80 Rn. 119.
248 Vgl. u.a. LSG Bln-Bbg 16.12.2014 – L 5 AS 2740/14 B ER; LSG Saarl 12.3.2019 – L 1 R 7/18 B ER; aA Burkiczak in jurisPK-SGG, SGG § 86b Rn. 216.
249 So iErg auch LSG NRW 17.1.2005 – L 2 B 9/03 KR ER; LSG BW 20.3.2006 – L 8 AS 369/06 ER-B.

„des Widerspruchs" angeordnet wird, steht dem nicht entgegen.[250] Sie ist regelmäßig allein dem aktuellen Verfahrensstand bzw. der Ungewissheit über den weiteren Verfahrensverlauf geschuldet. Für ein solches Verständnis sprechen nicht nur prozessökonomische Erwägungen, wonach die Notwendigkeit eines erneuten (erstinstanzlichen) gerichtlichen Eilverfahrens nach Klageerhebung bei im Übrigen unveränderter Sach- und Rechtslage keinen Sinn machen würde. Dies gilt insbes. in dem Fall, dass die Klageerhebung zu einem Zeitpunkt erfolgt, in dem das Eilverfahren bereits die Beschwerdeinstanz erreicht hat, weil mittlerweile eine Widerspruchsentscheidung ergangen ist. Sollte sich die Sach- oder Rechtslage geändert haben, besteht die Möglichkeit eines Abänderungsantrags nach § 86b Abs. 1 S. 4 SGG. Zudem ist bei der Annahme einer durchgehenden aufschiebenden Wirkung von vornherein sichergestellt, dass es infolge der Klageerhebung zu keinen Lücken im einstweiligen Rechtsschutz kommt. In der Praxis sollte das Gericht in den Entscheidungsgründen klarstellen, dass die angeordnete aufschiebende Wirkung des Widerspruchs auch eine nachfolgend erhobene Anfechtungsklage umfasst, oder – andernfalls – die Dauer der angeordneten aufschiebenden Wirkung eindeutig befristen (Muster für Antrag auf Anordnung der aufschiebenden Wirkung der Klage bei Widerspruchsbescheid während des offenen Antrags auf gerichtliche Anordnung der aufschiebenden Wirkung des Widerspruchs → Rn. 320).

bb) Sozialgerichtliche Besonderheiten des § 86a Abs. 2 Nr. 3 SGG

Nach § 86a Abs. 2 Nr. 3 SGG hat in Angelegenheiten der Sozialversicherung bei Verwaltungsakten, 98
die eine laufende Leistung herabsetzen oder entziehen, (zu Angelegenheiten des sozialen Entschädigungsrechts und der Bundesagentur für Arbeit s. § 86a Abs. 2 Nr. 2 SGG) nur der Widerspruch aufschiebende Wirkung. Bei der Anfechtungsklage entfällt die aufschiebende Wirkung. Unter Zugrundelegung der dargestellten Grundsätze zum Ende der aufschiebenden Wirkung des Widerspruchs bedeutet das, dass der Verwaltungsakt mit dem Erlass des Widerspruchsbescheids noch nicht sofort vollziehbar ist. Denn die aufschiebende Wirkung des Widerspruchs endet – wie in den Fällen, in denen auch die Klage aufschiebende Wirkung hat – erst mit der Bestandskraft des Widerspruchsbescheids. Die Dauer der Verpflichtung zur Weitergewährung einer Leistung kann also davon abhängen, ob der Kläger die Klagefrist voll ausschöpft. Diese Unwägbarkeit ist jedoch um eines effektiven Rechtsschutzes (Art. 19 Abs. 4 GG) willen hinzunehmen. Die Alternative wäre ein Ende der aufschiebenden Wirkung des Widerspruchs mit Bekanntgabe des Widerspruchsbescheids mit der Konsequenz eines Rechtsschutzvakuums ab diesem Zeitpunkt bis zur Klageerhebung (s. a. → Rn. 95). Der Widerspruch wäre mit Erlass des Widerspruchsbescheids verbraucht, eine Klage, deren aufschiebende Wirkung gem. § 86b Abs. 1 S. 1 Nr. 2 SGG angeordnet werden könnte, läge noch nicht vor. Der sozialgerichtliche einstweilige Rechtsschutz kennt jedoch keinen Verbrauch des Widerspruchs in diesem Sinne. Die bei Ausschöpfung der Klagefrist erst später eintretende Vollziehbarkeit des Aufhebungsbescheids ist in Kauf zu nehmen.

cc) Ende der aufschiebenden Wirkung der Klage

Eine dem § 80b VwGO entsprechende Regelung wurde nicht in das Sozialgerichtsgesetz über- 99
nommen. Einer solchen Regelung bedarf es für das sozialgerichtliche Verfahren auch nicht.[251] Fällen des Missbrauchs, in denen die Klage nur eingelegt wird, um den Eintritt der Unanfechtbarkeit eines belastenden Verwaltungsakts zu verzögern,[252] lässt sich mit § 86a Abs. 2 Nr. 5 SGG oder § 86b Abs. 1 S. 1 Nr. 1 SGG per Anordnung der sofortigen Vollziehbarkeit begegnen. Die von Gesetzes wegen oder auf Anordnung des Gerichts eingetretene aufschiebende Wirkung der Klage endet damit mit der Unanfechtbarkeit des Verwaltungsakts, also insbes. mit dem

250 Vgl. LSG Bln-Bbg 16.12.2014 – L 5 AS 2740/14 B ER; LSG Saarl 12.3.2019 – L 1 R 7/18 B ER.
251 Vgl. die Kritik an § 80b VwGO bei Schoch/Schneider/Schoch § 80b Rn. 10 f.; Kopp/Schenke § 80b Rn. 2.
252 So die Begründung zu § 80b VwGO BT-Drs. 12/8553, 9.

rechtskräftigen Abschluss des Hauptsacheverfahrens,[253] aber auch bei Versäumung der Rechtsbehelfsfristen oder bei einem Rechtsmittelverzicht. Die aufschiebende Wirkung der Klage endet ferner mit der Aufhebung des angefochtenen Verwaltungsakts.

c) Wegfall der aufschiebenden Wirkung

100 Zu untersuchen ist der Zusammenhang zwischen aufschiebender Wirkung und Ausgang des Hauptsacheverfahrens.

aa) Obsiegen des Klägers in der Hauptsache

101 Unproblematisch ist der Fall, dass der Kläger, dessen Rechtsbehelf aufschiebende Wirkung hatte, in der Hauptsache obsiegt: Die belastende Regelung des Verwaltungsakts ist aufgehoben, die Frage ihrer „Geltung" (die wegen der aufschiebenden Wirkung nicht eingetreten war) damit hinfällig. Die Ergebnisse der prozessrechtlichen Vorschriften der §§ 86a, 86b SGG und des materiellen Sozialrechts widersprechen sich nicht.

bb) Spätere Abweisung der Hauptsacheklage

102 In den Fällen der eingetretenen aufschiebenden Wirkung und späteren (rechtskräftigen) Abweisung der mit aufschiebender Wirkung eingelegten Hauptsacheklage ergibt sich für den Interimszeitraum bis zu der Hauptsacheentscheidung eine Divergenz zwischen den Ergebnissen der prozessrechtlichen Vorschriften der §§ 86a, 86b SGG und des materiellen Sozialrechts. Nach den Vorschriften des Prozessrechts galt die mit dem Verwaltungsakt getroffene Regelung nicht, nach den Vorschriften des materiellen Sozialrechts war die Regelung rechtmäßig. Diese Divergenz muss vor dem Hintergrund der Dimension Zeit einer rechtlichen Lösung zugeführt werden. Es stellt sich die Frage, ob die aufschiebende Wirkung ex nunc, also mW ab Klageabweisung, oder ex tunc, also mit Rückwirkung, wegfällt. Dabei geht es letztlich um die Entscheidung der Frage, ob trotz des naturgesetzlich vorgegebenen Zeitablaufs dem materiellen Recht zur rückwirkenden Geltung verholfen werden soll. Zu unterscheiden ist zwischen Verwaltungsakten mit und ohne Drittwirkung.

(1) Verwaltungsakte ohne Drittwirkung

103 Bsp. → Rn. 107.

Für die Fälle belastender, vom Betroffenen angefochtener Verwaltungsakte ohne Drittwirkung entfällt bei späterer Abweisung der Hauptsacheklage nach ganz herrschender Meinung die aufschiebende Wirkung rückwirkend.[254] In materiellrechtlicher Hinsicht galt die Regelung trotz der zwischenzeitlich aufgrund prozessrechtlicher Vorschriften eingetretenen aufschiebenden Wirkung vom Zeitpunkt des Erlasses des Verwaltungsakts an. Die aufschiebende Wirkung wird durch die rechtskräftige Entscheidung beseitigt und macht gleichsam endgültig der im Urteil klargestellten Rechtslage Platz.[255] Daraus folgt, dass die **Folgen der aufschiebenden Wirkung rückgängig** zu **machen** sind, **soweit** dies **unter Berücksichtigung des** naturgesetzlich vorgegebenen **Zeitablaufs möglich** ist. Vorläufig geleistete und daher unter dem Vorbehalt der Rückforderung stehende Leistungen sind zurückzuzahlen (s. a. → Rn. 299 ff.). Da ansonsten der Faktor Zeit außer Acht gelassen würde, ist die Nichtbeachtung des Verwaltungsakts während der Dauer der aufschiebenden Wirkung jedoch rechtmäßig, weil von den Vorschriften des Prozessrechts gedeckt gewesen. Der Gesetzgeber macht dies dadurch deutlich, dass er zulasten des Antragstellers, der in den Vorteil der aufschiebenden Wirkung gekommen ist, keinen Schadensersatzan-

253 Vgl. BVerwGE 78, 192 (208); vgl. auch § 80b Abs. 1 S. 2 VwGO.
254 Vgl. BSG SozR 3-1300 § 50 Nr. 20 S. 60, 63; Meyer-Ladewig, 6. Aufl. 1998, § 97 Rn. 10c; BVerwG NJW 1977, 823; MKLS/Keller SGG § 86a Rn. 11; aA Plagemann Rn. 143.
255 Vgl. Schoch, Vorläufiger Rechtsschutz, S. 1194.

spruch normiert, falls sich zwischen der prozessrechtlichen Regelung der aufschiebenden Wirkung und dem materiellen Sozialrecht nachträglich eine Divergenz ergibt; die Regelung des § 945 ZPO gilt nur für Vornahmesachen, § 86b Abs. 2 S. 4 SGG. Auch kann zB die während der aufschiebenden Wirkung erfolgte Nutzung einer Erlaubnis, deren Aufhebung sich im Hauptsacheverfahren als rechtmäßig erweist, nicht nachträglich von der Rechtsordnung – etwa in bußgeldrechtlicher Hinsicht – sanktioniert werden.

(2) Verwaltungsakte mit Drittwirkung

Für die Fälle begünstigender Verwaltungsakte, die durch belastete Dritte angefochten werden, 104
gilt Folgendes: Auch die Drittanfechtung hat grundsätzlich aufschiebende Wirkung. Der Begünstigte darf von der Regelung des Verwaltungsakts, zB von einer erteilten Erlaubnis, noch nicht Gebrauch machen.[256] Was das Entfallen der aufschiebenden Wirkung nach rechtskräftigem Abschluss der Hauptsache betrifft, ist je nach Erfolg oder Misserfolg des Rechtsbehelfs des belasteten Dritten zu differenzieren.

(a) Erfolgreicher Drittrechtsbehelf

Hatte der Widerspruch des Dritten Erfolg, endet die aufschiebende Wirkung des Drittwider- 105
spruchs nicht mit dem Erlass der für den Dritten günstigen Hauptsacheentscheidung. Insofern stellt sich zwar nicht das Problem des rückwirkenden Entfallens der aufschiebenden Wirkung, weil ja die Rechtslage nach materiellem Recht der prozessrechtlichen Rechtslage entspricht. Im Hinblick auf die mögliche Anfechtungsklage des vom Widerspruchsbescheid erstmals belasteten Adressaten des Ausgangsverwaltungsakts ist jedoch fraglich, ob die aufschiebende Wirkung hier mit Erlass des Widerspruchsbescheids endet. Das ist zu verneinen.[257] Die aufschiebende Wirkung endet vielmehr – wie in allen andern Fällen auch – erst mit der Unanfechtbarkeit des Widerspruchsbescheids[258] oder mit der Erhebung der Klage durch den Begünstigten. Keine dogmatischen Probleme wirft damit auch der erwähnte Fall auf, in dem der von dem Ausgangsverwaltungsakt Begünstigte seinerseits gegen den ihn erstmals belastenden Widerspruchsbescheid Anfechtungsklage erhebt: Bis zur Erhebung der *Klage* gilt die Regelung des Ausgangsverwaltungsakts wegen der aufschiebenden Wirkung des Drittrechtsbehelfs nicht. Ab Erhebung der Klage, die ihrerseits aufschiebende Wirkung hat, gilt die Regelung des Widerspruchsbescheids vorläufig nicht, die Regelung des Ausgangsverwaltungsakts ist sofort vollziehbar. Diese aufschiebende Wirkung der Anfechtungsklage führt auch nicht zu einer ungerechtfertigten Erweiterung der Rechtsstellung des vom Ausgangsverwaltungsakt Begünstigten. Er erhält mit der aufschiebenden Wirkung seiner Klage nicht mehr an Rechten, als er vor der Drittanfechtung hatte, deren Ergebnis in Form des für den Dritten günstigen Widerspruchsbescheids den vom Ausgangsverwaltungsakt Begünstigten erstmals in die Anfechtungssituation brachte. Im Übrigen besteht für die Widerspruchsbehörde die Möglichkeit, die Regelung des Widerspruchsbescheids für sofort vollziehbar zu erklären. Die Rechte des vom Ausgangsverwaltungsakt Begünstigten sind grundsätzlich nicht weniger schützenswert als die Rechte des Dritten.[259]

---

256 Vgl. BSG SozR 3-1500 § 97 SGG Nr. 3 S. 7 mwN und für den verwaltungsgerichtlichen Bereich § 80a VwGO, der hier nicht analog angewendet werden kann, vgl. dazu MKLS/Keller SGG § 86a Rn. 2.

257 Abw. Schoch/Schneider/Schoch § 80 Rn. 120: Das materielle Drittabwehrrecht hat damit seine Befriedigung gefunden.

258 IErg ebenso Schubert NVwZ 1990, 638; allg. dazu MKLS/Keller SGG § 86a Rn. 11.

259 Vgl. BVerfG 1.10.1984 – 1 BvR 231/84, GewArch 1985, 16.

(b) Erfolgloser Drittrechtsbehelf

106 Bsp. → Rn. 108.

Bei einem erfolglosen Drittrechtsbehelf fallen für den Zeitraum bis zur Hauptsacheentscheidung die Ergebnisse des Prozessrechts und des materiellen Sozialrechts auseinander: Der Rechtsbehelf des durch den Verwaltungsakt belasteten Dritten hat zulasten des Begünstigten aufschiebende Wirkung; nach rechtskräftiger Abweisung der (Dritt-)Klage steht fest, dass die Begünstigung des Adressaten des Verwaltungsakts nach materiellem Recht von Anfang an zustand. In Anwendung der dargestellten Grundsätze entfällt auch bei begünstigenden, durch belastete Dritte angefochtenen Verwaltungsakten die aufschiebende Wirkung rückwirkend auf den Zeitpunkt des Erlasses des Verwaltungsakts. Die mit dem Suspensionseffekt des Drittrechtsbehelfs verbundenen tatsächlichen und rechtlichen Folgen werden durch die rechtskräftige Hauptsacheentscheidung beseitigt und machen endgültig der im Urteil klargestellten Rechtslage Platz.[260] Die entsprechende Begünstigung des Betroffenen war also von Anfang an gegeben, wenn die Drittklage rechtskräftig abgewiesen ist. Die eingetretenen Folgen sind allerdings nur insoweit rückgängig zu machen, als dem nicht der naturgesetzlich vorgegebene Zeitablauf entgegensteht und keine Irreparabilität eingetreten ist. Nicht rückgängig gemacht werden kann insofern insbes. die fehlende Berechtigung zum Gebrauchmachen von einer erteilten Erlaubnis (die ja vorübergehend nicht galt, nach der Hauptsacheentscheidung aber doch zustand). Das ist auch nicht „ungerecht“, sondern die Konsequenz daraus, dass die Ergebnisse des Prozessrechts (§§ 86a, 86b SGG) und des materiellen Rechts auseinanderfallen können. Im Übrigen kann die Ausgangsbehörde die sofortige Vollziehbarkeit der Regelung im Ausgangsbescheid anordnen. Differenzierungsversuche nach der Ordnungsfunktion des zugrundeliegenden Verwaltungsakts sind verfehlt.[261] Sie führen zu unbilligen Ergebnissen und sind rechtsdogmatisch nicht haltbar. Sie können nicht erklären, warum eine materiellrechtliche Berechtigung selbst dann nicht gegeben sein soll, wenn eine Drittklage rechtskräftig abgewiesen ist.

107 ■ **Belastender, vom Betroffenen angefochtener Verwaltungsakt**

Das Sozialgericht ordnet nach fristgemäß erhobener Klage die aufschiebende Wirkung der Klage an, nachdem der gegen die **Entziehung einer Altersrente**[262] fristgemäß eingelegte Widerspruch zurückgewiesen worden war. Die aufschiebende Wirkung des Widerspruchs tritt hier gem. § 86a Abs. 1 S. 1 SGG von Gesetzes wegen ein, da § 86a Abs. 2 Nr. 3 SGG die aufschiebende Wirkung nur für die Anfechtungsklage entfallen lässt. Sie tritt mit Widerspruchserhebung ein und wirkt auf den Zeitpunkt des Bescheiderlasses zurück. Wie in allen anderen Fällen endet die aufschiebende Wirkung des Widerspruchs auch im Falle des § 86a Abs. 2 Nr. 3 SGG erst mit der Unanfechtbarkeit des Widerspruchsbescheids bzw. mit Klageerhebung, sodass sich die aufschiebende Wirkung einer Klage unmittelbar an die des Widerspruchs anschließt. Zwar hat die Klage gem. § 86a Abs. 2 Nr. 3 SGG keine aufschiebende Wirkung. Die vom Sozialgericht später angeordnete aufschiebende Wirkung wirkt aber auf den Zeitpunkt der Klageerhebung zurück, da das Gericht nicht ausdrücklich einen anderen Zeitpunkt des Beginns der aufschiebenden Wirkung festgesetzt hat. Dadurch, dass die aufschiebende Wirkung des Widerspruchs für den Zeitraum bis zum Zeitpunkt der Klageerhebung, also über den Zeitpunkt des Erlasses des Widerspruchsbescheids hinaus, eintrat, steht der Betroffene so, als ob die Klage von Gesetzes wegen von vorneherein aufschiebende Wirkung gehabt hätte. Die aufschiebende Wirkung wirkt vorliegend also wegen der gerichtlichen Anordnung für den gesamten Zeitraum bis zum Eintritt der Rechtskraft der Hauptsacheentscheidung. Die Frage, wie sich das rückwirkende Entfallen der aufschiebenden Wirkung für den Betroffenen auswirkt, kommt dann zum Tragen, wenn die gegen die Rentenentziehung gerichtete **Klage** des Betroffenen **später rechtskräftig abgewiesen**

---

260 Vgl. Schoch, Vorläufiger Rechtsschutz, S. 1194.

261 So aber BSG SozR 3 1500 § 97 SGG Nr. 3 S. 3 ff.

262 Vgl. zur Erstattung der während der Anfechtung weiter bezogenen Rente nach erfolgloser Anfechtung der Rentenentziehung BSG SozR 3-1300 § 50 Nr. 20 S. 62 sowie die Nachweise zur entsprechenden verwaltungsgerichtlichen Rspr. in BSG SozR 3-1500 § 97 SGG Nr. 3 S. 7.

wird. Die Rechtsbehelfe des Betroffenen wirkten wegen der eingetretenen bzw. angeordneten aufschiebenden Wirkung vorläufig vollziehbarkeitshemmend und hatten zur Folge, dass die Nichtbeachtung der Rentenentziehung während der Dauer der aufschiebenden Wirkung und damit die Weitergewährung der Rente rechtmäßig gewesen sind. Aus dem mit der rechtskräftigen Klageabweisung eintretenden rückwirkenden Entfallen der aufschiebenden Wirkung folgt aber andererseits, dass der Betroffene die während des Zeitraums der aufschiebenden Wirkung bezogene Rente erstatten muss. Insofern stehen die im Wege des einstweiligen Rechtsschutzes erbrachten Leistungen also unter dem Vorbehalt der Rückforderung.[263]

- **Begünstigender, durch einen belasteten Dritten angefochtener Verwaltungsakt**[264] 108

Ein Krankenhausarzt erhält per Verwaltungsakt eine **Ermächtigung zur Erbringung von** bestimmten **medizinischen Leistungen** iR der kassenärztlichen Versorgung. Gegen diese Ermächtigung erhebt die Kassenärztliche Vereinigung nach Durchführung des Widerspruchsverfahrens Klage zum zuständigen Sozialgericht, die schließlich rechtskräftig abgewiesen wird. Auch während des Klageverfahrens erbringt der Arzt („suspensionswidrig") einige Wochen lang tatsächlich medizinische Leistungen. Die Klage[265] der Kassenärztlichen Vereinigung hatte aufschiebende Wirkung, ein Fall der sofortigen Vollziehbarkeit iSd § 86a Abs. 2 Nr. 4 SGG lag nicht vor (zur sofortigen Vollziehbarkeit im Bereich des SGB V s. a. → Rn. 137 ff.). Das bedeutet im Hinblick auf die Zeitbezogenheit menschlichen Verhaltens, dass nur ein Nichtgebrauchmachen von der erteilten Begünstigung während der Dauer der aufschiebenden Wirkung rechtmäßig **gewesen** ist, auch wenn nach dem (späteren) sozialgerichtlichen Urteil feststeht, dass dies im Widerspruch zur materiellen Rechtslage steht. Die aufschiebende Wirkung ist aber rückwirkend entfallen. Von praktischer Bedeutung ist letztlich die Frage, wie erfolgte Vermögensverschiebungen auszugleichen sind.[266] Nach zutreffender Auffassung kann der betroffene Arzt auch für ab Bekanntgabe der Ermächtigung bis zur rechtskräftigen Klageabweisung (auf eigenes Risiko) erbrachte Leistungen ein Honorar verlangen.[267]

5. Aufschiebende Wirkung bei rechtswidriger (faktischer)[268] Vollziehung

Orientierungshinweis: Einer rechtswidrigen Vollziehung liegt meist ein Irrtum der Behörde über den Nichteintritt der aufschiebenden Wirkung des Rechtsbehelfs oder über die Bestandskraft des Verwaltungsakts zugrunde. 109

Ist aufschiebende Wirkung gegeben, wird diese aber von der Behörde missachtet, ist die Vollziehung des Verwaltungsakts rechtswidrig. Denn der Verwaltungsakt ist rechtmäßiger Weise gar nicht vollziehbar.[269] Die aufschiebende Wirkung ist in diesen Fällen auf Antrag vom Gericht festzustellen (zum prozessualen Vorgehen iE → Rn. 195 f., 197 f.).

III. Die sofortige Vollziehbarkeit

1. Begriff

Das Gesetz verwendet den Begriff der sofortigen Vollziehbarkeit nicht. Es normiert das „Entfallen" der aufschiebenden Wirkung und spricht von sofortiger **„Vollziehung"**. Beides ist ungenau. 110
Nur in den Fällen des § 86a Abs. 2 Nr. 5 SGG, in denen die Behörde die sofortige Vollziehbarkeit *nach* dem Erlass des Verwaltungsakts anordnet, entfällt die zuvor bei entsprechendem

263 Zur Erstattung iE → Rn. 299 ff. und BSG SozR 3-1300 § 50 Nr. 20 S. 60, 62 ff.
264 Nach BSG SozR 3-1500 § 97 SGG Nr. 3 S. 3 ff. Ausf. dazu Rn. 99 der 1. Aufl. dieses Buches.
265 Vgl. zu § 96 Abs. 4 S. 2 SGB V MKLS/Keller SGG § 86a Rn. 23.
266 Vgl. Schoch, Vorläufiger Rechtsschutz, S. 1193.
267 AA BSG SozR 3-1500 § 97 SGG Nr. 3.
268 Gegen diese Bezeichnung Finkelnburg/Jank VorlRS Rn. 900 (Vollziehung durch Behörde erfolge nicht nur faktisch, sondern mit Rechtsakten wie Vollstreckung, Aufrechnung).
269 Vgl. Tiedemann MDR 1979, 717.

Rechtsbehelf eingetretene aufschiebende Wirkung, in allen anderen Fällen, also auch im Regelfall der zugleich mit dem Erlass des zugrundeliegenden Verwaltungsakts angeordneten sofortigen Vollziehbarkeit, tritt die aufschiebende Wirkung erst gar nicht ein, kann also auch nicht entfallen. Der vom Gesetzgeber in § 86a Abs. 2 Nr. 5 und Abs. 3 SGG verwendete Begriff der sofortigen Vollziehung ist schief, gemeint ist Vollziehbarkeit (s. a. → Rn. 81).

111 Wie bereits ausgeführt (→ Rn. 82 ff., 87), ist sofortige Vollziehbarkeit iSd §§ 86a und 86b SGG das Gegenstück zur aufschiebenden Wirkung (Suspensionseffekt, im Unterschied zum Suspensiveffekt, vgl. iE → Rn. 82 f.). Die sofortige Vollziehbarkeit ist Voraussetzung für die Vollziehung; Vollziehung bedeutet die Verwirklichung des Inhalts eines Verwaltungsakts durch das Ziehen mittelbarer oder unmittelbarer tatsächlicher oder rechtlicher Folgerungen einschließlich des Gebrauchmachens von einer Begünstigung und des Eintritts einer rechtsgestaltenden Wirkung und ähnlichem.[270] Vollziehbarkeit bedeutet nicht Vollstreckbarkeit. Es geht also nicht um die Möglichkeit der zwangsweisen Durchsetzung eines Verwaltungsakts, die ihrerseits (je nach anwendbarem Zwangsvollstreckungsgesetz) Bestandskraft oder sofortige Vollziehbarkeit voraussetzt.

112 Von der sofortigen Vollziehbarkeit zu unterscheiden ist ferner die Rechts- oder Bestandskraft, die auch bei (sofort) vollziehbaren Verwaltungsakten erst nach Ablauf der Rechtsbehelfsfristen bzw. nach rechtskräftiger Entscheidung eintritt. Tritt aufschiebende Wirkung nicht ein oder entfällt diese, ist die Vollziehbarkeit nicht (mehr) gehemmt. Der Umfang des gesetzlich vermittelten einstweiligen Rechtsschutzes wird beschränkt durch die in § 86a Abs. 2 Nr. 1–4 und Abs. 4 SGG gesetzlich vorgesehene sofortige Vollziehbarkeit oder durch eine auf der Grundlage des § 86a Abs. 2 Nr. 5 SGG zu erlassende behördliche Vollziehbarkeitsanordnung.

2. Der gesetzliche Ausschluss der Suspensionsautomatik

113 **Orientierungshinweis:** In den Fällen des § 86a Abs. 2 Nr. 1–4, Abs. 4 SGG kommt eine gerichtliche Anordnung nach § 86b Abs. 1 S. 1 Nr. 2 SGG in Betracht, s. für die Fälle

- des § 86a Abs. 2 **Nr. 1** SGG Checkliste → Rn. 310 und Muster → Rn. 318,
- des § 86a Abs. 2 Nr. **2–4, Abs. 4** SGG Checkliste → Rn. 306 und Muster → Rn. 313.

§ 86a Abs. 2 Nr. 1–4, Abs. 4 SGG normiert für bestimmte Fallgruppen von Gesetzes wegen sofortige Vollziehbarkeit, indem das „Entfallen" der aufschiebenden Wirkung geregelt wird (zur Abwägungsentscheidung des Gerichts in diesen Fällen → Rn. 223 ff.).

a) § 86a Abs. 2 Nr. 1 SGG

114 (Zur gerichtlichen Anordnung der aufschiebenden Wirkung in den Fällen des § 86a Abs. 2 Nr. 1 → Rn. 191, 215; zu den Begriffen ernstliche Zweifel/unbillige Härte → Rn. 183 f.).

Gem. § 86a Abs. 2 Nr. 1 SGG entfällt die aufschiebende Wirkung bei der Entscheidung über Versicherungs-, Beitrags- und Umlagepflichten sowie der Anforderung von Beiträgen, Umlagen und sonstigen öffentlichen Abgaben[271] einschließlich der darauf entfallenden Nebenkosten. Es handelt sich um Entscheidungen, die die Deckung des Finanzbedarfs der Sozialversicherungsträger betreffen. Dementsprechend sind unter „Anforderung" nicht nur Geldanforderungen zu verstehen, sondern alle Verwaltungsakte, die zur Verwirklichung des Anspruchs auf öffentliche Abgaben ergehen, zB auch die Aufhebung eines Verwaltungsakts über eine Beitragsstundung. Die in § 86a Abs. 2 Nr. 1 SGG vorgesehene sofortige Vollziehbarkeit enthält eine vorweggenommene generali-

270 Vgl. zum Vollziehbarkeitsbegriff Schoch/Schneider/Schoch § 80 Rn. 100 f.
271 Zum Begriff der öffentlichen Abgabe s. SG Wiesbaden 1.11.2017 – S 17 KR 320/17 ER (Befreiung von einer gesetzlich vorgesehenen Rabattierungspflicht).

sierende gesetzliche Interessenabwägung zugunsten der öffentlichen Haushalte für den sozialgerichtlichen Bereich. Die Vorschrift überträgt den Vorrang der Finanzierungssicherheit auf die besonderen Bedürfnisse des Sozialrechts.[272] Das Vollzugsrisiko bei Beitragsbescheiden uä wird auf den Rechtsschutzsuchenden verlagert, um die Finanzierungssicherheit und damit die Funktionsfähigkeit der Sozialleistungsträger zu gewährleisten. Damit der Anwendungsbereich des § 86a Abs. 2 Nr. 1 SGG eröffnet ist, ist es erforderlich, dass der maßgebliche Regelungsgehalt des angefochtenen Verwaltungsakts eine Entscheidung über Versicherungs-, Beitrags- oder Umlagepflichten oder die Anforderung von Beiträgen, Umlagen oder sonstigen öffentlichen Abgaben betrifft. Allein der Umstand, dass in einer Nebenentscheidung auch öffentliche Abgaben, zB Gebühren, erhoben werden, eröffnet den Anwendungsbereich hingegen nicht.[273] Dies ergibt sich bereits aus der Formulierung der Vorschrift, die zwischen Entscheidung/Anforderung einerseits und darauf entfallenden Nebenkosten andererseits differenziert.

Eine obligatorische Anrufung der Behörde vor einer Einschaltung des Gerichts wie in § 80 Abs. 6 VwGO ist in §§ 86a f. SGG nicht vorgesehen;[274] ob insofern für eine unmittelbare Anrufung des Gerichts ein Rechtsschutzbedürfnis gegeben ist, ist eine Frage des konkreten Einzelfalls (→ Rn. 27 ff.). Soweit es sich um Entscheidungen über Versicherungspflichten im Verfahren nach § 7a SGB IV (Statusfeststellungsentscheidungen) handelt, ist § 7a Abs. 7 SGB IV (ab 1.4.2022: § 7a Abs. 6) zu beachten, der dem § 86a Abs. 2 Nr. 1 SGG als lex specialis vorgeht.[275] § 7a Abs. 7 S. 1 SGB IV regelt, dass Widerspruch und Klage gegen Entscheidungen, dass eine Beschäftigung vorliegt (vgl. § 7a Abs. 1 SGB IV), aufschiebende Wirkung haben. Nach hM findet § 7a Abs. 7 SGB IV auf außerhalb des Verfahrens nach § 7a SGB IV getroffene Statusfeststellungen jedoch keine Anwendung (s. a. → Rn. 119, 572). 115

Beispiele: 116

- Widerspruch und Klage gegen den Bescheid einer Krankenkasse, mit dem diese die **Mitgliedschaft einer Versicherten in der Kranken- und Pflegeversicherung der Rentner** zu einem konkreten Zeitpunkt **beendet**, haben nach § 86a Abs. 2 Nr. 1 SGG keine aufschiebende Wirkung.[276]
- Die Entscheidung über das **Ende der Mitgliedschaft** gem. § 191 Nr. 3 SGB V ist keine Entscheidung über eine Versicherungs-, Beitrags- oder Umlagepflicht oder die Anforderung von Beiträgen, Umlagen und sonstigen Abgaben. Eine Klage dagegen hat also aufschiebende Wirkung. Die Verwaltung hat die Möglichkeit, die sofortige Vollziehbarkeit ihres Bescheides gem. § 86a Abs. 2 Nr. 5 SGG anzuordnen.[277] Gleiches gilt für die Feststellung der Beendigung einer Familienversicherung. Auch diese fällt nicht unter die Vorschrift des § 86a Abs. 2 Nr. 1 SGG.[278]
- Aufrechnung 117
  Eine Beschäftigungsfirma entrichtete die Beiträge nicht an den Antragsgegner, obwohl die Beiträge vom Gehalt abgezogen wurden. Der Antragsteller kann im Eilverfahren nicht mit Erfolg geltend machen, er rechne gegenüber dem Antragsgegner mit einem Schadensersatzanspruch auf, weil es dieser versäumt habe, die Beiträge zeitig gegenüber der Beschäftigungsfirma anzumahnen. Die Anordnung der aufschiebenden Wirkung eines Rechtsbehelfes gegen einen Beitragsbescheid durch das SG im Hinblick auf die Aufrechnung **mit einer umstrittenen rechtswegfremden Forderung gegen die Beitragsforderung** kommt nicht in Betracht. Wegen § 17 Abs. 2 S. 2 GVG ist das SG gehindert, über eine solche umstrittene For-

272 Vgl. Krasney/Udsching V Rn. 14.
273 S. dazu LSG MV15.1.2020 – L 9 SO 16/19 ER, juris Rn. 15.
274 Vgl. dazu Spiolek ZFSH/SGB 2001, 80 (82).
275 Vgl. Plagemann ASR 2001, 87; Plagemann Rn. 57.
276 Vgl. LSG BW 7.1.2019 – L 11 KR 4007/18 ER-B.
277 LSG RhPf 17.6.2005 – L 5 ER 37/05 KR; SächsLSG 13.7.2005 – L 1 B 68/05 KR-ER; abw. LSG Hmb 21.2.2006 – L 1 B 390/05 ER KR: Einstweiliger Rechtsschutz gegen die Beendigung der Mitgliedschaft nur nach § 86b Abs. 2 S. 2 SGG, weil die entsprechende Mitteilung der Krankenkasse keine Regelung enthalte.
278 HessLSG 21.8.2008 – L 1 KR 145/08 B ER, juris Rn. 19 f.; LSG BW 7.1.2019 – L 11 KR 4007/18 ER-B.

derung, mit der gegen einen Beitragsanspruch aufgerechnet wird, zu entscheiden,[279] weshalb es auch nicht befugt sein kann, die aufschiebende Wirkung eines Rechtsbehelfs gegen den Beitragsbescheid im Hinblick auf eine solche Aufrechnung anzuordnen.[280]
Die Aufrechnung von geschuldeten Rentenbeiträgen mit einer laufenden Rentenzahlung ist nicht deshalb unzulässig, weil der Rentenversicherungsträger diese zuvor – erfolglos – zur Insolvenztabelle angemeldet hatte. Auch während des laufenden Restschuldbefreiungsverfahrens ist eine Aufrechnung mit dem unpfändbaren Teil der Rente zulässig.[281]

- Verrechnung
Auch die Verrechnung von Beitragsforderungen mit dem Anspruch auf Erziehungsrente nach § 52 SGB I unterfällt der Anforderung von Beiträgen.[282]
Eine Krankenkasse ermächtigt den Rentenversicherungsträger, monatlich einen Teil der Altersrente des A per Verrechnung einzubehalten. Die Klage des A gegen die Verrechnung hat gem. § 86a Abs. 2 Nr. 1 SGG keine aufschiebende Wirkung. Die Verrechnung fällt unter den Begriff der Anforderung von Beiträgen. Darunter sind nicht nur Geldanforderungen zu verstehen, sondern alle Verwaltungsakte, die zur Realisierung des behördlichen Anspruchs auf öffentliche Abgaben ergehen.[283] Bei der gerichtlichen Eilentscheidung spricht es für ein Überwiegen des öffentlichen Vollziehungsinteresses, wenn bei der Verrechnung § 52 SGB I beachtet ist, dh dass der Betroffene durch die Verrechnung nicht hilfebedürftig iSd SGB XII wird.[284]
- Rückforderung von Beiträgen durch den Beitragsschuldner
Diese fällt nicht unter § 86a Abs. 2 Nr. 1 SGG. Der Betroffene strebt eine Erweiterung seiner Rechtsposition an (Vornahmesache), indem er Ersatzansprüche wegen zu viel gezahlter Beiträge geltend macht.[285] Der Berechtigte hat insofern einen Erstattungsanspruch nach § 26 SGB IV. Ein mit aufschiebender Wirkung anfechtbarer Verwaltungsakt liegt nicht vor. Soweit ein Erstattungsanspruch des Versicherten gem. § 28 SGB IV per Verwaltungsakt mit zukünftigen Beitragsansprüchen verrechnet wird,[286] liegt dem jedoch eine Entscheidung über eine Beitragspflicht iSd § 86a Abs. 2 Nr. 1 SGG zugrunde, die sofort vollziehbar ist. Der Betroffene müsste insofern behördlichen oder gerichtlichen einstweiligen Rechtsschutz in Anspruch nehmen.
Der Ausschluss der aufschiebenden Wirkung nach § 86a Abs. 2 Nr. 1 SGG erfasst auch Bescheide der Krankenversicherung über die **Zahlung des Zuschusses des Rentenversicherungsträgers an freiwillige Mitglieder**, die neben dem Arbeitsentgelt eine Rente der gesetzlichen Rentenversicherung beziehen (§ 106 SGB VI, § 240 Abs. 3 S. 2 SGB V).[287]
Bei der **Rückforderung eines Beitragszuschusses** an einen landwirtschaftlichen Unternehmer steht die Vermeidung von Überzahlungen und nicht die Frage der vollständigen Beitragszahlung im Vordergrund. Damit liegt einer der in § 86a Abs. 2 SGG geregelten Ausnahmefälle, in denen die aufschiebende Wirkung entfällt, nicht vor.[288]

118
- Haftungsbescheide im Bereich des SGB VII
Bei diesen handelt es sich um Verwaltungsakte, mit denen Beiträge zur Unfallversicherung eingefordert werden, die von dem ursprünglichen Schuldner nicht bezahlt worden sind. Allein der Umstand, dass nach § 150 Abs. 3 SGB VII ein weiterer für Beitragsschulden haftender Personenkreis eingeführt worden ist, bedeutet nicht, dass dieser nicht dem Regelungsbe-

279 BVerwG 31.3.1993 – 7 B 5/93, NJW 1993, 2255.
280 LSG RhPf 14.2.2005 – L 5 ER 133/04 KR, SGb 2005, 341.
281 LSG LSA 27.7.2020 – L 1 R 92/20 B ER, juris Ls. 1.
282 Vgl. LSG NRW 2.11.2015 – L 3 R 675/15 B ER; so auch LSG LSA 21.3.2016 – L 1 R 471/15 B ER zur Verrechnung von ausstehenden Sozialversicherungsbeiträgen mit einem Anspruch auf Regelaltersrente; aA LSG LSA 23.6.2016 – L 3 R 394/15 B ER, wonach Verrechnung eine Herabsetzung von laufenden Leistungen ist, sodass § 86a Abs. 2 Nr. 3 SGG anwendbar sein soll.
283 Vgl. SchlHLSG 14.2.2011 – L 5 R 17/11 B ER; 7.12.2010 – L R 205/10 B ER; Krasney/Udsching V Rn. 14.
284 ThürLSG 10.4.2003 – L 2 RJ 377/ 02. Zur Verrechnung als VA BSG GS 2/10.
285 Ebenso zum alten Recht Plagemann Rn. 53.
286 Nach von Maydell in GK-SGB IV § 26 Rn. 14, ist dies der Regelfall.
287 ThürLSG 20.3.2020 – L 2 KR 181/20 B ER, juris Ls. 1.
288 LSG NRW 30.5.2016 – L 8 LW 5/15 B ER, juris Os. 1.

reich des § 86a Abs. 2 Nr. 1 SGG unterfällt.[289] Zudem ist in § 28e Abs. 3a S. 1 SGB IV analog (§ 150 Abs. 3 SGB VII) ausdrücklich die Haftung des beauftragenden Unternehmers wie ein selbstschuldnerischer Bürge geregelt.[290]

- Betriebsprüfung 119
  Zu den Entscheidungen nach § 86a Abs. 2 Nr. 1 SGG gehören auch Bescheide der Rentenversicherungsträger, die auf der Grundlage von § 28p Abs. 1 S. 5 SGB IV nach einer Betriebsprüfung beim Arbeitgeber ergehen.[291] Diese Entscheidungen fallen insbes. nicht unter § 7a SGB IV, weil es sich nicht um reine Statusentscheidungen handelt, sondern über den Beitrag insgesamt, dh auch der Höhe nach entschieden wird.[292] Um der Zahlungspflicht zu entgehen, muss der Betroffene einstweiligen (gerichtlichen oder behördlichen) Rechtsschutz in Anspruch nehmen;[293] s. a. → Rn. 572.
- Säumniszuschläge
  § 86a Abs. 2 Nr. 1 SGG findet auch hinsichtlich der Festsetzung von Säumniszuschlägen nach § 24 SGB IV Anwendung.[294] Säumniszuschläge sind Nebenkosten zu Beiträgen. Ihnen kommt nicht lediglich Druckfunktion zu. Vielmehr trägt der Säumniszuschlag auch dem Umstand Rechnung, dass der Gläubiger einen Ausgleich für die Nachteile verspäteter Zahlungen erhalten muss.[295]
- Aufhebung der Befreiung von der Versicherungspflicht
  Diese und die Feststellung der Versicherungspflicht sind mit Blick auf den Zweck des § 86a Abs. 2 Nr. 1 SGG, die Funktionsfähigkeit der Versicherungsträger durch die rechtzeitige Leistung der Versicherungsbeiträge zu sichern, iR des einstweiligen Rechtsschutzes gleich zu behandeln.
- Die Ausgleichsabgabe **nach § 160 SGB IX** ist eine sonstige öffentliche Abgabe iSd § 86a Abs. 2 Nr. 1 SGG, sodass Rechtsbehelfe gegen den anfordernden Bescheid keine aufschiebende Wirkung entfalten.[296]

b) § 86a Abs. 2 Nr. 2 SGG

Gem. § 86a Abs. 2 Nr. 2 SGG **entfällt die aufschiebende Wirkung von Widerspruch und Klage** in Angelegenheiten des sozialen Entschädigungsrechts und der Bundesagentur für Arbeit bei Verwaltungsakten, die eine laufende Leistung entziehen oder herabsetzen.[297] Hintergrund dieser gesetzlichen Regelung ist die Befürchtung, dass in diesen Bereichen eine Rückerstattung überzahlter laufender Leistungen häufig an der fehlenden wirtschaftlichen Leistungsfähigkeit des Betroffenen scheitern wird, was die öffentlichen Haushalte der Sozialleistungsträger erheblich belasten würde. § 86a Abs. 2 Nr. 2 SGG verlagert daher das Vollzugsrisiko eines Entziehungsbescheides auf den Rechtsschutzsuchenden. Die entzogene Leistung wird trotz Rechtsbehelfs nicht weiter erbracht. **Laufende Leistungen** sind wiederkehrende Leistungen, die – auf befristete oder unbefristete Zeit – an mehreren Terminen erfolgen, ohne dass dies regelmäßig sein muss.[298] Ob diese Leistung tatsächlich bereits öfter gewährt wurde, ist unerheblich.[299] Eine Zahlung in Raten stellt noch keine „laufende“ Leistung dar.[300] Der Gesetzeswortlaut differenziert nicht zwischen einzelnen **Leis-** 120

289 BT-Drs. 14/5943, 20.
290 LSG Bln-Bbg 5.2.2007 – L 3 B 307/06 U ER.
291 LSG BW 29.7.2010 – L 11 R 2595/10 ER-B; 28.6.2010 – L 11 R 1903/10 ER-B.
292 Ua LSG NRW 5.11.2008 – L 16 B 7/08 B ER; 11.5.2015 – L 8 R 106/15 B ER; BayLSG 16.3.2010 – L 5R 2110 B ER L 5 R 21/10 B ER; SchlHLSG 7.9.2015 – L 5 KR 147/15 B ER; LSG Bln-Bbg 15.12.2015 – L 9 KR 192/15 B ER; LSG Nds-Brem 14.11.2018 – L 2 BA 68/18 B ER; MKLS/Keller SGG § 86a Rn. 13b; str. aA u.a. LSG LSA 1.12.2017 – L 1 R 312/17 B ER; 10.11.2016 – L 1 R 153/16 B ER jeweils mwN.
293 S. dazu Freudenberg B+P 2020, 422 ff.
294 Str., vgl. LSG RhPf 18.9.2009 – L 5 KR 159/09 B ER, L 5 KR 160/09 B mwN; LSG Bln-Bbg 19.3.2009 – L 1 KR 45/09 B ER.
295 Krodel NZS 2015, 244 (245) mwN.
296 BVerwG 14.4.2021 – 5 C 13/19.
297 Zur entsprechenden Rechtslage bis zum 1.1.2002 § 86 Abs. 3 S. 1 SGG idF des 5.SGG-ÄndG.
298 Vgl. zB Peters/Sautter/Wolff § 86a Rn. 36.
299 IdS auch MKLS/Keller SGG § 86a Rn. 14.
300 Vgl. Plagemann Rn. 94.

tungsarten. Erfasst werden also nicht nur Geld-, sondern auch Sach- und Dienstleistungen. **Entziehung**[301] ist die Aufhebung des Verwaltungsakts ex nunc, dh ab dem Zeitpunkt der Bekanntgabe der Aufhebungsentscheidung (s. a. → Rn. 283).[302] Dass auch die teilweise Entziehung erfasst wird, ist nunmehr eindeutig geregelt („herabsetzen"; s. aber Bsp. → Rn. 122).[303] Geht es nicht um eine laufende Leistung oder eine Entziehung, bleibt es bei der aufschiebenden Wirkung des § 86a Abs. 1 S. 1 SGG. Die Aufhebung ex tunc, dh für Zeiträume vor Bekanntgabe der Aufhebungsentscheidung, und die Rückforderung von für die Vergangenheit bereits gewährten Leistungen werden also nicht von § 86a Abs. 2 Nr. 2 SGG erfasst.

121 **Beispiele:**

- Entziehung von Arbeitslosengeld; Entziehung einer Beschädigtenrente nach §§ 1 Abs. 1, 29 ff. BVG oder nach § 1 Abs. 1 S. 1 OEG iVm BVG (als Angelegenheiten des sozialen Entschädigungsrechts).
- Der angefochtene Bescheid muss eine wiederkehrende Leistung während ihres Laufs herabsetzen oder beenden. Eine **laufende Leistung** iSd § 86a Abs. 2 Nr. 2 SGG liegt nur vor, wenn die Leistung zum Zeitpunkt der Klage oder des Widerspruchs noch läuft, also noch aktuell und noch nicht abgeschlossen ist.[304]
- Widerspruch und Klage gegen einen Bescheid zur Aufhebung eines Bescheids nach § 99 Abs. 3 SGB III entfalten aufschiebende Wirkung. Denn der Bescheid nach § 99 Abs. 3 SGB III enthält lediglich eine Feststellung über das Vorliegen eines erheblichen Arbeitsausfalls und die Erfüllung der betrieblichen Voraussetzungen aufgrund der vorgetragenen und glaubhaft gemachten Tatsachen sowie eine Zusicherung, bei Erfüllung der persönlichen Voraussetzungen und ordnungsgemäßer Antragstellung **Kurzarbeitergeld** für die Dauer des Arbeitsausfalls bzw. die Höchstdauer zu zahlen, nicht aber die Bewilligung von Kurzarbeitergeld selbst.[305]
- Bei der Aufforderung zur Mitwirkung nach §§ 62 ff. SGB I handelt es sich nicht um eine Entziehung, sondern um eine bloß **vorbereitende Maßnahme**, die von § 86a Abs. 2 Nr. 2 SGG nicht erfasst wird. Sofortige Vollziehbarkeit gem. § 86a Abs. 2 Nr. 2 SGG ist mithin nicht gegeben. Auch das Rechtsschutzbedürfnis für den Antrag auf Erlass einer einstweiligen Anordnung auf Feststellung, dass eine Pflicht zur Mitwirkung nicht besteht, fehlt wegen des Charakters einer bloß vorbereitenden Maßnahme.[306]
- Vorläufige Entziehung nach § 66 SGB I (→ Rn. 282 ff.) – Kommt der Betroffene seinen Mitwirkungspflichten (§§ 60–62, 65 SGB I) nicht nach und wird dadurch die Aufklärung des Sachverhalts erheblich erschwert, kann der Leistungsträger eine Leistung ggf. entziehen. Diese Entziehung fällt nicht unter § 86a Abs. 2 SGG (str.).[307] Denn mit der vorläufigen Entziehung nach § 66 SGB I wird nicht über die Voraussetzungen der Leistungsbewilligung selbst entschieden, sondern über die Frage, ob Mitwirkungspflichten verletzt sind und deshalb vorläufig keine Leistung erbracht wird. Eine analoge Anwendung des § 86a Abs. 2 Nr. 2, 3 SGG ist abzulehnen. Eine mit der (endgültigen) Aufhebung einer Bewilligung nach §§ 45, 48 SGB X vergleichbare Interessenlage liegt nicht vor. Die vorläufige Entziehung sanktioniert die Verletzung von Mitwirkungspflichten und hat völlig andere Voraussetzungen als die Aufhebung nach den Vorschriften des SGB X, vgl. nur § 66 Abs. 3, §§ 60, 65 SGB I. Insbes. kann die vorläufige Entziehung nur bis zur Nachholung der Mitwirkung erfolgen, vgl. § 66 Abs. 1 S. 1 SGB I. Soll die vorläufige Entziehung nach § 66 SGB I trotz Rechtsbehelfs sofort gelten, muss die Behörde also die sofortige Vollziehbarkeit gem. § 86a Abs. 2 Nr. 5 SGG anordnen.[308]

---

301 Vgl. zur Bedeutung der Leistungsentziehung Spiolek ZFSH/SGB 2001, 80 (82).

302 HessLSG 17.11.2004 – L 6 AL 116/04 ER, juris Rn. 29; 11.8.2005 – L 9 AL 234/04 ER; LSG BW 25.8.2003 – L 13 AL 2374/03.

303 Zur Abzweigung als Herabsetzen LSG NRW 10.3.2005 – L 1 B 46/04 AL ER.

304 Peters/Sautter/Wolf SGG § 86a Rn. 37; HessLSG 17.11.2004 – L 6 AL 116/04 ER, juris Rn. 29; LSG Bln-Bbg 21.5.2007 – L 4 B 578/06 AL ER, juris Rn. 6; LSG BW 7.1.2002 – L 13 AL 3590/01 ER-B und 2.7.2004 – L 13 RJ 2467/04 ER-B; abw. LSG BW 9.1.2003 – L 13 AL 4260/02 ER-B.

305 LSG NRW 17.9.2020 – L 20 AL 109/20 B ER.

306 Vgl. LSG LSA 5.6.2015 – L 4 AS 242/15 B ER.

307 AA MKLS/Keller SGG § 86a Rn. 14.

308 Vgl. Krodel NZS 2015, 244 (247).

- Die Aufhebung einer Bewilligung von **Kosten für ein orthopädisches Hilfsmittel** fällt nicht unter § 86a Abs. 2 Nr. 2 SGG, da keine laufende Leistung betroffen ist. Ein dagegen eingelegter Rechtsbehelf hat daher gem. § 86a Abs. 1 S. 1 SGG aufschiebende Wirkung.[309]
- Die **Abzweigung** eines Teilbetrages vom Arbeitslosengeld ist keine Herabsetzung der Leistung.[310] Die Abzweigung dient nicht dem Zweck, die finanzielle Funktionsfähigkeit der Sozialversicherungsträger zu sichern.[311] § 48 SGB I (Auszahlung bei Verletzung der Unterhaltspflichtregelt) lediglich die Auszahlungsmodalitäten und bestimmt den Empfänger der Leistung. Der Arbeitslosengeldbezieher bleibt Berechtigter des Anspruchs auf Arbeitslosengeld. Mit der Abzweigung wird nur darüber entschieden, wie der Berechtigte über den Arbeitslosengeldbetrag zu verfügen hat. Der Widerspruch gegen die Abzweigungsentscheidung entfaltet somit von Gesetzes wegen (§ 86a Abs. 1 S. 1 SGG) aufschiebende Wirkung. Das Gericht kann diese im einstweiligen Anordnungsverfahren feststellen (→ Rn. 195).[312] Der Versicherungsträger kann die sofortige Vollziehung der Abzweigung im überwiegenden Interesse des Unterhaltsgläubigers anordnen (→ Rn. 169). 122
- Die geminderte Bewilligung ist keine Entziehung. Für die vorläufige Zuerkennung des vollen Arbeitslosengeldes ohne Minderung, zB im Fall der verspäteten Arbeitssuchendmeldung (§§ 144 Abs. 1 S. 1 Nr. 7, 128 I Nr. 3 SGB III; § 140 SGB III aF), ist eine einstweilige Anordnung gem. § 86b Abs. 2 S. 2 SGG statthaft.[313]
- Die vorläufige Zahlungseinstellung gemäß – ggf. § 40 Abs. 2 Nr. 4 SGB II iVm – § 331 SGB III erfolgt ohne Verwaltungsakt. Widerspruch und Anfechtungsklage, bei denen aufschiebende Wirkung in Betracht kommt, sind daher nicht statthaft. Anders beim nachfolgenden Rücknahmebescheid betreffend die ursprüngliche Leistungsbewilligung.
- Zum Entziehungsbescheid betreffend eine Grundrente nach § 31 BVG u.a.[314]

c) § 86a Abs. 2 Nr. 3 SGG

Nach § 86a Abs. 2 Nr. 3 SGG **entfällt die aufschiebende Wirkung** nur **der Klage** in Angelegenheiten der Sozialversicherung[315] bei Verwaltungsakten, die eine laufende Leistung herabsetzen oder entziehen, dh nur der **Widerspruch hat aufschiebende Wirkung.** Das bedeutet, dass bei einer Entziehung, also einer Aufhebung des Verwaltungsakts ex nunc, oder bei einer Herabsetzung, also einer teilweisen Entziehung einer laufenden Leistung, ab Klageerhebung (→ Rn. 95) sofortige Vollziehbarkeit des Widerspruchsbescheids eintritt.[316] Zum Begriff der **laufenden Leistung** → Rn. 120. Laufende Leistungen sind zB Renten, Kindergeld, Krankengeld, nicht aber Beiträge oder Kassenarztvergütungen.[317] Der Gesetzeswortlaut differenziert nicht zwischen einzelnen **Leistungsarten.** Erfasst werden also nicht nur Geld-, sondern auch Sach- und Dienstleistungen.[318] 123

Beispiele: 124

- Entziehung von Krankengeld (§ 44 SGB V), Verletztengeld (§ 45 SGB VII), Verletztenrente (§ 56 SGB VII), Altersrente (§ 35 SGB VII), Rente wegen Erwerbsminderung (§ 43 SGB VI), Pflegegeld (§ 37 SGB XI).

---

309 Vgl. Kummer SGb 2001, 705 (712).

310 LSG NRW 10.3.2005 – L 1 B 46/04 AL ER (auch zur Pfändung, vgl. juris Rn. 6); LSG Nds-Brem 28.11.2008 – L 11 AL 108/08 ER, L 11 B 38/08 AL; zur Abzweigung von Grundsicherungsleistungen LSG NRW 16.1.2009 – L 19 B 168/08 AS ER; zur Abzweigung von Krankengeld LSG NRW 17.5.2016 – L 7 AS 862/16 B ER.

311 Zum Zweck des § 86a Abs. 2 SGG BT-Drs. 14/5943, 25.

312 Ebenso ThürLSG 4.2.2005 – L 3 AL 484/04 ER (auch zur analogen Anwendung von § 86a Abs. 2 Nr. 2, vgl. juris Rn. 24); HessLSG 28.12.2004 – L 6 AL 195/04 ER; LSG BW 8.10.2004 – L 12 AL 4018/04 ER-B; LSG RhPf 8.6.2004 – L 3 ER 29/04 AL; SächsLSG 19.1.2004 – L 3 B 130/03 AL-ER; LSG Nds-Brem 4.9.2002 – L 7 AL 283/02 ER.

313 LSG Bln-Bbg 21.5.2007 – L 4 B 578/06 AL ER; HessLSG 20.6.2005 – L 7 AL 100/05 ER.

314 BayLSG 31.7.2002 – L 18 B 237/01 V ER.

315 Gesetzliche Rentenversicherung, Alterssicherung der Landwirte, gesetzliche Krankenversicherung, Pflegeversicherung, Künstlersozialversicherungsgesetz, vgl. § 51 Abs. 1 Nr. 1–3 und 5 SGG.

316 Zur entsprechenden Rechtslage bis 1.1.2002 §§ 86 Abs. 2, 97 Abs. 2 S. 1 SGG aF.

317 Vgl. Plagemann Rn. 99, 101 f.

318 Ebenso SG Dortmund 26.1.2018 – S 18 U 1042/17 ER.

- Hebt die zuständige Behörde zB die Bewilligung einer Altersrente (ganz oder teilweise) auf und fordert für den zurückliegenden Zeitraum die bereits gewährten Leistungen zurück, hat ein dagegen eingelegter **Widerspruch** insgesamt aufschiebende Wirkung, also trotz § 86a Abs. 2 Nr. 3 SGG auch bzgl. der Entziehung, weil dort nur die Klage genannt ist. Bzgl. der Aufhebung für den Zeitraum vor Bekanntgabe des aufhebenden Verwaltungsakts (ex tunc), tritt aufschiebende Wirkung ohnehin gem. § 86a Abs. 1 S. 1 SGG ein. Die aufschiebende Wirkung des Widerspruchs endet nicht mit Erlass des Widerspruchsbescheids, sondern erst mit Ablauf des Tages vor dem Eintritt der Rechtshängigkeit der Klage (zum Ende der aufschiebenden Wirkung des Widerspruchs iE → Rn. 95 ff.). Die **Klage** gegen die Entziehung, also gegen die Aufhebung ex nunc, hat dagegen keine aufschiebende Wirkung, vgl. § 86a Abs. 2 Nr. 3 SGG. Soweit sich die Klage nicht gegen die Entziehung, sondern gegen die Aufhebung ex tunc und die Rückforderung richtet, hat sie aber gem. § 86a Abs. 1 S. 1 SGG aufschiebende Wirkung.[319]
- Ein sog. Aussparungsbescheid iSd § 48 Abs. 3 SGB X wird als eine Leistung herabsetzender Bescheid von § 86a Abs. 2 Nr. 3 SGG erfasst.[320]
- Die Behörde vollzieht die Aufhebung einer Bewilligung und die damit verbundene Rückforderung von in der Vergangenheit geleisteten Beträgen häufig per Aufrechnung oder Verrechnung der Rückforderungsbeträge gegen zukünftig noch zustehende Leistungen.[321] Sofern die Behörde – was idR der Fall sein wird – die Aufrechnung/Verrechnung in der Form eines VA erklärt hat,[322] haben Widerspruch und Anfechtungsklage aufschiebende Wirkung, § 86a Abs. 1 S. 1 SGG, weil Aufrechnung und Verrechnung den Sozialleistungsanspruch selbst unberührt lassen und daher keine Entziehung iSd § 86a Abs. 2 Nr. 2, 3 SGG darstellen. Wird die aufschiebende Wirkung von der Behörde missachtet, kommt die gerichtliche Feststellung dieser aufschiebenden Wirkung in Betracht. Als Annexentscheidung zur Feststellung der aufschiebenden Wirkung ist die Aufhebung der Vollziehungsmaßnahme „Nichtzahlung wegen Aufrechnung/Verrechnung" gem. § 86b Abs. 1 S. 2 SGG möglich (s. a. → Rn. 197 ff.). Die „Vollziehung" iSd § 86b Abs. 1 S. 2 SGG ist die Nichtzahlung des Betrages, in dessen Höhe aufgerechnet/verrechnet wurde. Diese Vollziehung lässt sich auf der Grundlage des § 86b Abs. 1 S. 2 SGG ganz einfach dadurch aufheben, dass das Gericht den Antragsgegner zur Zahlung des entsprechenden Betrages verpflichtet.[323] Sofern die Behörde die Aufrechnung/Verrechnung nicht als VA durchgeführt hat, stellen diese als Realakte eine Vollziehung des Rückforderungsverwaltungsakts dar. Dh, dass das Gericht zunächst die aufschiebende Wirkung des Rechtsbehelfs gegen den Rückforderungsverwaltungsakt feststellt bzw. (bei behördlich angeordneter Sofortvollziehbarkeit) anordnet und dann auf der Grundlage des § 86b Abs. 1 S. 2 SGG ggf. die (durch Aufrechnung/Verrechnung erfolgte) Vollziehung der Rückforderung aufhebt. Auch dies geschieht iErg durch Verpflichtung der Behörde zur Zahlung des entsprechenden Betrages. Im Bereich des SGB II ist die Aufrechnung durch Verwaltungsakt zu erklären, § 43 Abs. 4 S. 1 SGB II nF (s. a. → Rn. 129, 567).
- Ein Bescheid, mit dem dem Antragsteller nach § 51 Abs. 1 S. 1 SGB V aufgegeben wird, einen Antrag auf Leistungen zur medizinischen Rehabilitation zu stellen, stellt keinen Leistungsentzug nach § 86a Abs. 2 Nr. 3 SGG dar. Eine Klage dagegen hat gem. § 86a Abs. 1 S. 1 SGG aufschiebende Wirkung.[324]

d) § 86a Abs. 2 Nr. 4 SGG

125 Gem. § 86a Abs. 2 Nr. 4 SGG entfällt die aufschiebende Wirkung in anderen durch Bundesgesetz vorgesehenen Fällen.[325] Von dieser Möglichkeit hat der Gesetzgeber Gebrauch gemacht,

319 Str., überzeugend HessLSG 17.11.2004 – L 6 AL 116/04 ER, juris Rn. 29 mwN.
320 HessLSG 9.3.2018 – L 5 R 341/17 B ER.
321 S. a. Krodel NZS 2015, 244 (248).
322 Der Große Senat des BSG hat die Zulässigkeit der einseitigen Verrechnung durch VA mit einer öffentlich-rechtlichen Forderung bejaht, soweit der Verrechnungsgegner Inhaber eines Sozialleistungsanspruchs ist und diesen nicht im Wege der Rechtsnachfolge erworben hat, BSG 31.8.2011 – GS 2/10. Dies muss auch für die Aufrechnung gelten.
323 LSG BW 18.10.2006 – L 7 SO 3313/06 ER-B; BayLSG 14.3.2007 – L 8 B 48/07 SO ER.
324 LSG Bln-Bbg 25.5.2009 – L 1 KR 126/09 B ER.
325 S. dazu Richter in jurisPK-SGG § 86a Rn. 44 ff.

und zwar insbes. in § 39 SGB II, in § 336a SGB III und in mehreren Vorschriften des SGB XII, des SGB V sowie des AsylbLG.

aa) § 39 SGB II

Gem. § **39 Nr. 1 SGB II**[326] haben Widerspruch und Anfechtungsklage gegen einen Verwaltungsakt, der Leistungen der Grundsicherung für Arbeitsuchende aufhebt, zurücknimmt, widerruft, entzieht, die Pflichtverletzung und die Minderung des Auszahlungsanspruchs feststellt oder Leistungen zur Eingliederung in Arbeit oder Pflichten erwerbsfähiger Leistungsberechtigter bei der Eingliederung in Arbeit regelt, keine aufschiebende Wirkung. 126

1. Leistungsaufhebungen § 39 Nr. 1 Alt. 1–4 SGB II[327] 127
   - Diese Alternativen regeln die Sofortvollziehbarkeit der Leistungsaufhebung insgesamt, also neben der Sofortvollziehbarkeit der Aufhebung für die Zukunft auch die Sofortvollziehbarkeit der Aufhebung für die Vergangenheit. Gemeint sind Aufhebungsentscheidungen nach § 45 und § 48 SGB X iVm § 40 Abs. 1 S. 1 SGB II. Auch die Rücknahmeentscheidung nach § 41a Abs. 2 S. 4 SGB II (Rücknahme der vorläufigen Bewilligung für die Zukunft) fällt offensichtlich in den Anwendungsbereich der Vorschrift, ebenso die Aufhebung einer Leistungsbewilligung mW für die Vergangenheit nach vorangegangener Zahlungseinstellung (vgl. § 40 Abs. 2 Nr. 4 SGB II iVm § 331 SGB III).[328]
   - Die Regelung im SGB II ist insofern für den Leistungsempfänger ungünstiger als für den Bereich des SGB III und des sozialen Entschädigungsrechts, wo nur die Entziehung, also die Aufhebung ab Bekanntgabe des aufhebenden Verwaltungsakts, sofort vollziehbar ist (vgl. § 86a Abs. 2 Nr. 2 SGG). Sie ist auch ungünstiger als die Regelungen des SGB V, VI, VII und XI, wo nur der entsprechende Widerspruchsbescheid sofort vollziehbar ist (vgl. § 86a Abs. 2 Nr. 3 SGG), und als die Regelungen des SGB XII, wo eine dem § 39 SGB II entsprechende Regelung fehlt und daher § 86a Abs. 1 S. 1 SGG gilt.
   - MW ab 1.8.2016 wurde in § 39 Nr. 1 SGB II die Entziehung (von Leistungen) neu aufgenommen (19. SGB II-ÄndG v. 26.7.2016, BGBl. I 1824 [1830, 1838]). Mit der Neufassung soll ausdrücklich geregelt werden, dass auch Widerspruch und Anfechtungsklage gegen eine Entziehungsentscheidung nach § 66 SGB I im Bereich des SGB II keine aufschiebende Wirkung mehr haben. Der Wortlaut ist aber nicht eindeutig. Denn die Neuregelung nennt nur die Entziehung, ohne § 66 SGB I ausdrücklich in Bezug zu nehmen. Der Begriff der Entziehung wird auch in § 86a Abs. 2 Nr. 2 und 3 SGG verwendet und meint dort die Aufhebung iSd §§ 45, 48 SGB X mW für die Zukunft (s. a. → Rn. 120, 283 jeweils mwN). Aus den Gesetzesmaterialien zum 9. SGB II-ÄndG (BT-Drs. 18/8041, 47 f.) ergibt sich aber der Wille des Gesetzgebers, dass durch die Aufnahme des Wortes „entzieht" in § 39 Nr. 1 SGB II Entziehungsentscheidungen nach § 66 SGB I im Bereich des SGB II von Gesetzes wegen sofort vollziehbar sein sollen.

---

326 IdF des Art. 2 Nr. 32 G v. 24.3.2011 (BGBl. I 453) mWv 1.4.2011. Gem. § 39 Nr. 1 SGB II idF d. Art. 2 Nr. 14 G v. 21.12.2008 (BGBl. I 2917) mWv 1.1.2009 hatten Widerspruch und Anfechtungsklage gegen einen Verwaltungsakt, der Leistungen der Grundsicherung für Arbeitsuchende aufhebt, zurücknimmt, widerruft oder herabsetzt oder Leistungen zur Eingliederung in Arbeit oder Pflichten des erwerbsfähigen Hilfebedürftigen bei der Eingliederung in Arbeit regelt, keine aufschiebende Wirkung. In der bis 31.12.2008 geltenden Fassung hatten Widerspruch und Anfechtungsklage gegen einen Verwaltungsakt, der über Leistungen der Grundsicherung für Arbeitsuchende entscheidet, keine aufschiebende Wirkung. § 39 Nr. 1 SGB II idF bis 31.12.2008 ist nach den Grundsätzen des intertemporalen Prozessrechts weiter anzuwenden, wenn der Widerspruch vor dem Inkrafttreten der Neuregelung des § 39 Nr. 1 SGB II zum 1.1.2009 eingelegt wurde, vgl. SächsLSG 18.5.2009 – L 2 AS 181/09 B ER, juris Rn. 22; entsprechendes gilt für die ab 1.4.2011 geltende Neuregelung. Zur Verfassungsmäßigkeit der Vorschrift BVerfG 30.10.2009 – 1 BvR 2395/09.

327 Vgl. zum Folgenden auch Krodel NZS 2015, 244 (249 f.).

328 Zum einstweiligen Rechtsschutz hiergegen s. bspw. BayLSG 22.11.2016 – L 11 AS 742/16 B ER.

Hinzu kommt, dass die bisher schon in § 39 Nr. 1 SGB II geregelte Aufhebung von Leistungsbewilligungen auch die Aufhebung für die Zukunft (also die Entziehung einer Leistungsbewilligung auf der Grundlage der §§ 45, 48 SGB X) umfasste. IErg besteht daher insbes. wegen des Gewichts des historischen und des systematischen Deutungskriteriums kein Zweifel, dass nunmehr Entziehungsentscheidungen nach § 66 SGB I im Bereich des SGB II von Gesetzes wegen sofort vollziehbar sind.

- Leistungen iSd § 39 Nr. 1 SGB II sind Dienst-, Geld- und Sachleistungen (§ 4 SGB II), das Alg II (§§ 19–22 SGB II, also auch Mehrbedarf, § 21 SGB II und Leistungen für Unterkunft und Heizung, § 22 SGB II), das Sozialgeld (§§ 19 Abs. 1 S. 2, 23 SGB II), Leistungen bei unabweisbarem Bedarf im Einzelfall (§ 24 SGB II), Leistungen bei medizinischer Reha (§ 25 SGB II), Zuschüsse zu Beiträgen (§ 26 SGB II), Leistungen an Auszubildende (§ 27 SGB II) und Leistungen für Bildung und Teilhabe (§§ 28, 29 SGB II).

2. „Sanktionsbescheide" § 39 Nr. 1 Alt. 5 SGB II
   - Nach dieser Vorschrift sind sofort vollziehbar Verwaltungsakte, die die Pflichtverletzung und die Minderung des Auszahlungsanspruchs feststellen. Unproblematisch ist die Fallkonstellation, in der – bei bereits erfolgter Leistungsbewilligung – neben der Feststellung eine Aufhebung des Bewilligungsbescheides vorliegt (s. a. → Rn. 528). Die Regelung der Sofortvollziehbarkeit des Feststellungsbescheids (Alt. 5) hat dann keine praktische Bedeutung, weil die Leistungsaufhebung nach § 39 Nr. 1 Alt. 1 SGB II ohnehin sofort vollziehbar ist. Die Fallkonstellation, in der neben der Feststellung der Minderung des Auszahlungsanspruchs keine Aufhebung des Bewilligungsbescheides vorliegt, dürfte in der Praxis kaum mehr vorkommen, weil auch die fachlichen Weisungen der Bundesagentur für Arbeit zu §§ 31, 31a, 31b SGB II den Erlass einer Aufhebungsentscheidung nach § 48 SGB X vorgeben. Danach ist der Sanktionsbescheid als kombinierter Verwaltungsakt auszugestalten, der sowohl die Feststellung der Pflichtverletzung als auch deren Umsetzung mittels Aufhebung nach § 48 Abs. 1 SGB X beinhaltet. Auf die entsprechende Fallkonstellation soll daher hier nur kurz eingegangen werden. Um die Leistungsminderung realisieren zu können, ist – bei bestehender Leistungsbewilligung – neben dem feststellenden Verwaltungsakt noch eine Aufhebung der Leistungsbewilligung erforderlich (s. a. → Rn. 533 f.).[329] Erlässt das Jobcenter dennoch nur einen Feststellungsbescheid ohne Aufhebung der Leistungsbewilligung, gilt Folgendes: Im Feststellungsbescheid kann keine konkludente Aufhebung des Bewilligungsbescheides gesehen werden. Dem Betroffenen steht daher trotz der ausgesprochenen, sofort vollziehbaren Sanktion grundsätzlich ein Anspruch aus dem (nicht aufgehobenen) Bewilligungsbescheid zu. Der Versuch, zwischen einer Bewilligung dem Grunde nach, die weiter zustehe, und einem Auszahlungsanspruch, der nicht gegeben sei, zu unterscheiden, überzeugt schon deshalb nicht, weil in den Bewilligungsbescheiden nicht nur dem Grunde nach bewilligt wird, sondern stets ganz konkret die zustehenden Leistungsansprüche beziffert werden. Für den einstweiligen Rechtsschutz bedeutet dies, dass der Betroffene beim zuständigen Sozialgericht einen Antrag auf Erlass einer einstweiligen Anordnung (Vornahmesache) stellen kann, der bei Vorliegen eines Anordnungsanspruchs und Anordnungsgrunds bzw. bei entsprechendem Ergebnis einer Güter- und Folgenabwägung auch Erfolg hat. Der Anordnungsanspruch auf Zahlung des ungeminderten Alg II ergibt sich grundsätzlich aus der (nicht aufgehobenen) Bewilligung. Denkbar ist anstatt eines Antrags auf Erlass einer einstweiligen Anordnung auch ein Antrag auf Anordnung der aufschiebenden Wirkung des gegen den Feststellungsbescheid eingelegten Widerspruchs nach § 86b Abs. 1 S. 1 Nr. 2 SGG verbunden mit einem

329 BSG 29.4.2015 – B 14 AS 19/14 R, juris Rn. 16.

Antrag auf Aufhebung der Vollziehung, also der ohne Abänderung der Leistungsbewilligung erfolgten Minderung des Zahlbetrags, nach § 86b Abs. 1 S. 2 SGG.

3. Leistungen zur oder Pflichten bei der Eingliederung in Arbeit § 39 Nr. 1 Alt. 6 SGB II
   - Gemeint sind alle Leistungen nach §§ 16 ff. SGB II, insbes. die (iSd § 31 SGB X verbindlich geregelte) Zuweisung einer Arbeitsgelegenheit iR des § 16d S. 2 SGB II an den Leistungsempfänger, ferner die Ersetzung einer (Pflichten des Leistungsberechtigten regelnden) Eingliederungsvereinbarung nach § 15 Abs. 1 S. 6 SGB II, die Grundlage verschiedener Sanktionen sein kann.

4. Der Rechtsbehelf gegen einen **Rückforderungsverwaltungsakt** (über eine Erstattung von Leistungen nach § 50 SGB X) hat gem. § 86a Abs. 1 S. 1 SGG aufschiebende Wirkung.[330] Denn § 39 Nr. 1 SGB II nennt im Gegensatz zur aF des § 39 SGB II[331] (seit dem 1.1.2009) nur noch die Aufhebung.[332] 128

5. **Keine Entscheidungen** über eine Leistung iSd § 39 Nr. 1 SGB II sind ferner 129
   - die Aufrechnung gegen einen Anspruch des SGB II,[333] da mit ihr gerade nicht der Anspruch als solcher aufgehoben wird; er wird im Gegenteil sogar vorausgesetzt (s. a. → Rn. 124),[334] weil er durch die Aufrechnung erfüllt werden soll. § 43 Abs. 4 S. 1 SGB II nF regelt nunmehr, dass die Aufrechnung (vgl. § 43 Abs. 1 SGB II) durch Verwaltungsakt zu erklären ist. Da die Aufrechnung nicht unter § 39 SGB II fällt, hat ein Widerspruch dagegen aufschiebende Wirkung, § 86a Abs. 1 S. 1 SGG, wenn keine Vollziehbarkeit gem. § 86a Abs. 2 Nr. 5 SGG angeordnet ist. Der Leistungsberechtigte kann die gerichtliche Feststellung der aufschiebenden Wirkung beantragen (→ Rn. 195, 319) bzw. bei Vorliegen einer behördlichen Vollziehbarkeitsanordnung die gerichtliche Anordnung der aufschiebenden Wirkung (→ Rn. 193, 316).
   - die Abzweigung (§ 48 SGB I)[335] (s. a. → Rn. 122, 196)
   - Versagungsbescheide nach § 66 SGB I. Sie werden nicht von § 39 (Nr. 1) SGB II erfasst. Widerspruch und Klage haben nach § 86a Abs. 1 S. 1 SGG aufschiebende Wirkung.[336]
   - die abschließende Entscheidung über den Leistungsanspruch nach vorläufiger Bewilligung von Leistungen nach dem SGB II (§ 41a Abs. 3 S. 1 SGB II).[337] Zum einen werden vom Begriff der „Aufhebung“ in § 39 Nr. 1 SGB II nur die Fälle des § 48 SGB X erfasst (zur Aufhebung für die Zukunft s. a. → Rn. 120, 282 f.), wie auch die gesonderte Erwähnung der Leistungsentziehung in § 39 Nr. 1 SGB II zeigt. Zum anderen wird durch die abschließende Entscheidung über den Leistungsanspruch die vorläufige Leistungsbewilligung nicht aufgehoben, sondern ersetzt; diese erledigt sich nach § 39 Abs. 2 SGB II.[338] Die Abänderung einer vorläufigen Bewilligung von Leistungen nach dem SGB II erfolgt im Übrigen nach § 41a Abs. 2 S. 4 SGB II. Es besteht auch kein Bedürfnis für den Ausschluss der aufschiebenden Wirkung gegen abschließende Entscheidungen

---

330 LSG NRW 12.3.2010 – L 12 B 140/09 AS ER, juris Rn. 45; SächsLSG 12.1.2010 – L 7 AS 653/09 ER.
331 § 39 idF des Art. 2 Nr. 14 G. v. 21.12.2008 (BGBl. I 2917) mWv 1.1.2009.
332 S. u.a. SächsLSG 12.1.2010 – L 7 AS 653/09 ER; LSG NRW 30.9.2009 – L 19 B 243/09 AS; BayLSG 20.7.2009 – L 7 AS 344/09 B ER. Zum Meinungsstreit betreffend die Auslegung des § 39 SGB II aF Krodel, 2. Aufl. Rn. 117b und Fn. 1253.
333 S. dazu u.a. SächsLSG 31.8.2016 – L 3 AS 633/16 B ER mwN.
334 Eicher/Luik/Harich/Löcken SGB II § 39 Rn. 20.
335 Eicher/Luik/Harich/Löcken SGB II § 39 Rn. 20.
336 Vgl. u.a. HessLSG 17.3.2020 – L 6 AS 143/20 ER mwN.
337 So auch LSG BW 26.11.2015 – L 7 AS 4389/15 ER-B zu § 40 Abs. 2 Nr. 1 SGB II iVm § 328 Abs. 3 SGB III.
338 Zur unterschiedlichen Rechtsnatur von abschließenden Entscheidungen und Aufhebungsentscheidungen s. a. BSG 29.4.2015 – B 14 AS 31/14 R.

nach § 41a Abs. 3 S. 1 SGB II: Diese ergehen regelmäßig erst nach Ablauf des Bewilligungszeitraums (vgl. § 41a Abs. 4 SGB II).

130 Keine aufschiebende Wirkung haben gem. § **39 Nr. 2 SGB II** Widerspruch und Anfechtungsklage gegen einen Verwaltungsakt, mit dem zur Beantragung einer vorrangigen Leistung (zB Arbeitslosengeld, Krankengeld, Verletztengeld, Rente) aufgefordert wird. Der Leistungsträger kann gem. § 5 Abs. 3 S. 1 SGB II eine vorrangige Sozialleistung beantragen, wenn der Leistungsberechtigte dies trotz Aufforderung unterlässt. Diese Aufforderung ist ein von Gesetzes wegen sofort vollziehbarer Verwaltungsakt,[339] sodass auch bei Rechtsbehelf des Leistungsberechtigten keine Verzögerung eintritt und die Inanspruchnahme vorrangiger Leistungen nicht verzögert wird.[340] Will der Leistungsberechtigte im Wege des einstweiligen Rechtsschutzes eine Beantragung durch den Leistungsträger nach dem SGB II unterbinden bzw. eine erfolgreiche Antragstellung dennoch verhindern, sind drei Sachverhaltskonstellationen zu unterscheiden: Hält der Leistungsberechtigte bereits die Aufforderung zur Antragstellung durch den Leistungsträger nach dem SGB II für rechtsfehlerhaft, so muss er nach § 86b Abs. 1 S. 1 Nr. 2 SGG Antrag auf Anordnung der aufschiebenden Wirkung – seines Widerspruchs oder seiner Klage gegen die Aufforderung – stellen. Möchte der Leistungsberechtigte hingegen nach rechtmäßig erfolgter bzw. bestandkräftiger Aufforderung eine Antragstellung durch den Leistungsträger nach dem SGB II verhindern – zB weil diese aus seiner Sicht ermessensfehlerhaft wäre –, kommt ein Antrag auf Erlass einer Sicherungsanordnung nach § 86b Abs. 2 S. 1 SGG in Betracht mit dem Ziel der Verpflichtung des Leistungsträgers zum Unterlassen der Antragstellung beim anderen Leistungsträger (s. a. → Rn. 333 f.).[341] Hat der Leistungsträger nach dem SGB II den Antrag jedoch bereits gestellt, so ist eine Sicherungsanordnung nicht mehr möglich. Denn durch die Antragstellung ist ein Verwaltungsverfahren zwischen dem Leistungsbezieher und dem anderen Leistungsträger eingeleitet worden. In diesem Verfahren ist von Amts wegen nicht nur zu prüfen, ob der Antrag begründet ist, sondern auch, ob er zulässigerweise gestellt worden ist. Eine zulässige Antragstellung durch den SGB II-Leistungsträger setzt aber voraus, dass die Voraussetzungen des § 5 Abs. 3 S. 1 vorlagen, der SGB-Leistungsträger also in (gesetzlicher) Verfahrens- bzw. Prozessstandschaft für den Leistungsberechtigten handeln durfte.[342] Vorläufigen Rechtsschutz kann sich der Leistungsberechtigte vor diesem Hintergrund somit problemlos dadurch verschaffen, dass er gegen einen etwaigen Bewilligungsbescheid im Rentenverfahren Widerspruch oder Klage einlegt, die gem. § 86a Abs. 1 SGG aufschiebende Wirkung entfalten.[343]

131 Nach § **39 Nr. 3 SGB II** haben keine aufschiebende Wirkung Widerspruch und Anfechtungsklage gegen einen Verwaltungsakt, mit dem nach § 59 in Verbindung mit § 309 SGB III zur persönlichen Meldung bei der Agentur für Arbeit aufgefordert wird.

339 Zur VA-Qualität der Aufforderung BSG 19.8.2015 – B 14 AS 1/15 R; 16.12.2011 – B 14 AS 138/11 B mwN; LPK- SGB II/Armborst § 5 Rn. 49.

340 LPK-SGB II/Conradis § 39 Rn. 9; BT-Drs. 16/10810.

341 Vgl. auch BayLSG 21.11.2016 – L 11 AS 721/16 B ER.

342 Zur Stellung des SGB II-Leistungsträgers als Prozessstandschafter s. SächsLSG 17.10.2019 – L 3 AS 330/17, juris Rn. 67 mwN.

343 Vgl. dazu auch Lange jurisPR-SozR 16/2017 Anm. 1; aA SächsLSG 22.2.2016 – L 3 AS 613/15 B ER (zum Antrag auf Altersrente): Regelungsanordnung nach § 86b Abs. 2 S. 2 SGG gegen den Rentenversicherungsträger mit der Verpflichtung, im Rentenverfahren keinen Rentenbescheid zu erlassen.

bb) § 336a SGB III[344]

(1) Entscheidungen, die Arbeitsgenehmigungen-EU aufheben oder ändern, § 336a S. 1 Nr. 1 SGB III

§ 336a Nr. 1 SGB III schreibt vor, dass die aufschiebende Wirkung von Widerspruch und Klage bei Entscheidungen, die Arbeitsgenehmigungen-EU aufheben oder ändern, entfällt. Die Bürger der aktuellen EU-Mitgliedstaaten bedürfen aber keiner Arbeitsgenehmigung-EU. Vielmehr gilt für alle EU-Bürger derzeit die volle unionsrechtliche Arbeitnehmerfreizügigkeit. § 284 SGB III, der das Erfordernis und die Voraussetzungen der Erteilung einer Arbeitsgenehmigung-EU für Staatsangehörige der EU-Mitgliedstaaten regelt, betrifft daher nur Fälle zukünftiger Beitritte von Staaten zur EU. Nach § 284 Abs. 1 SGB II dürfen Staatsangehörige eines neuen Mitgliedstaates und ihre freizügigkeitsberechtigten Familienangehörigen eine Beschäftigung nur mit Genehmigung der Bundesagentur ausüben sowie von Arbeitgebern nur beschäftigt werden, wenn sie eine Arbeitsgenehmigung-EU besitzen, soweit nach Maßgabe des Beitrittsvertrages des Mitgliedstaates zur Europäischen Union abweichende Regelungen als Übergangsregelungen von der Arbeitnehmerfreizügigkeit anzuwenden sind. 132

(2) Untersagung der Berufsberatung, § 336a S. 1 Nr. 2 SGB III

Auch Rechtsbehelfe gegen Entscheidungen, die die Berufsberatung nach § 288a SGB III untersagen, haben keine aufschiebende Wirkung. Sofern dies zum Schutz der Ratsuchenden erforderlich ist, hat das Arbeitsamt nach Abs. 1 S. 1 dieser Vorschrift die Ausübung der Berufsberatung zu untersagen. Ein entsprechender Verwaltungsakt ist sofort vollziehbar. Welche Tätigkeiten von der Berufsberatung erfasst sind, ist in § 30 SGB III geregelt. Mit Entscheidungen, die die Berufsberatung untersagen, meint § 336a S. 1 Nr. 2 SGB III nur Entscheidungen, die die Untersagung selbst zum Inhalt haben, die also die Ausübung der Berufsberatung ganz oder teilweise untersagen. Nicht gemeint sind Entscheidungen im Vorfeld zur Durchführung der Überprüfung nach § 288a SGB III. 133

(3) Meldeaufforderungen, § 336a S. 1 Nr. 3 SGB III

Keine aufschiebende Wirkung haben ferner Rechtsbehelfe bei **Aufforderungen** nach § 309 Abs. 1 SGB III, **sich bei der Agentur für Arbeit oder einer sonstigen Dienststelle der Bundesagentur persönlich zu melden**. Der Betroffene muss sich persönlich melden, auch wenn er gegen die Meldeaufforderung Widerspruch eingelegt hat. Der Ausschluss der aufschiebenden Wirkung ist in diesen Fällen erforderlich, damit das weitere Verfahren im Hinblick auf eine sachgerechte Vermittlung und die Sanktion von Meldeversäumnissen nicht behindert wird.[345] Da Meldeaufforderungen idR kurzfristig erlassen werden, gewährleistet andererseits nur das Eilverfahren effektiven Rechtsschutz. Unter die Aufforderungen iSd § 309 SGB III fallen nicht Aufforderungen der Agentur für Arbeit, zu ärztlichen und psychologischen Untersuchungsterminen zu erscheinen. Dies ergibt sich aus dem Wortlaut des § 336a S. 1 Nr. 3 SGB III, der ausdrücklich – und wortgleich – nur die 1. Alternative des § 309 Abs. 1 S. 1 SGB III in Bezug nimmt, die persönliche Meldung bei der Agentur für Arbeit oder bei einer sonstigen Dienststelle der Bundesagentur.[346] Nicht erfasst wird auch die Meldepflicht bei einem Wechsel der Zuständigkeit nach § 310 SGB III. Nicht unter den Begriff der Meldung iSd § 336a S. 1 Nr. 3 SGB III fallen ferner die Arbeitslosmeldung nach § 141 SGB III und die Pflicht zur Meldung als arbeitsuchend nach § 38 Abs. 1 SGB III.[347] 134

344 IdF des Art. 2 Nr. 58 Buchst. b G v. 20.12.2011 (BGBl. I 2854) mWv 1.4.2012.
345 BT-Drs. 14/5943, 31; BayLSG 18.6.2004 – L 8 AL 145/03.
346 Vgl. Gagel/Kallert SGB III § 336a Rn. 39: aA noch 4. Auflage.
347 Vgl. Gagel/Kallert SGB III § 336a Rn. 39.

135 Die Meldeaufforderung ist nach der Rspr. des BSG ein selbstständiger Verwaltungsakt; dies ergebe sich aus der seit 1.1.2009 geltenden Fassung des § 39 Nr. 1 SGB II.[348] Die Meldeaufforderung ist von Gesetzes wegen sofort vollziehbar, bei deren Anfechtung kommt also die **Anordnung der aufschiebenden Wirkung** gem. § 86b Abs. 1 S. 1 Nr. 2 SGG in Betracht.[349] Diese Entscheidung über die Anordnung ergeht nach einer umfassenden Abwägung. Abwägungsbelange sind einerseits die Funktionsfähigkeit der Arbeitsvermittlung, andererseits insbes. in der Person liegende wichtige Gründe wie zB krankheitsbedingte Verhinderungen oder die Kollision mit einem anderen wichtigen Termin, bspw. einem Bewerbungsgespräch.

(4) Geltung der §§ 86a und 86b SGG

136 Nur klarstellend ist in § 336a S. 2 SGB III geregelt, dass bei Entscheidungen über die **Herabsetzung oder Entziehung laufender Leistungen** § 86a Abs. 2 Nr. 2 SGG gilt. Damit soll sichergestellt werden, dass aus § 336a SGB III insgesamt alle in der Praxis bedeutsamen Fallgestaltungen im Bereich der Bundesanstalt für Arbeit ersichtlich sind, in denen die aufschiebende Wirkung von Widerspruch und Klage entfällt.[350]

cc) Bundesgesetzliche Vorschriften im Bereich des SGB V[351]

(1) Vertragsärztliche Honorarfestsetzung, § 85 Abs. 4 S. 6 SGB V[352]

137 Im Bereich des SGB V haben insbes. der Widerspruch und die Klage gegen die vertragsärztliche Honorarfestsetzung sowie ihre Änderung oder Aufhebung keine aufschiebende Wirkung, § 85 Abs. 4 S. 6 SGB V. Hier geht es um die von der Krankenkasse gem. § 85 Abs. 1 SGB V mit befreiender Wirkung an die kassenärztliche Vereinigung entrichtete Gesamtvergütung, die die Kassenärztliche Vereinigung an die Vertragsärzte nach einem zuvor nach den gesetzlichen Maßgaben festgesetzten Verteilungsmaßstab verteilt, § 85 Abs. 4 S. 1, 2–5 SGB V. Widerspruch und Klage gegen die festsetzenden (bzw. geänderten oder aufgehobenen) Honorarbescheide haben keine aufschiebende Wirkung. Ansonsten wäre die Finanzierbarkeit der weiteren Honorarverteilung gefährdet.[353] Die sofortige Vollziehbarkeit gilt daher auch für die Aufhebung ex tunc und für die Rückforderung bereits ausbezahlter Honorare.[354] Neben dem teleologischen Argument sprechen dafür auch der Gesetzeswortlaut und das systematische Deutungskriterium: Während der Gesetzgeber in § 86a Abs. 2 Nr. 2 und 3 SGG von „Entziehung“ und damit ausdrücklich von einer Aufhebung ex nunc spricht, ist in § 85 Abs. 4 S. 6 SGB V von „Aufhebung“ die Rede.

138 **Beispiele:**[355]

- Zum einstweiligen Rechtsschutz betreffend die Rückerstattung eines bereits einbehaltenen Betrags und zur Bedeutung der Erfolgsaussichten der Klage.[356]
- Zur sofortigen Vollziehbarkeit der **Rückforderung** von überzahltem **Honorar** vom Vertragsarzt.[357]
- Zur Bindung einer ortsfremden Betriebskrankenkasse an den **Gesamtvertrag.**[358]

---

348 Vgl. BSG 19.12.2011 – B 14 AS 146/11 B, juris Rn. 6; s. aber noch BSG 19.1.2005 – B 11a/11 AL 39/04 R, juris Rn. 28; vgl. dazu Krodel in 3. Auflage Rn. 121.
349 S. dazu auch Gagel/Bender SGB III § 309 Rn. 46; Gagel/Kallert SGB III § 336a Rn. 54 ff.
350 Vgl. BT-Drs. 14/5943, 31.
351 S. a. → Rn. 71.
352 IdF d. Art. 1 Nr. 20 Buchst. f. G v. 22.12.2011 (BGBl. I 2983) mWv 1.1.2012.
353 BT-Drs.14/6335, 35.
354 LSG Bln-Bbg 7.5.2007 – L 7 B 97/06 KA ER; LSG NRW 15.1.2003 – L 10 B 22/02 KA ER; aA Schlarmann/Buchner NJW 2002, 644 f.; Dahm MedR 03/600.
355 Nach LSG NRW 6.1.2004 – L 11 B 17/03 KA ER.
356 BayLSG 30.7.2009 – L 12 B 1074/08 KA ER.
357 LSG Bln-Bbg 7.5.2007 – L 7 B 97/06 KA ER Rn. 3 f. und Rn. 477 ff.; LSG NRW 20.3.2019 – L 11 KA 76/18 B ER.
358 LSG BW 3.4.2007 – L 5 KA 560/07 ER-B Rn. 78 ff. und Rn. 477 ff.

- Zur sofortigen Vollziehbarkeit eines **Sicherungseinbehalts** für Honorare nach Entziehung der Zulassung als Vertragszahnarzt zur Sicherung gegen Regressforderungen der Krankenkassen.[359]

(2) Festsetzungen des Schiedsamtes

Keine aufschiebende Wirkung haben Klagen gegen Entscheidungen des Schiedsamtes oder gegen Entscheidungen der Aufsichtsbehörden anlässlich der Festsetzung von Vertragsinhalten zur vertragsärztlichen oder vertragszahnärztlichen Versorgung, **§ 89 Abs. 9 S. 4 SGB V**; gleiches gilt bei Klagen der Vertragspartner gegen die Beanstandung der Entscheidung des Schiedsamtes über die Vergütung der Leistungen durch die Aufsichtsbehörde, **§ 89 Abs. 10 S. 8 SGB V**. 139

Beispiele:

- Zu § 89 SGB V – die Gewährung einstweiligen Rechtschutzes, der eine Gestaltung gesamtvertraglicher Regelungen durch die Sozialgerichte erfordert, ist rechtlich nicht zulässig.[360]
- Zum Antrag auf Erlass einer einstweiligen Anordnung mit der Verpflichtung, die monatlichen Abschlagszahlungen gemäß einer geschlossenen Vereinbarung bis zum Abschluss einer Änderungsvereinbarung zu leisten; zur fehlenden Vereinbarkeit der Gewährung von vorläufigem Rechtsschutz, der – und sei es auch nur als Vorfrage eines Leistungs- oder Feststellungsbegehrens – eine eigene Gestaltung oder Feststellung gesamtvertraglicher Regelungen durch die Sozialgerichte erfordere, mit § 89 SGB V.[361]
- Zur Ablehnung eines Antrags eines Leistungen nach § 37 SGB V erbringenden Unternehmens der häuslichen Krankenpflege auf Feststellung, dass die Klage gegen einen Schiedsspruch keine aufschiebende Wirkung hat; die Vorschriften des § 89 SGB V über das Schiedsamt seien auch nicht entsprechend anwendbar.[362]
- Die Klage gegen die Schiedsstelle (§ 129 Abs. 7–10 SGB V) hat anders als die Klage gegen das Schiedsamt in Kassenarztsachen (vgl. § 89 Abs. 1 S. 6 SGB V iVm § 86a Abs. 2 Nr. 4 SGG) zwar grundsätzlich aufschiebende Wirkung. Das Gericht kann aber nach nur summarischer Prüfung die sofortige Vollziehbarkeit des Schiedsspruches der Schiedsstelle anordnen.[363]
- Zur Statthaftigkeit des Antrags auf Anordnung der aufschiebenden Wirkung nach § 86b Abs. 1 S. 1 Nr. 2 SGG für das Rechtsschutzziel, die sofortige Anwendung des Schiedsspruchs zu verhindern.[364]
- Der Anwendungsbereich von § 86a SGG (Widersprüche und Anfechtungsklagen) ist bei einer Klage gegen einen Schiedsspruch wegen geltend gemachter Unbilligkeit nicht eröffnet, da eine Anfechtungs-, Verpflichtungs- oder Neubescheidungsklage (§ 54 Abs. 1, § 131 Abs. 2 und 3 SGG) ausscheidet.[365]
- Weiteres Bsp. → Rn. 582.

(3) Maßnahmen des Beschwerdeausschusses

Keine aufschiebende Wirkung hat auch die Klage gegen die vom Beschwerdeausschuss festgesetzte Maßnahme (zB eine Honorarkürzung), **§ 106c Abs. 3 S. 5 SGB V**.[366] Hingegen entfaltet die vorangegangene Anrufung des Beschwerdeausschusses, zB durch einen betroffenen Arzt nach Durchführung einer Wirtschaftlichkeitsprüfung der vertragsärztlichen Versorgung durch die Prüfungsstelle, gegenüber der Entscheidung der Prüfungsstelle (vgl. § 106 Abs. 3 S. 1 und 2 SGB V) aufschiebende Wirkung, vgl. § 106c Abs. 3 S. 2 SGB V. Nach Durchführung des Verfah- 140

359 LSG NRW 6.1.2004 – L 11 B 17/03 KA ER, juris Rn. 38 ff.; LSG Bln-Bbg 21.1.2009 – L 7 B 47/08 KA ER.
360 LSG Bln 20.1.2005 – L 7 B 20/04 KA ER.
361 LSG Bln 20.1.2005 – L 7 B 20/04 KA ER.
362 LSG Bln-Bbg 29.8.2007 – L 1 B 311/07 KR ER, juris Rn. 28.
363 LSG Bln-Bbg 5.5.2010 – L 1 KR 51/10 B ER.
364 LSG Bln-Bbg 15.7.2009 – L 7 B 74/08 AS ER.
365 LSG BW 16.10.2020 – L 4 KR 438/20, juris Rn. 34.
366 Beachte die nF des § 106 bzw. die Einfügung des § 106c SGB V durch Art. 2 Nr. 6 des G v. 16.7.2015 (BGBl. I 1211) mWv 1.1.2017.

rens vor dem Beschwerdeausschuss, das als Vorverfahren gilt (vgl. § 106c Abs. 3 S. 4 SGB V), setzt dieser ggf. eine gem. § 106c Abs. 5 S. 7 SGB V sofort vollziehbare Maßnahme fest.

Beispiele:

- Hat die Kassenärztliche Vereinigung (KV) einem Vertragsarzt einen Anspruch auf monatliche Abschlagszahlung eingeräumt, so unterliegt deren spätere Einschränkung den Regeln des § 106 Abs. 5 S. 4 SGB V aF Damit hat die Anrufung des Beschwerdeausschusses wegen der Verweigerung der Abschlagszahlung aufschiebende Wirkung.[367]
- Auf das Vierteljahreshonorar erhalten die an der Honorarverteilung teilnehmenden Vertragsärzte Abschlagszahlungen von der KV. Die Anrufung des Beschwerdeausschusses gegen die vorläufige Honorarfestsetzung hat nach § 106 Abs. 5 S. 4 SGB V aF aufschiebende Wirkung. Dies hat zur Folge, dass der angefochtene Verwaltungsakt vorläufig nicht vollzogen werden darf. Der Behörde ist jegliches Gebrauchmachen von den Wirkungen des Verwaltungsaktes einstweilen untersagt. Weil auch die Aufrechnung als Vollziehung gilt, ist es der KV nach Anrufung des Beschwerdeausschusses untersagt, die Abschlagszahlungen infolge eines vom Prüfungsausschuss der Ärzte und Krankenkassen verhängten Regresses im Wege der Aufrechnung zu reduzieren.[368]

(4) Zahlungsbescheid im Risikostrukturausgleich

141 Die Klage gegen einen Zahlungsbescheid im Risikostrukturausgleich (vgl. § 266 Abs. 1 SGB V) einschließlich der hierauf entfallenden Nebenkosten hat keine aufschiebende Wirkung, **§ 266 Abs. 7 S. 7 SGB V**. Mit dem Ausschluss der aufschiebenden Wirkung wird ein zeitnaher Eingang der Zahlungen sichergestellt und die Entstehung von Finanzlücken aufgrund der Zahlungen an die ausgleichsberechtigten Krankenkassen vermieden.[369]

Beispiel: Zum Anspruch eines beeinträchtigten Krankenversicherungsträgers auf Unterlassung unzulässiger Werbemaßnahmen und zur Zumutbarkeit eines Abwartens der Entscheidung in der Hauptsache auch mit der Überlegung, der durch gesetzwidriges Verhalten der Antragsgegnerin entstehende Wettbewerbsnachteil träfe vor allem das System der GKV insgesamt (vgl. §§ 265 ff. SGB V).[370]

(5) Geltung der §§ 86a und 86b SGG im SGB V

142 Auch für die Fälle des SGB V gelten die Vorschriften der § 86a und § 86b SGG, da diese Fälle über § 86a Abs. 2 Nr. 4 SGG ebenfalls in das Regelungsgefüge des einstweiligen Rechtsschutzes eingebunden werden.[371] So haben nach § 16 Abs. 3a S. 2 SGB V iVm § 16 Abs. 2 S. 4 KSVG Widerspruch und Klage gegen Bescheide, die das Ruhen des Anspruchs auf Leistungen der gesetzlichen Krankenversicherung anordnen, keine aufschiebende Wirkung. In diesem wie in den anderen genannten Fällen, in denen nach den Vorschriften des SGB V die aufschiebende Wirkung von Gesetzes wegen entfällt,[372] kommen eine behördliche Aussetzung der Vollziehung oder eine gerichtliche Anordnung der aufschiebenden Wirkung in Betracht.

143 **Beispiele:**

- Zur aufschiebenden Wirkung der Klage des Antragstellers gegen seine Abberufung als Leiter einer gemeinsamen Geschäftsstelle.[373]
- Weitere Bsp. zur GKV → Rn. 71, 573 ff.

---

367 LSG NRW 24.5.2006 – L 11 B 20/06 KA ER, juris Ls.
368 LSG NRW 22.5.2006 – L 10 B 3/06 KA ER, juris Ls.
369 Vgl. BT-Drs. 14/5943, 31.
370 LSG NRW 15.11.2006 – L 16 B 28/06 KR ER.
371 Schlarmann/Buchner NJW 2002, 644 f.
372 Weitere Bsp. bei MKLS/Keller SGG § 86a Rn. 16d.
373 LSG Bln-Bbg 11.5.2007 – L 7 B 4/07 KA ER.

dd) Bundesgesetzliche Vorschrift im Bereich des SGB XII, § 93 Abs. 3 SGB XII

Hat eine leistungsberechtigte Person für die Zeit, für die Leistungen erbracht werden, einen Anspruch gegen einen anderen, der kein Leistungsträger iSd § 12 SGB I ist, kann der Träger der Sozialhilfe durch schriftliche Anzeige an den anderen bewirken, dass dieser Anspruch bis zur Höhe seiner Aufwendungen auf ihn übergeht, § 93 Abs. 1 S. 1 SGB XII.[374] Die §§ 93 und § 94 SGB XII enthalten keine Kostenersatzansprüche des Hilfeträgers (vgl. dazu § 102 SGB XII), sondern ermöglichen ihm, die Position eines Gläubigers einzunehmen, und eröffnen ihm zur Realisierung der Ansprüche die gleichen prozessualen Möglichkeiten, die dem Gläubiger (Leistungsberechtigten) zur Verfügung stehen. Gem. § 86a Abs. 2 Nr. 4 SGG, § 93 Abs. 3 SGB XII haben Widerspruch und Anfechtungsklage gegen den Verwaltungsakt, der den Übergang des Anspruchs bewirkt, keine aufschiebende Wirkung. Statthaft ist also ein Antrag auf Anordnung der aufschiebenden Wirkung gem. § 86b Abs. 1 S. 1 Nr. 2 SGG (s. a. → Rn. 10 ff.). Bzgl. des Abwägungselements des prospektiven Hauptsacheerfolgs ist zu beachten, dass über das Bestehen und die Höhe des übergeleiteten Anspruchs das zuständige Gericht, oft ein Zivilgericht, zu entscheiden hat.[375] Das Sozialgericht prüft hingegen in der Hauptsache nur die Rechtmäßigkeit der Überleitung und in diesem Zusammenhang lediglich, ob der behauptete Anspruch offensichtlich ausscheidet (Grundsatz der Negativevidenz).[376] Daher werden wegen des Verwaltungsakts, der den Übergang des Anspruchs bewirkt, idR auch keine Rechtsverletzungen drohen, die Eilrechtsschutz rechtfertigen. Zur **Kostenentscheidung** → Rn. 514. 144

Beispiele:

- Zur Überleitung eines Anspruchs gegen den verarmten Schenker, § 528 BGB.[377] Vgl. das Bsp. bei Krodel NZS 2015, 244 (250).
- Zu Bedenken gegen den Grundsatz der Negativevidenz.[378]
- S. a. → Rn. 603.

ee) Bundesgesetzliche Vorschrift im Bereich des Künstlersozialversicherungsgesetzes

Ist der nach dem Künstlersozialversicherungsgesetz (KSVG) Versicherte mit einem Betrag in Höhe von Beitragsanteilen für zwei Monate im Rückstand, hat ihn die Künstlersozialkasse zu mahnen. Ist der Rückstand zwei Wochen nach Zugang der Mahnung noch höher als der Beitragsanteil für einen Monat, stellt die Künstlersozialkasse das Ruhen der Leistungen fest. Widerspruch und Anfechtungsklage gegen den Ruhensbescheid haben keine aufschiebende Wirkung, § 16 Abs. 3a S. 1 SGB V, **§ 16 Abs. 2 S. 4 KSVG.** 145

ff) Bundesgesetzliche Vorschrift im Bereich des Asylbewerberleistungsgesetzes

Im Bereich des AsylbLG sieht **§ 11 Abs. 4 AsylbLG** vor, dass Widerspruch und Anfechtungsklage gegen einen Verwaltungsakt, mit dem eine Leistung nach diesem Gesetz ganz oder teilweise entzogen oder die Leistungsbewilligung aufgehoben wird oder eine Einschränkung des Leistungsanspruchs nach § 1a oder § 11 Abs. 2a festgestellt wird, keine aufschiebende Wirkung haben. Mit der Regelung räumt der Gesetzgeber dem Sofortvollzug von leistungsreduzierenden Entscheidungen nach dem AsylbLG den Vorrang gegenüber einer ggf. zu Unrecht erfolgenden Leistungsvorenthaltung ein. Damit soll verhindert werden, dass Ausländer zu Unrecht Leistun- 146

374 Die Vorschrift überträgt im Wesentlichen inhaltsgleich den früheren § 90 BSHG.
375 Dazu BVerwG 4.6.1992 – 5 C 57/88, FEVS 43, 99; HessLSG 1.11.2007 – L 9 SO 79/07 ER, juris Rn. 8.
376 BVerwG 28.10.1999 – 5 C 28/98 mwN; Grube/Wahrendorf/Flint/Giere SGB XII § 93 Rn. 14; Hauck/Noftz/Kirchhoff SGB XII § 93 Rn. 103; s. dazu auch LPK-SGB XII/Conradis § 93 Rn. 56, der ernstliche Rechtmäßigkeitszweifel für einen begründeten Antrag auf Anordnung der aufschiebenden Wirkung verlangt. Diese Zweifel beziehen sich aber auf den fraglichen Verwaltungsakt der Überleitung, für den es wiederum auf die Negativevidenz ankommt.
377 BayLSG 28.12.2007 – L 8 B 995/07 SO ER; vgl. auch HessLSG 1.11.2007 – L 9 SO 79/07 ER.
378 LSG NRW 20.12.2006 – L 20 B 135/06 SO ER, juris Rn. 19.

gen nach dem AsylbLG erhalten, deren Rückforderung erst nach Bestandskraft der leistungsreduzierenden Entscheidung regelmäßig nur geringe Aussicht auf Erfolg hätte. Die Regelung stellt eine Ausnahmeregelung dar, die nicht analogiefähig ist. Die Behörde kann also die sofortige Vollziehbarkeit von Verwaltungsakten nach dem AsylbLG, die nicht von der Regelung des § 11 Abs. 4 AsylbLG erfasst werden, nur nach den Maßgaben des § 86a Abs. 2 Nr. 5 SGG erreichen.[379] Unter den Begriff der **Entziehung** fallen alle Verwaltungsakte, die auf Grundlage des § 9 Abs. 3 AsylbLG iVm § 66 Abs. 1 S. 1 Alt. 2 oder Abs. 2 Alt. 2 SGB I wegen fehlender Mitwirkung des Leistungsbeziehers ergehen. Verwaltungsakte, mit denen die Erstattung von Leistungen gefordert wird, fallen nicht darunter.[380] Verwaltungsakte, die eine Leistungsbewilligung **aufheben**, sind Verwaltungsakte nach § 9 Abs. 4 S. 1 Nr. 1 AsylbLG iVm §§ 45, 47 oder 48 SGB X. Die aufschiebende Wirkung entfällt unabhängig davon, ob die Aufhebung nur für die Zukunft oder (auch) für die Vergangenheit erfolgt. Nicht erfasst werden Verwaltungsakte, soweit sie (auch) eine Entscheidung nach § 50 SGB X über die Erstattung von Leistungen enthalten.[381] Schließlich entfällt die aufschiebende Wirkung auch bei Verwaltungsakten, durch die eine **Einschränkung des Leistungsanspruchs nach § 1a oder § 11 Abs. 2a AsylbLG festgestellt** wird. Allerdings geht diese Regelung ins Leere und sie hat auch keine praktische Relevanz, da es ohnehin auf die (zusätzlich) erforderliche Aufhebung bzw. Ablehnung weitergehender Leistungen nach dem AsylbLG und deren Anfechtung ankommt.[382]

e) § 86a Abs. 4 SGG

147 Auch der Widerspruch und die Anfechtungsklage gegen die Aufhebung oder Ablehnung der Verlängerung von Arbeitserlaubnissen nach dem AÜG haben gem. § 86a Abs. 4 S. 1 SGG keine aufschiebende Wirkung. Rücknahme und Widerruf der Erlaubnis iSd §§ 4 und 5 AÜG lassen sich nach der Terminologie des SGB X und des VwVfG unter dem Oberbegriff der **Aufhebung** zusammenfassen. Bei **Ablehnung der Verlängerung** der Erlaubnis tritt trotz Einlegung eines Rechtsbehelfs keine Verlängerung ein. Hintergrund der Regelung bzgl. der Ablehnung der Verlängerung von Erlaubnissen ist § 2 Abs. 4 AÜG, wonach die Erlaubnis nach dem AÜG für ein Jahr befristet erteilt wird, aber verlängert werden kann bzw. sich um ein weiteres Jahr verlängert, wenn die Verlängerung nicht vor Ablauf des Jahres abgelehnt wird. Die Behörde kann die sofortige Vollziehung auch in den Fällen des § 86a Abs. 4 S. 1 SGG aussetzen, vgl. § 86a Abs. 4 S. 2, Abs. 3 SGG. Bei der Aussetzung der sofortigen Vollziehung der Ablehnung tritt die Verlängerung der Erlaubnis infolge der gesetzlichen Regelung des § 2 Abs. 4 AÜG ein. Insofern bedarf es – anders als bei einer Antragsablehnung üblich – in einem gerichtlichen Eilverfahren auch nicht des Erlasses einer einstweiligen Anordnung. Vielmehr wird durch die Anordnung der aufschiebenden Wirkung des Rechtsbehelfs nach § 86b Abs. 1 S. 1 Nr. 2 SGG die Vollziehbarkeit der Ablehnung der Verlängerung gehemmt mit der Folge, dass sich die Erlaubnis verlängert und so das Rechtsschutzziel erreicht wird.

3. Die Dauer der sofortigen Vollziehbarkeit

a) Beginn der sofortigen Vollziehbarkeit

148 Verwaltungsakte, die nicht unter § 86a Abs. 2, 4 SGG fallen und gegen die kein Rechtsbehelf eingelegt ist, sind mit ihrem Erlass bis zur Einlegung eines Rechtsbehelfs vollziehbar. In den Fällen des § 86a Abs. 2 Nr. 1–4, Abs. 4 SGG beginnt die sofortige Vollziehbarkeit von Gesetzes wegen mit der Bekanntgabe des Verwaltungsakts; diese Verwaltungsakte bleiben auch bei Wider-

379 HK-AsylbLG/Cantzler § 11 Rn. 55.
380 HK-AsylbLG/Cantzler § 11 Rn. 56.
381 HK-AsylbLG/Cantzler § 11 Rn. 57.
382 S. dazu iE HK-AsylbLG/Cantzler § 11 Rn. 58.

spruch oder Klage sofort vollziehbar, es sei denn, das Gericht ordnet die aufschiebende Wirkung an (§ 86b Abs. 1 S. 1 Nr. 2 SGG) oder die Behörde setzt die Vollziehbarkeit aus (§ 86a Abs. 3 S. 1 SGG). In den Fällen des § 86a Abs. 2 Nr. 5 SGG beginnt die sofortige Vollziehbarkeit jedoch nur dann mit der Bekanntgabe des Verwaltungsakts, wenn die Vollziehbarkeitsanordnung mit dem Verwaltungsakt zusammen erlassen wurde, ansonsten mit der Bekanntgabe der Vollziehbarkeitsanordnung, und zwar mW für die Zukunft. Die Festsetzung eines späteren Zeitpunkts des Eintritts der sofortigen Vollziehbarkeit ist zulässig.

b) Ende der sofortigen Vollziehbarkeit

Die Vollziehbarkeit endet, wenn kein Fall des § 86a Abs. 2, 4 SGG vorliegt, mit der Herbeiführung der aufschiebenden Wirkung durch Einlegung von Widerspruch oder Klage gem. § 86a Abs. 1 S. 1 SGG. In den Fällen des § 86a Abs. 2, 4 SGG endet die sofortige Vollziehbarkeit durch Aussetzung der Vollziehung gem. § 86a Abs. 3 SGG oder durch Anordnung des Gerichts gem. § 86b Abs. 1 S. 1 Nr. 2 SGG. Die (sofortige) Vollziehbarkeit des Verwaltungsakts und seine Wirksamkeit insgesamt enden ferner mit der Aufhebung des Verwaltungsakts durch die Behörde bzw. durch das Gericht im Klageverfahren. **149**

4. Die behördliche Vollziehbarkeitsanordnung, § 86a Abs. 2 Nr. 5 SGG

a) Natur und Inhalt der Vollziehbarkeitsanordnung

§ 86a Abs. 2 Nr. 5 SGG ermächtigt die Verwaltung, die aufschiebende Wirkung durch eine Vollziehungsanordnung auszuschließen. Der Begriff ist ungenau, da die Vollzieh*barkeit* angeordnet wird, die Voraussetzung für den tatsächlichen (Sofort-)Vollzug ist (s. a. → Rn. 81). Hier soll daher von „Vollziehbarkeitsanordnung" gesprochen werden. Wie bereits ausgeführt (→ Rn. 87), ist die Vollziehbarkeit das Gegenstück zur aufschiebenden Wirkung; die Anwendungsbereiche des § 86a Abs. 1 SGG und des § 86a Abs. 2 Nr. 5 SGG stimmen überein. Die Anordnung der sofortigen Vollziehbarkeit kann mit dem Verwaltungsakt verbunden oder später erlassen werden. Die Vollziehbarkeitsanordnung ist selbst kein Verwaltungsakt.[383] Denn bei der Vollziehbarkeitsanordnung liegen die Merkmale des § 31 SGB X nicht vor: Es fehlt an einer sachlichen Rechtsfolgenanordnung und damit an einer „Regelung". Die Vollziehbarkeitsanordnung beinhaltet lediglich eine verfahrensrechtliche Nebenentscheidung in Bezug auf die zeitliche Geltung des zugrundeliegenden Verwaltungsakts.[384] Sie selbst schließt auch kein Verwaltungsverfahren iSd § 8 SGB X ab. Gegen eine Qualifizierung der Vollziehbarkeitsanordnung als Verwaltungsakt spricht auch, dass gegen diese dann wiederum mit Widerspruch und Anfechtungsklage vorgegangen werden könnte, was widersinnig wäre, soll doch mit der Vollziehbarkeitsanordnung gerade die Wirkung dieser Rechtsbehelfe geregelt werden. Auch eine materielle Bestandskraft der Vollziehbarkeitsanordnung müsste dann möglich sein, was mit der in § 86a Abs. 3 S. 5 SGG geregelten Befugnis der Behörde, die Entscheidung jederzeit zu ändern oder aufzuheben, nicht in Einklang zu bringen wäre. **150**

b) Rechtmäßigkeit der Vollziehbarkeitsanordnung

Die Rechtmäßigkeit der Vollziehbarkeitsanordnung wird auf Antrag **durch das Gericht überprüft.** Rechtsgrundlage ist § 86b Abs. 1 S. 1 Nr. 2 SGG (dazu iE → Rn. 235 ff., 192 f.).[385] Die Vorschrift erfasst auch die Kontrolle der formellen und materiellen Rechtmäßigkeit der Vollziehbarkeitsanordnung. **151**

---

383 Str., wie hier LSG NRW 6.5.2015 – L 11 KA 10/14 B ER, juris Rn. 29; s. a. BVerwG E 24, 92 (94); Kopp/Schenke § 80 Rn. 78 mwN.
384 Vgl. Schoch/Schneider/Schoch § 80 Rn. 199.
385 Zu § 80 Abs. 5 VwGO Kopp/Schenke § 80 Rn. 146.

aa) Formelle Rechtmäßigkeit der Vollziehbarkeitsanordnung

(1) Form, Antrag

152 Die Vollziehbarkeitsanordnung muss nicht schriftlich erlassen werden. Allerdings führt § 86a Abs. 2 Nr. 5 SGG iErg dann doch zur Schriftform, da dort eine schriftliche Begründung der Anordnung – genauer: des besonderen Interesses an der sofortigen Vollziehung – verlangt wird. Eine mündlich erlassene Vollziehbarkeitsanordnung wird im sozialgerichtlichen Bereich daher kaum jemals praktisch relevant werden. Die Anordnung muss ausdrücklich erfolgen, eine konkludente Anordnung der sofortigen Vollziehbarkeit ist nicht zulässig. Sie wird idR mit dem zugrundeliegenden Verwaltungsakt verbunden, kann aber auch gesondert später, etwa nachdem der Rechtsbehelf mit aufschiebender Wirkung eingelegt worden ist, ergehen, und zwar von Amts wegen oder auf Antrag.[386] Auch die Vollziehbarkeitsanordnung im privaten Interesse eines Beteiligten (§ 86a Abs. 2 Nr. 5 Alt. 2 SGG) kann von Amts wegen erfolgen. Denn im Unterschied zu § 80a Abs. 1 Nr. 1 VwGO verlangt § 86a Abs. 2 Nr. 5 SGG auch für die Fallkonstellation seiner 2. Alternative keinen Antrag des Beteiligten. Dies ist auch sachgerecht, da im konkreten Fall neben den privaten Interessen an der sofortigen Vollziehbarkeit auch öffentliche Interessen eine Rolle spielen können. Eine Vollziehbarkeitsanordnung von Amts wegen wird in diesen Fällen allerdings eher selten sein. Eine Rechtsbehelfsbelehrung ist nicht gesetzlich vorgeschrieben.

(2) Statthaftigkeit

153 Die Vollziehbarkeitsanordnung ist statthaft, wenn ein noch anfechtbarer Verwaltungsakt vorliegt. Grundsätzlich nicht mehr statthaft ist die behördliche Vollziehbarkeitsanordnung, wenn eine Anordnung der aufschiebenden Wirkung durch das Gericht vorliegt. Ausnahmsweise ist die Statthaftigkeit zu bejahen, wenn die gerichtliche Aufhebung der Vollziehbarkeitsanordnung nur wegen eines formellen Fehlers wie der Verletzung der Begründungspflicht des § 86a Abs. 2 Nr. 5 SGG erfolgt ist (s. a. → Rn. 157 und zur Bindungswirkung der Eilentscheidung → Rn. 42 f.).

154 Nach der hier vertretenen Auffassung (→ Rn. 77 f.) hat – außer in den Fällen der offensichtlichen Unzulässigkeit – auch der unzulässige Rechtsbehelf aufschiebende Wirkung. Insbes. bei einem verfristeten Rechtsbehelf muss die Behörde daher die sofortige Vollziehbarkeit anordnen, um die eingetretene aufschiebende Wirkung zu beseitigen. In den Fällen der offensichtlichen Unzulässigkeit hat die Vollziehbarkeitsanordnung nur deklaratorische Bedeutung, da kein Suspensionseffekt (zum Begriff → Rn. 82 f.) eingetreten ist. Eine Aufhebung der Vollziehbarkeitsanordnung durch das Gericht und eine gerichtliche Anordnung der aufschiebenden Wirkung kommen hier in Betracht, wenn sich bei gerichtlicher Überprüfung herausstellt, dass die Behörde irrtümlicher Weise von einer offensichtlichen Unzulässigkeit des Rechtsbehelfs ausgegangen ist.

(3) Zuständigkeit

155 Zuständig für den Erlass der Vollziehbarkeitsanordnung ist die Ausgangs- oder die Widerspruchsbehörde, § 86a Abs. 2 Nr. 5 SGG. Die Ausgangsbehörde ist vor, während und nach Abschluss des Widerspruchsverfahrens, also auch während des Klageverfahrens,[387] für die Anordnung der sofortigen Vollziehbarkeit zuständig.[388] Die Widerspruchsbehörde ist – neben der Ausgangsbehörde – zuständig ab dem Zeitpunkt der Einlegung des Widerspruchs[389] bis zur Bekanntgabe des

---

386 Vgl. MKLS/Keller SGG § 86a Rn. 18.
387 LSG BW 6.2.2006 – L 13 AL 4566/05 ER-B, juris Rn. 8.
388 Vgl. MKLS/Keller SGG § 86a Rn. 21.
389 Str., wie hier Jahn BayVBl. 1988, 552; aA zB Kuhla/Hüttenbrink, S. 623 Rn. 90; vgl. die Nachweise bei Finkelnburg/Jank VorlRS Rn. 731 Fn. 3.

Widerspruchsbescheids,[390] vgl. § 86a Abs. 2 Nr. 5 SGG („die Stelle, die ... über den Widerspruch zu entscheiden hat“).

(4) Anhörung

156 Eine gesonderte Anhörung vor Erlass der Vollziehbarkeitsanordnung ist nicht Voraussetzung für deren Rechtmäßigkeit.[391] Da die Vollziehbarkeitsanordnung kein Verwaltungsakt ist, ergibt sich ein Anhörungserfordernis insbes. nicht aus § 24 SGB X. Ein Bedürfnis für eine Anhörung wie bei Verwaltungsakten besteht auch deshalb nicht, weil die Vollziehbarkeitsanordnung ohne Einhaltung einer Frist gerichtlich angegangen werden kann und nicht bestandskräftig wird. Die Behörde ist im Übrigen aus rechtsstaatlichen Gründen gehalten, bei einem Antrag des Betroffenen nach § 86b Abs. 1 S. 1 Nr. 2 SGG mit der Vollziehung bis zu einer Eilentscheidung des Gerichts zuzuwarten. Ggf. kommt ein gerichtlicher Hängebeschluss (→ Rn. 488 ff.) in Betracht. Die Entbehrlichkeit einer besonderen Anhörung ergibt sich auch aus der Natur der Vollziehbarkeitsanordnung, die rechtmäßiger Weise nur erlassen werden kann, wenn das öffentliche Interesse an der **sofortigen** Geltung eines Verwaltungsakts gegeben ist. Im Widerspruch dazu würde aber die mit einer Anhörung verbundene Verzögerung stehen. Das schließt selbstverständlich nicht aus, dass die Behörde eine Anhörung durchführt.

(5) Begründungspflicht

157 Die Vollziehbarkeitsanordnung muss schriftlich begründet werden, § 86a Abs. 2 Nr. 5 SGG. Diese Begründungspflicht ist ein Gesichtspunkt der formellen Rechtmäßigkeit, die inhaltliche Richtigkeit der Abwägung zwischen Aufschub- und Vollziehungsbelangen eine Frage der materiellen Rechtmäßigkeit der Vollziehbarkeitsanordnung. Die Begründung muss eine auf den konkreten Einzelfall abstellende Darlegung des besonderen öffentlichen Interesses an der sofortigen Vollziehbarkeit beinhalten und darf nicht lediglich formelhaft erfolgen. Sie muss die wesentlichen tatsächlichen und rechtlichen Gründe für das konkrete Vollziehungsinteresse darlegen.[392] Ein Verweis auf die Begründung des Verwaltungsakts genügt nicht.[393] Die ordnungsgemäße Begründung ermöglicht dem Betroffenen, seine Rechte wahrzunehmen (Schutzfunktion), veranlasst die Behörde, das Vorliegen des öffentlichen Interesses an der sofortigen Vollziehbarkeit zu prüfen (Warn- oder Signalfunktion) und setzt das Gericht in die Lage, die Erwägungen der Behörde nachzuvollziehen (Kontrollfunktion).

158 Bei fehlender oder – gemessen an den gesetzlichen Anforderungen – unzulänglicher Begründung ist die Vollziehbarkeitsanordnung wirksam, aber formell rechtswidrig.[394] Das bedeutet, dass die aufschiebende Wirkung erst auf entsprechenden Antrag (wieder) hergestellt wird. Bis zu diesem Zeitpunkt bleibt der Verwaltungsakt trotz formeller Rechtswidrigkeit der Vollziehbarkeitsanordnung sofort vollziehbar.[395] Eine Nachholung der Begründung ist nicht möglich, andernfalls würde die Warnfunktion der Begründungspflicht unterlaufen.[396] Die Vollziehbarkeitsanordnung

390 Str., wie hier zB MKLS/Keller SGG § 86a Rn. 21; Kuhla/Hüttenbrink, S. 437 Rn. 90; vgl. die Nachweise bei Finkelnburg/Jank VorlRS Rn. 731 Fn. 4.

391 HM, vgl. MKLS/Keller SGG § 86a Rn. 22 mwN; aA zB Finkelnburg/Jank VorlRS Rn. 774: Anhörungspflicht aus rechtsstaatlichen Gründen.

392 Vgl. Finkelnburg/Jank VorlRS Rn. 754–756; s. dazu auch BVerfG 27.5.2016 – 1 BvR 1890/15: hohe Anforderungen an die behördliche Begründung des Sofortvollzugs.

393 Abw. wohl LSG NRW 6.1.2004 – L 11 B 17/03 KA ER, juris Ls. 3; HessLSG 5.1.2007 – L 7 SO 60/06 ER.

394 Für Nichtigkeit bei Verstoß gegen die (formelle) Begründungspflicht Kummer SGb 2001, 705 (713).

395 Vgl. Finkelnburg/Jank VorlRS Rn. 759.

396 Vgl. BVerfG 27.5.2016 – 1 BvR 1890/15, juris Rn. 18; LSG LSA 13.4.2010 – L 5 AS 69/10 B ER, juris Rn. 32; LSG NRW 6.1.2004 – L 11 B 17/03 KA ER, juris Ls. 4 (keine Nachholung möglich, aber eine konkludente erneute Anordnung); LSG Nds-Brem NZS 2003, 333; LSG NRW SGb 2004, 114; MKLS/Keller SGG § 86a Rn. 21c; abw. wohl zur Nachholbarkeit LSG Bln-Bbg 11.5.2007 – L 7 B 4/07 KA ER, juris Rn. 4. Vgl. zur VwGO Kopp/Schenke § 80 Rn. 84 ff., 87; widersprüchlich Redeker/von Oertzen VwGO § 80 Rn. 26 und 27a.

und die Begründung müssen also zusammen ergehen. Ist die Begründung unzulänglich oder fehlt eine Begründung, bleibt der Behörde nur die Möglichkeit, eine neue Vollziehbarkeitsanordnung mit ordnungsgemäßer Begründung zu erlassen (zu den Grenzen der Bindungswirkung der Eilentscheidung → Rn. 42 f.).

159 **Beispiele:**

- Zu den Auswirkungen einer unzureichenden Begründung auf die formelle bzw. materielle Rechtmäßigkeit der Vollziehbarkeitsanordnung.[397]
- An die Begründung der Vollziehbarkeitsanordnung sind hohe Anforderungen zu stellen. Die Begründung muss nicht nur sämtliche Gesichtspunkte enthalten, die die Behörde in ihre Entscheidung einbezogen hat, sondern auch erkennen lassen, warum nach ihrer Auffassung im konkreten Einzelfall das Interesse an der sofortigen Vollziehbarkeit überwiegt und warum die Vollziehbarkeitsanordnung dem Verhältnismäßigkeitsprinzip entspricht.[398] Eine Wiederholung des Gesetzwortlautes des § 86a Abs. 2 Nr. 5 SGG reicht nicht aus, wenn nicht auf die Besonderheit des Einzelfalles eingegangen wird.[399]
- Zur Erforderlichkeit einer Begründung, aus der unter Darlegung der besonderen Umstände des Einzelfalles hervorgeht, warum von der Wertentscheidung des Gesetzgebers zugunsten der aufschiebenden Wirkung von Rechtsbehelfen gegen den betreffenden Bescheid abgewichen wird.[400]
- Zur Fehlerhaftigkeit einer Begründung der sofortigen Vollziehung allein mit fiskalischen Interessen.[401]
- Zur Fehlerhaftigkeit einer Begründung der sofortigen Vollziehung allein damit, dass die Anfechtungsklage gegen eine Erstattungsforderung kaum Aussicht auf Erfolg habe und der Kläger mit dem Rechtsstreit die Rückzahlung nur hinauszögern wolle.[402]
- Zur Fehlerhaftigkeit einer Begründung des besonderen öffentlichen Interesses an der sofortigen Vollziehbarkeit allein mit der Feststellung, dass die Klage gegen den Verwaltungsakt aufgrund summarischer Prüfung erkennbar aussichtslos ist; zur Notwendigkeit eines öffentlichen Interesses gerade daran, dass der Betroffene schon in der Zeit bis zum Abschluss des Hauptsacheverfahrens von der fraglichen Rechtsposition Gebrauch machen kann.[403]
- Zur Inbezugnahme der Begründung des zu vollziehenden Verwaltungsakts; wenn aus dieser bereits die besondere Dringlichkeit hervorgehe und die von der Behörde getroffene Interessenabwägung klar erkennbar sei, könne aber eine Begründung iSd § 86a Abs. 2 Nr. 5 SGG vorliegen.[404]
- Zur ohne Begründung erlassenen Anordnung der sofortigen Vollziehbarkeit eines Sicherungseinbehalts von Arzthonoraren nach Entziehung der Zulassung als Vertragszahnarzt → Rn. 138; keine Nachholung der vorgeschriebenen Begründung im Widerspruchsbescheid.[405]

Muster Tenor/Antrag bei formeller Rechtswidrigkeit der Vollziehbarkeitsanordnung → Rn. 317.

bb) Materielle Rechtmäßigkeit der Vollziehbarkeitsanordnung

160 Für die behördliche Anordnung der sofortigen Vollziehbarkeit sind zwei Tatbestände zu unterscheiden, nämlich die Anordnung im öffentlichen Interesse (§ 86a Abs. 2 Nr. 5 Alt. 1 SGG) und die Anordnung im überwiegenden Interesse eines Beteiligten (§ 86a Abs. 2 Nr. 5 Alt. 2 SGG).

---

397 LSG BW 8.11.2016 – L 7 SO 3546/16 ER-B.
398 SächsLSG 3.6.2010 – L 1 KR 94/10 B ER, juris Rn. 44. Zum Zweck der Begründungspflicht LSG LSA 18.3.2010 – L 5 AS 487/09 B ER, juris Rn. 31. Zu den Anforderungen bei offensichtlicher Rechtmäßigkeit des Bescheides HessLSG 29.12.2008 – L 7 SO 62/08 B ER.
399 LSG Bln-Bbg 13.7.2009 – L 23 SO 89/09 B ER, juris Rn. 25; LSG NRW 9.4.2008 – L 20 B 136/07 SO ER.
400 LSG NRW 11.1.2006 – L 1 B 18/05 AS ER; HessLSG 12.2.2004 – L 10 AL 1212/03 ER Breithaupt 2005, 704 ff.; LSG Nds-Brem 30.9.2002 – L 4 KR 122/02 ER, NZS 2003, 333.
401 LSG Nds-Brem 10.8.2006 – L 8 SO 69/06 ER; 19.4.2006 – L 8 SO 49/05 ER.
402 LSG BW 6.2.2006 – L 13 AL 4566/05 ER-B; BVerfG NVwZ 1996, 58 f. mwN.
403 LSG BW 25.4.2006 – L 5 KA 178/06 ER-B.
404 Ähnl. HessLSG 5.1.2007 – L 7 SO 60/06 ER.
405 Abw. LSG NRW 6.1.2004 – L 11 B 17/03 KA ER Ls. 4 und, juris Rn. 46; dazu ausf. 1. Aufl. Rn. 142.

(1) Vollziehbarkeitsanordnung im öffentlichen Interesse

Die Vollziehbarkeitsanordnung ergeht als Abwägungsentscheidung. Auch iR der behördlichen Abwägung sind alle im konkreten Fall betroffenen öffentlichen und privaten Interessen zu berücksichtigen.[406] Die behördliche Abwägung erfolgt nach denselben Grundsätzen, die auch für die gerichtliche Abwägung gelten.[407] Zu Einzelheiten kann daher auf die Ausführungen zur gerichtlichen Interessenabwägung Bezug genommen werden (→ Rn. 304). Die Vollziehbarkeitsanordnung im öffentlichen Interesse ist materiell rechtmäßig, wenn das öffentliche Interesse an der Sofortvollziehung das private Aufschubinteresse überwiegt.[408] Für die Abwägung iSd § 86a Abs. 2 Nr. 5 SGG sind zwei Spezifika der behördlichen Abwägungsentscheidung hervorzuheben, und zwar (a) das in § 86a Abs. 2 Nr. 5 SGG ausdrücklich erwähnte besondere Interesse und (b) die Frage, ob die Behörde, die den Verwaltungsakt selbst erlassen hat, die Wahrscheinlichkeit der Rechtmäßigkeit des von ihr erlassenen Verwaltungsakts in die Abwägung mit einbeziehen muss. 161

(a) Besonderes Interesse

Es müssen besondere Gründe dafür sprechen, dass der Verwaltungsakt schon jetzt und nicht erst nach Eintritt der Bestandskraft vollzogen wird, § 86a Abs. 2 Nr. 5 SGG (vgl. zum besonderen Vollziehungsinteresse iR der gerichtlichen Eilentscheidung → Rn. 238). Allein das öffentliche Interesse am Vollzug eines Gesetzes rechtfertigt die Vollziehbarkeitsanordnung nicht.[409] Maßgeblich für das besondere Interesse sind Kriterien, die die Notwendigkeit der sofortigen Geltung, also die Dringlichkeit begründen. Die voraussichtliche Rechtmäßigkeit des Verwaltungsakts rechtfertigt für sich allein nicht die Anordnung der sofortigen Vollziehbarkeit. Die Rechtmäßigkeit des Verwaltungsakts ist Voraussetzung für seinen Erlass, nicht Rechtfertigung für seine Vollziehung[410] (s. a. → Rn. 236). Das schließt jedoch nicht aus, dass im Einzelfall die tatsächlichen Umstände, die den Erlass des Verwaltungsakts tragen, auch die Dringlichkeit begründen; das Interesse an der sofortigen Vollziehbarkeit kann im Einzelfall durch das Erlassinteresse vorgeprägt sein.[411] 162

Beispiele: Das von der Behörde angenommene öffentliche Interesse am Sofortvollzug ist nicht gegeben, wenn die Entscheidung an eine **nicht existente Tatsachengrundlage** anknüpft.[412] 163

Zur **Anordnung der sofortigen Vollziehbarkeit**

- des Verlangens auf Auskunft über die Einkommens- und Vermögensverhältnisse der Partnerin eines Hilfesuchenden nach § 60 Abs. 4 SGB II, das durch Verwaltungsakt betrieben werden kann, bei überwiegendem Interesse des Hilfesuchenden[413] (s. a. → Rn. 284, 286). Die Anordnung der sofortigen Vollziehbarkeit zur Durchsetzung von Auskunftspflichten Dritter gem. § 60 SGB II setzt ein besonderes öffentliches Interesse voraus, das über den generellen Zweck des Auskunftsanspruchs hinausgeht; eine beabsichtigte Verringerung des Verwaltungsaufwands reicht hierfür idR nicht;[414]

---

406 Vgl. MKLS/Keller SGG § 86a Rn. 20a.

407 Eine „inhaltliche Kluft" zwischen behördlichem und gerichtlichem Maßstab gibt es nicht. Abw. Schoch/Schneider/Schoch § 80 Rn. 223 (behördliches Ermessen auf der Rechtsfolgenseite des § 80 Abs. 2 S. 1 Nr. 4 VwGO).

408 S. dazu Kopp/Schenke § 80 Rn. 90 ff.; abw. Schoch/Schneider/Schoch § 80 Rn. 202.

409 Vgl. BVerfG 30.10.2009 – 1BvR 2395/09 (s. a. → Rn. 639); LSG BW 25.4.2006 – L 5 KA 178/06 ER-B; LSG NRW 11.1.2006 – L 1 B 18/05 AS ER; LSG RhPf 3.11.2005 – L 5 ER 91/05 KA; HessLSG 12.2.2004 – L 10 AL 1212/03 ER Breithaupt 2005, 704 ff.; LSG Nds-Brem 30.9.2002 – L 4 KR 122/02 ER, NZS 2003, 333; MKLS/Keller SGG § 86a Rn. 21b.

410 Vgl. BVerfG NJW 1985, 2187 (2189); NVwZ 1996, 58 (59); 30. 9.2009 – 1BvR 2395/09.

411 IdS BVerwG NJW 1974, 1294 (1295).

412 LSG NRW 3.4.2017 – L 11 KA 51/16 ER KL.

413 LSG Nds-Brem 20.4.2007 – L 13 AS 40/07 ER Rn. 12; LSG Bln-Bbg 29.1.2008 – L 10 B 2195/07 AS ER.

414 LSG LSA 18.3.2010 – L 5 AS 487/09 B ER, juris Rn. 30, 32.

- der Untersagung der weiteren Förderung des Versandhandels mit Arzneimitteln gegenüber einer Krankenversicherung (Abwägung zwischen dem öffentlichen Interesse an der Unterbindung der Förderung des Versandhandels mit Arzneimitteln und dem Aufschubinteresse, die Versicherten über den kostengünstigen Bezug von Arzneimitteln zu informieren);[415]
- der Entziehung der Zulassung zum Vertragsarzt (§ 95 Abs. 6 S. 1 SGB V); zum Erfordernis hinreichend konkreter Anhaltspunkte für eine Gefährdung der Funktionsfähigkeit der vertragsärztlichen Versorgung ohne die Anordnung der sofortigen Vollziehung;[416]
- der Entziehung der Zulassung zur vertragsärztlichen Versorgung; zur Verhältnismäßigkeit;[417]
- des Ausschlusses eines Vertragsarztes von der Teilnahme am vertragsärztlichen Notdienst wegen Ungeeignetheit; zum besonderen öffentlichen Interesse;[418]
- der Entscheidung des Zulassungsausschusses, zB der Ermächtigung zur Teilnahme an vertragsärztlicher Versorgung.[419]

▶ **Muster – behördliche Vollziehbarkeitsanordnung (Entscheidungssatz)**

(s. a. Muster behördliche Vollziehbarkeitsanordnung (Begründung) → Rn. 170; Aufhebung der Vollziehbarkeitsanordnung → Rn. 316 f.)

Die mit Bescheid vom xx.xx.xxxx angeordnete Pflicht zur Erstattung der für den Zeitraum vom xx.xx.xxxx bis xx.xx.xxxx gewährten Hilfe zum Lebensunterhalt wird für sofort vollziehbar erklärt. ◀

(b) Einbeziehung der Rechtmäßigkeitswahrscheinlichkeit durch die Behörde

164 Auch die Erfolgsaussichten des Hauptsacherechtsbehelfs müssen mit in die Abwägung einfließen. Dies gilt auch dann, wenn die Behörde, die den Verwaltungsakt selbst erlassen hat, den Erlass einer Vollziehbarkeitsanordnung prüft. Für Gericht und Verwaltung gelten iR der Abwägung dieselben Maßgaben.[420] In rechtstatsächlicher Hinsicht wird die Ausgangsbehörde, die den zu vollziehenden Verwaltungsakt selbst erlassen hat, idR von dessen Rechtmäßigkeit ausgehen und dies entsprechend in der die Vollziehbarkeitsanordnung betreffenden Abwägung berücksichtigen. Die Behörde wird aber zB die sofortige Vollziehbarkeit nicht anordnen, wenn sie den Erlass einer Vollziehbarkeitsanordnung nach Erlass des Verwaltungsakts prüft und inzwischen selbst Bedenken bzgl. der Rechtmäßigkeit des Verwaltungsakts hat. Die Widerspruchsbehörde wird (wie das Gericht iR des § 86b Abs. 1 S. 1 SGG) ohnehin die Wahrscheinlichkeit der Rechtmäßigkeit bzw. der Rechtswidrigkeit des Verwaltungsakts in die vor Erlass einer Vollziehbarkeitsanordnung anzustellende Abwägung mit einbeziehen. Dabei agiert die Verwaltung – ähnlich wie im Widerspruchsverfahren – iSe Eigenkontrolle; vernünftige rechtliche Gründe, die gegen eine solche Kontrolle sprechen, sind nicht ersichtlich.[421]

165 Überwiegt das öffentliche Vollziehungsinteresse, erlässt die Verwaltung die Vollziehbarkeitsanordnung. Überwiegt das private Aufschubinteresse, liegen die Voraussetzungen des § 86a Abs. 2 Nr. 5 SGG nicht vor und es ergeht keine bzw. keine rechtmäßige Vollziehbarkeitsanordnung. Eine Ermessensausübung bzgl. des „Ob" der Vollziehbarkeitsanordnung findet nicht statt (→ Rn. 171).

---

415 Bsp. nach LSG Hmb 1.12.2003 – Breithaupt 2004, 617.
416 BVerfG → Rn. 641–643; LSG RhPf 3.11.2005 – L 5 ER 91/05 KA.
417 LSG Nds-Brem 20.9.2005 – L 3 KA 92/05 ER, juris Rn. 29, 34, 46.
418 SchlHLSG 18.7.2007 – L 4 B 445/07 KA ER, juris Rn. 26 f.
419 LSG Nds-Brem 7.9.2006 – L 3 KA 117/06 ER; 20.9.2005 – L 3 KA 92/05 ER; LSG LSA 15.12.2015 – L 9 KA 18/15 B ER; BSG 5.6.2013 – B 6 KA 4/13 B.
420 Vgl. MKLS/Keller SGG § 86a Rn. 22a.
421 Vgl. Schoch/Schneider/Schoch § 80 Rn. 208.

(2) Vollziehbarkeitsanordnung im überwiegenden Interesse eines Beteiligten

(a) Beteiligtenbegriff

Beteiligter iSd § 86a Abs. 2 Nr. 5 Alt. 2 SGG ist, wer im Hauptsacheverfahren beigeladen werden kann oder muss, vgl. § 75 SGG. Wer nicht in rechtlichen Interessen berührt wird, ist nicht Beteiligter,[422] nur „Berührt-Sein" in wirtschaftlichen oder ideellen Interessen reicht nicht. Der Dritte sollte vor Erlass der Vollziehbarkeitsanordnung angehört werden, eine gesetzliche Verpflichtung hierzu besteht nicht. 166

(b) Hauptfall: Begünstigender Verwaltungsakt mit belastender Drittwirkung

Widerspruch und Anfechtungsklage haben gem. § 86a Abs. 1 S. 2 SGG auch gegenüber dem Verwaltungsakt mit Drittwirkung aufschiebende Wirkung. Der belastende Verwaltungsakt mit begünstigender Drittwirkung wird im Sozialrecht kaum je Bedeutung erlangen. Die Vollziehbarkeitsanordnung im überwiegenden Interesse eines Beteiligten betrifft hier vor allem begünstigende Verwaltungsakte mit belastender Drittwirkung (Bsp. → Rn. 108).[423] Aufschiebende Wirkung bedeutet insofern, dass wegen der Drittanfechtung von der Begünstigung zunächst kein Gebrauch gemacht werden darf und die Belastung zunächst nicht eintritt. Um von der Begünstigung Gebrauch machen zu können, ist eine behördliche Vollziehbarkeitsanordnung gem. § 86a Abs. 2 Nr. 5 SGG bzw. eine gerichtliche Vollziehbarkeitsanordnung gem. § 86b Abs. 1 S. 1 Nr. 1 SGG erforderlich. Wird die Vollziehbarkeit angeordnet, kann der Dritte eine Aussetzung der sofortigen Vollziehbarkeit gem. § 86a Abs. 3 S. 1 SGG oder eine Anordnung bzw. Wiederherstellung der aufschiebenden Wirkung durch das Gericht beantragen bzw. Beschwerde gegen die für ihn ungünstige gerichtliche Entscheidung einlegen.[424] Denkbar ist auch ein Änderungsantrag gem. § 86b Abs. 1 S. 4 SGG (→ Rn. 200 ff.). Auch für Verwaltungsakte mit Drittwirkung gilt § 86a Abs. 2 Nr. 1–4 SGG, sodass in diesen Fällen genauso wie beim Verwaltungsakt ohne Drittwirkung sofortige Vollziehbarkeit von Gesetzes wegen gegeben ist. Denn das Gesetz bezweckt lediglich eine Gleich-, aber keine Besserstellung gegenüber dem Verwaltungsakt ohne Drittwirkung. 167

(c) Materielle Voraussetzungen

Was die materiellen Voraussetzungen der Vollziehbarkeitsanordnung im überwiegenden Interesse 168
eines Beteiligten betrifft, ist eine Abwägung zwischen dem privaten Interesse des Begünstigten und dem privaten Interesse des Belasteten unter Einbeziehung etwaiger öffentlicher Interessen an dem Vollzug des erlassenen Verwaltungsakts vorzunehmen,[425] wobei der Erfolgsaussicht des vom Dritten eingelegten Rechtsbehelfs hier besondere Bedeutung zukommt, da sie über die Bedeutung der bei ihm betroffenen Rechte Aufschluss gibt.[426] Überwiegt das Interesse des beschwerten Dritten, ist[427] eine entsprechende Eilentscheidung zu treffen. Umgekehrt ist die sofortige Vollziehbarkeit zugunsten des begünstigten Adressaten anzuordnen, wenn aufgrund einer umfassenden[428] Abwägung das Interesse des Begünstigten an der sofortigen Vollziehbarkeit überwiegt. Auch hier sind die Erfolgsaussichten des Hauptsacherechtsbehelfs und die Beeinträchtigung betroffener Rechte der Beteiligten in die Abwägung einzubeziehen. Auch beim Verwaltungsakt mit Drittwir-

422 Vgl. Finkelnburg/Jank VorlRS Rn. 779.

423 Weiterer Beispielsfall bei LSG NRW 6.5.2015 – L 11 KA 10/14 B ER, das zwischen offensiver und defensiver Drittanfechtung differenziert.

424 S. dazu LSG NRW 6.5.2015 – L 11 KA 10/14 B ER.

425 Für eine Interessenabwägung bei Verwaltungsakten mit Drittwirkung ausdr. BT-Drs. 14/5943, 25; Finkelnburg/Jank VorlRS Rn. 777.

426 Vgl. Finkelnburg/Jank VorlRS Rn. 810, 918 ff.

427 Zum Rechtsanspruch auf Anordnung der sofortigen Vollziehbarkeit Finkelnburg/Jank VorlRS Rn. 780.

428 Abw. Finkelnburg/Jank VorlRS Rn. 779, wo den Erfolgsaussichten des eingelegten Rechtsbehelfs eine überragende Bedeutung für die Abwägung beigemessen wird.

kung ändert sich also an den Grundsätzen der Abwägung nichts.[429] Hervorzuheben ist lediglich, dass in derartigen Fällen den betroffenen Rechten des jeweiligen Dritten typischer Weise besondere Bedeutung zukommen wird. Der behördliche Entscheidungsmaßstab stimmt mit dem Entscheidungsmaßstab der gerichtlichen Eilentscheidung überein.

169 **Beispiele:**

- Die Kassenärztliche Vereinigung erhebt mit aufschiebender Wirkung Klage gegen die Zulassung eines Arztes zur vertragsärztlichen Versorgung.[430] Der Arzt beantragt die Anordnung der **sofortigen Vollziehbarkeit der Zulassungsentscheidung**. Die Behörde lehnt ab. Der Arzt wendet sich nun an das zuständige Sozialgericht. Das Gericht hat iR der Entscheidung nach § 86b Abs. 1 S. 1 Nr. 1 SGG eine umfassende Abwägung zwischen dem Aufschubinteresse der (drittbetroffenen) Kassenärztlichen Vereinigung und dem privaten Interesse des betroffenen Arztes am Vollzug der für ihn günstigen hoheitlichen Maßnahme unter Einbeziehung aller öffentlichen Belange für den Zeitraum bis zur Klärung im Hauptsacheverfahren vorzunehmen. Das Gericht muss sich auch mit der Frage auseinandersetzen, ob die sofortige Vollziehung geboten ist, um den Eintritt von Rechtsbeeinträchtigungen des Arztes zu vermeiden oder ob den Belangen der Kassenärztlichen Vereinigung oder entgegenstehenden öffentlichen Interessen der Vorrang einzuräumen ist. Stützt das Gericht seine Entscheidung nur auf das fehlende öffentliche Interesse am Sofortvollzug und setzt es sich nicht auch mit der Frage auseinander, ob die sofortige Vollziehung geboten ist, um den Eintritt von Rechtsbeeinträchtigungen des Arztes zu vermeiden, ist der entsprechende Beschluss des Sozialgerichts rechtswidrig.
- Zur Spezialität der Regelung des § 86a Abs. 2 Nr. 5 SGG gegenüber den Regelungen in Zulassungssachen (§§ 96, 97 SGB V).[431]
- Die Anordnung der sofortigen Vollziehung einer Zulassungsentziehung stellt für sich allein einen eigenständigen Eingriff in die Berufsfreiheit des Vertragsarztes (Art. 12 Abs. 1 GG) dar; entsprechendes gilt für (als GmbH verfasste) Medizinische Versorgungszentren. Die sofortige Vollziehung kommt angesichts des hohen Anteils gesetzlich Versicherter einem vorläufigen Berufsverbot gleich. Der Rechtsschutzanspruch des Vertragsarztes kann daher nur einstweilen zurückgestellt werden, um unaufschiebbare Maßnahmen im Interesse des allgemeinen Wohls rechtzeitig in die Wege zu leiten. Wegen der gesteigerten Eingriffsintensität beim Sofortvollzug sind nur solche Gründe ausreichend, die in angemessenem Verhältnis zur Schwere des Eingriffs stehen und ein Zuwarten bis zur Rechtskraft des Hauptsacheverfahrens ausschließen. Die hohe Wahrscheinlichkeit, dass das Hauptsacheverfahren zum Nachteil des Vertragsarztes ausgehen wird, genügt für sich allein nicht.[432]
- Die Anordnung der sofortigen Vollziehbarkeit einer Unterlassungsverfügung gegenüber einer bundesunmittelbaren Betriebskrankenkasse (Aufsichtsbescheid) betreffend die **Kostentragung für apothekenpflichtige Arzneimittel**, die über einen **Versandhandel** erworben wurden, setzt eine umfassende Abwägung voraus. Dabei sind eventuelle Gesundheitsgefahren und Aspekte des Verbraucherschutzes sowie die Interessen der betroffenen, den Versandhandel betreibenden Apotheken und die Verpflichtung der gesetzlichen Krankenkassen zu wirtschaftlichem Handeln zu berücksichtigen. Globale Hinweise in der Vollziehbarkeitsanordnung auf den Schutz von Leben und Gesundheit oder ein formelhafter Hinweis auf das Überwiegen des öffentlichen Interesses reichen nicht aus. Eine Vollziehbarkeitsanordnung, die die Interessen der betroffenen Apotheken nicht in die Abwägung einbezieht, ist rechtsfehlerhaft und vom Gericht aufzuheben.[433]
- Da die **Abzweigung** eines Teilbetrages vom Alg eine Regelung der Auszahlungsmodalitäten darstellt und den Empfänger der Leistung bestimmt, liegt keine Herabsetzung laufender

429 Vgl. Krodel NZS 2001, 449 (453 ff.).
430 Fall nach BVerfG 12.12.2001 – NZS 2002, 368.
431 SG Marburg 7.6.2018 – S 12 KA 148/18 ER mwN; BSG 5.6.2013 – B 6 KA 4/13 B; aA LSG Nds-Brem 20.9.2005 – L 3 KA 92/05 ER, juris Rn. 29, wonach die §§ 96, 97 SGB V die spezielleren Vorschriften sein sollen.
432 S. dazu BVerfG bei Rn. 620–622; LSG BW – L 5 KA 3990/10 ER-B, juris Rn. 62, 65; LSG NRW 1.7.2009 – L 11 B 8/09 KA ER, juris Rn. 22; BVerfG 8.4.2010 – 1 BvR 2709/09; 8.11.2010 – 1 BvR 722/10.
433 Nach LSG Nds-Brem 30.9.2002 – L 4 KR 122/02 ER, NZS 2003, 333.

Leistungen iSd § 86a Abs. 2 Ziff. 2 SGG vor (s. a. → Rn. 122). Die möglicherweise im Einzelfall notwendige sofortige Vollziehung der Entscheidung rechtfertigt es nicht, den Rechtsbehelfen gegen sie pauschal die aufschiebende Wirkung zu versagen. Vielmehr hat die Antragsgegnerin ggf. die Befugnis, gem. § 86a Abs. 2 Nr. 5 SGG die sofortige Vollziehung im überwiegenden Interesse eines Beteiligten, nämlich des **Unterhaltsgläubigers** anzuordnen.[434]

▶ **Muster – behördliche Vollziehbarkeitsanordnung (Begründung)** 170

(s. a. Muster behördliche Vollziehbarkeitsanordnung (Entscheidungssatz) → Rn. 163; Aufhebung der Vollziehbarkeitsanordnung → Rn. 316 f.)

Die sofortige Vollziehbarkeit der mit Bescheid vom xx.xx.xxxx festgestellten Pflicht zur Erstattung des für den Zeitraum vom xx.xx.xxxx bis xx.xx.xxxx gewährten Alg II war anzuordnen, weil das öffentliche Interesse an der sofortigen Vollziehung der Rückzahlungsverpflichtung vorliegend das Aufschubinteresse des Leistungsempfängers übersteigt. Die zugrundeliegende Aufhebung der Leistungsbewilligung ist von Gesetzes wegen sofort vollziehbar, § 39 SGB II. Die hieraus resultierende, auf § 50 SGB X beruhende Erstattungspflicht fällt nicht unter diese Vorschrift. Bei einem Zuwarten bzgl. der Rückzahlung droht der völlige Verlust des Erstattungsanspruchs (§ 50 SGB X). Wie in der gem. § 39 Nr. 1 SGB II sofort vollziehbaren Aufhebungsentscheidung ausgeführt, ist der Leistungsempfänger nicht bedürftig. Er besitzt erhebliches, bisher nicht angegebenes Barvermögen. Wie dem Jobcenter durch die Angaben der ehemaligen Lebensgefährtin des Leistungsempfängers bekannt wurde, beabsichtigt der Leistungsempfänger, sich ins Ausland abzusetzen. Dadurch würde eine Rückzahlung vereitelt. ◀

(3) Rechtsfolge: Ermessen?

Ein Ermessen bzgl. des „Ob" ist bei der behördlichen Vollziehbarkeitsanordnung nicht gegeben.[435] Dies ergibt sich aus dem Wortlaut des § 86a Abs. 2 Nr. 5 SGG, der keinen Anhaltspunkt dafür bietet, dass der Behörde ein Ermessen eingeräumt wäre.[436] Überwiegt das öffentliche Vollziehungsinteresse, erlässt die Verwaltung die Vollziehbarkeitsanordnung. Führt die Abwägung zu dem Ergebnis, dass das private Suspensionsinteresse das öffentliche Interesse an der sofortigen Vollziehbarkeit überwiegt, darf hingegen eine Vollziehbarkeitsanordnung zulasten des Betroffenen nicht ergehen. Umgekehrt ist ein zwingender Erlass der Vollziehbarkeitsanordnung im dreiseitigen Verwaltungsrechtsverhältnis geboten, wenn die Interessen des von dem Verwaltungsakt Begünstigten die Interessen des Dritten und eventuell entgegenstehende öffentliche Interessen überwiegen.[437] Dies folgt daraus, dass es in diesem Fall um die Sicherung materieller (Grund-) Rechte des Begünstigten geht, sodass bei einem Überwiegen seines Verwirklichungsinteresses für Ermessenserwägungen schon aus verfassungsrechtlichen Gründen kein Raum ist. 171

Was das zweiseitige Verwaltungsrechtsverhältnis betrifft, wird die Vollziehbarkeitsanordnung bzgl. des „Wie" nur insoweit getroffen, wie im konkreten Fall das private Suspensionsinteresse zurückgestellt werden muss.[438] Dies ergibt sich aus einer Analogie zu § 86b Abs. 1 S. 1 Nr. 2 und § 86b Abs. 1 S. 3 SGG. Nach diesen Vorschriften kann das Gericht die aufschiebende Wirkung nur teilweise anordnen bzw. Nebenbestimmungen erlassen. Diese gem. § 86b Abs. 1 S. 1 Nr. 2 SGG bzw. § 86b Abs. 1 S. 3 SGG dem Gericht eingeräumten Befugnisse müssen auch der vom Gericht kontrollierten Behörde eingeräumt werden.[439] Dies ergibt sich aus der Identität des Entscheidungsmaßstabs von behördlicher und gerichtlicher Eilentscheidung, folgt aber auch aus dem im Verfassungsrang stehenden Übermaßverbot, das sowohl von der Verwaltung als auch vom Gericht zu beachten ist. Die Behörde muss daher vor einer Versagung von einstweiligem 172

434 LSG Nds-Brem 28.11.2008 – L 11 AL 108/08 ER, L 11 B 38/08 AL, juris Rn. 9.
435 Anders zur VwGO Schoch/Schneider/Schoch § 80 Rn. 203, 223 ff.: behördliches Ermessen.
436 „Die aufschiebende Wirkung entfällt in Fällen, in denen ... ist und die Stelle ... anordnet".
437 Ebenso Guthardt DVBl 1972, 567 (571); abw. zu § 80a VwGO Schoch/Schneider/Schoch § 80a Rn. 29 (allerdings unter Bejahung einer Ermessensreduzierung auf Null bei drohenden Grundrechtsverletzungen).
438 Vgl. dazu Schoch/Schneider/Schoch § 80 Rn. 226, 267 f.
439 Vgl. Kopp/Schenke § 80 Rn. 104; Finkelnburg/Jank VorlRS Rn. 771 f.

Rechtsschutz immer erst die Möglichkeit eines eingeschränkten einstweiligen Rechtsschutzes prüfen. Im dreiseitigen Verwaltungsrechtsverhältnis gilt das Vorstehende entsprechend, wobei hier das private Interesse auch für den (teilweisen) Erlass sprechen kann. So kann zB die behördliche Vollziehbarkeitsanordnung im Falle des Drittwiderspruchs mit Nebenbestimmungen versehen werden, um eine Ablehnung des auf sofortige Vollziehbarkeit zielenden Eilantrags des vom Verwaltungsakt Begünstigten zu vermeiden.[440]

c) Zeitliche Wirkung der Vollziehbarkeitsanordnung

173 Die Vollziehbarkeitsanordnung gilt ab dem Zeitpunkt ihrer Bekanntgabe und wirkt für die Zukunft.[441] Die rechtliche Wirkung ex nunc resultiert aus dem Gebot der effektiven Rechtschutzgewährung. Hätte die Vollziehbarkeitsanordnung Rückwirkung, würde der von Gesetzes wegen durch die aufschiebende Wirkung gewährte Rechtsschutz im Nachhinein unterlaufen; es würde „rechtswidrig gemacht", was unter dem Schutz der aufschiebenden Wirkung rechtmäßig war.[442] Im Übrigen steht es der Verwaltung frei, die sofortige Vollziehbarkeitsanordnung so früh wie möglich, ggf. schon mit dem zugrundeliegenden Verwaltungsakt, zu erlassen. Etwas anderes ist auch nicht beim Verwaltungsakt mit Drittwirkung geboten. Der von dem Verwaltungsakt Begünstigte kann die Anordnung der sofortigen Vollziehbarkeit beantragen, um sofort von der Begünstigung Gebrauch machen zu können.

d) Rechtsschutz gegen die Vollziehbarkeitsanordnung

174 Rechtsschutz gegen die aufgrund einer Vollziehbarkeitsanordnung eingetretene sofortige Vollziehbarkeit ist gem. § 86b Abs. 1 S. 1 Nr. 2 SGG zu gewähren (iE → Rn. 189 ff.). Eine Frist für den entsprechenden Eilantrag gibt es nicht; die Vollziehbarkeitsanordnung wird nicht bestandskräftig. Das Gericht trifft eine (originäre) Entscheidung über die Anordnung bzw. die Wiederherstellung der aufschiebenden Wirkung gem. § 86b Abs. 1 S. 1 Nr. 2 SGG aufgrund einer Abwägungsentscheidung (Muster → Rn. 316). Die Anordnung durch das Gericht bindet die Behörde, sofortige Vollziehbarkeit kann durch die Behörde nur noch durch ein Änderungsverfahren nach § 86b Abs. 1 S. 4 SGG herbeigeführt werden. Eine Ausnahme (zu den Grenzen der sachlichen Bindungswirkung der Eilentscheidung → Rn. 42 f.) hiervon ist anzunehmen, wenn das Gericht die Vollziehbarkeitsanordnung nur aus formellen Gründen ohne Durchführung einer Interessenabwägung aufhebt, insbes. wegen nicht ordnungsgemäßer Begründung (Muster → Rn. 317). Die Behörde kann in diesen Fällen die Vollziehbarkeitsanordnung formgerecht neu erlassen.[443]

5. Aussetzung der Vollziehung durch die Behörde, § 86a Abs. 3 S. 1 SGG

a) Voraussetzungen und Bedeutung der Vollziehbarkeitsaussetzung

175 In den Fällen des § 86a Abs. 2 SGG kann gem. § 86a Abs. 3 S. 1 SGG die Stelle, die den Verwaltungsakt erlassen oder die über den Widerspruch zu entscheiden hat, die sofortige Vollziehung ganz oder teilweise aussetzen. **Zuständig** für die Aussetzung der Vollziehung ist bis zu dem Zeitpunkt einer Widerspruchseinlegung die Ausgangsbehörde. Danach besteht bis zum Abschluss der Widerspruchsverfahrens eine parallele Zuständigkeit mit der Widerspruchsbehörde, wobei deren Entscheidung für die Ausgangsbehörde bindend ist. In Angelegenheiten des sozialen Entschädigungsrechts ist die nächsthöhere Behörde zuständig; die Ausgangsbehörde kann hier also

---

440 Krit. zur Vollziehbarkeitsanordnung mit Nebenbestimmungen im dreiseitigen Verwaltungsrechtsverhältnis Schoch/Schneider/Schoch § 80a Rn. 35.
441 Vgl. LSG Nds-Brem 10.8.2006 – L 8 SO 69/06 ER.
442 Vgl. Schoch/Schneider/Schoch § 80 Rn. 269.
443 Finkelnburg/Jank VorlRS Rn. 893, Rn. 897.

grundsätzlich die Vollziehung nicht aussetzen,[444] vgl. § 86a Abs. 3 S. 3 SGG. Die entsprechend den vorgenannten Maßgaben zuständige Stelle kann die Entscheidung jederzeit ändern oder aufheben, § 86a Abs. 3 S. 5 SGG. Die Entscheidung über die Aussetzung der sofortigen Vollziehung kann **von Amts wegen** erfolgen; ein Antrag wird von Gesetzes wegen nicht vorausgesetzt.[445] Die behördliche Aussetzung ist **bis zur Bestandskraft des Verwaltungsakts** jederzeit möglich, also auch nach Erhebung der Anfechtungsklage.[446] Denn das Verfahren nach § 86a Abs. 3 S. 1 SGG ist ein gegenüber § 86b Abs. 1 S. 1 SGG selbstständiges und unabhängiges Verfahren. Eine gerichtliche Entscheidung über die aufschiebende Wirkung bindet die Behörde allerdings dann, wenn das Gericht eine Interessenabwägung durchgeführt hat (zu den Grenzen der sachlichen Bindungswirkung gerichtlicher Eilentscheidungen → Rn. 42 f.).

Die praktische **Bedeutung** der behördlichen Vollziehbarkeitsaussetzung ist gering.[447] Dies hat 176
seinen Grund vor allem darin, dass die Durchführung des behördlichen Aussetzungsverfahrens keine Zulässigkeitsvoraussetzung für das gerichtliche Aussetzungsverfahren darstellt. Vielmehr steht es dem Betroffenen frei, gleich das Gericht anzurufen,[448] und zwar auch in den Fällen des § 86a Abs. 2 Nr. 1 SGG, da eine dem § 80 Abs. 6 VwGO[449] entsprechende Regelung fehlt[450] und § 80 Abs. 6 VwGO wegen der abschließenden Regelungen in §§ 86a und b SGG auch nicht analog angewendet werden kann. Eine Entlastung der Gerichte wird daher durch § 86a Abs. 3 S. 1 SGG nicht eintreten. Die Vorschrift verbessert aber den Rechtsschutz des Bürgers.

Da die Vollziehbarkeitsanordnung kein Verwaltungsakt ist (→ Rn. 150), ist auch die Aussetzung 177
der Vollziehbarkeit als *actus contrarius* kein Verwaltungsakt. Von der Aussetzung der Vollziehbarkeit zu unterscheiden ist eine Absprache zwischen Behörde und Gericht, nach der die Behörde den Verwaltungsakt bis zum Erlass einer gerichtlichen Eilentscheidung nicht vollzieht.[451] Solche Absprachen sind zwar zulässig, beinhalten jedoch schon deshalb keine Aussetzung der Vollziehbarkeit iSd § 86a Abs. 3 S. 1 SGG, weil diese im Verhältnis Bürger – Verwaltung ergehen muss.[452] Die behördliche **Aussetzung der Vollziehung wirkt** ab Bekanntgabe der Aussetzungsentschdung (ex nunc);[453] ab diesem Zeitpunkt endet die sofortige Vollziehbarkeit des Verwaltungsakts, sofern die Behörde nichts anderes bestimmt.[454] Darin ist der wesentliche Unterschied zur gerichtlichen Aussetzung, die ex tunc wirkt, zu sehen. Auch die behördliche Aussetzungsentscheidung kann gerichtlich überprüft werden, § 86b Abs. 1 S. 1 Nr. 3 SGG. Das Gericht stellt die sofortige Vollziehbarkeit wieder her, wenn die Aussetzung der Vollziehung formell oder materiell rechtswidrig ist. Materiell rechtswidrig ist die Aussetzung der Vollziehung durch die Behörde, wenn das Gericht aufgrund eigener Abwägung zu dem Ergebnis kommt, dass das Voll-

444 Zu § 86a Abs. 3 S. 3 SGG Kummer SGb 2001, 705 (713); MKLS/Keller SGG § 86a Rn. 25.
445 Nach Vogl NVwZ 2018, 1448 (1450) führt bereits die Antragstellung faktisch zu einem Vollstreckungsaufschub und zwingt die Verwaltungsbehörde, sich zunächst mit den von dem Betroffenen vorgebrachten Einwänden zu beschäftigen.
446 Vgl. Finkelnburg/Jank VorlRS Rn. 719.
447 Vgl. Schoch/Schneider/Schoch § 80 Rn. 275.
448 Vgl. zu § 80 Abs. 4, 5 Finkelnburg/Jank VorlRS Rn. 782.
449 Danach ist in den Fällen des § 80 Abs. 2 Nr. 1 VwGO ein Antrag nach § 80 Abs. 5 VwGO grds. nur zulässig, wenn die Behörde einen Antrag auf Aussetzung der Vollziehung abgelehnt hat. Zu Fragen des Rechtsschutzbedürfnisses in solchen Fällen → Rn. 27 ff.
450 § 80 Abs. 6 VwGO, eingefügt durch das 4. VwGO-ÄndG in die VwGO, verlangt eine Art „Vorverfahren" bei öffentlichen Abgaben und Kosten.
451 Nach Vogl NVwZ 2018, 1448 (1450) gebietet das Gebot des effizienten Rechtsschutzes in Art. 19 Abs. 4 GG der Verwaltung, ab dem Zeitpunkt, zu welchem sie über das Vorliegen eines Antrags bei Gericht Kenntnis haben, keine Vollstreckungsschritte zu unternehmen, sondern die gerichtliche Entscheidung abzuwarten.
452 Vgl. Schoch/Schneider/Schoch § 80 Rn. 276.
453 Vgl. jurisPK-SGG/Richter § 86a Rn. 80.
454 Vgl. Fichte/Jüttner/Wehrhahn § 86a Rn. 48; zur VwGO Kopp/Schenke § 80 Rn. 117.

ziehungsinteresse das Suspensionsinteresse überwiegt. Der Entscheidungsmaßstab ist auch hier für die behördliche und die gerichtliche Eilentscheidung identisch.

b) Unterschiede zwischen der Aussetzung der Vollziehung und der Anordnung der aufschiebenden Wirkung

178 Sowohl in rechtsdogmatischer als auch in faktischer Hinsicht bestehen Unterschiede zwischen der Aussetzung der Vollziehung und der Anordnung der aufschiebenden Wirkung:[455] Die behördliche Aussetzung der Vollziehung kann gem. § 86a Abs. 3 S. 1 SGG auch von Amts wegen erfolgen, die gerichtliche Anordnung der aufschiebenden Wirkung setzt gem. § 86b Abs. 1 S. 1 SGG einen Antrag voraus. Die von Gesetzes wegen eintretende aufschiebende Wirkung und die aufschiebende Wirkung auf Anordnung des Gerichts haben Rückwirkung, während die behördliche Aussetzung der Sofortvollziehung nur ex nunc, dh ab Bekanntgabe der behördlichen Aussetzungsentscheidung wirkt. Die gerichtlich angeordnete aufschiebende Wirkung bindet die Behörde, eine erneute Vollziehbarkeitsanordnung durch die Behörde ist grundsätzlich (zu Ausnahmen von der Bindungswirkung der gerichtlichen Eilentscheidung → Rn. 42 ff.) nicht zulässig.[456] Auch die Ablehnung der Anordnung der aufschiebenden Wirkung durch das Gericht bindet die Behörde, wenn vom Gericht eine Interessenabwägung durchgeführt wurde.[457] Eine behördliche Aussetzung der Vollziehung kann dann nicht mehr erfolgen. Die von der Behörde selbst verfügte Aussetzung der Vollziehung kann von der Behörde selbst auch wieder aufgehoben werden. Die Behörde bleibt bei § 86a Abs. 3 S. 1 SGG „Herr" des Verfahrens.[458]

179 Was den aus der Sicht des rechtsschutzsuchenden Bürgers wichtigsten Aspekt betrifft, bestehen keine Unterschiede zwischen der Anordnung der aufschiebenden Wirkung und der Aussetzung der Vollziehung: Der Schutz durch die Aussetzung der Vollziehbarkeit entspricht – soweit sich die Wirkungszeiträume decken – inhaltlich dem Schutz durch die aufschiebende Wirkung.[459] Die Rechtsfolgen beider Eilentscheidungen bestehen in der Hemmung der Vollziehbarkeit (s. a. → Rn. 87 f.) und sind damit identisch. Beide Entscheidungen schützen den Betroffenen, indem der Behörde die Möglichkeit der Vollziehung genommen wird.[460]

c) Rechtlicher Maßstab für die behördliche Aussetzungsentscheidung

180 Die Aussetzung der Vollziehbarkeit stellt sich als actus contrarius zur Vollziehbarkeitsanordnung dar. In beiden Fällen gilt daher grundsätzlich ein ähnlicher **Entscheidungsmaßstab**. Es kommt also maßgeblich darauf an, ob das private Aufschubinteresse zum Zeitpunkt der Entscheidung der Behörde das öffentliche Vollziehungsinteresse überwiegt oder nicht. Dennoch gibt es einen Unterschied: Die Entscheidung über die Aussetzung liegt im pflichtgemäßen Ermessen der zuständigen Behörde.[461] In die behördliche Entscheidung können somit auch Gesichtspunkte wie zB die Zweckmäßigkeit der Aussetzung einfließen. Dass der Behörde bei ihrer Entscheidung grundsätzlich ein Ermessen eingeräumt ist, ergibt sich aus dem Wortlaut des § 86a Abs. 3 S. 1 („kann"), ist aber auch den daran anknüpfenden Folgeregelungen in Abs. 3 S. 2–5 zu entnehmen, die einerseits ermessensreduzierende Vorgaben („soll") enthalten, andererseits der Behörde weitergehende Befugnisse (Möglichkeit von Auflagen bzw. einer Befristung, Möglichkeit zur Aufhebung und Abänderung der Aussetzung) an die Hand geben. Abhängig vom Grad des

455 Abw. MKLS/Keller SGG § 86a Rn. 29.
456 Vgl. Finkelnburg/Jank VorlRS Rn. 882.
457 AA wohl Finkelnburg/Jank VorlRS Rn. 719.
458 Vgl. Finkelnburg/Jank VorlRS Rn. 783.
459 Vgl. Schoch/Schneider/Schoch § 80 Rn. 317.
460 Diff. Finkelnburg/Jank VorlRS Rn. 793: Vollziehungsaussetzung bedeute lediglich, dass der Verwaltungsakt bis auf weiteres nicht vollzogen wird, nicht aber, dass die aufschiebende Wirkung wiederhergestellt wird.
461 Vgl. MKLS/Keller SGG § 86a Rn. 26.

Überwiegens des privaten Aufschub- oder des öffentlichen Vollziehungsinteresses verengt sich der Ermessensspielraum der Behörde in die eine oder andere Richtung. Dh, je deutlicher das Übergewicht ist, desto geringer ist der Ermessensspielraum bis hin zu einer möglichen Ermessensreduzierung auf Null. Der Entscheidungsmaßstab des § 86a Abs. 3 S. 2 SGG kann hingegen nicht entsprechend angewendet werden; er gilt nur für die Fälle des § 86a Abs. 2 Nr. 1 SGG (s. a. → Rn. 190).[462] Im Übrigen wird auf die obigen Ausführungen zur materiellen Rechtmäßigkeit der Vollziehbarkeitsanordnung verwiesen (→ Rn. 160 ff.). Auch die dortigen Ausführungen zur formellen Rechtmäßigkeit (→ Rn. 152 ff.) gelten entsprechend.

Die Entscheidung über die Vollziehbarkeitsaussetzung kann gem. § 86a Abs. 3 S. 5 Alt. 1 SGG **181**
mit **Auflagen** versehen werden. Hier kommt bspw. die Anordnung einer Sicherheitsleistung in Betracht. Die Aussetzung kann auch **befristet** werden (§ 86a Abs. 3 S. 5 Alt. 2 SGG). Andere Nebenbestimmungen als Auflage und Befristung sieht das Gesetz nicht vor; sie sind daher nicht zulässig. Die Anordnung der Nebenbestimmungen steht im Ermessen der Behörde. Sie soll letztlich im Einzelfall eine Feinjustierung der Entscheidung über die Aussetzung nach § 86a Abs. 3 S. 1 und 2 SGG ermöglichen.

Beispiel: Die Verhängung von Verzugszinsen auf die Beitragsforderung als Auflage einer Aussetzung der Vollziehbarkeit eines Beitragsbescheids nach § 86b Abs. 3 S. 5 SGG ist rechtlich nicht zulässig.[463]

d) Sonderfall: Aussetzung der Vollziehung einer Entscheidung über Versicherungs-, Beitrags- oder Umlagepflichten, § 86a Abs. 2 Nr. 1, Abs. 3 S. 2 SGG[464]

Hinweis: Zur gerichtlichen Eilentscheidung in diesen Fällen → Rn. 215, Rn. 191, 310, 318 (Muster und Checkliste).

Gem. § 86a Abs. 3 S. 2 SGG soll die Aussetzung der Vollziehung einer Entscheidung über Versi- **182**
cherungs-, Beitrags- und Umlagepflichten erfolgen, wenn ernstliche Zweifel an der Rechtmäßigkeit des angegriffenen Verwaltungsaktes bestehen oder wenn die Vollziehung für den Abgaben- oder Kostenpflichtigen eine unbillige, nicht durch überwiegende öffentliche Interessen gebotene Härte zur Folge hätte. § 86a Abs. 3 S. 2 SGG enthält eine speziellen Maßstab für die materiellen Voraussetzungen einer Aussetzungsentscheidung für Entscheidungen über Beitragspflichten uÄ.[465] Die in dieser Vorschrift enthaltenen Maßgaben können nicht auf andere die aufschiebende Wirkung betreffende Entscheidungen übertragen werden.[466] Es handelt sich um eine Ausnahmeregelung, die nicht verallgemeinert werden kann.[467] Die Vorschrift sieht – von atypischen Fällen abgesehen („soll") – als Kompensation für den gesetzlich angeordneten Ausschluss der aufschiebenden Wirkung die Aussetzung der Vollziehung bei ernstlichen Rechtmäßigkeitszweifeln oder bei Vorliegen einer unbilligen Härte vor. In eine auf der allgemeinen Vorschrift des § 86a Abs. 3 S. 1 SGG beruhende behördliche Abwägungsentscheidung müssen dagegen alle für und gegen eine Vollziehung sprechenden Gesichtspunkte einfließen und nicht nur die prospektive Rechtmäßigkeit des angefochtenen Verwaltungsakts oder eine unbillige Härte. Für die **gerichtliche Eilentscheidung** gilt **derselbe Prüfungsmaßstab wie für die behördliche Entschei-**

462 Vgl. zur VwGO Finkelnburg/Jank VorlRS Rn. 792.
463 SächsLSG 15.6.2020 – L 2 KR 242/14 mwN.
464 Ein dem § 80 Abs. 6 VwGO entsprechendes zwingend vorgeschriebenes Verwaltungsaussetzungsverfahren (dort die Anforderung von öffentlichen Abgaben und Kosten betreffend) wurde nicht in das SGG übernommen.
465 Vgl. zu § 80 VwGO Finkelnburg/Jank VorlRS Rn. 791.
466 AA zu § 80 VwGO Schoch/Schneider/Schoch § 80 Rn. 302 ff.
467 Vgl. Krasney/Udsching V Rn. 15 (eigenständiger Maßstab für die Aussetzungsanordnung).

dung:[468] Der gerichtlichen Eilentscheidung ist der Maßstab des § 86a Abs. 3 S. 2 SGG nur in den Fällen des § 86a Abs. 2 Nr. 1 SGG zugrunde zu legen, ansonsten (in den Fällen des § 86a Abs. 2 Nr. 2–4, Abs. 4 SGG) erfolgt eine Abwägungsentscheidung unter Berücksichtigung aller Belange, insbes. der Bedeutung und Wahrscheinlichkeit der bei Versagung von Eilrechtsschutz drohenden Rechtsverletzungen.

183 **Ernstliche Zweifel** liegen nach der ganz hM in der sozialgerichtlichen Rspr. vor, wenn ein Obsiegen in der Hauptsache wahrscheinlicher ist als ein Unterliegen.[469] Diese hM stellt entgegen dem Wortlaut des 86a Abs. 3 S. 2 SGG auf den Erfolg des Rechtsmittels im Hauptsacheverfahren und nicht auf die Rechtmäßigkeit des sofort vollziehbaren Verwaltungsakts ab. Nach der Gegenmeinung reicht es für die Bejahung ernstlicher Zweifel aus, dass ein Erfolg im Hauptsacheverfahren mindestens so wahrscheinlich ist wie ein Misserfolg.[470] Dann nämlich spricht so viel für den Erfolg der Hauptsache, dass ernstliche Zweifel an der Rechtmäßigkeit des angegriffenen Verwaltungsakts – und dies fordert § 86a Abs. 3 S. 2 SGG, nicht Zweifel am Erfolg der Hauptsache – bestehen. Die Annahme der hM, es seien auch dann noch keine ernstlichen Zweifel gegeben, wenn genauso viel für ein Obsiegen – und damit für die Rechtswidrigkeit des Verwaltungsakts – spricht wie dagegen, überzeugt nicht. Entgegen der hM reicht es vielmehr für die Bejahung ernstlicher Zweifel aus, dass die Rechtmäßigkeit des sofort vollziehbaren Verwaltungsakts mindestens ebenso wahrscheinlich ist wie dessen Rechtswidrigkeit, dh dass neben die für die Rechtmäßigkeit des Verwaltungsakts sprechenden Umstände gewichtige, gegen die Rechtmäßigkeit sprechende Gründe treten, die Unentschiedenheit oder Unsicherheit in der Beurteilung der Rechtsfragen oder Unklarheit in der Beurteilung der Tatfragen bewirken.[471] Bloße Bedenken gegen die Rechtmäßigkeit sind noch keine ernsthaften Zweifel.

Beispiele:

- Die im sozialgerichtlichen Bereich hM lässt sich etwa in folgendem Obersatz zusammenfassen: Ernstliche Zweifel an der Rechtsmäßigkeit eines Bescheides bestehen erst dann, wenn gewichtige Umstände gegen die Rechtmäßigkeit des Bescheides sprechen und der Erfolg des Rechtsbehelfs wahrscheinlicher ist als der Misserfolg.[472]
- Keine ernstlichen Zweifel an der Rechtmäßigkeit eines Beitragsbescheids der Krankenkasse über die Beitragspflicht nach einem Einkommen oberhalb der Mindestbemessungsgrundlage eines freiwillig Krankenversicherten trotz widersprüchlicher Angaben, wenn in der Hauptsache noch umfangreiche Aufklärungsmöglichkeiten bestehen[473] Ernstliche Zweifel sollen sich auch nicht daraus ergeben, dass die Entscheidung über den Widerspruch noch vorherige ergänzende Ermittlungen erfordert und der Ausgang des Widerspruchsverfahrens allenfalls offen erscheint.[474] Andererseits wird vertreten, dass für den Fall, dass die vom prü-

468 SächsLSG 20.8.2010 – L 1 KR 118/09 B ER; 6.2.2009 – L 1 B 383/07 KR-ER, juris Rn. 17; LSG NRW 17.5.2010 – L 11 B 14/09 KA ER, juris Rn. 41; MKLS/Keller SGG § 86b Rn. 12b; widersprüchlich SchlHLSG 15.11.2010 – L 5 KR 201/10 B ER, juris Rn. 10 und LSG BW 29.7.2010 – L 11 R 2595/10 ER-B, juris Rn. 20: dieselben Grundsätze wie für die entsprechende Entscheidung der Verwaltung und angebliches Gebot einer Interessenabwägung; für Interessenabwägung BayLSG 6.5.2009 – L 5 B 731/08 R ER.

469 LSG BW 4.9.2013 – L 11 R 2315/13 ER-B, juris Rn. 17; SächsLSG 30.8.2013 – L 1 KR 129/13 B ER, juris Rn. 27; LSG BW 16.8.2013 – L 11 R 3031/13 ER, juris Rn. 2; SächsLSG 6.2.2009 – L 1 B 383/07 KR-ER; LSG Bln-Bbg 26.7.2007 – L 9 B 540/06 KR ER, juris Rn. 3; ThürLSG 9.3.2006 – L 6 R 967/05 ER; LSG RhPf 14.2.2005 – L 5 ER 133/04 KR, juris Rn. 13; 9.12.2004 – L 5 ER 95/04 KR; LSG NRW 1.7.2004 – L 5 B 2/04 KR ER jedenfalls für Beitragsstreitigkeiten; LSG LSA 27.1.2003 – L 3 B 31/02 RJ ER SGb 03, 522; LSG Bln Breithaupt 99, 653; ebenso MKLS/Keller SGG § 86a Rn. 27a.

470 Ebenso LSG Bln 8.3.1996 – L 4 Ar-SE 115/95, juris Os. 4; BFHE 127, 140, 145; zu § 80 VwGO auch Schoch/Schneider/Schoch § 80 Rn. 283.

471 So die hM im finanzgerichtlichen Bereich, vgl. BFH GS 5.3.1979 – GrS 5/77, juris Rn. 28 mwN, BFHE 127, 140 (145).

472 SchlHLSG 17.9.2015 – L 5 KR 146/15 B ER, juris Rn. 15; ThürLSG 28.2.2014 – L 6 KR 145/14 ER, juris Rn. 20; SächsLSG 6.2.2009 – L 1 B 383/07 KR-ER, juris Ls.

473 LSG NRW 16.1.2007 – L 16 B 79/06 KR ER.

474 LSG BW 30.11.2017 – L 10 R 3020/17 ER-B, juris Ls. 2.

fenden Rentenversicherungsträger getroffenen bzw. in verfahrensrechtlich zulässiger Weise verwerteten Feststellungen anderer Behörden (zB der Hauptzollämter) die beitragsrechtliche Bewertung des Sachverhalts im angegriffenen Bescheid nicht tragen und zur Feststellung der Schlüssigkeit der Beitragsforderung noch umfangreiche, das Maß „ergänzender Feststellungen" überschreitende Ermittlungen erforderlich sind, überwiegende Zweifel an der Rechtmäßigkeit dieses Bescheides begründet sind. Einer Anordnung der aufschiebenden Wirkung eines gegen den Bescheid erhobenen Rechtsbehelfs steht in diesem Fall auch nicht entgegen, dass sich der Bescheid unter Umständen aufgrund weiterer Ermittlungen doch noch iErg als rechtmäßig herausstellen kann.[475]

- Ernstliche Zweifel, wenn aufgrund einer Allgemeinverbindlicherklärung eines Tarifvertrages Beiträge nachgefordert werden, die nach dem Tariflohn bemessen wurden, obwohl tatsächlich ein niedrigeres Entgelt gezahlt und hierauf Beiträge unbeanstandet entrichtet wurden.[476]
- Zu erheblichen Zweifeln an der Rechtmäßigkeit eines **Beitragsbescheids**; Schule für pharmazeutisch-technische Assistenten als berufsbildende Schule iSv § 128 Abs. 1 Nr. 3 SGB VII.[477]
- Zu erheblichen Zweifeln an der Rechtmäßigkeit der **Rücknahme von Beitragsbescheiden** (§ 168 Abs. 2 SGB VII) wegen fehlender Ausübung von Ermessen.[478]
- Anordnung der aufschiebenden Wirkung der Klage gegen **Mahnschreiben**; entsprechende Anwendung von § 86a Abs. 3 S. 2 SGG für die Anforderung von Beiträgen usw einschließlich Nebenforderungen.[479]

Eine **unbillige Härte** liegt vor, wenn dem Betroffenen Nachteile entstehen, die über die eigent- 184
liche Zahlung hinausgehen und die nicht oder nur schwer wieder gutzumachen sind, wenn also ein Schaden eintritt, der auch durch eine spätere Rückzahlung nicht ausgeglichen werden kann.[480] Die Nachteile müssen über die eigentliche Zahlung hinausgehen. Allein die mit der Zahlung auf eine Beitragsforderung für den Antragsteller verbundenen wirtschaftlichen Konsequenzen führen nicht zu einer solchen Härte, da sie lediglich Ausfluss der Erfüllung gesetzlich auferlegter Pflichten sind. Aus demselben Grund begründet auch die Höhe einer Beitragsforderung allein keine unbillige Härte.[481] Ferner ist eine unbillige Härte idR ausgeschlossen, wenn der Verwaltungsakt offensichtlich rechtmäßig ist, weil die Vollziehung zur Verwirklichung eines vom Gesetz vorgeschriebenen Rechtszustandes lediglich die Durchsetzung der Rechtspflichten bedeutet, die jedem anderen Betroffenen in derselben Situation obliegen.[482] Eine unbillige Härte ist ferner nicht schon dann gegeben, wenn allgemeine sachliche Billigkeitsgründe gegen eine sofortige Vollziehung sprechen.[483] **„Soll"** bedeutet, dass die Aussetzung der Vollziehung bei Vorliegen der Voraussetzungen der Vorschrift idR anzuordnen und nur in atypischen Fällen von der gesetzlich geregelten Rechtsfolge abzuweichen ist. Ein atypischer Fall ist gegeben, wenn besondere Umstände ein Abweichen vom gesetzlichen Regelfall rechtfertigen.

475 LSG NRW 12.4.2019 – L 8 R 515/17 B ER; 24.3.2017 – L 8 R 17/15 B ER.
476 LSG Bln 5.6.2002 – L 15 B 24/02 KR ER.
477 LSG Nds-Brem 1.2.2006 – L 9 U 395/05 ER.
478 LSG BW 10.7.2007 – L 10 U 2777/07 ER-B, L 10 U 2778/07 W-A, L 10 U 2777/07, L 10 U 2778/07.
479 LSG BW 15.3.2007 – L 10 U 900/07 ER.
480 SächsLSG 20.8.2010 – L 1 KR 118/09 B ER, juris Rn. 58; LSG RhPf 14.2.2005 – L 5 ER 133/04 KR, juris Rn. 21; BFHE 87, 600; 92, 314, 319; MKLS/Keller SGG § 86a Rn. 27b; Krasney/Udsching V Rn. 17.
481 LSG NRW 24.6.2009 – L 8 B 4/09 R ER, juris Rn. 7.
482 Vgl. LSG Bln-Bbg 7.9.2009 – L 24 KR 173/09 B ER; BFH 2.11.2004 – XI S 15/04; ThürOVG 1.11.2005 – 4 EO 871/05.
483 Vgl. Kopp/Schenke § 80 Rn. 116.

Beispiele:

- Unbillige Härte, wenn die Zahlung Insolvenz herbeiführt oder ein Unternehmen durch die Vollziehung eines Beitragsbescheides in seinem Bestand gefährdet wäre[484] oder die berufliche Existenz vernichtet oder gefährdet.[485]
- Noch keine unbillige Härte bei ernsthaften Liquiditätsproblemen, da die Beitragslast jeden Beitragspflichtigen unabhängig von seiner Einkommens- und Vermögenslage trifft[486] oder bei Möglichkeit der Schmälerung der Liquidität eines Unternehmens durch die Nachforderung von Sozialversicherungsbeiträgen.[487]

IV. Arten der gerichtlichen Eilentscheidung in Anfechtungssachen

185 Die Arten der gerichtlichen Eilentscheidung in Anfechtungssachen (zum Entscheidungsmaßstab iE → Rn. 209 ff.) ergeben sich aus § 86b Abs. 1 SGG. Das Gericht der Hauptsache kann auf Antrag die aufschiebende Wirkung anordnen (unten 2), die sofortige Vollziehung anordnen (1) bzw. wiederherstellen (3), die aufschiebende Wirkung feststellen (4), die Aufhebung der Vollziehung anordnen (5) oder einen Eilbeschluss abändern (6).

1. Anordnung der sofortigen Vollziehbarkeit, § 86b Abs. 1 S. 1 Nr. 1 SGG

Muster → Rn. 322, Checkliste → Rn. 307

186 Rechtsbehelfe haben grundsätzlich aufschiebende Wirkung, sodass eine gerichtliche Anordnung der sofortigen Vollziehbarkeit in Betracht kommt. Die Regelung des § 86b Abs. 1 S. 1 Nr. 1 SGG erlangt praktische Bedeutung vor allem bei Verwaltungsakten mit Drittwirkung. Wird der Adressat des Verwaltungsakts durch diesen begünstigt und wird dieser begünstigende Verwaltungsakt durch einen Dritten mit der aufschiebenden Wirkung des § 86a Abs. 1 S. 1 SGG angefochten, kann das Sozialgericht gem. § 86b Abs. 1 S. 1 Nr. 1 SGG auf Antrag die sofortige Vollziehbarkeit anordnen. Das Gericht trifft eine originäre Entscheidung. Die Durchführung eines Verfahrens nach § 86a Abs. 2 Nr. 5 SGG ist nicht Voraussetzung für ein gerichtliches Anordnungsverfahren (zum Rechtsschutzbedürfnis bei bereits gestelltem Antrag auf behördliche Entscheidung → Rn. 27).

187 **Beispiele: Anträge auf gerichtliche Anordnung der sofortigen Vollziehbarkeit**

- der von der kassenärztlichen Vereinigung angefochtenen Vertragsarztzulassung. § 86b Abs. 1 S. 1 Nr. 1 SGG ist durch Spezialvorschriften für das Verfahren vor den Zulassungseinrichtungen nicht ausgeschlossen[488] (zum Wegfall der aufschiebenden Wirkung auch → Rn. 108)
- einer Zulassungsentziehung aus generalpräventiven Erwägungen[489]
- eines Statusfeststellungsbescheids nach § 7a SGB IV (Tätigkeit als Fahrer)[490]
- einer Statusentscheidung (Ermächtigung eines Sozialpädiatrischen Zentrums zur ambulanten sozialpädiatrischen Behandlung von Kindern nach § 119 SGB V)[491]
- des Genehmigungsbescheids einer Zweigpraxis[492]
- des Ruhens der Zulassung zur vertragspsychotherapeutischen Tätigkeit[493]

---

484 HM vgl. SG Hamburg 18.9.2002 – S 36 U 257/02 ER; LSG NRW 13.7.2011 – L 8 R 287/11 B ER; BayLSG 11.3.2019 – L 16 BA 174/18 B ER; aA LSG Bln-Bbg 9.7.2018 – L 9 BA 29/18 B ER mit dem fragwürdigen Argument der Insolvenz als „billiger“ Härte.
485 LSG Bln-Bbg 26.7.2007 – L 9 B 540/06 KR ER, juris Rn. 7; BayLSG 11.3.2019 – L 16 BA 174/18 B ER.
486 ThürLSG 9.3.2006 – L 6 R 967/05 ER.
487 BayLSG 28.1.2011 – L 5 R 848/10 B ER, juris Rn. 30.
488 LSG Nds-Brem 20.9.2005 – L 3 KA 92/05 ER, juris Rn. 34.
489 LSG Bln-Bbg 9.2.2010 – L 7 KA 169/09 B ER.
490 LSG Bln-Bbg 7.12.2016 – L 1 KR 268/16 B ER.
491 BayLSG 21.7.2010 – L 12 KA 65/09 B ER; LSG NRW 2.4.2009 – 11 KA 2/09 ER.
492 LSG NRW 17.5.2010 – L 11 B 14/09 KA ER.
493 BayLSG 14.1.2010 – L 12 KA 62/09 B ER.

- der Bestimmung eines Krankenhauses zur ambulanten Behandlung nach § 116b Abs. 2 SGB V[494]
- einer Sonderbedarfszulassung gem. § 103 Abs. 7 SGB V.[495]

2. Anordnung der aufschiebenden Wirkung, § 86b Abs. 1 S. 1 Nr. 2 SGG

Muster → Rn. 313–318, Checklisten → Rn. 306, 309, 310

a) Rechtsnatur und Bedeutung der Anordnung nach Nr. 2

Die in der Praxis bedeutsamste Alternative des § 86b Abs. 1 S. 1 SGG enthält dessen Nr. 2; die Vorschrift entspricht § 80 Abs. 5 VwGO. Die gerichtliche Anordnung der aufschiebenden Wirkung ist **rechtsgestaltender Natur**. Das bedeutet, dass mit der gerichtlichen Anordnung die Rechtslage dahin gehend neu gestaltet wird, dass eine sofortige Vollziehbarkeit des Verwaltungsakts nicht mehr gegeben ist. Es handelt sich also nicht um eine Untersagung der Vollziehung, sondern um eine Beseitigung der Vollziehbarkeit.[496] Der gerichtliche Beschluss, mit dem die aufschiebende Wirkung angeordnet wird, ist daher **nicht vollstreckungsfähig;**[497] er wird dementsprechend in § 199 Abs. 1 Nr. 2 SGG nicht genannt. Einer Vollstreckung bedarf es auch nicht, da die an das Prinzip der Gesetzmäßigkeit der Verwaltung gebundene Behörde den Beschluss des Gerichts beachten wird. In den Ausnahmefällen der Nichtbeachtung der gerichtlichen Eilentscheidung kommt eine (vollstreckungsfähige)[498] Anordnung der **Aufhebung der Vollziehung** gem. § **86b Abs. 1 S. 2 SGG** (→ Rn. 197) in Betracht. 188

b) Anordnung der aufschiebenden Wirkung für die Fälle des § 86a Abs. 2 Nr. 1–4, Abs. 4 SGG

In den Fällen, in denen gem. § 86a Abs. 2 **Nr. 1–4, Abs. 4**[499] SGG sofortige Vollziehbarkeit von Gesetzes wegen gegeben ist, kommt eine gerichtliche Anordnung der aufschiebenden Wirkung gemäß 86b Abs. 1 S. 1 Nr. 2 SGG in Betracht. In terminologischer Hinsicht unterscheidet § 86b Abs. 1 S. 1 Nr. 2 SGG – im Gegensatz zu § 80 Abs. 5 VwGO – nicht zwischen Anordnung und Wiederherstellung der aufschiebenden Wirkung; der unterschiedlichen Bezeichnung wird auch im verwaltungsgerichtlichen Bereich keine Bedeutung beigemessen.[500] Die gerichtliche Anordnung der aufschiebenden Wirkung wirkt – sofern das Gericht keine andere Bestimmung trifft – auf den Zeitpunkt des Erlasses des Verwaltungsaktes zurück (s. a. → Rn. 93). Das Gericht trifft eine originäre Entscheidung über die Anordnung der aufschiebenden Wirkung iR einer offenen Eilentscheidung, und zwar in den Fällen des § 86a Abs. 2 **Nr. 2–4, Abs.** 4 SGG nach **umfassender Abwägung,** die nach einem strukturierten Rechtsprogramm vorzunehmen ist (iE → **Rn. 209 ff.,** Muster → Rn. 313, Checkliste → Rn. 306). 189

Eine **Besonderheit** hinsichtlich **des Entscheidungsmaßstabs** gilt für die Fälle des § 86a Abs. 2 **Nr. 1** SGG. Hier legt § 86a Abs. 3 S. 2 SGG für die behördliche Aussetzungsentscheidung einen spezialgesetzlichen Entscheidungsmaßstab fest. Dieser Maßstab gilt für die Fälle des § 86a Abs. 2 Nr. 1 SGG auch für das Gericht (iE → Rn. 182, 215). 190

Muster, Checkliste für die Fälle des § 86a Abs. 2 Nr. 1 SGG → Rn. 318, → Rn. 310

---

494 LSG Nds-Brem 25.5.2009 – L 4 KR 116/09 B ER.
495 LSG Nds-Brem 18.2.2009 – L 3 KA 98/08 ER; LSG Bln-Bbg 19.5.2016 – L 7 KA 51/15 B ER.
496 Vgl. Finkelnburg/Jank VorlRS Rn. 880.
497 Vgl. Schoch/Schneider/Schoch § 80 Rn. 541.
498 Zu § 80 Abs. 5 S. 3 VwGO Schoch/Schneider/Schoch § 80 Rn. 541; aA Finkelnburg/Jank VorlRS Rn. 880 (weitere einstweilige Anordnung zur Sicherung des Unterlassungsanspruchs vor rechtswidrigen Eingriffen der Verwaltung erforderlich).
499 Dazu auch Krodel NZS 2015, 244 ff.
500 Vgl. Redeker/von Oertzen VwGO § 80 Rn. 45.

191 Der **Tenor** lautet: „Die aufschiebende Wirkung des Widerspruchs / der Klage vom … gegen den Bescheid vom …. / in der Gestalt des Widerspruchsbescheids vom … wird angeordnet". Bei einer – nach § 86b Abs. 1 S. 1 SGG ebenfalls möglichen – teilweisen Anordnung der aufschiebenden Wirkung ist entsprechend zu tenorieren. Denkbar ist auch die Festsetzung eines anderen Beginns der aufschiebenden Wirkung, also die Anordnung der aufschiebenden Wirkung des Widerspruchs bzw. der Klage etwa mW ab Bekanntgabe des Eilbeschlusses.

Beispiel: Hebt die Behörde im Bereich des SGB III eine für einen bestimmten Zeitraum bewilligte Sozialleistung (zB Alg I) mit postalisch bekanntgegebenem und mit Widerspruch angegriffenem Bescheid vom 12.5.2014 mW ab 1.5.2014 ohne Sofortvollziehbarkeitsanordnung auf, ist zu unterscheiden: Für die Vergangenheit, also den Zeitraum vom 1.5.2014 bis 15.5.2014 (= Bekanntgabe des aufhebenden VA, § 37 Abs. 2 SGB X), ist von Gesetzes wegen aufschiebende Wirkung eingetreten. Das Sozialgericht stellt diese bei entsprechendem Rechtsschutzinteresse auf Antrag fest; eine Interessenabwägung findet nicht statt. Für die Zukunft, also den Zeitraum ab 16.5.2014, ist die Aufhebung (Entziehung) von Gesetzes wegen sofort vollziehbar, § 86a Abs. 2 Nr. 2 SGG. Das Sozialgericht entscheidet über den statthaften Antrag auf Anordnung der aufschiebenden Wirkung des Widerspruchs auf der Grundlage des § 86b Abs. 1 S. 1 Nr. 2 SGG aufgrund einer Interessenabwägung.[501]

c) Anordnung der aufschiebenden Wirkung für die Fälle des § 86a Abs. 2 Nr. 5 SGG

192 **Muster → Rn. 316 f.**

In den Fällen des § 86a Abs. 2 Nr. 5 SGG ist eine behördliche Vollziehbarkeitsanordnung vorausgegangen. Hier überprüft das Gericht zunächst deren Rechtmäßigkeit (zu Einzelheiten der Rechtmäßigkeit der Vollziehbarkeitsanordnung → Rn. 151 ff.). Die gerichtliche Prüfung ist auch ohne vorherige behördliche Prüfung (§ 86a Abs. 3 S. 1 SGG) zulässig.[502] Ist die **Vollziehbarkeitsanordnung rechtmäßig**, lehnt das Gericht den Eilantrag als unbegründet ab. Ist die Vollziehbarkeitsanordnung (nur) **formell rechtswidrig**, zB wegen nicht ordnungsgemäßer Begründung, ist der Eilantrag schon deshalb begründet. In diesem Fall hebt das Gericht die Vollziehbarkeitsanordnung auf, ggf. auch ohne eine Anordnung, sondern nur eine Feststellung der aufschiebenden Wirkung zu verfügen,[503] etwa wenn eine Abwägung zwischen Aufschub- und Vollziehungsinteresse zB wegen fehlender Akten noch nicht möglich ist. Es ist sinnvoll, in diesen Fällen auch im Tenor zum Ausdruck zu bringen, dass die Aufhebung der Vollziehbarkeitsanordnung nur aus formellen Gründen erfolgt, etwa durch den Zusatz „wegen Verstoßes gegen die Begründungspflicht". Denn eine solche gerichtliche Eilentscheidung löst keine Bindungswirkung für die Behörde aus (zu den Grenzen der Bindungswirkung der gerichtlichen Eilentscheidung → Rn. 42 ff.), die Behörde kann eine neue (formell rechtmäßige) Vollziehbarkeitsanordnung erlassen.[504] Dies ist auch sachlich gerechtfertigt, da das Gericht in diesen Fällen eine Interessenabwägung noch nicht vorgenommen hat.

193 Ist die **Vollziehbarkeitsanordnung** formell und materiell bzw. lediglich materiell **rechtswidrig**, hat das Gericht nicht nur das Recht zur Kassation der behördlichen Entscheidung. Es hebt dann nicht nur die Vollziehbarkeitsanordnung auf, sondern ordnet auch die aufschiebende Wirkung an. Zwar ist daran zu denken, dass schon die Aufhebung der Vollziehbarkeitsanordnung effektiven Rechtsschutz gewährt, weil dadurch die in diesen Fällen gem. § 86a Abs. 1 S. 1 SGG geltende aufschiebende Wirkung zum Tragen kommt. Allerdings „entfiel" diese Wirkung nach dem Wortlaut des § 86a Abs. 2 SGG, sodass schon fraglich ist, ob der angegriffene Verwaltungsakt

---

501 Bsp. nach Krodel NZS 2015, 244 (247).
502 Krasney/Udsching V Rn. 45; krit. zum Rechtsschutzbedürfnis bei fehlender behördlicher Entscheidung nach § 86a Abs. 3 S. 1 SGG LSG NRW 19.5.2014 – L 11 KA 99/13 B ER; 6.2.2017 – L 11 KA 62/16 B ER.
503 Vgl. zB BayLSG 29.11.2007 – L 8 B 1055/07 SO ER.
504 Vgl. Finkelnburg/Jank VorlRS Rn. 893.

bis zum Zeitpunkt der gerichtlichen Entscheidung galt. Zweifelhaft kann auch sein, ob die Behörde erneut die Vollziehbarkeit anordnen kann. Um der Effektivität des Rechtsschutzes willen ist also von einer Verpflichtung des Gerichts zur Kassation **und** Anordnung der aufschiebenden Wirkung auszugehen, wenn es die Vollziehbarkeitsanordnung (auch) für materiell rechtswidrig hält. Denn das Gericht ist in diesen Fällen nach einer entsprechenden einzelfallbezogenen Abwägung zu dem Ergebnis gekommen, dass das Aufschubinteresse das Vollziehungsinteresse überwiegt (ausf. → Rn. 235, 238). Zu tenorieren ist hier dahin gehend, dass die behördliche Anordnung der sofortigen Vollziehung aufgehoben und die aufschiebende Wirkung des Widerspruchs gem. § 86b Abs. 1 S. 1 Nr. 2 SGG angeordnet wird.

Muster → Rn. 316, Checkliste → Rn. 309

- Bsp. → Rn. 159, 163, 169

3. Wiederherstellung der sofortigen Vollziehung, § 86b Abs. 1 S. 1 Nr. 3 SGG

Muster → Rn. 323, Checkliste → Rn. 308

§ 86b Abs. 1 S. 1 Nr. 3 SGG regelt die Fälle, in denen zunächst sofortige Vollziehbarkeit eingetreten ist (§ 86a Abs. 2, 4) und die Ausgangs- oder Widerspruchsbehörde die sofortige Vollziehung ausgesetzt hat (§ 86a Abs. 3 S. 1). Gegen die Entscheidung der Behörde bzw. der Widerspruchsbehörde über die Aussetzung der Vollziehung kann mit einem Antrag nach § 86b Abs. 1 S. 1 Nr. 3 SGG vorgegangen werden. Das Gericht kann die sofortige Vollziehbarkeit wiederherstellen. Die Besonderheit hinsichtlich des Entscheidungsmaßstabs für die Fälle des § 86a Abs. 2 Nr. 1 SGG (→ Rn. 190) gilt auch hier. Hat die Behörde eine Aussetzungsentscheidung auf der Grundlage des § 86a Abs. 3 S. 2 SGG getroffen, trifft auch das Gericht seine Entscheidung über die Wiederherstellung der sofortigen Vollziehbarkeit nach diesem Entscheidungsmaßstab (iE → Rn. 182 ff., 215) 194

Beispiel: Die zunächst angeordnete Vollziehbarkeit einer Zulassung zur vertragsärztlichen Versorgung wird auf Widerspruch der Kassenärztlichen Vereinigung gem. § 86a Abs. 3 S. 1 SGG ausgesetzt. Auf Antrag des betroffenen Arztes stellt das Gericht gem. § 86b Abs. 1 S. 1 Nr. 3 SGG nach eigener Interessenabwägung unter Berücksichtigung der für den Arzt drohenden Rechtsbeeinträchtigungen[505] die sofortige Vollziehbarkeit wieder her.

4. Feststellung der aufschiebenden Wirkung bei rechtswidriger Vollziehung[506] gem. § 86b Abs. 1 S. 1 Nr. 2 SGG analog

Muster → Rn. 319, Checkliste → Rn. 311

Auch eine gerichtliche Feststellung des Bestehens oder Nichtbestehens der aufschiebenden Wirkung ist möglich.[507] Denn bei rechtswidriger Vollziehung kann die (ohnehin gegebene) aufschiebende Wirkung nicht angeordnet, sondern (nur) deklaratorisch festgestellt werden.[508] Zu prüfen ist hier lediglich, ob aufschiebende Wirkung von Gesetzes wegen gegeben ist; eine Interessenabwägung ist nicht vorzunehmen. Ggf. ist ein Antrag auf Anordnung der aufschiebenden Wirkung in einen Feststellungsantrag umzudeuten[509] bzw. entsprechend auszulegen. Der Tenor der Eilentscheidung geht dann dahin, dass deklaratorisch[510] **festgestellt** (nicht angeordnet) wird, dass der Widerspruch aufschiebende Wirkung hat. Eine Umdeutung oder Heilung der rechtswidrigen 195

505 BVerfG 12.12.2001 – 1 BvR 1571/00, NZS 2002, 368.
506 Auch als faktische Vollziehung bezeichnet.
507 Vgl. LSG BW 2.7.2004 – L 13 RJ 2467/04 ER-B; LSG NRW 6.1.2004 – L 11 B 17/03 KA ER; ThürLSG 23.4.2002 – L 6 RJ 113/02 ER, juris Rn. 24; zur VwGO Schoch/Schneider/Schoch § 80 Rn. 356, 449.
508 Vgl. MKLS/Keller SGG § 86b Rn. 15; Schoch/Schneider/Schoch § 80 Rn. 356.
509 Vgl. LSG LSA 10.11.2016 – L 1 R 153/16 B ER, juris Rn. 17 mwN.
510 LSG Erfurt 23.4.2002 – L 6 RJ 113/02 ER, juris Rn. 24.

Vollziehung in eine Vollziehbarkeitsanordnung gem. § 86a Abs. 2 Nr. 5 SGG scheidet schon wegen der dort normierten Begründungspflicht aus. Die gerichtliche Feststellung der aufschiebenden Wirkung ist auch im dreiseitigen Verwaltungsrechtsverhältnis statthaft, wenn der Begünstigte die aufschiebende Wirkung des Drittrechtsbehelfs bestreitet und von dem Verwaltungsakt Gebrauch macht oder Gebrauch machen will.[511] Zusätzlich kann das Gericht in allen genannten Fällen gem. § 86b Abs. 1 S. 2 SGG analog die Aufhebung einer bereits erfolgten Vollziehung anordnen (s. a. → Rn. 198).

196 **Beispiele:**

- **Abzweigung** – Das SG kann die aufschiebende Wirkung einer Klage gegen eine nicht für sofort vollziehbar erklärte Abzweigung eines Teilbetrages vom Arbeitslosengeld auf der Grundlage des § 86b Abs. 1 S. 1 Nr. 2 SGG analog feststellen.[512] Zur Abzweigung s. a. → Rn. 122, 129.
- **Aufrechnung** – Die Agentur für Arbeit hebt die Bewilligung von Arbeitslosengeld für die Vergangenheit auf, fordert für zurückliegende Zeiträume bereits gewährte Leistungen zurück und rechnet den Rückforderungsbetrag wöchentlich mit einem Teil des zustehenden Arbeitslosengeldes in näher bezeichneter Höhe auf, obwohl der Betroffene Widerspruch eingelegt hat. Aufschiebende Wirkung des Rechtsbehelfs ist hier gegeben, da § 86a Abs. 2 Nr. 2 SGG nur die Entziehung, also die Aufhebung ex nunc, erfasst. Bzgl. der Aufhebung für die Vergangenheit und der Rückforderung kommt eine gerichtliche Feststellung der aufschiebenden Wirkung des Rechtsbehelfs gegen den entsprechenden Verwaltungsakt in Betracht. Für den Bereich des SGB II regelt § 43 Abs. 4 S. 1 SGB II nF nunmehr, dass die Aufrechnung (vgl. § 43 Abs. 1 SGB II) durch Verwaltungsakt zu erklären ist. Auch im Bereich des SGB III darf der Leistungsträger die Rechtsfolgen einer einseitig gegenüber dem originär Sozialleistungsberechtigten ausgeführten Aufrechnung durch Verwaltungsakt regeln.[513] Ein Widerspruch dagegen hat aufschiebende Wirkung, § 86a Abs. 1 S. 1 SGG, wenn keine Vollziehbarkeit gem. § 86a Abs. 2 Nr. 5 SGG angeordnet ist. Der Leistungsberechtigte kann die gerichtliche Feststellung der aufschiebenden Wirkung beantragen (→ Rn. 195, 319) bzw. bei Vorliegen einer behördlichen Vollziehbarkeitsanordnung die gerichtliche Anordnung der aufschiebenden Wirkung (→ Rn. 192, 316 f.).
- **Dauerwirkung** – Geht es um eine Leistung nach dem SGB XII, zB einen bewilligten Mehrbedarfszuschlag nach § 30 SGB XII, handelt es sich um eine Anfechtungssache, wenn die Leistung schon längere Zeit gewährt wurde und eine entsprechende Bewilligung erfolgt ist (etwa: „bis auf weiteres, bis Änderungen eintreten"). Denn die Bewilligung ist dann ggf. als **Dauerverwaltungsakt**[514] auszulegen (s. a. → Rn. 535). Ein gegen die „Einstellung" dieser Leistung eingelegter Rechtsbehelf hat aufschiebende Wirkung gem. § 86a Abs. 1 S. 1 SGG, da das SGB XII keine dem § 39 Nr. 1 SGB II vergleichbare Regelung enthält. Diese aufschiebende Wirkung ist vom SG auf Antrag (deklaratorisch) festzustellen. Soweit es um die Auszahlung der Leistung geht, handelt es sich um einen Antrag gem. § 86b Abs. 1 S. 2 SGG in analoger Anwendung (s. a. → Rn. 197 f.).

5. Aufhebung der Vollziehung, § 86b Abs. 1 S. 2 SGG

Muster → Rn. 321, Checkliste → Rn. 312

197 Ist der Verwaltungsakt im Zeitpunkt der Entscheidung schon vollzogen oder befolgt worden, kann das Gericht gem. § 86b Abs. 1 S. 2 SGG die Aufhebung der Vollziehung anordnen. § 86b Abs. 1 S. 2 SGG stellt ausdrücklich klar, dass die Aufhebung der Vollziehung nicht nur dann an-

---

511 Vgl. Dürr DöV 1994, 841 (852); OVG NRW NVwZ 1992, 186; HmbOVG NVwZ-RR 1993, 401 (402).

512 LSG NRW 10.3.2005 – L 1 B 46/04 AL ER; ThürLSG 4.2.2005 – L 3 AL 484/04 ER; HessLSG 28.12.2004 – L 6 AL 195/04 ER; LSG BW 8.10.2004 – L 12 AL 4018/04 ER-B; LSG RhPf 8.6.2004 – L 3 ER 29/04 AL; SächsLSG 19.1.2004 – L 3 B 130/03 AL-ER; LSG Nds-Brem 4.9.2002 – L 7 AL 283/02 ER.

513 So ausdr. zur Verrechnung BSG 31.8.2011 – GS 2/10. Zur Aufrechnung im Bereich des SGB II → Rn. 129, 567. Vgl. ferner BVerwGE 66, 218 (220); DöV 1986, 146; BFHE 149, 482 (484) (Aufrechnung sei kein Verwaltungsakt, sondern die rechtsgeschäftliche Ausübung eines schuldrechtlichen Gestaltungsakts).

514 Zum sozialhilferechtlichen Problem des fehlenden Charakters einer Dauerleistung BVerwGE 25, 307 (309); 28, 216 f.; 57, 237 (239); BVerwG DVBl 1996, 857 f.

geordnet werden kann, wenn die Behörde den Verwaltungsakt vollzogen hat, sondern auch dann, wenn der Betroffene den Verwaltungsakt freiwillig befolgt hat.[515] Voraussetzung für die Aufhebung der Vollziehung durch das Gericht gem. § 86b Abs. 1 S. 2 SGG ist, dass der Antragsteller zuvor ein für ihn erfolgreiches Verfahren nach § 86b Abs. 1 S. 1 SGG durchgeführt, dh die gerichtliche Anordnung der aufschiebenden Wirkung herbeigeführt hat. Er kann also nicht die isolierte Aufhebung einer Vollziehung verlangen.[516] § 86b Abs. 1 S. 2 SGG ist ein **Annexverfahren zu § 86b Abs. 1 S. 1 SGG.**[517] Liegen die Voraussetzungen des § 86b Abs. 1 S. 2 SGG vor, **muss** das Gericht entgegen dem insofern irreführenden Wortlaut der Vorschrift die Aufhebung der Vollziehung anordnen („Ob"), soweit die nach § 86b Abs. 1 S. 1 SGG getroffene Anordnung reicht. Dies folgt aus dem Grundsatz der Gesetzmäßigkeit der Verwaltung: Bei einem Absehen von der Vollziehungsaufhebung könnte die Behörde trotz Rechtswidrigkeit der Vollziehung die vorläufige Verwirklichung des Inhalts des Verwaltungsakts auf dem Umweg des § 86b Abs. 1 S. 2 SGG erreichen. „Wie" die Vollziehung iE rückgängig zu machen ist, steht im **Ermessen des Gerichts.**[518] Der Antrag gem. § 86b Abs. 1 S. 2 SGG kann erstmals auch im Beschwerdeverfahren gestellt werden.[519] Sollte die Behörde die gerichtliche Anordnung missachten, ist also Rechtsschutz über § 86b Abs. 1 S. 2 SGG möglich, wobei die gerichtliche Aufhebung der Vollziehung eine spezielle Form der Regelungsanordnung darstellt,[520] da eine Erweiterung der Rechtsposition angestrebt wird. Als solche ist die Anordnung der Aufhebung der Vollziehung im Gegensatz zu der rechtsgestaltenden Anordnung der aufschiebenden Wirkung **vollstreckungsfähig,**[521] auch wenn für eine Vollstreckbarkeit nur selten ein Bedürfnis bestehen wird, da sich die an das Prinzip der Gesetzmäßigkeit der Verwaltung gebundene Behörde in aller Regel an die gerichtliche Anordnung halten wird.

Auch für den Fall der **Feststellung der aufschiebenden Wirkung** bei rechtswidriger bzw. faktischer Vollziehung (→ Rn. 195) kann das Gericht zusätzlich gem. § 86b Abs. 1 S. 2 SGG analog die Aufhebung der Vollziehung anordnen. Dabei handelt es sich ebenfalls um eine Annexentscheidung zu der zugrundeliegenden gerichtlichen Feststellung der aufschiebenden Wirkung. Für die Fälle der rechtswidrigen Vollziehung ist § 86b Abs. 1 S. 2 SGG analog anzuwenden, da die unmittelbare Anwendung der Vorschrift eine Anordnung iSd § 86b Abs. 1 S. 1 SGG (und keine **Feststellung** der aufschiebenden Wirkung) voraussetzt. 198

Unter Aufhebung der Vollziehung ist die Rückgängigmachung zB einer Vollstreckungsmaßnahme zu verstehen, mit der Aufhebung der Vollziehung können aber alle konkreten Vollzugsfolgen, wie zB die Einstellung der Zahlung, rückgängig gemacht werden.

Beispiele: 199

- ZB **Zahlungseinstellung**: Das Gericht könnte – nach Feststellung der aufschiebenden Wirkung des Rechtsbehelfs gegen die (ggf. auch nur konkludent erfolgte) Aufhebungsentscheidung – deren Vollziehung dadurch aufheben, dass es den Antragsgegner auf der Grundlage des § 86b Abs. 1 S. 2 SGG zur Zahlung eines bestimmten Betrages verpflichtet.[522]
- ZB **Dauerwirkung** (s. a. → Rn. 196): Hat die Behörde die Entziehung der für einen anerkannten Mehrbedarf nach dem SGB XII bewilligten Leistungen nicht für sofort vollziehbar erklärt, hat ein dagegen eingelegter Rechtsbehelf gem. § 86a Abs. 1 S. 1 SGG aufschiebende

515 Dazu BT-Drs. 14/5943, 25.
516 So wohl auch MKLS/Keller SGG § 86b Rn. 10a.
517 Vgl. zu § 80 VwGO Finkelnburg/Jank VorlRS Rn. 909; Finkelnburg/Dombert/Külpmann VorlRS Rn. 1017.
518 LSG NRW 6.1.2004 – L 11 B 17/03 KA ER, SGb 2004, 114.
519 LSG Nds-Brem 15.1.2003 – L 3 KA 308/02 ER; LSG BW 14.3.2019 – L 7 AS 632/19 ER-B.
520 Vgl. dazu Schoch/Schneider/Schoch § 80 Rn. 367, 541 zu § 80 Abs. 5 S. 3 VwGO; Schenke DVBl 1986, 9 (14); abw. Finkelnburg/Jank VorlRS Rn. 880 (weitere einstweilige Anordnung zur Sicherung des Unterlassungsanspruchs vor rechtswidrigen Eingriffen erforderlich).
521 Vgl. Schoch/Schneider/Schoch § 80 Rn. 541; BayVGH NJW 1983, 835 (837); Schenke DVBl 1986, 9.
522 LSG BW 18.10.2006 – L 7 SO 3313/06 ER-B; BayLSG 14.3.2007 – L 8 B 48/07 SO ER.

Wirkung, die auf Antrag vom SG gem. § 86b Abs. 1 S. 1 Nr. 2 SGG analog festzustellen ist. Soweit die konkrete Auszahlung der bewilligten Leistung begehrt wird, handelt es sich um einen Antrag auf gerichtliche Anordnung der Aufhebung der Vollziehung gem. § 86b Abs. 1 S. 2 SGG. Der Antragsteller wendet sich insofern sinngemäß gegen die Vollziehung des Entziehungsbescheids und damit gegen die Folgen der Vollziehung des Verwaltungsakts, gegen den sich der Rechtsbehelf richtet, um dessen aufschiebende Wirkung es geht. Aufhebung der Vollziehung bedeutet – wie oben ausgeführt – auch die Rückgängigmachung der „Einstellung" von Sozialleistungen durch gerichtliche Anordnung der Nach- bzw. Weiterzahlung der entzogenen Sozialleistungen.[523]

6. Abänderbarkeit der gerichtlichen Eilentscheidung in Anfechtungssachen – Das Verfahren nach § 86b Abs. 1 S. 4 SGG

200 **Muster → Rn. 206, Checkliste → Rn. 207**

Orientierungshinweis: § 86b Abs. 1 S. 4 SGG ermöglicht es dem Gericht in Anfechtungs- und Vornahmesachen, Veränderungen Rechnung zu tragen, die nach Rechtskraft der Eilentscheidung und vor rechtskräftigem Abschluss des Hauptsacheverfahrens eintreten. Der Abänderungsantrag ist begründet, wenn im Zeitpunkt der Entscheidung über die Abänderung eine Änderung der Sachlage und/oder der Rechtslage eingetreten ist und deshalb die Beurteilung von Anordnungsanspruch oder Anordnungsgrund oder die Interessenabwägung anders ausfällt.

a) Anwendungsbereich

201 Gem. § 86b Abs. 1 S. 4 SGG kann das Gericht der Hauptsache die Maßnahmen (nach § 86b Abs. 1 S. 1–3 SGG)[524] jederzeit ändern oder aufheben. Nach dem Standort seiner rechtsnormativen Grundlage gilt das Abänderungsverfahren nur für Anfechtungssachen. § 86b Abs. 2 SGG enthält – ebenso wie § 123 VwGO – keine dem § 86b Abs. 1 S. 4 SGG vergleichbare Vorschrift. Dennoch gilt § 86b Abs. 1 S. 4 SGG auch für den Bereich der einstweiligen Anordnung[525] (s. a. → Rn. 442).

b) Bedeutung des Abänderungsverfahrens

202 Die Regelung des § 86b Abs. 1 S. 4 SGG[526] verdankt ihre Entstehung dem Umstand, dass die Eilentscheidungen nach der ursprünglichen Vorstellung des Gesetzgebers unanfechtbar sein sollten.[527] Als Ausgleich für den angedachten Ausschluss der Beschwerdebefugnis sollte die gerichtliche Abänderungsbefugnis dienen, die nun trotz des Beschwerderechts (→ Rn. 57) in § 86b Abs. 1 S. 4 SGG geregelt ist.[528]

203 Die Vorschrift des § 86b Abs. 1 S. 4 SGG kommt insbes. bei einer Änderung der Sach- oder Rechtslage zum Tragen. Zweck des Abänderungsverfahrens nach § 86b Abs. 1 S. 4 SGG ist es, dem Gericht die Möglichkeit zu geben, Veränderungen, die **nach Eintritt der Rechtskraft der Eilentscheidung**[529] und **vor rechtskräftigem Abschluss des Hauptsacheverfahrens** eintreten, Rechnung zu tragen. Es ermöglicht die Anpassung an eine seit der Rechtskraft der Eilentscheidung veränderte Situation. Obwohl § 86b Abs. 1 S. 4 SGG einen (neuen) Antrag voraussetzt, handelt

523 LSG RhPf 17.1.2006 – L 3 ER 128/05 AS; BayLSG 14.3.2007 – L 8 B 48/07 SO ER.
524 Anm. des Verf.
525 Vgl. LSG BW 11.10.2010 – L 7 SO 3392/10 ER-B, juris Rn. 4 mwN; BayLSG 16.7.2009 – L 8 SO 85/09 B ER; LSG Bln 26.10.2004 – L 15 B 88/04 KR ER.
526 Entsprechende andere Prozessvorschriften: § 80 Abs. 7 VwGO, § 69 Abs. 6 FGO, §§ 927, 936 ZPO.
527 Vgl. BT-Drs. III/55, 40.
528 Vgl. dazu Schoch/Schneider/Schoch § 80 Rn. 544.
529 Abw. zu § 80 Abs. 7 VwGO Schoch/Schneider/Schoch § 80 Rn 557 (formelle Rechtskraft weder notwendig noch hinderlich).

es sich um eine **Entscheidung (auch) über den ursprünglichen Antrag** bei identischem Verfahrensgegenstand.[530] Das Verfahren nach § 86b Abs. 1 S. 4 SGG betrifft demnach Maßnahmen zum selben Streitgegenstand wie das bereits abgeschlossene Eilverfahren. Da die bereits vorliegende Eilentscheidung eine das Eilverfahren abschließende Entscheidung darstellt, ist das Verfahren nach § 86b Abs. 1 S. 4 SGG aber wiederum ein **selbstständiges Eilverfahren** und keine bloße Fortsetzung des Verfahrens nach § 86b Abs. 1 S. 1 SGG.[531] Das Abänderungsverfahren ist wegen fehlenden Devolutiveffekts kein Rechtsmittelverfahren. Da es sich nicht um ein Rechtsmittelverfahren handelt, kann eine Abänderungsbefugnis des Landessozialgerichts bestehen, obwohl eine (weitere) Beschwerde unzulässig wäre. Gegenstand der Entscheidung des Abänderungsverfahrens ist die Frage, ob die alte Eilentscheidung fortbestehen soll. § 86b Abs. 1 S. 4 SGG ermöglicht eine Durchbrechung der Bindungswirkung gerichtlicher Eilentscheidungen (zu den Grenzen der sachlichen Bindungswirkung gerichtlicher Eilentscheidungen → Rn. 41 ff.). Bedeutung erlangt das Abänderungsverfahren auch als Zulässigkeitsvoraussetzung für die Verfassungsbeschwerde. Das Fehlen eines erfolglos durchgeführten Verfahrens nach § 86b Abs. 1 S. 4 SGG kann nach der Rspr. des BVerfG der Zulässigkeit einer Verfassungsbeschwerde gegen eine Eilentscheidung entgegenstehen.[532] Die Beteiligten sind vor einer Abänderungsentscheidung zu hören.

c) Zulässigkeit des Antrags nach § 86b Abs. 1 S. 4 SGG

§ 86b Abs. 1 S. 4 SGG setzt – im Gegensatz zu § 80 Abs. 7 S. 1 VwGO – einen **Antrag** voraus.[533] 204
Eine Abänderung des Eilbeschlusses von Amts wegen ist daher nicht möglich.[534] Ein Antrag nach § 86b Abs. 1 S. 4 SGG ist nur **statthaft**, wenn das Verfahren nach § 86b Abs. 1 S. 1 SGG bereits rechtskräftig abgeschlossen ist;[535] ansonsten können Änderungen im Verfahren nach § 86b Abs. 1 S. 1 SGG geltend gemacht werden. Aus diesem Grunde kann es auch nicht zu einer Konkurrenz zwischen dem Beschwerdeverfahren und dem Verfahren nach § 86b Abs. 1 S. 4 SGG kommen, obwohl der Antrag in diesem Verfahren denselben Streitgegenstand wie das bereits abgeschlossene Eilverfahren betreffen muss. Ein neuer Streitgegenstand, in Anfechtungssachen also ein neuer Verwaltungsakt, kann nicht über § 86b Abs. 1 S. 4 SGG in das gerichtliche Eilverfahren eingeführt werden. Der Antrag nach § 86b Abs. 1 S. 4 SGG ist nicht an eine **Frist** gebunden.[536] **Antragsbefugt** ist, wer eine Änderung der im Verfahren nach § 86b Abs. 1 S. 1 SGG zugrundeliegenden Umstände geltend machen kann. Es geht also um die *Geltendmachung* von Änderungen der Sach- und Rechtslage bzw. neuer Tatsachen, insbes. neuer Beweismittel.[537] Antragsbefugt ist also auch die Behörde,[538] da diese nicht selbst eine Entscheidung iSd § 86b Abs. 1 S. 4 SGG treffen und auch keine sofortige Vollziehbarkeit eines neu erlassenen Verwaltungsakts mit demselben Inhalt anordnen kann, weil dies eine Umgehung des § 86b Abs. 1 S. 4

530 Vgl. OVG RhPf NJW 1995, 2180.

531 Zu § 80 Abs. 7 VwGO Schoch/Schneider/Schoch § 80 Rn. 548; vgl. Eyermann/Hoppe VwGO § 80 Rn. 129.

532 BVerfG 28.3.1985 – 1 BvR 1245/84, 1 BvR 1254/84, NJW 1985, 2187; BVerfG 18.6.1985 – 2 BvR 414/84, NJW 1986, 371; s. dazu Schoch/Schneider/Schoch § 80 Rn. 545, 549, 580; s. a. → Rn. 463.

533 LSG Bln 10.7.2002 – L 15 B 39/02 KR ER, NZS 2002, 670; MKLS/Keller SGG § 86b Rn. 20a.

534 LSG Bln 26.10.2004 – L 15 B 88/04 KR ER, juris Rn. 3; 10.7.2002 – L 15 B 39/02 KR ER; MKLS/Keller SGG § 86b Rn. 20a.

535 SächsOVG DVBl 1996, 118; nach MKLS/Keller SGG § 86b Rn. 20a fehlt andernfalls das Rechtsschutzbedürfnis; aA Peters/Sautter/Wolf SGG § 86b Rn. 48; zur VwGO Schoch/Schneider/Schoch § 80 Rn. 557.

536 Schoch/Schneider/Schoch § 80 Rn. 580 unter Ablehnung einer aus § 93 BVerfGG abgeleiteten Monatsfrist mit Hinweis auf BVerfG 6.12.1994 – 2 BvR 2084/94, InfAuslR 1995, 55.

537 Zur Unzulässigkeit eines Abänderungsantrags: SchlHLSG 22.10.2007 – L 4 B 583/07 KA ER Rn. 15 und eines erneuten Antrags, der den abgelehnten Antrag lediglich wiederholt: LSG Bln 26.10.2004 – L 15 B 88/04 KR ER.

538 Berchtold/Binder SGG § 86b Rn. 26, 28.

SGG bedeuten würde.[539] **Zuständig** ist das Gericht der Hauptsache. Das ist nicht zwingend das Gericht, das den abzuändernden Beschluss erlassen hat. Das Sozialgericht entscheidet zB iR des § 86b Abs. 1 S. 4 SGG selbst dann, wenn zuvor ein Beschwerdeverfahren beim Landessozialgericht stattgefunden hat,[540] die Hauptsache aber noch beim Sozialgericht anhängig ist. Dem steht nicht entgegen, dass ein Untergericht die Entscheidung einer übergeordneten Instanz nicht korrigieren darf, da das Abänderungsverfahren kein Rechtsbehelfsverfahren ist, es also nicht um die rechtsbehelfsmäßige Überprüfung der ursprünglichen Eilentscheidung geht. Ist das Hauptsacheverfahren dagegen in der Berufungsinstanz anhängig, entscheidet das Berufungsgericht als Gericht der Hauptsache. Wird ein Abänderungsantrag bei einem unzuständigen Gericht gestellt, verweist dieses das Verfahren gem. § 17a Abs. 2 S. 1 GVG an das zuständige Gericht.[541]

d) Materielle Rechtslage zu § 86b Abs. 1 S. 4 SGG

205 Der Antrag gem. § 86b Abs. 1 S. 4 SGG ist begründet, wenn im Zeitpunkt der Entscheidung über die Abänderung eine Änderung der Sachlage (zB neue Tatsachen, insbes. neue Beweismittel) und/oder der Rechtslage (zB Gesetzesänderung, Änderung der höchstrichterlichen Rspr., Klärung einer umstr. Rechtsfrage)[542] eingetreten ist und deshalb die Beurteilung von Anordnungsanspruch oder Anordnungsgrund (s. a. → Rn. 382 f.) oder die durchzuführende Abwägung (s. a. → Rn. 384 ff., Überblick → Rn. 449, Muster → Rn. 452) aller relevanten Umstände anders ausfällt. Nachträglich eingetretene oder bekannt gewordene Gegebenheiten müssen den Fall also in tatsächlicher Hinsicht in einem neuen Licht erscheinen lassen oder es muss eine Gesetzesänderung oder eine zwischenzeitlich ergangene höchstrichterliche Entscheidung zu einer veränderten Beurteilung der Rechtslage führen.[543] Da eine Änderung zu fordern ist, handelt es sich nicht um eine Rechtmäßigkeitsüberprüfung der ursprünglichen Eilentscheidung. Dass auch ohne Änderung der Sach- oder Rechtslage ein Beschluss nach § 86b Abs. 1 S. 4 SGG ergehen können soll, ist nicht nachvollziehbar.[544] Insbes. hat das Tatbestandsmerkmal „jederzeit" eine rein zeitliche Bedeutung und heißt nicht, dass eine Abänderungsbefugnis ohne Änderung der Sach- oder Rechtslage gegeben ist. Eine Änderungsentscheidung kann zB durch neue Erkenntnisse iR der Vorbereitung des Hauptsacheverfahrens veranlasst sein. Eine bloße Änderung der Rechtsauffassung des Gerichts stellt dagegen keine Änderung im vorgenannten Sinne dar.[545] In die neue Beurteilung der materiellen Voraussetzungen des Eilverfahrens wird iR der Abwägung ggf. auch der Gesichtspunkt einfließen, ob die neuen Umstände verschuldeter oder unverschuldeter Weise nicht vorgebracht wurden. Die nicht berücksichtigten Umstände können aber nicht für sich zu einer Abänderung des ursprünglichen Beschlusses führen; dies ergibt sich aus dem eindeutigen Wortlaut des § 86b Abs. 1 S. 4 SGG und dessen Vergleich mit § 80 Abs. 7 S. 2 VwGO. Liegen die Voraussetzungen für den Erlass einer abändernden Entscheidung vor, erfolgt die Abänderung grundsätzlich nur für die Zukunft.[546] Das Abänderungsverfahren muss wieder

539 MKLS/Keller SGG § 86b Rn. 19a mwN, 20a.

540 LSG Nds-Brem 10.10.2013 – L 7 AS 1144/13 ER, juris Rn. 21; zur VwGO Eyermann/Hoppe VwGO § 80 Rn. 135; Schoch/Schneider/Schoch § 80 Rn. 562.

541 Vgl. Schoch/Schneider/Schoch § 80 Rn. 561.

542 Vgl. LSG BW 11.10.2010 – L 7 SO 3392/10 ER-B, juris Rn. 6 mwN; vgl. LSG NRW 4.2.2015 – L 2 AS 2224/14 B ER: höchstrichterliche Entscheidung des EuGH; zu weiteren Bsp. Kopp/Schenke § 80 Rn. 197; Finkelnburg/Dombert/Külpmann VorlRS Rn. 1178.

543 BFH 26.9.2008 – VIII B 37/08; 28.11.2008 – VIII S 27/07 (PKH).

544 OVG NRW DVBl 1999, 998; aA MKLS/Keller SGG § 86b Rn. 20; Burkiczak in jurisPK-SGG § 86b Rn. 248; hM zu § 80 VwGO, vgl. Kopp/Schenke § 80 Rn. 192, 193 mwN, wo allerdings einschränkend ausgeführt wird, dass die Ausübung der Änderungsbefugnis selbstverständlich nicht in das Belieben des Gerichts gestellt sei und wegen Art. 3 GG nicht willkürlich erfolgen dürfe; vgl. auch BT-Drs. 14/5943, 25.

545 Schoch, Vorläufiger Rechtsschutz, S. 1701.

546 Bühls ZFSH SGB 2017, 680 (683).

eine selbstständige Kostenentscheidung beinhalten. Der Beschluss des Abänderungsverfahrens ist mit der Beschwerde angreifbar, § 172 Abs. 1 SGG.[547]

▶ **Muster Antrag – Abänderung der gerichtlichen Eilentscheidung (§ 86b Abs. 1 S. 4 SGG)** 206

Tenor:

Der Beschluss des Sozialgerichts München vom xx.xx.xxxx, Az.: ..., wird dahin gehend abgeändert, dass die Verpflichtung zur Gewährung von Leistungen der Grundsicherung in Höhe von 364 EUR pro Monat über den 31.5.2011 bis zum 31.7.2011 besteht.

Gründe:

Wegen des Sachverhalts wird auf den Beschluss des Sozialgerichts München vom xx.xx.xxxx, Az.: ..., Bezug genommen. Der geplante Umzug der Antragstellerin nach ... im Landkreis ... findet erst zum 1.8.2011 und nicht – wie ursprünglich geplant – zum 1.6.2011 statt. Zur Glaubhaftmachung wurden vorgelegt ein Schreiben über die verschobene Kündigung und ein entsprechender, beim Landratsamt ... gestellter Sozialhilfeantrag erst für den Zeitraum ab August 2011. Der Antragsgegner ist daher für den Zeitraum bis 1.8.2011 weiterhin zuständig. Dadurch ist eine Änderung der Sachlage eingetreten. Ein (Sozialhilfe-)Rechtsverhältnis zum Antragsgegner besteht bis zu dem Wegzug aus dessen Zuständigkeitsbereich (§ 98 Abs. 1 Zwölftes Buch Sozialgesetzbuch – SGB XII). Existenzsichernde Leistungen sind erst ab 1.8.2009 durch den Landkreis ... zu erbringen, bei dem die Antragsgegnerin einen entsprechenden Antrag auch schon gestellt hat. Dem Abänderungsantrag der Antragstellerin ist daher stattzugeben. Rechtsgrundlage der gerichtlichen Entscheidung ist § 86b Abs. 1 S. 4 Sozialgerichtsgesetz – SGG. Die Vorschrift ist trotz ihres Standorts in I des § 86b SGG auch für Vornahmesachen anwendbar. Zuständig ist das Sozialgericht München als Gericht der Hauptsache. ◀

Checkliste Antrag auf Abänderung der gerichtlichen Eilentscheidung (§ 86b Abs. 1 S. 4 SGG) 207

Antrag auf Abänderung des rechtskräftigen Eilbeschlusses

1. Rechtskraft der Eilentscheidung
2. Noch kein rechtskräftiger Abschluss des Hauptsacheverfahrens
3. Veränderung bzgl. der Sach- oder Rechtslage
   (zB Gesetzesänderung, Änderung der höchstrichterlichen Rspr., Klärung einer str. Rechtsfrage)
4. Anderes Ergebnis
   - in Anfechtungssachen der Interessenabwägung
   - in Vornahmesachen
     - der Beurteilung von Anordnungsanspruch oder Anordnungsgrund (→ Rn. 382 f.)
     - bei korrigiertem Maßstab der Güter- und Folgenabwägung (→ Rn. 384 ff.)
5. Antrag gem. § 86b Abs. 1 S. 4 SGG

V. Begründetheit der gerichtlichen Eilentscheidung in Anfechtungssachen

Orientierungshinweis: Der Eilantrag in einer Anfechtungssache ist begründet, wenn nach einer auf der Grundlage des § 86b Abs. 1 S. 1 Nr. 2 SGG durchzuführenden Abwägung des Interesses des Antragstellers am Nichtvollzug und des öffentlichen Interesses an der sofortigen Vollziehung des angegriffenen Verwaltungsakts das Aufschubinteresse des Antragstellers überwiegt. Als Abwägungselemente fungieren in den meisten Fällen nur der prospektive Hauptsacheerfolg, die ohne Eilrechtsschutz drohenden Rechtsverletzungen und das öffentliche Interesse an der sofortigen Vollziehbarkeit vor Eintritt der Bestandskraft, das über das Erlassinteresse hinausgehen muss. Gesetzlich geregelte Mindestwahrscheinlichkeiten gibt es in Anfechtungssachen (im Unterschied zu den Vornahmesachen) nicht. Welche Wahrscheinlichkeiten für die einzelnen Abwägungselemente und -belange für einen Erfolg oder Misserfolg des Eilantrags zu 208

547 MKLS/Keller SGG § 86b Rn. 21.

fordern sind, ist jeweils im konkreten Fall zu bestimmen. Zugunsten des Antragstellers lässt sich aber in Konkretisierung des Verhältnismäßigkeitsgrundsatzes folgende Wechselbeziehung zwischen den Abwägungselementen formulieren: Für einen Erfolg des Eilantrags können bei entsprechender Schwere der drohenden Beeinträchtigungen auch geringe Wahrscheinlichkeiten des Hauptsacheerfolgs und des Eintritts der ohne Eilrechtsschutz drohenden Beeinträchtigungen ausreichen. Für eine Ablehnung des Eilantrags muss bei entsprechender Schwere der ohne Eilrechtsschutz drohenden Beeinträchtigungen eine hohe Wahrscheinlichkeit des fehlenden Hauptsacheerfolgs vorliegen; ggf. muss sogar im Eilverfahren bereits eine abschließende Prüfung durchgeführt werden, um den Eilantrag wegen fehlender Erfolgsaussichten des Hauptsacheverfahrens ablehnen zu können (s. a. Muster → Rn. 313).

Rechtsgrundlage der richterlichen Eilentscheidung in Anfechtungssachen ist § 86b Abs. 1 S. 1 SGG. Die Vorschrift nennt keine Voraussetzungen für den Erfolg des Eilantrags. Fraglich ist also, an welchem Maßstab sich die richterliche Eilentscheidung orientieren muss.

1. Der Maßstab der Eilentscheidung in Anfechtungssachen – Abwägungsentscheidung oder § 86a Abs. 3 S. 2 SGG analog?

a) Lösungsansätze

209 Zum Entscheidungsmaßstab in Anfechtungssachen stehen sich im Wesentlichen zwei Grundauffassungen gegenüber. Das Gericht soll entweder aufgrund einer mehr oder weniger[548] offenen Abwägung entscheiden[549] oder § 86a Abs. 3 S. 2 SGG analog[550] anwenden, der an das Vorliegen einer unbilligen Härte oder in der anderen Tatbestandsalternative an die prospektive Rechtmäßigkeit des angefochtenen Verwaltungsakts („ernstliche Zweifel") anknüpft und insofern als materiell akzessorisch bezeichnet werden kann. Die beiden Lösungsansätze führen zu völlig unterschiedlichen Maßgaben. Im Fall einer offenen Abwägung sollen nach der – später iE noch zu überprüfenden – gängigen untergesetzlichen Handlungsanleitung die öffentlichen Interessen am sofortigen Vollzug des Verwaltungsakts und der privaten Interessen an der Aussetzung des Vollzugs gegeneinander abgewogen werden. Hier wäre zu klären, was und wie genau abzuwägen ist. Die analoge Anwendung des § 86a Abs. 3 S. 2 SGG würde einerseits die Zugrundelegung einer Mindestwahrscheinlichkeit eines Hauptsacheerfolgs in der Gestalt der ernstlichen Rechtmäßigkeitszweifel bzgl. des fraglichen Verwaltungsakts und andererseits eine gesetzliche Vermutung der Eilbedürftigkeit bedeuten, da bei der geforderten Rechtswidrigkeitswahrscheinlichkeit – von atypischen Fällen (unbillige Härte) abgesehen – die Rechtsfolge der Aussetzung der Voll-

548 Zum Teil wird die gerichtliche Anordnung der aufschiebenden Wirkung als eine mit gewichtigen Argumenten zu begründende Ausnahme angesehen, vgl. MKLS/Keller SGG § 86b Rn. 12c mwN; LSG Bln-Bbg 9.7.2009 – L 2 U 3/09 B ER, L 2 U 207/09 B PKH, juris Rn. 18; LSG NRW 9.3.2009 – L 16 (11) B 4/07 R ER; LSG BW 16.4.2008 – L 7 AS 1398/08 ER-B, juris Rn. 4; nach Eyermann/Hoppe VwGO § 80 Rn. 90 ff. ist in einem mehrstufigen System vor der eigentlichen Interessenabwägung eine Prüfung der Offensichtlichkeit der Rechtswidrigkeit bzw. Rechtmäßigkeit des VA vorzunehmen und bei nicht eindeutiger Beurteilbarkeit eine Aussage zu den Erfolgsaussichten zu treffen.

549 SächsLSG 3.6.2010 – L 1 KR 94/10 B ER, juris Rn. 46; LSG NRW 8.7.2009 – L 19 B 140/09 AS ER; BayLSG 14.5.2009 – L 8 AS 215/09 B ER; LSG Bln-Bbg 27.4.2009 – L 23 SO 58/09 B ER, L 23 SO 59/09 B PKH, juris Rn. 18; LSG NRW 2.4.2009 – L 11 KA 2/09 ER, juris Rn. 56; LSG LSA 18.12.2008 – L 5 B 415/08 AS ER, L 5 B 416/08 AS ER, juris Rn. 29; LSG Nds-Brem 29.8.2008 – L 3 KA 39/08 ER, juris Rn. 21; LSG BW 13.3.2007 – L 13 AS 211/07 ER-B; LSG Nds Breithaupt 2003, 265 ff.; LSG Hmb 1.12.2003 – L 1 B 175/02 ER; MKLS/Keller SGG § 86b Rn. 12e ff.

550 Vgl. LSG BW 16.4.2008 – L 7 AS 1398/08 ER-B, juris Rn. 4; LSG BW 31.7.2006 – L 13 AS 1709/06 ER-B; 20.10.2003 – L 13 AL 3445/03 ER-B; ThürLSG 14.8.2006 – L 7 AS 772/05 ER, juris Rn. 26 f. Die Prüfungsmaßstäbe werden mitunter verquickt, vgl. zB SchlHLSG 15.11.2010 – L 5 KR 201/10 B ER, juris Rn. 10 und LSG BW 29.7.2010 – L 11 R 2595/10 ER-B, juris Rn. 20. Vermittelnd LSG BW 16.4.2008 – L 7 AS 1398/08 ER-B, juris Rn. 4; Berchtold/Binder SGG § 86b Rn. 14 f., 17.

ziehbarkeit vorgesehen ist, ohne dass noch geprüft werden müsste, ob im Interimszeitraum bis zur Hauptsacheentscheidung Beeinträchtigungen drohen, also Eilbedürftigkeit vorliegt.

b) Aus den Deutungskriterien abgeleitetes Gebot zur richterlichen Abwägung in Anfechtungssachen

aa) Abwägungsentscheidung und Wortsinnargument – Kein Ermessen

In Anfechtungssachen fehlt ein ausdrücklicher Gesetzesbefehl zur Abwägung. Für die Anord- 210
nung der aufschiebenden Wirkung nennt § 86b Abs. 1 S. 1 SGG nur Merkmale zur Abgrenzung des Anwendungsbereichs („in den Fällen, …"). Auslegungsfähige Begriffe auf der Tatbestandsseite, die auf eine Abwägungsentscheidung schließen lassen könnten, enthält die Vorschrift nicht. Das „kann" auf der Rechtsfolgenseite ist als „gesetzgeberische Fehlentscheidung zu werten. Es deutet zwar vom Wortsinn her auf ein Ermessen des Richters hin, in dessen Rahmen dann auch eine Abwägung stattfinden müsste. Das Wortsinnargument wird aber durch das teleologische Argument widerlegt. Auf der Ebene des „Ob" des Eilrechtsschutzes ist Ermessen nicht auszuüben. Hier werden Rechtsentscheidungen getroffen.[551] Aus der verfassungsrechtlich fundierten Rechtsschutzfunktion des Art. 19 Abs. 4 GG folgt, dass ohne Eilrechtsschutz drohende Rechtsverletzungen bei entsprechender Schwere zu verhindern sind.[552] Die Geltung einstweiliger behördlicher Regelungen vor ihrer Bestandskraft darf nicht außer Verhältnis zu dadurch entstehenden Beeinträchtigungen des Bürgers stehen. Dem im Verfassungsrang stehenden Verhältnismäßigkeitsgrundsatz ist durch eine einzelfallbezogene richterliche Abwägungsentscheidung Rechnung zu tragen.[553] Droht im Einzelfall eine solche Unverhältnismäßigkeit, muss der Richter eine einstweilige Anordnung zugunsten des Bürgers erlassen. Für Anfechtungssachen folgt daraus, dass sich das „kann" in § 86b Abs. 1 S. 1 SGG nicht auf die Ebene des „Ob" der Eilrechtsschutzgewährung, sondern nur auf den Inhalt der Eilentscheidung (s. a. → Rn. 289 ff.) bezieht, wo die Frage zu klären ist, wie die (dem Grunde nach gebotene) Sicherung des Hauptsacheanspruchs im konkreten Fall zu erfolgen hat, um Rechtsverletzungen bis zur Hauptsacheentscheidung zu verhindern. Auch Eilbeschlüsse, die ein Ermessen des Gerichts erwähnen, gehen von einer Eilentscheidung aufgrund einer Interessenabwägung aus und machen die Gewährung von Eilrechtsschutz von einem überwiegenden Aufschubinteresse des Antragstellers abhängig.[554] Das ist aber gerade keine Ermessensausübung, sondern eine Rehtsentscheidung. Dass § 86b Abs. 1 S. 1 SGG eine richterliche Abwägungsentscheidung gebietet, ergibt sich auch aus den anderen Auslegungsregeln.

---

551 Vgl. zB MKLS/Keller SGG § 86b Rn. 30; Berchtold/Binder SGG § 86b Rn. 21. Vgl. Kopp/Schenke VwGO § 80 Rn. 165, VwGO § 123 Rn. 23; Redeker/von Oertzen VwGO § 123 Rn. 30; Schoch/Schneider/Schoch Vorb. § 80 Rn. 66 (Eilentscheidung als Rechtsentscheidung); Renck NVwZ 1992, 338 f.; Finkelnburg/Jank VorlRS Rn. 20, zur Sicherungsanordnung Rn. 196, zur Regelungsanordnung Rn. 172; vgl. auch Plagemann Rn. 25; Finkelnburg/Dombert/Külpmann VorlRS Rn. 143: kein Ermessen, sondern Rechtsentscheidung, auch bei Entscheidung aufgrund Interessenabwägung; abw. zu § 80 VwGO Eyermann/Hoppe VwGO § 80 Rn. 86; Finkelnburg/Dombert/Külpmann VorlRS Rn. 961: Ermessen, Rn. 964 ff.: Stufenmodell. Aus verfassungsrechtlicher Sicht BVerfG 8.11.2010 – 1 BvR 722/10, juris Rn. 13 = Stattgebender Beschluss des BVerfG wegen fehlerhafter Abwägung und unhaltbarer Annahme einer konkreten Gefahr bei Anordnung der sofortigen Vollziehung des Entzugs der Zulassung zur kassenärztlichen Versorgung gem. § 95 Abs. 6 SGB V wegen Unregelmäßigkeiten in der Abrechnung eines Medizinischen Versorgungszentrums; BVerfG 8.4.2010 – 1 BvR 2709/09, juris Rn. 21 f. Für das Zivilrecht Vogg NJW 1993, 1357 (1362).

552 BVerfG 25.2.2009 – 1 BvR 120/09, juris Rn. 11.

553 Vgl. zB BVerfG 8.11.2010 – 1 BvR 722/10, juris Rn. 13; zur VwGO die Zusammenfassungen bei Windoffer, 87, 182, 206 f.

554 Vgl. zB SchlHLSG 23.3.2011 – L 4 KA 171/10 B ER, juris Rn. 23; BayLSG 28.1.2011 – L 5 R 848/10 B ER, juris Rn. 18.

bb) Abwägungsentscheidung und historisches Deutungskriterium

211 Der Gesetzgeber hat seinen Willen, dass der Sozialrichter über die Anordnung der aufschiebenden Wirkung aufgrund einer Interessenabwägung entscheiden muss, in den Materialien zu § 86b Abs. 1 S. 1 SGG zum Ausdruck gebracht und sich auf die richterliche Pragmatik berufen. Wörtlich wird in der einschlägigen BT-Drs.[555] ausgeführt: „Bei der Entscheidung, die im Falle eines Verwaltungsaktes mit Drittwirkung auch auf Antrag des durch den Verwaltungsakt Begünstigten erfolgt, sind die Interessen im Einzelfall abzuwägen. Den unbestimmten Rechtsbegriff des öffentlichen Interesses hat die Rspr. geklärt; von einer Erläuterung im Gesetz wird deshalb abgesehen. Nach der Rspr. ist die Anordnung der sofortigen Vollziehung gerechtfertigt, wenn eine umfassende Abwägung aller betroffenen öffentlichen und privaten Belange zu dem Ergebnis kommt, dass das Vollziehungsinteresse überwiegt.“ Diese Ausführungen zur Abwägung für die Anordnung der sofortigen Vollziehung gelten für die Anordnung der aufschiebenden Wirkung entsprechend. Der Unterschied zwischen beiden Konstellationen besteht lediglich in der tatsächlichen Ausgangslage. Die rechtlichen Interessen des von einem Verwaltungsakt belasteten Dritten – diese Konstellation ist in der BT-Drs. angesprochen – sind grundsätzlich ebenso schützenswert wie die des Adressaten eines belastenden Verwaltungsakts ohne Drittwirkung (s. a. → Rn. 276 ff.). Dies spricht für gleiche rechtliche Maßgaben in beiden Konstellationen.

cc) Abwägungsentscheidung und systematisches Deutungskriterium

212 Auch der Regelungszusammenhang, in dem die Vorschrift steht, streitet für eine Anweisung zur Abwägung. Die §§ 86a und b SGG beruhen – wie der in § 86a Abs. 1 S. 1 SGG festgelegte Grundsatz der aufschiebenden Wirkung zeigt – auf der Überlegung, dass es im Regelfall eher der Behörde zuzumuten ist, mit der Verwirklichung ihres belastenden Verwaltungsakts zu warten, als dem Bürger, den Eingriff schon vor der gerichtlichen Hauptsacheentscheidung hinzunehmen,[556] und dass nur in den Fällen des § 86a Abs. 2, 4 SGG von Gesetzes wegen gerade die umgekehrte Interessenbewertung gilt. Wenn § 86b Abs. 1 S. 1 SGG das Gericht zur Überprüfung dieser Interessenbewertung befugt, heißt dies, dass es die gesetzgeberische Interessenbewertung überprüfen, also eine entsprechende Interessenabwägung für den konkreten Fall vornehmen muss. Dies bestätigt auch § 86a Abs. 2 Nr. 5 SGG; hier überprüft das Gericht die behördliche Beurteilung des besonderen Vollziehungsinteresses. Es muss also ebenfalls Aufschub- und Vollziehbarkeitsinteresse gegenüberstellen. Auch der Regelungszusammenhang zum Antragserfordernis des § 86b Abs. 1 S. 1 SGG spricht für ein Abwägungserfordernis für den konkreten Fall; die Bewertung der Interessen durch den Gesetzgeber in § 86a SGG gilt nur, solange der Betroffene keinen gerichtlichen Eilantrag stellt. Ab diesem Zeitpunkt fungiert § 86b Abs. 1 SGG als Rechtsgrundlage; das Gericht kann sofort, etwa durch einen sogenannten Hängebeschluss, oder im eigentlichen Eilbeschluss die aufschiebende Wirkung anordnen, die dann auf den Erlass des Verwaltungsakts zurückwirkt. Die Bewertung der Interessenlage liegt also ab Eilantragstellung in der Hand des Gerichts. Schließlich spricht der Verfahrensgegenstand der Eilentscheidung in Anfechtungssachen dafür, dass diese aufgrund einer Abwägungsentscheidung ergehen muss. Gegenstand der gerichtlichen Eilentscheidung in Anfechtungssachen ist die aufschiebende Wirkung des eingelegten Rechtsbehelfs, also nur der Zeitraum der Geltung der in dem fraglichen Verwaltungsakt getroffenen Regelung (ausf. → Rn. 87 f.).[557] Rechtsschutzziel ist nicht wie in der Hauptsache die Aufhebung des Verwaltungsakts, der einstweilige Rechtsschutz in Anfechtungs-

555 BT-Drs. 14/5943, 25 linke Spalte.
556 Für die VwGO Leipold, 188.
557 Vgl. Husmann SGb 1987, 442 (449). S. dazu auch die These von Schoch/Schneider/Schoch § 80 Rn. 366–368 von den materiellrechtlichen Determinanten; nach der hier vertretenen Auffassung erlangt die präsumtive Rechtmäßigkeit des zu vollziehenden Verwaltungsakts iR der Interessenabwägung als zwingendes Abwägungselement Bedeutung (s. a. → Rn. 243).

sachen bewirkt gleichsam nur einen Vollziehungsschutz und betrifft damit nicht die Existenz des angefochtenen Verwaltungsakts, sondern nur den Zeitraum seiner Geltung. Die auf der prozessrechtlichen Grundlage des § 86b Abs. 1 S. 1 SGG verfügte aufschiebende Wirkung hat – ebenso wie die sofortige Vollziehbarkeit als deren Gegenbegriff – keine materiellrechtlichen Wirkungen (zur Rechtsnatur der Eilentscheidung → Rn. 465 f.).[558] Daraus ergibt sich zwangsläufig, dass die gerichtliche Entscheidung im einstweiligen Rechtsschutzverfahren zu beurteilen hat, welche Aspekte für und welche gegen die (sofortige) Geltung des zugrundeliegenden Verwaltungsakts im fraglichen Zeitraum sprechen.

dd) Abwägungsentscheidung und teleologisches Deutungskriterium

Auch das teleologische Argument spricht – wie bereits oben in Bezug auf das „kann" erwähnt – für die Anordnung der aufschiebenden Wirkung aufgrund einer Abwägungsentscheidung. § 86b SGG stellt aus verfassungsrechtlicher Sicht eine gesetzliche Konkretisierung der Rechtsschutzgarantie des Art. 19 Abs. 4 GG für das sozialgerichtliche Eilverfahren dar. Verfassungsrechtlich fundierter Zweck des Eilverfahrens ist der Rechtsschutz des Antragstellers bis zur Hauptsacheentscheidung, also Fragen, die mit den insofern drohenden Nachteilen zusammenhängen. Aus verfassungsrechtlicher Sicht ist der Rechtsschutzanspruch dabei umso stärker und darf umso weniger zurückstehen, je schwerwiegender die auferlegte Belastung ist und je mehr die Maßnahmen der Verwaltung Unabänderliches bewirken, was nur durch eine umfassende Abwägung der gegenläufigen Interessen iR der Verhältnismäßigkeitsprüfung gewährleistet werden kann.[559] Ebenfalls aus Art. 19 Abs. 4 GG abgeleitet wurde die Sicherungsfunktion des Eilverfahrens, also Fragen, die mit dem zu sichernden Hauptsacheanspruch zusammenhängen. Beide Zwecke müssen vom Richter im konkreten Eilfall in ein angemessenes Verhältnis zueinander gebracht, also abgewogen werden.[560] 213

c) Historisches, systematisches und teleologisches Deutungskriterium als Argumente gegen eine analoge Anwendung des § 86a Abs. 3 S. 2 SGG

aa) Grundsatz: Keine analoge Anwendung

§ 86a Abs. 3 S. 2 SGG ist nicht als Entscheidungsmaßstab heranzuziehen. Da § 86a Abs. 3 S. 2 SGG den behördlichen Eilrechtsschutz regelt, kommt für die richterliche Eilentscheidung allenfalls eine analoge Anwendung in Betracht. Eine planwidrige Regelungslücke liegt aber nicht vor. Der Gesetzgeber hat sich vielmehr klar zu dem Gebot einer Interessenabwägung bekannt.[561] Der Gesetzgeber kannte die entsprechende Problematik der analogen Anwendung aus dem Bereich des § 80 VwGO und hat dennoch bei der Einfügung der §§ 86a und b in das SGG die Trennung der Rechtsgrundlagen für behördlichen und gerichtlichen Eilrechtsschutz beibehalten. Die analoge Anwendung des § 86a Abs. 3 S. 2 SGG würde daher dem erklärten Willen des Gesetzgebers widersprechen. Die Nichtanwendbarkeit des § 86a Abs. 3 S. 2 SGG ergibt sich wie bereits angedeutet ferner aus der Gesetzessystematik. § 86a Abs. 3 S. 2 SGG regelt den behördlichen Eilrechtsschutz, § 86b Abs. 1 SGG den gerichtlichen. Zudem bezieht sich § 86a Abs. 3 S. 2 SGG ausdrücklich nur auf die Fälle des § 86a Abs. 2 Nr. 1 SGG. Das teleologische Argument spricht ebenfalls gegen eine analoge Anwendung des § 86a Abs. 3 S. 2 SGG. Die in der Vorschrift normierte Forderung nach ernstlichen Rechtmäßigkeitszweifeln oder einer unbilligen Härte ohne Rücksicht auf die Eilbedürftigkeit wird – von Ausnahmen abgesehen – der Rechtsschutzfunktion des Eilverfahrens nicht gerecht. Denn sie wäre im Wesentlichen nichts anderes als eine allein unter 214

558 Vgl. Schoch/Schneider/Schoch § 80 Rn. 265, 105.
559 BVerfG 8.4.2010 – 1 BvR 2709/09, juris Rn. 21 ff.
560 BVerfG 15.3.2010 – 1 BvR 722/10, juris Rn. 10–12; 8.11.2010 – 1 BvR 722/10, juris Rn. 13.
561 Vgl. BT-Drs. 14/5943, 25, 31.

Orientierung an der prospektiven Rechtmäßigkeit des angegriffenen Verwaltungsakts ausgerichtete, materiell akzessorische Eilentscheidung (ernstliche Rechtmäßigkeitszweifel) oder eine Beschränkung des Eilrechtsschutzes auf atypische Fälle (unbillige Härte) ohne Möglichkeit der Gewichtung der Schwere der drohenden Rechtsverletzung im konkreten Fall. Die Rechtsschutzfunktion gebietet bei entsprechender Schwere der drohenden Rechtsverletzung aber einen Schutz auch bei geringeren Zweifeln an der Rechtmäßigkeit des belastenden Verwaltungsakts und dementsprechend geringeren Erfolgsaussichten in der Hauptsache und einen Schutz, der nicht auf atypische Fälle beschränkt ist.[562] Insbes. eine angemessene Berücksichtigung drohender schwerer Beeinträchtigungen wäre bei genereller Zugrundelegung des auf eben diese Fälle beschränkten Maßstabs des § 86a Abs. 3 S. 2 SGG also nicht möglich. Ein solcher Maßstab wäre daher jedenfalls dann verfassungswidrig, wenn schwere Grundrechtsverletzungen drohen.[563] Die Annahme einer unbilligen Härte setzt atypische Umstände voraus. Gerade für die Fallgruppe der vorläufigen existenzsichernden Leistungen drohen ohne Eilrechtsschutz oft schwere Beeinträchtigungen. Gerade für diesen Bereich würde die Forderung ernstlicher Rechtmäßigkeitszweifel oder einer unbilligen Härte dazu führen, dass Eilrechtsschutz oft zu versagen wäre, obwohl ohne ihn schwere Grundrechtsverletzungen drohen, weil wegen entsprechend hoher Ungewissheit der Hilfebedürftigkeit häufig mehr für die Rechtmäßigkeit der Ablehnung der Leistung sprechen wird als dagegen und ernstliche Rechtmäßigkeitszweifel dementsprechend nicht bejaht werden können.

bb) Beschränkter Anwendungsbereich des § 86a Abs. 3 S. 2 SGG ohne offene Abwägung – Entscheidungsmaßstab in den Fällen des § 86a Abs. 2 Nr. 1 SGG

215 **Muster → Rn. 318 und Checkliste → Rn. 310 für die Fälle des § 86a Abs. 2 Nr. 1 SGG**

Im Folgenden ist zu untersuchen, ob die in § 86a Abs. 3 S. 2 SGG für die behördliche Eilentscheidung geregelten und auf die Fälle des § 86a Abs. 2 Nr. 1 SGG bezogenen Voraussetzungen in diesen Fällen auch für den Richter gelten.

Die *behördliche* Aussetzung der Vollziehung einer Entscheidung über Versicherungs-, Beitrags- und Umlagepflichten soll erfolgen, wenn ernstliche Zweifel an der Rechtmäßigkeit des angegriffenen Verwaltungsaktes bestehen oder wenn die Vollziehung für den Abgaben- oder Kostenpflichtigen eine unbillige Härte zur Folge hätte. Wenn eine behördliche Aussetzungsentscheidung mit dem Entscheidungsmaßstab des § 86a Abs. 3 S. 2 SGG vorliegt, muss sich die *gerichtliche Kontrolle* denknotwendig auf diese von der Behörde richtigerweise zugrunde gelegte Rechtsgrundlage beziehen. Von der Zufälligkeit einer (möglichen) direkten Anrufung des Gerichts oder eines vorgeschalteten behördlichen Aussetzungsverfahrens kann der Entscheidungsmaßstab aber nicht abhängen. Für die Fallgruppe des § 86a Abs. 2 Nr. 1 SGG verstößt dies auch nicht gegen den Verhältnismäßigkeitsgrundsatz. Im Hinblick auf den Zweck des § 86a Abs. 2 Nr. 1 SGG, die Funktionsfähigkeit der sozialen Sicherungssysteme[564] durch sofortige Vollziehbarkeit von Beitragsbescheiden usw zu gewährleisten, erweist es sich nicht als unangemessen, für die Anordnung der aufschiebenden Wirkung bzw. die Aussetzung der sofortigen Vollziehung eine unbillige Härte oder ernsthafte Zweifel an der Rechtmäßigkeit des angegriffenen Verwaltungsakts zu fordern, die Eilbedürftigkeit dann zu vermuten und in allen anderen Fällen Eilrechtsschutz ohne Prüfung der drohenden Beeinträchtigungen abzulehnen. In den Fällen des § 86a Abs. 2 Nr. 1 SGG fungiert daher § 86a Abs. 3 S. 2 SGG auch für das Gericht als Maßstab der Eilentscheidung. Auch das Gericht prüft also (nur), ob ernstliche Zweifel an der Rechtmäßigkeit des angefochtenen Verwaltungsakts

562 BVerfG 12.5.2005 – 1 BvR 569/05, juris Rn. 25 f.; 8.4.2010 – 1 BvR 2709/09, juris Rn. 21 ff.
563 BVerfG 12.5.2005 – 1 BvR 569/05; BVerfG 6.2.2007 – 1 BvR 3101/06.
564 Vgl. zB zur Verlässlichkeit des Abrechnungssystems als eine der Bedingungen für das Funktionieren der vertragsärztlichen Versorgung und damit als besonders wichtiges Allgemeininteresse BVerfG 8.11.2010 – 1 BvR 722/10, juris Ls. 1 b.

gegeben sind oder eine unbillige Härte vorliegt (iE → Rn. 182 ff., 190; Checkliste → Rn. 311; Muster → Rn. 318). Eilbedürftigkeit wird bei Vorliegen der Tatbestandsvoraussetzungen des § 86a Abs. 3 S. 2 SGG von Gesetzes wegen vermutet. Insofern hat der Gesetzgeber für diese Fälle das Verhältnis zwischen Sicherungs- und Rechtsschutzfunktion verbindlich vorgeregelt.

Beispiele: 216

- Zu ernstlichen Zweifel an der Rechtmäßigkeit eines Beitragsbescheids der Krankenkasse über die **Beitragspflicht** nach einem Einkommen oberhalb der **Mindestbemessungsgrundlage** eines freiwillig Krankenversicherten[565]
- Zu den ernstlichen Zweifeln → Rn. 183
- Zur unbilligen Härte → Rn. 184

d) Zwischenergebnis: Gesetzlicher Normbefehl zur offenen Abwägung

In Anfechtungssachen ergibt sich nach alledem aus den Deutungskriterien, dass – von den Fällen 217
des § 86a Abs. 2 Nr. 1 SGG abgesehen – die Entscheidung über die Anordnung der aufschiebenden Wirkung aufgrund einer offenen Abwägung zu ergehen hat. Wie diese Abwägung auszusehen hat, lässt sich anhand der Deutungskriterien nicht ermitteln. Insofern ist eine gesetzesergänzende Auslegung im Wege richterlicher Rechtsfortbildung iSe für die Eilentscheidung in Anfechtungssachen grundlegenden Maßstabsbildung durch Richterrecht durchzuführen (→ Rn. 220). Zunächst soll die Terminologie erläutert werden, die den folgenden Ausführungen zugrunde gelegt wird.

2. Grundlegende Begriffe zur Abwägung

a) Offene und geschlossene Abwägung

Abwägungen sind vor allem auf Prinzipienebene relevante Entscheidungsverfahren zur begründe- 218
ten Festsetzung von Vorrangrelationen unter kollidierenden Argumenten.[566] Die iR des § 86b Abs. 1 S. 1 SGG durchzuführende Abwägung stellt sich als Problem der Rechtsanwendung und Normbegründung dar.[567] Soweit abgewogen wird, geht es hier um Kollisionen von Argumenten im Einzelfall. Zu unterscheiden ist zwischen der Abwägung iR der Subsumtion unter gesetzliche Tatbestandsmerkmale und der Abwägung ohne eine solche Vorregelung. Auch bei der Rechtsanwendung durch Subsumtion unter gesetzliche Tatbestandsmerkmale wird abgewogen, und zwar bei der Gesetzesauslegung und sich widersprechenden Auslegungskriterien sowie zur Feststellung eines Tatbestandsmerkmals anhand eines gesetzlich vorgeschriebenen Beweis- und Überzeugungsgrades. Terminologisch soll die aufgrund einer normativen Vorregelung iR der Subsumtion durchzuführende Abwägung hier als geschlossene Abwägung bezeichnet werden. Dieser geschlossenen Abwägung soll terminologisch eine offene Abwägung gegenübergestellt werden. Die offene Abwägung ist dadurch charakterisiert, dass die Abwägungskriterien nicht durch ein Gesetz vorbestimmt sind.[568] Die Unterscheidung dient der terminologischen Erfassung eines spezifischen Problems des sozialgerichtlichen Eilverfahrens, auf das im Folgenden immer wieder zurückzukommen sein wird, nämlich der „geschlossenen" Abwägung iR des § 86b Abs. 2 S. 2 SGG, etwa bei der Prüfung der unbestimmten Rechtsbegriffe „wesentlicher Nachteil" und „Glaubhaftmachen", und der „offenen" Abwägung in § 86b Abs. 1 S. 1 Nr. 2 SGG, die ohne eine solche Vorregelung durchgeführt wird.

565 LSG NRW 16.1.2007 – L 16 B 79/06 KR ER, juris Rn. 18, 31.
566 Sieckmann ARSP 1994 (80), 227, 238; zu Abwägungen ders. Regelmodelle und Prinzipienmodelle, 229 ff.; Alexy, 77 ff., 143 ff.
567 Vgl. Sieckmann Rechtstheorie (26), 45 ff.; Enderlein, Abwägung in Recht und Moral, 1992; Alexy, 133 ff.
568 Koch, 9.

b) Abwägungsbelange und Abwägungselemente

219 Wenn keine gesetzlichen Vorgaben vorhanden sind, also bei der offenen Abwägung, muss das Gericht selbst für das Eilverfahren spezifische Kategorien bilden, mit denen abgewogen werden kann. Diese abstrakten Kategorien sollen hier als Abwägungselemente bezeichnet werden.[569] Erst die Bildung von solchen Abwägungselementen ermöglicht eine Unterscheidung von für die Abwägung im konkreten Fall beachtlichen und unbeachtlichen Tatsachen. Diese Tatsachen, die im Unterschied zum Hauptsacheverfahren nicht zur vollen Überzeugung des Gerichts feststehen müssen, werden hier als Abwägungsbelange bezeichnet. Bei der offenen Abwägung müssen die für das Eilverfahren spezifischen Abwägungselemente vom Richter festgestellt werden (→ Rn. 241 ff.), was, da es keine normative Vorregelung gibt, nur im Wege der Rechtsfortbildung geschehen kann. Diese Rechtsfortbildung schafft den rechtlichen Rahmen der Abwägung.[570]

3. Maßstabsbildung durch richterliche Rechtsfortbildung

220 **Orientierungshinweis:** In Anfechtungssachen hat – von den Fällen des § 86a Abs. 2 Nr. 1 SGG abgesehen – die Entscheidung über die Anordnung der aufschiebenden Wirkung aufgrund einer offenen Abwägung zu ergehen.

Dass die Entscheidung über die Anordnung der aufschiebenden Wirkung aufgrund einer offenen Abwägung ergeht, konnte durch die Auslegung der §§ 86a und 86b Abs. S. 1 SGG anhand der klassischen Auslegungsregeln nachgewiesen werden. Wie in Anfechtungssachen abzuwägen ist, lässt sich so nicht begründen, weil § 86b Abs. 1 S. 1 SGG keine Voraussetzungen für die Abwägungsentscheidung enthält. Daher ist eine Maßstabsbildung durch Entwicklung der Abwägungsgrundsätze im Wege der richterlichen Rechtsfortbildung durchzuführen. Die Rechtsfortbildung gehört als Methode der Rechtsfindung zu den zentralen Aufgaben des Richters[571] und zu den anerkannten Befugnissen der Fachgerichte.[572] Anders als bei der Gesetzesanwendung bzw. -auslegung geht es bei der richterlichen Rechtsfortbildung um schöpferische Rechtsfindung. Dadurch übt der Richter über den Wortlaut des Gesetzes hinaus gleichsam produktive Kritik am Gesetz[573] und schafft eine eigenständige Legalitätsquelle. Diese Normsetzung im Lückenbereich[574] wirkt zwar nur inter partes.[575] Allgemeine Bedeutung über den Einzelfall hinaus erlangt das Richterrecht aber über die Beachtung der obergerichtlichen Rspr. iSe richterlichen Dogmatik. Die Gerichte dürfen sich bei der Rechtsfortbildung nicht dem vom Gesetzgeber festgelegten Sinn und Zweck des Gesetzes entziehen.[576] Die verfassungsrechtliche Unbedenklichkeit der richterlichen Rechtsfortbildung setzt voraus, dass das Gericht nicht das System der Rechtsordnung verlässt und keinen eigenen rechtspolitischen Willen zur Geltung bringt, sondern lediglich Grundgedanken der von der Verfassung geprägten Grundordnung mit systemimmanenten Mitteln weiterentwickelt.[577] Die Rechtsschöpfung durch Richterrecht ist also nicht frei, sondern

569 Zippelius JZ 1999, 112 (116); JZ 1976, 150 (153).
570 Insofern wird insbes. zu fragen sein, ob der Richter befugt ist, die Abwägungselemente im Wege der Rechtsfortbildung zu benennen und was dabei ggf. zu beachten ist. Vgl. auch Ossenbühl, aaO, 25, 36. Der erste Teil des Abwägungsvorgangs ist nach alledem weit mehr als eine bloße Suchformel (so aber Struck 171, 175).
571 Wenzel NJW 2008, 345 (346); Rüthers JZ 2002, 365; Foerste JZ 2007, 122.
572 Vgl. BVerfG 22.8.2006 – 1 BvR 1168/04, juris Rn. 19; BVerfGE 34, 269 (286 ff.), NJW 1973, 1221 mwN; BVerfGE 37, 67 (81), NJW 1974, 1279; BVerfGE 38, 386 (396), NJW 1975, 968; BVerfGE 49, 304 (318); BVerfGE 65, 182 (190 f.); BVerfGE 96, 375 (394).
573 Zippelius JZ 1976, 150 (152).
574 Rüthers JZ 2006, 53 (59).
575 Zum Richterrecht als Rechtserkenntnisquelle (und nicht als Rechtsquelle) mit Kritik an der traditionellen Methodenlehre Orru ZRP 1989, 441 (443 f.).
576 Dazu BVerfGE 34, 269 (292); 65, 182 (193 f.).
577 BVerfG 11.10.1978 – 1 BvR 84/74, NJW 1979, 305 (307); BVerfGE 34, 269 (292).

durch den Rückgriff auf bestehende gesetzliche Wertungen gebunden, etwa durch verfassungsrechtliche Prinzipien, Gesetzesanalogien oder Umkehrschlüsse.[578] Wichtigste Aufgabe der Rechtsfortbildung ist die Konkretisierung verpflichtender Vorgaben der Verfassung. Bei der Rechtsfortbildung haben die Fachgerichte das materielle Recht aus den allgemeinen Rechtsgrundlagen abzuleiten, die gesetzgeberische Grundentscheidung zu respektieren und den anerkannten Methoden der Gesetzesauslegung zu folgen.[579] Vorliegend geht es um Abwägungsgrundsätze als Maßstab der richterlichen Eilentscheidung in Anfechtungssachen. Zunächst ist die Bedeutung der gesetzgeberischen Grundentscheidung für die gerichtliche Abwägungsentscheidung in Anfechtungssachen zu untersuchen.

4. Abwägungsgrundsätze, die sich aus der gesetzgeberischen Grundentscheidung ergeben

Orientierungshinweis: Bei Eintritt der aufschiebenden Wirkung von Gesetzes wegen (§ 86a Abs. 1 S. 1 SGG) stellt der Richter die aufschiebende Wirkung nur deklaratorisch fest. Bei gesetzesbewirkter Sofortvollziehbarkeit (§ 86a Abs. 2 Nr. 2–4, Abs. 4 SGG) hat der Richter aufgrund einer einzelfallbezogenen Abwägung über den Eilantrag in Anfechtungssachen zu entscheiden. Ergibt bei gesetzesbewirkter Sofortvollziehbarkeit die Abwägung der iR der Amtsermittlung (§ 103 SGG) ermittelten Umstände ein Überwiegen des Aufschubinteresses, hat der Eilantrag Erfolg. In den Fällen der behördlich angeordneten Sofortvollziehbarkeit (§ 86a Abs. 2 Nr. 5 SGG) hat der Eilantrag Erfolg, wenn die Abwägung der iR der Amtsermittlung (§ 103 SGG) ermittelten Umstände kein Überwiegen des Vollziehbarkeitsinteresses ergibt. In die Abwägung sind stets die Abwägungselemente des prospektiven Hauptsacheerfolgs und der ohne Eilrechtsschutz drohenden Beeinträchtigungen und damit auch die gedachten Folgen bei Stattgabe und Ablehnung des Eilantrags einzustellen. Die im angefochtenen Verwaltungsakt vorgesehene Belastung des Antragstellers fließt grundsätzlich nicht in die Abwägung ein, es sei denn, der Verwaltungsakt ist mit hoher Wahrscheinlichkeit rechtswidrig. 221

Rechtsgrundlage für die sozialgerichtliche Abwägungsentscheidung in Anfechtungssachen ist § 86b Abs. 1 S. 1 SGG. Fraglich ist, welche Bedeutung die gesetzgeberische Grundentscheidung für oder gegen die aufschiebende Wirkung in § 86a Abs. 1 bzw. Abs. 2, 4 SGG in Verbindung mit den dort in Bezug genommenen materiellrechtlichen Regelungen für die im konkreten Fall auf der Grundlage des § 86b Abs. 1 S. 1 SGG zu treffende Abwägungsentscheidung hat.

a) Kein Abwägungsgebot bei deklaratorischer Feststellung der aufschiebenden Wirkung im konkreten Fall

S. a. → Rn. 195 f.; Muster → Rn. 319; Checkliste → Rn. 311

Nach der gesetzgeberischen Grundentscheidung setzt der Eintritt der aufschiebenden Wirkung 222 von Gesetzes wegen gem. § 86a Abs. 1 S. 1 SGG grundsätzlich nur voraus, dass gegen einen Verwaltungsakt ein Rechtsbehelf eingelegt wurde und kein Fall des § 86a Abs. 2, 4 SGG gegeben ist. Eine richterliche Entscheidung ist in diesen Fällen für den Eintritt der aufschiebenden Wirkung grundsätzlich nicht nötig. Für die gerichtliche (deklaratorische) Feststellung der von Gesetzes wegen (§ 86a Abs. 1 S. 1 SGG) eingetretenen aufschiebenden Wirkung sah der Gesetzgeber überhaupt kein Regelungsbedürfnis. Die an das Gesetz gebundene Behörde wird sich idR auch an § 86a Abs. 1 S. 1 SGG halten. Ist dies nicht der Fall, kann ein Rechtsschutzbedürfnis für ge-

578 Wenzel NJW 2008, 345 (346).
579 BVerfG 12.11.1997 – 1 BvR 479/92, 1 BvR 307/94, juris Ls. 1 b–d BVerfGE 96, 375 (395). Insofern, nicht aber hinsichtlich der einfachrechtlichen Stichhaltigkeit der von den Fachgerichten angewandten Methoden der Rechtsfindung, findet eine Kontrolle durch das BVerfG statt.

richtliche Klarstellung bestehen, etwa wenn die Auffassungen zum Regelungsbereich der Vorschrift bei einer Aufhebung einer bewilligten Leistung zum Lebensunterhalt nach § 27 SGB XII divergieren.[580] Das Gericht stellt dann nach § 86b Abs. 1 S. 1 Nr. 2 SGG analog fest, was ohnehin von Gesetzes wegen gilt. Da nur die gesetzgeberische Entscheidung wiederholt wird, findet eine gerichtliche Abwägung von Aufschub- und Vollziehungsinteresse nicht statt.

b) Abwägungsgrundsatz: Beachtung der gesetzgeberischen Grundentscheidung bei konstitutiver Anordnung der aufschiebenden Wirkung

S. a. Muster → Rn. 313; Checkliste → Rn. 306.

223 Für die Fälle des § 86a Abs. 2, 4 SGG statuiert der Gesetzgeber iSe generalisierenden Interessenabwägung zunächst ebenfalls ohne richterlichen Entscheidungsakt einen von Gesetzes wegen greifenden Vorrang des öffentlichen Vollzugsinteresses („Entfallen der aufschiebenden Wirkung"). Gem. § 86b Abs. 1 S. 1 Nr. 2 SGG kann der Richter in den Fällen des § 86a Abs. 2, 4 SGG im konkreten Fall auf Antrag die aufschiebende Wirkung anordnen. Weitere Tatbestandsvoraussetzungen enthält § 86b Abs. 1 S. 1 Nr. 2 SGG nicht. Die Vorschrift beschränkt sich darauf, unter Inbezugnahme der Fälle, in denen der Rechtsbehelf von Gesetzes wegen keine aufschiebende Wirkung hat (§ 86a Abs. 2, 4 SGG), den Bereich zu beschreiben, in dem der Richter (im Gegensatz zu dem von § 86a Abs. 1 SGG erfassten Bereich) eine konstitutive (und nicht nur deklaratorische) Entscheidung über die Anordnung der aufschiebenden Wirkung treffen „kann" (zur Bedeutung des „kann" → Rn. 210). Für diese Fälle stellt sich die Frage, welche Bedeutung die gesetzgeberische Grundentscheidung gegen die aufschiebende Wirkung für die Eilentscheidung im konkreten Fall hat,[581] insbes. ob das gesetzesbewirkte Entfallen der aufschiebenden Wirkung eine „steuernde" Wirkung für die gerichtliche Eilentscheidung hat. Das ist anhand der anerkannten Methoden der Rechtsanwendung zu untersuchen.

aa) Bedeutung der gesetzgeberischen Grundentscheidung in § 86a Abs. 2 Nr. 2–4, Abs. 4 SGG für die richterliche Eilentscheidung

(1) Grammatikalisches Argument

224 Das grammatikalische Argument spricht weder dafür noch dagegen, dass die gesetzgeberische Grundentscheidung die richterliche Eilentscheidung grundsätzlich steuert. Der Wortlaut des § 86b Abs. 1 SGG („Das Gericht ... kann ... anordnen") iVm § 86a Abs. 2, 4 SGG bietet keinen Anhaltspunkt für oder gegen eine richterlich anzuordnende aufschiebende Wirkung oder Sofortvollziehbarkeit. Die in § 86b Abs. 1 S. 1 Nr. 1 und 2 SGG in Bezug genommenen „Fälle, in denen Widerspruch oder Anfechtungsklage (keine) aufschiebende Wirkung haben", bezeichnen lediglich den Anwendungsbereich der jeweils in Betracht kommenden gerichtlichen Eilentscheidung. § 86a Abs. 2, 4 SGG schränkt nach dem Wortlaut lediglich den mit § 86a Abs. 1 SGG gesetzbewirkten (und nicht nach § 86b SGG zu gewährenden richterlichen) Eilrechtsschutz ein. Die Bedeutung des „kann" wurde bereits geklärt (→ Rn. 210).

580 Die Feststellung erfolgt nach Subsumtion unter die Tatbestandsmerkmale des § 86a Abs. 1 S. 1 SGG „Widerspruch und Anfechtungsklage" und in diesem Zusammenhang unter das für die Statthaftigkeit dieser Rechtsbehelfe vorauszusetzende Merkmal „Verwaltungsakt" samt Feststellung seines Regelungsgehalts nach Klärung der Frage, wie weit etwa eine Bewilligung von Hilfe zum Lebensunterhalt reichte, also ob es sich um einen Dauerverwaltungsakt handelt (s. a. → Rn. 74, 535).

581 Vgl. zB MKLS/Keller SGG § 86b Rn. 12c (Regel-Ausnahmeverhältnis zuungunsten des Suspensiveffekts); zu § 80 Abs. 2 VwGO BVerwGE 123, 241 (244); Kopp § 80 Rn. 114; vgl. aber auch BVerwG NVwZ-RR 2002, 153: Gesetzlicher Ausschluss der aufschiebenden Wirkung heiße nicht, dass Vollzugsinteresse bereits kraft Gesetzes Vorrang habe. Gegen eine gesetzliche Vermutung Schoch/Schneider/Schoch Vorb. § 80 Rn. 12 (Gebot eines ausgewogenen Rechtsschutzes); Schoch/Schneider/Schoch § 80 Rn. 28 f. (zum grundsätzlichen Verhältnis zwischen aufschiebender Wirkung und Anordnung der sofortigen Vollziehung); Windoffer, 81 ff.; Schoch, Vorläufiger Rechtsschutz, S. 1128.

(2) Systematisches Argument

Die Systematik der §§ 86a und 86b SGG spricht gegen eine grundsätzlich steuernde Wirkung der gesetzgeberischen Grundentscheidung (→ Rn. 226). Die gesetzgeberische Entscheidung für die Sofortvollziehbarkeit bestimmter belastender Verwaltungsakte spricht dagegen dafür, dass diese Grundentscheidung auch bei der Abwägungsentscheidung des Gerichts zu berücksichtigen ist und besondere Gründe zugunsten des Betroffenen erforderlich macht, um hiervon abzuweichen (→ Rn. 227).[582] 225

(a) Rechtsgrundlage der richterlichen Eilentscheidung ist § 86b Abs. 1 S. 1 Nr. 2 SGG. Danach hat der Richter auf Antrag des Antragstellers aufgrund der konkreten Umstände des Einzelfalles zu prüfen, ob vom Antragsteller vorgetragene oder durch Amtsermittlung (§ 103 SGG) bekannt gewordene Umstände ein Überwiegen des Aufschubinteresses begründen. Der Eilrechtsschutz in Anfechtungssachen ist aufgeteilt in einen gesetzesbewirkten (§ 86a Abs. 1, 2 und 4 SGG), einen behördlichen (§ 86a Abs. 3 SGG) und einen gerichtlichen (§ 86b SGG) Eilrechtsschutz, wobei es dem Bürger freisteht, gleich das Gericht anzurufen oder bei der Behörde einen Eilantrag zu stellen. § 86a Abs. 1, 2 und 4 SGG regelt im vorgenannten Sinn den gesetzlichen einstweiligen Rechtsschutz, § 86b SGG den gerichtlichen, und zwar antragsabhängig und nur für die Fälle des § 86a Abs. 2, 4 SGG (vgl. § 86b Abs. 1 S. 1 Nr. 2 SGG: „in den Fällen, …").[583] Bis zum Eingang des Eilantrags bei Gericht kommt § 86b Abs. 1 S. 1 SGG wegen der Antragsabhängigkeit des Eilverfahrens gar nicht zum Tragen,[584] es bleibt bei dem in § 86a Abs. 2, 4 SGG enthaltenen Gesetzesbefehl der Sofortvollziehbarkeit. Bis zu der daraufhin ergehenden gerichtlichen Eilentscheidung und nur solange hat die gesetzesbewirkte Sofortvollziehbarkeit in den Fallgruppen des § 86a Abs. 2, 4 SGG[585] von Gesetzes wegen ohne Prüfung des Einzelfalls zunächst ein Übergewicht. Die richterliche Eilentscheidung ergeht dann aufgrund des vom Gericht von Amts wegen aufgeklärten Sachverhalts (zu den Mitwirkungspflichten → Rn. 279 ff.). iR des auch für Anfechtungssachen geltenden Untersuchungsgrundsatzes (§ 103 SGG).[586] Die Gesetzessystematik in Verbindung mit dem Untersuchungsgrundsatz sprechen also für eine Abwägung im konkreten Fall und insofern gegen eine steuernde Wirkung des gesetzesbewirkten Entfallens der aufschiebenden Wirkung (§ 86a Abs. 2, 4 SGG) für die richterliche Abwägungsentscheidung im Einzelfall. 226

(b) Eine andere Frage ist es, nach welchen Grundsätzen die Abwägung im Einzelfall zu erfolgen hat. Dies wird später noch iE zu untersuchen sein (→ Rn. 234 ff.). Im vorliegenden Kontext ist hervorzuheben, dass der in Art. 19 Abs. 4 S. 1 GG verankerte Anspruch des Bürgers die Gerichte verpflichtet, bei ihrer Entscheidungsfindung diejenigen Folgen zu erwägen, die mit der Versagung 227

582 So BayLSG 16.7.2009 – L 7 AS 368/09 B ER, juris Rn. 28, das dann aber die BVerfG angenommene Vortragslast der Beteiligten zu den besonderen Umständen des Einzelfalls ablehnt, weil sich diese Entscheidung des BVerfG 10.10.2003 – 1 BvR 2025/03, juris Rn. 21, nicht auf existenzsichernde Leistungen, sondern auf einen Eingriff in die Berufsfreiheit nach Art. 12 Abs. 1 GG durch Untersagung von Bankgeschäften bezogen habe und bei einer erheblichen Entziehung existenzsichernder Leistungen grundrechtliche Belange stärker betroffen seien als bei einem Eingriff in die Berufsfreiheit.

583 Die Bedeutung des Antrags und die Verlagerung der konkreten Interessenbewertung in das gerichtliche Verfahren heben zB hervor BayLSG 23.12.2009 – L 8 AS 815/09 B ER, juris Rn. 9; LSG LSA 12.1.2009 – L 5 B 94/08 AS ER, juris Rn. 25; 19.1.2011 – L 5 AS 452/10 B ER, juris Rn. 38; zu § 80 VwGO BVerwG 17.9.2001 – 4 VR 19/01 mwN.

584 In den Zeitraum greift die später ergehende Eilentscheidung allenfalls bei sog. Nachholbedarf ein (s. a. → Rn. 348 ff).

585 Während der Dauer des gerichtlichen Eilverfahrens kommt allenfalls ein sog. Hängebeschluss in Betracht (→ Rn. 488 ff.).

586 Vgl. MKLS/Keller SGG § 86b Rn. 16a; Plagemann Rn. 264; Schmidt SGb 1980, 510 (513); zur VwGO Schoch, Vorläufiger Rechtsschutz, S., 1646 f.; Schoch/Schneider/Schoch § 123 Rn. 62, 95.

vorläufigen Rechtsschutzes für den Bürger verbunden sind.[587] Diese Folgen hat der Gesetzgeber aber partiell gerade in pauschalisierender Weise geregelt, indem er unter bestimmten, im materiellen Sozialrecht näher bezeichneten Bedingungen eine belastende Folge normiert und im Prozessrecht diese Folge in § 86a Abs. 2, 4 SGG mit sofortiger Geltung versieht, etwa mit der in den §§ 31 ff. SGB II vorgesehenen Möglichkeit einer vollständigen Streichung des Arbeitslosengeldes II für drei Monate bei näher bezeichneten Pflichtverletzungen mit sofortiger Wirkung (§ 86b Abs. 2 Nr. 4 SGG, § 39 SGB II). Dies spricht dafür, dass solche Folgen bei der richterlichen Abwägung nicht zugunsten des Antragstellers berücksichtigt werden dürfen.[588] Die Einzelfallentscheidung stünde sonst im Widerspruch zu der gesetzgeberischen Grundentscheidung.[589] Grundsätzlich sollen also nach der gesetzgeberischen Grundentscheidung die regelmäßigen gesetzlich vorgesehenen und gem. § 86a Abs. 2, 4 SGG sofort geltenden Folgen bei der richterlichen Folgenabwägung nicht zugunsten des Antragstellers ins Gewicht fallen. Für einen Erfolg des Eilantrags bedarf es also über die von Gesetzes wegen sofort geltende Folge hinausgehende Beeinträchtigungen von entsprechender Schwere. Liegen solche Folgen nicht vor, steuert die gesetzgeberische Grundentscheidung die richterliche Abwägungsentscheidung, weil die regelmäßigen von Gesetzes wegen sofort geltenden Folgen eben hinzunehmen sind. Drohen dem Antragsteller ohne Eilrechtsschutz über die gesetzlich vorgesehene Belastung hinausgehende, den Antragsteller belastenden Folgen, sind diese Folgen in der richterlichen Abwägungsentscheidung zu seinen Gunsten zu berücksichtigen.

Beispiel: Das Jobcenter hat auf der Grundlage der § 48 SGB X, §§ 31a und 31b SGB II die Bewilligung des Arbeitslosengeldes II wegen Pflichtverletzungen aufgehoben. Ist nach den gerichtlichen Ermittlungen im Eilverfahren die Aufhebung wahrscheinlich rechtmäßig und gibt es keine Anhaltspunkte für über die gesetzliche Folge der sofortigen Minderung des Arbeitslosengeldes hinausgehende, den Antragsteller belastende Folgen, hat der Eilantrag keinen Erfolg, es bleibt bei der gesetzlich vorgesehenen Rechtsfolge. Treten beim Antragsteller durch die Aufhebung und Minderung über die regelmäßige Folge der gesetzlichen Anordnung des Sofortvollzugs hinausgehende Folgen ein, zB wegen einer Erkrankung oder wegen gravierender Folgen für durch die Minderung betroffene Kinder, sind diese Folgen bei der Abwägung zugunsten des Antragstellers zu berücksichtigen (Bsp. → Rn. 314).

228 Von dem genannten Grundsatz muss aber bei wahrscheinlicher Rechtswidrigkeit des belastenden Verwaltungsakts abgewichen werden. Denn der Gesetzgeber geht davon aus, dass die materiellrechtlichen Voraussetzungen für den (sofortigen) Eintritt der belastenden Folge gegeben sind, also etwa eine Pflichtverletzung nach § 31 SGB II vorliegt. Die nach der gesetzgeberischen Grundentscheidung sofort geltende Folge geht von der Rechtmäßigkeit des in der Hauptsache fraglichen Verwaltungsakts und einem Unterliegen des Antragstellers in der Hauptsache aus. Die Gewichtung der regelmäßigen gesetzlich vorgesehenen Folgen in der richterlichen Abwägung hängt also wiederum von der Wahrscheinlichkeit des Hauptsacheerfolgs ab. Ist diese Wahrscheinlichkeit niedrig, bleibt es bei dem oben dargestellten Grundsatz der steuernden Wirkung der gesetzgeberischen Grundentscheidung. Ist die Wahrscheinlichkeit des Hauptsacheerfolgs dagegen hoch, weil der fragliche Verwaltungsakt wahrscheinlich rechtswidrig ist, können

587 Vgl. BVerfG 8.4.2010 – 1 BvR 2709/09; BVerfG 25.7.1996 – 1 BvR 638/96, juris Rn. 15; BVerfGE 35, 382 (402); 65, 1, 70; 67, 43, 58; 69, 315, 363; 79, 69, 74; Insofern lassen sich systematisches und teleologisches Kriterium nicht trennen.

588 Vgl. BVerfG 10.10.2003 – 1 BvR 2025/03, juris Rn. 21: Die Folgen, die sich für den Antragsteller mit dem Sofortvollzug verbinden, (seien) nur insoweit beachtlich, als sie nicht schon als regelmäßige Folge der gesetzlichen Anordnung des Sofortvollzugs in der gesetzgeberischen Grundentscheidung Berücksichtigung gefunden haben.

589 BVerfG 10.10.2003 – 1 BvR 2025/03, juris Rn. 21, verlangt (zu § 80 VwGO) besondere Umstände, um von dem grds. angeordneten Vorrang des Vollziehungsinteresses abweichen zu können, meint aber auch die grundsätzliche Nichtberücksichtigung der regelmäßigen Folge der gesetzlichen Anordnung des Sofortvollzugs in der gesetzgeberischen Grundentscheidung, vgl. BVerfG, aaO, Ls. 3 c und Rn. 22; s. zur VwGO Finkelnburg/Dombert/Külpmann VorlRS Rn. 991 f.: gesetzgeberische Vorprägung.

auch die nach der gesetzgeberischen Entscheidung sofort geltenden Folgen zugunsten des Antragstellers ins Gewicht fallen.[590]

(3) Teleologisches Argument

Zweck des § 86b Abs. 1 S. 1 SGG, der die in § 86a Abs. 2, 4 SGG genannten Fälle in Bezug nimmt, ist die Verhinderung von im Einzelfall bis zur Hauptsacheentscheidung drohenden Rechtsverletzungen. Dieses Rechtsschutzziel des Antragstellers ist schon aus verfassungsrechtlichen Gründen (Art. 19 Abs. 4 GG, s. a. → Rn. 461, 468 f.) Ausgangspunkt der richterlichen Prüfung.[591] Das teleologische Argument verbietet es daher, bei der Interessenabwägung von einem Ausnahmecharakter der aufschiebenden Wirkung auszugehen.[592] Erforderlich ist eine Gesamtwürdigung der Umstände des Einzelfalls, insbes. der konkreten Folgen, nach gerichtlicher Sachverhaltsaufklärung.[593] Die bei der richterlichen Abwägungsentscheidung zu berücksichtigenden Folgen wurden insofern bereits beim systematischen Auslegungskriterium (→ Rn. 225 ff.) beleuchtet, als es um die von Gesetzes wegen sofort geltende Folge geht. In der Gesamtschau muss das Gericht die drohenden Rechtsverletzungen des Antragstellers, insbes. eine Verletzung der grundgesetzlichen Gewährleistung, auch wenn sie nur möglich erscheint oder nur zeitweilig andauert, unter Beachtung der gesetzgeberischen Grundentscheidung in die Abwägung einstellen.[594] Die Bedeutung der gesetzgeberischen Grundentscheidung wird wiederum durch die prospektive Rechtswidrigkeit des angegriffenen Verwaltungsakts relativiert. Die nach dem gesetzgeberischen Willen mit sofortiger Wirkung eintretende Folge kann bei dessen wahrscheinlicher Rechtswidrigkeit entgegen der gesetzgeberischen Grundentscheidung zugunsten des Antragstellers ins Gewicht fallen (→ Rn. 228), was die Effektivität des Rechtsschutzes erhöht. 229

(4) Zwischenergebnis

Geboten ist nach alledem auch in Anfechtungssachen eine im jeweiligen Einzelfall effektiven Rechtsschutz gewährleistende Abwägung iR einer offenen Eilentscheidung unter Beachtung, insbes. richtiger Gewichtung, der aus den verfassungsrechtlich fundierten Funktionen des Eilverfahrens und der gesetzgeberischen Grundentscheidung abgeleiteten Abwägungselemente.[595] Die Annahme eines Regel-Ausnahme-Verhältnisses mit der gesetzesbewirkten Sofortvollziehbarkeit als Regel und der gerichtlich bewirkten aufschiebenden Wirkung als Ausnahme[596] findet im Gesetzeswortlaut der Rechtsgrundlage der *richterlichen* Eilentscheidung keine Stütze und lässt sich auch sonst nicht aus den anerkannten Methoden der Rechtsanwendung herleiten. Die gesetzgeberische Grundentscheidung wirkt sich aber dahin gehend aus, dass die nach der gesetzgeberischen Grundentscheidung sofort geltende Folge bei der richterlichen Abwägungsentscheidung grundsätzlich nicht zugunsten des Antragstellers ins Gewicht fällt. Auch insofern spielt aber die wahrscheinliche Rechtmäßigkeit des belastenden Verwaltungsakts eine Rolle. Bei wahrscheinlicher Rechtswidrigkeit des angegriffenen Verwaltungsakts kann auch die nach der gesetzgeberischen Grundentscheidung sofort geltende Folge zugunsten des Antragstellers berücksichtigt werden. Dies steht nicht im Widerspruch zur Grundentscheidung des Gesetzgebers, weil dieser von 230

590 Ähnl. BayLSG 16.7.2009 – L 7 AS 368/09 B ER, juris Rn. 29.
591 BVerfG 12.5.2005 – 1 BvR 569/05, juris Rn. 25 f. mwN.
592 IdS BVerfG 20.12.1979 – 1 BvR 385/77, juris Rn. 73: Eine Interessenabwägung im Eilverfahren ist namentlich dann als grds. unrichtige Auffassung von der Bedeutung eines Grundrechts und des daraus folgenden Anspruchs auf effektiven Rechtsschutz zu beanstanden, wenn dadurch der als Regel vorgesehene Suspensiveffekt der Anfechtungsklage zur Ausnahme wird.
593 BVerfG 27.10.2009 – 1 BvR 1876/09, juris Ls. 2a und Rn. 14.
594 BVerfG 12.5.2005 – 1 BvR 569/05, juris Rn. 26.
595 BVerfG 12.5.2005 – 1 BvR 569/05; BVerfG 6.2.2007 – 1 BvR 3101/06; 27.5.1998 – 2 BvR 378/98, juris Os. 2a = Rn. 17; 13.6.1979 – 1 BvR 699/77.
596 So zB MKLS/Keller SGG § 86b Rn. 12c.

der Rechtmäßigkeit des Verwaltungsakts ausgegangen ist. Über die gesetzlich vorgesehene Folge hinausgehende Beeinträchtigungen sind stets in die Abwägung einzustellen. Ansonsten wäre die richterliche Eilentscheidung auf eine Grenzkorrektur unter Verletzung der Rechtsschutzfunktion des § 86b SGG reduziert. Das pauschale und deshalb starre materielle Verteilungsprinzip des § 86a Abs. 2, 4 SGG würde in den Einzelfall hinein transportiert,[597] was mit Art. 19 Abs. 4 GG nicht in Einklang zu bringen ist. Der dort geregelte effektive Rechtsschutz verlangt ein Abwägen der im Wege der Amtsermittlung aufgeklärten Umstände des konkreten Falles als Gegengewicht zu der pauschalierten Abwägung des Gesetzgebers mit der Maßgabe, dass die gesetzgeberische Grundentscheidung die für den Einzelfall zu treffende Abwägungsentscheidung insofern steuert, als die regelmäßig gesetzlich vorgesehene Folgen grundsätzlich nicht zugunsten des Antragstellers ins Gewicht fällt.

bb) Kritik an der Rechtsprechung des Bundesverfassungsgerichts zu anderen Fachgebieten

231 Im Zusammenhang mit dem Eilrechtsschutz gegen Untersagungs- und Abwicklungsverfügungen der Bundesanstalt für Finanzdienstleistungsaufsicht im Bereich von Eigenhandel und Finanzkommissionsgeschäften hat das BVerfG die Auffassung geäußert,[598] der Gesetzgeber habe einen grundsätzlichen Vorrang des Vollziehungsinteresses angeordnet und es bedürfe deshalb besonderer Umstände, um eine hiervon abweichende Entscheidung zu rechtfertigen. Danach seien, wenn sich schon der Gesetzgeber für den Sofortvollzug entschieden habe, die Gerichte – neben der Prüfung der Erfolgsaussichten in der Hauptsache – zu einer Einzelfallbetrachtung grundsätzlich nur im Hinblick auf solche Umstände angehalten, die von den Beteiligten vorgetragen werden und die Annahme rechtfertigen können, dass im konkreten Fall von der gesetzgeberischen Grundentscheidung ausnahmsweise abzuweichen sei. Der Antragsteller müsse die Wertung des Gesetzgebers mit Besonderheiten seiner Situation entkräften und Wege aufzeigen, die gleichwohl den öffentlichen Belangen noch Rechnung tragen. Diese Überlegungen stehen im Widerspruch zu den Grundsätzen, die das BVerfG zur sozialgerichtlichen Eilentscheidung vorgegeben hat (→ Rn. 232; → Rn. 468 f.).

Das BVerfG hat die oben genannte, zur VwGO geäußerte Auffassung auch selbst in überzeugender Weise entkräftet. Im Zusammenhang mit der Anordnung der sofortigen Vollziehung des Ruhens einer Approbation und der Einziehung der Approbationsurkunde hat es zu Fällen, die ebenfalls im Bereich der VwGO angesiedelt sind, ausgeführt, der Rechtsschutzanspruch könne nur zugunsten überwiegender öffentlicher Belange einstweilen zurückgestellt werden, um unaufschiebbare Maßnahmen im Interesse des allgemeinen Wohls rechtzeitig in die Wege zu leiten.[599] Ob überwiegende öffentliche Belange es rechtfertigen, den Rechtsschutzanspruch des Betroffenen einstweilen zurückzustellen, hänge insbes. davon ab, ob eine weitere Berufstätigkeit konkrete Gefahren für wichtige Gemeinschaftsgüter befürchten lasse. Die Annahme einer konkreten Gefahr werde nicht mit hinreichend konkreten Tatsachen begründet. Zudem verkenne das Verwaltungsgericht die Feststellungslast (zulasten des Antragstellers, Anm. des Verf.).[600] Die angegriffene Entscheidung verfehle überdies den Abwägungsmaßstab. Bei der Folgenabwägung seien die konkreten Nachteile für die Allgemeinheit bei einem Aufschub des

597 Für ein Entfallen der aufschiebenden Wirkung „nur in Ausnahmefällen" zB LSG Nds 30.9.2002 – L 4 KR 122/02 ER, NZS 2003, 333 f. Vgl. zur VwGO Schoch, Vorläufiger Rechtsschutz, S. 1123 f., 1133 ff.: In § 80 VwGO verankertes Verteilungsprinzip, das die aufschiebende Wirkung zur Regel erhebt; auch Schoch warnt aber vor einer Überinterpretation des Regel-Ausnahme-Verhältnisses (S. 1148); zum Versagen des Regel-Ausnahme-Gedankens bei den konfligierenden Privatinteressen im dreiseitigen Verwaltungsrechtsverhältnis Schoch/Schneider/Schoch § 80a Rn. 61.

598 BVerfG 10.10.2003 – 1 BvR 2025/03, juris Rn. 21 → Rn. 634.

599 BVerfG 19.12.2007 – 1 BvR 2157/07, juris Rn. 36.

600 BVerfG 19.12.2007 – 1 BvR 2157/07, juris Rn. 24.

Vollzugs, wenn sich die Anordnung des Ruhens der Approbation nachträglich als rechtmäßig erweise, den konkreten Folgen des Sofortvollzugs für den Beschwerdeführer, wenn sich die Ruhensanordnung nachträglich als rechtswidrig erweisen sollte, gegenüber zu stellen.[601] Es sei iR der Folgenabwägung durch entsprechende Gewichtung der widerstreitenden Interessen zu berücksichtigen, welche Gefahren drohen.[602] Diese Entscheidung zeigt, dass ein Abweichen von der Dogmatik, nach der je nach Schutzbedürftigkeit des Antragstellers eine Gewichtung der Folgen einer stattgebenden und ablehnenden Eilentscheidung unter besonderer Berücksichtigung der ohne Eilrechtsschutz drohenden Rechtsverletzungen vorzunehmen ist, auch für den Bereich der VwGO nicht geboten ist: Droht bei Anwendung der einfachgesetzlichen Vorschriften der VwGO eine Verletzung des Verhältnismäßigkeitsgrundsatzes, ist eine am Rechtsschutzziel orientierte, einzelfallbezogene richterliche Abwägung durchzuführen; bei der Abwägung sind zunächst die Schwere und Eintrittswahrscheinlichkeit der ohne Eilrechtsschutz drohenden Beeinträchtigungen festzustellen. Mit dieser Dogmatik lassen sich auch Fälle wie der oben dargestellte aus dem Bereich der Finanzdienstleistungsaufsicht sachgerecht lösen. Das BVerfG ging in diesem Fall zur Finanzdienstleistungsaufsicht offenbar davon aus, dass bei dem angestrebten Eilrechtsschutz gegen die fragliche Untersagungs- und Abwicklungsverfügung im Bereich von Eigenhandel und Finanzkommissionsgeschäften für den Antragsteller keine schwerwiegenden Rechtsverletzungen drohen, falls der Eilantrag erfolglos bleibt.

Im Bereich des Sozialrechts und insbes. im Bereich der Grundsicherungsleistungen drohen ohne Eilrechtsschutz nicht selten schwere Beeinträchtigungen. Zur Bedeutung der Schwere der Beeinträchtigung und deren Eintrittswahrscheinlichkeit für die fachgerichtliche Abwägung führt das BVerfG in seinem Beschluss vom 12.5.2005[603] in anschaulicher Weise aus, dass ausgehend vom Rechtsschutzziel des Antragstellers eine umfassende Güter- und Folgenabwägung durchzuführen sei und eine Verletzung der grundgesetzlichen Gewährleistungen, zB der Wahrung der Würde des Menschen, verhindert werden müsse, auch wenn sie nur möglich erscheine oder nur zeitweilig andauere. Auch in einem Beschluss des BVerfG 6.2.2007 – 1 BvR 3101/06, in dem es um die vorläufige Zuerkennung von Medikamenten zur Vermeidung einer möglichen Verletzung des Grundrechts des Art. 2 Abs. 2 GG ging, gab das Verfassungsgericht zu erkennen, dass für einen Erfolg des Eilantrags des Antragstellers die Möglichkeit des Eintritts entsprechend schwerer Beeinträchtigungen sowie die Möglichkeit eines Hauptsacheerfolgs ausreichen kann. 232

Zahlreiche Entscheidungen zeigen, dass das BVerfG eine Dogmatik der fachgerichtlichen Eilentscheidung bevorzugt, die ausgehend vom Rechtsschutzziel zuerst die ohne Eilrechtsschutz drohenden Beeinträchtigungen des Antragstellers in den Blick nimmt und dann je nach Schutzbedürftigkeit die Folgen einer stattgebenden und ablehnenden Eilentscheidung berücksichtigt.[604] Die in der eingangs dargestellten Entscheidung des BVerfG[605] anklingenden, hiervon scheinbar abweichenden Überlegungen irritieren insofern zwar. Nach den meisten einschlägigen bundesverfassungsgerichtlichen Entscheidungen stellt sich die fachgerichtliche Eilentscheidung in Anfechtungssachen aber als einzelfallbezogene richterliche Abwägungsentscheidung mit den Ausgangspunkten Schwere und Eintrittswahrscheinlichkeit der ohne Eilrechtsschutz drohenden 233

601 BVerfG 19.12.2007 – 1 BvR 2157/07, juris Rn. 31.

602 BVerfG 19.12.2007 – 1 BvR 2157/07, juris Rn. 34 aE.

603 BVerfG 12.5.2005 – 1 BvR 569/05, juris Rn. 26. Es kann ausreichen, dass ohne die Gewährung vorläufigen Rechtsschutzes schwere und unzumutbare, anders nicht abwendbare Beeinträchtigungen entstehen *können*, vgl. BVerfG 12.5.2005 – 1 BvR 569/05 Ls. 2a.

604 Vgl. auch BayLSG 16.7.2009 – L 7 AS 368/09 B ER, juris Rn. 30, wo die im Beschluss des BVerfG 10.10.2003 – 1 BvR 2025/03, juris Rn. 22 angenommene Vortragslast der Beteiligten zu den besonderen Umständen des Einzelfalls im sozialgerichtlichen Verfahren allenfalls in den Fällen anwaltlicher Vertretung für vertretbar gehalten wird.

605 BVerfG 10.10.2003 – 1 BvR 2025/03, juris Rn. 21 → Rn. 634.

Rechtsverletzungen dar. Dies gilt für die hier untersuchten Anfechtungssachen aus den genannten Gründen ohne Einschränkungen (zu Vornahmesachen → Rn. 381 ff.). Für Anfechtungssachen folgt zugleich, dass die dem Eilantrag des Antragstellers stattgebende Eilentscheidung keinen Ausnahmecharakter hat. Eine andere Frage ist - wie ausgeführt - die steuernde Wirkung der gesetzgeberischen Grundentscheidung, falls sich nach Aufklärung des Sachverhalts keine für den Antragsteller sprechenden Umstände, insbes. keine hohe Wahrscheinlichkeit der Rechtswidrigkeit des fraglichen Verwaltungsakts feststellen lassen.

c) Die Bedeutung der gesetzgeberischen Grundentscheidung nach Aufklärung des Sachverhalts bei Gleichgewicht der Interessen

234 Auch wenn genauso viel für das Aufschub- wie für das Vollziehungsinteresse spricht, bleibt es in den Fällen des § 86a Abs. 2 Nr. 2–4, Abs. 4 SGG bei der gesetzlich festgelegten Bewertung der Interessen, weil die richterliche Abwägungsentscheidung dann eben nicht zugunsten des Antragstellers von der gesetzgeberischen Grundentscheidung abweicht. Die gesetzgeberische Grundentscheidung ist dabei keine objektive Beweislast im rechtstechnischen Sinne.[606] Denn in Bezug auf die einzelne Tatsache ist eine Beweislastentscheidung in Anfechtungssachen ausgeschlossen, weil eine Tatsache nur mit bloßer Möglichkeit gegeben sein muss, um in der Abwägungsentscheidung Berücksichtigung zu finden (→ Rn. 249). Ist nicht einmal diese Möglichkeit feststellbar, fließt die Tatsache nicht in die Abwägungsentscheidung ein. Ist sie feststellbar, wird die Tatsache mit entsprechender Gewichtung berücksichtigt (vgl. für § 86a Abs. 2 Nr. 5 SGG → Rn. 238 aE).

d) Abwägungsgrundsatz: Gesetzgeberische Grundentscheidung für ein besonderes öffentliches Interesse an der sofortigen Vollziehbarkeit als zwingendes Abwägungselement

235 § 86a Abs. 2 Nr. 5 SGG fordert für die Fälle der behördlichen Vollziehbarkeitsanordnung ein besonderes Vollziehungsinteresse und eine entsprechende Begründung der Behörde. Zu prüfen ist, ob aus der gesetzgeberischen Grundentscheidung darüber hinaus folgt, dass in der einzelfallbezogenen richterlichen Abwägungsentscheidung immer ein besonderes öffentliches Interesse an der sofortigen Vollziehbarkeit als Abwägungselement zu prüfen ist. Hierfür ist zunächst der Unterschied zwischen dem Interesse am Erlass eines Verwaltungsakts und dem Interesse an seiner sofortigen Geltung vor Eintritt der Bestandskraft zu klären.

aa) Allgemeines öffentliches Interesse an Erlass und Geltung eines rechtmäßigen Verwaltungsakts und besonderes Interesse an der sofortigen Geltung

236 Liegen die gesetzlichen Voraussetzungen für den Erlass eines Verwaltungsakts vor, besteht auch ein entsprechendes öffentliches Interesse an seiner Geltung. Allerdings hat der Adressat des Verwaltungsakts nach der gesetzgeberischen Grundentscheidung der §§ 54, 78 SGG das Recht, den noch nicht bestandskräftigen Verwaltungsakt von der zuständigen Stelle auf seine Rechtmäßigkeit überprüfen zu lassen. Im Eilverfahren geht es um den Zeitraum, der für diese Überprüfung nötig ist. Dies zeigt, dass die von der Behörde angenommene, gerichtlich aber noch zu überprüfende Rechtmäßigkeit des Verwaltungsakts nur Voraussetzung für seinen Erlass, nicht aber für seine Geltung vor Eintritt der Bestandskraft ist.[607] Das Interesse an der sofortigen Vollziehbarkeit vor der Bestandskraft ist nicht mit dem Erlassinteresse identisch. Für die sofortige Geltung in diesem Zeitraum müssen daher besondere Gründe vorliegen, die über die prospektive Rechtmäßigkeit des angegriffenen Verwaltungsakts, die seinen Erlass rechtfertigt, hinausgehen. Die

606 Ebenso Finkelnburg/Dombert/Külpmann VorlRS Rn. 991 f. zu § 80 Abs. 5 VwGO. Nach dem Grundsatz der objektiven Beweislast geht die Nichtfeststellbarkeit einer Tatsache zulasten desjenigen, der sich auf ihr Vorliegen beruft, wenn eine Aufklärung von Amts wegen nicht möglich ist, vgl. MKLS/Schmidt SGG § 103 Rn. 19a mwN.

607 BVerfG 30.10.2009 – 1 BvR 2395/09, juris Rn. 6 f.

wahrscheinliche Rechtmäßigkeit des angegriffenen Verwaltungsakts kann für sich genommen die sofortige Vollziehbarkeit nicht rechtfertigen.[608] Für die sofortige Vollziehung eines Verwaltungsaktes vor Eintritt seiner Bestandskraft muss der Richter also aufgrund der vom SGG vorgegebenen Systematik grundsätzlich ein besonderes öffentliches Interesse feststellen, das über jenes hinausgeht, das den Verwaltungsakt selbst rechtfertigt.[609]

bb) Keine Benennung des besonderen Vollziehungsinteresses durch die Behörde in den Fällen des § 86a Abs. 2 Nr. 2–4 und Abs. 4 SGG

Das besondere öffentliche Interesse an der sofortigen Vollziehbarkeit fungiert also als zwingendes Abwägungselement in der richterlichen Abwägungsentscheidung. Ein besonderes, vom Sozialrichter in der einzelfallbezogenen Abwägungsentscheidung festzustellendes Vollziehbarkeitsinteresse ist daher auch für die Fälle des § 86a Abs. 2 Nr. 2–4, Abs. 4 SGG zu fordern.[610] Wie § 86a Abs. 2 Nr. 5 SGG zeigt, ist die Behörde aber nur bei behördlicher Vollziehbarkeitsanordnung und nicht auch bei gesetzesbewirkter Sofortvollziehbarkeit (§ 86a Abs. 2 Nr. 2–4, Abs. 4 SGG) verpflichtet, das besondere Vollziehungsinteresse in ihrem Bescheid besonders zu begründen. Die Rechtmäßigkeit der sofortigen Vollziehbarkeit und damit das Ergebnis der richterlichen Abwägungsentscheidung hängt also in den Fällen des § 86a Abs. 2 Nr. 2–4, Abs. 4 SGG nicht davon ab, ob ein besonderes Vollziehungsinteresse von der Behörde konkret benannt worden ist.[611] Die Behörde kann sich in diesen Fällen auf das gesetzlich angeordnete Entfallen der aufschiebenden Wirkung berufen. Nachdem ein Antrag auf gerichtliche Kontrolle gestellt ist, kommt es dann für die richterliche Abwägungsentscheidung darauf an, ob und mit welchem Gewicht über das Erlassinteresse hinaus Gründe für eine sofortige Geltung des Verwaltungsakts gegeben sind. 237

cc) Die Bedeutung der gesetzgeberischen Grundentscheidung bei behördlich angeordneter Sofortvollziehbarkeit, § 86a Abs. 2 Nr. 5 SGG

Fraglich ist, ob die vorstehenden Überlegungen auch bei einem behördlichen Ausschluss des Suspensionseffekts auf der Grundlage des § 86a Abs. 2 Nr. 5 SGG gelten. Das ist deshalb fraglich, weil das Gesetz in diesen Fällen ausdrücklich ein besonderes Vollziehungsinteresse verlangt und die Behörde mit ihrer (vom Gericht zu überprüfenden) Vollziehbarkeitsanordnung von der gesetzgeberischen Grundentscheidung der aufschiebenden Wirkung abgewichen ist. IR des Verfahrens nach § 86b Abs. 1 S. 1 Nr. 2 SGG hat das Gericht die Rechtmäßigkeit der behördlichen Vollziehbarkeitsanordnung zu überprüfen und im Hinblick auf deren materielle Rechtmäßigkeit zu fragen, ob besondere, über das Erlassinteresse hinausgehende öffentliche Belange es rechtfertigen, den Rechtsschutzanspruch des Betroffenen gegen den angegriffenen Verwaltungsakt – ganz oder teilweise – einstweilen zurückzustellen, um unaufschiebbare Maßnahmen im öffentlichen Interesse rechtzeitig in die Wege zu leiten. Hier steuert die gesetzgeberische Grundentscheidung die für den Einzelfall zu treffende Abwägungsentscheidung insofern, als besondere öffentliche Interessen an der sofortigen Vollziehung festgestellt werden müssen, deren Gewicht groß genug sein muss, um die regelmäßige gesetzlich vorgesehene Folge der aufschiebenden Wirkung zu überwiegen. Wie gravierend die Folgen der aufschiebenden Wirkung für das besondere öffentliche Interesse sein müssen, hängt wiederum von der Wahrscheinlichkeit des Hauptsacheer- 238

---

608 Der aufgezeigte Regelungszusammenhang beweist auch, dass der Aspekt der wahrscheinlichen Rechtmäßigkeit des Verwaltungsakts dem Abwägungselement des prospektiven Hauptsacheerfolgs und nicht dem Abwägungselement des öffentlichen Vollziehungsinteresses zuzurechnen ist.

609 BVerfG 30.10.2009 – 1 BvR 2395/09; 12.9.1995 – 2 BvR 1179/95, NVwZ 1996, 58 (59).

610 Zum Teil wird sogar eine analoge Anwendung des § 86a Abs. 2 Nr. 5 SGG befürwortet, vgl. zB LSG BW 16.4.2008 – L 7 AS 1398/08 ER-B, juris Rn. 4.

611 LSG NRW 1.12.2010 – L 19 AS 1862/10 B ER, L 19 AS 1863/10 B, juris Rn. 21 mit Hinweis auf die Bedeutung des vom BVerfG (zur Verfassungsmäßigkeit des § 39 SGB II) geforderten besonderen Interesses → Rn. 639; BayLSG 23.12.2009 – L 8 AS 815/09 B ER, juris Rn. 9.

folgs des Antragstellers ab. Bei geringer Erfolgswahrscheinlichkeit müssen die besonderen, über das Erlassinteresse hinausgehenden Folgen nicht so gravierend sein wie bei einer hohen Wahrscheinlichkeit des Hauptsacheerfolgs. Stellt das Gericht nach eigener Interessenabwägung fest, dass das öffentliche Vollziehungsinteresse nicht überwiegt (was auch bei einem Gleichgewicht der Interessen der Fall ist), bedeutet dies, dass die Behörde im konkreten Fall zu Unrecht von dem Grundsatz der in § 86a Abs. 1 S. 1 SGG festgelegten aufschiebenden Wirkung abgewichen und die Vollziehbarkeitsanordnung rechtswidrig ist. Dies gilt selbstverständlich erst recht, wenn die Amtsermittlung des Gerichts ergeben hat, dass keine besonderen Umstände ersichtlich sind, die für eine sofortige Vollziehung sprechen. Lässt sich also kein Überwiegen des Vollzugsinteresses feststellen, führt dies in den Fällen des § 86a Abs. 2 Nr. 5 SGG zur Aufhebung der behördlichen Vollziehbarkeitsanordnung und Anordnung der aufschiebenden Wirkung. Mit einer Beweislastentscheidung hat dies aber ebenso wenig zu tun wie in den Fällen des § 86a Abs. 2 Nr. 2–4, Abs. 4 SGG (→ Rn. 234).

239 Hebt das Gericht die Vollziehbarkeitsanordnung nur wegen **formeller Rechtswidrigkeit** auf, ist keine Abwägung durchzuführen und die aufschiebende Wirkung nur festzustellen (→ Rn. 192, 317). Hebt das Gericht die Vollziehbarkeitsanordnung wegen **materieller Rechtswidrigkeit** auf, ist eine Abwägung durchzuführen und die aufschiebende Wirkung ggf. anzuordnen (→ Rn. 193 , 316).

e) Zwischenergebnis

240 In den Fällen des § 86a Abs. 2 Nr. 2–4, Abs. 4 SGG ist grundsätzlich eine einzelfallbezogene Abwägung vorzunehmen. Abzulehnen ist daher die Auffassung, die in diesen Fällen ein Regel-Ausnahme-Verhältnis zugunsten der Sofortvollziehbarkeit sehen will. Der Erfolg des Eilantrags hängt davon ab, ob der Richter nach Aufklärung des Sachverhalts von Amts wegen (§ 103 SGG) und nach einzelfallbezogener Abwägung aller Umstände zu einem Überwiegen des Aufschubinteresses oder des Vollziehungsinteresses kommt. Dabei hat er die gesetzgeberische Grundentscheidung zu berücksichtigen. Grundsätzlich fallen daher die sich aus dem angefochtenen Verwaltungsakt ergebenden und nach der gesetzgeberischen Grundentscheidung sofort geltenden Folgen bei der richterlichen Folgenabwägung nicht zugunsten des Antragstellers ins Gewicht. Für einen Erfolg des Eilantrags müssen grundsätzlich Folgen für den Antragsteller gegeben sein, die über die im Verwaltungsakt vorgesehene, nach der gesetzgeberischen Grundentscheidung sofort geltende Belastung hinausgehen. Liegen solche Folgen nicht vor, steuert die gesetzgeberische Grundentscheidung die richterliche Abwägungsentscheidung zulasten des Antragstellers. Von diesem Grundsatz muss bei wahrscheinlicher Rechtswidrigkeit des belastenden Verwaltungsakts abgewichen werden; in diesem Fall fällt auch die nach der gesetzgeberischen Grundentscheidung sofort geltende Belastung zugunsten des Antragstellers ins Gewicht. Ferner sind in jedem Fall die über die im angefochtenen Verwaltungsakt vorgesehene Belastung hinausgehenden Belastungen des Antragstellers in der Abwägung zu berücksichtigen. Praktisch bedeutsam ist zudem, dass die gesetzlich pauschal vorgenommene Interessenbewertung auch im konkreten Fall greift, falls sich in der zur Verfügung stehenden Zeit keine Umstände ermitteln lassen, die für ein Überwiegen des Suspensionsinteresses sprechen könnten oder die ein Überwiegen des Suspensionsinteresses ergeben. Das bedeutet, dass in den Fällen des § 86a Abs. 2 Nr. 2–4, Abs. 4 SGG die Nichtfeststellbarkeit des Überwiegens des Suspensionsinteresses zulasten des Antragstellers geht, es also bei der gesetzlich festgelegten Sofortvollziehbarkeit bleibt. In den Fällen des § 86a Abs. 2 Nr. 5 SGG bleibt es umgekehrt bei der gesetzlich in § 86a Abs. 1 S. 1 SGG festgelegten aufschiebenden Wirkung,[612] falls sich in der zur Verfügung stehenden Zeit keine Umstände ermitteln lassen, die für ein Überwiegen

612 IErg ebenso MKLS/Keller SGG § 86b Rn. 12d.

des besonderen Vollziehungsinteresses sprechen könnten oder die ein Überwiegen des Vollziehungsinteresses ergeben. Die Nichtfeststellbarkeit des Überwiegens des Vollziehungsinteresses wirkt sich hier also zugunsten des Antragstellers aus. Ansonsten liefert die gesetzgeberische Grundentscheidung keine weiteren Hinweise für den Maßstab der Abwägungsentscheidung in Anfechtungssachen. Die verpflichtenden Vorgaben für die Abwägung sind also aus der Verfassung abzuleiten.

5. Abwägungsgrundsatz: Berücksichtigung der zwingenden Abwägungselemente

Die gängige Formel von der Interessenabwägung liefert keinen brauchbaren Entscheidungsmaßstab, sie verschleiert nur die vom Richter zu berücksichtigenden Abwägungselemente und -belange.[613] Denn offensichtlich werden nicht nur Interessen abgewogen, sondern auch Werte und Güter, Pflichten und (Grund-)Rechte, Risiken und Gefahren, Vorteile und Nachteile, insbes. also gedachte Folgen.[614] Aus der gesetzgeberischen Grundentscheidung wurden das stets zu beachtende Abwägungselement des besonderen öffentlichen Interesses an der sofortigen Vollziehbarkeit eines Verwaltungsakts und die Bedeutung der gesetzlich vorgesehenen Belastung für die richterliche Abwägungsentscheidung abgeleitet. Da die gesetzgeberische Grundentscheidung darüber hinaus keine Hinweise für den Maßstab der Abwägungsentscheidung liefert, ist eine weitere Konkretisierung dieses Maßstabs im Wege der richterlichen Rechtsfortbildung durch Untersuchung der entsprechenden verfassungsrechtlichen Vorgaben geboten. Mit Art. 19 Abs. 4 GG sind die Sicherungs- und Rechtsschutzfunktion des Eilverfahrens verfassungsrechtlich vorgegeben. Zweck des Eilverfahrens sind die Sicherung des Hauptsacheanspruchs und die Verhinderung von Rechtsverletzungen bis zur Hauptsacheentscheidung. Daraus[615] ergeben sich die in jeder Eilentscheidung zwingend zu beachtenden Abwägungselemente[616] des prospektiven Hauptsacheerfolgs und der ohne Eilrechtsschutz drohenden Rechtsverletzungen. Ferner ist – abgeleitet aus der gesetzgeberischen Grundentscheidung – immer das besondere öffentliche Interesse an der sofortigen Vollziehbarkeit des angefochtenen Verwaltungsakts vor Eintritt der Bestandskraft zu prüfen.[617] Diese zwingend zu beachtenden Abwägungselemente sind im Folgenden näher zu betrachten. 241

a) Abwägungselement der drohenden Rechtsverletzung (Eilbedürftigkeit) und Rechtsschutzfunktion des Eilverfahrens

Aufgrund der mit Art. 19 Abs. 4 GG verfassungsrechtlich fundierten Rechtsschutzfunktion (→ Rn. 461, 468) muss die Eilentscheidung immer das Rechtsschutzziel des Antragstellers berücksichtigen, mögliche Rechtsverletzungen, die durch eine sofortige Vollziehbarkeit während des Zeitraums bis zur Hauptsacheentscheidung entstehen können, zu vermeiden. Der mögliche Eintritt mehr oder weniger schwerer Rechtsverletzungen macht überhaupt erst Rechtsschutz vor der Entscheidung in der Hauptsache erforderlich, er begründet die Eilbedürftigkeit. Nur bei zwingender Beachtung dieses Abwägungselements in der sozialrichterlichen Eilentscheidung ist effektiver Rechtsschutz iSd Art. 19 Abs. 4 GG gewährleistet, nämlich die Verhinderung von durch die sofortige Vollziehbarkeit einer hoheitlichen Maßnahme möglichen Rechtsverletzungen. Die Rechtsschutzfunktion erfordert ggf. eine interimistische Leistungszuerkennung zur Offenhaltung des Hauptsacheverfahrens. Da es sich um einstweiligen *Recht*sschutz handelt, sind nur rechtlich 242

---

613 Vgl. Hubmann S. 61: Die Bezeichnung „Interesse" vermöge wie kein anderes Wort begrifflich über alles einen Schleier des Halbdunkels zu legen, der umso gefährlicher sei, als er nicht ganz verdunkle, sondern scheinbar die Dinge zu unterscheiden zulasse.

614 Allg. zu Abwägungsgegenständen Hubmann S. 145 mwN.

615 Hubmann S. 61, sieht in der teleologischen Betrachtung die einzige Möglichkeit, die Bewertungsfaktoren für die Schutzwürdigkeit von Interessen aufzudecken.

616 Dieselben Abwägungselemente nennt LSG BW 13.3.2007 – L 13 AS 211/07 ER-B.

617 Vgl. zu den Abwägungselementen und -belangen in Anfechtungssachen insbes. BVerfG 27.5.1998 – 2 BvR 378/98, juris Os. 2a = Rn. 17; BVerfG 13.6.1979 – 1 BvR 699/77, BVerfGE 51, 268 (280, 286).

geschützte Interessen von Relevanz. Eilbedürftigkeit liegt also vor, wenn durch eine sofortige Vollziehung während des Interimszeitraums bis zur Hauptsacheentscheidung eine Rechtsbeeinträchtigung droht. Bei dem Abwägungselement der Eilbedürftigkeit geht es also um gedachte, ohne Eilrechtsschutz eintretende Rechtsverletzungen. Das Gewicht dieses Abwägungselements hängt neben der Intensität dieser Rechtsverletzungen auch von dem Grad der Wahrscheinlichkeit ab, mit dem diese Verletzungen eintreten. Das Abwägungselement lässt sich also nochmals untergliedern in die Intensität der drohenden Rechtsverletzung und die Wahrscheinlichkeit ihres Eintritts,[618] oder anders ausgedrückt in **Beeinträchtigungsgrad und Wahrscheinlichkeitsgrad.**[619] In Anfechtungssachen ist die Eilbedürftigkeit ohne gesetzlich geregelte Mindestanforderungen an Beeinträchtigungs- und Wahrscheinlichkeitsgrad von Fall zu Fall vom Sozialrichter unter Berücksichtigung der zwingenden Abwägungselemente, aller einschlägigen Abwägungsbelange und der gesetzgeberischen Grundentscheidung festzustellen und zu gewichten.

b) Abwägungselement des prospektiven Hauptsacheerfolgs und Sicherungsfunktion des Eilverfahrens

aa) Zwingendes Abwägungselement

243 Aus der mit Art. 19 Abs. 4 GG verfassungsrechtlich fundierten Sicherungsfunktion des Eilverfahrens folgt, dass der Sozialrichter die Möglichkeit des Hauptsacheerfolgs zwingend prüfen muss. Wo ein sicherungsfähiges Recht nicht zumindest möglicherweise besteht, geht ein Eilantrag ins Leere (zur Notwendigkeit einer sicherungsfähigen Rechtsposition BVerfG → Rn. 633). Steht bereits im Eilverfahren zur vollen Überzeugung des Gerichts fest, dass der Hauptsacheanspruch nicht zusteht (s. a. Muster → Rn. 315), scheidet auch eine nur vorläufige Realisierung des angeblichen Anspruchs aus. Die Notwendigkeit der Prüfung der Möglichkeit des Hauptsacheerfolgs folgt auch aus der Gesetzesbindung des Richters, Art. 1 Abs. 3, 20 Abs. 3, 97 GG.[620] Das Gebot, das mögliche Zustehen des Hauptsacheanspruchs und damit den prospektiven Hauptsacheerfolg als Abwägungselement immer zu berücksichtigen, trägt auch dem funktionalen Zusammenhang[621] zwischen Eilverfahren (Sicherung des Hauptsacheanspruchs) und Hauptsacheverfahren (Durchsetzung des Hauptsacheanspruchs) Rechnung. Dass der materiellrechtliche Aspekt ein unverzichtbares Abwägungselement für die gerichtliche Eilentscheidung in Anfechtungssachen ist, folgt auch aus der gesetzgeberischen Grundentscheidung: Weder der Schutzmechanismus des von Gesetzes wegen und ungeachtet der Begründetheit des Rechtsbehelfs wirkenden Suspensionseffekts noch die von Gesetzes wegen eintretende sofortige Vollziehbarkeit gewährleisten eine materiellrechtliche Kontrolle des Verwaltungshandelns.[622] Sie setzen lediglich eine Verwaltungsentscheidung (vgl. zB § 86a Abs. 1 S. 1 SGG: „Verwaltungsakt“) auf bestimmten Gebieten des materiellen Sozialrechts voraus. Die richterliche Prüfung des prospektiven Hauptsacheerfolgs ist daher geboten, um Entscheidungen im Eilverfahren zu verhindern, bei denen bereits im Zeitpunkt der Eilentscheidung feststeht, dass sie mit dem materiellen Recht nicht vereinbar sind (zur Relativität der materiellrechtlichen Inadäquanz → Rn. 270).

618 Zur Untergliederung nach Grad und Wahrscheinlichkeit der Betroffenheit von Interessen bei der Gesetzesauslegung Zippelius JZ 1999, 112 (115).

619 Weder zur Intensität der drohenden Rechtsverletzung noch zum Wahrscheinlichkeitsgrad gibt es in Anfechtungssachen eine gesetzliche Regelung. Im Unterschied dazu fordert das Gesetz in Vornahmesachen mit dem Anordnungsgrund, der in funktionaler Hinsicht der auch in Anfechtungssachen zu prüfenden Eilbedürftigkeit entspricht, in Bezug auf die Wahrscheinlichkeit eine Glaubhaftmachung und zur Intensität der drohenden Rechtsverletzung einen wesentlichen Nachteil.

620 Vgl. dazu Windoffer, S. 41, 32 f. IErg ebenso Arens, Verfügungsanspruch und Interessenabwägung beim Erlass einstweiliger Verfügungen, 75, 86.

621 Vgl. dazu Schoch/Schneider/Schoch Vorb. § 80 Rn. 51.

622 Vgl. Schoch, Vorläufiger Rechtsschutz, S. 1136.

bb) Prospektiver Hauptsacheerfolg als zwingendes Abwägungselement und Rechtsprechung des Bundesverfassungsgerichts

Die Wahrscheinlichkeit des Hauptsacheerfolgs ist auch unter Berücksichtigung der Rspr. des BVerfG als zwingendes Abwägungselement in der Eilentscheidung anzusehen. Das BVerfG fordert zwar bei drohenden schweren Rechtsverletzungen eine besondere Ausgestaltung des Entscheidungsmaßstabs des fachgerichtlichen Eilverfahrens iSe Güter- und Folgenabwägung. Auch das BVerfG geht dabei aber von der Notwendigkeit einer grundsätzlichen Sicherungsfähigkeit der geltend gemachten materiellen Rechtsposition aus (s. dazu zB BVerfG → Rn. 633). Es setzt lediglich den Überzeugungsgrad, der bzgl. des Zustehens des Hauptsacheanspruchs im Eilverfahren zu fordern ist, in Relation zur Schwere der drohenden Beeinträchtigung.[623] Das Verfassungsgericht stellt es den Fachgerichten nur scheinbar frei, die Eilentscheidung auf der Grundlage einer Abwägung ohne Berücksichtigung der Erfolgsaussichten in der Hauptsache zu treffen,[624] wenn von einer Alternative zwischen einer besonders intensiven und nicht nur summarischen Prüfung der Erfolgsaussichten oder einer Folgenabwägung die Rede ist[625] oder davon, dass das Gericht anhand einer Folgenabwägung entscheiden müsse, wenn eine vollständige Aufklärung der Sach- und Rechtslage im Eilverfahren nicht möglich sei.[626] In allen bundesverfassungsgerichtlichen Eilentscheidungen – und zwar auch und gerade in denen, die eine Folgenabwägung postulieren, auf die Rechtsschutzfunktion abstellen und dem Eilantrag zum Erfolg verhelfen – wird jedoch gerade auch zum wahrscheinlichen Bestehen des Hauptsacheanspruchs Stellung genommen (vgl. die in → Rn. 627 ff. dargestellte Rspr. des BVerfG). Damit wird insgesamt vorausgesetzt, dass ein Hauptsacheerfolg zumindest möglich sein muss. Das BVerfG fordert dies im Übrigen auch für seine eigenen Eilverfahren, obwohl hier nach der gesetzlichen Regelung des § 32 BVerfGG keine Hauptsacheprüfung vorgesehen ist. Bspw. ist für eine Verfassungsbeschwerde kein Raum, wenn davon auszugehen ist, dass die Verfassungsbeschwerde gem. § 93a, § 93b BVerfGG nicht zur Entscheidung anzunehmen sein wird.[627] Die geltend gemachte materielle Rechtsposition muss also grundsätzlich sicherungsfähig[628] und damit ein Hauptsacheerfolg zumindest möglich sein. 244

c) Abwägungselement des öffentlichen Vollziehungsinteresses

Zu nennen ist schließlich das zwingende Abwägungselement des öffentlichen Vollziehungsinteresses.[629] Wie bereits nachgewiesen wurde, ergibt sich aus der gesetzgeberischen Grundentscheidung (→ Rn. 235 ff.), dass für alle Fälle des § 86a Abs. 2 Nr. 2–5, Abs. 4 SGG ein besonderes öffentliches Interesse an der Geltung des Verwaltungsakts vor Eintritt seiner Bestandskraft zu fordern ist. Erst durch das Postulat eines besonderen Vollziehbarkeitsinteresses auch in den Fällen des § 86a Abs. 2 Nr. 2–4, Abs. 4 SGG ist gewährleistet, dass im konkreten Fall keine unverhältnismäßigen Beeinträchtigungen des Bürgers durch Geltung eines Verwaltungsakts vor seiner Bestandskraft erfolgt. Dass die Behörde aufgrund der gesetzgeberischen Grundentscheidung des Entfallens der aufschiebenden Wirkung in den Fällen des § 86a Abs. 2 Nr. 2–4, Abs. 4 SGG das besondere öffentliche Interesse nicht ausdrücklich benennen muss, ist eine andere, bereits erörterte Frage (→ Rn. 237). 245

623 Vgl. dazu insbes. BVerfG 13.6.1979 – 1 BvR 699/77, juris Rn. 42, 44; 29.7.2003 – 2 BvR 311/03, juris Rn. 14; 12.5.2005 – 1 BvR 569/05, juris Rn. 28–30.
624 BVerfG 12.5.2005 – 1 BvR 569/05, juris Os. 2c; 25.7.1996, 1 BvR 638/96, DVBl 1996, 1367 (1368).
625 BVerfG 22.11.2002 – 1 BvR 1586/02, juris Rn. 9.
626 BVerfG 12.5.2005 – 1 BvR 569/05, juris Rn. 26; 4.7.2001 – 1 BvR 165/01, NVwZ-RR 2001, 694 f.
627 StRspr; vgl. BVerfG 20.7.2004 – 2 BvR 1001/04; BVerfGE 7, 367 (371); 68, 233 (235); 71, 158 (161); 79, 379 (383).
628 So ausdr. BVerfG 29.7.2003 – 2 BvR 311/03, juris Rn. 14 → Rn. 633; vgl. auch BVerfGE 79, 69 (74 f.).
629 BT-Drs. 14/5943, 25 hält ohne weitere Begründung den unbestimmten Rechtsbegriff des öffentlichen Interesses für durch die Rspr. geklärt; von einer Erläuterung im Gesetz werde deshalb abgesehen.

d) Zusammenfassung

246 Der Richter hat aufgrund einer einzelfallbezogenen Abwägung über den Eilantrag in Anfechtungssachen zu entscheiden. Ergibt die Abwägung der iR der Amtsermittlung (§ 103 SGG) ermittelten Umstände bei gesetzesbewirkter Sofortvollziehbarkeit (§ 86a Abs. 2 Nr. 2–4, Abs. 4 SGG) ein Überwiegen des Aufschubinteresses, hat der Eilantrag Erfolg. Ergibt die Abwägung der iR der Amtsermittlung (§ 103 SGG) ermittelten Umstände bei behördlich angeordneter Sofortvollziehbarkeit (§ 86a Abs. 2 Nr. 5 SGG) kein Überwiegen des Vollziehbarkeitsinteresses, hat der Eilantrag Erfolg. In die Abwägung sind die gedachten Folgen bei Stattgabe und Ablehnung des Eilantrags einzustellen. Die nach der gesetzgeberischen Grundentscheidung vorgesehene sofort wirkende Belastung fällt grundsätzlich nicht zugunsten des Antragstellers ins Gewicht. Für einen Erfolg des Eilantrags sind grundsätzlich über diese Beeinträchtigung hinausgehende Beeinträchtigungen des Antragstellers erforderlich. Eine Berücksichtigung der nach der gesetzgeberischen Entscheidung sofort wirkenden Belastung zugunsten des Antragstellers kommt allerdings in Betracht, wenn die Wahrscheinlichkeit des Hauptsacheerfolgs entsprechend hoch ist, weil dann die Voraussetzungen der nach der gesetzgeberischen Grundentscheidung vorgesehenen sofort wirkenden Belastung im konkreten Fall wahrscheinlich gar nicht vorliegen, sodass deren Eintritt unverhältnismäßig wäre.

247 **Beispiele:**

- Wenn der Gesetzgeber mit § 31 SGB II und § 39 SGB II Regelungen geschaffen hat, nach denen eine vollständige Streichung des Arbeitslosengeldes II für drei Monate möglich und sofort vollziehbar ist, dann ist diese gesetzgeberische Grundentscheidung auch bei der Abwägungsentscheidung des Gerichts zu berücksichtigen, es sei denn, es treten gravierende Folgen ein, die nicht schon regelmäßige Folge der gesetzlichen Anordnung des Sofortvollzugs sind, oder es bestehen greifbare Hinweise für einen Erfolg in der Hauptsache.[630]
- Die Vermeidung von Gefahren für die ordnungsgemäße medizinische Versorgung der betroffenen Patienten kann zB bei einer Entziehung einer Vertragsarztzulassung für ein besonderes öffentliches Vollziehbarkeitsinteresse sprechen.
- Ein Kostenrisiko des Antragsgegners kann als besonderes öffentliches Vollziehungsinteresse ausreichen, etwa wenn das Hauptsacheverfahren mehrere Jahre dauern wird und bei einem Obsiegen des Antragstellers im Eilverfahren und einem späteren Unterliegen im Hauptsacheverfahren hohe und kaum durchsetzbare Rückzahlungsverpflichtungen entstehen können.[631] Hier ist aber sorgfältig abzuwägen mit der Wahrscheinlichkeit des Hauptsacheerfolgs und der Eintrittswahrscheinlichkeit und Schwere der drohenden Rechtsverletzungen.
- Die finanzielle Belastung des Fiskus durch vorläufige Leistungen im konkreten Fall kann auch in der Zusammenschau mit der drohenden Belastung in anderen gleichgelagerten Fällen ein besonderes öffentliches Vollziehbarkeitsinteresse begründen; insofern wird es aber entscheidend auf die Schwere der drohenden Rechtverletzungen ankommen. So wird die Belastung des Staates durch vorläufige Existenzsicherungsleistungen häufig weniger schwer wiegen als mögliche schwere Rechtsverletzungen des Einzelnen ohne vorläufige Zuerkennung solcher Leistungen.

6. Abwägungsgrundsatz: Gewichtung der Abwägungselemente nach Wahrscheinlichkeits- und Beeinträchtigungsgraden

248 **Orientierungshinweis:** Bei der Abwägung sind wegen der verfassungsrechtlich fundierten Sicherungs- und Rechtsschutzfunktion des Eilverfahrens grundsätzlich die Abwägungselemente des prospektiven Hauptsacheerfolgs und der ohne Eilrechtsschutz drohenden Rechtsverletzungen zu beachten. Weiteres Abwägungselement ist das öffentliche Interesse an der sofortigen Vollziehbarkeit vor Eintritt der Bestandskraft, das über das Erlassinteresse hinausgehen muss.

630 BayLSG 16.7.2009 – L 7 AS 368/09 B ER, juris Rn. 28 f.
631 S. dazu bspw. LSG BW 14.3.2019 – L 7 AS 632/19 ER-B.

Die Gewichtung der einzelnen Abwägungselemente hängt insbes. auch von den jeweils festgestellten Wahrscheinlichkeitsgraden ab. Eine gesetzlich geregelte Mindestwahrscheinlichkeit wie in Vornahmesachen (§ 86b Abs. 2 S. 4 SGG, § 920 Abs. 2 ZPO) gibt es in Anfechtungssachen nicht. In Anfechtungssachen müssen Tatsachen also nur möglich sein, um bei der Abwägung Berücksichtigung finden zu können. Auch eine nur mögliche Rechtslage etwa in Bezug auf den Hauptsacheerfolg oder die ohne Eilrechtsschutz drohende Rechtsverletzung fließt in die Abwägung ein. Welche Wahrscheinlichkeitsanforderungen an die einzelnen Abwägungselemente im konkreten Fall für eine Ablehnung oder einen Erfolg des Eilantrags zu stellen sind, hängt vom jeweiligen Rechtsschutzziel, dh von der Schwere der Rechtsverletzung ab, deren Eintritt mit dem Eilantrag verhindert werden soll. Je schwerer die drohende Rechtsverletzung ist, umso höher sind die Anforderungen an die Genauigkeit der Prognose des Hauptsacheerfolgs zu stellen, um auf dieses Abwägungselement eine Ablehnung des Eilantrags zu stützen; ggf. muss sogar im Eilverfahren bereits eine abschließende Prüfung durchgeführt werden, um den Eilantrag wegen fehlender Erfolgsaussichten des Hauptsacheverfahrens ablehnen zu können. Will das entscheidende Gericht also in einem Fall, in dem schwere Grundrechtsverletzungen drohen, den Eilantrag wegen fehlender Erfolgsaussichten der Hauptsache ablehnen, muss es die Sach- und Rechtslage nicht nur summarisch, sondern abschließend prüfen.[632] Für einen Erfolg des Eilantrags kann bei entsprechender Schwere der drohenden Rechtsverletzung bereits ein nur möglicher Hauptsacheerfolg bzw. ein nur möglicher Eintritt der Rechtsverletzung ausreichen. Will das entscheidende Gericht also in einem Fall, in dem schwere Grundrechtsverletzungen drohen, dem Eilantrag stattgeben, reichen um des effektiven Rechtsschutzes und um der Beachtung des Gewichts des betroffenen Grundrechts willen ggf. schon bloße Möglichkeiten bzgl. des Eintritt der drohenden Rechtsverletzung und der Erfolgsaussichten der Hauptsache aus.[633]

Wie gezeigt wurde, sind die Abwägungselemente prospektiver Hauptsacheerfolg, drohende Rechtsverletzungen und besonderes Vollziehungsinteresse in der konkreten Eilentscheidung festzustellen, zu gewichten und zueinander in Beziehung zu setzen. Nur dann ist gewährleistet, dass die Eilentscheidung die verfassungsrechtlich fundierten Zwecke des Eilverfahrens in zutreffender Weise berücksichtigt. Da das Hauptsacheverfahren zum Zeitpunkt der Eilentscheidung noch offen sein muss, liegt dem Eilverfahren denknotwendig eine Prognoseentscheidung zugrunde. Bei der Prognose geht es um die Wahrscheinlichkeiten des Hauptsacheerfolgs, des Eintritts der Rechtsverletzungen und der Beeinträchtigung des öffentlichen Interesses. Es geht aber auch und vor allem um die Schwere der ohne Eilrechtsschutz drohenden Beeinträchtigungen. Das Gewicht, das den Abwägungselementen zukommt, hängt also von diesen im konkreten Fall feststellbaren Wahrscheinlichkeits- und Beeinträchtigungsgraden ab.[634] Der Richter muss daher für die richtige Gewichtung der Abwägungselemente die jeweiligen Wahrscheinlichkeits- und Beeinträchtigungsgrade im konkreten Fall feststellen und in Beziehung zueinander setzen. Eine gesetzliche Vorregelung der Wahrscheinlichkeits- und Beeinträchtigungsgrade (wie in Vornahmesachen, → Rn. 381 ff., 372) fehlt in Anfechtungssachen.[635] Im Folgenden sind die richterrechtlichen Grundlagen für die

632 BVerfG 12.5.2005 – 1 BvR 569/05, juris Os. 2b; BVerfG 22.11.2002 – 1 BvR 1586/02, NJW 2003, 1236 (1237); 29.7.2003 – 2 BvR 311/03, NVwZ 2004, 95 (96); vgl. BVerfG NJW 2003, 1236 (1237), NVwZ 2004, 95 (96).

633 BVerfG 25.7.1996 – 1 BvR 638/96, NVwZ 1997, 479 (480); 12.5.2005 – 1 BvR 569/05.

634 Zur Untergliederung nach Grad und Wahrscheinlichkeit der Betroffenheit von Interessen bei der Gesetzesauslegung Zippelius JZ 1999, 112 (115); zur „Ermittlungstiefe" bei § 80 Abs. 5 VwGO Finkelnburg/Dombert/Külpmann VorlRS Rn. 958 ff.

635 In Vornahmesachen hat der Gesetzgeber den Wahrscheinlichkeitsgrad der Glaubhaftmachung und den Beeinträchtigungsgrad des wesentlichen Nachteils normativ vorgeregelt.

Feststellung und die Wechselbezüglichkeit dieser Wahrscheinlichkeits- und Beeinträchtigungsgrade zu untersuchen.

a) Wahrscheinlichkeitsfragen

aa) Möglichkeit als Beweismaß

249 Bevor prospektiver Hauptsacheerfolg, drohende Rechtsverletzungen und öffentliches Vollziehungsinteresse abgewogen werden können, sind vom Gericht Tatsachen, die hier sogenannten Abwägungsbelange, festzustellen. Abwägungsbelange sind die tatsächlichen Umstände, die den Abwägungselementen des prospektiven Hauptsacheerfolgs, der drohenden Rechtsverletzungen und des besonderen öffentlichen Interesses an einer sofortigen Geltung des Verwaltungsaktes zugrundeliegen (zum Begriff → Rn. 219). Die Rechtsgrundlage der richterlichen Eilentscheidung in Anfechtungssachen, § 86b Abs. 1 SGG, enthält keine Regelung des Beweismaßes für diese Feststellung. Aus dem Rechtsschutzzweck des Eilverfahrens, der eine zügige Sachverhaltsermittlung zur Vermeidung von bis zur Hauptsacheentscheidung drohenden Nachteilen gebietet, folgt, dass die Beweisanforderungen in Anfechtungssachen im Verhältnis zur Hauptsache grundsätzlich herabgesetzt sind. Insofern ist § 103 SGG im Lichte des Art. 19 Abs. 4 GG auszulegen. Dass eine geringere Wahrscheinlichkeit als eine überwiegende für einen Erfolg des Eilantrags ausreichen kann, dass also Mindestwahrscheinlichkeiten oberhalb der Möglichkeit nicht zu fordern sind, zeigt für den Bereich der Existenzsicherung das teleologische Argument des Bundesverfassungsgerichtsbeschlusses vom 12.5.2005, in dem ausgehend von dem Rechtsschutzziel des Antragstellers ausgeführt wurde, dass eine umfassende Güter- und Folgenabwägung durchzuführen sei und eine Verletzung der grundgesetzlichen Gewährleistungen, zB der Wahrung der Würde des Menschen, verhindert werden müsse, auch wenn sie nur möglich erscheine oder nur zeitweilig andauere,[636] sowie die entsprechende Argumentation im Beschluss vom 6.2.2007,[637] in dem es um die vorläufige Zuerkennung von Medikamenten zur Vermeidung einer möglichen Verletzung des Grundrechts des Art. 2 Abs. 2 GG ging. Diese teleologische Auslegung des § 103 SGG wird durch die historische und systematische Auslegung bestätigt. § 920 Abs. 2 ZPO, § 86b Abs. 2 S. 4 SGG, die das Beweismaß des Glaubhaftmachens normieren, gelten nach ihrem Standort nur für Vornahmesachen. Der Gesetzgeber wollte für Vornahmesachen, in denen eine Erweiterung der Rechtsposition angestrebt wird, höhere Anforderungen normieren als für Anfechtungssachen, in denen es um eine Erhaltung einer bereits eingeräumten Rechtsposition geht. Dem § 920 Abs. 2 ZPO lässt sich daher für Anfechtungssachen der Rechtsgedanke entnehmen, dass sich hier erst recht Einschränkungen für die Anforderungen an die Sachverhaltsermittlung ableiten. Da auch kein Mindestwahrscheinlichkeitsgrad vorgeschrieben ist und die Voraussetzungen bei einer Erweiterung der Rechtsposition (Vornahmesachen) strenger sein müssen als bei der Erhaltung einer bestehenden Rechtsposition (Anfechtungssachen), müssen die einzelnen Tatsachen in Anfechtungssachen nur möglich sein, um in die Abwägungsentscheidung einzufließen. Möglichkeit heißt, dass es so sein kann,[638] ohne dass ein Vergleich mit anderen ernsthaften Möglichkeiten ergeben muss, dass mehr für diese als für andere Möglichkeiten spricht. Nur wenn das Vorliegen einer Tatsache mit Sicherheit auszuschließen ist, findet sie bei der Abwägung in Anfechtungssachen keine Berücksichtigung. Ansonsten bestimmen die jeweils für die zugrundeliegenden Tatsachen festgestellten Wahrscheinlichkeitsgrade das Gewicht des jeweiligen Abwägungselements mit.

---

636 BVerfG 12.5.2005 – 1 BvR 569/05, juris Rn. 26. Es kann ausreichen, dass ohne die Gewährung vorläufigen Rechtsschutzes schwere und unzumutbare, anders nicht abwendbare Beeinträchtigungen entstehen *können*, vgl. BVerfG 12.5.2005 – 1 BvR 569/05 Ls. 2a.

637 BVerfG 6.2.2007 – 1 BvR 3101/06.

638 Duden Bedeutungswörterbuch, S. 448.

Um den Sachverhalt aufzuklären, kann sich das Gericht aller Beweismittel bedienen, also auch Urkunden beiziehen, Zeugen und Sachverständige hören oder eine Augenscheinseinnahme vornehmen.[639] Es ist aber nicht Aufgabe des Eilverfahrens, die Beweisaufnahme des Hauptsacheverfahrens vorwegzunehmen. Wegen der Geltung des Untersuchungsgrundsatzes und des Fehlens eines normativ vorgegebenen Beweismaßes in Anfechtungssachen ist es nicht erforderlich, dass der Antragsteller zu berücksichtigende Umstände substantiiert vorträgt. Wegen des im Eilverfahren regelmäßig bestehenden Zeitdrucks ist es für die Beteiligten aber sinnvoll, die entscheidungserheblichen Tatsachen glaubhaft zu machen, dh das Vorliegen einer entsprechenden Wahrscheinlichkeit darzutun, zB mit einer eidesstattlichen Versicherung.[640] 250

Beispiele: 251

- Als Tatsachen bzw. Abwägungsbelange festzustellen sind also etwa die Umstände, die für oder gegen die Annahme von anrechenbarem Einkommen und Vermögen (§ 11 SGB II) sprechen. Daraus ergibt sich die Wahrscheinlichkeit der Hilfebedürftigkeit[641] als Teilaspekt des Abwägungselements „Wahrscheinlichkeit des Hauptsacheerfolgs". Zweifel an der Hilfebedürftigkeit, etwa wegen der Inhaberschaft eines Sparbetrags, schließen die Berücksichtigung der Hilfebedürftigkeit als Abwägungsbelang nicht aus, soweit Hilfebedürftigkeit jedenfalls möglich ist. Der Abwägungsbelang trägt entsprechend seiner Wahrscheinlichkeit zur Gewichtung des Abwägungselements prospektiver Hauptsacheerfolg bei. Entsprechendes gilt für das Abwägungselement der drohenden Rechtsverletzungen (Eilbedürftigkeit). Als Tatsachen bzw. Abwägungsbelange festzustellen sind hier die drohende Obdachlosigkeit, etwa eine ausgesprochene Kündigung des Vermieters, die drohende Energiesperre, etwa eine diesbezügliche Kündigung oder der Gesundheitszustand des Antragstellers. Daraus ergeben sich die Wahrscheinlichkeit und die Intensität der drohenden Rechtsverletzungen, etwa des Art. 1 GG oder des Art. 2 Abs. 2 S. 2 GG, und damit das Gewicht des Abwägungselements der drohenden Rechtsverletzung.
- Eine **Versicherung an Eides Statt** ist nach § 86b Abs. 2 S. 4 SGG iVm § 920 Abs. 2 ZPO als Beweismittel zulässig. Sie ergänzt jedoch nur die übrigen Beweismittel. Das Gericht hat den Beweiswert einer solchen Erklärung in einer freien Beweiswürdigung unter Berücksichtigung aller Umstände zu würdigen.[642]

bb) Wahrscheinlichkeitsgrad und Gewichtung der Abwägungselemente

(1) Wahrscheinlichkeit des prospektiven Hauptsacheerfolgs

(a) Zugrundeliegende Tatsachen (Abwägungsbelange)

Wie für alle Abwägungsbelange in Anfechtungssachen sind auch in Bezug auf die Tatsachen, die den prospektiven Hauptsacheerfolg betreffen, die Beweisanforderungen in der Eilentscheidung im Verhältnis zur Hauptsache grundsätzlich dahin gehend herabgesetzt, dass die entsprechenden Tatsachen nur möglich sein müssen, um bei der Beurteilung der Wahrscheinlichkeit des Hauptsacheerfolgs Berücksichtigung zu finden. Abwägungsbelange sind hier die Tatsachen, die im Hauptsacheverfahren für den Erfolg der Klage eine Rolle spielen können, also zB wahrscheinlich fehlendes Einkommen und Vermögen, das zu wahrscheinlicher Hilfebedürftigkeit als Voraussetzung etwa für einen Anspruch auf Arbeitslosengeld II führt (vgl. §§ 19, 9 SGB II), oder eine wahrscheinlich vorliegende Krankheit, die einen bestimmten Wahrscheinlichkeitsgrad fehlender Erwerbsfähigkeit (vgl. zB § 8 SGB II) ergibt. 252

639 Vgl. Finkelnburg/Jank VorlRS Rn. 973 f.

640 BSG Breithaupt 2001, 967 (969); BSG E 45, 1, 10 zur Abgrenzung überwiegende Wahrscheinlichkeit / Wahrscheinlichkeit; zur hinreichenden Wahrscheinlichkeit BSG E 45, 285, 286. Zur eidesstattlichen Versicherung als Mittel der Glaubhaftmachung s. a. BVerfG 6.8.2014 – 1 BvR 1453/12 → Rn. 646.

641 ZB iSd § 9 SGB II.

642 LSG Bln-Bbg 7.12.2016 – L 29 AS 2544/16 B ER, juris Ls. 2; s. dazu auch LSG Bln-Bbg 12.12.2016 – L 9 KR 272/16 B ER.

(b) Rechtsüberzeugung

253 Die Rechtsüberzeugung des Richters – also die auf Grundlage der eigenen Rechtsaufassung gebildete Überzeugung von der geltenden Rechtslage und damit vom Bestehen oder Nichtbestehen des behaupteten Anspruchs – kann bei vagem Sachverhalt nicht feststehen. Ein nicht feststehender Sachverhalt bedingt einen insgesamt, also auch bzgl. der Rechtslage, herabgesetzten Überzeugungsgrad. Bei einer unzureichenden Tatsachengrundlage oder bei schwierigen Rechtsfragen ist eine abschließende rechtliche Prüfung nicht möglich.[643]

Beispiele:

- Sind die Einkommens- und Vermögensverhältnisses des Antragstellers nicht geklärt, steht seine Hilfebedürftigkeit und damit ein Tatbestandsmerkmal des § 19 SGB II nicht fest.
- Wird eine Leistungsbewilligung für die Vergangenheit aufgehoben, sind die Voraussetzungen des § 45 Abs. 2 oder 48 Abs. 1 S. 2, Abs. 2 SGB X zu prüfen, was im Eilverfahren kaum möglich ist, muss sich das Gericht für die Beurteilung der groben Fahrlässigkeit doch ein Bild von der individuellen Einsichtsfähigkeit des Antragstellers verschaffen.

Für das Abwägungselement „prospektiver Hauptsacheerfolg" ist also der Grad der im Eilverfahren gewonnenen Rechtsüberzeugung in Bezug auf das jeweilige Tatbestandsmerkmal des Hauptsacheanspruchs und die Wahrscheinlichkeit der zugrundeliegenden Tatsachen festzustellen. Um einem Eilantrag stattzugeben, ist grundsätzlich ein im Verhältnis zum Hauptsacheverfahren herabgesetzter Grad der Rechtsüberzeugung ausreichend, der nach den dargestellten Grundsätzen in die Abwägungsentscheidung einfließt. Die Wahrscheinlichkeit des Hauptsacheerfolgs ist jeweils von Fall zu Fall zu berücksichtigen. Die Forderung einer vollständigen Prüfung der Rechtsfragen des Hauptsacheverfahrens würde auch dem Zweck des einstweiligen Rechtsschutzverfahrens zuwiderlaufen.[644] Es ist grundsätzlich nicht Aufgabe der Gerichte, schon im Verfahren des vorläufigen Rechtsschutzes eine umfassende rechtliche Prüfung der Hauptsache vorzunehmen; damit würde die Effektivität dieses Verfahrens und damit des gerichtlichen Rechtsschutzes insgesamt geschwächt.[645]

254 Das Ausreichen eines herabgesetzten Grads der Rechtsüberzeugung steht auch im Einklang mit den verfassungsrechtlichen Vorgaben. So sieht das BVerfG die summarische Prüfung grundsätzlich als unbedenklich an,[646] verlangt allerdings, dass die Fachgerichte im Eilverfahren, wenn sie ihre Entscheidung an den Erfolgsaussichten in der Hauptsache ausrichten, die *Versagung* vorläufigen Rechtsschutzes auf eine eingehendere oder sogar abschließende[647] Prüfung der Sach- und Rechtslage stützen, wenn eine Versagung zu schweren und unzumutbaren Nachteilen führt.[648] Diese Forderung betrifft Eilfälle, in denen schwere Beeinträchtigungen drohen und das Sozialgericht den Eilantrag unter Orientierung an der Hauptsache *ablehnen* will.[649] Das Verfassungsgericht hat damit eine für die Fachgerichte richtungsweisende Gewichtung des Abwägungselements „wahrscheinlicher Hauptsacheerfolg" im Verhältnis zu den Abwägungselementen „drohende

643 Vgl. dazu Schoch/Schneider/Schoch § 80 Rn. 409.

644 Vgl. zur VwGO Schoch/Schneider/Schoch § 80 Rn. 401 f.: Summarisch beschreibe phänomenologisch den Zwang, faktisch sehr häufig ohne umfassende Gesetzesinterpretation und erschöpfende Subsumtion entscheiden zu müssen. IdS sei gegen den Begriff summarische Prüfung nichts einzuwenden. S. dazu auch Schoch/Schneider/Schoch Vorb. § 80 Rn. 58, 60; Leipold, 64; BayLSG 14.11.2017 – L 7 R 5146/17 B ER; abw. SächsLSG 31.1.2005 – L 2 B 192/04 AL-ER, juris Rn. 24: Rechtliche Würdigung grds. abschließend.

645 BVerfG 27.5.1998 – 2 BvR 378/98, juris Os. 2a = Rn. 17.

646 So ausdr. für das verwaltungsgerichtliche Eilverfahren BVerfG 27.5.1998 – 2 BvR 378/98, juris Os. 2a aE = Rn. 17; sinngemäß auch in BVerfG 13.6.1979 – 1 BvR 699/77, BVerfGE 51, 268 (280, 286); BVerfG 15.2.1982 – 2 BvR 1492/81, NVwZ 1982, 241; BVerfG 27.5.1998 – 2 BvR 378/98, juris Os. 2 a, b = Rn. 18; BVerfG 14.5.1985 – 1 BvR 233/81, BVerfGE 69, 315 (363 f.).

647 BVerfG 12.5.2005 – 1 BvR 569/05, juris Rn. 25.

648 BVerfG 25.7.1996 – 1 BvR 638/96, juris Os. 2a; 22.11.2002 – 1 BvR 1586/02, juris Rn. 7; 29.7.2003 – 2 BvR 311/03, juris Rn. 12; vgl. auch BVerfGE 79, 69 (75); 97, 298 (315).

649 Solche Fälle stellen aber nur eine Ausnahme, nicht die Regel dar, vgl. BVerfG 26.6.2018 – 1 BvR 733/18.

Rechtsverletzungen" und „öffentliche Interessen" für den Bereich der existenzsichernden Leistungen des SGB II[650] und der Leistungen des Krankenversicherungsrechts[651] vorgenommen. Für das *Zuerkennen* einer vorläufigen Leistung zum Lebensunterhalt im Eilverfahren kann es nach der verfassungsgerichtlichen Rspr. dagegen ausreichen, dass ein Hauptsacheerfolg nur möglich ist.[652] Ein Eilantrag kann bei entsprechend schweren drohenden Beeinträchtigungen auch dann Erfolg haben, wenn der Ausgang des Hauptsacheverfahrens ungewiss ist. Für eine Gewährung vorläufigen Rechtsschutzes kann also eine herabgesetzte Prüfungsintensität ausreichen.[653]

(c) Wechselbeziehung zwischen gesetzlich vorgesehener sofort geltender Belastung (gesetzgeberischer Grundentscheidung) und Wahrscheinlichkeit des Hauptsacheerfolgs

Wie bereits gezeigt wurde, stehen die gesetzlich vorgesehene sofort geltende Belastung und die Wahrscheinlichkeit des Hauptsacheerfolgs in einer Wechselbeziehung: Bei geringer Erfolgswahrscheinlichkeit in der Hauptsache fällt diese Belastung nicht zugunsten des Antragstellers ins Gewicht, die gesetzgeberische Grundentscheidung ist vom Richter zu beachten;[654] bei höherer Wahrscheinlichkeit ist eine Berücksichtigung zugunsten des Antragstellers dagegen möglich, weil die Voraussetzungen, an die die gesetzlich vorgesehene Belastung anknüpft, dann im konkreten Fall wahrscheinlich nicht vorliegen (→ Rn. 201 ff., 204). 255

(d) Proportionalität der Bedeutung des Hauptsacheanspruchs und der Intensität der drohenden Rechtsverletzung

Mit Blick auf die Abwägung ist von der Wahrscheinlichkeit des Hauptsacheerfolgs, die wie ausgeführt immer in die Abwägung einzustellen ist, die Bedeutung des Hauptsacheanspruchs als solchem zu unterscheiden. Angesprochen ist die Frage, ob bei der Abwägung das hinter dem Hauptsacheanspruch stehende materielle Recht zu bewerten ist. Denn es könnte einen Unterschied ausmachen, ob es in der Hauptsache etwa um die Teilhabe am Arbeitsleben in Form einer Bildungsmaßnahme oder um ein lebensnotwendiges Medikament geht. Fraglich ist mithin, ob diese *Bedeutung* des materiellen Hauptsacheanspruchs, also das materielle Recht, das mit dem Hauptsacheanspruch geltend gemacht wird, als Abwägungskriterium eine eigenständige Rolle spielt. Das ist nicht der Fall, weil es im Eilverfahren nicht um den Hauptsacheanspruch als solchen geht, sondern nur um dessen Sicherung zur Vermeidung von Rechtsnachteilen bis zur Hauptsacheentscheidung. Daraus folgt, dass sich die Bedeutung des zu sichernden Hauptsacheanspruchs immer aus der Intensität der ohne Eilrechtsschutz drohenden Beeinträchtigung ergibt. Die Bedeutung des Hauptsacheanspruchs ist mithin kein eigenständiges Abwägungselement. Dieses Kriterium wird, weil es im Eilverfahren nur um die Vermeidung von Rechtsnachteilen bis zur Hauptsacheentscheidung geht, bereits über das Abwägungselement der Wahrscheinlichkeit und Intensität der ohne Eilrechtsschutz drohenden Beeinträchtigungen (Eilbedürftigkeit) berücksichtigt. Um dies an Beispielen zu verdeutlichen: Die Bedeutung des zu sichernden Hauptsacheanspruchs Arbeitslosengeld I, Pflegegeldzahlung oder Altersrente ist im Eilverfahren gering, wenn der Lebensunterhalt des Antragstellers wegen sonstigen Vermögens gesichert ist und das Hauptsacheverfahren – von der Verzögerung der Leistungsgewährung abgesehen – ohne wesentliche Nachteile abgewartet werden kann. Die Bedeutung des zu sichernden Hauptsacheanspruchs auf vorläufige Teilhabe am Arbeitsleben hängt nicht von der Bildungsmaßnahme als solcher, sondern davon ab, welche Rechte etwa bei einem Abbruch und einer Fortführung erst nach der Hauptsacheentscheidung verletzt werden. Bei der vorläufigen Gewährung einer Heil- 256

650 BVerfG 12.5.2005 – 1 BvR 569/05.
651 BVerfG 6.2.2007 – 1 BvR 3101/06.
652 BVerfG 12.5.2005 – 1 BvR 569/05, Breithaupt 2005, 803 ff. = NJW 2005, 2982 = ASR 2005, 65.
653 So BVerfG 29.7.2003 – 2 BvR 311/03, juris Rn. 16 (überwiegende Wahrscheinlichkeit).
654 BayLSG 16.7.2009 – L 7 AS 368/09 B ER, juris Rn. 28 f.

behandlung nach dem SGB V ist zu fragen, was passiert, wenn die Heilbehandlung nicht sofort gewährt wird. Es geht also nicht um die Heilbehandlung als solche, sondern um die Rechtsverletzungen bei nicht sofort und vorläufig gewährter Heilbehandlung. Es geht nicht darum, ob jemand überhaupt am Durchgangsarztverfahren teilnehmen darf, sondern welche Rechte durch eine Versagung der Beteiligung bis zum Abschluss des Hauptsacheverfahrens verletzt werden. Bei Leistungen zum Lebensunterhalt ist die Bedeutung des zu sichernden Hauptsacheanspruchs scheinbar hoch, weil Fragen der Existenzsicherung betroffen sind. Im Eilverfahren geht es aber darum, eine irreversible Verletzung des Grundrechts Menschenwürde zu verhindern. Zwischen der Bedeutung des prospektiven Hauptsacheerfolgs und dem Abwägungselement der drohenden Rechtsverletzungen besteht also wegen ihres aus der Sicherungs- und Rechtsschutzfunktion abgeleiteten funktionalen Zusammenhangs eine direkte Proportionalität. Ein eigenständiges Abwägungselement „Bedeutung des Hauptsacheanspruchs" ist daher neben dem Abwägungselement „ohne Eilrechtsschutz drohende Beeinträchtigungen" nicht in die Abwägung einzustellen.

(e) Offensichtlicher Erfolg/Misserfolg des Hauptsacheverfahrens

257 Die Fälle des offensichtlichen Obsiegens oder Unterliegens im Hauptsacheverfahren sind dem Prüfungskriterium des prospektiven Hauptsacheerfolgs zuzuordnen. Hier besteht ein entsprechend hoher Grad der Wahrscheinlichkeit des Ausgangs der Hauptsache. Der Beurteilung des voraussichtlichen Ausgangs des Hauptsacheverfahrens hat das erkennende Gericht seine richterliche Überzeugung von der geltenden Rechtslage zugrunde zu legen. Diese ist Ausdruck der richterlichen Unabhängigkeit nach Art. 97 Abs. 1 GG und gehört zu ihrem Kern. Das Gericht hat somit die Erfolgsaussichten der Hauptsache nicht deswegen anders zu beurteilen, weil es davon ausgeht, dass seine Rechtsauffassung im Hauptsacheverfahren höher- oder gar höchstinstanzlich nicht geteilt werden wird.[655] Davon zu unterscheiden ist der Fall, dass es dem Gericht nicht möglich ist, sich im Eilverfahren eine abschließende Rechtsauffassung zu bilden. Hier kann ein offensichtlicher Erfolg oder Misserfolg in der Hauptsache nicht angenommen werden; vielmehr ist der Ausgang des Hauptsachverfahrens offen.

258 Bei offensichtlicher Zulässigkeit und Begründetheit des Hauptsacherechtsbehelfs wiegt das Abwägungselement prospektiver Hauptsacheerfolg entsprechend schwer. Dies allein führt aber nicht zum Erfolg des Eilantrags, da stets ein Mindestmaß an Eilbedürftigkeit gegeben sein muss.[656] Denn die mit Art. 19 Abs. 4 GG verfassungsrechtlich fundierte Rechtfertigung für einstweiligen Rechtsschutz besteht in der Verhinderung von Beeinträchtigungen, die bis zur (hier für den Antragsteller günstigen) Hauptsacheentscheidung drohen. Bei entsprechend hoher Wahrscheinlichkeit des Hauptsacheerfolgs, wird der Eilantrag auch dann Erfolg haben, wenn die drohenden Beeinträchtigungen nicht besonders schwer sind. Ein Mindestbeeinträchtigungsgrad ist in Anfechtungssachen (im Gegensatz zu den Vornahmesachen: „wesentlicher Nachteil") nicht geregelt.[657]

259 Bei offensichtlicher Aussichtslosigkeit des Hauptsacherechtsbehelfs ist insofern eine abschließende Prüfung bereits im Eilverfahren möglich. Der Eilantrag scheitert dann allein wegen des Abwägungselements prospektiver Hauptsacheerfolg, weil der Richter abschließend feststellen kann, dass kein zu sichernder Hauptsacheanspruch zusteht. Auch von Verfassungs wegen ist es nicht zu beanstanden, wenn die Gerichte die Anordnung der aufschiebenden Wirkung dann ablehnen, wenn sie zu dem Ergebnis gelangen, dass der in der Hauptsache eingelegte Rechtsbehelf

655 Wie hier SG Dortmund 20.9.2016 – S 62 SO 403/16 ER; SG Dresden 24.11.2016 – S 32 AS 4260/16 ER; aA LSG NRW u.a. 18.4.2016 – L 6 AS 2249/15 B ER, L 6 AS 21/16 B; 21.4.2016 – L 6 AS 389/16 B ER; 23.5.2016 – L 20 SO 139/16 B ER; LSG RhPf 31.5.2016 – L 6 AS 173/16 B ER.
656 Vgl. Wenner SozSich 2001, 422 (424); Kummer SGb 2001, 705 (714).
657 Vgl. zB LSG Bln-Bbg 17.1.2006 – L 29 B 1104/05 AS ER; LSG NRW 6.9.2007 – L 20 B 136/07 AS ER.

mit an Sicherheit grenzender Wahrscheinlichkeit erfolglos bleibt,[658] weil das Eilverfahren seiner Sicherungsfunktion dann nicht gerecht werden kann.[659]

(2) Wahrscheinlichkeit der drohenden Rechtsverletzungen

Für das Abwägungselement „drohende Rechtsverletzungen“ gilt das oben Gesagte entsprechend. 260
Auch hier gibt es in Anfechtungssachen keine gesetzlich geregelte Mindestwahrscheinlichkeit (zu Beeinträchtigungsgrad/Schwere der drohenden Rechtsverletzung → Rn. 262 ff.). Welche Wahrscheinlichkeit der ohne Eilrechtsschutz drohenden Rechtsverletzungen für einen Erfolg des Eilantrags zu fordern ist, lässt sich nur im konkreten Fall bestimmen. Abwägungsbelange sind hier die Tatsachen, die die Rechtsverletzungen begründen können, also zB wahrscheinlich eintretende Gesundheitsstörungen, Mittellosigkeit oder Obdachlosigkeit. Dazu sind vorhandene ärztliche Stellungnahmen, etwa in Attesten, vorliegende Kontoauszüge und etwaige Vermieterschreiben auszuwerten. Auch die hier zugrundeliegenden Tatsachen müssen nur möglicherweise vorliegen. Aus den Abwägungsgründen ergibt sich ein bestimmter Wahrscheinlichkeitsgrad für die ohne Eilrechtsschutz drohenden Rechtsverletzungen, also etwa des Grundrechts auf körperliche Unversehrtheit des Art. 2 Abs. 2 S. 2 GG oder des Grundrechts auf Wahrung der Menschenwürde des Art. 1 Abs. 1 GG. Ggf. über die bloße Möglichkeit hinausgehende Wahrscheinlichkeiten in Bezug auf die zugrundeliegenden Tatsachen bestimmen auch hier das Gewicht des Abwägungselements entsprechend mit. Den herabgesetzten Überzeugungsgrad bzgl. des Abwägungselements „drohende Rechtsverletzungen“ hat das BVerfG für die existenzsichernden Leistungen ausdrücklich formuliert. Die Gewährung einstweiligen Rechtsschutzes kann danach schon geboten sein, wenn auch nur die Möglichkeit schwerer Beeinträchtigungen gegeben ist.[660]

(3) Wahrscheinlichkeit der Abwägungsbelange, die das öffentliche Interesse an der sofortigen Vollziehbarkeit begründen sollen

Auch für das Abwägungselement „besonderes Vollziehungsinteresse“ gilt das oben Gesagte 261
entsprechend. Abwägungsbelange sind hier zB die Gefahr, die bei einer Weitergeltung eines begünstigenden Verwaltungsakts, etwa einer Vertragsarztzulassung, droht oder die hohen Kosten, die mit der Weitergewährung einer vorläufigen Leistung verbunden sind, ggf. auch unter Berücksichtigung von drohenden Kosten in einer Vielzahl von vergleichbaren Fällen. Daraus ist auf mögliche Beeinträchtigungen von Rechtsgütern zu schließen, die das öffentliche Interesse an der Vollziehung begründen, etwa die Beeinträchtigung der Funktionsfähigkeit der sozialen Sicherungssysteme. Auch hier gibt es keine gesetzlich geregelte Mindestwahrscheinlichkeit. Ergibt sich in den Fällen des § 86a Abs. 2 Nr. 2–4, Abs. 4 SGG in der zur Verfügung stehenden Zeit aufgrund des Vorbringens des Antragstellers oder der Ermittlungen von Amts wegen kein Überwiegen des Aufschubinteresses, lassen sich insbes. keine Folgen, die über die gesetzlich vorgesehene sofortige Belastung hinausgehen und keine überwiegende Wahrscheinlichkeit der Rechtswidrigkeit des Verwaltungsakts, die eine Berücksichtigung der gesetzlich vorgesehenen Belastung zugunsten des Antragstellers möglich macht, feststellen, kommt die steuernde Wirkung der gesetzgeberischen Grundentscheidung der Sofortvollziehbarkeit zum Tragen. Das pauschal vom Gesetzgeber angenommene besondere Vollziehungsinteresse wirkt dann auch im Einzelfall. Der Sozialrichter ist

---

658 BVerfG 15.2.1982 – 2 BvR 1492/81, juris Os. 1, NVwZ 1982, 241 f.; vgl. auch MKLS/Keller SGG § 86b Rn. 29.

659 Insofern wird auch der Rspr. des BVerfG Rechnung getragen, das bei drohenden schweren Grundrechtsverletzungen, zB des Art. 1 GG im Bereich der existenzsichernden Leistungen, eine abschließende Prüfung der Hauptsache fordert, wenn diese ihre Eilentscheidung am Hauptsacheerfolg orientieren wollen, vgl. BVerfG 12.5.2005 – 1 BvR 569/05, juris Rn. 25 f. Vgl. aber auch BVerfG 8.4.2010 – 1 BvR 2709/09, juris Ls. 3b und Rn. 17; 24.10.2003 – 1 BvR 1594/03: Die offensichtliche Rechtmäßigkeit einer Maßnahme erlaube unter Beachtung der Verhältnismäßigkeit nicht bereits ihre sofortige Vollziehung; ebenso BayLSG 20.7.2009 – L 7 AS 344/09 B ER, juris Rn. 25.

660 BVerfG 12.5.2005 – 1 BvR 569/05, juris Rn. 26.

aber stets zu einer Aufklärung von Amts wegen und – falls sich entsprechende Abwägungsbelange feststellen lassen – zu einer einzelfallbezogenen Abwägung verpflichtet, und zwar schon dann, wenn Umstände vorliegen, die möglicherweise ein Aufschubinteresse begründen könnten. Ergibt sich in den Fällen des § 86a Abs. 2 Nr. 5 SGG in der zur Verfügung stehenden Zeit aufgrund des Vorbringens der Behörde oder der Ermittlungen von Amts wegen kein Überwiegen des besonderen Vollziehungsinteresses, insbes. keine Folgen für das öffentliche Interesse, die über das Erlassinteresse hinausgehen, kommt die steuernde Wirkung der gesetzgeberischen Grundentscheidung der aufschiebenden Wirkung, von der die Behörde mit ihrer Vollziehbarkeitsanordnung abgewichen ist, zum Tragen.

b) Beeinträchtigungsgrade[661] und Folgenabwägung

aa) Kein gesetzlich geregelter Mindestbeeinträchtigungsgrad

262 **Orientierungshinweis:** In Anfechtungssachen gibt es keine gesetzliche Vorregelung iS zu fordernder Mindestbeeinträchtigungsgrade (in Vornahmesachen: „wesentlicher Nachteil“) oder Wahrscheinlichkeitsgrade (in Vornahmesachen: Glaubhaftmachung als Beweismaß). Aus den Denkgesetzen ergibt sich lediglich der Mindestbeeinträchtigungsgrad der Möglichkeit. Die Beeinträchtigungs- und Wahrscheinlichkeitsgrade sind im konkreten Fall jeweils festzustellen. Die Abwägungselemente sind dann entsprechend zu gewichten. Dabei sind insbes. die jeweils gedachten Beeinträchtigungen der Beteiligten bei Obsiegen des Antragstellers im Eilverfahren / Unterliegen in der Hauptsache und Unterliegen des Antragstellers im Eilverfahren / Obsiegen in der Hauptsache zu berücksichtigen (Folgenabwägung).

Neben den Wahrscheinlichkeitsgraden bestimmen die jeweiligen Grade der Beeinträchtigung der betroffenen Rechtsgüter das Gewicht der Abwägungselemente. In Vornahmesachen gibt es eine normative Vorregelung des Mindestbeeinträchtigungsgrads der drohenden Rechtsverletzungen; verlangt wird ein mindestens wesentlicher Nachteil. In Anfechtungssachen gibt es keine entsprechende gesetzliche Vorregelung. Auch eine normative Vorregelung des Mindestbeeinträchtigungsgrads des zugrundeliegenden Hauptsacheanspruchs oder der Rechtsgüter, die das öffentliche Vollziehungsinteresse begründen, fehlt. Nur in § 86a Abs. 2 Nr. 5 SGG wird ein besonderes Interesse an der sofortigen Vollziehung verlangt, allerdings ohne Konkretisierung des Beeinträchtigungsgrades.

bb) Art. 19 Abs. 4 GG und Gebot zur folgenorientierten Betrachtung

263 Die Beeinträchtigung der geschützten Rechtsgüter im Eilverfahren steht in aller Regel noch nicht fest, sie kann eben nur mit einem gewissen Wahrscheinlichkeitsgrad festgestellt werden. Daraus folgt zwingend, dass die gedachten möglichen Beeinträchtigungen, also die möglichen Folgen der Eilentscheidung, für die Fälle des Erfolgs und der Ablehnung des Eilantrags in den Blick genommen werden müssen.[662] Dies folgt aus dem in Art. 19 Abs. 4 S. 1 GG verankerten Anspruch des Bürgers, der die Gerichte verpflichtet, bei ihrer Entscheidungsfindung diejenigen Folgen zu erwägen, die mit der Versagung vorläufigen Rechtsschutzes für den Bürger verbunden sind.[663] Das höhere oder niedrigere Gewicht eines Abwägungselements wird durch Betrachtung der Folgen begründet, was die Plausibilität und die Rationalität der Wertung iR der Abwägung erhöht.[664] Die möglichen Beeinträchtigungsgrade ergeben sich bei Betrachtung der gedachten Folgen einer Ablehnung von

661 Zur Untergliederung nach Grad und Wahrscheinlichkeit der Betroffenheit von Interessen bei der Gesetzesauslegung Zippelius JZ 1999, 112 (115).

662 BVerfG 8.4.2010 – 1 BvR 2709/09, juris Ls. 3a und Rn. 17.

663 Vgl. BVerfG 25.7.1996 – 1 BvR 638/96, juris Rn. 15; BVerfGE 35, 382 (402); 65, 1 (70); 67, 43 (58); 69, 315 (363); 79, 69 (74).

664 Podlech AöR 95, 185 (197, 200).

Eilrechtsschutz, was die drohenden Rechtsverletzungen des Antragstellers betrifft, und bei Betrachtung der gedachten Folgen einer Gewährung von Eilrechtsschutz, was die Beeinträchtigung von Rechtsgütern betrifft, die das öffentliche Vollziehungsinteresse begründen. In Bezug auf den prospektiven Hauptsacheerfolg kommen Beeinträchtigungen auf beiden Seiten in Betracht. Gewinnt der Antragsteller im Eilverfahren und unterliegt er in der Hauptsache, liegt nämlich durch die vorläufige Zuerkennung im Eilverfahren ein Verstoß gegen den Grundsatz der Gesetzmäßigkeit der Verwaltung vor, nämlich eine Verletzung der Rechtsgrundlage, auf der der jeweilige belastende Verwaltungsakt beruht. Unterliegt der Antragsteller im Eilverfahren und gewinnt er in der Hauptsache, beeinträchtigt dies die Rechtsgüter, die hinter der jeweiligen Anspruchsgrundlage stehen, und ggf. sonstige (Grund-) Rechte des Antragstellers.

cc) Gedachte Folgen

(1) Gedachte Folge Rechtsverletzung des Antragstellers und Bedeutung der gesetzgeberischen Grundentscheidung

Der in Art. 19 Abs. 4 S. 1 GG verankerte Anspruch des Bürgers verpflichtet die Gerichte, bei ihrer Entscheidungsfindung diejenigen Folgen zu erwägen, die mit der Versagung vorläufigen Rechtsschutzes für den Bürger verbunden sind.[665] In die Abwägung sind also alle Umstände einzustellen, die mit der Beeinträchtigung der Rechte des Antragstellers bis zur Hauptsacheentscheidung zusammenhängen, also zB ein mögliches Unterschreiten des Existenzminimums, drohende Gesundheitsstörungen oder drohende Obdachlosigkeit. Dabei ist wie ausgeführt (→ Rn. 227, 230) die gesetzgeberische Grundentscheidung zu berücksichtigen. Das bedeutet, dass grundsätzlich die regelmäßigen, materiellrechtlich vorgesehenen Folgen (wie etwa die Kürzung eines Alg II-Anspruchs) bei der richterlichen Folgenabwägung nicht zugunsten des Antragstellers ins Gewicht fallen. Für einen Erfolg des Eilantrags müssen grundsätzlich Folgen drohen, die über die regelmäßige Belastung, die nach materiellrechtlichen Regelungen eintreten soll, hinausgehen. Liegen solche Folgen nicht vor, steuert die gesetzgeberische Grundentscheidung der sofortigen Geltung dieser Belastung grundsätzlich die richterliche Abwägungsentscheidung zulasten des Antragstellers. Von diesem Grundsatz muss abgewichen werden bei wahrscheinlicher Rechtswidrigkeit des belastenden Verwaltungsakts, weil die gesetzgeberische Grundentscheidung dann im konkreten Fall entsprechend der Wahrscheinlichkeit der Rechtswidrigkeit des Verwaltungsakts an Gewicht verliert. In diesem Fall kann ggf. auch die gesetzlich vorgesehene Belastung zugunsten des Antragstellers berücksichtigt werden. Über die gesetzlich vorgesehene Belastung hinausgehende, den Antragsteller belastende Folgen sind ohnehin in der Abwägung zu berücksichtigen. Dies zugrunde legend hängt das Gewicht des Abwägungselements drohende Rechtsverletzungen hauptsächlich von der Schwere der drohenden Beeinträchtigungen ab. Insbes. sind zu befürchtende Grundrechtseingriffe und die Irreversibilität[666] der gedachten Rechtsverletzungen zu berücksichtigen.[667] Was den Wahrscheinlichkeitsgrad betrifft, kann die Möglichkeit des Eintritts der Rechtsverletzung ausreichen. 264

Beispiel: Geht es um die Anordnung der aufschiebenden Wirkung eines Rechtsbehelfs gegen eine Aufhebung der Bewilligung von Alg II, wird – sofern nicht gewichtige Gründe für die Rechtswidrigkeit der Aufhebung sprechen – die gesetzlich in § 39 SGB II vorgesehene Folge die Nichtgeltung der Leistungsbewilligung nicht zugunsten des Antragstellers ins Gewicht fallen. Ist der Antragsteller aber über die Folge der Aufhebung hinaus beeinträchtigt, etwa weil er durch die Aufhebungsentscheidung andere Leistungen zu verlieren droht, die von der Bewilli-

665 Vgl. BVerfG 25.7.1996 – 1 BvR 638/96, juris Rn. 15; BVerfGE 35, 382 (402); 65, 1 (70); 67, 43 (58); 69, 315 (363); 79, 69 (74).

666 Vgl. BVerfG 18.7.1973 – 1 BvR 23/73, 1 BvR 155/73, NJW 1974, 227 = BVerfGE 35, 382 (401 f.); BVerfG 21.3.1985 – 2 BvR 1642/83, NVwZ 1985, 409 = BVerfGE 69, 220.

667 BVerfG 21.3.1985 – 2 BvR 1642/83.

gung des Alg II abhängen, könnte dies ein Überwiegen des Aufschubinteresses bzgl. der Aufhebungsentscheidung begründen.

(2) Gedachte Folge: Beeinträchtigung des öffentlichen Interesses

265 Die Eilentscheidung muss den Grundsatz der Verhältnismäßigkeit beachten. Daher muss der Richter auch die gedachte Beeinträchtigung der öffentlichen Interessen in angemessener Weise berücksichtigen. Ob überwiegende öffentliche Belange es rechtfertigen, den Rechtsschutzanspruch des Betroffenen einstweilen zurückzustellen, hängt von einer Gesamtwürdigung der Umstände des Einzelfalls und insbes. davon ab, ob ohne Sofortvollziehbarkeit konkrete Gefahren für wichtige Gemeinschaftsgüter zu befürchten sind.[668]

266 **Beispiele:**

- Das **Funktionieren der sozialen Sicherungssysteme** kann ein besonderes öffentliches Interesse begründen, insbes. zB das Funktionieren der vertragsärztlichen Versorgung. Insofern geht es um die Sicherung eines besonders wichtigen Allgemeininteresses.[669]
- Im Sozialrecht spielen in Anfechtungssachen auch fiskalische Interessen eine Rolle. Dabei geht es nicht immer nur um die Folgen der vorläufigen Zuerkennung im konkreten Fall. Ins Gewicht fallen kann jedenfalls bei obergerichtlichen Entscheidungen, an denen sich die Instanzgerichte orientieren, auch die drohende Belastung der öffentlichen Hand durch eine **Vielzahl gleichgelagerter Fälle**. Auch ansonsten kann die Gleichbehandlung der Sozialleistungsbezieher einen Abwägungsbelang darstellen, der für das Abwägungselement des besonderen Vollziehungsinteresses ins Gewicht fallen kann.
- Die **generalpräventive Wirkung** der sofortigen Geltung eines im Bereich der Eingriffsverwaltung erlassenen Verwaltungsakts kann für sich genommen ein besonderes öffentliches Vollziehungsinteresse nicht begründen. Bei dem Aspekt der Generalprävention geht es letztlich um die Wahrung der Rechtsordnung. Der angefochtene Verwaltungsakt konkretisiert eine Regelung gegenüber dem Antragsteller. Hinter dem Gesichtspunkt der Generalprävention verbirgt sich also das Erlassinteresse, das die sofortige Vollziehbarkeit nicht trägt.[670]
- Die mit dem Verwaltungsakt bezweckte **Abwehr konkreter Gefahren** kann als Abwägungsbelang ein besonderes öffentliches Vollziehungsinteresse begründen. ZB können durch die Entziehung einer Vertragsarztzulassung Gefahren für die ordnungsgemäße medizinische Versorgung der betroffenen Patienten, also Rechtsverletzungen Dritter, vermieden werden.[671]
- Auch das Vorliegen beharrlicher und gröblicher **Gesetzesverstöße des Antragstellers** bei Gefahr erneuter einschlägiger Gesetzesverletzungen[672] stellt einen Abwägungsbelang dar, der für das Abwägungselement des besonderen Vollziehungsinteresses ins Gewicht fallen kann.
- Das **Verhalten der Behörde**, etwa wenn diese sich bei einem Eilantrag nicht um rasche Aufklärung bemüht,[673] verringert ggf. das Gewicht des Abwägungselements des besonderen Vollziehungsinteresses und kann zu einem Überwiegen des Abwägungselements der Eilbedürftigkeit führen.

---

668 BVerfG 8.11.2010 – 1 BvR 722/10, juris Rn. 13; 19.12.2007 – 1 BvR 2157/07.

669 BVerfG 8.11.2010 – 1 BvR 722/10, juris Rn. 15.

670 BVerfG 8.11.2010 – 1 BvR 722/10, juris Ls. 2 b) bb) und Rn. 17b zum Entzug der Zulassung zur kassenärztlichen Versorgung gem. § 95 Abs. 6 SGB V: Sofortvollzug sei kein Mittel der Generalprävention, Abschreckungswirkung für andere Vertragsärzte und insbes. Medizinische Versorgungszentren reiche nicht. Gefahrenlage müsse vom Antragsteller verursacht worden sein oder ihm zugerechnet werden können. Zur Rechtfertigung des Eingriffs sei Zusammenhang zwischen einer weiteren beruflichen Betätigung der Beschwerdeführerin und der Gefährdung wichtiger Gemeinschaftsgüter notwendig; der abstrakten Gefahr eines Missbrauchs sei nicht durch die Anordnung vorläufiger Berufsverbote oder vergleichbar wirkender Maßnahmen zu begegnen.

671 Zu Gemeinwohl und Schutz von Leben und Gesundheit als Abwägungselemente Finkelnburg/Jank VorlRS Rn. 746.

672 Insofern wirkt die sofortige Vollziehung auch spezialpräventiv.

673 S. dazu Kopp/Schenke § 80 Rn. 155.

(3) Prüfungsreihenfolge – Eilbedürftigkeit vor prospektivem Hauptsacheerfolg

Aus verfassungsrechtlichen Gründen hat die Prüfung mit der Schwere der drohenden Rechtsverletzungen zu beginnen. Denn Art. 19 Abs. 4 GG kann Eilrechtsschutz bei entsprechender Eintrittswahrscheinlichkeit und Schwere der drohenden Rechtsverletzungen auch bei geringen Hauptsacheerfolgsaussichten gebieten.[674] Das Gewicht solcher drohenden Rechtsverletzungen bestimmt die an die anderen Abwägungselemente zu stellenden Anforderungen.[675] Insbes. die für eine Ablehnung des Eilantrags erforderliche Prüfungsintensität des Abwägungselements „Erfolgsaussichten der Hauptsache“ hängt von der Schwere der drohenden Beeinträchtigungen ab.[676] Intensität und Eintrittswahrscheinlichkeit der ohne Eilrechtsschutz drohenden Rechtsverletzungen, die den Grad der Beeinträchtigung des betroffenen Rechtsguts bestimmen, sind daher an erster Stelle festzustellen. Bei drohender schwerer Beeinträchtigung kann zB sogar eine abschließende Prüfung der Hauptsache erforderlich sein, um den Eilantrag wegen des Gewichts des Abwägungselements prospektiver Hauptsacheerfolg abzulehnen. Umgekehrt können geringe Wahrscheinlichkeiten für einen Erfolg des Eilantrags ggf. ausreichen. 267

7. Abwägungsgrundsatz „Vergleichen“: Die Herstellung einer konkreten Verhältnismäßigkeit zwischen den Abwägungselementen

a) Gedachte Entscheidungsalternativen Erfolg oder Misserfolg des Eilantrags – Folgenorientierte Betrachtung iSd Doppelhypothese

Wie ausgeführt verpflichtet der in Art. 19 Abs. 4 S. 1 GG verankerte Anspruch des Bürgers die Gerichte, bei ihrer Entscheidungsfindung diejenigen Folgen zu erwägen, die mit der Versagung vorläufigen Rechtsschutzes für den Bürger verbunden sind.[677] Der Verhältnismäßigkeitsgrundsatz verpflichtet zu einem Vergleich mit den Folgen, die mit der Gewährung vorläufigen Rechtsschutzes verbunden sind. Bei der Frage nach den Wahrscheinlichkeiten sind also stets die Entscheidungsalternativen Erfolg oder Misserfolg des Eilantrags mitzudenken. Dementsprechend lassen sich die Anforderungen an die jeweilige Prüfungsintensität nur im Zusammenhang mit den Prämissen „um dem Eilantrag stattzugeben“ oder „um den Eilantrag abzulehnen“[678] formulieren. Bei dem Antragsteller drohenden schweren Beeinträchtigungen gilt: Um den Eilantrag unter Orientierung an der Hauptsache abzulehnen, ist eine abschließende Prüfung des Hauptsacheerfolgs notwendig; um dem Eilantrag stattzugeben kann eine bloße Möglichkeit des Hauptsacheerfolgs ausreichen. Die prospektive Folgenbetrachtung geht von einer Diskrepanz zwischen dem Ausgang von Eil- und Hauptsacheverfahren aus. Diese Betrachtungsweise liegt auch der vom BVerfG zur einstweiligen Anordnung entwickelten Doppelhypothese zugrunde.[679] Auf das sozialgerichtliche einstweilige Rechtsschutzverfahren übertragen bedeutet dies: Es sind die Folgen, die eintreten würden, wenn die Eilentscheidung zuungunsten des Antragstellers nicht erginge, die Klage aber später Erfolg hätte, gegenüber den Nachteilen abzuwägen, die entstünden, wenn die begehrte Eilentscheidung erlassen würde, der Klage aber der Erfolg zu versagen wäre. Dabei ist bei der Hypothese Ablehnung des Eilantrags/Obsiegen des Antragstellers in der 268

674 Für existenzsichernde Leistungen (Art. 1 GG) BVerfG 12.5.2005 – 1 BvR 569/05, Breithaupt 2005, 803 ff., NJW 2005, 2982 = ASR 2005, 65.

675 Abw. LSG NRW 21.12.2009 – L 19 B 277/09 AS: Die Anordnung der aufschiebenden Wirkung richte sich in erster Linie nach dem Grad der Rechtmäßigkeit oder Rechtswidrigkeit des angefochtenen Eingriffsbescheides und den daraus folgenden Erfolgsaussichten der Klage im Hauptsacheverfahren.

676 BVerfG 12.5.2005 – 1 BvR 569/05; BVerfG 6.2.2007 – 1 BvR 3101/06.

677 Vgl. BVerfG 8.4.2010 – 1 BvR 2709/09, juris Ls. 3a und Rn. 17; 25.7.1996 – 1 BvR 638/96, juris Rn. 15; BVerfGE 35, 382 (402); 65, 1 (70); 67, 43 (58); 69, 315 (363); 79, 69 (74).

678 Dazu ausdr. BVerfG 22.11.2002 – 1 BvR 1586/02, juris Rn. 7.

679 StRspr, vgl. aus jüngerer Zeit zB BVerfG 15.3.2010 – 1 BvR 722/10, juris Rn. 10–12; ferner BVerfGE 86, 390 (395) = NJW 1992, 243; BVerfGE 1988, 173 (179 f.) = NJW 1993, 1317; BVerfGE 94, 334 (347); 99, 57 (66) = NVwZ 1999, 173; BVerfGE 104, 23 (28 f.) = NJW 2001, 3253; NJW 2003, 2598 (2599).

Hauptsache immer der Ausgangspunkt der Überlegungen die Schwere und Eintrittswahrscheinlichkeit der gedachten Rechtsverletzungen des Antragstellers. Die Doppelhypothese erweist sich damit als Teil einer (Folgen-) Abwägung, mit der im Einzelfall eine konkrete Verhältnismäßigkeit zwischen den Abwägungselementen der drohenden Rechtsverletzungen (Eilbedürftigkeit), des prospektiven Hauptsacheerfolgs und des besonderen Vollziehungsinteresses hergestellt werden kann.

b) Einzelfallbezogene Abwägung als Herstellung einer konkreten Verhältnismäßigkeit[680] zwischen den Abwägungselementen mit dem Ausgangspunkt der Schwere der drohenden Beeinträchtigung

269 Welches Gewicht den Abwägungselementen drohende Rechtsverletzungen, prospektiver Hauptsacheerfolg und öffentliches Vollziehungsinteresse zukommt, ist im konkreten Fall in Abhängigkeit von der Schwere und Eintrittswahrscheinlichkeit der ohne Eilrechtsschutz möglichen Rechtsverletzungen festzustellen. Die Abwägungselemente bilden dabei ein bewegliches System[681] in einer offenen Eilentscheidung mit dem Ausgangspunkt „drohende Rechtsverletzungen". Bei der Herstellung einer Beziehung zwischen den einzelnen Abwägungselementen erlangt der aus dem Rechtsstaatsprinzip abgeleitete, im Verfassungsrang stehende Grundsatz der Verhältnismäßigkeit Bedeutung. Der Verhältnismäßigkeitsgrundsatz „gerinnt" durch die Bestimmung der konkreten Beeinträchtigungs- und Wahrscheinlichkeitsgrade und deren Relation zueinander zu einer Abwägungsentscheidung im konkreten Fall. Durch die richterliche Abwägung der aus der gesetzgeberischen Grundentscheidung und den verfassungsrechtlichen Grundlagen hergeleiteten Abwägungselemente wird der Verhältnismäßigkeitsgrundsatz konkretisiert. Die Beweglichkeit des „Abwägungssystems" in Anfechtungssachen ergibt sich im Unterschied zu den Vornahmesachen vor allem aus dem Fehlen einer gesetzlichen Regelung in Bezug auf die Wahrscheinlichkeitsanforderungen (→ Rn. 249 ff.) und die Beeinträchtigungsgrade (→ Rn. 262 ff.). Für die sofortige Vollziehbarkeit sind Gründe notwendig, die in angemessenem Verhältnis zu der Schwere des vor Eintritt der Bestandskraft erfolgenden Eingriffs stehen.[682] Die den Eilantrag ablehnende Eilentscheidung muss auf der Grundlage der gesetzgeberischen Grundentscheidung unter dem Gesichtspunkt der Verhältnismäßigkeit deutlich machen, aus welchen Gründen eine sofortige Vollziehung geeignet und im Hinblick auf die Schwere der drohenden Beeinträchtigung erforderlich und angemessen ist.[683] Dabei ist in Bezug auf die die gesetzlich vorgesehene Belastung die steuernde Wirkung der gesetzgeberischen Grundentscheidung zu berücksichtigen: Die gesetzlich vorgesehene Belastung fällt bei geringer Erfolgswahrscheinlichkeit der Hauptsache bei der richterlichen Folgenabwägung nicht zugunsten des Antragstellers ins Gewicht. Bei wahrscheinlicher Rechtswidrigkeit des belastenden Verwaltungsakts kann dagegen auch diese Folge zugunsten des Antragstellers ins Gewicht fallen, weil dann die gesetzgeberische Grundentscheidung an Bedeutung verliert. Über die regelmäßige, von Gesetzes wegen mit sofortiger Geltung vorgesehene Belastung hinausgehende Folgen sind in der Abwägung ohne Einschränkungen zu berücksichtigen. Insgesamt ist in den Fällen des § 86a Abs. 2 Nr. 2–5, Abs. 4 SGG bei zu befürchtenden weniger schweren bzw. weniger wahrscheinlichen Rechtsverletzungen schon eine hohe Wahrscheinlichkeit des Hauptsacheerfolgs nötig, um zugunsten des Antragstellers zu entscheiden.[684] Selbst wenn aber eine hohe Wahrscheinlichkeit des Hauptsa-

680 In Bezug auf den Einzelfall wird die durchgeführte Abwägung bildhaft auch als „geronnene Verhältnismäßigkeit" bezeichnet, Leisner, 33.
681 Vgl. Kopp/Schenke § 80 Rn. 158; Eyermann/Hoppe VwGO § 80 Rn. 89 („Stufensystem").
682 Vgl. BVerfG 8.4.2010 – 1 BvR 2709/09, juris Ls. 1; BVerfG NJW 1991, 1530; Finkelnburg/Jank VorlRS Rn. 738; Ossenbühl, 25, 29.
683 Vgl. Finkelnburg/Jank VorlRS Rn. 748.
684 So wohl zB HessLSG 9.2.2007 – L 7 AS 288/06 ER, juris Rn. 32 zu einer Sanktionierung nach § 31 Abs. 1 Nr. 1b SGB II.

cheerfolgs, etwa wegen ernstlicher Zweifel an der Rechtmäßigkeit des Verwaltungsakts, gegeben ist, setzt der Erfolg eines Eilantrags voraus, dass ein gewisses Maß an Eilbedürftigkeit gegeben ist, das es dem Betroffenen unzumutbar macht, die Entscheidung in der Hauptsache abzuwarten.[685] Das Dringlichkeitsinteresse wird eben nur in den Fällen des § 86a Abs. 3 S. 2, Abs. 2 Nr. 1 SGG gesetzlich vermutet, wenn ernstliche Rechtsmäßigkeitszweifel bestehen. In allen anderen Fällen sind ernstliche Zweifel für die Anordnung der aufschiebenden Wirkung weder notwendig noch für sich genommen ausreichend. Besteht umgekehrt eine geringe Wahrscheinlichkeit des Hauptsacheerfolgs, muss das Abwägungselement der drohenden Rechtsverletzungen umso schwerer zugunsten des Antragstellers ins Gewicht fallen, damit der Eilantrag Erfolg hat. Ein grundsätzlicher Vorrang dahin gehend, dass bei der Abwägung in Anfechtungssachen vorrangig die Erfolgsaussichten des Hauptsacherechtsbehelfs[686] oder des Rechtsmittels[687] in den Blick zu nehmen wären, lässt sich – von den Fällen des § 86a Abs. 2 Nr. 1 SGG abgesehen – weder aus verfassungsrechtlichen Wertentscheidungen noch aus einfachgesetzlichen Grundentscheidungen ableiten.

c) Gedachte Folge Erfolg des Eilantrags und Unterliegen in der Hauptsache – Die Relativität der materiellen Inadäquanz

Bereits überschaubare Erfolgsaussichten des Hauptsacheverfahrens sind in die im Eilverfahren durchzuführende Abwägung einzubeziehen.[688] Die Beurteilung des Hauptsacheerfolgs ist aber immer prospektiv. Es besteht daher die Gefahr einer materiellrechtlich inadäquaten Entscheidung auf der Grundlage der verfahrensrechtlichen Regelung des § 86b Abs. 1 S. 1 SGG. Dem Antragsteller könnten Leistungen vorläufig zuerkannt werden, die ihm letztlich doch nicht zustehen. Die Frage ist, welcher Grad an möglicher materiellrechtlicher Inadäquanz im Zeitpunkt der Eilentscheidung hingenommen werden kann, ohne dass der Eilantrag scheitert. Welches Gewicht dem Abwägungselement des prospektiven Hauptsacheerfolgs mit der im konkreten Fall festgestellten Wahrscheinlichkeit zukommt, hängt stets von der – nach der einzuhaltenden Prüfungsreihenfolge bereits zuvor bestimmten – Schwere und Eintrittswahrscheinlichkeit der ohne Eilrechtsschutz drohenden Rechtsverletzung unter Beachtung der gesetzgeberischen Grundentscheidung ab. Insofern kann auf die obigen Ausführungen zur Wechselbezüglichkeit zwischen der Eilbedürftigkeit und dem prospektiven Hauptsacheerfolg und zur Bedeutung der gesetzgeberischen Grundentscheidung Bezug genommen werden. Die – hinzunehmende – materielle Inadäquanz der Eilentscheidung kann letztlich nur in Relation zur Schwere der drohenden Beeinträchtigung beurteilt werden, die materielle Inadäquanz der Eilentscheidung ist also relativ. 270

d) Vorrangregeln

Im Folgenden sollen einige Vorrangregeln formuliert werden, die als Handlungsanleitungen für die richterliche Abwägung zugrunde gelegt werden können. Aus verfassungsrechtlicher Sicht sind stets die Folgen zu erwägen, die mit der Versagung vorläufigen Rechtsschutzes für den Bürger verbunden sind. Dabei ist die gesetzgeberische Grundentscheidung zu berücksichtigen: Die gesetzlich vorgesehene und von Gesetzes wegen sofort vollziehbare Belastung ist grundsätzlich nicht zugunsten des Antragstellers zu berücksichtigen, da sich der Richter ansonsten mit seiner einzelfallbezogenen Abwägung in Widerspruch zu der gesetzgeberischen Grundentscheidung setzen würde. In Bezug auf diese Folge gilt aber auch, dass das Gewicht der gesetzgeberischen Grundentscheidung abnimmt, je wahrscheinlicher die Rechtswidrigkeit des von Gesetzes wegen 271

685 Abw. Schoch/Schneider/Schoch § 80 Rn. 384, 386: materielle Rechtslage für die Entscheidung maßgeblich.
686 So aber LSG BW 31.7.2006 – L 13 AS 1709/06 ER-B; 27.6.2006 – L 13 AS 2298/06 ER-B; 7.1.2002 – L 13 AL 3590/01 ER-B.
687 So LSG Bln-Bbg 17.1.2006 – L 29 B 1104/05 AS ER, juris Rn. 23.
688 BVerfG 13.6.1979 – 1 BvR 699/77, juris Rn. 42.

sofort vollziehbaren Verwaltungsakts (und damit der Hauptsacheerfolg) ist. Bei hoher Rechtswidrigkeitswahrscheinlichkeit kann daher auch die von Gesetzes wegen sofort vollziehbare Belastung zugunsten des Antragstellers ins Gewicht fallen. Über die von Gesetzes wegen sofort vollziehbare Belastung hinausgehende Folgen sind stets in der richterlichen Abwägung zu berücksichtigen.

272 Die Anforderungen müssen sich am Rechtsschutzziel des Eilverfahrens orientieren.[689] Das Abwägungselement der drohenden Rechtsverletzung steht idS mit den Abwägungselementen der zu prüfenden Erfolgsaussichten des Hauptsacherechtsbehelfs und des besonderen Vollziehungsinteresses in einer Proportionalitäts- oder Wechselbeziehung. Je schwerer die im Interimszeitraum bis zur Hauptsacheentscheidung drohende Beeinträchtigung der Rechte des Antragstellers ist, umso geringer sind die Anforderungen an die Abwägungselemente der drohenden Rechtsverletzung und des prospektiven Hauptsacheerfolgs und umso höher sind die Anforderungen an das besondere Vollziehungsinteresse.[690] Bereits überschaubare Erfolgsaussichten des Hauptsacheverfahrens sind zwar in die Überlegungen mit einzubeziehen.[691] Mit zunehmender Schwere der drohenden Rechtsverletzung wird aber eine immer höhere Wahrscheinlichkeit des Unterliegens des Antragstellers in der Hauptsache erforderlich, um hierauf eine Ablehnung des Eilantrags zu stützen. Die Erfolgsaussichten der Hauptsache können bei drohenden schweren Beeinträchtigungen nur durchschlagendes Gewicht zulasten des Antragstellers haben, wenn eine abschließende Prüfung möglich und damit eine volle richterliche Überzeugung herbeigeführt ist: Will das entscheidende Gericht in einem Fall, in dem schwere Grundrechtsverletzungen drohen, den Eilantrag wegen fehlender Erfolgsaussichten der Hauptsache ablehnen, muss es die Sach- und Rechtslage nicht nur summarisch, sondern abschließend, also mit dem Ergebnis der an Sicherheit grenzenden Wahrscheinlichkeit, prüfen.[692] Nur dann ist in solchen Fällen das Gewicht des Abwägungselements prospektiver Hauptsacheerfolg groß genug, um eine Ablehnung des Eilantrags zu tragen. Umgekehrt kann bei drohenden schweren Grundrechtsverletzungen bereits bei nur möglichem Hauptsacheerfolg ein Eilantrag erfolgreich sein: Will das entscheidende Gericht in einem solchen Fall dem Eilantrag stattgeben, darf es um des effektiven Rechtsschutzes und um der Beachtung des grundrechtlichen Gewichts willen keine hohen Anforderungen an die Schwere und Eintrittswahrscheinlichkeit der drohenden Rechtsverletzung und die Erfolgsaussichten der Hauptsache stellen; es reichen ggf. schon bloße Möglichkeiten aus.[693] Da die Berücksichtigung der nach der gesetzgeberischen Grundentscheidung sofort geltenden Belastung von der Erfolgswahrscheinlichkeit der Hauptsache abhängt, gilt ferner: Je höher die Wahrscheinlichkeit für einen Hauptsacheerfolg ist, umso eher fällt die von Gesetzes wegen sofort vollziehbare Beeinträchtigung zugunsten des Antragstellers ins Gewicht. Darüber hinausgehende Folgen sind in der richterlichen Abwägung stets zu berücksichtigen. Für das Abwägungselement des öffentlichen Vollziehungsinteresses gilt dasselbe wie für den prospektiven Hauptsacheerfolg. Das öffentliche Vollziehungsinteresse muss als Abwägungselement umso eher zurückstehen, je schwerer die ohne Eilrechtsschutz drohende Rechtsverletzung wiegt, etwa bei der Aufhebung der Bewilligung einer existenzsichernden Leistung. Bei entsprechend niedrigem Gewicht des

---

689 BVerfG 12.5.2005 – 1 BvR 569/05, juris Rn. 25; BVerfG NVwZ 2004, 95 (96); abw. LSG Bln-Bbg 17.1.2006 – L 29 B 1104/05 AS ER (angeblich vordringliches Abstellen auf die Erfolgsaussichten des Rechtsmittels); missverständlich in Bezug auf eine angeblich fehlende Glaubhaftmachung auch HessLSG 28.3.2006 – L 7 AS 122/05 ER.

690 Grundlegend zu existenzsichernden Leistungen BVerfG 12.5.2005 – 1 BvR 569/05, juris Rn. 25 ff., Breithaupt 2005, 803 ff., = NJW 2005, 2982, = ASR 2005, 65.

691 BVerfG 13.6.1979 – 1 BvR 699/77, juris Rn. 42.

692 BVerfG 12.5.2005 – 1 BvR 569/05, juris Os. 2b; BVerfG 22.11.2002 – 1 BvR 1586/02, NJW 2003, 1236 (1237); 29.7.2003 – 2 BvR 311/03, NVwZ 2004, 95 (96) vgl. BVerfG NJW 2003, 1236 (1237); NVwZ 2004, 95 (96).

693 BVerfG 25.7.1996 – 1 BvR 638/96, NVwZ 1997, 479 (480). BVerfG 12.5.2005 – 1 BvR 569/05.

Abwägungselements drohende Rechtsverletzung, dh bei geringer Schwere einer mit geringer Wahrscheinlichkeit drohenden Rechtsverletzung, kann auch zwischen dem besonderen Vollziehungsinteresse und dem prospektiven Hauptsacheerfolg eine für die Abwägungsentscheidung ggf. ausschlaggebende Wechselbezüglichkeit bestehen. Je geringer die Schwere der drohenden Beeinträchtigung ist, umso mehr fallen der prospektive Hauptsacheerfolg und das öffentliche Interesse an der Vollziehung des Verwaltungsakts ins Gewicht. Jedenfalls ist es aus verfassungsrechtlicher Sicht nicht zu beanstanden, dass iR der Abwägungsentscheidung über die Anordnung der aufschiebenden Wirkung zulasten des Antragstellers auch die Erfolgsaussichten des Rechtsbehelfs berücksichtigt werden, wenn für die sofortige Vollziehung eines Verwaltungsaktes darüber hinaus noch ein besonderes öffentliches Vollziehungsinteresse gegeben ist.[694]

Beispiel: In den Anfechtungssachen, in denen es um die vorläufige Weitergewährung von bewilligten und aufgehobenen Leistungen zum Lebensunterhalt geht, sind häufig wegen Beweisschwierigkeiten bzgl. der Hilfebedürftigkeit keine hohen Wahrscheinlichkeiten des Hauptsacheerfolgs auszumachen, ohne die Leistung ist aber eine schwere und wegen der Aktualität der Leistungen zum Lebensunterhalt irreversible Beeinträchtigung,[695] nämlich eine Verletzung der Menschenwürde, nicht auszuschließen. Droht also ohne einstweilige (Weiter-) Gewährung existenzsichernder Leistungen eine Verletzung der Menschenwürde,[696] kann der Eilantrag auch bei weniger wahrscheinlichem Hauptsacheerfolg Erfolg haben.[697] Entsprechendes gilt für eine Anordnung der aufschiebenden Wirkung eines Rechtsbehelfs gegen eine Aufhebung der Bewilligung einer bestimmten Heilbehandlung bei möglicher Verletzung des Grundrechts auf körperliche Unversehrtheit.[698] 273

e) Abwägungsfehler: Abwägungsausfall, Abwägungsdefizit und Abwägungsdisproportionalität

Die Eilentscheidung in Anfechtungssachen ergeht aufgrund einer offenen, nicht gesetzlich geregelten Abwägungsentscheidung als Rechtsentscheidung, deren Maßstab in richterlicher Rechtsfortbildung ermittelt wurde. Es sind zwingende Abwägungselemente zu beachten. Um zu einer stattgebenden Eilentscheidung zu gelangen, genügt die Überzeugung von einem Überwiegen des Aufschubinteresses. Insoweit geht es um eine Rechtsfrage, nämlich um die rechtliche, im Wege des Vergleichens herbeigeführte Wertung, dass das Gewicht der für die aufschiebende Wirkung sprechenden Abwägungselemente das Gewicht der für die Sofortvollziehbarkeit sprechenden Argumente überwiegt. Bei Nichtvornahme einer im dargestellten Sinne umfassenden Abwägung kann ein Abwägungsausfall vorliegen und damit eine Verletzung von Art. 19 Abs. 4 GG. Ein Abwägungsfehler ist auch für den Fall eines für das Abwägungsergebnis erheblichen Abwägungsdefizits (es wird nicht eingestellt, was nach Lage der Dinge eingestellt werden muss) gegeben. Die Abwägungselemente „Wahrscheinlicher Hauptsacheerfolg", „bis zur Hauptsacheentscheidung drohende Rechtsverletzungen" und besonderes Vollziehungsinteresse sind zwingend in die Abwägung einzustellen. Werden diese Prüfungsschritte in der Begründung des Eilbeschlusses nicht vollzogen, liegt ein Abwägungsdefizit vor. Eine Abwägungsdisproportionalität ist bei einer Fehlgewichtung einzelner oder mehrerer Abwägungselemente gegeben.[699] Eine Disproportionali- 274

694 Vgl. BVerfG 30.10.2009 – 1 BvR 2395/09, juris Rn. 7; 24.2.2009 – 1 BvR 165/09.
695 Vgl. dazu in Bezug auf § 80 Abs. 5 VwGO zB BVerfGE 35, 263 (274).
696 BVerfG 12.5.2005 – 1 BvR 569/05.
697 Vgl. schon BVerfG 27.5.1998 – 2 BvR 378/98, juris Rn. 17; 13.6.1979 – 1 BvR 699/77; 12.5.2005 – 1 BvR 569/05, juris Rn. 25 f.
698 BVerfG 6.2.2007 – 1 BvR 3101/06.
699 Vgl. zu Art. 2 Abs. 2 S. 2 GG BVerfG 5.10.2006 – 2 BvR 1815/06. Das BVerfG hat offensichtlich die Strukturierung des Abwägungsvorgangs nach Abwägungsfehlern im Auge. Es lehnt sich dabei an die Bereiche an, in denen die Abwägung als Methode der Rechtsanwendung allg. anerkannt bzw. gesetzlich fundiert ist, nämlich an die Ermessenslehre und an die Abwägung auf Rechtsanwendungsebene im Bauplanungsrecht. Vgl. auch BVerfG 8.4.2010 – 1 BvR 2709/09 mit einem Bsp. für eine unzureichende fachgerichtliche Abwägung → Rn. 642; ferner BVerfG 8.11.2010 – 1 BvR 722/10 → Rn. 643.

tät kommt in Betracht, wenn durch die Abwägung keine konkrete Verhältnismäßigkeit erreicht wird. Abwägungsausfall, Abwägungsdefizit und Abwägungsdisproportionalität stellen Fehler des Eilbeschlusses dar. Da es sich um Rechtsfragen handelt, können die Abwägungsfehler im Rechtsmittelverfahren zur Aufhebung der erstinstanzlichen Eilentscheidung führen.

f) Ersetzung der fehlenden tatbestandlichen Begrifflichkeiten durch die Abwägung

275 § 86b Abs. 1 S. 1 SGG normiert keinen Maßstab für die Entscheidung über die sofortige Geltung des angefochtenen Verwaltungsakts. Durch die dargestellten Abwägungselemente und deren Verhältnis zueinander entsteht auf der Ebene zwischen Gesetz und Fall eine Dogmatik, die der Rechtsanwender beachten muss, um kein Abwägungsdefizit zu riskieren. Das Verhältnis zwischen den Abwägungselementen wird durch die Vorrangregel konkretisiert: „Je schwerer die ohne Eilrechtsschutz drohende Beeinträchtigung ist, umso geringer sind unter Beachtung des öffentlichen Vollziehungsinteresses die Wahrscheinlichkeitsanforderungen an den prospektiven Hauptsacheerfolg und den Eintritt der Rechtsverletzung, um dem Antrag stattzugeben." Und umgekehrt: „Je schwerer die ohne Eilrechtsschutz drohende Beeinträchtigung ist, umso höher sind unter Beachtung des öffentlichen Vollziehungsinteresses die Wahrscheinlichkeitsanforderungen an das Fehlen eines prospektiven Hauptsacheerfolgs, um den Eilantrag unter Orientierung an der Hauptsache abzulehnen." Beachtet der Richter diese Vorrangregeln[700] nicht, läuft er Gefahr, der Schwere der drohenden Beeinträchtigungen und damit dem Verhältnismäßigkeitsgrundsatz nicht hinreichend Rechnung zu tragen und eine rechtswidrige Entscheidung (Abwägungsdisproportionalität) zu treffen.[701]

VI. Mehrseitiges Verwaltungsrechtsverhältnis, §§ 86a Abs. 1 S. 2, 86a Abs. 2 Nr. 5 Alt. 2, 86b Abs. 1 S. 1 Nr. 1 SGG

1. Grundsätze

276 **Orientierungshinweis:** In den Fällen der begünstigenden Verwaltungsakte (Bsp. Kassenarztzulassung) mit belastender Drittwirkung sind das Vollziehungsinteresse des Begünstigten und das Aussetzungsinteresse des Dritten in einer einzelfallbezogenen Abwägung unter Beachtung aller Abwägungselemente offen gegeneinander abzuwägen. Insbes. sind die Erfolgswahrscheinlichkeit des Drittrechtsbehelfs und die bei Anordnung der aufschiebenden Wirkung eintretenden Rechtsverletzungen des Begünstigten zu berücksichtigen. Eine einseitige Bevorzugung des anfechtenden Dritten findet nicht statt.

Auch bei der gerichtlichen Eilentscheidung im mehrseitigen Verwaltungsrechtsverhältnis (§ 86b Abs. 1 S. 1 Nr. 1 oder 3, § 86a Abs. 1 S. 2, Abs. 2 Nr. 5 Alt. 2 SGG) ist eine Abwägungsentscheidung zu treffen.[702] Angesprochen sind damit sowohl die Fälle des belastenden Verwaltungsakts mit

700 Leisner S. 85; Stufen iSe auf die potenzielle Eingriffsintensität bezogenen Verhältnismäßigkeit.

701 BVerfG 8.11.2010 – 1 BvR 722/10, juris Ls. 1a: Kommen die durch den Sofortvollzug bewirkten Beschränkungen einem vorläufigen Berufsverbot zumindest nahe, sind sie nur unter strengen Voraussetzungen zur Abwehr konkreter Gefahren für wichtige Gemeinschaftsgüter und unter strikter Beachtung des Grundsatzes der Verhältnismäßigkeit statthaft; BVerfG 8.4.2010 – 1 BvR 2709/09, juris Ls. 1: Vorläufige Eingriffe in die Berufsfreiheit sind nur unter strengen Voraussetzungen zum Schutze wichtiger Gemeinschaftsgüter und unter strenger Beachtung des Verhältnismäßigkeitsgrundsatzes statthaft. BVerfG 8.4.2010 – 1 BvR 2709/09, juris Rn. 23: Unzureichende Abwägung der gegenläufigen Interessen verletzt Art. 19 Abs. 4 GG.

702 Für eine Interessenabwägung iR der behördlichen Vollziehbarkeitsanordnung auch beim Verwaltungsakt mit Drittwirkung BayVGH BayVBl. 1990, 211 (212); HessVGH NVwZ-RR 1990, 185; OVG RP NVwZ 1992, 280; wN bei Schoch/Schneider/Schoch § 80a Rn. 26; für eine Interessenabwägung bei der gerichtlichen Eilentscheidung VGH BW NVwZ-RR 1995, 17 (19 f.); NVwZ 1995, 292 (293 f.); NVwZ 1996, 281 (282); BayVGH NVwZ-RR 1995, 9 (10); OVG NRW NVwZ 1993, 279; SchlHOVG NVwZ 1992, 587 (588).

begünstigender Drittwirkung,[703] die im Sozialrecht keine Rolle spielen, als auch die Fälle des begünstigenden Verwaltungsakts mit belastender Drittwirkung, die vor allem im Kassenarztrecht Bedeutung erlangen. Hier sind alle betroffenen Interessen zu berücksichtigen, dh auch die Interessen sonstiger Beteiligter.[704] IR der Abwägung kommt also regelmäßig der Frage besondere Bedeutung zu, ob und mit welcher Intensität Rechte des Dritten durch einen Sofortvollzug (wahrscheinlich) verletzt werden. Diese Aspekte können ohne Probleme dem Abwägungselement der drohenden Rechtsverletzung zugeordnet werden. Für die im Sozialrecht allein relevante Fallgruppe des begünstigenden Verwaltungsakts mit belastender Drittwirkung spielen auf der einen Seite das öffentliche Interesse und das private Interesse[705] des begünstigten Adressaten am Sofortvollzug als Abwägungselement eine Rolle, auf der anderen Seite ist das private Interesse des belasteten Dritten an der aufschiebenden Wirkung zu berücksichtigen. Dabei gilt, dass die Rechtsposition des vom Verwaltungsakt Begünstigten grundsätzlich nicht weniger schützenswert ist als die Rechtsposition des Drittbetroffenen.[706]

2. Kein Korrekturbedürfnis bei offener Abwägung

In den Fällen der begünstigenden Verwaltungsakte mit belastender Drittwirkung sind das Voll- 277
ziehungsinteresse des Begünstigten und das Aussetzungsinteresse des Dritten in einer einzelfallbezogenen Abwägung unter Beachtung aller Abwägungselemente auf der Grundlage des von Amts wegen ermittelten Sachverhalts gegeneinander abzuwägen. Eine einseitige Bevorzugung des anfechtenden Dritten iR der Abwägung findet nicht statt.[707] Das Suspensionsinteresse des von einem Verwaltungsakt Belasteten hat auch hier keinen grundsätzlichen Vorrang.[708] Auch die iR der im mehrseitigen Verwaltungsrechtsverhältnis vorzunehmende Abwägung ist offen.[709] Zu beachten ist selbstverständlich auch hier, dass grundsätzlich die gesetzgeberische Grundentscheidung zu berücksichtigen ist, dh dass bei geringer Erfolgswahrscheinlichkeit der Hauptsache nur über die gesetzlich vorgesehene Folge hinausgehende Belastungen in der richterlichen Abwägungsentscheidung Berücksichtigung finden können (iE → Rn. 227 ff.). Die Abwägung ermöglicht so stets eine adäquate Berücksichtigung aller Interessen der vom Verwaltungsakt Betroffenen. Die Erfolgswahrscheinlichkeit des Drittrechtsbehelfs fließt als Abwägungselement ebenso in die Eilentscheidung ein wie die Abwägungselemente der mit und ohne Eilrechtsschutz beim Antragsteller bzw. Dritten drohenden Rechtsverletzungen und des besonderen öffentlichen Interesses. Die in die Abwägung einzubeziehenden Abwägungselemente sind auch keineswegs beliebig, sondern nach den dargestellten Grundsätzen jeweils im konkreten Einzelfall festzustellen und zu gewichten.

703 Im verwaltungsgerichtlichen Bereich ist dieser Fall durch 80a Abs. 2 VwGO geregelt, vgl. dazu Kuhla/Hüttenbrink, S. 435 f. Rn. 84. In dieser Konstellation fällt auf der einen Seite das Interesse des Adressaten an der aufschiebenden Wirkung ins Gewicht, auf der anderen Seite ist nicht nur das öffentliche Interesse an der sofortigen Vollziehbarkeit, sondern auch das private Interesse des begünstigten Dritten an der Sofortvollziehung zu berücksichtigen.

704 BVerfG 13.6.1979 – 1 BvR 699/77, juris Rn. 42.

705 Vgl. zur Verpflichtung des Gerichts, das private Interesse zu berücksichtigen BVerfG 12.12.2001 – NZS 2002, 368.

706 Vgl. BVerfG 1.10.1984 – 1 BvR 231/84, GewArch 1985, 16: Ein Rechtssatz des Inhalts, dass sich der einen Genehmigungsbescheid anfechtende Dritte gegenüber dem Genehmigungsempfänger von vornherein in einer bevorzugten verfahrensrechtlichen Position befinden müsse, wenn es um die Frage der sofortigen Verwirklichung des Genehmigungsgegenstandes geht, ist aus dem geltenden Rechtssystem nicht abzuleiten.

707 Vgl. Schoch, Vorläufiger Rechtsschutz, S. 1123; BVerfGE 1.10.1984 – 1 BvR 231/84.

708 Kuhla/Hüttenbrink, S. 621 f. Rn. 85 hält für diese Fälle eine Korrektur des zuvor festgelegten (nach der hier vertretenen Meinung falschen) Grundsatzes für notwendig, das Suspensionsinteresse des von einem Verwaltungsakt Belasteten habe grundsätzlichen Vorrang. S. dazu auch Schoch/Schneider/Schoch § 80a Rn. 61, 26 f.: Auch Schoch sieht ein Versagen des (nach hiesiger Auffassung nicht gegebenen) Regel-Ausnahmeverhältnisses im dreiseitigen Verwaltungsrechtsverhältnis.

709 BVerfG 1.10.1984 – 1 BvR 231/84; 12.12.2001 – 1 BvR 1571/00.

278 **Beispiel: Als Beispiel fungiert ein vom BVerfG entschiedener Fall zum mehrseitigen Verwaltungsrechtsverhältnis aus dem Bereich des Kassenarztrechts:**[710] Ein Arzt wird mit Beschluss des Berufungsausschusses für Ärzte zur vertragsärztlichen Versorgung zugelassen. Die Kassenärztliche Vereinigung erhebt dagegen Klage zum Sozialgericht mit aufschiebender Wirkung gem. § 86a Abs. 1 S. 1 SGG. Der Arzt beantragt die Anordnung der **sofortigen Vollziehbarkeit der Zulassungsentscheidung**. Das Gericht entscheidet hierüber auf der Grundlage des § 86b Abs. 1 S. 1 Nr. 1 SGG. Das Gericht hat eine (offene) Abwägung zwischen dem Aufschubinteresse der drittbetroffenen Kassenärztlichen Vereinigung und dem privaten Interesse des Arztes am Vollzug der für ihn günstigen hoheitlichen Maßnahme unter Einbeziehung aller privaten und öffentlichen Abwägungselemente vorzunehmen. Das Gericht muss sich insbes. auch mit der Frage auseinandersetzen, ob die sofortige Vollziehung geboten ist, um den Eintritt von Rechtsbeeinträchtigungen[711] des Arztes zu vermeiden oder ob den für die Kassenärztliche Vereinigung sprechenden Abwägungselementen oder eventuellen öffentlichen Interessen der Vorrang einzuräumen ist. Stützt das Gericht seine Entscheidung nur auf das fehlende öffentliche Interesse am Sofortvollzug, liegt ein Abwägungsdefizit wegen Nichtberücksichtigung des privaten Interesses des Arztes am Sofortvollzug vor. Die Eilentscheidung ist dann rechtswidrig.

VII. Bedeutung der Mitwirkung

279 **Orientierungshinweis:** Verletzt der Betroffene seine Mitwirkungspflichten im Verwaltungsverfahren, kann die Behörde die bewilligte Leistung vorläufig entziehen (§ 66 Abs. 1 SGB I). Der Rechtsbehelf gegen eine solche Entziehung hat gem. § 86a Abs. 1 S. 1 SGG aufschiebende Wirkung (str.). Diese ist vom Gericht auf Antrag ohne Interessenabwägung deklaratorisch festzustellen. Nur wenn die Behörde die vorläufige Entziehung gem. § 86a Abs. 2 Nr. 5 SGG für sofort vollziehbar erklärt hat, kommt eine gerichtliche Anordnung der aufschiebenden Wirkung nach Interessenabwägung in Betracht.

Besonders für die eilverfahrensträchtigen vorläufigen Grundsicherungsleistungen spielt die Mitwirkung des Antragstellers oft eine entscheidende Rolle. Zu unterscheiden ist zwischen der Mitwirkung im Gerichts- und im Verwaltungsverfahren.

1. Mitwirkung im gerichtlichen Eilverfahren

280 Das Gericht hat einerseits gem. § 103 SGG die erforderlichen Ermittlungen anzustellen, darf aber andererseits bei seinem Verfahren berücksichtigen, wenn die Beteiligten ihre aus § 103 S. 1 2. Hs. SGG resultierenden Mitwirkungspflichten verletzen, also grundlos oder sonst zur Aufklärung des Sachverhalts nicht beitragen, obwohl sie es könnten.[712] Mangelnde Mitwirkung entbindet das Gericht zwar grundsätzlich nicht von der Pflicht, selbst die noch möglichen Ermittlungen anzustellen.[713] Auch für das sozialgerichtliche Hauptsacheverfahren und erst recht für das Eilverfahren mit dem dort regelmäßig gegebenen Zeitdruck verringern sich aber die Anforderungen an die Amtsermittlungspflicht, wenn ein Beteiligter seiner Mitwirkungspflicht nicht nachkommt.[714] Strengere Anforderungen bestehen seit 1.4.2008 bei den prozessrechtlichen Mitwirkungspflichten der Parteien. Mit der Einführung fakultativer Präklusionsregelungen (§§ 106a, 157a SGG) durch das 8. SGG-ÄndG[715] soll erreicht werden, dass Beteiligte, die nach eindeutiger und ausdrücklicher Aufforderung des Gerichts nicht das ihnen Mögliche und Zumutbare dazu beitragen, den Prozess zu fördern, die Zurückweisung des angeforderten Vorbringens zu einem

710 Bsp. nach BVerfG 12.12.2001 – NZS 2002, 368.
711 Dazu BVerfG 12.12.2001 – 1 BvR 1571/00, NZS 2002, 368, re. Sp.
712 MKLS/Keller SGG vor § 60 Rn. 4b; zum fehlenden Einsatz bzw. fehlender Ausschöpfung der Ermittlungsmöglichkeiten durch den Rentenversicherungsträger s. LSG NRW 15.1.2018 – L 8 R 941/16 B ER.
713 BSG SozR Nr. 43 und 55 zu § 103 SGG; SozR 1500 § 103 Nr. 16.
714 BSG 3.4.2004 – B 11 AL 75/03 R; s. dazu auch MKLS/Schmidt SGG § 103 Rn. 16 ff.
715 BGBl. 2008 I 444 (447) mW ab 1.4.2008.

späteren Zeitpunkt riskieren. Die Vorschriften sind grundsätzlich auch im Eilverfahren anwendbar.[716] Der Vorsitzende kann also dem Antragsteller eine Frist zur Angabe der Tatsache setzen, durch deren Berücksichtigung oder Nichtberücksichtigung im Verwaltungsverfahren er sich beschwert fühlt. Ebenso kann der Vorsitzende nach § 106a Abs. 2 SGG einem Beteiligten unter Fristsetzung aufgeben, zu bestimmten Vorgängen Tatsachen anzugeben oder Beweismittel zu bezeichnen oder Urkunden oder andere bewegliche Sachen vorzulegen sowie elektronische Dokumente zu übermitteln, soweit der Beteiligte dazu verpflichtet ist. Ein erst nach Ablauf dieser Frist erfolgtes Vorbringen kann das Gericht gem. § 106a Abs. 3 SGG zurückweisen, wenn dessen Zulassung nach der freien Überzeugung des Gerichts die Erledigung des Rechtsstreits verzögern würde, der Beteiligte die Verspätung nicht genügend entschuldigt und über die Folgen einer Fristversäumung belehrt worden ist. Die Bedeutung der neuen Präklusionsregeln für das Eilverfahren ist dennoch nicht allzu groß, da in der in Anfechtungssachen zu treffenden Abwägungsentscheidung alle Tatsachen (Abwägungsbelange) zu berücksichtigen sind, die auch nur möglicherweise vorliegen (→ Rn. 249, 252). Eine solche niedrige Wahrscheinlichkeit wird sich nicht selten auch bei fehlender Mitwirkung feststellen lassen. Eine andere Frage ist es, welches Gewicht der entsprechenden Tatsache in der Abwägung zukommt. Eine infolge fehlerhafter Mitwirkung geringere Wahrscheinlichkeit vermindert das Gewicht des jeweiligen Abwägungsbelangs und des entsprechenden Abwägungselements und beeinflusst damit die Erfolgsaussicht des Eilantrags entsprechend.[717] Dies gilt gleichermaßen für Eilentscheidungen in Vornahmesachen.[718] Andererseits führt die fehlende Mitwirkung des Antragsgegners dazu, dass bei der Prüfung der Abwägungsbelange und im Weiteren der Erfolgsaussichten vorrangig und entscheidend auf die Angaben des Antragstellers abzustellen ist.[719]

2. Mitwirkung im Verwaltungsverfahren

Auch im Verwaltungsverfahren bestehen gesetzlich geregelte Mitwirkungspflichten. Nach § 60 **281**
Abs. 1 S. 1 SGB I hat derjenige, der Sozialleistungen erhält, alle Tatsachen anzugeben, die für die Leistung erheblich sind, und auf Verlangen des zuständigen Leistungsträgers der Erteilung der erforderlichen Auskünfte durch Dritte zuzustimmen (Nr. 1). Ferner hat er Änderungen in den Verhältnissen, die für die Leistung erheblich sind oder über die im Zusammenhang mit der Leistung Erklärungen abgegeben worden sind, unverzüglich mitzuteilen (Nr. 2). Schließlich hat er Beweismittel zu bezeichnen und auf Verlangen des zuständigen Leistungsträgers Beweisurkunden vorzulegen oder ihrer Vorlage zuzustimmen (Nr. 3). Die Grenzen der Mitwirkungspflichten ergeben sich aus § 65 Abs. 1 S. 1 SGB I. Was die (Abwägungs-) Entscheidung im Eilverfahren betrifft, ist es für die Gewichtung des Abwägungsbelangs von Bedeutung, ob eine Entscheidung auf der Grundlage des § 66 Abs. 1 SGB I, also ihrerseits vorläufig wegen Verletzung der Mitwirkungsobliegenheit (iE → Rn. 282 ff.), vorliegt oder ob die Behörde nach der verletzten Mitwirkungsobliegenheit in der Sache selbst entschieden hat (iE → Rn. 287 f.).

a) Gerichtliche Eilentscheidung bei behördlicher Entscheidung nach § 66 SGB I

Nach § 66 Abs. 1 SGB I kann ein Leistungsträger, sofern die Voraussetzungen einer Leistung nicht **282**
nachgewiesen sind, diese ohne weitere Ermittlungen bis zur Nachholung einer verlangten Mitwirkung ganz oder teilweise versagen oder entziehen, wenn derjenige, der die Leistung erhält, seinen Mitwirkungspflichten nach den §§ 60–62 und 65 SGB I nicht nachkommt und dadurch die

716 Zu der entspr. Vorschrift in der VwGO (§ 87b) Kopp/Schenke § 87b Rn. 2.
717 S. dazu LSG NRW 15.1.2018 – L 8 R 941/16 B ER iR der Entscheidung über einen Abänderungsantrag nach § 86b Abs. 1 S. 4 SGG zum fehlenden Einsatz bzw. fehlender Ausschöpfung der Ermittlungsmöglichkeiten durch den Rentenversicherungsträger.
718 Vgl. dazu bspw. LSG Nds-Brem 12.1.2015 – L 11 AS 1310/14 B ER.
719 Vgl. zB SG Darmstadt 4.5.2016 – S 11 AL 105/16 ER.

Aufklärung des Sachverhalts erheblich erschwert wird. Im sozialgerichtlichen Eilverfahren, das sich auf eine behördliche Entscheidung nach § 66 Abs. 1 SGB I bezieht, ist also zunächst danach zu unterscheiden, ob ein Entziehen oder ein Versagen vorliegt. Nur bei einem **Entziehen** handelt es sich um eine **Anfechtungssache**, bei einem **Versagen** hingegen um eine **Vornahmesache**. Zur Versagung begehrter Leistungen, für die noch keine Bewilligung, aber auch noch keine endgültige Ablehnung, sondern eben nur eine § 66 SGB I-Entscheidung vorliegt, → Rn. 418 ff.

283 Diese **Entziehung nach § 66 SGB I** fällt nicht unter § 86a Abs. 2 SGG (str.).[720] Denn mit der vorläufigen Entziehung nach § 66 SGB I wird nicht über die Voraussetzungen der Leistungsbewilligung selbst entschieden, sondern über die Frage, ob Mitwirkungspflichten verletzt sind und deshalb vorläufig keine Leistung erbracht wird.[721] Eine analoge Anwendung des § 86a Abs. 2 Nr. 2, 3 SGG oder des § 39 Nr. 1 SGB II ist abzulehnen. Nach diesen Vorschriften sind eine Entziehung, also eine Aufhebung ex nunc, in den dort genannten Fallgruppen oder im Fall des § 39 Nr. 1 SGB II infolge der expliziten Aufnahme in das Gesetz (→ Rn. 127) sofort vollziehbar. Die in § 86a Abs. 2 Nr. 2 und 3 SGG gemeinte Entziehung erfolgt auf der Grundlage der Aufhebungsvorschriften des SGB X. Eine mit der (endgültigen) Aufhebung einer Bewilligung nach §§ 45, 48 SGB X vergleichbare Interessenlage liegt bei einer Entziehung nach § 66 Abs. 1 SGB I aber nicht vor. Die vorläufige Entziehung sanktioniert die Verletzung von Mitwirkungspflichten und hat völlig andere Voraussetzungen als die Aufhebung nach den Vorschriften des SGB X, vgl. nur §§ 66 Abs. 3, 60, 65 SGB I. Insbes. kann die vorläufige Entziehung nur bis zur Nachholung der Mitwirkung erfolgen, vgl. § 66 Abs. 1 S. 1 SGB I. Mit der vorläufigen Entziehung wird daher nicht über die Voraussetzungen der Leistungsbewilligung selbst entschieden.[722] In § 39 Nr. 1 SGB II wird deshalb die Leistungsentziehung explizit neben der Leistungsaufhebung erwähnt. Soll die vorläufige Entziehung nach § 66 SGB I trotz Rechtsbehelfs sofort gelten, muss die Behörde also die sofortige Vollziehbarkeit gem. § 86a Abs. 2 Nr. 5 SGG anordnen.[723]

Ein Rechtsbehelf gegen das Entziehen nach § 66 SGB I hat also gem. § 86a Abs. 1 S. 1 SGG aufschiebende Wirkung. In der entsprechenden statthaften Anfechtungssache hat das Gericht also die aufschiebende Wirkung bei entsprechendem Rechtsschutzinteresse des Betroffenen ohne Abwägung festzustellen (→ Rn. 195 f., 312, 319). Hat die Behörde die sofortige Vollziehbarkeit angeordnet (§ 86a Abs. 2 Nr. 5 SGG), hat das Gericht eine **Abwägung** nach den dargestellten Grundsätzen durchzuführen. Für das Abwägungselement des prospektiven Hauptsacheerfolgs kommt es darauf an, mit welcher Wahrscheinlichkeit die nach § 66 SGB I getroffene Entscheidung rechtswidrig ist (häufiger Fehler: falsche Ermessensausübung der Behörde → Rn. 285), ferner sind die ohne Eilrechtsschutz drohenden Rechtsverletzungen und das besondere öffentliche Interesse an der sofortigen Vollziehung der vorläufigen Entziehung in die Abwägung einzustellen. Für das Abwägungselement des prospektiven Hauptsacheerfolgs ist besonders wichtig, ob der Antragsteller gegen seine Pflichten aus §§ 60 SGB I ff. verstoßen hat; nur wenn ein solcher Pflichtverstoß vorliegt, ist die vorläufige Entziehung rechtmäßig. Überwiegt das Aufschubinteresse, ist die aufschiebende Wirkung des Rechtsbehelfs gegen die vorläufige, auf § 66 SGB I beruhende Leistungsentziehung anzuordnen mit der Folge, dass die Leistung aufgrund der bestehenden Bewilligung wieder zu gewähren ist.

720 Ebenso Roos/Wahrendorf/Wahrendorf SGG § 86a Rn. 46; aA MKLS/Keller SGG § 86a Rn. 14; Zeihe, SGG, 8. Aufl., § 86a Rn. 17c.
721 BSG 17.4.1986 – 7 RAr 91/84.
722 BSG 17.4.1986 – 7 RAr 91/84.
723 Vgl. zum Ganzen Krodel NZS 2015, 244 (247).

Beispiele: 284

- Zur Unzumutbarkeit der Mitwirkung (§ 65 Abs. 1 Nr. 2 SGB I);[724] zur Auskunfts- und Ermittlungspflicht betreffend das Einkommen eines Dritten;[725] zur ausdrücklichen Auskunftsverweigerung des Dritten; zur fehlenden Rechtsmacht des Antragstellers, eine gemeinsame Antragstellung mit dem Dritten zu verlangen;[726] zur Auskunftsbeschaffung nach § 60 Abs. 4 S. 1 Nr. 1 SGB II unmittelbar vom Dritten;[727] keine Umdeutung der auf § 66 SGB I gestützten Entziehung in eine Aufhebung nach §§ 45, 48 SGB X.[728]
- Zum besonderen öffentlichen Interesse als Voraussetzung für die Anordnung der sofortigen Vollziehung zur Durchsetzung von Auskunftspflichten Dritter gem. § 60 SGB II.[729]
- Zum Begriff der leistungserheblichen oder erforderlichen Belege iSd § 60 Abs. 1 S. 1 Nr. 1 SGB I.[730]

Zum Abwägungselement des prospektiven Hauptsacheerfolgs, und zwar zur Wahrscheinlichkeit 285 der Rechtswidrigkeit der nach § 66 SGB I getroffenen Entscheidung, ist hier Folgendes hervorzuheben: Die behördliche Entscheidung nach § 66 SGB I erfordert immer, also bei Versagen und Entziehen, die **Ausübung von Ermessen.**[731] Die Frage der Ermessensausübung stellt iR der bei der Entziehung nach § 66 SGB I zu treffenden Eilentscheidung in Anfechtungssachen einen Aspekt der Rechtmäßigkeit des angegriffenen Verwaltungsakts, diese Rechtmäßigkeit wiederum einen Aspekt des Abwägungselements des wahrscheinlichen Hauptsacheerfolgs dar. Bei der Entziehung bewilligter Leistungen erstreckt sich das Ermessen darauf, ob der Leistungsträger überhaupt von der Möglichkeit der Entziehung Gebrauch macht, dh, ob er die Leistung gleichwohl belässt,[732] in welchem Umfang weitere mögliche Ermittlungen angestellt werden sollen, ob eine Nachfrist eingeräumt wird und ob die Leistung befristet oder ohne Fristbestimmung ganz oder teilweise entzogen wird.[733] Die für die Entscheidung maßgeblichen Erwägungen müssen sich der Begründung des Bescheides entnehmen lassen. Fehlt eine entsprechende Angabe, ist der Bescheid wegen Ermessensnichtgebrauchs rechtswidrig. Eine Ermessensreduzierung auf nur eine mögliche Entscheidung kann nur angenommen werden, wenn dem Leistungsträger keine anderweitigen Ermittlungsmöglichkeiten zur Verfügung stehen, mit denen er den entscheidungserheblichen Sachverhalt aufklären kann.[734] Die Ermessenserwägungen sind dem Betroffenen im Bescheid iE darzulegen. Die Begründung muss ersehen lassen, welche Gesichtspunkte die Behörde bei der Ausübung des Ermessens berücksichtigt und wie sie diese gewichtet hat.[735]

Beispiel: Die Möglichkeit der Behörde, eigene Ermittlungen durchzuführen, indem Auskunft von 286 dem Dritten über die Einkommens- und Vermögensverhältnisse verlangt wird, stellt eine andere Ermittlungsmöglichkeit dar,[736] die iR des Ermessens zu berücksichtigen ist. Partner eines Hilfebedürftigen iSv § 7 Abs. 3 Nr. 3 SGB II sind verpflichtet, dem Leistungsträger Auskünfte über ihr Einkommen und Vermögen zu erteilen (§ 60 Abs. 4 SGB II). Der Leistungsträger kann jedenfalls dann – und zwar ggf. mit vollziehbarem Verwaltungsakt – einen Auskunftsanspruch geltend machen, wenn erhebliche Indizien für eine eheähnliche Gemeinschaft bzw. Verantwortungsge-

724 LSG Nds-Brem 14.1.2008 – L 7 AS 772/07 ER, vgl. insbes., juris Rn. 14 ff.
725 Dazu BSG 10.3.1993 – 14b/4 REg 1/91, juris Rn. 15 f.; 25.10.1988 – 7 RAr 70/87.
726 Vgl. LSG Nds-Brem 29.6.2006 – L 9 AS 239/05 ER.
727 LSG Nds-Brem 30.3.2007 – L 7 B 13/07 AS; 6.9.2007 – L 7 AS 263/07 ER; 4.10.2007 – L 7 AS 546/07 ER.
728 Vgl. BSG 31.1.2006 – B 11a AL 5/05 R.
729 LSG LSA 18.3.2010 – L 5 AS 487/09 B ER., juris Rn. 30; SchlHLSG 22.6.2015 – L 6 AS 102/15 B ER, juris Ls.
730 HessLSG 22.8.2005 – L 7 AS 32/05 ER.
731 Dazu jurisPK-SGB I/Voelzke § 66 Rn. 66; BSG Urt. v. 31.1.2006 – B 11a AL 13/05 R; LSG Nds-Brem 29.6.2006 – L 9 AS 239/06 ER.
732 Vgl. BSG Urt. v. 26.5.1983 – 10 RKg 13/82, SozR 1200 § 66 Nr. 10.
733 Vgl. LPK-SGB I/Trenk-Hinterberger SGB I § 66 Rn. 12.
734 LSG BW 19.7.2007 – L 7 AS 1703/06, juris Rn. 24 f.
735 Schütze/Engelmann SGB X § 35 Rn. 11.
736 LSG BW 19.7.2007 – L 7 AS 1703/06, juris Rn. 25.

meinschaft vorliegen.[737] – Die Versagung setzt voraus, dass die Mitwirkung an sich zumutbar war und die Sachverhaltsaufklärung durch den Leistungsträger selbst entweder erheblich erschwert wäre und von ihm ermessensfehlerfrei nicht betrieben worden oder überhaupt nicht möglich ist.[738] Entsprechendes muss für die Entziehung gelten.

b) Gerichtliche Eilentscheidung nach behördlicher Entscheidung „in der Sache"

287 Handelt es sich um eine behördliche Entscheidung in der Sache selbst (und nicht um eine vorläufige Entscheidung nach § 66 SGB I), also zB um eine Aufhebung einer Leistungsbewilligung wegen fehlender Hilfebedürftigkeit, weil der Antragsteller seine Einkommens- und Vermögensverhältnisse nicht offenbart hat, spielt die verletzte Mitwirkungsobliegenheit für die Gewichtung der sonstigen Abwägungsbelange insofern eine wichtige Rolle, als deren Verletzung zu einer geringeren Wahrscheinlichkeit des jeweiligen Abwägungsbelangs führt. So kann etwa im Bereich der Grundsicherungsleistungen die fehlende Mitwirkung (zB die Nichtvorlage von Kontoauszügen) zu einer geringeren Wahrscheinlichkeit der Hilfebedürftigkeit und damit zu einem niedrigeren Gewicht des Abwägungselements des voraussichtlichen Hauptsacheerfolgs führen.

288 **Beispiele:**

- Zur objektiven Beweislast des Antragsgegners für die Rechtswidrigkeit der ursprünglichen Leistungsbewilligung; zur Gewährung von einstweiligem Rechtsschutz bei nicht möglichen abschließenden Feststellungen zum gewöhnlichen Aufenthalt eines in einer Bedarfsgemeinschaft lebenden Hilfebedürftigen.[739]
- Zur Feststellung der Partnerschaft bei fehlenden Ermittlungen im Verwaltungsverfahren trotz Aufforderung gegenüber der vermeintlichen Lebenspartnerin zur Vorlage einer Einkommensbescheinigung und Darlegung ihrer Vermögensverhältnisse bei Bestreiten der Lebenspartnerschaft; zur Konkretisierung der gesetzlichen Auskunftspflicht des Dritten (als dessen öffentlich-rechtliche Leistungspflicht)[740] durch Verwaltungsakt (§ 40 Abs. 1 S. 1 SGB II, § 21 Abs. 1 S. 2 Nr. 2 SGB X; §§ 62 f. SGB II).[741]
- Zur Beurteilung der Hilfebedürftigkeit bei (angeblicher) Verletzung der Mitwirkungspflicht nach Verlangen des Grundsicherungsträgers, vollständig lesbare (ungeschwärzte) Kontoauszüge vorzulegen; zur „Beweislast" des Antragstellers.[742]
- Zur Beweiswürdigung bzgl. der Bedeutung der Mitwirkung für die Beurteilung der Hilfebedürftigkeit; es sei erforderlich, dass der Antragsteller seine gesamte finanzielle Situation darstellt, um auszuschließen, dass relevante Vermögenswerte existieren, die Behauptung, mittellos zu sein, genüge hierzu nicht.[743]

VIII. Inhalt der Eilentscheidung in Anfechtungssachen

1. Ermessen und Nebenbestimmungen

289 Wie bereits ausgeführt, besteht hinsichtlich des „Ob" der einstweiligen Anordnung kein Ermessen, das Gericht trifft eine Rechtsentscheidung (→ Rn. 210).[744] Überwiegen in Anfechtungssachen die privaten Interessen an der begehrten Eilentscheidung, ist das Gericht zum Erlass der Eilentscheidung verpflichtet. Der Entscheidungsinhalt steht dagegen im **Ermessen des Gerichts.**

737 Zur Auskunftspflicht des § 60 SGB II als öffentlich-rechtliche Leistungspflicht des Dritten LSG Bln-Bbg 3.5.2007 – L 28 B 598/07 AS ER, juris Rn. 12; LSG Nds-Brem 20.4.2007 – L 13 AS 40/07 ER, juris Rn. 14; LSG NRW 18.4.2007 – L 7 B 69/07 AS ER Rn. 14.

738 KassKomm/Seewald, Stand 3/07, SGB I § 66 Rn. 24.

739 LSG NRW 13.9.2007 – L 20 B 103/07 AS ER, juris Rn. 5, 8.

740 Eicher/Luik/Harich/Blüggel SGB II § 60 Rn. 7, 52.

741 LSG Bln-Bbg 12.11.2007 – L 28 B 1830/07 AS ER, L 28 AS 1844/07 AS PKH, juris 9 f.

742 LSG BW 3.1.2008 – L 8 AS 5486/07 ER-B, L 8 AS 5486/07.

743 LSG Bln-Bbg 17.1.2007 – L 5 B 640/06 AS ER, L 5 B 720/06 AS PKH, juris Rn. 4 (lückenhafte und widersprüchliche Angaben).

744 Vgl. auch MKLS/Keller SGG § 86b Rn. 12, 30.

Das Gericht[745] ist berechtigt, in Ausübung seines Ermessens die von ihm ausgesprochene Rechtsfolge (sofortige Vollziehung, aufschiebende Wirkung) in ihrem Geltungsumfang zu beschränken („soweit", „insoweit") oder Nebenbestimmungen anzuordnen. Die entsprechende Befugnis lässt sich für Anfechtungssachen aus § 86b Abs. 1 S. 3 SGG herleiten, wonach die Anordnung der aufschiebenden Wirkung oder der sofortigen Vollziehung mit Auflagen ergehen oder befristet werden kann, ferner aus der Formulierung des § 86b Abs. 1 S. 1 SGG („ganz oder teilweise"), aus dem auch für Anfechtungssachen gültigen Rechtsgedanken[746] der § 86b Abs. 2 S. 4 SGG, § 938 ZPO und aus dem Verhältnismäßigkeitsgrundsatz. Durch die Beschränkung der Rechtsfolge kann im Einzelfall ein „Mehr" als in der Hauptsache, durch die Anordnung mit Nebenbestimmung eine Versagung von Eilrechtsschutz vermieden werden. Bei der Anordnung von **Nebenbestimmungen** sind alle Umstände des Einzelfalls wie zB der Grad der Wahrscheinlichkeit eines Hauptsacheerfolgs oder die Schwere der drohenden Rechtsverletzungen in die Überlegungen einzubeziehen.[747] Die Vollziehung kann zB auch nur für bestimmte Wirkungen ausgesetzt werden.[748] Auch bei der Anforderung von Beiträgen und Abgaben (§ 86a Abs. 2 Nr. 1 SGG) kann die Aussetzung der Vollziehung unter Nebenbestimmungen erfolgen. Die Anordnung der aufschiebenden Wirkung unter einer **Bedingung** ist unzulässig, weil es sich bei der Anordnung der aufschiebenden Wirkung um eine prozessrechtliche Maßnahme handelt und Bedingungen dem Prozessrecht fremd sind.[749] Auch werden als mögliche Nebenbestimmungen in § 86b Abs. 1 S. 3 SGG nur die Auflage und die Befristung genannt.

Beispiele:

- IR eines gerichtlichen Eilverfahrens, das sich gegen die Festlegung eines Erstattungsbetrages iSv § 130b Abs. 3 SGB V durch die Schiedsstelle nach § 130b Abs. 5 SGB V richtet, kann die aufschiebende Wirkung der Klage gegen den Schiedsspruch nur so weit angeordnet werden, dass bis zur rechtskräftigen Entscheidung in der Hauptsache der höchste rechtlich denkbare Erstattungsbetrag zu gelten hat.[750]
- Anordnung der aufschiebenden Wirkung einer Anfechtungsklage gegen die Erteilung eines Versorgungsauftrags zur Dialysebehandlung zu einem in der Zukunft liegenden Zeitpunkt, um für die betroffenen Patienten einen angemessenen Zeitraum zum Behandlerwechsel zu schaffen.[751]

2. Insbesondere: Befristung und Sicherheitsleistung

In der Praxis am bedeutsamsten dürfte die **Befristung** (Beschränkung des zeitlichen Geltungsbereichs der gerichtlichen Anordnung) sein. Was den Beginn der aufschiebenden Wirkung betrifft, hat der Beschluss, der die aufschiebende Wirkung anordnet, grundsätzlich Rückwirkung (→ Rn. 93). Diese Wirkung kann im Beschluss anders geregelt werden, etwa durch Anordnung der aufschiebenden Wirkung ab Bekanntgabe des Beschlusses. Was das Ende der aufschiebenden Wirkung betrifft, gilt die vom Gericht getroffene einstweilige Regelung im Zweifel bis zum rechtskräftigen Abschluss des Hauptsacheverfahrens. Die Aussetzung der Vollziehung kann aber auch nur für den Zeitraum bis zum Erlass des Widerspruchsbescheides oder bis zur Klageerhebung angeordnet werden. 290

Zu Beginn und Ende der vorläufigen Grundsicherungsleistung → Rn. 348 ff.

745 Ebenso wie die vom Gericht kontrollierte Behörde; vgl. zur VwGO Kopp/Schenke § 80 Rn. 104.
746 § 86b Abs. 2 S. 4 SGG gilt unmittelbar nur für Vornahmesachen.
747 Vgl. Finkelnburg/Jank VorlRS Rn. 875.
748 Zur Teilaussetzung nach § 80 Abs. 5 VwGO Kopp/Schenke § 80 Rn. 169.
749 Vgl. Eyermann/Hoppe VwGO § 80 Rn. 114.
750 LSG Bln-Bbg 10.5.2016 – L 9 KR 513/15 KL ER.
751 LSG Nds-Brem 5.12.2016 – L 3 KA 83/16 B ER.

291 ▶ **Muster Beschluss – Befristung der aW**

Die aufschiebende Wirkung des Widerspruchs gegen den Bescheid vom ... (mit dem die Bewilligung von Alg II aufgehoben wurde) wird ab Bekanntgabe dieses Beschlusses angeordnet. Es wird klarstellend festgestellt, dass diese Anordnung mit dem Ende des Bewilligungsabschnitts zum 30.6.2008 endet. ◀

292 Als Auflage (dem von der Anordnung Begünstigten wird zugleich ein bestimmtes Tun, Dulden oder Unterlassen auferlegt) kommt die Anordnung einer Sicherheitsleistung in Betracht. Um eine **Sicherheitsleistung** ermessensfehlerfrei anordnen zu können, muss ernsthaft zu befürchten sein, dass der Rechtsschutzsuchende bei einem für ihn ungünstigen Prozessausgang überzahlte Beträge nicht zurückerstatten kann. Eine Gefährdung des Erstattungsanspruchs darf ermessensfehlerfrei bejaht werden, wenn ernstzunehmende Anhaltspunkte dafür vorliegen, dass ein finanzieller Verlust der Behörde eintritt, wenn der Rechtsstreit zu ihren Gunsten entschieden wird. Die Anordnung der Sicherheitsleistung ist ermessensfehlerhaft, wenn die Rechtslage zugunsten des Rechtsschutzsuchenden spricht und ein Erfolg der Klage zumindest sehr wahrscheinlich ist.[752] Zu prüfen ist ferner, ob die Erbringung der Sicherheitsleistung zumutbar ist.[753] S. a. **Muster** → Rn. 432

293 **Beispiel:**[754] Der Rentenversicherungsträger kürzt eine Altersrente. Die Kürzung stellt eine (Teil-)Entziehung dar. Die Klage[755] dagegen hat keine aufschiebende Wirkung, § 86a Abs. 2 Nr. 3 SGG. Das Sozialgericht ordnet gem. § 86b Abs. 1 S. 1 Nr. 2 SGG die aufschiebende Wirkung an, wenn das private Suspensionsinteresse überwiegt. Eine Aussetzung der Vollziehung **gegen Sicherheitsleistung** ist unverhältnismäßig und ermessensfehlerhaft und damit rechtswidrig, wenn der Antragsteller darlegt und glaubhaft macht, dass er keine nennenswerten Vermögenswerte hat und dass die Sicherheitsleistung für ihn zu einer weitgehenden Unwirksamkeit der aufschiebenden Wirkung führt, weil er die infolge der Vollziehungsaussetzung gezahlten Beträge nicht für seinen Lebensunterhalt im Alter verwenden könne, sondern für die Sicherheitsleistung einsetzen müsse. Die Erbringung einer Sicherheitsleistung ist dann unzumutbar. Der Antragsteller müsste die infolge der Aussetzung gezahlten Beträge für die Sicherheitsleistung einsetzen, der einstweilige Rechtsschutz liefe bei Anordnung einer Sicherheitsleistung leer.

IX. Maßgeblicher Zeitpunkt für die Beurteilung der Sach- und Rechtslage

294 Maßgeblicher Zeitpunkt für die Beurteilung der Sach- und Rechtslage ist der Zeitpunkt der gerichtlichen Eilentscheidung, soweit es um die Eilbedürftigkeit, also um die Frage der ohne Eilrechtsschutz drohenden Rechtsbeeinträchtigung, geht.[756] Insoweit handelt es sich um eine spezifische Frage des Eilverfahrens ohne Entsprechung im Hauptsacheverfahren. Schon aus diesem Grund kommt für die Beurteilung der Sach- und Rechtslage nur der Zeitpunkt der gerichtlichen Eilentscheidung in Betracht. Entsprechendes gilt für das besondere Vollziehungsinteresse. Soweit es um das Abwägungselement des prospektiven Hauptsacheerfolgs, insbes. um die Wahrscheinlichkeit der Rechtmäßigkeit des angefochtenen Verwaltungsakts, geht, ist zu differenzieren. Das Gericht entscheidet im Zeitpunkt der Eilentscheidung über die Frage des wahrscheinlichen Erfolgs oder Misserfolgs der Klage. Dabei handelt es sich um eine Prognoseentscheidung unter Zugrundelegung der Erkenntnisse zum Zeitpunkt der Eilentscheidung. Nur was die Beurteilung der Rechtmäßigkeit des in der Hauptsache angefochtenen Verwaltungsakts betrifft, ist ggf.

752 Vgl. BVerfG 3.12.1998 – 1 BvR 592/97, SozR 3-1500 § 97 Nr. 4 zu Sicherheitsleistung und Verhältnismäßigkeit bei Aussetzung des Vollzugs eines VA, der eine laufende Leistung herabsetzt oder entzieht; Beispielsfall auch bei BayLSG 16.11.2015 – L 7 R 707/15 B ER.

753 Zum Ganzen BVerfG SozR 3-1500 § 97 SGG Nr. 4 S. 9 ff.; NVwZ 1999, 638; MKLS/Keller SGG § 86a Rn. 28.

754 Bsp. nach BVerfG 3.12.1998 – 1 BvR 582/97, SozR 1500 § 97 SGG Nr. 4 (zu § 97 Abs. 2 SGG aF).

755 Der Widerspruch hat aufschiebende Wirkung, § 86a Abs. 2 Nr. 3 SGG.

756 Vgl. Redeker/von Oertzen VwGO § 80 Rn. 53; § 80 Rn. 418.

auf den Zeitpunkt des Erlasses des Verwaltungsakts abzustellen, wenn dieser Zeitpunkt im Hauptsacheverfahren maßgeblich ist. Es ist kein Grund ersichtlich, bei der in Bezug auf die Hauptsacheentscheidung prognostischen Eilentscheidung von einer anderen Bezugsgröße als der im Hauptsacheverfahren maßgeblichen auszugehen.[757] Der maßgebliche Zeitpunkt liegt auch in Bezug auf die zu treffende Eilentscheidung in der Vergangenheit, spätere Änderungen wirken sich auch bei der Hauptsacheentscheidung nicht aus. Lediglich dann, wenn in einer Anfechtungs(haupt-)sache auf den Zeitpunkt der letzten mündlichen Verhandlung abzustellen ist, ist für die Beurteilung der prospektiven Rechtmäßigkeit des angefochtenen Verwaltungsakts im Eilverfahren der Zeitpunkt der Eilentscheidung maßgeblich.

X. Vollstreckbarkeit von Eilentscheidungen in Anfechtungssachen

Zu unterscheiden ist zwischen der Vollstreckbarkeit des zugrunde liegenden Verwaltungsakts und der Vollstreckbarkeit der Eilentscheidung. **295**

Der (vollstreckungsfähige) **Verwaltungsakt** kann nach rechtskräftiger Ablehnung des auf Anordnung der aufschiebenden Wirkung gerichteten Eilantrags vollstreckt werden. Umgekehrt darf die Behörde nach erfolgreichem gerichtlichem Eilantrag in Anfechtungssachen – von einigen Ausnahmen abgesehen (zu den Grenzen sachlicher Bindungswirkung → Rn. 42 f.) – die sofortige Vollziehbarkeit nicht wieder anordnen und den Verwaltungsakt nicht vollstrecken; ihr bleibt nur die Durchführung des Verfahrens nach § 86b Abs. 1 S. 4 SGG (→ Rn. 200 ff.).

Die **Eilentscheidung in Anfechtungssachen** als solche ist rechtsgestaltender Natur und damit **nicht vollstreckungsfähig.** Weder Anordnung noch Feststellung der aufschiebenden Wirkung haben einen vollstreckungsfähigen Inhalt. Die Anordnung der aufschiebenden Wirkung gestaltet die Rechtslage dahin gehend neu, dass der zugrundeliegende Verwaltungsakt rechtmäßiger Weise nicht vollziehbar ist. Die Feststellung der aufschiebenden Wirkung beinhaltet eine entsprechende Klarstellung. Missachtet die Behörde die gerichtliche Anordnung oder Feststellung, bleibt dem Antragsteller nur der Weg des § 86b Abs. 1 S. 2 SGG. Die auf der Grundlage dieser Vorschrift ausgesprochene Aufhebung der Vollziehung hat einen vollstreckungsfähigen Inhalt.[758] Die Aufhebung der Vollziehung stellt gegenüber der einstweiligen Anordnung eine Sondervorschrift für Anfechtungssachen dar. Mit ihr wird die konkrete Vollziehung aufgehoben, also ggf. auch die Beseitigung konkreter Vollziehungsfolgen angeordnet und damit eine Handlungs- oder Unterlassungspflicht der Behörde ausgesprochen. (Checkliste → Rn. 312, Muster → Rn. 321). **296**

Beispiel: Der Antragsgegner teilt dem Antragsteller mit näher begründetem Bescheid mit, dass die bisher gewährte HLU (nach dem SGB XII) ab 1.10.2007 eingestellt würde. Der Antragsteller legt Widerspruch ein. Dennoch zahlt die Behörde die HLU nicht aus. – Die sog. Einstellung stellt eine Aufhebung der Bewilligung und die Nichtauszahlung der Leistung deren Vollziehung dar. Die Feststellung der aufschiebenden Wirkung des Widerspruchs gegen die Aufhebungsentscheidung des Antragsgegners durch das Sozialgericht ist nicht vollstreckbar. Das SG hebt diese Vollziehung auf der Grundlage des § 86b Abs. 1 S. 2 SGG auf.[759] Diese Aufhebung der Vollziehung durch das SG ist vollstreckbar. (**Tenor** der Entscheidung nach § 86b Abs. 1 S. 2: Der Antragsgegner wird verpflichtet, an den Antragsteller über den xx.xx.xxxx hinaus Leistungen in Höhe von ... EUR monatlich auszuzahlen.). **297**

---

757 IErg ebenso Schoch/Schneider/Schoch § 80 Rn. 418 ff.; Redeker/von Oertzen VwGO § 80 Rn. 53; abw. Kopp/Schenke § 80 Rn. 147.

758 Redeker/von Oertzen VwGO § 80 Rn. 63; Kopp/Schenke § 80 Rn. 205; abw. Krasney/Udsching V Rn. 34; Finkelnburg/Jank VorlRS Rn. 881.

759 Vgl. dazu LSG RhPf 17.1.2006 – L 3 ER 128/05 AS; BayLSG 14.3.2007 – L 8 B 48/07 SO ER.

XI. Schadensersatz- und Erstattungsanspruch

1. Kein Schadensersatzanspruch in Anfechtungssachen

298 In Anfechtungssachen (Verfahren nach § 86b Abs. 1 SGG) trifft den Antragsteller kein Schadensersatzrisiko, falls er die Anordnung der aufschiebenden Wirkung erreicht und später im Hauptsacheverfahren unterliegt.[760] Dagegen kann gegen den Antragsteller gem. § 86b Abs. 2 S. 4 SGG, § 945 ZPO (nur) in Vornahmesachen[761] ein verschuldensunabhängiger Schadensersatzanspruch bestehen.[762] Dies hängt mit den unterschiedlichen Interessenlagen zusammen: In Vornahmesachen geht es um eine vorzeitige Realisierung eines Vollziehungsinteresses bzgl. eines nur summarisch geprüften materiellen Rechts und damit um die ungesicherte Verwirklichung eines vorläufigen Titels. Der einstweilige Rechtsschutz in Anfechtungssachen betrifft dagegen lediglich ein Erhaltungsinteresse, also den rechtlich geschützten status quo und damit ein Vollstreckungsabwehrinteresse.

2. Erstattungsanspruch

299 Auch in Anfechtungssachen trifft den Antragsteller wie in Vornahmesachen ein Erstattungsrisiko.[763] Sozialleistungen, die der Antragsteller infolge der gerichtlichen Eilentscheidung erhält, stehen unter dem Vorbehalt der Rückforderung. Der Antragsteller hat Sozialleistungen, die er während eines Rechtsstreits aufgrund einer gerichtlichen Eilanordnung erhält, zu erstatten, wenn er in der Hauptsache unterliegt bzw. der angefochtene Bescheid bestandskräftig wird oder wenn die Eilanordnung in zweiter Instanz aufgehoben wird. Ein entsprechender Hinweis im Gerichtsbeschluss (oder durch die leistende Behörde) ist sinnvoll, aber keine rechtliche Voraussetzung für die Erstattungspflicht.[764] Diese ergibt sich aus der Natur des einstweiligen (!) Rechtsschutzes.

a) Die Rechtsnatur des Erstattungsanspruchs

300 Die Rückforderung von Leistungen ist die Kehrseite der Gewährung der Leistungen. Die Rechtsnatur des Erstattungsanspruchs wird daher durch die Rechtsnatur des Anspruchs auf die vorläufige Leistung geprägt. Die vorläufige Sozialleistung beruht in Anfechtungssachen auf der prozessrechtlichen Rechtsgrundlage des § 86b Abs. 1 S. 1 SGG, aufgrund derer die aufschiebende Wirkung angeordnet wird, und nicht auf einer Anspruchsgrundlage des materiellen Sozialrechts.[765] Der Erstattungsanspruch stellt sich damit ebenfalls als prozessrechtliche Maßnahme iR des einstweiligen Rechtsschutzes dar. Wird die Rechtmäßigkeit des angegriffenen Verwaltungsakts im Hauptsacheverfahren rechtskräftig bestätigt oder die erstinstanzliche Eilentscheidung im Beschwerdeverfahren aufgehoben, wird der (zusprechende) Gerichtsbeschluss gegenstandslos[766] und der Rechtsgrund für die vorläufige Leistung entfällt. Es besteht, soweit Spezialvorschriften fehlen, ein öffentlich-rechtlicher, und zwar ein auf prozessrechtlichen Grundsätzen beruhender Erstattungsanspruch.[767]

---

760 Dies gilt nicht nur im zweiseitigen, sondern auch im dreiseitigen Verwaltungsrechtsverhältnis, vgl. Schoch/Schneider/Schoch § 80 Rn. 598 ff.; vgl. zur verfassungsrechtlichen Bedeutung des Ausschlusses des Schadensersatzanspruchs in Anfechtungssachen Kopp/Schenke § 80 Rn. 208.

761 Zu Anfechtungssachen vgl. Kopp/Schenke § 80 Rn. 208.

762 Plagemann ASR 2001, 87; MKLS/Keller SGG § 86b Rn. 49a.

763 Vgl. BSG 9.3.1988 – 9/9a RV 24/85.

764 S. dazu BVerwG 12.5.1966 – II C 197.62; VGH BW 19.5.1976 – VI 548/76.

765 Vgl. BSG 9.3.1988 – 9/9a RV 24/85, juris Rn. 13 (Erstattungsanspruch nach allgemeinen Prozessrechtsgrundsätzen und Grundsätzen des Bereicherungsrechts).

766 BSG 9.3.1988 – 9/9a RV 24/85; BVerwG E 24, 92 (98); DVBl 1985, 1243.

767 Abw. MKLS/Keller SGG § 86b Rn. 22; BSG 23.9.1997 – 2 RU 44/96: Erstattungsanspruch gem. § 50 Abs. 2 SGB X (s. zu Einzelheiten dieser Auffassung 2. Aufl. Rn. 241).

b) Umfang der Erstattungspflicht

Der Erstattungsanspruch ist nach Billigkeitsmaßstäben einzuschränken. Da die Leistungen ohne Rechtsgrund gewährt wurden (s. a. → Rn. 300), bietet sich die entsprechende Anwendung der in den §§ 820 Abs. 1, 818 Abs. 3, 4 BGB festgelegten Grundsätze des Bereicherungsrechts an.[768] Der Betroffene kann sich also ggf. auf einen Wegfall der Bereicherung berufen, wenn zB Leistungen zur Befriedigung des notwendigen Lebensbedarfs gewährt und verbraucht wurden.[769] Die Pflicht der Erstattung einer im Wege des einstweiligen Rechtsschutzes gewährten Leistung kann bei entsprechender Hilfebedürftigkeit des Antragstellers auch entsprechend § 51 SGB I zB bis zur Höhe des Sozialhilfeniveaus nach unten begrenzt sein.[770] 301

XII. Überblick, Checklisten und Muster für Anfechtungssachen

aW = aufschiebende Wirkung

1. Überblick zur Eil- und Abwägungsentscheidung in Anfechtungssachen

Liegt ein Fall des § 86a Abs. 1 S. 1 SGG vor? 302

Falls ja: Deklaratorische gerichtliche Feststellung der aW bei Missachtung der gesetzesbewirkten aufschiebenden Wirkung durch die Behörde

Falls nein:

Liegt ein Fall des § 86a Abs. 2 Nr. 1 SGG vor?

Falls ja: Prüfung der Anordnung der aW nach dem speziellen Maßstab des § 86a Abs. 3 S. 2 SGG (Subsumtion: ernstliche Rechtmäßigkeitszweifel oder unbillige Härte)

Falls nein:

Es liegt ein Fall des § 86a Abs. 2 Nr. 2–5, Abs. 4 SGG vor:

Führen gerichtliche Sachverhaltsaufklärung (§ 103 SGG) und Vorbringen der Beteiligten zu relevanten Abwägungsbelangen?

Falls nein:

Bei gesetzesbewirkter Sofortvollziehbarkeit (§ 86a Abs. 2 Nr. 2–4, Abs. 4 SGG): Die gesetzgeberische Grundentscheidung gegen die aufschiebende Wirkung kommt zum Tragen.

Bei behördlich angeordneter Sofortvollziehbarkeit (§ 86a Abs. 2 Nr. 5 SGG): Die gesetzgeberische Grundentscheidung für die aW (§ 86a Abs. 1 S. 1 SGG) kommt zum Tragen.

768 SächsLSG 27.7.2006 – L 3 B 300/05 AS-ER, juris Rn. 36.
769 BSG 9.3.1988 – 9/9a RV 24/85; SächsLSG 27.7.2006 – L 3 B 300/05 AS-ER, juris Rn. 36.
770 Vgl. BSG 9.3.1988 – 9/9a RV 24/85.

303 Falls ja: EINZELFALLBEZOGENE ABWÄGUNG

304 **Überwiegt im Einzelfall**

öffentliches Vollziehungsinteresse?	privates Aufschubinteresse?
Abwägungselemente:	
Prospektiver Hauptsacheerfolg	
■ Feststellung der Wahrscheinlichkeit des Hauptsacheerfolgs, insbes. der Rechtmäßigkeit des Verwaltungsakts	■ Feststellung der Wahrscheinlichkeit des Hauptsacheerfolgs, insbes. der Rechtswidrigkeit des Verwaltungsakts
Besonderes öffentliches Interesse	
■ an der sofortigen Geltung (über die für die Rechtmäßigkeit des VA sprechenden Gründe hinaus)	
Eilbedürftigkeit (ohne Eilrechtsschutz drohende Beeinträchtigungen)	
■ Beeinträchtigungen des öffentlichen Interesses bei Eilrechtsschutz, zB der Funktionsfähigkeit des sozialen Sicherungssystems, konkrete Gefahren	■ Bis zur Hauptsacheentscheidung drohende Beeinträchtigungen des Antragstellers; grundsätzlich keine Beachtung der von Gesetzes wegen sofort geltenden Belastung zugunsten des Antragstellers, dh Beachtung der gesetzgeberischen Grundentscheidung; Beachtung aller darüber hinausgehenden Folgen; die gesetzlich vorgesehene Belastung verliert aber in Abhängigkeit von der Wahrscheinlichkeit des Hauptsacheerfolgs an Bedeutung

305 **Für die Gewichtung der Abwägungselemente regelmäßig wichtig:**

→ Wahrscheinlichkeitsgrad des Hauptsacheerfolgs

→ Beachtung der gesetzgeberischen Grundentscheidung in Bezug auf die von Gesetzes wegen für sofort vollziehbar erklärte Belastung in Abhängigkeit von der Wahrscheinlichkeit des Hauptsacheerfolgs

→ Einstellen sonstiger (über die gesetzlich vorgesehene Belastung hinausgehender) Folgen in die Abwägung

→ Verhältnismäßigkeitsgrundsatz: Abwägung im Einzelfall gewährleistet konkrete Verhältnismäßigkeit
Ist einstweiliger Rechtsschutz geeignet, erforderlich, angemessen, um drohende Beeinträchtigungen zu verhindern?

→ Verhalten der Behörde und des Antragstellers:
Ist die Behörde ihrer Amtsermittlungspflicht, ist der Antragsteller seinen (von der Behörde „aktivierten“) Mitwirkungspflichten nachgekommen?

→ Doppelhypothese: Gegenüberstellung der Folgen bei
- Obsiegen im Eilverfahren/Unterliegen in der Hauptsache
- Unterliegen im Eilverfahren/Obsiegen in der Hauptsache

2. Checklisten

- Checkliste STANDARDFALL 306

  Gerichtliche Anordnung der aW (§ 86b Abs. 1 S. 1 **Nr. 2** SGG) bei § 86a **Abs. 2 Nr. 2–4, Abs.** 4 SGG
  - Verwaltungsakt
  - Widerspruch oder Anfechtungsklage
  - Von Gesetzes wegen Entfallen der aW, Fall des § 86a Abs. 2 Nr. 2–4, Abs. 4 SGG
  - Gerichtliche Anordnung der aW, § 86b Abs. 1 Nr. 2 SGG
    - Antrag
    - Interessenabwägung: Überwiegen des Aufschubinteresses über das Vollziehungsinteresse?

      Abwägungselemente:
      - Prospektiver Hauptsacheerfolg: Mit welcher Wahrscheinlichkeit gewinnt der Antragsteller in der Hauptsache?
      - Wahrscheinlichkeit und Schwere der bis zur Hauptsacheentscheidung drohenden Rechtsverletzungen:
        - Welche Beeinträchtigungen treten für den Klienten ohne Eilrechtsschutz ein?
        - Liegen über die von Gesetzes wegen sofort vollziehbare Belastung hinausgehende Folgen für den Antragsteller vor?
        - Grundsätzlich keine Berücksichtigung der von Gesetzes wegen sofort vollziehbaren Belastung zugunsten des Antragstellers in der Abwägung; aber Wechselbeziehung: Bei wahrscheinlichem Hauptsacheerfolg kann auch die von Gesetzes wegen sofort vollziehbare Belastung zugunsten des Antragstellers in der Abwägung berücksichtigt werden
      - Liegt ein besonderes Vollziehungsinteresse für eine Geltung des VA vor Eintritt seiner Bestandskraft vor?
      - Gewichtung der festgestellten Abwägungselemente

- **Checkliste** gerichtliche Anordnung der sofortigen Vollziehbarkeit (§ 86b Abs. 1 S. 1 Nr. 1 SGG) bei Drittwiderspruch 307
  - Verwaltungsakt
  - Widerspruch oder Anfechtungsklage des Dritten mit aufschiebender Wirkung
  - Gerichtliche Anordnung der sofortigen Vollziehbarkeit, § 86b Abs. 1 Nr. 1 SGG
    - Antrag
    - Interessenabwägung: Überwiegen des Vollziehungsinteresses über das Aufschubinteresse?

      Abwägungselemente:
      - Prospektiver Hauptsacheerfolg: Mit welcher Wahrscheinlichkeit gewinnt der Dritte in der Hauptsache?
      - Wahrscheinlichkeit und Schwere der bis zur Hauptsacheentscheidung drohenden Rechtsverletzungen: Welche Rechtsnachteile treten für den Antragsteller / für den Dritten ohne Eilrechtsschutz ein?
      - Liegt ein besonderes öffentliches Vollziehungsinteresse für eine sofortige Geltung des VA vor?
      - Liegt ein privates Vollziehungsinteresse des Antragstellers für eine sofortige Geltung des VA vor?

308 ■ **Checkliste** gerichtliche Wiederherstellung der sofortigen Vollziehbarkeit (§ 86b Abs. 1 S. 1 **Nr. 3** SGG) bei § 86a **Abs. 3 S. 1** SGG
- Vollziehbarer Verwaltungsakt
- Widerspruch oder Anfechtungsklage (eines Dritten)
- Behördliche Aussetzung der Vollziehung gem. § 86a Abs. 3 S. 1 SGG
- Gerichtliche Wiederherstellung der sofortigen Vollziehbarkeit, § 86b Abs. 1 Nr. 3 SGG
  - Antrag
  - Interessenabwägung: Überwiegen des Vollziehungsinteresses über das Aufschubinteresse?

    Abwägungselemente:
    - Prospektiver Hauptsacheerfolg: Mit welcher Wahrscheinlichkeit gewinnt der Dritte in der Hauptsache?
    - Wahrscheinlichkeit und Schwere der bis zur Hauptsacheentscheidung drohenden Rechtsverletzungen: Welche Rechtsnachteile treten für den Antragsteller / für den Dritten ohne Eilrechtsschutz ein?
    - Liegt ein besonderes öffentliches Vollziehungsinteresse für eine sofortige Geltung des VA vor?
    - Liegt ein privates Vollziehungsinteresse des Antragstellers für eine sofortige Geltung des VA vor?

309 ■ **Checkliste** gerichtliche Anordnung der aW (§ 86b Abs. 1 S. 1 Nr. 2 SGG) bei § 86a **Abs. 2 Nr. 5** SGG
- Verwaltungsakt
- Widerspruch oder Anfechtungsklage
- Behördliche Vollziehbarkeitsanordnung, Fall des § 86a Abs. 2 Nr. 5 SGG
- Gerichtliche Anordnung der aW, § 86b Abs. 1 Nr. 2 SGG
  - Antrag
  - Prüfung der Rechtmäßigkeit der behördlichen Vollziehbarkeitsanordnung
    - Nur formelle Rechtswidrigkeit, zB wegen fehlerhafter Begründung:

      Aufhebung der behördlichen Vollziehbarkeitsanordnung und Feststellung der aW
    - Materielle Rechtswidrigkeit:

      Interessenabwägung durch das Gericht: Überwiegen des Aufschubinteresses über das Vollziehungsinteresse?

      Abwägungselemente:
      - Prospektiver Hauptsacheerfolg: Mit welcher Wahrscheinlichkeit gewinnt der Antragsteller in der Hauptsache?
      - Wahrscheinlichkeit und Schwere der bis zur Hauptsacheentscheidung drohenden Rechtsverletzungen? Welche Beeinträchtigungen treten für den Antragsteller ohne Eilrechtsschutz ein?
      - Besonderes Vollziehungsinteresse?
    - Bei Überwiegen des Aufschubinteresses:

Aufhebung der behördlichen Vollziehbarkeitsanordnung und Anordnung der aW

310 ■ **Checkliste** gerichtliche Anordnung der aW (§ 86b Abs. 1 S. 1 Nr. 2 SGG) bei § 86a **Abs. 2 Nr. 1** SGG
- Verwaltungsakt
- Fall des § 86a Abs. 2 Nr. 1 SGG (Beitrags-, Versicherungspflicht usw)

- Widerspruch oder Anfechtungsklage
- Gerichtliche Anordnung der aufschiebenden Wirkung,
  - § 86b Abs. 1 Nr. 2 SGG
    - Antrag
    - Spezieller Prüfungsmaßstab ohne (offene) Abwägung: Anordnung der aW bei ernstlichen Zweifeln an der Rechtmäßigkeit des VA oder unbilliger Härte

- **Checkliste** gerichtliche Feststellung der aW (§ 86b Abs. 1 S. 1 Nr. 2 SGG analog) bei § 86a **Abs. 1 S. 1** SGG 311
  - Verwaltungsakt
  - Fall des § 86a Abs. 1 S. 1 SGG (kein Fall des § 86a Abs. 2, 4 SGG)
  - Widerspruch oder Anfechtungsklage
  - Antrag
  - Rechtsschutzbedürfnis wegen Missachtung der aW durch die Behörde
  - Gerichtliche Feststellung der aW gem. § 86b Abs. 1 Nr. 2 SGG analog ohne Abwägung

- **Checkliste** gerichtliche Aufhebung der behördlichen Vollziehung, § 86a **Abs. 1 S. 2** SGG 312
  - Gerichtliche Anordnung/Feststellung der aW liegt vor
  - Behörde hat den VA dennoch vollzogen / vollzieht den VA dennoch[771]
  - Aufhebung der behördlichen Vollziehung, zB durch gerichtliche Anordnung der Zahlungspflicht

3. Muster

▶ **Muster Antrag/Beschluss – gerichtliche Anordnung der aufschiebenden Wirkung bei § 86a Abs. 2 Nr. 2–4, Abs. 4 SGG** 313

(s. a. Orientierungshinweis → Rn. 208)

Die aufschiebende Wirkung des Widerspruchs / der Klage vom ... gegen den Bescheid vom ... (*ggf.*: in der Gestalt des Widerspruchsbescheids vom ...) wird angeordnet.

bei nur teilweiser Stattgabe zusätzlich: ..., soweit ... Im Übrigen wird der Antrag abgelehnt.

Der Antragsgegner hat dem Antragsteller die notwendigen außergerichtlichen Kosten (*bei nur teilweiser Stattgabe*: zu .../...) zu erstatten.[772]

Gründe:

In Anfechtungssachen ist auf der Grundlage des § 86b Abs. 1 S. 1 Nr. 2 SGG eine Abwägung des Interesses des Antragstellers am Nichtvollzug und des öffentlichen Interesses an der sofortigen Vollziehung des angegriffenen Verwaltungsakts durchzuführen. Dabei sind wegen der verfassungsrechtlich fundierten Sicherungs- und Rechtsschutzfunktion des Eilverfahrens grundsätzlich die Abwägungselemente des prospektiven Hauptsacheerfolgs und der ohne Eilrechtsschutz drohenden Rechtsverletzungen zu beachten. Weiteres Abwägungselement ist das öffentliche Interesse an der sofortigen Vollziehbarkeit vor Eintritt der Bestandskraft, das über das Erlassinteresse hinausgehen muss. Die Gewichtung der einzelnen Abwägungselemente hängt unter Zugrundelegung der Rspr. des BVerfG zur Ausgestaltung des fachgerichtlichen Eilverfahrens vom Rechtsschutzziel ab. Je schwerer die drohende Rechtsverletzung ist, umso höher sind die Anforderungen an die Genauigkeit der Prognose des Hauptsacheerfolgs zu stellen, um auf dieses Abwägungselement eine Ablehnung des Eilantrags zu stützen; ggf. muss sogar im Eilverfahren bereits eine abschließende Prüfung durchgeführt werden, um den Eilantrag wegen fehlender Erfolgsaussichten des Hauptsacheverfahrens ablehnen zu können (vgl. zu den verfassungsrecht-

771 ZB durch „Einstellung" der Zahlung nach Aufhebung einer Leistungsbewilligung trotz gerichtlicher Anordnung/Feststellung der aW.

772 Bei kostenpflichtigen Verfahren nach § 197a SGG: Der Antragsgegner trägt die Kosten des Verfahrens (bei nur teilweiser Stattgabe: Der Antragsgegner trägt die Kosten des Verfahrens zu .../..., der Antragsteller zu .../...).

lich fundierten Aspekten der Abwägungsentscheidung BVerfG 29.7.2003 – 2 BvR 311/03, juris Rn. 14; 12.5.2005 – 1 BvR 569/05, juris Rn. 23 ff.; 6.2.2007 – 1 BvR 3101/06; 25.2.2009 – 1 BvR 120/09, juris Rn. 11; MKLS/Keller SGG § 86b Rn. 12c ff.). Anders gewendet: Die Anforderungen an die Wahrscheinlichkeit des Hauptsacheerfolgs und die Eintrittswahrscheinlichkeit der ohne Eilrechtsschutz drohenden Rechtsverletzungen sind für einen Erfolg des Eilantrags umso geringer, je schwerer die drohenden Beeinträchtigungen sind. Bei der Abwägung ist die gesetzgeberische Grundentscheidung zu berücksichtigen. Die danach vorgesehene sofort wirkende Belastung kann nur in Abhängigkeit von der Wahrscheinlichkeit des Hauptsacheerfolgs und der Schwere der Belastung berücksichtigt werden. Bei geringer Erfolgswahrscheinlichkeit der Hauptsache wird die nach der gesetzgeberischen Grundentscheidung mit sofortiger Wirkung eintretende Folge in der richterlichen Abwägungsentscheidung grundsätzlich nicht zugunsten des Antragstellers ins Gewicht fallen. Bei wahrscheinlicher Rechtswidrigkeit des angegriffenen Verwaltungsakts und deshalb gegebener hoher Erfolgswahrscheinlichkeit der Hauptsache kann auch die nach der gesetzgeberischen Grundentscheidung sofort geltende Folge zugunsten des Antragstellers berücksichtigt werden. Dies steht nicht im Widerspruch zur gesetzlichen Maßgabe der sofortigen Geltung der entsprechenden Belastung, weil der Gesetzgeber von der Rechtmäßigkeit des Verwaltungsakts ausgegangen ist.

Unter Zugrundelegung dieser Maßgaben ist vorliegend die aufschiebende Wirkung des Widerspruchs / der Klage vom ... gegen den Bescheid vom .... (zB Aufhebung der Alg II-Bewilligung) anzuordnen ....

Was das Abwägungselement des prospektiven Hauptsacheerfolgs betrifft, ...

Was das Abwägungselement der ohne Eilrechtsschutz drohenden Rechtsverletzungen betrifft, ...

Da das Eilverfahren erfolgreich war, hat der Antragsgegner die außergerichtlichen Kosten des Antragstellers zu erstatten, § 193 SGG analog.[773]

oder bei nur teilweiser Stattgabe:

Da das Eilverfahren nur teilweise erfolgreich war, hat der Antragsgegner die außergerichtlichen Kosten des Antragstellers entsprechend dem Umfang des Obsiegens und somit zu .../... zu erstatten, § 193 SGG analog.[774] ◀

314 **Beispiel:**

... Wegen der hohen Wahrscheinlichkeit des Hauptsacheerfolgs und der Schwere der ohne Eilrechtsschutz drohenden Beeinträchtigungen sind alle negativen Folgen, insbes. auch die nach der gesetzgeberischen Grundentscheidung eintretende Absenkung des Alg II selbst, in der Abwägung zu berücksichtigen... Die ... Absenkung des Alg II ist mit hoher Wahrscheinlichkeit rechtswidrig .... Ohne dessen weitere Gewährung im Zeitraum bis zur Hauptsacheentscheidung droht eine Verletzung des Art. 1 GG ....
Oder:
Die Erfolgswahrscheinlichkeit der Hauptsache lässt sich zum Zeitpunkt der gerichtlichen Eilentscheidung noch nicht beurteilen. Dem Antragsteller drohen aber über die gesetzlich vorgesehene Absenkung hinausgehende gravierende Nachteile. Er leidet unter erheblichen Gesundheitsstörungen (vgl. das aktenkundige Attest des Dr. ...), sodass bei Absenkung des Alg II eine Verletzung des Art. 2 Abs. 2 GG droht ... Ferner treten gravierende Nachteile für die mit dem Antragsteller zusammenlebenden minderjährigen Kinder ein .... Wegen der über die gesetzliche Folge hinausgehenden Beeinträchtigungen wiegt das Abwägungselement der drohenden Rechtsverletzungen vorliegend besonders schwer.
Das besondere öffentliche Interesse an einer sofortigen Vollziehbarkeit des angefochtenen Verwaltungsakts besteht in ..., muss aber vorliegend hinter das Abwägungselement der ohne Eilrechtsschutz drohenden Beeinträchtigungen zurücktreten.

---

773 Bei kostenpflichtigen Verfahren nach § 197a SGG: Der Antragsgegner trägt die Kosten des Verfahrens, § 197a Abs. 1 S. 1 SGG iVm § 154 Abs. 1 VwGO analog.

774 Bei kostenpflichtigen Verfahren nach § 197a SGG: Der Antragsteller trägt die Kosten des Verfahrens zu .../..., der Antragsgegner zu .../..., § 197a Abs. 1 S. 1 SGG iVm § 155 Abs. 1 VwGO analog.

▶ **Muster Beschluss – gerichtliche Ablehnung der Anordnung der aW (§ 86b Abs. 1 S. 1 Nr. 2 SGG) wegen feststehenden Fehlens des Hauptsacheerfolgs** 315

Der Antrag auf Anordnung der aufschiebenden Wirkung des Widerspruchs / der Klage vom xx.xx.xxxx gegen den Bescheid vom xx.xx.xxxx (*ggf.*: in der Gestalt des Widerspruchsbescheids vom xx.xx.xxxx) wird abgelehnt.

Außergerichtliche Kosten sind nicht zu erstatten.[775]

Gründe:

Der vorliegenden Eilentscheidung sind folgende Grundsätze zugrunde zu legen: Die Maßstabsbildung in Eilverfahren der Fachgerichte hängt nach der Rspr. des BVerfG vom Rechtsschutzziel ab (vgl. zB BVerfG 12.5.2005 – 1 BvR 569/05, juris Rn. 25; 6.2.2007 – 1 BvR 3101/06; 25.2.2009 – 1 BvR 120/09, juris Rn. 11). Auch wenn bei dem Betroffenen – wie bei den hier in Frage stehenden existenzsichernden Leistungen nach dem SGB II – ohne die Gewährung einstweiligen Rechtsschutzes eine schwere Beeinträchtigung möglich ist (vgl. dazu grundlegend BVerfG 12.5.2005 – 1 BvR 569/05, juris Rn. 25 f.), ist ein sicherungsfähiger Hauptsacheanspruch zu fordern, an dem es hier fehlt. Aus der aus Art. 19 Abs. 4 GG abgeleiteten Sicherungsfunktion ergibt sich zwingend das Gebot, die Rechtsfragen der Hauptsache im Verfahren des einstweiligen Rechtsschutzes zu prüfen und der Entscheidung (neben anderen Belangen) zugrunde zu legen; die materielle Rechtslage ist als obligatorisches Prüfungs- und Entscheidungskriterium für das sozialgerichtliche Eilverfahren verfassungsrechtlich und einfachgesetzlich vorgegeben (vgl. zur VwGO Windoffer, Die Klärungsbedürftigkeit und -fähigkeit von Rechtsfragen in verwaltungsgerichtlichen Verfahren des einstweiligen Rechtsschutzes, S. 41; zum Erfordernis einer grundsätzlich materiellen Rechtsposition ausdrücklich BVerfG 29.7.2003 – 2 BvR 311/03, juris Rn. 14).[776]

Ein zu sicherndes Recht ist hier zur vollen Überzeugung des Gerichts nicht gegeben. ...

Da das Eilverfahren ohne Erfolg geblieben ist, sind außergerichtliche Kosten nicht zu erstatten, § 193 SGG analog.[777] ◀

▶ **Muster Antrag/Beschluss – gerichtliche Aufhebung der Vollziehbarkeitsanordnung (§ 86b Abs. 1 S. 1 Nr. 2 SGG) nach Abwägung (§ 86a Abs. 2 Nr. 5 SGG)** 316

Die Anordnung der sofortigen Vollziehbarkeit (Punkt xx des Bescheides vom xx.xx.xxxx) wird aufgehoben. Die aufschiebende Wirkung des Widerspruchs des Antragstellers vom xx.xx.xxxx gegen den Bescheid vom xx.xx.xxxx wird angeordnet.

Gründe:

Das Gericht hat vorliegend das Recht zur Kassation der Vollziehbarkeitsanordnung und zur Anordnung der aufschiebenden Wirkung. Denn die Vollziehbarkeitsanordnung ist materiell rechtswidrig. Nach der durchgeführten Abwägung steht zur Überzeugung des Gerichts fest, dass das Aufschubinteresse das Vollziehungsinteresse überwiegt. Die Abwägungselemente der ohne Eilrechtsschutz drohenden Beeinträchtigungen des Antragstellers und der Wahrscheinlichkeit des Hauptsacheerfolgs überwiegen das Abwägungselement des besonderen Vollziehungsinteresses des Antragsgegners. .... ◀

775 Bei kostenpflichtigen Verfahren nach § 197a SGG: Der Antragsteller trägt die Kosten des Verfahrens.

776 Auch die Rspr. des BVerfG zur einstweiligen verfassungsgerichtlichen Anordnung auf der Grundlage des § 32 Abs. 1 BVerfGG belegt dies. Danach ist über verfassungsgerichtlichen Eilrechtsschutz grds. ohne Berücksichtigung der Gründe, die für die Verfassungswidrigkeit des angegriffenen Hoheitsakts vorgetragen werden, aufgrund einer Folgenabwägung zu entscheiden. Selbst hier ist aber wegen der Sicherungsfunktion der einstweiligen Anordnung für deren Erlass iR eines Verfassungsbeschwerdeverfahrens kein Raum, wenn davon auszugehen ist, dass die Verfassungsbeschwerde gem. §§ 93a, 93b BVerfGG nicht zur Entscheidung anzunehmen sein wird, stRspr; vgl. BVerfG 20.7.2004 – 2 BvR 1001/04; BVerfGE 7, 367 (371); 68, 233 (235); 71, 158 (161); 79, 379 (383). Eine entsprechende unter dem Aspekt der Sicherungsfunktion des Eilverfahrens zu stellende Mindestanforderung gilt auch für das sozialgerichtliche Eilverfahren. Auch hier begegnet es keinen verfassungsrechtlichen Bedenken, wenn sich das Gericht bei der Beurteilung der Sach- und Rechtslage an den Erfolgsaussichten der Hauptsache orientiert, wenn es die Sach- und Rechtslage abschließend prüft, BVerfG 15.1.2007 – 1 BvR 2971/06, juris Rn. 14.

777 Bei kostenpflichtigen Verfahren nach § 197a SGG: Der Antragsteller trägt die Kosten des Verfahrens, § 197a Abs. 1 S. 1 SGG iVm § 154 Abs. 1 VwGO analog.

317 ▶ **Muster Antrag/Beschluss – gerichtliche Aufhebung der Vollziehbarkeitsanordnung (§ 86b Abs. 1 S. 1 Nr. 2 SGG) ohne Abwägung wegen fehlerhafter Begründung (§ 86a Abs. 2 Nr. 5 SGG)**

Die Anordnung der sofortigen Vollziehbarkeit (Punkt xx des Bescheides vom xx.xx.xxxx) wird wegen Verstoßes gegen die Begründungspflicht aufgehoben. Es wird festgestellt, dass der Widerspruch vom xx.xx.xxxx aufschiebende Wirkung hat.

Gründe:

Die Aufhebung der Vollziehbarkeitsanordnung musste schon aus formellen Gründen erfolgen, weil der Antragsgegner gegen die Begründungspflicht des § 86a Abs. 2 Nr. 5 SGG verstoßen hat. Der textbausteinmäßige, formelhafte Hinweis auf ein angebliches Überwiegen des öffentlichen Vollziehungsinteresses genügt nicht den formellen Anforderungen an eine ordnungsgemäße Begründung. Eine Abwägung zwischen Aufschub- und Vollziehungsinteresse war dem Gericht wegen der noch nicht vorliegenden Akten des Antragsgegners nicht möglich, sodass keine Anordnung, sondern nur eine Feststellung der aufschiebenden Wirkung zu verfügen war. Diese gerichtliche Eilentscheidung löst keine Bindungswirkung für die Behörde aus, sie kann eine neue und formell rechtmäßige Vollziehbarkeitsanordnung nach Durchführung einer – vom Gericht wiederum überprüfbaren – Abwägung erlassen. ◀

318 ▶ **Muster Antrag/Beschluss – gerichtliche Anordnung der aW (§ 86b Abs. 1 S. 1 Nr. 2 SGG) bei Beitragsforderungen usw, § 86a Abs. 2 Nr. 1 SGG**

Antrag / Tenor: Die aufschiebende Wirkung des Widerspruchs gegen den Bescheid vom xx.xx.xxxx / der Klage gegen den Bescheid vom xx.xx.xxxx (*ggf.*: in der Gestalt des Widerspruchsbescheids vom xx.xx.xxxx) wird angeordnet.

Gründe:

Mit Bescheid vom xx.xx.xxxx in der Gestalt des Widerspruchsbescheides vom xx.xx.xxxx hat die Beklagte die Beitragspflicht des Antragstellers festgestellt und auf das gesetzlich angeordnete Entfallen der aW gem. § 86a Abs. 2 Nr. 1 SGG hingewiesen. Daher ist eine gerichtliche Anordnung der aufschiebenden Wirkung gem. § 86b Abs. 1 S. 1 Nr. 2 SGG geboten. Eine obligatorische Anrufung der Behörde vor einer Einschaltung des Gerichts wie in § 80 Abs. 6 VwGO ist in §§ 86a f. SGG nicht vorgesehen, sodass das Gericht unmittelbar angerufen werden kann. Für Beitragspflichten enthält das Gesetz in § 86a Abs. 3 S. 2 SGG einen Maßstab für die Voraussetzungen auch einer gerichtlichen Aussetzungsentscheidung. Ernstliche Zweifel an der Rechtmäßigkeit des Bescheides vom xx.xx.xxxx sind gegeben. Ernstliche Zweifel liegen nach der hM in der sozialgerichtlichen Rspr. vor, wenn ein Obsiegen in der Hauptsache wahrscheinlicher ist als ein Unterliegen (vgl. zB SächsLSG 6.2.2009 – L 1 B 383/07 KR-ER; LSG Bln-Bbg 26.7.2007 – L 9 B 540/06 KR ER, juris Rn. 3; ThürLSG 9.3.2006 – L 6 R 967/05 ER; LSG RhPf 14.2.2005 – L 5 ER 133/04 KR, juris Rn. 13).[778] Das ist hier der Fall. ... ◀

319 ▶ **Muster Antrag/Beschluss – gerichtliche Feststellung der aW (§ 86b Abs. 1 S. 1 Nr. 2 SGG analog) bei § 86a Abs. 1 S. 1 SGG**

Die aufschiebende Wirkung des Widerspruchs / der Klage vom xx.xx.xxxx gegen den Bescheid vom xx.xx.xxxx (*ggf.*: in der Gestalt des Widerspruchsbescheids vom xx.xx.xxxx) wird festgestellt.

Gründe (zB für Fälle des SGB XII):

Anfechtungswiderspruch und Anfechtungsklage haben im Bereich des SGB XII gem. § 86a Abs. 1 SGG grundsätzlich aufschiebende Wirkung.[779] Da keine Vollziehbarkeitsanordnung vorliegt (§ 86a Abs. 2 Nr. 5 SGG) und der Antragsgegner die von Gesetzes wegen eingetretene aufschiebende Wirkung missachtet (zB der Antragsgegner hat die Leistungen trotz eingelegten Widerspruchs gegen die Aufhebung der Leistungsbewilligung eingestellt), ist die aufschiebende Wir-

778 Vgl. aber die Kritik an der hM → Rn. 183.

779 Eine dem § 39 SGB II entsprechende Vorschrift, wonach Entscheidungen über Grundsicherungsleistungen für Arbeitsuchende von Gesetzes wegen sofort vollziehbar sind, fehlt im SGB XII. Beachte aber § 93 Abs. 3 SGB XII.

kung gem. § 86b Abs. 1 S. 1 Nr. 2 SGG analog festzustellen. Eine Interessenabwägung ist nicht durchzuführen. ◀

▶ **Muster Antrag – Anordnung der aW der Klage bei Widerspruchsbescheid während des offenen Antrags auf gerichtliche Anordnung der aW des Widerspruchs** 320

Der bereits gestellte Antrag auf Anordnung der aufschiebenden Wirkung des Widerspruchs vom xx.xx.xxxx gegen den Bescheid vom xx.xx.xxxx wird hiermit wie folgt ergänzt:

Die aufschiebende Wirkung der Klage gegen den Bescheid vom xx.xx.xxxx in der Gestalt des Widerspruchsbescheides vom xx.xx.xxxx wird angeordnet.

Gründe:

Zwischenzeitlich hat die Antragsgegnerin einen Widerspruchsbescheid vom xx.xx.xxxx erlassen, mit dem sie den Widerspruch des Antragstellers zurückgewiesen hat. Der Antragsteller vertritt die Auffassung, dass vor dem Hintergrund des in Art. 19 Abs. 4 GG verankerten Anspruchs auf effektive Rechtsschutzgewährung der bereits gestellte Antrag auf Anordnung der aufschiebenden Wirkung des Widerspruchs zugleich den Antrag auf Anordnung der aufschiebenden Wirkung der Klage erfasst, falls – wie hier – zwischenzeitlich ein Widerspruchsbescheid ergangen ist (vgl. dazu BayLSG 14.5.2009 – L 8 AS 215/09 B ER mwN). Höchst vorsorglich wird für den Fall, dass das Gericht eine andere Auffassung vertritt, hiermit die Anordnung der aufschiebenden Wirkung der Klage gegen den Bescheid vom xx.xx.xxxx in der Gestalt des Widerspruchsbescheides vom xx.xx.xxxx beantragt. ◀

▶ **Muster Antrag/Beschluss – gerichtliche Aufhebung der behördlichen Vollziehung (§ 86b Abs. 1 S. 2 SGG)** 321

I. ... (Anordnung/Feststellung der aufschiebenden Wirkung → Rn. 313 oder 319)

II. Der Antragsgegner hat dem Antragsteller ab xx.xx.xxxx gem. § 86b Abs. 1 S. 2 SGG monatlich einen Betrag von xx EUR zu zahlen.

Gründe:

... Wie ausgeführt, hat der Antragsgegner die Leistungen der Hilfe zum Lebensunterhalt (§§ 27 ff. SGB XII) entzogen, ohne die sofortige Vollziehbarkeit anzuordnen. Der vom Antragsteller dagegen eingelegte Rechtsbehelf hat – wie im Entscheidungssatz festgestellt – aufschiebende Wirkung; ein Ausnahmefall nach § 86a Abs. 2 SGG liegt nicht vor. Die in der Leistungseinstellung zu erblickende Vollziehung der Entziehung der bewilligten Leistung ist vom Gericht aufzuheben, indem die Verpflichtung zur Zahlung anzuordnen ist (s. Entscheidungssatz zu II). ◀

▶ **Muster Antrag/Beschluss – gerichtliche Anordnung der sofortigen Vollziehbarkeit (§ 86b Abs. 1 S. 1 Nr. 1 SGG)** 322

Die sofortige Vollziehbarkeit der mit Bescheid vom xx.xx.xxxx erfolgten Zulassung des Antragstellers zur vertragsärztlichen Versorgung wird angeordnet.

Gründe:

Die Antragsgegnerin erteilte dem Arzt Dr. X mit Bescheid vom xx.xx.xxxx die Zulassung zur vertragsärztlichen Versorgung. Dagegen legte die Kassenärztliche Vereinigung (KV) Widerspruch ein, der gem. § 86a Abs. 1 S. 1 SGG aufschiebende Wirkung hat. Auf Antrag des X war die sofortige Vollziehbarkeit der Zulassung durch das Gericht gem. § 86b Abs. 1 S. 1 Nr. 1 SGG nach Interessenabwägung des Gerichts anzuordnen. Die für X ohne Eilrechtsschutz drohenden Beeinträchtigungen[780] überwiegen vorliegend die Interessen der KV an der aufschiebenden Wirkung und die öffentlichen Interessen.... ◀

▶ **Muster Antrag/Beschluss – gerichtliche Wiederherstellung der sofortigen Vollziehbarkeit (§ 86b Abs. 1 S. 1 Nr. 3 SGG)** 323

Die sofortige Vollziehbarkeit der Zulassung des Antragstellers zur vertragsärztlichen Versorgung wird unter Aufhebung der Aussetzungsentscheidung vom xx.xx.xxxx mW ab xx.xx.xxxx wiederhergestellt.

780 Vgl. dazu BVerfG 12.12.2001 – 1 BvR 1571/00, NZS 2002, 368.

Gründe:

Die Antragsgegnerin hatte mit Bescheid vom xx.xx.xxxx die Vollziehbarkeit der Zulassung zur vertragsärztlichen Versorgung des Arztes Dr. X angeordnet. Mit Bescheid vom hat sie auf Widerspruch der Kassenärztlichen Vereinigung (KV) die Vollziehbarkeit gem. § 86a Abs. 3 S. 1 SGG ausgesetzt. Auf Antrag des X war die sofortige Vollziehbarkeit der Zulassung durch das Gericht gem. § 86b Abs. 1 S. 1 Nr. 3 SGG nach eigener Interessenabwägung des Gerichts wieder herzustellen. Die für X ohne Eilrechtsschutz drohenden Beeinträchtigungen[781] überwiegen vorliegend die Interessen der KV an der Aussetzung der Vollziehbarkeit und die öffentlichen Interessen.... ◀

324 ▶ **Muster Antrag – behördliche Aussetzung der Sofortvollziehbarkeit (§ 86a Abs. 3 S. 1 SGG)**

Die von der Antragsgegnerin erlassene Vollziehbarkeitsanordnung vom xx.xx.xxxx wird aufgehoben und die Vollziehung des Bescheides vom xx.xx.xxxx bzgl. der Rückforderung ausgesetzt.

Gründe:

Die Antragsgegnerin hat die Leistungsbewilligung vom xx.xx.xxxx aufgehoben (sofort vollziehbar wegen ... § 39 Nr. 1 SGB II) und Alg II zurückgefordert (nicht von Gesetzes wegen sofort vollziehbar). In Bezug auf die Rückforderung wurde die sofortige Vollziehbarkeit ebenfalls mit Bescheid vom xx.xx.xxxx angeordnet. Als einzigen Grund hierfür nannte sie das angeblich drohende „Untertauchen" des Leistungsempfängers und die daraus resultierende Gefahr einer Nichtdurchsetzbarkeit der Rückforderung. Das Aufschubinteresse des Antragstellers überwiegt das Vollziehungsinteresse. Ein Untertauchen droht nicht. Der Antragsteller lebt mit Frau X in eheähnlicher Lebensgemeinschaft mit zwei gemeinsamen Kindern in geordneten Verhältnissen. Sonstige Gründe für ein besonderes öffentliches Vollziehungsinteresse sind nicht ersichtlich. Daher ist die Vollziehbarkeitsanordnung aufzuheben und die Vollziehung der Rückforderung auszusetzen. Aufgrund dieses Antrags wird der Antragsgegnerin selbst die Gelegenheit gegeben, die Vollziehbarkeitsanordnung zu revidieren. Die Stellung eines Eilantrags bei Gericht behält sich der Antragsteller ausdrücklich vor. ◀

325 ▶ **Muster Antrag – Vollstreckung der gerichtlichen Eilentscheidung**

Der Antragsteller beantragt, gegen den Antragsgegner ein Zwangsgeld in Höhe von 1.000 EUR festzusetzen.

Gründe:

Das Sozialgericht hat mit Beschluss vom xx.xx.xxxx, Az. xx, festgestellt, dass der Widerspruch des Antragstellers gegen den Bescheid vom xx.xx.xxxx betreffend die Aufhebung der Bewilligung von Grundsicherung im Alter aufschiebende Wirkung gem. § 86a Abs. 1 S. 1 SGG hat (§ 86b Abs. 1 S. 1 Nr. 2 SGG analog) und den Antragsgegner mit Beschluss vom xx.xx.xxxx vollstreckungsfähig verpflichtet, an den Antragsteller ab xx.xx.xxxx bis zum xx.xx.xxxx Leistungen der Grundsicherung nach § 41 SGB XII in Höhe von 364 EUR pro Monat zu zahlen (§ 86b Abs. 1 S. 2 SGG). Der Antragsgegner kommt dieser Verpflichtung trotz mehrfacher Aufforderung und Zwangsgeldandrohung durch das Gericht nicht nach. Daher ist die Festsetzung eines Zwangsgeldes in beantragter Höhe geboten. ◀

- Muster Tenor/Antrag § 199 SGG (Aussetzung der Vollstreckung gerichtlicher Entscheidungen) → Rn. 481
- Behördliche Vollziehbarkeitsanordnung → Rn. 163

781 Vgl. dazu BVerfG 12.12.2001 – 1 BvR 1571/00, NZS 2002, 368.

C. Materielle[782] Fragen der Eilentscheidung in Vornahmesachen

I. Grundstrukturen, Anwendungsbereich und Begriffe

Orientierungshinweis: Grundsätzlich (dh vorbehaltlich der zugunsten des Antragstellers vorzunehmenden verfassungskonformen Auslegung des § 86b Abs. 2 SGG → Rn. 384 ff.) setzt die Gewährung von Eilrechtsschutz in Vornahmesachen gem. § 86b Abs. 2 SGG die überwiegende Wahrscheinlichkeit des prospektiven Hauptsacheerfolgs (= **Anordnungsanspruch**) und des ohne Eilrechtsschutz drohenden Eintritts eines wesentlichen Nachteils (**Anordnungsgrund**) voraus. Die für einen Erfolg des Eilantrags zu fordernden Wahrscheinlichkeits- und Beeinträchtigungsgrade sind in Vornahmesachen also gesetzlich geregelt (Glaubhaftmachung als Beweismaß = überwiegende Wahrscheinlichkeit; wesentlicher Nachteil). Sind Anordnungsanspruch und -grund im vorgenannten Sinn gegeben, ist dem Grunde nach Eilrechtsschutz zu gewähren. Eine zusätzliche Interessenabwägung ist nicht durchzuführen. Auch eine Modifikation des Prüfungsmaßstabs aus verfassungsrechtlichen Gründen ist dann nicht erforderlich. 326

1. Grundstrukturen

Für sog. Vornahmesachen, also für die Verfahren, bei denen es sich in der Hauptsache um eine (Anfechtungs- und) Verpflichtungs-, Leistungs- oder Feststellungsklage handelt, wird einstweiliger sozialgerichtlicher Rechtsschutz auf der Grundlage des § 86b Abs. 2 SGG gewährt.[783] § 86b Abs. 2 SGG gibt dieselben Strukturen zu erkennen wie § 123 VwGO.[784] Weggelassen wurden in § 86b Abs. 2 S. 1, 2 SGG gegenüber § 123 Abs. 1 VwGO einige unbedeutende Wendungen, nämlich „vor allem bei dauernden Rechtsverhältnissen", „drohende Gewalt zu verhindern" und „oder aus anderen Gründen", die auch bei § 123 VwGO keine Rolle spielen. Die S. 1 und 2 des § 86b Abs. 2 SGG treffen Bestimmungen zur Sicherungs- und Regelungsanordnung. S. 3 normiert die gerichtliche Zuständigkeit. Die Rezeptionsnorm des S. 4 erklärt bestimmte Vorschriften des zivilprozessualen Rechtsschutzes für entsprechend anwendbar. § 86b Abs. 3 SGG stellt klar, dass auch der Eilantrag in Vornahmesachen schon vor der Klageerhebung zulässig ist; eine entsprechende Regelung trifft § 123 Abs. 1 S. 1 VwGO. Zur Entscheidungsform bestimmt § 86b Abs. 4 SGG (wie § 123 Abs. 4 VwGO), dass das Gericht durch Beschluss entscheidet. Die S. 1 und 2 des § 86b Abs. 2 SGG enthalten keinen „einheitlichen Tatbestand".[785] Die Anwendungsbereiche der S. 1 und 2 sind deshalb auseinander zu halten, eine einstweilige Anordnung kann nicht auf beide Alternativen gestützt werden.[786] Betrachtet wird zunächst die praktisch weitaus bedeutsamere Regelungsanordnung (→ Rn. 340 ff.). Auf die Sicherungsanordnung wird entsprechend ihrer praktisch geringen Bedeutung im Sozialrecht nur kurz eingegangen (→ Rn. 408 ff.). Zunächst sollen die Anwendungsbereiche von Regelungs- und Sicherungsanordnung dargestellt werden. 327

782 Materiell iSv „inhaltlich" als Gegenstück zu den in → Rn. 1 ff. behandelten formellen Fragen. Der Eilrechtsschutz basiert insgesamt auf den prozessrechtlichen Vorschriften der §§ 86a und b SGG.

783 Zur Notwendigkeit von Eilrechtsschutz im Sozialrecht wegen der Gefahr der Schaffung vollendeter, irreversibler Tatsachen bei Ablehnung einer beantragten Leistung BVerfG 19.10.1977 – 2 BvR 42/76; 25.1.1995 – 2 BvR 2689/94, 2 BvR 52/95 = NJW 1995, 950 (951).

784 Vgl. MKLS/Keller SGG § 86b Rn. 23; zum Aufbau des § 123 VwGO Schoch/Schneider/Schoch § 123 Rn. 18.

785 Wie schon zu § 123 VwGO gefordert, Finkelnburg/Jank VorlRS Rn. 198, 201 mwN.

786 So aber wohl LSG NRW 23.11.2007 – L 10 B 11/07 KA ER; 14.12.2006 – L 10 B 21/06 KA ER, juris Rn. 48; LSG Nds-Brem 21.10.2003 – L 3 KA 447/03 ER.

2. Anwendungsbereich der Vornahmesachen

a) Der Vorrang der Anfechtungssachen

328 Anfechtungssachen haben Vorrang gegenüber Vornahmesachen, § 86b Abs. 2 S. 1 S. 1. Hs. SGG.[787] Soweit es sich also um die Vollziehung angefochtener Verwaltungsakte handelt, in denen einstweiliger Rechtschutz durch die Anordnung oder Feststellung der aufschiebenden Wirkung oder die Aussetzung des Sofortvollzugs erreicht werden kann, richtet sich der einstweilige Rechtsschutz nach § 86b Abs. 1 SGG. Ein Antrag auf einstweiligen Rechtsschutz nach § 86b Abs. 2 SGG wäre nicht statthaft. Handelt es sich in der Hauptsache nicht um eine Anfechtungsklage, kommt im einstweiligen Rechtsschutzverfahren eine einstweilige Anordnung in Betracht (zur Statthaftigkeit → Rn. 8 ff.). Das Gericht muss nach dem vom Antragsteller gewollten Ziel, das ggf. durch Auslegung herauszufinden ist (§ 123 SGG analog), einen Antrag gem. § 86b Abs. 1 SGG in einen Antrag nach § 86b Abs. 2 SGG umdeuten und umgekehrt (→ Rn. 3 f.). Aus der Sicht des Antragstellers empfiehlt es sich bei Unsicherheiten, einen Antrag nach § 86b Abs. 1 SGG zu stellen und hilfsweise den Erlass einer einstweiligen Anordnung zu beantragen.[788] In Verbindung mit dem einstweiligen Rechtsschutz in Anfechtungssachen bieten die §§ 86a und 86b SGG ein System, das lückenlosen einstweiligen Rechtsschutz gewährleistet.

329 **Beispiele:**

- In den Fällen einer nachträglichen (Teil-)Aufhebung einer periodisch wiederkehrend bewilligten Leistung (→ Rn. 73 ff., 72) ist einstweiliger Rechtsschutz in Anfechtungssachen statthaft, soweit es um den Bewilligungszeitraum geht. Wird eine noch nicht bewilligte Leistung begehrt, ist eine einstweilige Anordnung nach § 86b Abs. 2 S. 2 SGG (Regelungsanordnung) zu beantragen.
- Weitere Beispiele zur Auslegung/Umdeutung eines Antrags → Rn. 4

b) Gemeinsamkeiten und Unterschiede von Sicherungs- und Regelungsanordnung

330 Wie noch zu zeigen sein wird, sind die tatbestandlichen Anforderungen in S. 1 und 2 des § 86b Abs. 2 SGG iErg gleich.[789] In beiden Fällen geht es um die Sicherung des Hauptsacheanspruchs. Ferner handelt es sich nur um einen Unterschied in der Formulierung, wenn S. 2 die einstweilige Anordnung davon abhängig macht, dass sie „zur Abwendung wesentlicher Nachteile nötig erscheint", und S. 1 dem Rechtsanwender die Beurteilung der Frage aufgibt, ob die Gefahr besteht, dass die Rechtsverwirklichung im Hauptsacheprozess „wesentlich erschwert werden könnte";[790] entscheidend ist jeweils, ob ohne Eilrechtsschutz wesentliche Nachteile drohen. Eine Regelungsanordnung ist also nicht leichter oder schwerer zu erreichen als eine Sicherungsanordnung.[791] Dieses Ergebnis steht auch mit dem gemeinsamen Zweck beider Anordnungstypen (zur Funktion des einstweiligen Rechtsschutzes → Rn. 460 ff.), die Durchsetzung des Hauptsacheanspruchs offen zu halten und die Entwertung von Rechtspositionen zu verhindern, im Einklang.

331 Die **Unterschiede** der Regelungen der S. 1 und 2 des § 86b Abs. 2 SGG bestehen in der Wirkung der entsprechenden Anordnungen: Die Regelungsanordnung bewirkt eine **Veränderung** (Erweiterung der Rechtsposition), die Sicherungsanordnung eine **Wahrung** (Sicherung des status quo) des bestehenden Zustands während der Interimszeit bis zur Hauptsacheentscheidung. Das Gericht ordnet eine Sicherungsanordnung dementsprechend nur an, um den Bestand zu schützen.[792]

---

787 Vgl. § 86b Abs. 2 S. 1 S. 1. Hs. SGG: „Soweit ein Fall des Abs. 1 nicht vorliegt…".
788 Zur VwGO Kuhla/Hüttenbrink Verwaltungsprozess Teil J Rn. 199.
789 LSG NRW 23.11.2007 – L 10 B 11/07 KA ER; 14.12.2006 – L 10 B 21/06 KA ER, juris Rn. 48; ebenso zur VwGO Eyermann/Happ VwGO § 123 Rn. 20.
790 Insofern hätte nichts gegen einen Einheitstatbestand gesprochen, dazu Schoch, Vorläufiger Rechtsschutz, S. 1767; Busch DöV 1983, 623 (625).
791 Vgl. zu § 123 VwGO Schoch/Schneider/Schoch § 123 Rn. 50.
792 Herold-Tews/Merkel Rn. 651; Fichte/Jüttner/Jüttner/Wehrhahn SGG § 86b Rn. 60 ff.; zur VwGO Eyermann/Happ VwGO § 123 Rn. 21.

Beispiele: 332

- Handelt es sich um eine **Aufhebung einer Bewilligung** von **Arbeitslosengeld II** (zu den Besonderheiten bzgl. der Rückforderung → Rn. 128), wird einstweiliger Rechtsschutz nach § 86b Abs. 1 SGG in Betracht kommen, soweit die jeweilige Bewilligung reicht, da in der Hauptsache der Aufhebungsverwaltungsakt anzufechten wäre. Zu beachten ist jedoch, dass Arbeitslosengeld II jeweils nur für bestimmte Zeiträume bewilligt wird (§ 41 Abs. 1 S. 4, 5 SGB II). Soweit die Leistung für die Dauer nach Ablauf des Bewilligungszeitraums begehrt und von der Behörde abgelehnt wird, kommt einstweiliger Rechtsschutz nach § 86b Abs. 2 S. 2 SGG in Betracht.[793] Um herauszufinden, ob einstweiliger Rechtsschutz nach § 86b Abs. 1 oder 2 in Betracht kommt, ist zunächst immer zu prüfen, welche Hauptsacheklage statthaft wäre. Dabei ist zu beachten, dass eine analoge Anwendung des § 96 SGG auf Bewilligungsbescheide für **Folgezeiträume** bei Leistungen nach dem SGB II und XII nicht in Betracht kommt.[794]
- Liegt bei einer Leistungsbewilligung ein **Dauerverwaltungsakt** vor und wird dieser aufgehoben, ist im Eilverfahren in Bezug auf den von diesem VA erfassten Zeitraum ein Antrag nach § 86b Abs. 1 S. 1 Nr. 2 SGG statthaft (Anfechtungssache). Auch für den Bereich des **SGB XII** kann sich der Sozialhilfeträger der Handlungsform des Dauerverwaltungsaktes bedienen. Strukturprinzipien des Sozialhilferechts stehen dem nicht entgegen. Ob ein Dauerverwaltungsakt erlassen wurde, ist objektiv nach dem Empfängerhorizont zu entscheiden.[795] Liegt kein Dauerverwaltungsakt vor, ist für den dann nicht von der Bewilligung umfassten Zeitraum ein Antrag nach § 86b Abs. 2 S. 2 SGG statthaft (Regelungsanordnung).
- In der (zukünftigen) **Minderung des Zahlbetrages** des bereits für einen bestimmten Zeitraum bewilligten Arbeitslosengeldes ist ein Fall der teilweisen Entziehung (Aufhebung ex nunc, dh ab Bekanntgabe des aufhebenden Verwaltungsakts) zu sehen. Der Rechtsbehelf gegen diese Aufhebung ex nunc hat nach § 86a Abs. 2 Nr. 2 SGG keine aufschiebende Wirkung. Einstweiliger Rechtsschutz ist über 86b Abs. 1 S. 1 Nr. 2 SGG möglich und nicht über § 86b Abs. 2 SGG.

c) Der Anwendungsbereich der Sicherungsanordnung

Aus den Tatbestandsvoraussetzungen und dem Zweck des § 86b Abs. 2 S. 1, 2 SGG einerseits 333 und dem Vorrang der Anfechtungssachen andererseits ergibt sich der Anwendungsbereich der Sicherungsanordnung. Die Sicherungsanordnung kommt für die Fälle in Betracht, in denen es nicht um eine Erweiterung der Rechtsposition geht – dann ist die Regelungsanordnung statthaft – und in denen (noch) kein anfechtbarer Verwaltungsakt vorliegt – dann kann einstweiliger Rechtsschutz durch dessen Anfechtung und ggf. durch Anordnung der aufschiebenden Wirkung erreicht werden. Der Antragsteller wird durch die Sicherungsanordnung also vor dem zukünftigen Erlass eines belastenden Verwaltungsakts oder vor bevorstehenden behördlichen Eingriffen durch schlicht hoheitliches Verwaltungshandeln geschützt. Die Sicherungsanordnung gewährleistet damit vorläufigen Rechtsschutz vor allem in Bezug auf Unterlassungsansprüche und die Fälle, in denen bestehende Rechte nicht durch (anfechtbaren) Verwaltungsakt streitig gemacht werden. Die Sicherungsanordnung ist daher in funktionaler Hinsicht mit der aufschiebenden Wirkung vergleichbar.[796] Eine Sicherungsanordnung kommt vor allem dann in Betracht, wenn sich ein Recht unmittelbar aus einem Gesetz ableitet und das Bestehen des Rechts nicht per Verwaltungsakt streitig gemacht wird. Der sozialgerichtliche Anwendungsbereich der Sicherungsanordnung ist dementsprechend begrenzt. Denn Sozialleistungen werden per Verwaltungsakt bewilligt, die Bewilligung wird ggf. durch Verwaltungsakt aufgehoben, sodass einstweiliger

793 Zur entsprechenden Rechtslage nach dem BSHG BVerwG E 25, 307.
794 BSG 16.10.2007 – B 8/9b SO 2/06 R, juris Rn. 10; BSG SozR 4-4200 § 20 Nr. 1 Rn. 30 und SozR 4-4300 § 428 Nr. 3 Rn. 13 f.
795 HessLSG 18.4.2007 – L 7 SO 85/06 ER, juris Rn. 26.
796 Schoch/Schneider/Schoch Vorb. § 80 Rn. 46.

Rechtsschutz durch dessen Anfechtung zu erreichen wäre. Begehrt der Betroffene eine Leistung, geht es um eine Erweiterung der Rechtsposition und damit um eine Regelungsanordnung.

334 **Beispiele:**

- Beabsichtigt der Rentenversicherungsträger, einem ausländischen Versicherungsträger Sozialdaten eines Versicherten X wie etwa einen erfolgten Rentenbezug oder bestimmte Einzelheiten des beruflichen oder persönlichen Werdegangs mitzuteilen, kommt eine im Wege der einstweiligen Anordnung auszusprechende **Untersagung** in Betracht, **Dritten Auskünfte in Bezug auf die Sozialversicherung** zu erteilen. Statthaft ist insofern die Sicherungsanordnung, da die Weitergabe von Sozialdaten mangels willentlicher Regelung[797] kein (anfechtbarer) Verwaltungsakt ist; in der Hauptsache wäre, da es sich um ein erstmaliges Offenbaren handeln würde, die vorbeugende Unterlassungsklage statthaft. Begehrt wird nicht die vorläufige Erweiterung einer Rechtsposition, sondern die Sicherung eines bestehenden subjektiv-öffentlichen Rechts aus § 35 SGB I. Für das Bestehen des Unterlassungsanspruchs und die Gefahr seiner Vereitelung müsste eine (durch Glaubhaftmachung oder Amtsermittlung herbeigeführte) überwiegende Wahrscheinlichkeit bestehen, also insbes. dahin gehend, dass eine Offenbarung von zum persönlichen Lebensbereich des X gehörenden Geheimnissen (Verfolgung, Lehre, Bezug von BU-Rente) gegeben war und dass weder eine Zustimmung des X noch eine gesetzliche Mitteilungspflicht vorlag.[798]
- Zur vorläufigen **Untersagung des Abschlusses eines Versorgungsvertrages** durch die Landesverbände der Krankenkassen.[799]

d) Der Anwendungsbereich der Regelungsanordnung

335 Die Regelungsanordnung hat solche Maßnahmen zum Inhalt, die der vorläufigen Begründung oder Erweiterung einer Rechtsposition des Antragstellers dienen. In allen Vornahmesachen, in denen kein bestehendes Recht zu sichern ist und daher eine Sicherungsanordnung ausscheidet, kommt eine Regelungsanordnung in Betracht. Die Regelungsanordnung hat im Vergleich zur Sicherungsanordnung die weitaus größere praktische Bedeutung. Sie ermöglicht auch den erstmaligen Erwerb einer Rechtsposition. In den entsprechenden Hauptsachen handelt es sich meist um Leistungs- oder Feststellungsbegehren.

336 **Beispiele:**

- Sofern es um die Sicherung eines Anspruchs auf eine **noch nicht bewilligte Sozialleistung** (zB Alg II) geht, wird einstweiliger Rechtsschutz durch eine Regelungsanordnung in Betracht kommen, da nach der Ablehnung der beantragten Leistung durch Verwaltungsakt in der Hauptsache die kombinierte Anfechtungs- und Leistungsklage statthaft wäre und eine Erweiterung der Rechtsposition begehrt wird.
- § 86b Abs. 2 S. 2 SGG ist auch anwendbar neben der (die Antragsbefugnis und die Zuständigkeit des Gerichts regelnden) spezialgesetzlichen Regelung des § 160 Abs. 6 S. 6 SGB III (→ Rn. 484),[800] der auf Antrag eines Fachspitzenverbandes die Möglichkeit einer einstweiligen Anordnung durch das BSG über die Zahlung von **Arbeitslosengeld im Arbeitskampf** vorsieht. Diese spezialgesetzlich geregelte Form der einstweiligen Anordnung bezieht sich nur auf den Verfahrensgegenstand des § 160 Abs. 5 SGB III, also auf die Feststellung, ob die Voraussetzungen des § 160 Abs. 3 S. 1 Nr. 2 SGB III erfüllt sind.

---

797 Vgl. dazu Kunkel ZfSH/SGB 1990, 337 f.: Willentliche Regelung allenfalls dann, wenn mit Offenbaren zugleich Entscheidung über Zulässigkeit der Weitergabe verbunden ist.
798 Zu den Voraussetzungen im Hauptsacheverfahren BSG 25.10.1978 – 1 RJ 32/78 = BSGE 47, 118 (122).
799 LSG BW 24.2.2016 – L 4 KR 4446/15 ER-B.
800 Brand/Düe SGB III § 160 Rn. 72.

3. Begriffe

a) Grundsätzliches zur Rechtsanwendung durch Subsumtion und Abwägung

Das BVerfG hat die Sozialgerichte in mehreren Beschlüssen[801] unter bestimmten Bedingungen 337
zu einer Güter- und Folgenabwägung verpflichtet, obwohl mit § 86b Abs. 2 SGG subsumtionsfähige Tatbestandsmerkmale vorliegen. Die hier angesprochene Abwägung stellt sich als Problem der Rechtsanwendung und Normbegründung dar.[802] Rechtsanwendung erfolgt grundsätzlich durch Subsumtion unter gesetzliche Tatbestandsmerkmale. Auch iR der Subsumtion muss der Richter abwägen, und zwar bei der Erforschung des Gesetzesssinns und bei der Feststellung von Tatsachen mit dem jeweils erforderlichen Überzeugungsgrad. Die gesetzlichen Tatbestandsmerkmale müssen vom Richter zur Erforschung des **Gesetzessinns** ausgelegt werden. Als Hilfsmittel hierzu dienen die klassischen Auslegungscanones. Kommt der Richter mit unterschiedlichen Deutungskriterien zu unterschiedlichen Auslegungsergebnissen, muss er durch Abwägung entscheiden, welchem Deutungskriterium er den Vorzug gibt. Steht der Gesetzessinn (ggf. nach Abwägung der Deutungskriterien) fest, muss der Richter fragen, ob der zu fordernde **Überzeugungsgrad** vorliegt. Im Hauptsacheverfahren ist für die Bejahung eines Tatbestandsmerkmals, etwa des unbestimmten Rechtsbegriffs der Hilfebedürftigkeit im Recht der Grundsicherungsleistungen, eine an Sicherheit grenzende Wahrscheinlichkeit zu fordern. Diese Wahrscheinlichkeit ist gegeben, wenn die anspruchsbegründenden Tatsachen ohne vernünftige Zweifel vorliegen.[803] Es geht also auch im Hauptsacheverfahren darum, das Ausmaß eventuell bestehender Zweifel am Vorliegen eines Tatbestandsmerkmals zu bestimmen. Dazu sind die für und die gegen das Vorliegen des Tatbestandsmerkmals sprechenden Aspekte festzustellen und zu gewichten, dh es ist abzuwägen. Im Eilverfahren ist der Überzeugungsgrad herabgesetzt (iE → Rn. 365 ff.), dh die Zweifel am Vorliegen eines Tatbestandsmerkmals können größer sein als im Hauptsacheverfahren. Soweit iR der Subsumtion abgewogen wird, geht es aber sowohl im Hauptsache- als auch im Eilverfahren um Kollisionen von Argumenten im Einzelfall iR der gesetzlichen Merkmale. Daneben gibt es auch für Vornahmesachen die vom BVerfG dekretierte Abwägung ohne normative Vorregelung, nämlich eine am Rechtsschutzziel orientierte **Güter- und Folgenabwägung**.[804] Die verschiedenen Abwägungstypen sollen im nachgenannten Sinne auch terminologisch als geschlossene und offene Abwägung unterschieden werden.

b) Geschlossene und offene Abwägung

aa) Geschlossene Abwägung

Die aufgrund einer normativen Vorregelung iR der Subsumtion durchzuführende Abwägung 338
soll hier als geschlossene Abwägung bezeichnet werden (zu den Anfechtungssachen → Rn. 218). Sie spielt wie gesagt bei der Ermittlung des Gesetzessinns eines Tatbestandsmerkmals und der Feststellung des zu fordernden Überzeugungsgrads eine Rolle. Geht es im Eilverfahren um die Prüfung von gesetzlichen Tatbestandsmerkmalen, etwa des streitigen Rechtsverhältnisses oder des wesentlichen Nachteils iSd § 86b Abs. 2 S. 2 SGG, ist auch hier zu subsumieren und iR der Subsumtion abzuwägen. Es ist zB zu prüfen, mit welcher Wahrscheinlichkeit ein Hauptsacheerfolg oder ein wesentlicher Nachteil bejaht werden kann. In Bezug auf die zu fordernde Wahr-

801 Vgl. zB BVerfG 12.5.2005 – 1 BvR 569/05; 6.2.2007 – 1 BvR 3101/06; 25.2.2009 – 1 BvR 120/09.
802 Vgl. Sieckmann Rechtstheorie (26), 45 ff.; Enderlein, Abwägung in Recht und Moral, 1992; Alexy, 133 ff.
803 BSG 15.12.1999 – B 9 VS 2/98 R = SozR 3-3200 § 81 Nr. 16; BSGE 63, 271 (273) = SozR 1500 § 128 Nr. 34 mwN; SozR 1500 § 128 Nr. 35; BSGE 65, 123 f. = § 128 Nr. 39; zur Kriegsopferversorgung BSGE 77, 151 (152) = SozR 3-3100 § 1 Nr. 18; zum SVG: BSG SozR 3-3200 § 81 Nr. 6; zum Impfschadensrecht: BSG SozR 3850 § 51 Nr. 9 und § 52 Nr. 1 („Die für das Vorliegen des Tatbestandsmerkmals sprechenden Umstände gebieten auftauchenden Zweifeln Schweigen").
804 Vgl. zB BVerfG 12.5.2005 – 1 BvR 569/05, juris Rn. 25 f.

scheinlichkeit werden allerdings größere Abstriche gemacht als im Hauptsacheverfahren.[805] Dies stellt jedoch nur einen quantitativen und keinen qualitativen Unterschied der Rechtsanwendung dar, solange sich der Abwägungsvorgang iR einer normativen Vorregelung abspielt. Sowohl im Hauptsache- als auch im Eilverfahren ist die Feststellung des Sachverhalts ein Urteil über die Wahrscheinlichkeit des Vorliegens gesetzlicher Tatbestandsmerkmale.[806] Nur muss der Richter im Hauptsacheverfahren davon voll überzeugt sein, die Wahrheit gefunden zu haben, im Eilverfahren reichen eine geringere Wahrscheinlichkeit und ein geringerer Überzeugungsgrad aus. Solange sich diese Überlegungen zu Gesetzessinn und Wahrscheinlichkeit iR eines gesetzlichen Tatbestandsmerkmals abspielen, fungiert die hier als geschlossen bezeichnete Abwägung als Bestandteil der Subsumtion.

bb) Offene Abwägung

339 Dieser geschlossenen Abwägung soll terminologisch eine offene Abwägung gegenübergestellt werden. Die offene Abwägung ist dadurch charakterisiert, dass eine ausdrückliche Kompetenz des Normanwenders zur Normbegründung durch Abwägung fehlt, die Abwägungsentscheidung also nicht durch ein Gesetz vorbestimmt ist.[807] Mit der terminologischen Unterscheidung von geschlossener und offener Abwägung ist keine Aussage über das Maß an Vorgaben oder Problemen der Rechtsanwendung bei den unterschiedlichen Abwägungsvorgängen verbunden. Es liegt auf der Hand, dass der Rechtsanwender auch bei einer normativen Vorregelung je nach deren Genauigkeit vor erheblichen Rechtsanwendungs- und Abwägungsproblemen stehen kann und dass andererseits auch bei der offenen Abwägung eine Bindung an verfassungsrechtliche Vorgaben und gesetzgeberische Grundentscheidungen gegeben ist.[808] Die Unterscheidung dient aber der Formulierung einer Dogmatik (zur Dogmatik der Eilentscheidung in Vornahmesachen → Rn. 379 ff., 384 ff., 392 ff.)[809] des Eilverfahrens durch terminologische Erfassung eines eilverfahrensspezifischen Problems: Die „geschlossene“ Abwägung soll die Abwägung iR der normativen Vorregelungen der § 86b Abs. 2 S. 2, 4 SGG, § 920 Abs. 2 ZPO etwa bei der Prüfung der unbestimmten Rechtsbegriffe wesentlicher Nachteil oder Glaubhaftmachen, kennzeichnen und von der offenen Abwägung unterscheiden, die ohne eine solche Vorregelung durchgeführt wird, wie etwa in § 86b Abs. 1 S. 1 Nr. 2 SGG. Das Fehlen einer normativen Vorregelung führt unmittelbar zur Frage des Prüfungsmaßstabs und der Gesetzesbindung bei der sozialgerichtlichen Eil-

805 Dasselbe gilt zB im Wiedereinsetzungsverfahren, § 67 Abs. 2 SGG, wo zu prüfen ist, ob mit überwiegender Wahrscheinlichkeit ein unverschuldetes Hindernis vorliegt, oder im Prozesskostenhilfeverfahren, § 73a SGG, § 114 ZPO, wo zu prüfen ist, ob eine hinreichende Erfolgsaussicht gegeben ist.

806 Burkholz S. 71 f.; Bender/Nack S. 263, 265.

807 Koch S. 9.

808 Das Maß an zu beachtenden Vorgaben in den verschiedenen Konstellationen stellt sich insofern als stufenloses Kontinuum dar vom mehr oder weniger unbestimmten Rechtsbegriff wie in § 86b Abs. 2 S. 2 SGG („wesentlicher Nachteil“; nötig erscheint“) über die thematisch hier nicht relevanten, normativ vorgeregelten Abwägungen iR des behördlichen Ermessens, vgl. § 39 SGB I, oder des Planungsrechts, vgl. § 1 Abs. 6, 7 BauGB, bis zur fehlenden normativen Vorregelung wie in § 86b Abs. 1 S. 1 SGG. Die Abwägungen iR der § 1 SGB I, § 1 BauGB sind nach der hier verwendeten Terminologie geschlossen, weil eine (mehr oder weniger genaue) gesetzliche Vorregelung der Abwägung besteht (vgl. dazu Bartlsperger S. 79, 103). Die Abwägung erfolgt allerdings „offener“ als bei der Anwendung unbestimmter Rechtsbegriffe, bei denen der Gesetzgeber durch die entsprechenden Tatbestandsmerkmale meist einen höheren Grad an Normkonkretisierung als durch den in § 39 SGB I zum Maßstab der Abwägung erklärten Ermächtigungszweck oder die von § 1 Abs. 6, 7 BauGB vorgegebenen Abwägungsbelange im Planungsrecht vorgegeben hat. Vgl. zur gesetzlichen Vorgabe für die Abwägung als fallgruppenspezifischen Interessensausgleich auch Koch S. 9, 12.

809 Rechtsdogmatik wird hier mit Hassemer ZRP 2007, 213 (217), so verstanden, dass diese wie die juristische Methodenlehre auf einer mittleren Höhe zwischen Gesetz und Fall siedelt und zwischen Gesetzesbefehl und Einzelfallentscheidung vermittelt (Vermittlungsfunktion), aber im Unterschied zu dieser vom jeweiligen bestimmten und wechselnden Gesetzesinhalt abhängig ist (Rechtslagenabhängigkeit).

und Abwägungsentscheidung.[810] Bei der geschlossenen Abwägung ergibt sich die Bindung des Sozialrichters eben aus der normativen Vorregelung, ferner aus den untergesetzlichen Handlungsanleitungen, wie zB den anerkannten Definitionen der gerade im Eilverfahren bedeutsamen verschiedenen Beweismaßstäbe (→ Rn. 368 ff.). Aber auch bei der offenen Abwägung, bei der eine normative Vorregelung fehlt, stellt sich für den Richter die Frage nach einem bindenden Prüfungsmaßstab. Vor diesem Hintergrund ist der bei der Regelungsanordnung geltende Prüfungsmaßstab zu klären.

II. Regelungsanordnung, § 86b Abs. 2 S. 2, 4 SGG

Orientierungshinweis: Vgl. die Zusammenfassungen zum
- grundsätzlich bei der Regelungsanordnung geltenden Prüfungsmaßstab → Rn. 381 f.,
- Beweismaß „Glaubhaftmachung" → Rn. 372,
- modifizierten Prüfungsmaßstab bei Drohen schwerer Beeinträchtigungen → Rn. 387, 412.

1. Tatbestandsvoraussetzungen des § 86b Abs. 2 S. 2 SGG

a) Streitiges Rechtsverhältnis und Streitgegenstand der Regelungsanordnung

§ 86b Abs. 2 S. 2 SGG fordert ein streitiges Rechtsverhältnis. Der Begriff des Rechtsverhältnisses bezeichnet das Verwaltungsrechtsverhältnis, das dem im Hauptsacheverfahren streitigen materiellen Recht zugrunde liegt.[811] Anknüpfungspunkt ist damit der sich aus diesem Rechtsverhältnis ergebende Hauptsacheanspruch des Antragstellers, dessen Sicherung zu der begehrten vorläufigen Erweiterung der Rechtsposition führen soll. Das vom Antragsteller behauptete Recht muss daher auch schon im Eilverfahren insofern berücksichtigt werden, als es um die einstweilige Gestaltung des im Hauptsacheverfahren streitigen materiellen Rechts geht.[812] Für diese einstweilige Gestaltung muss das zu sichernde Recht nur voraussichtlich, dh prospektiv, zustehen. Das in § 86b Abs. 2 S. 2 SGG erwähnte Rechtsverhältnis stellt also auch den tatbestandlichen Anknüpfungspunkt für das Prüfungskriterium des prospektiven Hauptsacheerfolgs dar. Das tatbestandlich geforderte Rechtverhältnis kommt aber bereits dadurch zustande, dass die Verwaltung in den geschützten Rechtskreis des Bürgers eingreift, zB durch Bestreiten eines Rechts, etwa eines Anspruchs auf Leistungen zum Lebensunterhalt. 340

Das streitige Rechtsverhältnis ist zugleich der tatbestandliche Anknüpfungspunkt für den **Streitgegenstand** der Regelungsanordnung. Der Streitgegenstand des Eilverfahrens in Vornahmesachen bezieht sich auf das zu sichernde Recht, ist mit diesem aber nicht identisch. Durch einstweilige Anordnung wird ausgehend von der Sicherungs- und Rechtsschutzfunktion des Eilverfahrens die Frage geregelt, ob und ggf. inwiefern dem Antragsteller für den Interimszeitraum bis zur Hauptsacheentscheidung eine bestimmte Rechtsposition zustehen soll, um den Hauptsacheanspruch zu sichern. Streitgegenstand ist also die Sicherung des Hauptsacheanspruchs, aber nicht der Hauptsacheanspruch selbst. Erkennbar wird dies auch daran, dass die zuerkannte vorläufige Leistung häufig nicht mit dem Hauptsacheanspruch übereinstimmt, zB hinsichtlich der Höhe oder der Dauer der Leistung. 341

810 Dass Bindungen bestehen müssen, ergibt sich bereits aus den verfassungsrechtlichen Vorgaben, insbes. aus der Gesetzesbindung des Richters. Schon deshalb handelt es sich bei der Abwägung – ob geschlossen oder offen – nicht um freies Argumentieren (so aber wohl Struck S. 171, 185).

811 Vgl. Schoch/Schneider/Schoch § 123 Rn. 73. Zum entsprechenden Begriff in § 55 Abs. 1 Nr. 1 SGG MKLS/Keller SGG § 86b Rn. 25b.

812 Vgl. Schoch, Vorläufiger Rechtsschutz, S. 1552; Schoch/Schneider/Schoch § 123 Rn. 59.

342 **Beispiele: Rechtsverhältnisse** iSd § 86b Abs. 2 S. 2 SGG ergeben sich zB aus einem Streit bzgl.

- der Ablehnung der Gewährung von Sozialleistungen wie Arbeitslosengeld I oder II, Hilfe zum Lebensunterhalt nach dem SGB XII oder Altersrente
- Fragen aus vertraglichen Beziehungen zwischen kassenärztlicher Vereinigung und Krankenkassenverband[813]
- höherer vertragsärztlicher Honoraransprüche
- der Korrektur eines Honorarverteilungsmaßstabs[814]
- der vorläufigen Zulassung als Vertragszahnarzt[815]
- der vorläufigen befristeten Zulassung eines älteren Arztes zur vertragsärztlichen Tätigkeit[816]

b) Nötig-Erscheinen der Abwendung eines wesentlichen Nachteils und geschlossene Abwägung

343 Die Bestimmung des wesentlichen Nachteils iSd § 86b Abs. 2 S. 2 SGG muss unter Beachtung des Rechtsschutzziels des Antragstellers des Eilverfahrens[817] nach der teleologischen Methode erfolgen. Zweck der einstweiligen Anordnung ist die Vermeidung von Beeinträchtigungen des materiellrechtlichen Anspruches des Antragstellers bis zur Hauptsacheentscheidung.[818] Die Wesentlichkeit umschreibt den für einen Erfolg des Eilantrags zu fordernden *Beeinträchtigungsgrad* des betroffenen Rechts. Nachteile sind dann wesentlich iSd § 86b Abs. 2 S. 2 SGG, wenn dem Antragsteller ohne einstweiligen Rechtsschutz eine erhebliche, dh über Randbereiche hinausgehende[819] Verletzung in seinen Grundrechten oder sonstigen Rechten droht, die durch eine der Klage stattgebende Entscheidung in der Hauptsache nicht mehr beseitigt werden kann.[820] Sofern im konkreten Fall Umstände gegeben sind, die für und gegen die Wesentlichkeit des Nachteils sprechen, ist eine geschlossene Abwägung iR der entsprechenden Subsumtion durchzuführen.

344 **Beispiele:**

- **Herabgesetzter Regelsatz**: Zum Vorliegen eines wesentlichen Nachteils (Anordnungsgrundes) bei einer Gewährung von nur 90 % des Regelsatzes.[821]

345
- **Sicherung der Unterkunft**: Geht es um die Sicherung der Unterkunft, fehlt es an einem wesentlichen Nachteil, wenn der Antragsteller einen gerichtlichen Vergleich des Inhalts geschlossen hat, dass die vom Vermieter ausgesprochene Kündigung gegenstandslos ist und der Antragsteller die Mietrückstände abbezahlen kann. Aufgrund dieses Vergleichs droht keine **Wohnungslosigkeit** mehr. Damit ist eine vorläufige Regelung zur Sicherung der Unterkunft derzeit nicht geboten.[822]

346
- **Vorläufiges Darlehen**: Ein Antragsteller, der zur Abwendung einer vorgetragenen Notlage Leistungen der Grundsicherung bei Erwerbsminderung nach den §§ 41, 42 SGB XII begehrt, hat das Angebot des Antragsgegners, Leistungen **darlehensweise** nach § 91 SGB XII bis zur Beendigung eines Versicherungsvertrages mit der Auszahlung der Versicherungssumme im April 2009 zu gewähren, abgelehnt. Bis zur Klärung der Frage im Hauptsacheverfahren, ob

---

813 Vgl. LSG Nds Breithaupt 1998, 228 (229).
814 Vgl. SächsLSG 16.5.1997 – L 5 Ka 12/97 ER, Breithaupt 1999, 809.
815 Vgl. BayLSG 21.11.1995 – L 12 B 211/95, NZS 1996, 93.
816 Vgl. LSG RhPf 5.11.1993 – L 5 EA-Ka 18/93, Breithaupt 1994, 349.
817 Vgl. BVerfG 12.5.2005 – 1 BvR 569/05.
818 Vgl. Schoch/Schneider/Schoch § 123 Rn. 81; MKLS/Keller SGG § 86b Rn. 27a.
819 Vgl. BVerfG 25.10.1988 – 2 BvR 745/88 = NJW 1989, 827.
820 Vgl. BVerfG 25.1.1995 – 2 BvR 2689/94, 2 BvR 52/95 = NJW 1995, 950 (951); vgl. auch BVerfG 16.5.1995 – 1 BvR 1087/91 = NJW 1995, 2477 und 25.10.1988 – 2 BvR 745/88.
821 Bejahend: LSG Bln-Bbg 3.5.2007 – L 18 B 472/07 AS ER, juris Rn. 5; SchlHLSG 8.8.2005 – L 9 B 158/05 (Anordnungsgrund bei Grundsicherung im Alter auch bei einem Bedarf von 34 EUR); verneinend: LSG Bln-Bbg 13.2.2007 – L 19 B 1042/06 AS ER, juris Rn. 14 (zu § 20 Abs. 3 SGB II); LSG Bln-Bbg 11.9.2006 – L 19 B 698/06 AS ER.
822 LSG BW 1.8.2006 – L 7 SO 2938/06 ER-B, juris Rn. 4.

er Anspruch auf darlehensfreie Leistungen hat, ist aber die Inanspruchnahme der Darlehensleistung zur Abwendung der vorgetragenen Notlage zumutbar.[823]

- **Geringer Betrag**: Zum wesentlichen Nachteil bei Ablehnung einer geringfügig **höheren** als der zuerkannten **Rente**;[824] kein wesentlicher Nachteil, wenn die drohende Beeinträchtigung nur in dem zeitlichen Nachteil besteht, der für jeden Kläger mit der Führung eines Rechtsstreits verbunden ist. 347

c) Abwendung und Nachholbedarf

aa) Maßgeblicher Zeitpunkt: Eingang des Eilantrags bei Gericht

Durch Gesetzesauslegung ist zu entscheiden, welcher Zeitraum von einer Regelungsanordnung erfasst werden kann. Der Wortsinn des Tatbestandsmerkmals des § 86b Abs. 2 S. 2 SGG „**Abwendung**" geht dahin, dass sich die Regelungsanordnung auf die Zukunft beziehen muss. Nach zutreffender Auffassung ist dies grundsätzlich der Zeitraum ab Eingang des Eilantrags bei Gericht. 348

Zur Begründung ist Folgendes auszuführen: Da die Abwendung durch das Gericht erfolgen soll, kommen zwei Anknüpfungspunkte in Betracht, der Eingang des Eilantrags[825] und die Bekanntgabe der Eilentscheidung des Gerichts. Gerichtlicher Eilrechtsschutz ist antragsabhängig und beruht auf der prozessrechtlichen Grundlage des § 86b Abs. 2 SGG. Nach dem systematischen Auslegungskriterium ist „Zukunft" daher grundsätzlich der Zeitraum ab Eingang des Eilantrags bei Gericht.[826] Dies trägt auch dem Zweck der Eilentscheidung Rechnung, Rechtsverletzungen ab Eilantragstellung schnell und ungeachtet der jeweiligen Arbeitsbelastung des erkennenden Gerichts zu verhindern. Daher entfällt der wesentliche Nachteil auch nicht allein durch den Zeitablauf während des gerichtlichen Verfahrens.[827] Stellt man dagegen nicht auf den Zweck der prozessrechtlichen Rechtsgrundlage der gerichtlichen Eilentscheidung, sondern auf den Zweck der sozialhilferechtlichen Grundsicherungsleistungen ab, aktuelle Notlagen zu verhindern (und insofern auf das auf den Hauptsacheanspruch bezogene teleologische Argument), kommt man zu dem Ergebnis, dass eine Abwendung nur für Zeiträume ab der gerichtlichen Eilentscheidung möglich ist.[828] Der Richter hat zwischen diesen Argumenten auf der Ebene der Gesetzesauslegung abzuwägen. Zutreffender Weise wird er der Auffassung, die auf den Eingang

---

823 LSG Bln-Bbg 5.4.2006 – L 23 B 19/06 SO ER, juris 21.

824 Bsp. nach BSG SozR 3-1780 § 123 VwGO Nr. 1 S. 2.

825 Im Hinblick auf vor diesem Zeitpunkt liegende Rechtsbeeinträchtigungen ist eine Leistungsanordnung nach allgA grundsätzlich ausgeschlossen, vgl. LSG Hmb 2.3.2005 – L 3 B 43/05 ER SO; BayLSG 14.6.2005 – L 11 B 206/05 SO ER, Breithaupt 2005, 774 (775); SächsLSG 19.9.2005 – L 3 B 155/05 AS-ER, juris Ls. 4; BayLSG 7.4.2005 – L 11 B 117/05 SO ER, Breithaupt 2005, 779 und 14.6.2005 – L 11 B 218/05 AS ER, Breithaupt 2005, 786; HessLSG 26.10.2005 – L 7 AS 65/05 ER; LSG Bln-Bbg 7.6.2007 – L 28 B 743/07 AS ER, juris Rn. 9 (Bedarfsgemeinschaft; kein Anordnungsgrund für bereits abgelaufenen Zeitraum).

826 LSG Bln-Bbg 10.1.2007 – L 28 B 53/07 AS ER; LSG NRW 8.9.2006 – L 20 B 105/06 SO ER, juris Rn. 13; LSG Bln-Bbg 5.4.2006 – L 23 B 19/06 SO ER; HessLSG 24.4.2006 – L 9 AS 39/06 ER; 20.6.2005 – L 7 AL 100/05 ER; HessLSG Breithaupt 2006, 56 (63); SächsLSG 19.9.2005 – L 3 B 155/05 AS-ER; LSG BW 17.8.2005 – L 7 SO 2117/05 ER-B; BayLSG 14.6.2005 – L 11 B 206/05 SO ER, Breithaupt 2005, 774 (775); LSG Nds-Brem 28.4.2005 – L 8 AS 57/05 ER, FEVS 2005, 503 (508); LSG Hmb 2.3.2005 – L 3 B 43/05 ER SO; abw. LSG Bln-Bbg 29.11.2007 – L 32 B 2023/07 AS ER, juris Rn. 13 (Leistungen ab dem Zeitpunkt des entsprechenden Beschlusses; rückwirkende Gewährung für die Zeit vor dem aktuell laufenden Monat nur bei konkreter Begründung); ähnl. die verwaltungsgerichtliche Rspr., vgl. zB NdsOVG FEVS 2005, 363 (ab 1. Monat, in dem eine Entscheidung in der Sache erging).

827 Eine andere Frage ist es, ob das Gericht auf der Ebene des Entscheidungsinhalts iR seines Ermessens, § 86b Abs. 2 S. 4 SGG, § 938 Abs. 1 ZPO, im Einzelfall Leistungen auch erst mW ab einem späteren Zeitpunkt festsetzen kann. Vgl. zB BayLSG 23.3.2009 – L 8 SO 36/09 B ER (Grundsicherungsleistungen ab Beginn des Monats der Beschwerdeentscheidung nach Aufhebung des erstinstanzlichen Beschlusses); dies ist durch Abwägung auf der Ebene des Entscheidungsinhalts zu entscheiden.

828 So die hM in der verwaltungsgerichtlichen Rspr. zum BSHG, die auf den (sich mehr oder minder zufällig ergebenden, weil von der Arbeitsbelastung des erkennenden Gerichts abhängigen) Zeitpunkt der Gerichtsentscheidung abstellte, vgl. statt vieler NdsOVG FEVS 2005, 363 mwN.

des Eilantrags bei Gericht abstellt, zustimmen, da es nicht um den Hauptsacheanspruch als solchen geht, sondern um dessen Sicherung auf prozessrechtlicher Grundlage.

bb) Ausnahme: Eilrechtsschutz für Zeiträume vor Antragstellung (Nachholbedarf)

349 Als weiteres Bsp. für die richterliche Abwägung auf der Ebene der Gesetzesauslegung, und zwar der Tatbestandsmerkmale „Nötig-Erscheinen der Abwendung eines wesentlichen Nachteils" fungiert der sog. **Nachholbedarf.**[829] Damit werden die Fälle umschrieben, in denen die vorläufige Zuerkennung von Leistungen begehrt wird, die vergangene, also vor Eilantragstellung bei Gericht liegende Zeiträume betreffen. Nach dem Wortsinnargument und bei Abstellen auf den Hauptsacheanspruch kann insofern nichts mehr abgewendet werden, weil die Zeiträume, für die Hilfe begehrt wird, abgelaufen sind. Eilrechtsschutz kommt dagegen auch in diesen Fällen in Betracht, wenn auf den prozessrechtlichen Anspruch auf Eilrechtsschutz und insofern auf das teleologische Argument der Verhinderung von ohne Eilrechtsschutz eintretenden Beeinträchtigungen abgestellt wird. Da es auf den prozessrechtlichen Anspruch ankommt, ist entscheidend, ob Rechtsbeeinträchtigungen für die Zeit nach Eilantragstellung bei Gericht verhindert werden können.[830] Handelt es sich also um Ursachen aus der Zeit vor der Antragstellung bei Gericht, aus denen sich aber Beeinträchtigungen für die Zeit nach Antragstellung ergeben können, liegt ein wesentlicher Nachteil vor.[831] Methodisch handelt es sich um die teleologische Interpretation des Begriffs der Abwendung und insofern um eine (geschlossene) Abwägung zwischen Auslegungsargumenten. In der Praxis betrifft das Problem häufig aufgelaufene Energiekosten- oder Mietrückstände.[832] Ein finanzieller Ausgleich für die Vergangenheit ist hier nur zur Vermeidung zukünftiger Rechtsverletzungen, also zur Beseitigung einer bis in die Gegenwart fortwirkenden Notlage notwendig,[833] etwa im Fall einer ohne Nachzahlung drohenden Energiesperre. „Zukünftig" bezeichnet also den Zeitraum ab Stellung des gerichtlichen Eilantrags im dargestellten Sinn.

cc) Festlegung des Zeitraums nach Ermessen des Gerichts

350 Die Entscheidung über das Vorliegen eines wesentlichen Nachteils betrifft das „Ob" des Eilrechtsschutzes. Auf der Ebene des **Entscheidungsinhalts** („Wie") kann das Gericht iR seines Ermessens, § 86b Abs. 2 S. 4 SGG, § 938 Abs. 1 ZPO, im Einzelfall Leistungen auch erst mW ab einem Zeitpunkt nach dem Eingang des Eilantrags, zB ab Bekanntgabe des Eilbeschlusses, festsetzen, wenn dies für effektiven Rechtsschutz ausreichend bzw. geboten ist, Art. 19 Abs. 4 GG. Das **Ende** der in der einstweiligen Anordnung getroffenen Regelung wird nach dem Ermessen des Gerichts (§ 86b Abs. 2 S. 4 SGG, § 938 Abs. 1 ZPO) unter Beachtung der Sicherungs- und Rechtsschutzfunktion des Eilverfahrens bestimmt. Für die im einstweiligen Rechtsschutz besonders häufig relevanten Grundsicherungsleistungen wird das Ende der vorläufigen Leistung oft in Anlehnung an die materiellrechtliche Regelleistungsdauer festgelegt (→ Rn. 535).

829 In Anfechtungssachen ergibt sich die entsprechende Problematik nicht, weil die Anordnung der aufschiebenden Wirkung grundsätzlich auf den Erlass des Verwaltungsaktes zurückwirkt.

830 So iErg HessLSG 20.6.2005 – L 7 AL 100/05 ER; LSG BW 13.10.2005 – L 7 SO 3804/05 ER-B; LSG Bln-Bbg 5.4.2006 – L 23 B 19/06 SO ER; LSG LSA 30.3.2016 – L 4 AS 65/16 B ER.

831 S. dazu u.a. LSG LSA 30.3.2016 – L 4 AS 65/16 B ER.

832 Vgl. bspw. HessLSG 26.10.2005 – L 7 AS 65/05 ER; LSG RhPf 4.4.2006 – L 3 ER 41/06 AS.

833 AllgA, vgl. u.a. LSG BW 13.10.2005 – L 7 SO 3804/05 ER-B; LSG NRW 30.11.2015 – L 19 AS 1713/15 B ER. Zum befürchteten Verlust der Wohnung durch Räumungsklage HessLSG 20.6.2005 – L 7 AL 100/05 ER. SächsLSG 11.7.2006 – L 3 B 193/06 AS-ER: Verpflichtung des Grundsicherungsträgers als zuerst angegangener Leistungsträger iSd § 43 Abs. 1 SGB I unter Annahme einer Ermessensreduzierung auf Null zur darlehensweisen Übernahme rückständiger Gaskosten gem. § 34 SGB XII. Gegenbeispiel HessLSG 22.2.2006 – L 9 SO 40/05 ER: Keine Abwendung eines Nachteils, wenn der Vermieter erklärt hat, nicht zu kündigen, wenn keine weiteren Mietschulden anfallen.

Beispiele: 351

- Nachholbedarf als Verpflichtung zur **Schuldenübernahme**, wenn dies zur Sicherung der Unterkunft oder zur Behebung einer vergleichbaren Notlage gerechtfertigt ist[834] (§ 37 f. SGB XII).[835]
- Der finanzielle Ausgleich für die Vergangenheit muss für die Beseitigung einer bis in die Gegenwart **fortwirkenden Notlage** notwendig sein,[836] zB bei aufgelaufenen Energiekostenrückständen[837] oder rückständigen Abschlagszahlungen für Heizkosten.[838] 352
- Soweit die **rückständigen Gaskosten** den angemessenen Bedarf übersteigen, kann gem. § 37 f. SGB XII eine Verpflichtung zur Übernahme bestehen. Es kann insbes. zur Behebung einer der Obdachlosigkeit vergleichbaren Notlage gerechtfertigt sein, die Schulden aus dem Gaslieferungsvertrag – darlehensweise – zu gewähren, ggf. auch als zuerst angegangener Leistungsträger iSd § 43 Abs. 1 SGB I. Das Ermessen hinsichtlich der Frage, ob die Schulden zu übernehmen sind, kann im Hinblick auf die Gefährdungslage auf Null reduziert sein.[839] 353
- Ein Anordnungsgrund kann fehlen, wenn der **Vermieter** erklärt hat, **nicht** zu **kündigen**, wenn keine weiteren Mietschulden entstehen.[840] 354
- Kein Nachholbedarf, wenn es bei wiedereingehenden Zahlungen nicht zu einer **Energiesperre** kommt.[841] 355
- Unverzügliche Nachzahlung einer **vorläufig eingestellten Leistung nach § 40 Abs. 2 Nr. 4 SGB II**, soweit der Bescheid, aus dem sich der Anspruch ergibt, zwei Monate nach der vorläufigen Einstellung der Zahlung nicht mW für die Vergangenheit aufgehoben ist, in Höhe der Differenz des ursprünglich bewilligten und nach vorübergehender Einstellung wieder ausgekehrten Leistungsbetrages.[842] Statthafte Antragsart ist die Regelungsanordnung, da der Antragsteller die Auszahlung einer bewilligten Leistung, also die Verwirklichung seines Anspruchs durch behördliches Handeln erreichen will;[843] in der Hauptsache wäre Leistungsklage zu erheben. 356

d) Nötig-Erscheinen

Das Tatbestandsmerkmal „**Nötig-Erscheinen**" gibt zwar zu erkennen, dass bzgl. des wesentlichen Nachteils, dh der ohne Eilrechtsschutz drohenden Rechtsverletzungen, ein herabgesetzter Überzeugungsgrad ausreicht, lässt aber den zu fordernden Wahrscheinlichkeitsgrad offen, mit dem der wesentliche Nachteil bevorstehen muss (s. iE → Rn. 365, 381 ff., 384 ff.). 357

2. Anordnungsanspruch und Anordnungsgrund

Orientierungshinweis: Grundsätzlich, dh ohne verfassungsrechtlich bedingte Modifikation des Prüfungsmaßstabs (→ Rn. 384) setzt der Erlass einer Regelungsanordnung zugunsten des Antragstellers das Vorliegen von Anordnungsanspruch und Anordnungsgrund voraus. Ein Anordnungsanspruch ist gegeben, wenn das Obsiegen des Antragstellers in der Hauptsache überwiegend wahrscheinlich ist, dh wenn der zu sichernde Hauptsacheanspruch dem Antragsteller mit (durch Glaubhaftmachung oder Amtsermittlung herbeigeführter) überwiegender Wahrscheinlichkeit zusteht. Ein Anordnungsgrund ist gegeben, wenn im Interimszeitraum bis 358

834 SächsLSG 11.7.2006 – L 3 B 193/06 AS-ER.
835 IdF d. Art. 3 Nr. 15 lit. a G. v. 24.3.2011 (BGBl. I 453) mWv 1.1.2011.
836 LSG BW 13.10.2005 – L 7 SO 3804/05 ER-B. Wegen befürchteten Verlusts der Wohnung durch Räumungsklage: HessLSG 20.6.2005 – L 7 AL 100/05 ER. idF d. Art. 3 Nr. 15 lit. a G. v. 24.3.2011 (BGBl. I 453) mWv 1.1.2011.
837 HessLSG 26.10.2005 – L 7 AS 65/05 ER.
838 LSG RhPf 4.4.2006 – L 3 ER 41/06 AS.
839 SächsLSG 11.7.2006 – L 3 B 193/06 AS-ER.
840 HessLSG 22.2.2006 – L 9 SO 40/05 ER.
841 HessLSG 26.10.2005 – L 7 AS 65/05 ER.
842 Nach LSG NRW 24.2.2006 – L 19 B 100/05 AS ER, juris Rn. 7.
843 IE ebenso Brand/Düe SGB III § 331 Rn. 7 mwN; aA LSG Bln-Bbg 23.3.2018 – L 32 AS 1105/17 B ER PKH: Sicherungsanordnung.

zur Hauptsacheentscheidung mit (durch Glaubhaftmachung oder Amtsermittlung herbeigeführter) überwiegender Wahrscheinlichkeit eine über Randbereiche hinausgehende Rechtsverletzung (wesentlicher Nachteil) droht. Liegen Anordnungsanspruch und -grund vor, ist dem Grunde nach Eilrechtsschutz zu gewähren. Eine zusätzliche Interessenabwägung ist nicht durchzuführen.

In seiner Gesamtheit betrachtet fungiert das in § 86b Abs. 2 S. 2 SGG normierte „Nötig-Erscheinen der Abwendung eines wesentlichen Nachteils" bei der Regelungsanordnung als tatbestandliche Verankerung der Eilbedürftigkeit. Die Eilbedürftigkeit wird allerdings üblicher Weise nicht mit diesen Merkmalen gekennzeichnet, sondern unter dem Begriff des sog. Anordnungsgrundes zusammengefasst. Daneben ist – ebenfalls ohne erkennbaren Zusammenhang zu § 86b Abs. 2 S. 2 SGG – von einem Anordnungsanspruch als weitere Voraussetzung der Eilrechtsschutzgewährung die Rede. Anordnungsanspruch und Anordnungsgrund und ihre Bedeutung für eine in Vornahmesachen zu treffende Abwägungsentscheidung sind im Folgenden zu klären. Im Hinblick auf die verfassungsgerichtlichen Vorgaben zur Güter- und Folgenabwägung ist dabei insbes. zu untersuchen, inwiefern iR von Anordnungsanspruch und Anordnungsgrund abzuwägen ist und was diese Abwägung ggf. von der verfassungsgerichtlich dekretierten Abwägung unterscheidet.

3. Erklärungsversuche

359 Der Begriff des **Anordnungsanspruchs** wird im Gesetz nicht verwendet. § 86b Abs. 2 S. 2 SGG spricht nur von einem streitigen Rechtsverhältnis, § 86b Abs. 2 S. 4 SGG, § 920 Abs. 2 ZPO von einem glaubhaft zu machenden „Anspruch". Nach allgA bezieht sich der Anordnungsanspruch auf den im Hauptsacheverfahren streitigen Anspruch und damit auf die Frage der Erfolgsaussichten des Hauptsacheverfahrens,[844] also auf den prospektiven Hauptsacheerfolg. Welche Wahrscheinlichkeit des Hauptsacheerfolgs zu fordern ist, ist umstritten. Zum Teil wird eine überwiegende,[845] zum Teil eine hohe[846] Wahrscheinlichkeit für einen Erfolg in der Hauptsache verlangt. Auch von hinreichender Sicherheit oder Wahrscheinlichkeit ist die Rede.[847] Mitunter wird sogar vorausgesetzt, dass der Antragsteller den Hauptsacheanspruch hat.[848] Andere legen sich bzgl. des Grads der zu fordernden Wahrscheinlichkeit überhaupt nicht fest und sehen einen Anordnungsanspruch als gegeben an, wenn zu erwarten sei, dass das Hauptsacheverfahren zu einem für den Antragsteller positiven Ergebnis führen werde.[849] Das BVerfG verlangt von den Fachgerichten, wenn schwere und unzumutbare, anders nicht abwendbare Beeinträchtigungen entstehen können, die durch das Hauptsacheverfahren nicht mehr zu beseitigen wären, eine abschließende Prüfung der Hauptsache, wenn die Ablehnung des Eilantrags unter Orientierung an der Hauptsache erfolgen soll.[850] Falls eine abschließende Prüfung nicht möglich sei, müsse der Sozialrichter eine umfassende Güter- und Folgenabwägung durchführen.[851]

844 Vgl. zB MKLS/Keller SGG § 86b Rn. 27; zur VwGO Finkelnburg/Jank VorlRS Rn. 151; Kopp/Schenke § 123 Rn. 25.

845 Vgl. HessLSG 8.8.2008 – L 7 AS 149/08, juris Rn. 19; 4.6.2008 – L 7 SO 131/08, juris Rn. 20; LSG Bln-Bbg 4.7.2008 – L 25 B 273/08 KR ER, juris Rn. 22; SächsLSG 31.1.2008 – L 3 B 465/07 AS-ER, juris Rn. 19; LSG Bln 29.5.2002 – L 9 B 20/02 KR ER; Schoch/Schneider/Schoch § 123 Rn. 69; Kopp/Schenke § 123 Rn. 25.

846 Vgl. LSG Bln-Bbg 30.1.2008 – L 9 B 600/07 KR ER, juris Rn. 13; BayLSG 21.11.1995 – L 12 B 211/95, NZS 1996, 93 (94 f.).

847 Vgl. LSG Bln-Bbg 7.3.2008 – L 29 B 2062/07 AS ER ua, juris Rn. 6; LSG Nds 3.3.2008 – L 13 AS 295/07 ER, juris Rn. 10; LSG Bln 25. 3.1997 – L 7 Ka-SE 7/97, Breithaupt 1997, 830 (834).

848 Vgl. BVerfG 12.5.2005 – 1 BvR 569/05, juris Rn. 25 f.; LSG Hmb Breithaupt 1992, 164 (165).

849 Vgl. LSG RhPf 13.12.2007 – L 5 ER 289/07 KR, juris Rn. 8 („Obsiegen wahrscheinlich"); SchlHLSG Breithaupt 2000, 271 (274).

850 Vgl. BVerfG 12.5.2005 – 1 BvR 569/05, juris Ls. 2a.

851 Vgl. BVerfG 12.5.2005 – 1 BvR 569/05, juris Rn. 26.

Der **Anordnungsgrund** betrifft nach allgA die Frage der Eilbedürftigkeit oder Dringlichkeit. Auf die Merkmale des § 86b Abs. 2 S. 2 SGG wird meist nicht ausdrücklich Bezug genommen. Im Wesentlichen geht es um die Frage, ob das Abwarten der Entscheidung der Hauptsache unter Berücksichtigung der ohne Eilrechtsschutz drohenden Rechtsverletzungen zumutbar ist.[852] Die Voraussetzungen werden im vorgenannten Sinne unterschiedlich formuliert, wie ein Blick auf obergerichtliche Eilbeschlüsse aus der jüngeren Vergangenheit zeigt. Gefordert wird zB, ein eiliges Regelungsbedürfnis müsse glaubhaft gemacht sein,[853] es müsse ein Sachverhalt vorliegen, der die Eilbedürftigkeit der Anordnung begründe,[854] der Anordnungsgrund betreffe den gegenwärtigen Bedarf bezogen auf den Streitgegenstand des einstweiligen Rechtsschutzverfahrens,[855] der Anordnungsgrund setze das Fehlen zumutbarer Selbsthilfemöglichkeiten voraus, zu denen auch der Einsatz eigenen Vermögens gehöre,[856] der Anordnungsgrund sei der Grund, weshalb die Anordnung ergehen und dieser Anspruch vorläufig bis zur Entscheidung der Hauptsache gesichert werden solle, was glaubhaft zu machen sei,[857] ein Anordnungsgrund liege vor, wenn es dem Antragsteller nicht zuzumuten sei, die Entscheidung über den Anspruch in der Hauptsache abzuwarten, das Abwarten einer Entscheidung in der Hauptsache dürfe nicht mit wesentlichen Nachteilen verbunden sein, dh es müsse eine dringliche Notlage vorliegen, die eine sofortige Entscheidung erfordere,[858] der Anordnungsgrund betreffe die erforderliche Dringlichkeit, die Tatsachen, die den Anordnungsgrund begründen sollen, seien darzulegen und glaubhaft zu machen,[859] der Anordnungsgrund sei die Dringlichkeit, die Angelegenheit sofort vor einer Entscheidung in der Hauptsache vorläufig zu regeln, die glaubhaft zu machen sei,[860] der Anordnungsgrund sei die glaubhaft gemachte Eilbedürftigkeit.[861] 360

Bei den Umschreibungen wird nicht deutlich, inwiefern sich Anordnungsanspruch und -grund aus gesetzlichen Tatbestandsmerkmalen herleiten lassen und welcher Maßstab für die Subsumtion bzw. Abwägung gelten soll. Dies gilt insbes. für den immer wieder in Bezug genommenen Begriff der Glaubhaftmachung. 361

4. Gesetzliche Herleitung von Anordnungsanspruch und -grund

Der Begriff des **Anordnungsanspruchs** ist herzuleiten aus § 920 Abs. 2 ZPO,[862] auf den § 86b Abs. 2 S. 4 SGG verweist. § 920 Abs. 2 ZPO verlangt ausdrücklich die Glaubhaftmachung nicht nur des Arrestgrunds, sondern auch des „Anspruchs". Bei unmittelbarer Anwendung des § 920 Abs. 2 ZPO bezieht sich der dort genannte Anspruch auf den Arrestanspruch in § 916 ZPO, das ist der materielle Anspruch, für den der Antragsteller vorläufigen Rechtsschutz sucht.[863] Es geht also um das zu sichernde Recht hinter der einstweiligen Anordnung. Der Anordnungsanspruch kann sich bei entsprechender Anwendung daher auch nur auf den materiellen Anspruch beziehen, für den vorläufiger Rechtsschutz begehrt wird.[864] Dass sich der Anordnungsanspruch auf den Hauptsacheanspruch bezieht, ergibt sich auch aus dem Zweck des Anordnungsverfahrens, den gefährdeten Hauptsacheanspruch zu sichern.[865] Beide Argumente gelten auch für die Regelungs- 362

852 Vgl. statt vieler Krasney/Udsching V Rn. 38 f.
853 LSG Bln-Bbg 5.4.2011 – L 5 AS 57/11 B ER.
854 LSG Hmb 8.3.2011 – L 1 KA 22/11 B ER.
855 LSG Nds-Brem 28.3.2011 – L 13 AS 82/11 B ER.
856 SchlHLSG 28.3.2011 – L 5 KR 20/11 B ER.
857 SächsLSG 22.3.2011 – L 7 AS 217/09 B ER, juris Rn. 13.
858 HessLSG 18.3.2011 – L 7 AS 687/10 B ER, juris Rn. 19.
859 LSG Bln-Bbg 10.3.2011 – L 1 KR 375/10 B ER.
860 LSG NRW 17.1.2011 – L 6 AS 1914/10 B ER, juris Rn. 12.
861 BayLSG 17.1.2011 – L 11 AS 889/10 B, juris Rn. 16, 19.
862 IErg ebenso Finkelnburg/Jank VorlRS Rn. 150 f.
863 Vgl. Kopp/Schenke § 123 Rn. 25.
864 Vgl. Schoch/Schneider/Schoch § 123 Rn. 69.
865 Vgl. Finkelnburg/Jank VorlRS Rn. 151.

anordnung, obwohl § 86b Abs. 2 S. 2 SGG das zu sichernde Recht nicht ausdrücklich nennt und nur von einem streitigen Rechtsverhältnis spricht.[866] Denn auch bei der Regelungsanordnung ist – wie bei der Untersuchung der Tatbestandsmerkmale des § 86b Abs. 2 S. 2 SGG gezeigt wurde (→ Rn. 340 f.) – eigentlicher materieller Anknüpfungspunkt das im Hauptsacheverfahren streitige Recht.

363 Die für die Prüfung des **Anordnungsgrundes** zugrunde zu legenden Maßgaben ergeben sich ebenfalls aus dem Gesetz. Sie sind wie beim Anordnungsanspruch der Vorschrift des § 86b Abs. 2 SGG zu entnehmen, dessen S. 4 auf § 920 Abs. 2 ZPO verweist. Bei unmittelbarer Anwendung des § 920 Abs. 2 ZPO bezieht sich der dort ausdrücklich vorausgesetzte Anordnungsgrund auf die §§ 917, 918 ZPO, die die Eilbedürftigkeit fordern.[867] Bei der in § 86b Abs. 2 S. 4 SGG normierten analogen Anwendung bezieht sich der Anordnungsgrund mithin auf die entsprechenden, die Eilbedürftigkeit begründenden Tatbestandsmerkmale des § 86b Abs. 2 S. 1 und 2 SGG. Das sind für die Regelungsanordnung (zur Identität der Voraussetzungen von Sicherungs- und Regelungsanordnung → Rn. 330, 408 f.) die Tatbestandsmerkmale des § 86b Abs. 2 S. 2 SGG „zur Abwendung wesentlicher Nachteile nötig erscheint" (zum Begriff des wesentlichen Nachteils → Rn. 343 ff.).[868] Sowohl die in § 86b Abs. 2 S. 2 SGG benützte Wendung „erscheint" als auch die in § 920 Abs. 2 ZPO geregelte Glaubhaftmachung deuten darauf hin, dass eine im Verhältnis zur Hauptsache herabgesetzte Wahrscheinlichkeit ausreicht. Der in Vornahmesachen geltende Beweismaßstab ist im Folgenden zur Klärung von Anordnungsanspruch und -grund zu untersuchen.

5. Wahrscheinlichkeitsfragen

a) Die Leerformel der summarischen Prüfung

364 Im Zusammenhang mit dem Beweismaßstab wird häufig der Begriff der summarischen Prüfung verwendet. Dieser Begriff ist wenig aussagekräftig.[869] Er betrifft das Problem des Beweismaßstabs im Eilverfahren und deutet die herabgesetzten Wahrscheinlichkeitsanforderungen nur an,[870] ohne einen genauen Maßstab zu nennen. Das Vorliegen der entscheidungserheblichen Tatsachen ist aber vom Richter in jeder Entscheidung mit einer bestimmten Wahrscheinlichkeit festzustellen. Die Frage geht eben dahin, welcher genaue Maßstab für den im Eilverfahren herabgesetzten Überzeugungsgrad gilt.

b) Herabgesetzte Wahrscheinlichkeiten

365 Grundsätzlich setzt wirksamer Rechtsschutz eine richterliche Entscheidung nach umfassender Wahrheits- und Rechtsprüfung in angemessener Zeit voraus. Dementsprechend ist im Hauptsacheverfahren die volle Überzeugung des Gerichts erforderlich, die nach allgA eine an Sicherheit grenzende Wahrscheinlichkeit voraussetzt.[871] Im Eilverfahren genügt eine herabgesetzte Richtigkeitswahrscheinlichkeit. Dies ergibt sich für die Vornahmesachen neben den bereits genannten

866 Vgl. dazu Krodel NZS 2002, 181.

867 Nach § 917 Abs. 1 ZPO (dinglicher Arrest) liegt ein Arrestgrund vor, wenn zu besorgen ist, dass ohne Arrest die Vollstreckung des Urteils vereitelt oder wesentlich erschwert werden würde. Nach § 918 ZPO (persönlicher Arrest) ist ein Arrestgrund gegeben, wenn der Arrest erforderlich ist, um die gefährdete Zwangsvollstreckung zu sichern; s. dazu Anders/Gehle/Becker ZPO § 917 Rn. 2 ff., § 918 Rn. 2.

868 Krodel NZS 2002, 181 f.; zu §§ 80, 123 VwGO Schoch, Vorläufiger Rechtsschutz, S. 1568; Schoch/Schneider/Schoch § 123 Rn. 80 ff.

869 Dazu Schoch/Schneider/Schoch § 80 Rn. 399 f., der vor dem unreflektierten Gebrauch des Begriffs warnt; krit. auch Eyermann/Hoppe VwGO § 80 Rn. 99.

870 Vgl. zB Finkelnburg/Jank VorlRS Rn. 337 f., 349: Beweisanforderungen, die bei der Aufklärung des Sachverhalts iR des Untersuchungsgrundsatzes unter den zeitlichen Bedingungen des Eilverfahrens gelten.

871 Vgl. BSG 29.3.1963 – 2 RU 75/61 = BSGE 19, 52; BSG 22.9.1977 – 10 RV 15/77 = BSGE 45, 1; 1.8.1978 – 7 RAr 37/77; 15.12.1999 – B 9 VS 2/98 R = Breithaupt 2000, 390 f.; BSG 8.8.2001 – B 9 V 23/01 B = Breithaupt 2001, 967; MKLS/Keller SGG § 128 Rn. 3b mwN.

Argumenten aus der in § 920 Abs. 2 ZPO (§ 86b Abs. 2 S. 4 SGG) geregelten Glaubhaftmachung und aus dem Wortlaut des § 86b Abs. 2 S. 2 SGG,[872] der das Erfordernis eines Vollbeweises mit der Wendung „nötig erscheint“ ausschließt. Der Wortsinn dieses Tatbestandsmerkmals[873] geht eindeutig dahin, dass eine im Verhältnis zum Hauptsacheverfahren herabgesetzte Richtigkeitswahrscheinlichkeit ausreicht („erscheint“). Dass eine herabgesetzte Richtigkeitswahrscheinlichkeit ausreicht, folgt auch aus dem mit Art. 19 Abs. 4 GG verfassungsrechtlich fundierten Sicherungs- und Rechtsschutzzweck des Eilverfahrens, eine schnelle vorläufige Entscheidung zu treffen, die nur möglich ist, wenn nicht die volle Überzeugung des Gerichts gefordert wird, die in der für eine Eilentscheidung zur Verfügung stehenden Zeit oft nicht herbeigeführt werden kann. Wie die grammatikalische und die teleologische Methode zeigen, geht es iR von Anordnungsanspruch und Anordnungsgrund um die Frage, mit welchen Wahrscheinlichkeiten der zu sichernde Anspruch dem Antragsteller zusteht und die drohende Rechtsverletzung eintritt. Das bedeutet. dass die dafür und dagegen sprechenden Umstände festzustellen und zu gewichten sind, dh es ist iR der genannten Tatbestandsmerkmale (geschlossen) abzuwägen. Obwohl nur Tatsachen beweisfähig sind, ist wegen der Besonderheiten des Eilverfahrens bei der Feststellung des Wahrscheinlichkeitsgrades zwischen der Sach- und der Rechtslage zu unterscheiden.

c) Der herabgesetzte Grad der Rechtsüberzeugung

Beweisfähig sind nur Tatsachen. Herabgesetzte Beweisanforderungen erleichtern die Tatsachen- 366
feststellung. Rechtsfragen sind nicht beweisfähig.[874] Fraglich ist, ob im Eilverfahren dennoch auch bzgl. der Rechtslage eine herabgesetzte Wahrscheinlichkeit ausreicht oder ob bzgl. der rechtlichen Beurteilung die volle Überzeugung gegeben sein muss. Die Antworten fallen unterschiedlich aus. Vertreten wird, dass sich summarische Prüfung und Glaubhaftmachung auch auf die rechtliche Würdigung beziehen,[875] nach der gegenteiligen Auffassung muss hinsichtlich der rechtlichen Voraussetzungen die volle Überzeugung des Gerichts vorliegen,[876] wobei zum Teil bei schwierigen Rechtsfragen Ausnahmen zugestanden werden.[877] Ferner ist von einer summarischen Schlüssigkeitsprüfung der Rechtslage,[878] von einer aus verfassungsrechtlicher Sicht nicht zu beanstandenden, sich aus dem Verfahrenscharakter ergebenden überschlägigen Vorausbeurteilung der Hauptsacheklage,[879] von in der Natur der Sache liegenden, sachlich und zeitlich beschränkten Erkenntnismöglichkeiten,[880] aber auch von einer reinen Folgenabwägung[881] die Re-

872 Entsprechendes lässt sich dem verwendeten Konjunktiv „werden könnte“ in § 86b Abs. 2 S. 1 SGG entnehmen.
873 Womit die Auslegung zu beginnen hat, vgl. Larenz S. 320.
874 Dazu BSG 14.12.2006 – B 4 R 29/06 R, juris Rn. 80.
875 Vgl. Meyer-Ladewig, 7. Aufl. 2002, § 86b Rn. 40 (vorläufige Entscheidung über Rechtsfragen unter dem Vorbehalt der Überprüfung im Hauptsacheverfahren); MKLS/Keller SGG § 86b Rn. 16c (summarische Prüfung schwieriger, volle Überprüfung einfacher Rechtsfragen). Zu § 123 VwGO Kopp/Schenke § 123 Rn. 24.
876 Vgl. Plagemann Rn. 248; zur VwGO Schoch/Schneider/Schoch Vorb. § 80 Rn. 55: summarische Prüfung finde ihren Bezugspunkt in der Sachverhaltsermittlung; Schoch, Vorläufiger Rechtsschutz, S. 1638 ff.
877 Vgl. Plagemann Rn. 248, 265 mwN für unbestimmte Rechtsbegriffe und Ermessensentscheidungen der Behörde; Eyermann/Happ VwGO § 123 Rn. 48 (strikte rechtliche Prüfung).
878 Die Fälle, in denen etwa wegen des Zeitdrucks bei der Eilentscheidung die Rechtslage falsch eingeschätzt wird, stellen kein Problem der Abwägung, sondern des im Zeitpunkt der Eilentscheidung (noch) nicht vorhandenen oder fehlerhaften rechtlichen Wissens dar, vgl. Finkelnburg/Jank VorlRS Rn. 352 Fn. 68 ebendort.
879 Vgl. BVerfG NJW 1988, 2290 (2292) aE = BVerfG 10.5.1988 – 1 BvR 482/84, 1 BvR 1166/85.
880 Vgl. VGH BW DVBl 1993, 508 (509) = VGH BW 28.12.1992 – 9 S 2520/92.
881 Vgl. BVerfG NVwZ 1997, 479 (480) = BVerfG 25.7.1996 – 1 BvR 638/96.

de.[882] Zu § 86b Abs. 2 SGG wird auch die Meinung vertreten, Anordnungsanspruch und Anordnungsgrund seien „geltend zu machen".[883]

367 Nach zutr. Auffassung kann im Eilverfahren auch bzgl. der Rechtslage eine „herabgesetzte Richtigkeitswahrscheinlichkeit" der Rechtsüberzeugung für eine stattgebende Eilentscheidung ausreichen. Der Grund dafür liegt darin, dass durch den Zeitdruck des Eilverfahrens und die deshalb im Verhältnis zum Hauptsacheverfahren geringeren Erkenntnisquellen die materielle Rechtslage idR nicht aufgrund von feststehenden Tatsachen entschieden wird.[884] Diese tatsächlichen Unwägbarkeiten wirken sich zwangsläufig auf die Beurteilung der Rechtsfragen aus. Der als ausreichend anzusehende herabgesetzte Grad der Rechtsüberzeugung ist also stets Folge der Abwägung auf tatsächlicher Ebene, also des Umstands, dass die Rechtslage aufgrund einer unzureichenden Tatsachengrundlage gewürdigt werden muss.[885] Der zu fordernde Wahrscheinlichkeitsgrad kann daher für die Sach- und Rechtslage nur gleich hoch angesetzt werden. Ansonsten ist eine „wahrscheinlich richtige" Beurteilung von Rechtsfragen nicht denkbar. Die Rechtslage kann nur richtig oder falsch eingeschätzt werden.[886] Hierbei hat das erkennende Gericht seine richterliche Überzeugung von der geltenden Rechtslage zugrunde zu legen (→ Rn. 257). Das im Folgenden zum Beweismaßstab bzgl. der Sachlage Gesagte gilt daher für den herabgesetzten Grad der Rechtsüberzeugung entsprechend.

d) Der herabgesetzte Wahrscheinlichkeitsgrad bzgl. der Sachlage

aa) Beweismaßstäbe

368 **Orientierungshinweis:** Grundsätzlich gilt in Vornahmesachen, also auch bei der Regelungsanordnung, das Beweismaß der (durch Glaubhaftmachung oder Amtsermittlung herbeigeführten) überwiegenden Wahrscheinlichkeit, für die es genügt, dass bei mehreren ernstlich in Betracht zu ziehenden Möglichkeiten das Vorliegen einer davon relativ am wahrscheinlichsten ist, weil nach Gesamtwürdigung aller Umstände im Vergleich mit den anderen ernsthaften Möglichkeiten mehr für diese als für die anderen Möglichkeiten spricht.

Das sozialgerichtliche Verfahren kennt für die Tatsachenfeststellung mehrere Beweismaßstäbe. Das erkennende Gericht ist verpflichtet, seiner Entscheidung den zutreffenden Beweismaßstab zugrunde zu legen. Die Zugrundelegung eines falschen Beweismaßstabs ist ein Verfahrensfehler, der zur Aufhebung einer Entscheidung führen kann.[887] In Bezug auf die Beweismaßstäbe des Hauptsacheverfahrens ist von Gewissheit, vom Vollbeweis, von einer hinreichenden Wahrscheinlichkeit oder nur von „Wahrscheinlichkeit"[888] und von einer Glaubhaftmachung die Re-

882 Vgl. zum Ganzen Finkelnburg/Jank VorlRS Rn. 351 f.

883 Und die zur Begründung dienenden Tatsachen seien glaubhaft zu machen; vgl. zu § 86b Abs. 2 SGG LSG Nds-Brem 13.3.2003 – L 6/3 U 462/02 ER = Breithaupt 2003, 575 (576).

884 § 920 Abs. 2 ZPO, der von einer Glaubhaftmachung von Anspruch und Anordnungsgrund spricht, trennt dementsprechend nicht nach Tatsachen und Rechtslage, sondern bezieht auch Rechtsfragen („Anspruch") in die herabgesetzte Wahrscheinlichkeitsanforderung ein; s. dazu Anders/Gehle/Becker ZPO § 920 Rn. 11 f.; Art. 83 § 2, 2. Hs. EuGH-Verfahrensordnung setzt für Eilrechtsschutz auch nur Glaubhaftmachung in tatsächlicher *und rechtlicher* Hinsicht voraus.

885 Vgl. Schoch/Schneider/Schoch § 80 Rn. 402, 409.

886 Etwa in Bezug auf unbestimmte Rechtsbegriffe, Ermessensentscheidungen der Behörde, vgl. dazu Plagemann Rn. 248, 265 mwN.

887 Für das Hauptsacheverfahren BSG 8.8.2001 – B 9 V 23/01 B 4, juris Rn. 5.

888 Wahrscheinlich ist nach einer Definition diejenige Möglichkeit, der nach sachgerechter Abwägung aller wesentlichen Umstände gegenüber jeder anderen Möglichkeit ein deutliches Übergewicht zukommt. Es muss sich unter Würdigung des Beweisergebnisses ein solcher Grad von Wahrscheinlichkeit ergeben, dass ernste Zweifel hinsichtlich einer anderen Möglichkeit ausscheiden, BSG 22.9.1977 – 10 RV 15/77 = BSGE 45, 9 ff. Dieser eher nichtssagenden Definition soll vorliegend nicht weiter nachgegangen werden.

de.[889] Für das Eilverfahren soll in Vornahmesachen das Beweismaß der Glaubhaftmachung gelten, vgl. § 86b Abs. 2 S. 4 SGG, § 920 Abs. 2 ZPO, das BVerfG will aber unter bestimmten Bedingungen auch die bloße Möglichkeit ausreichen lassen, um einem Eilantrag stattzugeben.[890] Was jeweils genau unter den Beweismaßstäben und der jeweiligen Wahrscheinlichkeit zu verstehen ist, lässt sich nur im jeweiligen Normzusammenhang verstehen.[891] Bevor dieser Normzusammenhang in Bezug auf die §§ 86a und 86b SGG hergestellt wird, sollen die für die Rechtsanwendung im Sozialrecht relevanten Wahrscheinlichkeitskategorien dargestellt werden.

(1) Vollbeweis

Beweisbedürftige Tatsachen bedürfen grundsätzlich des Vollbeweises, dh sie müssen mit an 369
Gewissheit grenzender Wahrscheinlichkeit vorliegen, soweit Abweichendes, zB eben Glaubhaftmachung, nicht bestimmt ist. Eine Tatsache ist iSd Vollbeweises bewiesen, wenn sie in so hohem Grade wahrscheinlich ist, dass alle Umstände des Falles nach vernünftiger Abwägung des Gesamtergebnisses des Verfahrens und nach der allgemeinen Lebenserfahrung geeignet sind, die volle richterliche Überzeugung zu begründen.[892] Der Vollbeweis ist grundsätzlich der im Hauptsacheverfahren geltende Beweismaßstab. Das BVerfG hat die Sozialgerichte aber auch für das Eilverfahren zur Zugrundelegung dieses Maßstabs verpflichtet, wenn schwere Beeinträchtigungen drohen und das Gericht sich an der Hauptsache orientieren will; es müsse dann eine abschließende Prüfung der Sach- und Rechtslage wie im Hauptsacheverfahren durchführen. Wenn dies nicht möglich sei, müsse es aufgrund einer Güter- und Folgenabwägung entscheiden.[893]

(2) Hinreichende Wahrscheinlichkeit

Der Beweisgrad der hinreichenden Wahrscheinlichkeit, der auf den wesentlichen ursächlichen 370
Zusammenhang zugeschnitten ist und für den eine präzise Begriffsbestimmung in der Rspr. nicht existiert,[894] ist jedenfalls dann erfüllt, wenn deutlich mehr für als gegen einen ursächlichen Zusammenhang spricht.[895] Diese Bedeutung wird hier zugrunde gelegt. Eine genauere Begriffsbestimmung ist hier entbehrlich, weil die hinreichende Wahrscheinlichkeit in der vorliegenden Abhandlung nur zur Abgrenzung von der überwiegenden Wahrscheinlichkeit eine Rolle spielt.

(3) Glaubhaftmachung

(a) Glaubhaftmachen als Verfahren, mit dem ein Beweisgrad herbeigeführt wird?

Mit dem Begriff der Glaubhaftmachung wird auch das Verfahren, mit dem ein Beweisgrad 371
durch den Kläger bzw. Antragsteller herbeigeführt wird, gekennzeichnet.[896] Auch im sozialgerichtlichen Eilverfahren ist eine Beweisführung durch Glaubhaftmachung zulässig. Eine Darle-

889 Dazu schon BVerfG 22.9.1977 – 10 RV 15/77 = BSGE 45, 1 (9 f.); zu den Beweismaßstäben stellvertretend BSG 8.8.2001 – B 9 V 23/01 = BSozR 3-3900 § 15 Nr. 4 S 13 ff.; zur Glaubhaftmachung nach § 3 WGS-VG: BSG 17.12.1980 – 12 RK 42/80 = SozR 5070 § 3 Nr. 1.

890 BVerfG 12.5.2005 – 1 BvR 569/05, juris Rn. 25 f.

891 BSG 22.9.1977 – 10 RV 15/77 = BSGE 45, 9 ff. = SozR 3900 § 40 Nr. 9.

892 BSG 8.8.2001 – B 9 V 23/01 B 4; MKLS/Keller SGG § 128 Rn. 3b mwN; Bender/Nack, Vom Umgang der Juristen mit der Wahrscheinlichkeit, 263.

893 BVerfG 12.5.2005 – 1 Bv 569/05, juris Ls. 2 b und c, Rn. 25 f., 29.

894 Mit hinreichender Wahrscheinlichkeit oder mit Wahrscheinlichkeit (s. oben) ist meist dasselbe gemeint, die Terminologie ist nicht ganz einheitlich, vgl. BSG 8.8.2001 – B 9 V 23/01 B 4, juris Rn. 4 mit Hinweis auf die unterschiedlichen Bedeutungen der Wahrscheinlichkeit im jeweiligen Normzusammenhang.

895 Nach der Rspr. des BSG ist hinreichende Wahrscheinlichkeit im Unfallversicherungsrecht gegeben, wenn deutlich mehr für als gegen den Ursachenzusammenhang spricht und ernste Zweifel ausscheiden; allein die Möglichkeit eines Ursachenzusammenhangs genügt dagegen nicht, BSG 18.1.2011 – B 2 U 5/10 R, juris Rn. 20; 9.5.2006 – B 2 U 1/05 R = BSGE 96, 196 = SozR 4-2700 § 8 Nr. 17; vgl. auch BSG 8.8.2001 – B 9 V 23/01 B 4 unter Abstellen auf die geltende ärztliche wissenschaftliche Lehrmeinung.

896 BSG 14.12.2006 – B 4 R 29/06 R, juris Rn. 116; zu den verschiedenen Auslegungsmöglichkeiten im öffentlich-rechtlichen Eilverfahren Burkholz, 19 f.

gungs- oder Beweisführungspflicht würde aber dem Wesen des öffentlich-rechtlichen Sozialgerichtsverfahrens zuwiderlaufen, in dem der Untersuchungsgrundsatz (§ 103 SGG)[897] zur Herstellung der „Waffengleichheit" die Unterlegenheit des „schwächeren" Antragstellers (= Versicherter, Leistungsempfänger) ausgleichen soll.[898] Der Sozialrichter darf also nicht allein auf das vom Antragsteller Vorgetragene abstellen. Die Einführung einer solchen Beweisführungspflicht würde eine ausdrückliche gesetzliche Regelung erfordern, die in der Inbezugnahme des auf den Zivilprozess zugeschnittenen § 920 Abs. 2 ZPO, wonach der Antragsteller Anspruch und Anordnungsgrund glaubhaft zu machen hat, nicht erblickt werden kann. Die Geltung des Untersuchungsgrundsatzes bewirkt, dass das Gericht auch im Eilverfahren in eigener Verantwortung entscheidet und insoweit von dem prozessualen Verhalten der Beteiligten unabhängig ist.[899] Die in § 920 Abs. 2 ZPO normierte Glaubhaftmachung ergänzt nur die durchzuführende Amtsermittlung iSe Aktivierung der Mitwirkungspflichten des Beteiligten und führt nicht etwa zu einer Geltung des Beibringungsgrundsatzes.[900] Wie das hier maßgebliche systematische Auslegungsargument ergeben hat, bezeichnet Glaubhaftmachen im sozialgerichtlichen Eilrechtsschutz also wegen der in § 103 SGG angeordneten Amtsermittlungspflicht nicht das Verfahren, mit dem ein Beweisgrad herbeigeführt wird, sondern den für die Überzeugungsbildung des Gerichts erforderlichen Beweisgrad.[901]

(b) Glaubhaftmachen als Beweisgrad

372 Eine Tatsache ist nach allgA glaubhaft gemacht, wenn sie „überwiegend wahrscheinlich" ist.[902] Hierfür genügt es, wenn bei mehreren ernstlich in Betracht zu ziehenden Möglichkeiten das Vorliegen einer davon relativ am wahrscheinlichsten ist, weil nach Gesamtwürdigung aller Umstände im Vergleich mit den anderen ernsthaften Möglichkeiten mehr für diese als für die anderen Möglichkeiten spricht. Der Beweismaßstab der Glaubhaftmachung ist durch seine Relativität gekennzeichnet. Es muss nicht, wie bei der hinreichenden Wahrscheinlichkeit, absolut mehr für als gegen die glaubhaft zu machende Tatsache sprechen.[903] Die Anforderungen an die hinreichende Wahrscheinlichkeit sind also grundsätzlich höher als diejenigen an die Glaubhaftmachung[904] in dem Sinne, dass für die (hinreichende) Wahrscheinlichkeit ein „deutliches" Übergewicht für die in Betracht kommende Möglichkeit gefordert wird und dass die Wahrscheinlichkeit bei ernsten Zweifeln hinsichtlich einer anderen Möglichkeit entfällt, während für die Glaubhaftmachung gewisse, ggf. auch ernste Zweifel unschädlich sein können. Die bloße Möglichkeit allein reicht aber auch für die Glaubhaftmachung als Beweismaß nicht aus.

---

897 Plagemann Rn. 264; Schmidt SGb 1980, 510 (512); s. zum Verhältnis Glaubhaftmachung/Untersuchungsgrundsatz Krasney/Udsching V Rn. 32; Fichte/Jüttner/Jüttner/Wehrhahn SGG § 86b Rn. 92 f.; MKLS/Keller SGG § 86b Rn. 41, 16a; § 128 Rn. 3d; zur VwGO Burkholz, 65, 97; Schoch, Vorläufiger Rechtsschutz, S. 1646 f.; Schoch/Schneider/Schoch § 123 Rn. 62, 95, 96c; Finkelnburg/Jank VorlRS Rn. 341.

898 Vgl. zu § 123 VwGO Finkelnburg/Jank VorlRS Rn. 138, S. 158 Rn. 339 ff.; aA Siegfried SGb 1989, 555 (561); vgl. auch Finkelnburg/Dombert/Külpmann VorlRS Rn. 323: Amtsermittlung beginnt, wo Sphären und die Mitwirkungslasten der Beteiligten enden.

899 Ebenso zu § 123 VwGO Finkelnburg/Jank VorlRS Rn. 341.

900 Vgl. MKLS/Keller SGG § 86b Rn. 41, 16a; Schoch/Schneider/Schoch § 80 Rn. 407.

901 Zur Unterscheidung BSG 8.8.2001 – B 9 V 23/01 B = Breithaupt 2001, 967 (969); BSG SozR 5070 § 3 WGSVG Nr. 1 S. 1; MKLS/Schmidt SGG § 103 Rn. 19. Für die VwGO Burkholz, 65, 80 ff. Zum Zivilprozessrecht Anders/Gehle/Becker ZPO § 294 Rn. 1; Zöller/Greger ZPO § 294 Rn. 1.

902 BSG 8.8.2001 – B 9 V 23/01 B, juris Rn. 5; zum BVG BSG 14.12.2006 – B 4 R 29/06 R, juris Rn. 116; s. a. BSG 22.9.1977 – 10 RV 15/77, BSGE 45, 1 (9 f.); zum Zivilrecht BGH 11.9.2003 – IX ZB 37/03, juris Rn. 8 = BGHZ 156, 139; 15.6.1994 – IV ZB 6/94 = NJW 1994, 2898; zur VwGO Eyermann/Happ § 123 Rn. 51; Finkelnburg/Dombert/Külpmann VorlRS Rn. 316 mwN.

903 BSG 8.8.2001 – B 9 V 23/01 B, Os. Lediglich eine andere Umschreibung dieses Beweismaßes ist die „gute Möglichkeit", dass der entscheidungserhebliche Vorgang sich so zugetragen hat, wie behauptet wird, wobei durchaus gewisse Zweifel bestehen bleiben können; vgl. dazu BSG 14.12.2006 – B 4 R 29/06 R, juris Rn. 116.

904 BSG 8.8.2001 – B 9 V 23/01 B 4, juris Rn. 4; BSG 24.2.1988 – 2 RU 30/87 USK 8825.

(4) Möglichkeit

Für das Eilverfahren muss schon im Hinblick auf die Rspr. des BVerfG zum Prüfungsmaßstab des Eilverfahrens im Zusammenhang mit möglichen schweren Grundrechtsverletzungen[905] noch ein weiterer Beweisgrad eingeführt werden, der nach dem Wortsinn noch unterhalb des Beweisgrads der Glaubhaftmachung, also unterhalb der überwiegenden Wahrscheinlichkeit liegt und eben mit dem Begriff der Möglichkeit gekennzeichnet werden soll. Das BVerfG führt insofern wörtlich aus: „Eine Verletzung dieser grundgesetzlichen Gewährleistung (Wahrung der Würde des Menschen; der Verf.), auch wenn sie nur möglich erscheint oder nur zeitweilig andauert, haben die Gerichte zu verhindern".[906] Erschließt man den Inhalt der verfassungsgerichtlichen Rspr. mit den Deutungskriterien der Gesetzesauslegung, heißt Möglichkeit ausgehend vom Wortsinn, dass es so sein kann,[907] ohne dass ein Vergleich mit anderen ernsthaften Möglichkeiten ergeben muss, dass mehr für diese als für andere Möglichkeiten spricht. Möglichkeit idS ist also nach der grammatikalischen Methode auch dann gegeben, wenn etwas so sein kann, auch wenn von mehreren ernstlich in Betracht zu ziehenden Möglichkeiten das Vorliegen einer anderen relativ wahrscheinlicher ist. Auch die teleologische Betrachtung spricht für diese Interpretation der vom BVerfG eingeführten Möglichkeit als Beweismaßstab: Zweck des Eilrechtsschutzes ist die Verhinderung von Rechtsverletzungen bis zur Hauptsacheentscheidung. Das BVerfG verlangt für das Verfahren des einstweiligen Rechtsschutzes ein Ausgehen vom Rechtsschutzziel und eine besondere Ausgestaltung, wenn ohne die Gewährung vorläufigen Rechtsschutzes schwere und unzumutbare, anders nicht abwendbare Beeinträchtigungen entstehen *können*,[908] was ebenfalls für das Ausreichen einer Möglichkeit spricht. 373

bb) Konflikt der Deutungskriterien beim Beweismaßstab in Vornahmesachen

In Bezug auf § 86b SGG[909] ist nun zu fragen, welcher Beweisgrad für die festzustellenden Tatsachen in Vornahmesachen zu fordern ist. Nach § 86b Abs. 2 S. 4 SGG, § 920 Abs. 2 ZPO iVm § 103 SGG ist – wie ausgeführt – Glaubhaftmachung als Beweismaß vorauszusetzen. Wie ebenfalls bereits ausgeführt ist eine Tatsache glaubhaft gemacht, wenn sie überwiegend wahrscheinlich ist. Anlass, diese Deutung in Frage zu stellen, gibt die Rspr. des BVerfG, das bei drohenden schweren Beeinträchtigungen das Beweismaß herabsetzen und die Möglichkeit des Eintritts einer Rechtsverletzung ausreichen lassen will. Fraglich ist, ob und wie dies mit der geltenden gesetzlichen Regelung der Glaubhaftmachung als Beweismaß (§ 920 Abs. 2 ZPO, § 86b Abs. 2 S. 4 SGG), die den Richter grundsätzlich bindet (Art. 20 Abs. 2, 97 Abs. 1 GG), zu vereinbaren ist. Dies ist anhand der anerkannten Methoden der Rechtsanwendung zu untersuchen. 374

Der Begriff der Glaubhaftmachung ist nach den anerkannten Methoden der Rechtsanwendung auszulegen. Nach dem Wortsinn bedeutet „glaubhaft" so geartet, dass man es für wahr halten kann, dass es einem einleuchtet.[910] Das setzt voraus, dass mehr für diese als für die anderen Möglichkeiten spricht und nicht nur die bloße Möglichkeit gegeben ist. Nach der grammatikalischen Methode bedeutet Glaubhaftmachung also das Beweismaß der überwiegenden Wahr- 375

905 BVerfG 12.5.2005 – 1 BvR 569/05, juris Rn. 25 ff., 29 = Breithaupt 2005, 803 ff. = NJW 2005, 2982 = ASR 2005, 65; BVerfG 6.2.2007 – 1 BvR 3101/06, juris Rn. 16, 18.
906 BVerfG 12.5.2005 – 1 BvR 569/05, juris Rn. 26.
907 Duden Bedeutungswörterbuch, S. 448.
908 BVerfG 12.5.2005 – 1 BvR 569/05 Ls. 2a.
909 Vgl. zur Bedeutung des Normzusammenhangs für die Beweismaßstäbe und die jeweilige Wahrscheinlichkeit BSGE 45, 9 ff. = SozR 3900 § 40 Nr. 9.
910 Duden Bedeutungswörterbuch, S. 305.

scheinlichkeit.[911] Diese Deutung entspricht auch der oben dargestellten, ganz herrschenden Auffassung.[912]

376 Nach der systematischen Methode bedeutet die Inbezugnahme der in § 920 Abs. 2 ZPO normierten Glaubhaftmachung ebenfalls das Beweismaß der überwiegenden Wahrscheinlichkeit. Für das Eilverfahren sollen wie aufgezeigt bei geltendem Untersuchungsgrundsatz die mit der Glaubhaftmachung ausgedrückten Beweiserleichterungen gelten. Glaubhaftmachung wird als solche Beweiserleichterung auch in anderen prozessualen Zusammenhängen als Beweisgrad genannt, nämlich bei der Prozesskostenhilfe und der Glaubhaftmachung als Verfahren, mit dem ein Beweisgrad herbeigeführt wird. In allen Fällen wird darunter die Herbeiführung einer überwiegenden Wahrscheinlichkeit verstanden.[913] Zudem spricht der Vergleich der Regelungsinhalte der richterlichen Eilentscheidung in Anfechtungs- und in Vornahmesachen für ein höheres Beweismaß in Vornahmesachen. Mit der Anordnung der aufschiebenden Wirkung soll eine bereits durch die Verwaltung zuerkannte Rechtsposition erhalten werden (Anfechtungssachen), mit der einstweiligen Anordnung wird dagegen erstmals durch das Gericht eine Rechtsposition zuerkannt. Dies spricht für strengere Voraussetzungen in Vornahmesachen und für die überwiegende Wahrscheinlichkeit als oberhalb der Möglichkeit liegende Wahrscheinlichkeit, die in Anfechtungssachen ausreicht (→ Rn. 249).

377 Das historische Argument streitet ebenfalls dafür, dass Glaubhaftmachung als überwiegende Wahrscheinlichkeit zu deuten ist. In Vornahmesachen lässt sich der Wille des Gesetzgebers den Materialien zu § 86b Abs. 2 SGG zwar nicht entnehmen.[914] Die Vorschrift wurde jedoch dem § 123 VwGO nachgebildet. Zu dieser Vorschrift hat der Gesetzgeber seinen Willen dahin gehend zum Ausdruck gebracht, dass für eine vorläufige Erweiterung der Rechtsposition bestimmte, im Verhältnis zu den Anfechtungssachen, bei der es um die Sicherung einer bereits vorhandenen Rechtsposition geht, strengere Anforderungen erfüllt sein müssen.[915] Für den zu fordernden Wahrscheinlichkeitsgrad kann dies nur bedeuten, dass die bloße Möglichkeit nicht ausreicht. Zu fordern ist unter Zugrundelegung der oben dargestellten Wahrscheinlichkeitskategorien nach der historischen Methode also zumindest die überwiegende Wahrscheinlichkeit.

378 Bei dem teleologischen Deutungskriterium geht es darum, den Zweck einer Norm, wie er sich aus dem objektivierten Willen des Gesetzgebers ergibt, durch Auslegung zu ermitteln. Zweck des Eilverfahrens ist die Verhinderung von Rechtsverletzungen des Antragstellers. Das Gesetz nennt in Vornahmesachen einen konkreten Grad der Beeinträchtigung der betroffenen Rechte, indem es für den Erlass einer Regelungsanordnung einen wesentlichen Nachteil für erforderlich und ausreichend hält, und bestimmt über die Inbezugnahme des § 920 Abs. 2 ZPO für den Anordnungsgrund, dem der wesentliche Nachteil zuzuordnen ist, das Beweismaß der Glaubhaftmachung. Die Berücksichtigung einer über den Beeinträchtigungsgrad der Wesentlichkeit hin-

---

911 GhM vgl. BSG 8.8.2001 – B 9 V 23/01 B; BSG 14.12.2006 – B 4 R 29/06 R, juris Rn. 116; MKLS/Keller SGG § 86b Rn. 41; zu § 123 Abs. 3 VwGO BVerfG 29.7.2003 – 2 BvR 311/03, juris Rn. 16, das aus der Verweisung auf § 920 Abs. 2 ZPO folgert, dass der Antragsteller glaubhaft machen müsse, dass die Verwaltungsentscheidung in verfahrens- oder materiellrechtlicher Hinsicht fehlerhaft sei und er hierzu die den Anordnungsanspruch und den Anordnungsgrund begründenden Tatsachen so darzulegen habe, dass das Gericht von ihrer überwiegenden Wahrscheinlichkeit ausgehen könne; Schoch/Schneider/Schoch § 123 Rn. 94; Finkelnburg/Jank VorlRS Rn. 338 (Fn. 17–19); Eyermann/Happ VwGO § 123 Rn. 51; Kopp/Schenke § 123 Rn. 23f; Burkholz, 67 ff.; abw. und diffus Zöller/Greger § 294 Rn. 1, 6, wonach das Maß an Glaubhaftigkeit an die Tragweite der Entscheidung im Einzelfall anzupassen ist.

912 Zur Glaubhaftmachung bei der Wiedereinsetzung: MKLS/Keller SGG § 67 Rn. 10d. Zur Glaubhaftmachung in § 294 ZPO: Anders/Gehle/Becker ZPO § 920 Rn. 11, § 294 Rn. 1 mwN.

913 Anders/Gehle/Becker ZPO § 920 Rn. 11, § 294 Rn. 1 mwN.

914 Vgl. BT-Drs. 14/5943, 25 ff.

915 Zu § 123 VwGO BT-Drs. III/55, 44. Zu den niedrigeren Anforderungen in Anfechtungssachen LSG LSA 15.5.2009 – L 5 AS 124/09 B ER, juris Rn. 28.

ausgehenden Schwere der Rechtsverletzung sieht das Gesetz nicht vor. Wenn nun aber schon die Vermeidung „nur" wesentlicher Nachteile vermieden werden soll, muss dies nach dem teleologischen Argument erst recht für schwere Beeinträchtigungen gelten. Verfassungsrechtlich geboten ist für diese Fallgruppe drohender schwerer (über den wesentlichen Nachteil hinausgehender) Beeinträchtigungen wegen Art. 19 Abs. 4 GG unter Beachtung des Verhältnismäßigkeitsgrundsatzes die Herstellung einer Relation zwischen der Wahrscheinlichkeit des Hauptsacheerfolgs und der Schwere und Eintrittswahrscheinlichkeit der ohne Eilrechtsschutz drohenden Rechtsverletzung. Es geht also um die Beachtung des Verhältnismäßigkeitsgrundsatzes, und zwar um das angemessene Verhältnis von Wahrscheinlichkeits- und Beeinträchtigungsgraden bzgl. Sicherung des Hauptsacheanspruchs und drohender Rechtsverletzung. Nach den Deutungskriterien Wortsinn, Systematik und Historie müsste ein Unterschreiten der überwiegenden Wahrscheinlichkeit unabhängig von der Schwere der drohenden Beeinträchtigung zur Ablehnung des Eilantrags führen. Aus verfassungsrechtlicher Sicht müssten aber wegen des Zwecks des Eilrechtsschutzes, insbes. schwere Rechtsverletzungen im Interimszeitraum bis zur Hauptsacheentscheidung zu vermeiden, die Anforderungen an die Glaubhaftmachung entsprechend der Schwere der Beeinträchtigungen sinken. Das BVerfG formuliert dies so, dass sich die Anforderungen des Eilverfahrens am Rechtsschutzziel zu orientieren haben, das der Antragsteller mit seinem Begehren verfolgt.[916] Dass sich diese Forderung vor allem auf den Beweismaßstab bezieht, wird deutlich, wenn es ausführt, dass die Gerichte eine Verletzung der Grundrechte zu verhindern haben, auch wenn sie nur möglich erscheint,[917] dass gerade bei Geltung des Amtsermittlungsgrundsatzes keine überspannten Anforderungen an die Glaubhaftmachung gestellt werden dürfen und dass der Grundrechtsschutz in die Überlegungen einbezogen werden müsse.[918] Oder anders gewendet: Bei einer drohenden Verletzung der grundgesetzlichen Gewährleistung der Wahrung der Würde des Menschen kommt Eilrechtsschutz danach auch in Betracht, wenn sie nur möglich erscheint.[919] Legt man dagegen die anderen Deutungskriterien zugrunde, ergeben sich für die Fälle, in denen schwere Beeinträchtigungen möglich, aber nicht überwiegend wahrscheinlich sind, verfassungswidrige Ergebnisse. Denn die gesetzliche Regelung enthält unter Zugrundelegung der Auslegungscanones Wortlaut, Historie und Systematik starre Regelungen hinsichtlich des Grades der Beeinträchtigung des jeweiligen Rechts und der Wahrscheinlichkeitsgrade, die für die Fälle, in denen schwere Beeinträchtigungen entstehen können, deren Eintritt aber nur möglich und nicht überwiegend wahrscheinlich ist, zur Ablehnung des Eilantrags führen müssten. Bei einem starren Beweismaßstab und einer dadurch bedingten Ablehnung von Eilrechtsschutz droht eine Verletzung des Verhältnismäßigkeitsgrundsatzes wegen Disproportionalität zwischen Beeinträchtigungs- und Wahrscheinlichkeitsgrad. Das gilt insbes. für vorläufige Grundsicherungsleistungen bei nur möglicher und nicht überwiegend wahrscheinlicher Verletzung des Grundrechts des Art. 1 GG oder des Art. 2 Abs. 2 S. 2 GG bei der Ablehnung bestimmter Heilbehandlungen.[920]

cc) Die Auflösung des Konflikts durch Abwägung der Auslegungscanones

Was den für die Eilentscheidung geltenden Beweismaßstab betrifft, führen die Deutungskriterien 379
Wortsinn, Systematik und Historie einerseits und die Teleologie andererseits also in den Fällen

916 BVerfG 12.5.2005 – 1 BvR 569/05, juris Rn. 25.

917 BVerfG 12.5.2005 – 1 BvR 569/05, juris Rn. 26.

918 BVerfG 12.5.2005 – 1 BvR 569/05, juris Ls. 2 a, b und Rn. 25 f.; BVerfG 29.7.2003 – 2 BvR 311/03, juris Rn. 14; vgl. auch BVerfG 6.2.2007 – 1 BvR 3101/06, juris Rn. 16, 18: Keine Ablehnung von Eilrechtsschutz nach nur summarischer Prüfung für den Bereich des SGB V zu lebensnotwendigen Medikamenten.

919 BVerfG 12.5.2005 – 1 BvR 569/05, juris Rn. 26.

920 Das BVerfG formuliert, dass bei einer drohenden Verletzung des Grundrechts auf Wahrung der Menschenwürde „keine überspannten Anforderungen an die Glaubhaftmachung" gestellt werden dürfen, vgl. BVerfG 12.5.2005 – 1 BvR 569/05, juris Rn. 25 f.

zu unterschiedlichen Ergebnissen, in denen schwere, über den wesentlichen Nachteil hinausgehende Beeinträchtigungen drohen, aber keine überwiegende Wahrscheinlichkeit gegeben ist. Die Auslegungscanones Historie und Systematik sprechen in Verbindung mit dem Wortsinnargument für ein starres Beweismaß iSe überwiegenden Wahrscheinlichkeit des prospektiven Hauptsacheerfolgs und der drohenden Rechtsverletzungen. Das Wortsinnargument und die anderen Deutungskriterien könnten aber durch das teleologische Argument widerlegt werden,[921] das die Deutung eines variablen, komparativen Glaubhaftmachungsbegriffs zulässt. Der Konflikt zwischen den Deutungskriterien ist vom Richter durch Abwägung aufzulösen.

380 Die Deutungskriterien leiten sich allesamt aus der Verfassung ab. Sie sind damit grundsätzlich gleichrangig, ihr Verhältnis zueinander ist normbezogen vom Rechtsanwender durch Abwägung zu ermitteln. Bei der Gewichtung des **Wortsinnarguments** ist zu berücksichtigen, dass dahinter als Prinzipien die verfassungsrechtlich vorgegebene Gesetzesbindung (Art. 20 Abs. 2, 97 Abs. 1 GG) und der aus dem Rechtsstaatsprinzip abgeleitete Bestimmtheitsgrundsatz (der Antragsteller muss wissen, welche Voraussetzungen für einen Erfolg des Eilantrags erfüllt sein müssen) stehen. Diese Vorgaben muss der Richter beachten. Er muss daher grundsätzlich vom Wortsinn ausgehen.[922] Auch das **historische Argument** hat großes Gewicht. Der demokratisch allein unmittelbar legitimierte Gesetzgeber wollte für die vorläufige Erweiterung einer Rechtsposition in Vornahmesachen strengere Voraussetzungen schaffen als in Anfechtungssachen. Bei der Gewichtung des **teleologischen Arguments** ist zu berücksichtigen, dass die durch den Zweck des Eilverfahrens erforderliche Abweichung vom Wortsinn aus verfassungsrechtlichen Gründen erfolgen soll und nur bestimmte Fallgruppen betrifft, in denen wegen der Schwere der drohenden Beeinträchtigungen, die regelmäßig mit drohenden Grundrechtsverletzungen des Antragstellers einhergehen, eine Verletzung des Verhältnismäßigkeitsgrundsatzes zu verhindern ist. Dieser Befund rechtfertigt es im Hinblick auf die Bedeutung insbes. der Gesetzesbindung und des Bestimmtheitsgrundsatzes nicht, die anderen Deutungskriterien generell hinter das teleologische Argument zurücktreten zu lassen. Für die Gewährleistung des Grundrechtsschutzes und des Verhältnismäßigkeitsgrundsatzes reicht es aus, insofern eine verfassungskonforme Auslegung des § 86b Abs. 2 SGG zu ermöglichen (→ Rn. 384 ff.). Sie kommt in Betracht, weil das Abstellen auf Wortlaut, Historie und Systematik in den Fällen einer drohenden schweren Beeinträchtigung zu einer Verletzung des Verhältnismäßigkeitsgrundsatzes und damit zu einer verfassungswidrigen Entscheidung führen könnte, andererseits für alle anderen Fallkonstellationen das Maximum dessen erhalten werden könnte, was der Gesetzgeber gewollt hat.

e) Grundsatz: Überwiegende Wahrscheinlichkeit für prospektiven Hauptsacheerfolg und drohende Beeinträchtigungen

381 Grundsätzlich setzt die Gewährung von Eilrechtsschutz in Vornahmesachen nach alledem die überwiegende Wahrscheinlichkeit des prospektiven Hauptsacheerfolgs und der drohenden Beeinträchtigungen als Beweismaß voraus. Hinzu kommt der wesentliche Nachteil als gesetzlich geregelter Beeinträchtigungsgrad. Vorbehaltlich der verfassungskonformen Auslegung des § 86b Abs. 2 SGG (→ Rn. 384 ff.) setzt die Gewährung von Eilrechtsschutz in Vornahmesachen, mithin das Vorliegen von Anordnungsanspruch und Anordnungsgrund iSd folgenden Definitionen, voraus:

382 Ein **Anordnungsanspruch** ist gegeben, wenn das Obsiegen des Antragstellers in der Hauptsache überwiegend wahrscheinlich ist,[923] dh wenn der zu sichernde Hauptsacheanspruch dem Antrag-

---

921 Vgl. zur Möglichkeit der Widerlegung des Wortsinnarguments Ebsen S. 46.
922 Larenz S. 320.
923 Schoch/Schneider/Schoch § 123 Rn. 69; abw. für die Sicherungsanordnung Schoch/Schneider/Schoch § 123 Rn. 70: Erfolg in der Hauptsache mindestens ebenso wahrscheinlich wie Misserfolg.

steller mit (durch Glaubhaftmachung oder Amtsermittlung herbeigeführter)[924] überwiegender Wahrscheinlichkeit zusteht.[925]

Ein **Anordnungsgrund** ist gegeben, wenn im Interimszeitraum bis zur Hauptsacheentscheidung mit (durch Glaubhaftmachung oder Amtsermittlung herbeigeführter) überwiegender Wahrscheinlichkeit eine über Randbereiche hinausgehende Rechtsverletzung (wesentlicher Nachteil) droht. 383

Liegen Anordnungsanspruch und -grund vor, ist dem Grunde nach Eilrechtsschutz zu gewähren, Eine zusätzliche Interessenabwägung ist nicht durchzuführen.[926]

f) Verfassungskonforme Auslegung des § 86b Abs. 2 SGG

Orientierungshinweis: In den Fallgruppen, in denen sich keine überwiegende Wahrscheinlichkeit des prospektiven Hauptsacheerfolgs (= **Anordnungsanspruch**) und/oder keine überwiegende Wahrscheinlichkeit des ohne Eilrechtsschutz drohenden Eintritts eines wesentlichen Nachteils (= **Anordnungsgrund**) feststellen lassen, ein Hauptsacheerfolg und (ohne Eilrechtsschutz) der Eintritt schwerer Beeinträchtigungen aber immerhin möglich sind, ist eine verfassungskonforme Auslegung des § 86b Abs. 2 SGG geboten, um dem Verhältnismäßigkeitsgrundsatz Rechnung zu tragen und insbes. schwere Grundrechtsverletzungen des Antragstellers im Interimszeitraum bis zur Hauptsacheentscheidung zu verhindern. 384

aa) Voraussetzungen

Die verfassungskonforme Auslegung einer Norm ist geboten, wenn unter Berücksichtigung von Wortlaut, Entstehungsgeschichte, Gesamtzusammenhang und Zweck mehrere Deutungen möglich sind, von denen jedenfalls eine zu einem verfassungsgemäßen Ergebnis führt.[927] Der Respekt vor der gesetzgebenden Gewalt fordert dabei eine verfassungskonforme Auslegung, die durch den Wortlaut des Gesetzes gedeckt ist und die prinzipielle Zielsetzung des Gesetzgebers wahrt.[928] Die Deutung darf nicht dazu führen, dass das gesetzgeberische Ziel in einem wesentlichen Punkt verfehlt oder verfälscht wird. Sind bei der gerichtlichen Auslegung und Anwendung einfachrechtlicher Normen mehrere Deutungen möglich, so verdient diejenige den Vorzug, die den Wertentscheidungen der Verfassung entspricht und die die Grundrechte der Beteiligten möglichst weitgehend in praktischer Konkordanz zur Geltung bringt.[929] Im Interesse der Normerhaltung ist es andererseits geboten, in den von der Verfassung gezogenen Grenzen das Maximum dessen zu erhalten, was der Gesetzgeber gewollt hat.[930] 385

Die Voraussetzungen der verfassungskonformen Auslegung des § 86b Abs. 2 S. 2 SGG sind bei Nichtvorliegen überwiegender Wahrscheinlichkeiten des prospektiven Hauptsacheerfolgs und/oder des ohne Eilrechtsschutz drohenden Eintritts eines wesentlichen Nachteils und bei zumindest möglichen schweren Beeinträchtigungen erfüllt, weil ansonsten eine Verletzung des Verhältnismäßigkeitsgrundsatzes gegeben sein kann. Wortsinn, Systematik und Historie einerseits und Teleologie andererseits lassen, wie gezeigt wurde, mehrere Deutungen der Glaubhaftmachung zu. Die Deutung iSe fallgruppenbezogenen komparativen Glaubhaftmachungsbegriffs führt zu einem verfassungsgemäßen Ergebnis. Dadurch können schwere, über den wesentlichen Nachteil 386

924 Schoch/Schneider/Schoch § 123 Rn. 63.
925 Finkelnburg/Jank VorlRS Rn. 219 mwN; Kopp/Schenke § 123 Rn. 23.
926 Vgl. Schoch/Schneider/Schoch § 123 Rn. 65 f.
927 BVerfG 9.8.1978 – 2 BvR 831/76; 8.4.1998 – 1 BvL 16/90; 22.4.2004 – 1 BvR 1372/98; BVerfGE 19, 1 (5); 30, 129 (148); 32, 373 (383 f.); 49, 148 (157); 69, 1 (55); 95, 64 (93); 98, 1 (15 ff.).
928 BVerfG 3.6.1992 – 2 BvR 1041/88, 2 BvR 78/89.
929 StRspr, vgl. zB BVerfG 30.8.2010 – 1 BvR 1631/08, juris Rn. 61 mwN.
930 Zum Ganzen BVerfGE 9, 194 (200); 12, 45 (61); 47, 327 (380); 71, 81 (105).

hinausgehende Beeinträchtigungen und eine Disproportionalität zwischen Wahrscheinlichkeits- und Beeinträchtigungsgrad vermieden werden. Zugleich wird für alle anderen Fallgruppen das Maximum dessen erhalten, was der Gesetzgeber gewollt hat, nämlich strengere Anforderungen des Beweismaßes in Vornahme- als in Anfechtungssachen unter Orientierung an dem im Prozessrecht gängigen Beweismaß der Glaubhaftmachung iSd überwiegenden Wahrscheinlichkeit.

387 Durch die vorgenommene Auslegung werden insbes. für die Fallgruppe der vorläufigen existenzsichernden Leistungen die Grundrechte der Antragsteller möglichst weitgehend zur Geltung gebracht.[931] Lassen sich im konkreten Fall die gesetzlich geforderten überwiegenden Wahrscheinlichkeit des prospektiven Hauptsacheerfolgs, also etwa des Zustehens eines Alg II-Anspruchs, und/oder des Eintritts der Beeinträchtigung nicht feststellen, wäre nach dem (vom Wortsinn her eindeutigen) Maßstab der § 86b Abs. 2 S. 2, 4 SGG, § 920 Abs. 2 ZPO die Prüfung auch dann an sich mit negativem Ergebnis für den Antragsteller beendet, wenn schwere Beeinträchtigungen drohen. Gerade schwere Beeinträchtigungen im grundrechtlich relevanten Bereich sind aber nach dem verfassungsrechtlich fundierten Zweck des Eilrechtsschutzes zu verhindern. Der Verhältnismäßigkeitsgrundsatz verpflichtet den Richter zur Herstellung einer dem Gewicht der Grundrechte Rechnung tragenden Proportionalität zwischen prospektivem Hauptsacheerfolg und ohne Eilrechtsschutz eintretenden Beeinträchtigungen. Der Richter muss also die Wahrscheinlichkeits- und Beeinträchtigungsgrade des konkreten Falles, zumindest die Möglichkeit des prospektiven Hauptsacheerfolgs und der Eintrittswahrscheinlichkeit der ohne Eilrechtsschutz drohenden Beeinträchtigung sowie deren Schwere feststellen und diese Belange in seiner Abwägungsentscheidung berücksichtigen. Schwere Beeinträchtigungen können auch bei nur geringen Wahrscheinlichkeiten verhindert werden, weil Glaubhaftmachen unter diesen Bedingungen als variabler und komparativer Begriff in Relation zu der Schwere der drohenden Beeinträchtigung verstanden wird.[932] Methodischer Hintergrund ist das Überwiegen des teleologischen Arguments über das Wortsinnkriterium, um verfassungsgemäße Ergebnisse zu gewährleisten. Unter Hinweis auf die verfassungskonforme Auslegung sollte deutlich gemacht werden, dass im konkreten Fall wegen des höheren Beeinträchtigungsgrads niedrigere als nach dem Gesetzeswortlaut vorgesehene Wahrscheinlichkeiten dem Erfolg des Eilantrags des Antragstellers nicht entgegenstehen. Für alle anderen Fallgruppen wird das vom Gesetzgeber Gewollte und dem Wortsinn Entsprechende erhalten: Droht keine schwere Beeinträchtigung, sondern „nur" ein wesentlicher Nachteil, ist die gesetzlich geforderte überwiegende Wahrscheinlichkeit nicht unverhältnismäßig. Droht nicht einmal ein wesentlicher Nachteil, ist die Ablehnung von Eilrechtsschutz ebenfalls verfassungsrechtlich unbedenklich. Sind das gesetzliche Beweismaß der überwiegenden Wahrscheinlichkeit und der Beeinträchtigungsgrad des wesentlichen Nachteils erfüllt, ist Eilrechtsschutz schon nach den einfachgesetzlichen Vorgaben nach allen Deutungskriterien zu gewähren.

388 **Beispiel: Typische Konstellation im Grundsicherungsbereich:** Ohne vorläufige existenzsichernde Leistungen zum Lebensunterhalt drohen schwere Rechtsverletzungen, etwa des Art. 1 GG oder eine Gesundheitsstörung und eine Verletzung des Art. 2 Abs. 2 S. 1 GG. Die Anforderungen an die vorweggenommene Prüfung des Hauptsacheerfolgs müssen dann aus verfassungsrechtlichen Gründen im Wege der verfassungskonformen Auslegung des § 86b Abs. 2 SGG herabgesetzt werden. Bei entsprechender Schwere der drohenden Rechtsverletzung kommt eine vorläufige Zuerkennung der Grundsicherungsleistung selbst bei nur möglichem Hauptsacheerfolg in Betracht. Auch der Eintritt der Beeinträchtigungen muss nur möglich sein. Höhere Wahrscheinlichkeiten sind bei entsprechender Schwere der drohenden Beeinträchtigung nicht zu fordern. Die Gefahr, dass durch Eilrechtsschutz gewährte Leistungen verbraucht und die entsprechenden Beträge nicht zurückerstattet werden können, stellt einen Abwägungsbelang iR der richterli-

931 Vgl. zu dieser Anforderung zB BVerfG 30.8.2010 – 1 BvR 1631/08, juris Rn. 61 mwN.
932 BVerfG 12.5.2005 – 1 BvR 569/05.

chen Abwägungsentscheidung dar, der vor allem gegen die Schwere der ohne Eilrechtsschutz drohenden Rechtsverletzungen abzuwägen ist.[933]

bb) Übereinstimmung mit den Maßgaben des Bundesverfassungsgerichts

Die dargestellten richterrechtlichen Grundsätze zur verfassungskonformen Auslegung des § 86b Abs. 2 SGG stehen im Einklang mit der Rspr. des BVerfG, das eine fachrichterliche Rechtsfortbildung auch nur in Bezug auf die Einhaltung der verfassungsrechtlichen Grenzen prüft.[934] Mit seiner Forderung einer Güter- und Folgenabwägung[935] will das BVerfG zur Vermeidung von Verfassungsverletzungen eine Relation zwischen dem prospektiven Hauptsacheerfolg und der Schwere und Eintrittswahrscheinlichkeit der drohenden Rechtsverletzung hergestellt wissen (→ Rn. 635, 641–643). Der Maßstab, der an die Prüfung der Erfolgsaussichten der Hauptsache anzulegen ist, soll an dem Rechtsschutzziel ausrichten sein, das der Antragsteller mit seinem Begehren verfolgt.[936] Eben dies ist durch die hier vorgenommene Auslegung des § 86b Abs. 2 SGG gewährleistet. 389

cc) Zwingende verfassungsrechtliche Prüfungsstation im konkreten Fall

Für den gerichtlichen Eilbeschluss im konkreten Fall bedeutet dies, dass der Richter vor der Subsumtion unter die Tatbestandsmerkmale des § 86b Abs. 2 SGG eine verfassungsrechtliche Prüfung durchführen muss. Er muss prüfen, ob ohne Eilrechtsschutz schwere Beeinträchtigungen oder eine Verletzung des Verhältnismäßigkeitsgrundsatzes möglich sind. Diesen Ausgangspunkt der fachgerichtlichen Prüfung – Rechtsschutzziel des Antragstellers – hebt das BVerfG für das Eilverfahren immer wieder hervor (→ Rn. 635, 641–643). Sind ohne Eilrechtsschutz schwere Beeinträchtigungen möglich, muss der Richter nach der hier vertretenen Auffassung eine verfassungskonforme Auslegung des § 86b Abs. 2 S. 2, 4 SGG vornehmen. Prospektiver Hauptsacheerfolg, drohende Rechtsverletzungen, Beeinträchtigungs- und Wahrscheinlichkeitsgrade sind dann festzustellen und ohne normativ vorgeregelte Beschränkungen des Beweismaßes gegeneinander abzuwägen.[937] Ist ohne Eilrechtsschutz keine schwere Beeinträchtigung möglich, besteht für eine Abweichung vom Wortsinn der normativen Vorregelung weder ein praktisches Bedürfnis noch eine verfassungsrechtlich oder einfachgesetzlich fundierte Befugnis. Beeinträchtigungsgrade (wesentlicher Nachteil) und Wahrscheinlichkeitsgrade (überwiegende Wahrscheinlichkeit) sind dann der bindenden Regelung des § 86b Abs. 2 SGG zu entnehmen. 390

dd) Zwischenergebnis

In Vornahmesachen steht dem Sozialrichter für die Regelungsanordnung mit § 86b Abs. 2 S. 2 SGG eine Rechtsgrundlage mit Tatbestandsmerkmalen zur Verfügung. Die Gesetzesanwendung unterscheidet sich grundsätzlich nicht von der Rechtsanwendung im Hauptsacheverfahren. Das Recht wird wie im Hauptsacheverfahren mithilfe der klassischen Auslegungsregeln zur Anwendung gebracht. Das Vorliegen der entsprechenden Tatbestandsmerkmale wird dann bejaht oder verneint; insofern ist eine geschlossene Abwägung dahin gehend durchzuführen, was für und gegen das Vorliegen des jeweiligen gesetzlichen Tatbestandsmerkmals spricht. Aus den Tatbestandsmerkmalen des § 86b Abs. 2 S. 2 SGG sind die Prüfungskriterien des prospektiven Hauptsacheerfolgs und der ohne Eilrechtsschutz drohenden Rechtsverletzung abzuleiten. Die Untersuchung hat ferner ergeben, dass die zu fordernden Wahrscheinlichkeiten im Vergleich zum Hauptsacheverfahren herabgesetzt sind. In Bezug auf das Beweismaß führten die verschiedenen Deutungskriterien zu 391

933 BVerfG 12.5.2005 – 1 BvR 569/05, juris Rn. 25 f.; 6.2.2007 – 1 BvR 3101/06; 25.2.2009 – 1 BvR 120/09, juris Rn. 11.
934 So zB BVerfG 22.8.2006 – 1 BvR 1168/04, juris Rn. 19.
935 Vgl. BVerfG DVBl 1996, 1367 (1368); BVerfG 12.5.2005 – 1 BvR 569/05, juris Os. 2c.
936 BVerfG 12.5.2005 – 1 BvR 569/05, juris Rn. 25 f.
937 Vgl. BVerfG 12.5.2005 – 1 BvR 569/05, juris Ls. 2 b und c (Güter- und Folgenabwägung).

unterschiedlichen Ergebnissen. Die Abwägung zwischen den Auslegungskriterien ergab die grundsätzliche Forderung einer überwiegenden Wahrscheinlichkeit. Diese Voraussetzungen des Eilrechtsschutzes in Vornahmesachen lassen sich mit den Begriffen Anordnungsanspruch und Anordnungsgrund zusammenfassen. Für die Fallgruppe, in der sich keine überwiegenden Wahrscheinlichkeiten des prospektiven Hauptsacheerfolgs und/oder des ohne Eilrechtsschutz drohenden Eintritts eines wesentlichen Nachteils feststellen lassen, aber ohne Eilrechtsschutz schwere Beeinträchtigungen zumindest möglich sind, ist eine verfassungskonforme Auslegung geboten, weil ansonsten eine Verletzung des Verhältnismäßigkeitsgrundsatzes droht. Unter den hierfür geltenden Voraussetzungen darf der Richter von dem Gesetzesbefehl des § 86b Abs. 2 SGG, dh von den dort geregelten Wahrscheinlichkeits- und Beeinträchtigungsgraden, abweichen.

III. Einzelheiten zur verfassungskonformen Auslegung und „offenen" Abwägung in Vornahmesachen

392 Wie gezeigt wurde, gebietet für Vornahmesachen der Verhältnismäßigkeitsgrundsatz in bestimmten Fallgruppen ein Abweichen von der normativen Vorregelung, welches sich methodisch als gesetzesberichtigende, verfassungskonforme Auslegung des § 86b Abs. 2 SGG erwies. Dabei geht es um eine vom Gesetz abweichende Gewichtung der Wahrscheinlichkeits- und Beeinträchtigungsgrade. Insofern findet eine offene Abwägung statt. Dabei ist von § 86b Abs. 2 SGG als Rechtsgrundlage der Eilentscheidung in Vornahmesachen so viel wie möglich zu erhalten, um der Gesetzesbindung des Richters Rechnung zu tragen. Die Deutung darf nicht dazu führen, dass das gesetzgeberische Ziel in einem wesentlichen Punkt verfehlt oder verfälscht wird. Sind bei der gerichtlichen Auslegung und Anwendung einfachrechtlicher Normen mehrere Deutungen möglich, so verdient diejenige den Vorzug, die den Wertentscheidungen der Verfassung entspricht und die die Grundrechte der Beteiligten möglichst weitgehend in praktischer Konkordanz zur Geltung bringt.[938] Der Richter hat sich also an den gesetzgeberischen Grundentscheidungen und an den verfassungsrechtlichen Wertentscheidungen zu orientieren.[939] Einzelheiten der verfassungskonformen Auslegung, die die Loslösung vom Gesetz und damit die offene Abwägung erst ermöglicht, sind im Folgenden zu klären.

1. Gesetzgeberische Grundentscheidung: Mindestwahrscheinlichkeit der Möglichkeit des Hauptsacheerfolgs und des Eintritts von Rechtsverletzungen als Voraussetzungen des Eilrechtsschutzes

a) Zwingende Feststellungen im Eilbeschluss

393 Unabhängig von der Schwere der drohenden Beeinträchtigungen müssen der Hauptsacheerfolg und der Eintritt von Rechtsverletzungen zumindest möglich sein. Falls ohne Eilrechtsschutz keine Rechtsverletzungen eintreten können, ist kein Nachteil iSd § 86b Abs. 2 S. 2 SGG abzuwenden. Steht dies zur vollen Überzeugung des Gerichts fest, liegt keine Eilbedürftigkeit vor. Die Prüfung der Eilbedürftigkeit iSe Möglichkeit von Rechtsverletzungen ist für den Erlass einer einstweiligen Anordnung unerlässlich.[940] Auch was den Hauptsacheerfolg betrifft, ergibt sich aus der gesetzgeberischen Grundentscheidung das Erfordernis der Möglichkeit des Hauptsacheerfolgs. Die gesetzliche Vorschrift des § 86b Abs. 2 S. 2 SGG fordert ein streitiges Rechtsverhältnis und im Zusammenspiel mit § 920 Abs. 2 ZPO iVm § 86b Abs. 2 S. 4 SGG einen Anspruch. Auch wenn der Wahrscheinlichkeitsgrad durch verfassungskonforme Auslegung noch-

938 StRspr, vgl. zB BVerfG 30.8.2010 – 1 BvR 1631/08, juris Rn. 61 mwN.

939 BVerfG 30.8.2010 – 1 BvR 1631/08, juris Rn. 61 mwN. Vgl. auch Hassemer ZRP 2007, 213 (216 f.); Schlehofer JuS 1992, 572 (577).

940 Vgl. hierzu Schoch/Schneider/Schoch § 123 Rn. 66, 76 f., 81; Finkelnburg/Dombert/Külpmann VorlRS Rn. 127 ff.

mals herabgesetzt wird (Glaubhaftmachung als komparativer Begriff), kann auf die Tatbestandsvoraussetzung des Anspruchs iSd § 920 Abs. 2 ZPO nicht gänzlich verzichtet werden. Zu fordern ist also zumindest ein möglicher Hauptsacheanspruch.[941] Diese Forderung ergibt sich im Übrigen auch aus Art. 19 Abs. 4 GG. Verfassungsrechtlich fundierter Zweck des Eilverfahrens ist die Sicherung des Hauptsacheanspruchs. Wo ein sicherungsfähiges Recht nicht zumindest möglicherweise besteht, kann dieser Zweck nicht erreicht werden. Die Möglichkeit des Hauptsacheerfolgs muss der Sozialrichter daher auch aus verfassungsrechtlichen Gründen zwingend prüfen. Jede Eilentscheidung muss also – auch bei verfassungskonformer Auslegung des § 86b Abs. 2 SGG – Feststellungen zur Möglichkeit des zu sichernden Hauptsacheanspruchs (prospektiver Hauptsacheerfolg) und des Eintritts von Rechtsverletzungen treffen.

b) Verfassungsgerichtliche Rechtsprechung

Die gefundenen Ergebnisse werden auch durch die Rspr. des BVerfG bestätigt. Dieses forderte 394
schon im Jahre 1979, dass bereits überschaubare Erfolgsaussichten des Hauptsacheverfahrens in die Überlegungen mit einzubeziehen seien,[942] und zwar auch in Vornahmesachen.[943] Es verlangt eine grundsätzliche Sicherungsfähigkeit der geltend gemachten materiellen Rechtsposition (so ausdrücklich BVerfG 29.7.2003 – 2 BvR 311/03, juris Rn. 14) und richtet nur den Maßstab hinsichtlich der Wahrscheinlichkeit des Hauptsacheerfolgs und damit des zu sichernden Rechts an dem Rechtsschutzziel aus, das der Antragsteller mit seinem Begehren verfolgt. Die verwaltungsgerichtliche Praxis, nach der die Bejahung eines Anordnungsanspruchs regelmäßig davon abhänge, welche Erfolgsaussichten im Hauptsacheverfahren bestehen, sei verfassungsrechtlich grundsätzlich unbedenklich.[944] Auch anderen Entscheidungen des BVerfG lässt sich nicht die Meinung entnehmen, der prospektive Hauptsacheerfolg sei kein zwingendes Prüfungskriterium. Das BVerfG stellte es den Fachgerichten zwar scheinbar frei, die Eilentscheidung auf der Grundlage einer Folgenabwägung ohne Berücksichtigung der Erfolgsaussichten in der Hauptsache zu treffen.[945] Auch ist von einer Alternative zwischen einer besonders intensiven und nicht nur summarischen Prüfung der Erfolgsaussichten oder einer Folgenabwägung die Rede.[946] Das Gericht müsse anhand einer Folgenabwägung entscheiden, wenn eine vollständige Aufklärung der Sach- und Rechtslage im Eilverfahren nicht möglich sei.[947] In allen bundesverfassungsgerichtlichen Entscheidungen – auch und gerade in denen, die eine Folgenabwägung postulieren, auf die Rechtsschutzfunktion abstellen und dem Eilantrag zum Erfolg verhelfen – wird jedoch mehr oder weniger ausführlich gerade auch zum wahrscheinlichen Bestehen des Hauptsacheanspruchs Stellung genommen.[948] Damit wurde stillschweigend vorausgesetzt, dass ein Hauptsacheerfolg zumindest möglich sein muss. In einer Entscheidung vom 4.6.2020 führt das BVerfG aus, dass die Folgenabwägung unter der Bedingung stehe, dass eine der drohenden Grundrechtsverletzung entsprechende Klärung der Sach- und Rechtslage im Eilverfahren nicht möglich ist.[949] Damit sieht es den Vorrang der gerichtlichen Prüfung im Eilverfahren erkennbar bei der Prüfung der Erfolgsaussichten in der Hauptsache. Dies scheint auch die in anderen Entscheidungen des BVerfG verwendete Formulierung zu bestätigen, wonach eine Folgenabwägung durchzuführen

941 IdS zu § 123 VwGO Schoch/Schneider/Schoch § 123 Rn. 64, 66.
942 BVerfG 13.6.1979 – 1 BvR 699/77, juris Rn. 42, 44 (→ Rn. 589).
943 BVerfG 13.6.1979 – 1 BvR 699/77, juris Rn. 44.
944 BVerfG 29.7.2003 – 2 BvR 311/03, juris Rn. 14; vgl. auch BVerfGE 79, 69 (74 f.).
945 BVerfG 25.7.1996 – 1 BvR 638/96, DVBl 1996, 1367 (1368); BVerfG 12.5.2005 – 1 BvR 569/05, juris OS. 2 c (→ Rn. 592, 597).
946 BVerfG 22.11.2002 – 1 BvR 1586/02, juris Rn. 9 (→ Rn. 595).
947 BVerfG 12.5.2005 – 1 BvR 569/05, juris Rn. 26; 4.7.2001 – 1 BvR 165/01, NVwZ-RR 2001, 694 f.
948 So zB zur Hilfebedürftigkeit BVerfG 12.5.2005 – 1 BvR 569/05, juris Rn. 28–30.
949 BVerfG 4.6.2020 – 1 BvR 2846/16, juris Rn. 10.

ist, wenn eine der drohenden Grundrechtsverletzung entsprechende Klärung der Sach- und Rechtslage im Eilverfahren nicht möglich ist.[950]

2. Verfassungsrechtliche Wertentscheidung: Gebot zur folgenorientierten Betrachtung und zur Herstellung einer konkreten Verhältnismäßigkeit

395 Der in Art. 19 Abs. 4 S. 1 GG verankerte Anspruch des Bürgers verpflichtet die Gerichte, bei ihrer Entscheidungsfindung diejenigen Folgen zu erwägen, die mit der Versagung vorläufigen Rechtsschutzes für den Bürger verbunden sind,[951] und den Verhältnismäßigkeitsgrundsatz zu beachten.[952] Das Ergebnis der folgenorientierten Betrachtung des Gesetzgebers hat seinen Niederschlag in den Tatbestandsvoraussetzungen des § 86b Abs. 2 S. 2 SGG iVm § 920 Abs. 2 ZPO gefunden. Danach ist es für eine vorläufige Erweiterung der Rechtsposition erforderlich, aber auch ausreichend, dass der Wahrscheinlichkeitsgrad der überwiegenden Wahrscheinlichkeit (Glaubhaftmachung als Beweismaßstab) und der Beeinträchtigungsgrad des wesentlichen Nachteils vorliegen. Danach führen erst recht drohende schwere Beeinträchtigungen des Antragstellers bereits nach der einfachgesetzlichen Regelung zu einem Obsiegen des Antragstellers im Eilverfahren, wenn überwiegende Wahrscheinlichkeiten vorliegen. Eine darüber hinausgehende folgenorientierte Betrachtung durch den Richter im Einzelfall ist dann nicht geboten. Die gesetzlichen Voraussetzungen werden dem verfassungsrechtlichen Gebot der folgenorientierten Betrachtung nur dann nicht gerecht, wenn ohne Eilrechtsschutz schwere Beeinträchtigungen drohen und die geforderten Wahrscheinlichkeitsgrade nicht erreicht werden.[953] Der Richter muss für seine Eilentscheidung dann die gedachte Folge der schweren Beeinträchtigungen im Wege der verfassungskonformen Auslegung ggf. anders als der Gesetzgeber bewerten. Daraus folgt, dass er „unter strikter Beachtung des Grundsatzes der Verhältnismäßigkeit"[954] ohne Eilrechtsschutz drohende schwere Grundrechtsverletzungen abweichend von § 86b Abs. 2 SGG auch bei geringen Wahrscheinlichkeitsgraden berücksichtigen muss. Ferner muss der Richter, um den Verhältnismäßigkeitsgrundsatz zu beachten, auf der anderen Seite fragen, welche Folgen eine stattgebende Eilentscheidung hätte. Als bei der Abwägung zu beachtende Folgen in Betracht kommen die Erledigung bzw. Vorwegnahme der Hauptsache bei Gewährung von einstweiligem Rechtsschutz (→ Rn. 396 ff.), ohne bzw. mit Eilrechtsschutz eintretende Irreparabilitäten (→ Rn. 404 ff.) und die Beeinträchtigung von Rechtsgütern, die ein öffentliches Interesse an der Ablehnung des Eilantrags begründen (→ Rn. 406 ff.).[955]

a) Gedachte Folge Vorwegnahme der Hauptsache

396 Die gedachte Folge der Vorwegnahme der Hauptsache ist schon deshalb näher zu untersuchen, weil die Auffassung vertreten wird, eine solche Vorwegnahme durch die Eilentscheidung sei grundsätzlich „verboten".

aa) Zum Meinungsstand

397 Eine dogmatische Herleitung des angeblichen Vorwegnahmeverbots wird nicht durchgeführt,[956] rechtssystematische Überlegungen zu dessen Rechtfertigung werden – soweit ersichtlich – nicht

950 Vgl. BVerfG 8.7.2020 – 1 BvR 1094/20, juris Rn. 11 mwN.
951 Vgl. BVerfG 8.4.2010 – 1 BvR 2709/09, juris Ls. 3a; 25.7.1996 – 1 BvR 638/96, juris Rn. 15; BVerfGE 35, 382 (402); 65, 1 (70); 67, 43 (58); 69, 315 (363); 79, 69 (74) (→ Rn. 592, 604).
952 Vgl. zB BVerfG 8.11.2010 – 1 BvR 722/10, juris Ls. 1a; 8.4.2010 – 1 BvR 2709/09, juris Ls. 1 (→ Rn. 604 f.).
953 BVerfG 12.5.2005 – 1 BvR 569/05, juris Rn. 26: Schwere Grundrechtsverletzungen müssen die Gerichte verhindern, auch wenn sie nur möglich sind.
954 BVerfG 8.11.2010 – 1 BvR 722/10, juris Rn. 13.
955 BVerfG 12.5.2005 – 1 BvR 569/05 juris Rn. 26: Schwere Grundrechtsverletzungen müssen die Gerichte verhindern, auch wenn sie nur möglich sind.
956 Finkelnburg/Jank VorlRS Rn. 242; für das Zivilrecht Vogg NJW 1993, 1357 (1364).

angestellt.[957] Auch besteht keine Einigkeit darüber, ob ein Verbot der Vorwegnahme der Hauptsache ein Aspekt des Anordnungsanspruchs,[958] des Anordnungsgrundes,[959] ein Gesichtspunkt einer vorzunehmenden Interessenabwägung[960] oder eine eigenständige ungeschriebene Voraussetzung für den Erlass einer einstweiligen Anordnung[961] sein soll, sodass mangels durchgeführter Begriffsbestimmung[962] keine Klarheit darüber besteht, was denn eigentlich verboten sein soll, insbes. ob es sich um ein Verbot der Prüfungs- oder der Maßnahmenvorwegnahme handeln soll.[963] Im sozialgerichtlichen Bereich gingen die meisten Gerichte[964] und die herrschende Auffassung im Schrifttum[965] lange Zeit von einem grundsätzlichen Verbot der Vorwegnahme der Hauptsache aus. Den in der sozialgerichtlichen Rspr. sehr unterschiedlich formulierten Maßgaben für das Vorliegen einer Ausnahme von diesem Verbot ließ sich vor der Geltung des mW ab 2.1.2002 eingefügten § 86b SGG die ganz überwiegende Einschätzung entnehmen, dass die Vorwegnahme der Hauptsache nur unter engen Voraussetzungen ausnahmsweise für zulässig gehalten wurde.[966] Dementsprechend konzentrierten sich die Bemühungen – um überhaupt zu einer stattgebenden einstweiligen Anordnung gelangen zu können – auf die Frage, wann von dem aufgestellten Grundsatz abgewichen[967] werden kann. Demgegenüber wird in dem prinzipiellen Vorwegnahmeverbot auch ein gesetzesinakzessorischer Topos, ein nicht begründbares Dogma, das zur Verabschiedung anstehe, bzw. ein rechtlich nichtssagendes Schlagwort gesehen.[968] Eine Vor-

957 Dazu Finkelnburg/Jank VorlRS Rn. 242; vgl. auch Vogg NJW 1993, 1357 (1364).

958 So wohl LSG Bln 2.12.2004 – L 9 B 249/04 KR ER, juris Rn. 3; LSG Nds Breithaupt 1985, 445 (449); BVerwG NJW 2000, 160, Ls. 1.

959 So wohl LSG Bln-Bbg 29.7.2008 – L 3 B 257/08 U ER, juris Rn. 14; LSG Bln-Bbg 16.6.2008 – L 5 B 2240/08 AS ER, juris Rn. 20; LSG Nds-Brem 3.3.2008 – L 13 AS 295/07 ER, juris Rn. 10; LSG Nds-Brem 5.12.2007 – L 12 AL 128/07 ER, L 12 B 25/07 AL, juris Rn. 18; LSG Bln-Bbg 19.11.2007 – L 24 B 588/07 KR ER, juris Rn. 23; LSG NRW 21.11.2007 – L 20 B 61/07 AY ER, juris Rn. 29; LSG NRW 19.9.2007 – L 7 B 215/07 AS ER, juris Rn. 4; LSG MV 29.6.2007 – L 8 B 229/06, juris Rn. 31; LSG BW 5.2.2007 – L 13 AS 64/07 ER-B, juris Rn. 3; HessLSG 29.1.2002 – L 14 KR 1400/01 ER; LSG Hmb Breithaupt 1981, 553 (555); 1992, 164 (165); 1993, 338 (340); SchlHLSG Breithaupt 1981, 443 (445); Meyer-Ladewig, 6. Aufl. 1998, § 97 Rn. 23d; ähnl. Plagemann Rn. 287.

960 So wohl SchlHLSG Breithaupt 2000, 271; SchlHLSG Breithaupt 1981, 443 (445 f.); LSG Bln Breithaupt 1989, 614 (615).

961 So wohl LSG Bln-Bbg 4.7.2008 – L 24 B 273/08 KR ER, juris Rn. 23; HessLSG Breithaupt 1979, 1027 (1028 f.).

962 Vgl. aber den Definitionsversuch bei Finkelnburg/Jank VorlRS Rn. 203 ff.: Vorwegnahme bei gänzlicher oder teilweiser Zielidentität von einstweiliger Anordnung und Klagebegehren.

963 Vgl. Schoch, Vorläufiger Rechtsschutz, 1399; die hM geht wohl von einem Verbot der Maßnahmenvorwegnahme aus.

964 Vgl. zB LSG Hmb Breithaupt 1981, 553 (555); LSG Hmb Breithaupt 1992, 164 (165); LSG Hmb Breithaupt 1993, 338 (340); krit. zum Vorwegnahmeverbot schon damals SchlHLSG Breithaupt 2000, 271 (276); BayLSG NZS 1996, 93 (94).

965 So Krasney/Udsching V Rn. 40; Meyer-Ladewig, 6. Aufl. 1998, § 97 Rn. 23d.

966 HessLSG Breithaupt 1979, 1027 (1028 f.) (besondere Ausnahmeregelung); LSG Hmb Breithaupt 1981, 553 (555) (nur bei gravierender Verkürzung des Rechtsschutzes); LSG Hmb Breithaupt 1981, 553 (554) (Vorwegnahme in besonders gelagerten Fällen); SchlHLSG Breithaupt 1981, 443 (445 f.) (Vorwegnahme nur bei schlechthin unzumutbaren Folgen); LSG Nds Breithaupt 1985, 445 (449) (keine schweren und unzumutbaren Nachteile, sofern die Klage in der Hauptsache keine Aussicht auf Erfolg biete, mit dem Antrag auf einstweilige Anordnung aber die Entscheidung in der Hauptsache vorweggenommen werden solle); LSG Bln Breithaupt 1989, 614 (615) (Vorwegnahme nur bei besonders gravierenden und nicht wiedergutzumachenden Nachteilen); vgl. auch die Entwicklung bei Meyer-Ladewig, 6. Aufl. 1998, § 97 Rn. 23d (Vorwegnahme ausnahmsweise erforderlich, wenn sonst Rechtsschutz nicht erreichbar und dies für den Antragsteller unzumutbar wäre); MKLS/Keller SGG § 86b Rn. 31 (von Vorwegnahme könne nur gesprochen werden, wenn die Maßnahme nachträglich nicht mehr für die Vergangenheit korrigierbar sei).

967 So auch noch zu § 86b Abs. 2 SGG LSG Nds-Brem 27.11.2007 – L 13 AS 158/07 ER juris Rn. 10. Zu Beispielen aus der VwGO Schoch, Vorläufiger Rechtsschutz, S. 1400 Fn. 183; Finkelnburg/Jank VorlRS Rn. 211 f. mwN.

968 Vgl. Schoch, Vorläufiger Rechtsschutz, S. 1402; Schoch/Schneider/Schoch § 123 Rn. 90 f., 141b, 146 f.; ebenso für das Zivilrecht Vogg NJW 1993, 1357 (1364), der das Dogma vom Vorwegnahmeverbot für unhaltbar erklärt; Hufen § 33 Rn. 17 f. warnt vor einer gebetsmühlenartigen Verwendung der Formel vom Verbot der Vorwegnahme der Hauptsache.

wegnahme der Hauptsache könne bei drohenden schweren und unzumutbaren Nachteilen durchaus geboten sein.[969]

bb) Vorwegnahme der Hauptsache als zwingende Folge der Eilentscheidung

398 Eine endgültige Vorwegnahme der Hauptsache liegt nur vor, soweit die einstweilige Anordnung nicht unter dem Vorbehalt der Hauptsacheentscheidung steht. Das wird kaum je vorkommen, weil die Gerichte im Eilverfahren nicht über die Hauptsache, sondern eben iSe *einstweiligen* Anordnung entscheiden und dies in aller Regel in ihrem Entscheidungsgrundsatz auch klar zum Ausdruck bringen. Davon zu unterscheiden ist der Umstand, dass die im sozialgerichtlichen Bereich praktisch allein bedeutsame Regelungsanordnung, die auf eine Zustandsveränderung iSe vorläufigen Erweiterung der Rechtsposition des Antragstellers gerichtet ist, denknotwendig durch die damit verbundene Zustandsveränderung oder durch deren Ablehnung für den Zeitraum bis zu dieser Hauptsacheentscheidung stets dem Klageziel vorgreift. Mit ihr ist insofern grundsätzlich eine partielle Vorwegnahme der Hauptsache verbunden. Das gilt auch bei Ablehnung einer Regelungsanordnung, da die Versagung einstweiligen Rechtsschutzes zu einem irreversiblen Rechtsverlust allein durch Zeitablauf führt.[970] Das wird besonders im Bereich der **Leistungen zum Lebensunterhalt** deutlich, wenn man sich vor Augen führt, dass eine Versagung von einstweiligem Rechtschutz hier wegen des Aktualitätsgrundsatzes die Hauptsache stets vorwegnimmt und ggf. auch eine endgültige Vereitelung des Grundrechts auf Menschenwürde eintritt. Dass sowohl die einstweilige Erweiterung der Rechtsposition als auch deren Ablehnung irreversible Zustände schaffen können, zeigt auch das Bsp. des Verwaltungsaktes mit Drittwirkung. Erstrebt der Antragsteller etwa eine Kassenarztzulassung, die ihn begünstigt und zugleich die kassenärztliche Vereinigung belastet, werden, gleichviel ob eine entsprechende Verpflichtung zur Erteilung einer Zulassung im Wege der einstweiligen Anordnung erfolgt oder abgelehnt wird, nicht wieder rückgängig zu machende Zustände geschaffen, und zwar entweder durch die Ausnutzung der einstweiligen Zulassung durch den Begünstigten oder durch das Fehlen einer entsprechenden Berechtigung während des Interimszeitraums bis zur Hauptsacheentscheidung; ausgeglichen werden können allenfalls die hierdurch eintretenden wirtschaftlichen Nachteile. Die Vorwegnahme der Hauptsache ist idS zwingende Folge der Eilentscheidung. Das Problem der Vorwegnahme der Hauptsache kann daher nicht mit einem grundsätzlichen Vorwegnahmeverbot aufgelöst werden.[971] Bei der Entscheidung für oder gegen den Erlass einer einstweiligen Anordnung geht es vielmehr um die Frage einer der Rechtsordnung entsprechenden Vorwegnahme der Hauptsache.[972]

cc) Prüfungs- und Maßnahmevorwegnahme

399 Zu unterscheiden sind die Verbote der Prüfungs- und der Maßnahmenvorwegnahme. **Prüfungsvorwegnahme** bedeutet die im Eilverfahren vorweggenommene Prüfung des Hauptsacheerfolgs. Soweit es um diese Prüfungsvorwegnahme geht, gibt es einen einfachgesetzlichen Normbefehl zur Beachtung einer Vorwegnahme der Hauptsache, den der Richter grundsätzlich zu beachten hat. Mit der Voraussetzung der überwiegenden Wahrscheinlichkeit des Hauptsacheerfolgs (Anordnungsanspruch → Rn. 382) hat der Gesetzgeber entschieden, dass ein entsprechendes Ergeb-

---

969 BVerfG 25.2.2009 – 1 BvR 120/09, juris Rn. 17.

970 Vgl. zum Ganzen Schoch/Schneider/Schoch § 123 Rn. 90 f., 147 ff., 155.

971 Ebenso Schoch/Schneider/Schoch Vorb. § 80 Rn. 67 ff., 72, § 123 Rn. 146 ff., 149 ff.; Finkelnburg/Jank VorlRS Rn. 203 ff. mwN (die dortige Definition des Vorwegnahmeverbots ist jedoch für die Lösung des Spannungsverhältnisses nicht geeignet, weil maßgebliches Kriterium die Vermeidung von Rechtsbeeinträchtigungen ist).

972 IdS wohl HessLSG 29.11.2007 – L 4 KA 56/07 ER, juris Rn. 23 (keine Vorwegnahme der Hauptsache bei Befristung der Eilanordnung bis zur Hauptsacheentscheidung); vgl. dazu Schoch, Vorläufiger Rechtsschutz, 826 und 1406.

nis der vorweggenommenen Hauptsacheprüfung erforderlich, aber auch ausreichend ist, um – falls auch ein Anordnungsgrund vorliegt – einem Eilantrag stattzugeben. Wie der Eilrechtsschutz im konkreten Fall gewährt wird, steht im Ermessen des Richters (§ 86b Abs. 2 S. 4 SGG, § 938 Abs. 1 ZPO; s. a. → Rn. 427 ff.).

Ist eine Abweichung von diesem Normbefehl durch verfassungskonforme Auslegung 400
(→ Rn. 384 ff.) geboten, muss, wie bereits nachgewiesen wurde, immer zumindest ein möglicher Hauptsacheerfolg festgestellt werden. Im Übrigen ist der Richter nach Feststellung eines entsprechend hohen, die verfassungskonforme Auslegung erforderlich machenden Beeinträchtigungsgrads bei der drohenden Rechtsverletzung befugt, auch Wahrscheinlichkeitsgrade unterhalb der einfachgesetzlich geforderten überwiegenden Wahrscheinlichkeit als ausreichend anzusehen und in der Abwägung zu berücksichtigen. Für das hier untersuchte Problem der Prüfungsvorwegnahme bedeutet dies, dass über die gesetzliche Regelung hinaus um eines effektiven Rechtsschutzes willen (Art. 19 Abs. 4 GG) an die „Prüfungsvorwegnahme der Hauptsache" aus verfassungsrechtlichen Gründen zugunsten des Antragstellers ggf. geringere Anforderungen zu stellen sind, um eine ansonsten drohende schwere Grundrechtsverletzung des Antragstellers zu verhindern.[973]

Maßnahmenvorwegnahme bedeutet die (vorläufige) Zuerkennung der Rechtsposition im Eilver- 401
fahren, die (ggf. endgültig) erst mit der Hauptsacheentscheidung zuerkannt werden soll. Das Problem der Maßnahmenvorwegnahme ist grundsätzlich der Ebene des Inhalts der Eilentscheidung zuzuordnen. Erst wenn über das „Ob" nach den oben genannten Voraussetzungen entschieden ist, wird nach richterlichem Ermessen über das „Wie" entschieden (§ 86b Abs. 2 S. 4 SGG, § 938 Abs. 1 ZPO; s. a. → Rn. 427 ff.).

Beispiel: Bei einer Sicherungsanordnung (→ Rn. 408 ff.) ist ein Schutz des subjektiv-öffentlichen Rechts des Betroffenen aus § 35 SGB I ohne Vorwegnahme der Hauptsache nicht denkbar. Wird der Erlass einer Sicherungsanordnung abgelehnt, tritt – auch wenn es sich rechtlich um eine vorläufige Regelung handelt – faktisch endgültiger Rechtsverlust ein, da die weitergegebenen Daten dann bekannt sind. Die Unhaltbarkeit des Vorwegnahmeverbots wird anhand dieses Beispiels auch unter dem Gesichtspunkt der funktionalen Äquivalenz von Sicherungsanordnung und aufschiebender Wirkung nochmals deutlich: Hätte die Behörde über die Weitergabe der Daten per Verwaltungsakt entschieden, hätte der Betroffene diesen Verwaltungsakt mit aufschiebender Wirkung anfechten können, ohne dass dieser der Sicherungsanordnung vergleichbaren Wirkung ein Vorwegnahmeverbot entgegengehalten worden wäre.

dd) Zwischenergebnis

Zusammenfassend ist festzustellen, dass sich ein Verbot der Vorwegnahme der Hauptsache auf der 402
Ebene des Entscheidungsmaßstabs nicht aus § 86b Abs. 2 SGG ergibt. Die auf der Ebene des Entscheidungsmaßstabs interessierende Prüfungsvorwegnahme ist vielmehr gesetzlich geregelt: Grundsätzlich ist für einen Erfolg des Eilantrags eine überwiegende Wahrscheinlichkeit des Hauptsacheerfolgs erforderlich, aber auch ausreichend. Bei drohenden schweren Grundrechtsverletzungen des Antragstellers sinken aus verfassungsrechtlichen Gründen die Anforderungen an die vorweggenommene Prüfung des Hauptsacheerfolgs. Die festgestellte Erfolgswahrscheinlichkeit ist insbes. mit der Wahrscheinlichkeit und Schwere der drohenden Rechtsverletzungen abzuwägen. Bei entsprechender Schwere der drohenden Rechtsverletzung kann die bloße Möglichkeit des Hauptsacheerfolgs für einen Erfolg des Eilantrags ausreichen. Was die Prüfungsvorwegnahme betrifft, verbirgt sich nach alledem hinter dem Schlagwort des Vorwegnahmeverbots das eigentliche Rechtsproblem des Prüfungsmaßstabs, der grundsätzlich in § 86b Abs. 2 S. 2 SGG vorgegeben und ggf. aus verfassungsrechtlichen Gründen zugunsten des Antragstellers zu modifizieren ist. Was die Maßnahmenvorwegnahme betrifft, sind die gedachten Folgen einer Ablehnung und einer Gewäh-

973 Vgl. BVerfG 2.12.1994 – 1 BvR 1643/92 = NJW 1995, 951; BVerfG 25.10.1988 – 2 BvR 745/88 = NJW 1989, 827.

rung des beantragten Eilrechtsschutzes gegeneinander abzuwägen. Bleibt es allerdings bei dem gesetzlich geregelten Prüfungsmaßstab (Anordnungsanspruch und -grund → Rn. 382 f.) und liegen diese Voraussetzungen nicht vor, ist Eilrechtsschutz abzulehnen; zu einer Folgenabwägung und zu der Frage der Maßnahmenvorwegnahme kommt es dann nicht.

403 **Beispiel:** Dass auch die Beibehaltung des status quo irreparable Zustände schafft, wird besonders beim versagten Verwaltungsakt mit Drittwirkung deutlich. Wird bspw. die Erteilung einer **Kassenarztzulassung** von der Behörde abgelehnt, werden – gleichviel ob die beantragte Regelungsanordnung vom Gericht erlassen oder abgelehnt wird – nicht wieder rückgängig zu machende Fakten geschaffen, und zwar entweder durch die Ausnutzung der vorläufig zuerkannten Zulassung durch den Begünstigten oder durch das Fehlen einer entsprechenden Berechtigung im Interimszeitraum bis zur Hauptsacheentscheidung. Diese gedachten Folgen sind gegeneinander abzuwägen.

b) Gedachte Folge der Eilentscheidung: Irreversibilität oder Irreparabilität

404 Die einmal eingetretene Wirkung der Eilentscheidung kann nachträglich nicht mehr „beseitigt", sondern allenfalls rückgängig gemacht werden, zB durch einen Erstattungsanspruch.[974] Der Zeitraum, für den der Lebensunterhalt zu sichern gewesen wäre, ist abgelaufen, die Krankheit ohne das begehrte Medikament ausgebrochen; andererseits: die zuerkannte Hilfe zum Lebensunterhalt ist verbraucht, die zuerkannte Kassenarztzulassung genutzt. Insofern ist die Eilentscheidung irreversibel. Irreversible Maßnahmen nehmen die Hauptsache immer vorweg. Davon zu unterscheiden ist die Möglichkeit der Rückgängigmachung der Wirkungen einer Eilentscheidung iSe Reparabilität. Dies ist rechtlich immer möglich, das Gesetz sieht für solche Fälle Schadensersatz- und Erstattungsansprüche vor. Allerdings kann die Vorwegnahme bei stattgebendem Eilbeschluss, insbes. im Existenzsicherungsbereich bei entsprechender Hilfebedürftigkeit des Antragstellers, faktisch endgültig wirken, wenn der Antragsteller nicht in der Lage ist, die zuerkannten Leistungen bei Unterliegen in der Hauptsache zurückzuerstatten. Die Folgen der Eilentscheidung können dann – trotz Bestehens eines Rückforderungsanspruchs – faktisch nicht mehr rückgängig gemacht werden. Beide Folgen der (gedachten) stattgebenden oder ablehnenden Eilentscheidung – Irreversibilität und Irreparabilität – sind, soweit bereits überschaubar, in der offenen Abwägung mit zu berücksichtigen, dh nur in den Fällen, in denen der Richter vom Prüfungsmaßstab des § 86b Abs. 2 SGG aus verfassungsrechtlichen Gründen abweicht. Denn ohne verfassungskonforme Auslegung ist – wie ausgeführt – nur zu prüfen, ob ein Anordnungsanspruch und -grund (→ Rn. 382 f.) vorliegen. Ob im Fall der offenen Abwägung die Abwägungsbelange der Irreversibilität oder Irreparabilität einen Erfolg oder eine Ablehnung des Eilantrags tragen, ist eine Frage des Einzelfalls. Zu fragen ist, ob die bei einer Ablehnung des Eilantrags eintretende Beeinträchtigung der Interessen des Antragstellers in der Zusammenschau mit den (eventuell nur geringen, unterhalb der überwiegenden Wahrscheinlichkeit liegenden) Erfolgswahrscheinlichkeiten der Hauptsache schwerer wiegt als die durch Eilrechtsschutz eintretenden Beeinträchtigungen des Antragsgegners. Die Aspekte der Irreversibilität und der Irreparabilität erweisen sich als Abwägungsbelange iR der ausnahmsweise durchzuführenden offenen Abwägungsentscheidung iSv gedachten Folgen der Eilentscheidung.[975]

Zusammenfassung: Wie ausgeführt, ist für ein Abweichen von den bindenden Regelungen des § 86b Abs. 2 SGG zu fordern, dass die Voraussetzungen für eine verfassungskonforme Auslegung gegeben sind. Das ist der Fall, wenn schwere Beeinträchtigungen des Antragstellers oder

974 Die Rückgängigmachung ist rechtlich immer möglich, das Gesetz sieht für solche Fälle Schadensersatz- und Erstattungsansprüche vor.

975 In diese Richtung gehend VGH BW DVBl 1996, 209 (211); OVG MV NVwZ-RR 1994, 334 (335); ähnl. Eyermann/Happ VwGO § 123 Rn. 66a: tatsächliche Vorwegnahme steigert die Anforderungen an den Anordnungsgrund.

sonst eine Verletzung des Verhältnismäßigkeitsgrundsatzes drohen. In diesen Fällen ist der Richter befugt, eine von der normativen Vorregelung abweichende Relation zwischen den Wahrscheinlichkeits- und Beeinträchtigungsgraden herzustellen. Dies trägt den im sozialrechtlichen Bereich oft möglichen schweren Beeinträchtigungen Rechnung, etwa im Bereich der vorläufigen Grundsicherungsleistungen oder der vorläufigen Gewährung von lebensnotwendigen Heilbehandlungen. Ansonsten ist der Richter an die gesetzlich vorgegebene Relation zwischen Wahrscheinlichkeits- und Beeinträchtigungsgraden gebunden, dh dass für einen Erfolg des Eilantrags dem Grunde nach überwiegender Wahrscheinlichkeit und der Beeinträchtigungsgrad des wesentlichen Nachteils erforderlich sind, aber auch ausreichen. Steht dem Grunde nach fest, dass Eilrechtsschutz zu gewähren ist, hat der Richter über das „Wie" zu entscheiden, und zwar auf der Ebene des Anordnungsinhalts (→ Rn. 427 ff.). Auch in diesem Zusammenhang ist der Verhältnismäßigkeitsgrundsatz zu beachten und zB zu fragen, ob wegen einer zu befürchtenden Irreparabilität nur ein Prozentsatz des vollen Regelbedarfs zu gewähren ist. Diese Prüfung ist aber von der Entscheidung über das „Ob" des Eilrechtsschutzes zu trennen.

Beispiele: 405

- Im Hinblick auf den Aktualitätsgrundsatz kann sich der Gesichtspunkt der Irreversibilität zugunsten des Antragstellers auswirken, und zwar bei der Beurteilung der Schwere des ohne Eilrechtsschutz drohenden Nachteils und bei den Anforderungen an die Wahrscheinlichkeit. Die Nichtgewährung vorläufiger Leistungen zum Lebensunterhalt hat für den Antragsteller irreversible, weil auf den jeweiligen Bedarfszeitraum bezogene Folgen (Aktualitätsgrundsatz). Diese Irreversibilität führt zu der Beurteilung, dass die ohne Eilrechtsschutz drohenden Folgen besonders schwer wiegen.[976] Die Schwere der drohenden (Grund-) Rechtsverletzung, insbes. des Art. 1 GG, führt zum einen zu einer verfassungsrechtlich bedingten Modifikation der einfachgesetzlich geforderten überwiegenden Wahrscheinlichkeiten; zugunsten des Antragstellers reichen bloße Möglichkeiten der Rechtsverletzungen und des Hauptsacheerfolgs ggf. aus, um mit dem Eilantrag Erfolg zu haben. Zum anderen überwiegt das Kriterium der Schwere des ohne Eilrechtsschutz drohenden Nachteils ggf. öffentliche Interessen, die einer Eilanordnung eventuell entgegenstehen.
- Umgekehrt können auf der Seite des Antragsgegners eintretende Irreparabilitäten im konkreten Fall einen öffentlichen Belang darstellen, der so schwer wiegt, dass trotz drohender Rechtsverletzungen und möglichem Hauptsacheerfolg der Eilantrag abzulehnen ist, etwa wenn vorläufige Leistungen in einer so großen Zahl gleichgelagerter Fälle zu erbringen wären, dass die Funktionsfähigkeit des sozialen Sicherungssystems auf dem Spiel steht. IdR wird bei einer solchen Konstellation allerdings Eilrechtsschutz dem Grunde nach zu gewähren und auf der Ebene des Anordnungsinhalts („Wie") zu entscheiden sein, ob der Höhe nach eine Einschränkung der vorläufigen Leistung vorzunehmen ist.

c) Gedachte Folge der stattgebenden Eilentscheidung: Beeinträchtigung von Rechtsgütern, die ein öffentliches Interesse an der Ablehnung des Eilantrags begründen

Mit den Tatbestandsmerkmalen des § 86b Abs. 2 SGG hat der Gesetzgeber grundsätzlich auch darüber entschieden, wie das öffentliche Interesse bei einer Entscheidung über das „Ob" der vorläufigen Erweiterung der Rechtsposition des Bürgers zu gewichten ist, und zwar in dem Sinne, dass für einen stattgebenden Eilbeschluss überwiegende Wahrscheinlichkeiten für das Vorliegen des Hauptsacheanspruchs und das Drohen eines wesentlichen Nachteils ausreichen. Etwaige entge- 406

976 Die Argumentation des BVerfG 12.5.2005 – 1 BvR 569/05, juris Rn. 26, 28, 30, hierzu lautet wie folgt: Die Grundsicherung dient der Sicherstellung eines menschenwürdigen Lebens, diese Sicherstellung ist Pflicht des Staates, diese Pflicht besteht unabhängig von den Gründen der Hilfebedürftigkeit. Daraus folgt, dass nur die gegenwärtige Lage in Bezug auf die Hilfebedürftigkeit und nur die gegenwärtige Lage bzgl. etwaiger Obliegenheitsverletzungen beurteilt werden darf. Dies folgt aus dem Prinzip Menschenwürde und dem daraus abgeleiteten Aktualitätsgrundsatz. Umstände aus der Vergangenheit dürfen nur berücksichtigt werden, wenn sie eindeutige Erkenntnisse über die gegenwärtige Situation zulassen.

genstehende öffentliche Interessen treten dann nach der gesetzgeberischen Wertung hinter das Interesse des Antragstellers zurück. Die (einfach-)gesetzlichen Tatbestandsmerkmale bieten darüber hinaus keinen Standort für die Prüfung von entgegenstehenden öffentlichen Interessen.[977]

407 Weicht der Richter nun im Wege der verfassungskonformen Auslegung vom Normbefehl des § 86b Abs. 2 SGG zugunsten des Antragstellers ab, indem er niedrigere Wahrscheinlichkeiten für einen Erfolg des Eilantrags ausreichen lässt, muss er auch die Folgen einer vorläufigen Erweiterung der Rechtsposition des Antragstellers trotz geringer Erfolgswahrscheinlichkeit der Hauptsache in die Abwägung einbeziehen, um konkrete Verhältnismäßigkeit zu gewährleisten. Dazu gehören insbes. Abwägungsbelange, die ein der Eilanordnung entgegenstehendes öffentliches Interesse begründen können. Dem Sicherungsinteresse des Antragstellers können also öffentliche Interessen entgegenstehen, die dann im konkreten Fall ins rechte Verhältnis zu der dem Antragsteller drohenden Rechtsverletzung zu setzen sind. Wenn der Sachverhalt hierzu Anlass bietet, muss unter dem Gesichtspunkt der Verhältnismäßigkeit deutlich gemacht werden, aus welchen Gründen eine Zuerkennung der vorläufigen Leistung oder die Einräumung der vorläufigen Rechtsposition angemessen ist.[978] Liegen überwiegende entgegenstehende Interessen vor, ist einstweiliger Rechtsschutz trotz drohender Rechtsverletzungen des Antragstellers nicht zu gewähren.[979] Als entgegenstehender Abwägunsgbelang kommt zB die Gefährdung der Funktionsfähigkeit der Sozialsysteme in Betracht, etwa bei einer Vielzahl gleichgelagerter Fälle, in denen ebenfalls vorläufige Leistungen gewährt werden müssten. Oft wird bei drohenden schweren Beeinträchtigungen aber Eilrechtsschutz dem Grunde nach zu gewähren und zu prüfen sein, ob Einschränkungen auf der Ebene des Anordnungsinhalts vorzunehmen sind.

IV. Sicherungsanordnung, § 86b Abs. 2 S. 1 SGG

408 **Orientierungshinweis (s. a. Muster → Rn. 454):** Eine Sicherungsanordnung kommt in Betracht zur Sicherung eines bestehenden Rechts. Die größte Praxisrelevanz hat hier die Sicherung eines Anspruchs auf Unterlassung der Weitergabe von Sozialdaten („Recht“ aus § 35 SGB I). Anordnungsanspruch und -grund liegen vor, wenn überwiegende Wahrscheinlichkeiten für das Zustehen eines Unterlassungsanspruchs und (im Interimszeitraum bis zur Hauptsacheentscheidung) die Gefahr seiner Vereitelung bestehen.

1. Recht des Antragstellers, prospektiver Hauptsacheerfolg und Streitgegenstand

409 Das in § 86b Abs. 2 S. 1 SGG erwähnte Recht des Antragstellers stellt den tatbestandlichen Anknüpfungspunkt für das Prüfungskriterium des prospektiven Hauptsacheerfolgs dar (s. zur Regelungsanordnung → Rn. 340 f.; zum entsprechenden Abwägungsbelang in Anfechtungssachen → Rn. 215, 221). Rechte iSd § 86b Abs. 2 S. 1 SGG sind alle Rechte, insbes. alle subjektiv-öffentlichen Rechte, die beeinträchtigenden Zustandsveränderungen ausgesetzt sein können.[980] Wie das Tatbestandsmerkmal „Veränderung des bestehenden Zustands“ zeigt, sind sicherungsfähige Rechte iSd § 86b Abs. 2 S. 1 SGG allein bereits eingeräumte Rechtspositionen. Eine Erweiterung der Rechtsposition per Sicherungsanordnung ist daher nicht möglich.[981] Wie bei der Regelungsanordnung bezieht sich der **Streitgegenstand** der Sicherungsanordnung auf das zu sichernde Recht, ohne mit diesem identisch zu sein. Durch einstweilige Anordnung wird hier ausgehend von der Sicherungs- und Rechtsschutzfunktion des Eilverfahrens die Frage geregelt, ob

977 Schoch/Schneider/Schoch § 123 Rn. 65 f.
978 Vgl. BVerfG 16.1.1991 – 1 BvR 1326/90, NJW 1991, 1530; Finkelburg/Jank VorlRS Rn. 748, 738.
979 Vgl. BVerfG NJW 1989, 827; 1995, 950 (951); 1995, 2477.
980 Vgl. Finkelburg/Jank VorlRS Rn. 176.
981 Ebenso Kopp/Schenke § 123 Rn. 7.

und ggf. inwiefern dem Antragsteller für den Interimszeitraum bis zur Hauptsacheentscheidung eine bestimmte Rechtsposition, die er bereits innehat, weiter zustehen soll. Streitgegenstand ist also die einstweilige Gestaltung des im Hauptsacheverfahren streitigen materiellen Rechts durch dessen **vorläufige Sicherung.**[982]

2. Gefahr für die Rechtsverwirklichung und drohende Rechtsverletzungen

Die in § 86b Abs. 2 S. 1 SGG enthaltenen Tatbestandselemente der Gefahr der Vereitelung oder wesentlichen Erschwernis der Verwirklichung eines Rechts sind bei der Sicherungsanordnung die gesetzliche Verankerung des Anordnungsgrundes, der sich wiederum auf die im Zeitraum bis zur Hauptsacheentscheidung drohenden Rechtsverletzungen bezieht und erst im Zusammenspiel mit § 86b Abs. 2 S. 4 SGG, 920 Abs. 2 ZPO bestimmt werden kann (s. a. → Rn. 460 ff.). Die **Gefahr** muss auf die Rechtsverwirklichung im Hauptsacheverfahren bezogen sein. Dies ergibt sich aus der Sicherungsfunktion des Eilverfahrens. Es muss sich um eine objektive[983] und konkrete[984] Gefahr handeln. Die Beeinträchtigung darf noch nicht eingetreten sein, sie muss vielmehr unmittelbar bevorstehen. Die bloße Möglichkeit beeinträchtigender Maßnahmen reicht nicht aus (zum Grad der zu fordernden Wahrscheinlichkeit → Rn. 381, 383 ff.). **Vereitelt** bedeutet, dass das Recht ohne die Sicherungsanordnung im Hauptsacheverfahren nicht mehr durchsetzbar ist, dass also durch eine Veränderung des bestehenden Zustands der Rechtsverlust droht. **Erschwert** heißt, dass das Recht auch bei einem Erfolg in der Hauptsache entwertet ist.[985] Wie das Tatbestandsmerkmal „**wesentlich**" zeigt, gibt es auch bei der Sicherungsanordnung Nachteile, die der Antragsteller hinnehmen muss, eben weil sie nicht „wesentlich" sind. Die Durchsetzung des Rechts ist dann wesentlich erschwert, wenn ohne einstweilige Anordnung eine Beeinträchtigung des zu sichernden Rechts, eines Grundrechts oder eines sonstigen Rechts droht – dies entspricht dem Nachteil iSd § 86b Abs. 2 S. 2 SGG – und diese Beeinträchtigung über Randbereiche hinausgeht, also wesentlich ist. Insofern kann ebenso auf die Ausführungen zur Regelungsanordnung verwiesen werden wie in Bezug auf den **Wahrscheinlichkeitsmaßstab** (zum Begriff des wesentlichen Nachteils iSd § 86b Abs. 2 S. 2 SGG → Rn. 343; zum Wahrscheinlichkeitsmaß → Rn. 364 ff., 381 ff.). 410

Beispiele: 411

- Eine Sicherungsanordnung kommt in Betracht zur Sicherung eines Anspruchs auf Unterlassung der **Weitergabe von Sozialdaten.** In der Hauptsache wäre die vorbeugende Unterlassungsklage statthaft. Begehrt wird die Sicherung eines bestehenden Rechts aus § 35 SGB I. Anordnungsanspruch und -grund liegen vor, wenn eine überwiegende Wahrscheinlichkeit für das Zustehen eines Unterlassungsanspruchs und die Gefahr seiner Vereitelung besteht.
- Zum Antrag eines Vertragsarztes, ihn vorläufig an einem Modellvorhaben weiter zu beteiligen. Der Ausschluss eines Leistungserbringers von einem **Modellvorhaben** stellt keinen Verwaltungsakt, sondern die Kündigung eines öffentlich-rechtlichen Vertrages gem. § 59 SGB X dar. Dem Widerspruch gegen die Kündigung kommt daher keine aufschiebende Wirkung nach § 86a Abs. 1 SGG zu. Die Berechtigung zur vorläufig weiteren Teilnahme an dem Modellvorhaben kann im einstweiligen Rechtsschutzverfahren durch Beantragung einer Sicherungsanordnung gem. § 86b Abs. 2 S. 1 SGG erwirkt werden.[986]
- Eine Sicherungsanordnung kommt ferner in Betracht zur **Sicherung von Verfahrensrechten** (Beratungs-, Auskunfts- oder Anhörungsrechte), zB zur Sicherung des Rechts auf Mitnahme

982 Insofern ist der Gesetzeswortlaut des § 86b Abs. 2 S. 1 SGG („Streitgegenstand") missverständlich. Dieses Tatbestandsmerkmal bezeichnet das Objekt des Streits, nicht den Prüfungs- oder Streitgegenstand des Eilverfahrens (vgl. zu § 123 VwGO Schoch/Schneider/Schoch § 123 Rn. 60).
983 Vgl. Plagemann Rn. 253.
984 Vgl. Siegfried SGb 1989, 555 (561); Eyermann/Happ VwGO § 123 Rn. 22 aE.
985 Vgl. dazu Finkelnburg/Jank VorlRS S. 86 ff.
986 LSG NRW 19.5.2004 – L 16 B 31/04 KR ER; 10.2.2003 – L 16 B 121/02 KR ER.

der Versorgungsakten in das Büro des prozessbevollmächtigten Anwalts;[987] allerdings ist für Verfahrensrechte jeweils zu fragen, ob ein Rechtsschutzbedürfnis gegeben ist; im verwaltungsgerichtlichen Bereich könnte ein entsprechender einstweiliger Rechtsschutzantrag an § 44a VwGO scheitern.[988]

- Mit der Sicherungsanordnung kann auch ein Unterlassungsanspruch bzgl. der **Weitergabe von medizinischen Daten** gesichert werden. Der Unterlassungsanspruch kann sich auch gegen eine andere, nicht am Verfahren beteiligte Behörde bzw. deren Träger richten.[989] Es ist aber grundsätzlich nicht zulässig, einer Behörde zu untersagen, überhaupt eine Entscheidung zu treffen. Das entspricht dem geltenden System des nachgängigen gerichtlichen Rechtsschutzes. Insofern ist also grundsätzlich auch kein sicherungsfähiges Recht vorhanden.
- Zum Verbot durch einstweilige Anordnung, die Zulassung zur Abgabe von Hilfsmitteln an gesetzlich Krankenversicherte (§ 126 Abs. 1 SGB V) zu widerrufen.[990]

V. Fazit zum Prüfungsmaßstab der Eilentscheidung in Vornahmesachen

412 Über den Erlass einer Sicherungs- oder Regelungsanordnung ist aufgrund der Gesetzesbindung des Richters grundsätzlich auf der Grundlage des § 86b Abs. 2 S. 2, 4 SGG zu entscheiden. Dabei ist unter die aus § 86b Abs. 2 S. 2, 4 SGG hergeleiteten Merkmale, die üblicher Weise in den Begriffen Anordnungsanspruch und -grund zusammengefasst werden, zu subsumieren. Ein Anordnungsanspruch ist gegeben, wenn das Obsiegen des Antragstellers in der Hauptsache überwiegend wahrscheinlich ist, dh wenn der zu sichernde Hauptsacheanspruch dem Antragsteller mit (durch Glaubhaftmachung oder Amtsermittlung herbeigeführter) überwiegender Wahrscheinlichkeit zusteht. Ein Anordnungsgrund ist gegeben, wenn im Interimszeitraum bis zur Hauptsacheentscheidung mit (durch Glaubhaftmachung oder Amtsermittlung herbeigeführter) überwiegender Wahrscheinlichkeit eine über Randbereiche hinausgehende Rechtsverletzung (wesentlicher Nachteil) droht. Die einfachgesetzlich geregelten Mindestwahrscheinlichkeiten sind wegen der Gesetzesbindung grundsätzlich zwingend zu beachten. Werden die gesetzlich vorgeschriebenen überwiegenden Wahrscheinlichkeiten für den prospektiven Hauptsacheerfolg und die ohne Eilrechtsschutz drohenden Beeinträchtigungen erreicht, ist Eilrechtsschutz bereits nach den einfachgesetzlichen Regelungen zu gewähren. Werden die gesetzlich vorgeschriebenen überwiegenden Wahrscheinlichkeiten nicht erreicht und drohen schwere, über den wesentlichen Nachteil hinausgehende Beeinträchtigungen oder aus anderen Gründen eine Verletzung des Verhältnismäßigkeitsgrundsatzes, ist eine verfassungskonforme Auslegung des § 86b Abs. 2 SGG geboten. Dann ist abweichend von § 86b Abs. 2 SGG durch offene Abwägung konkrete Verhältnismäßigkeit unter Berücksichtigung der im konkreten Fall festgestellten Wahrscheinlichkeits- und Beeinträchtigungsgrade[991] und sonstiger Abwägungsbelange herzustellen. Ob der Eilantrag dann Erfolg hat, ist nach Feststellung der ggf. auch unterhalb der überwiegenden Wahrscheinlichkeit liegenden bloßen Möglichkeit des prospektiven Hauptsacheerfolgs und der ohne Eilrechtsschutz drohenden Beeinträchtigungen aufgrund einer offenen Abwägung zu entscheiden. Die in Vornahmesachen als Beweismaß gesetzlich vorgegebene überwiegende Wahrscheinlichkeit (Glaubhaftmachung als Beweismaß) wird in diesen Fällen zum variablen, komparativen Begriff in Abhängigkeit von der Intensität der drohenden Beeinträchtigung. Die Schwere der drohenden Beeinträchtigung kann auf diese Weise auch über den gesetzlich geforderten wesentlichen Nachteil hinaus Berücksichtigung finden. Sie wird in Relation gesetzt zur Wahrscheinlichkeit ihres Eintritts und zur Wahrscheinlichkeit des Hauptsacheerfolgs.[992]

987 Vgl. Plagemann Rn. 247.
988 Dazu Eyermann/Happ VwGO § 123 Rn. 35.
989 Vgl. dazu Hufen § 33 Rn. 13.
990 LSG BW 20.4.2006 – L 5 KR 890/06 ER-B.
991 Vgl. zu Beeinträchtigungsgrad und -wahrscheinlichkeit Zippelius JZ 1999, 112 (115).
992 Vgl. zum rechtspolitischen Ausblick Rn. 420.

VI. Weitere rechtliche Probleme in Vornahmesachen

1. Maßgeblicher Zeitpunkt

Maßgeblicher Zeitpunkt für die Beurteilung der Sach- und Rechtslage ist der Zeitpunkt der Eilentscheidung, im Beschwerdeverfahren also der Zeitpunkt der Beschwerdeentscheidung, soweit es um den Anordnungsgrund oder die Güter- und Folgenabwägung geht.[993] Denn Anordnungsgrund und Abwägung entfalten als spezifische Prüfungselemente der Eilentscheidung, mit der Nachteile „abgewendet" werden sollen, Wirkungen grundsätzlich nur für die Zukunft.[994] Für den Anordnungsanspruch kommt es wegen des funktionalen Zusammenhangs zu dem im Hauptsacheverfahren streitigen materiellen Recht auf denselben Zeitpunkt an, der im Hauptsacheverfahren für die Beurteilung der Sach- und Rechtslage maßgeblich ist.[995] Die dargestellten Überlegungen gelten – wie ausgeführt – für das Beschwerdeverfahren entsprechend. Hier ist also der Zeitpunkt der Beschwerdeentscheidung maßgeblich. Deshalb sind auch Erkenntnisse, die erst im Laufe des Beschwerdeverfahrens zutage getreten sind, zu berücksichtigen. Zwingende Voraussetzung für die Bejahung eines Anordnungsgrundes ist somit, dass dem Antragsteller im Zeitpunkt der gerichtlichen Entscheidung noch Nachteile drohen können; nicht ausreichend ist hingegen, wenn zu irgendeinem davor liegendem Zeitpunkt der Eintritt von Nachteilen zu befürchten war. 413

Beispiel: Sofern im Zeitraum zwischen Antragstellung beim Sozialgericht und der gerichtlichen Entscheidung Veränderungen eingetreten sind, und deshalb die Hilfsbedürftigkeit ab einem bestimmten Zeitpunkt ganz oder zeitweise entfallen ist, etwa weil der Leistungsberechtigte eine Arbeit aufgenommen hat, ihm Vermögen zugeflossen ist, Leistungen bewilligt worden sind oder sich die zu Grunde liegende Sachlage in entscheidungserheblicher Weise geändert hat, ist er auch für davor liegende Zeiträume auf das Hauptsacheverfahren zu verweisen, sofern kein konkreter Nachholbedarf glaubhaft gemacht worden ist.[996]

2. Einstweilige Anordnung bei Ermessen der Behörde

a) Zum Meinungsstand

Orientierungshinweis: Auch wenn der Behörde Ermessen eingeräumt war, gelten für die gerichtliche Eilentscheidung grundsätzlich dieselben Anforderungen wie sonst (Anordnungsanspruch und -grund). IR des Anordnungsanspruchs ist zu prüfen, ob eine überwiegende Wahrscheinlichkeit für das Vorliegen der Tatbestandsvoraussetzungen der Rechtsnorm, auf die der Antragsteller sein Hauptsachebegehren stützt, bzw. für Ermessensfehler gegeben ist. Ist dies der Fall, wird die Behörde durch einstweilige Anordnung zur Neubescheidung verpflichtet. Ist auf der Rechtsfolgenseite mit überwiegender Wahrscheinlichkeit sogar eine Ermessensreduzierung auf Null gegeben, kann die Behörde durch einstweilige Anordnung zu einem bestimmten Verhalten (und nicht nur zur Neubescheidung) verpflichtet werden. Drohen dem Antragsteller ohne Eilrechtsschutz schwere Beeinträchtigungen iSd Rspr. des BVerfG, finden die einfachgesetzlichen Wahrscheinlichkeitsmaßstäbe keine Anwendung. Es kann dann ausreichen, dass der fragliche Hauptsacheanspruch, das Vorliegen von Ermessensfehlern und der Eintritt schwerer Beeinträchtigungen möglich sind. 414

Probleme wirft der Erlass einer einstweiligen Anordnung auf, wenn der Behörde Ermessen eingeräumt ist. Insofern ist zunächst danach zu unterscheiden, ob eine sog. Ermessensreduzierung auf Null eingetreten ist oder ob das Ermessen von der Behörde noch ausgeübt werden muss.

993 Vgl. HessLSG 14.3.2006 – L 7 SO 4/06 ER, juris Rn. 18; MKLS/Keller SGG § 86b Rn. 42.
994 Zum Anordnungsgrund LSG Bln-Bbg 18.10.2007 – L 28 B 1637/07 AS ER, juris Rn. 3.
995 Diff. zu § 123 VwGO Schoch/Schneider/Schoch § 123 Rn. 165.
996 LSG LSA 30.3.2016 – L 4 AS 65/16 B ER.

Nach ganz hA ist für den Fall der Ermessensreduzierung auf Null eine Verpflichtung der Behörde zu einem ganz bestimmten Verhalten zulässig.[997] Für den Fall, dass das Ermessen von der Behörde noch ausgeübt werden muss, kann nach ganz überwiegender Auffassung der Anordnungsanspruch auch nur in einem Anspruch auf fehlerfreie Ermessensausübung bestehen.[998] Auch für den Fall des noch auszuübenden behördlichen Ermessens wird zum Teil vertreten, dass das Gericht eine Verpflichtung zu einem ganz bestimmten Verhalten anordnen kann, wobei die Maßgaben, nach denen diese Frage zu beurteilen sein soll, sich als wenig praktikabel erweisen. So soll das Gericht den Antragsgegner „grundsätzlich nur in Ausnahmefällen" zu einem bestimmten Verhalten verpflichten können.[999] Ebenso vorsichtig wird formuliert, der Behörde sollte so weit als möglich noch die Möglichkeit eingeräumt werden, die erforderliche ordnungsgemäße Ermessensbetätigung noch vorzunehmen.[1000] Keine entsprechenden Bedenken klingen bei der Auffassung an, die in der für die Zwischenzeit gewährten Einräumung der letztlich begehrten Rechtsposition durch das Gericht keine Vorwegnahme der behördlichen (Ermessens-) Entscheidung sieht.[1001] Da für den Fall der Verpflichtung der Behörde zu einem ganz bestimmten Verhalten trotz noch auszuübenden Verwaltungsermessens durch das Gericht mehr zuerkannt würde, als im Hauptsacheverfahren zugesprochen werden könnte, wird diese Frage zum Teil dem Problemkreis der Überschreitung der Hauptsache zugeordnet[1002] und die Möglichkeit der Verpflichtung der Behörde zu einem bestimmten Verhalten unter Hinweis auf Art. 19 Abs. 4 GG gleichwohl bejaht.[1003]

b) Begründetheitsprüfung bei behördlichem Ermessen

415 Die Lösung der aufgeworfenen Fragen ergibt sich zunächst auf der Ebene des Entscheidungsmaßstabs aus den zur Begründetheitsprüfung entwickelten Grundsätzen. Der Antrag auf Erlass einer einstweiligen Anordnung ist gem. § 86b Abs. 2 S. 2 SGG grundsätzlich begründet, wenn ein Anordnungsanspruch und ein Anordnungsgrund vorliegen, dh Hauptsacheerfolg und ohne Eilrechtsschutz drohende erhebliche Rechtsverletzungen überwiegend wahrscheinlich sind. Auch wenn der Behörde Ermessen eingeräumt ist, ist der Entscheidungsmaßstab vom Rechtsschutzziel abhängig.[1004]

Drohen ohne Eilrechtsschutz keine schweren Beeinträchtigungen, ist § 86b Abs. 2 SGG ohne Einschränkungen anzuwenden. Zu prüfen sind Anordnungsanspruch und -grund (→ Rn. 382 f.) unter Berücksichtigung des behördlichen Ermessens. Liegen die Tatbestandsvoraussetzungen der Rechtsnorm, auf die der Antragsteller sein Hauptsachebegehren stützt, mit überwiegender Wahrscheinlichkeit vor, und ist auf der Rechtsfolgenseite mit überwiegender Wahrscheinlichkeit eine Ermessensreduzierung auf Null eingetreten, kann die Behörde durch einstweilige Anordnung zu einem bestimmten Verhalten (und nicht nur zur Neubescheidung) verpflichtet werden.[1005] Ist auf der Rechtsfolgenseite eine Ermessensreduzierung auf Null nicht mit überwiegender Wahrschein-

997 Vgl. MKLS/Keller SGG § 86b Rn. 30a mwN.
998 Vgl. MKLS/Keller SGG § 86b Rn. 30a mwN.
999 Vgl. Kopp/Schenke § 123 Rn. 28; vgl. aber auch § 123 Rn. 12.
1000 Vgl. Eyermann/Happ VwGO § 123 Rn. 66.
1001 Plagemann Rn. 286; zu Rehaleistungen Unger SGb 1985, 226 (229); zur Verpflichtung zur Erlaubniserteilung im Wege der eAO trotz Verwaltungsermessens OVG RhPf NJW 1978, 2355.
1002 S. dazu Schoch/Schneider/Schoch § 123 Rn. 140 (überschießende einstweilige Anordnung zur Gewährung wirksamen Rechtsschutzes), 158 ff.
1003 Vgl. Schoch/Schneider/Schoch Vorb. § 80 Rn. 56 mwN.
1004 Dazu BVerfG 12.5.2005 – 1 BvR 569/05 = Breithaupt 2005, 803 ff. = NJW 2005, 2982 = ASR 2005, 65.
1005 Zum selben Ergebnis kommt die ganz hM für den Fall der Ermessensreduzierung auf Null, vgl. MKLS/Keller SGG § 86b Rn. 30a mwN; zu § 123 VwGO Kopp/Schenke § 123 Rn. 12 (Anspruch auf bestimmte vorläufige Entscheidung unter Umständen bereits bei offenem Ermessen); VGH BW DÖV 1997, 694; ähnl. Plagemann Rn. 286; vgl. auch LSG Nds-Brem 14.4.2005 – L 8 AS36/05ER.

lichkeit eingetreten, wird die Behörde durch einstweilige Anordnung zur Neubescheidung verpflichtet.[1006]

Drohen dem Antragsteller ohne Eilrechtsschutz **schwere Beeinträchtigungen**, etwa eine Verletzung des Art. 1 GG, finden die einfachgesetzlichen Wahrscheinlichkeitsmaßstäbe keine Anwendung, § 86b Abs. 2 SGG ist verfassungskonform auszulegen (→ Rn. 384 ff.) und es ist offen abzuwägen. Dh zB, die bloße Möglichkeit eines Anspruchs auf eine ganz bestimmte Verwaltungsentscheidung (Ermessensreduzierung auf Null) kann bereits ausreichen, um die Behörde im Wege der einstweiligen Anordnung zu einem bestimmten Verhalten zu verpflichten, wenn durch eine solche gerichtliche Eilentscheidung der mögliche Eintritt der schweren Beeinträchtigung abgewendet werden kann. Für den Fall drohender schwerer Beeinträchtigungen kann die Behörde also trotz noch auszuübenden Verwaltungsermessens und nur möglicher Ermessensreduzierung auf Null zu einem bestimmten Tun verpflichtet werden. Das Gericht löst hier die verfassungsrechtlich vorgegebene Konfliktsituation zwischen dem Gewaltenteilungsgrundsatz, nach dem das Gericht sein Ermessen nicht an die Stelle des behördlichen Ermessens setzen darf, und dem verfassungsrechtlichen Gebot der effektiven Rechtsschutzgewährung dadurch auf, dass die von § 86b Abs. 2 SGG vorgegebenen Wahrscheinlichkeitsanforderungen in verfassungskonformer Weise herabgesetzt werden und durch Abwägung konkrete Verhältnismäßigkeit hergestellt wird.[1007]

▶ Muster Antrag/Beschluss Regelungsanordnung – bei behördlichem Ermessen[1008] 416

(Zum Begehren auf Leistungen zur Teilhabe am Arbeitsleben für eine bestimmte Bildungsmaßnahme im Wege der einstweiligen Anordnung)

Tenor: „Die Antragsgegnerin wird im Wege der einstweiligen Anordnung verpflichtet, der Antragstellerin Leistungen zur Teilhabe am Arbeitsleben durch Übernahme der Kosten für die Maßnahme ... zu gewähren".

Gründe: Ein Anordnungsgrund ist gegeben. Der Antragstellerin drohen bei Versagung von Eilrechtsschutz im Interimszeitraum bis zur Hauptsacheentscheidung erhebliche Rechtsverletzungen. Die vorgesehene Bildungsmaßnahme hat bereits am ... begonnen; würde man die Antragstellerin auf einen Ausbildungsbeginn zum ... verweisen, so würde sie ein Jahr verlieren und ihr bisher erreichter Ausbildungs- und Förderungsstand wäre wegen des Zeitablaufs gefährdet. Es besteht die Gefahr, dass einmal erreichtes Wissen und Fertigkeiten wieder verloren gehen oder sich stark vermindern, sodass der weitere Bildungsgang stark gefährdet wäre. Damit drohen erhebliche Rechtsverletzungen iSe wesentlichen Nachteils (§ 86b Abs. 2 S. 2 SGG).[1009] Auch ein Anordnungsanspruch ist gegeben. Es besteht eine überwiegende Wahrscheinlichkeit für das Zustehen eines Hauptsacheanspruchs aus §§ 97 ff. SGB III (Ermessensausübung zugunsten der Antragstellerin) ... (ist auszuführen).[1010] Der begehrten Regelungsanordnung gerichtet auf Leistungen zur Teilhabe am Arbeitsleben für eine bestimmte Bildungsmaßnahme steht auch nicht der Umstand entgegen, dass der Antragsgegnerin Ermessen eingeräumt ist. Denn es besteht eine überwiegende Wahrscheinlichkeit für das Vorliegen der gesetzlichen Tatbestandsmerkmale und für eine Ermessensreduzierung iSe Entscheidung zugunsten der Antragstellerin, wie sie das Gericht im Entscheidungssatz dieses Beschlusses vorgenommen hat. Dies ergibt sich vorliegend bereits daraus, dass im Gesetz hinsichtlich des Ermessens bereits eine Betätigungsrich-

1006 Vgl. zB LSG Bln-Bbg 20.7.2015 – L 10 AS 193/15 B ER: Verpflichtung zur Neubescheidung wegen Darlehensgewährung bei Überbewertung von Mitwirkungsdefiziten; zur VwGO Schoch/Schneider/Schoch § 123 Rn. 162: Neubescheidung, wenn dadurch das Verwaltungsermessen geschont werden kann und eine Wirksamkeit des vorläufigen Rechtsschutzes trotzdem gegeben ist.

1007 Die in der 1. Aufl. dieses Buches (vgl. dort Rn. 325) noch vertretene Lösung auf der Ebene des Anordnungsinhalts (dazu Schoch/Schneider/Schoch § 123 Rn. 162) wird nicht aufrechterhalten.

1008 Nach LSG Nds-Brem 16.10.2006 – L 12 AL 202/06 ER; ebenso HessLSG 12.5.2005 – L 7 AL 38/05 ER; s. a. Überblick → Rn. 446 ff. und Checkliste → Rn. 450.

1009 Schwere Beeinträchtigungen iSd Rspr. des BVerfG (BVerfG 12.5.2005 – 1 BvR 569/05, juris Rn. 25 ff.) sind nicht zu befürchten. Dennoch ist einstweiliger Rechtsschutz zu gewähren, wenn die einfachgesetzlichen Voraussetzungen erfüllt sind.

1010 Vgl. LSG Nds-Brem 16.10.2006 – L 12 AL 202/06 ER, juris Rn. 14 ff.

tung angegeben ist (vgl. § 2 Abs. 2 S. 2. Hs. SGB I, § 4 Abs. 1 Nr. 3 SGB IX; sog. intendiertes Ermessen). Zudem ist zu beachten, dass durch eine Regelungsanordnung mit der Verpflichtung, erneut das Ermessen zu betätigen, kein wirksamer Rechtsschutz erreicht werden könnte. Bis zu einer Neubescheidung und ggf. einer erneuten gerichtlichen Kontrolle wäre der bislang erreichte Ausbildungs- und Förderungsstand möglicherweise wieder verflogen, eine dann erstrittene Fördermaßnahme könnte nicht mehr an den bisherigen Bildungs- und Förderungsgang anknüpfen, ohne dass die Förderziele gefährdet wären. ◀

3. Die Mitwirkungspflichten der Beteiligten

417 **Orientierungshinweis:** Bei einer vorläufigen Versagung wegen Verletzung der Mitwirkungspflichten ist zunächst zu prüfen, ob der Rechtsbehelf gegen den Versagungsbescheid nach den für Anfechtungssachen geltenden Grundsätzen aufschiebende Wirkung hat. Ferner ist zu prüfen, ob in Bezug auf die vorläufige behördliche Leistung Anordnungsanspruch und -grund gegeben sind. Ein Anordnungsanspruch ist hier gegeben, wenn die begehrte behördliche Leistung mit überwiegender Wahrscheinlichkeit zusteht. Bei drohenden schweren Beeinträchtigungen können für einen Erfolg des Eilantrags bloße Möglichkeiten für den Hauptsacheerfolg und den Eintritt der schweren Beeinträchtigungen ausreichen.

Wegen der Arten und der Bedeutung der Mitwirkungspflichten der Beteiligten im Gerichts- und im Verwaltungsverfahren wird auf die Ausführungen zu den Anfechtungssachen verwiesen (→ Rn. 279 ff.), insbes. in Bezug auf die ab 1.4.2008 geltenden Präklusionsregelungen (§§ 106a, 157a SGG. Zu unterscheiden ist auch bei den Vornahmesachen zwischen der behördlichen Versagung der Leistung auf der Grundlage des § 66 SGB I und der Versagung „in der Sache".

a) Behördliche Entscheidung nach § 66 SGB I

418 S. a. → Rn. 127, 282 ff.

Das Problem eines gerichtlichen Eilverfahrens bei einer behördlichen Versagung nach § 66 SGB I besteht darin, dass sich der prospektive Hauptsacheerfolg nicht auf die endgültige Leistung, sondern auf die vorläufige Leistung durch die Behörde bezieht. Daher ist zunächst der prospektive Hauptsacheerfolg in Bezug auf die behördliche Ablehnung nach § 66 SGB I zu prüfen und dann in einem zweiten Schritt, ob die Voraussetzungen für eine vorläufige Zuerkennung der Leistung durch das Gericht vorliegen. Der prospektive Hauptsacheerfolg hängt in erster Linie von der **Rechtmäßigkeit des Versagens** der vorläufigen Leistung nach § 66 SGB I ab. Vorauszusetzen ist hierfür, dass die geforderte Mitwirkung für die Leistung erheblich (§ 60 SGB I) und dass die Mitwirkung zumutbar ist (§ 65 SGB I).[1011] Das auszuübende Ermessen erstreckt sich darauf, ob der Leistungsträger überhaupt von der Möglichkeit der Versagung Gebrauch macht, dh, ob er die Leistung gleichwohl gewährt,[1012] in welchem Umfang weitere mögliche Ermittlungen angestellt werden sollen, ob eine Nachfrist eingeräumt wird und ob die Leistung nur befristet oder teilweise gewährt wird. Hat die Behörde die begehrte Leistung auf der Grundlage des § 66 Abs. 1 SGB I in rechtswidriger Weise – zB wegen fehlender Ermessensausübung – abgelehnt, wird diesbezüglicher einstweiliger Rechtsschutz keine effektive Rechtsschutzgewährung

1011 Darüber hinaus ist die Versagung nach § 66 Abs. 1 S. 1 SGB I – anders als die Ablehnung einer Leistung in der Sache – ausdrücklich „bis zur Nachholung der Mitwirkung" begrenzt und, weil der Leistungsträger versagte Leistungen nach Mitwirkung nachträglich erbringen kann (§ 67 SGB I), auch für die Zeit bis zur Nachholung vorläufiger Natur, vgl. BSG SozR 1200 § 66 Nr. 13. Daher erledigt sich dieser vorläufige Verwaltungsakt „Versagungsbescheid nach § 66 SGB I" mit Erlass einer endgültigen Regelung (zB Ablehnungsbescheid) kraft Gesetzes auf andere Weise iSv § 39 Abs. 2 SGB X, vgl. dazu KassKomm/Steinwedel SGB X § 39 Rn. 26.

1012 Vgl. BSG 26.5.1983 – 10 RKg 13/82, SozR 1200 § 66 Nr. 10.

darstellen.[1013] Denn auch bei vorläufiger Nichtgeltung der Versagung stehen noch keine vorläufigen Leistungen zu. Aus Art. 19 Abs. 4 GG kann sich daher für diese Fälle um eines effektiven Rechtsschutzes willen die Pflicht des Gerichts ergeben, neben der Anordnung der aufschiebenden Wirkung des Rechtsbehelfs gegen den Versagungsbescheid die Leistung vorläufig im Wege der nach § 86b Abs. 2 S. 2 SGG zu beurteilenden einstweiligen Anordnung zuzusprechen.[1014] Insofern ist zu prüfen, ob Anordnungsanspruch und -grund (→ Rn. 382 f.) in Bezug auf die vorläufige behördliche Leistung gegeben sind. Auch hier ist aber die Rspr. des BVerfG zu den herabgesetzten Beweisanforderungen bei drohenden schweren Beeinträchtigungen, insbes. im Bereich der Existenzsicherung, zu beachten und ggf. eine verfassungskonforme Auslegung des § 86b Abs. 2 SGG geboten (→ Rn. 384).

Beispiele:[1015] 419

- Rechtsbehelfe gegen **Versagungsbescheide** haben grundsätzlich aufschiebende Wirkung (s. a. → Rn. 129). Zum Erreichen einer vorläufigen Bewilligung von Leistungen im Verfahren des einstweiligen Rechtsschutzes ist daher ein Antrag auf Erlass einer einstweiligen Anordnung nach § 86b Abs. 2 S. 2 SGG erforderlich.[1016]
- Bei berechtigten Zweifeln ist die Behörde zu umfassender **Sachverhaltsaufklärung von Amts wegen** nach § 20 SGB X verpflichtet, der Antragsteller hat mitzuwirken, § 21 Abs. 2 S. 2 SGB X, § 60 SGB I. Andererseits sind Leistungsbezieher nach den SGB II und XII gehalten, die für den geltend gemachten Anspruch erforderlichen Tatsachen umfassend, vollständig und behördlich nachprüfbar vorzutragen[1017] – Zur Sachverhaltsaufklärung von Amts wegen (Hilfebedürftigkeit) und Mitwirkung nach Sphären, der die erforderlichen Informationen und Handlungen zuzuordnen seien; verringerte Glaubwürdigkeit; Grenzen der Mitwirkung.[1018] – Zum **Umfang** der Amtsermittlung (billigere Unterkunft)[1019] – Grenzen der Amtsermittlung bei widersprüchlichem und unglaubhaftem Vorbringen des Antragstellers[1020]; Hilfebedürftigkeit wurde vom BVerfG verneint, da die Antragstellerin nicht dargelegt habe, inwieweit es sich bei ihrer Wohnung in Bukarest um zu schützendes Schonvermögen handele.[1021] – Versagung von vorläufigen Leistungen bei fehlender Mitwirkung[1022] trotz Berufens auf Datenschutz[1023] – Zur fehlenden Berechtigung, die Leistungen wegen fehlender Mitwirkung zu versagen (§§ 60, 66 SGB I), bei Weigerung, Kontoauszüge der letzten 12 Monate vorzulegen; bei wiederholtem Antrag auf Zahlung von Alg II genüge die Vorlage aktueller Kontoauszüge,[1024] sofern keine Anhaltspunkte für nicht wahrheitsgemäße Angaben der Antragsteller bestehen, wenn im Fortzahlungsantrag „keine Änderungen" angegeben und im „Erst"- Antrag umfassend die die Hilfebedürftigkeit belegenden Verhältnisse dargelegt wurden.[1025] 420
- Eine ablehnende Entscheidung nach § 66 SGB I kann nicht lediglich mit der **Weigerung des Leistungsberechtigten** begründet werden. Der Leistungsträger muss berücksichtigen, in welchem Umfange die Mitwirkung den Betroffenen belastet hätte, weshalb die Mitwirkung 421

1013 LSG Bln-Bbg 14.6.2007 – L 28 B 769/07 AS ER; 22.11.2005 – L 29 B 1212/05 AS ER.
1014 LSG Nds-Brem 14.1.2008 – L 7 AS 772/07 ER, juris Rn. 18; 12.4.2006 – L 7 AS 453/05 ER.
1015 Nach LSG Nds-Brem 14.1.2008 – L 7 AS 772/07 ER, insbes. juris Rn. 14 ff.
1016 Vgl. LSG BW 8.4.2010 – L 7 AS 304/10 ER-B, juris Rn. 4, und 21.6.2021 – L 3 AS 1681/21 ER-B, juris Rn. 23 (zur Statthaftigkeit des Antrags); LSG LSA 5.8.2013 – L 8 SO 28/13 B ER; SächsLSG 19.4.2016 – L 7 AS 172/16 B ER; HessLSG 17.3.2020 – L 6 AS 143/20 ER, wonach ein Antrag nach § 86b Abs. 1 S. 1 Nr. 2 SGG sogar unzulässig ist.
1017 HessLSG 8.8.2008 – L 7 AS 149/08 B ER, juris Rn. 35.
1018 HessLSG 22.2.2006 – L 9 SO 40/05 ER.
1019 LSG BW 25.1.2006 – L 8 AS 4296/05 ER-B.
1020 LSG NRW 6.1.2006 – L 1 B 13/05 AS ER; vgl. auch HessLSG 13.12.2005 – L 9 AS 48/05 ER; 8.3.2006 – L 9 AS 59/05 ER.
1021 BVerfG 15.1.2007 – 1 BvR 2971/06, juris Rn. 14, 16 f.
1022 LSG MV 22.2.2007 – L 8 B 11/07, juris Rn. 22.
1023 LSG NRW 4.9.2008 – L 20 B 86/08 AS ER; vgl. aber auch HessLSG 22.8.2005 – L 7 AS 32/05 ER, juris Rn. 25.
1024 S. zu der Pflicht allg. Hummel info also 2001, 131.
1025 LSG Nds-Brem 12.7.2007 – L 6 AS 378/07 ER; 22.8.2005 – L 7 AS 32/05 ER.

verweigert wurde und ob der Betroffene irrtümlich oder wider besseres Wissen seine Mitwirkungspflicht verletzt hat. Tut er dies nicht, liegt ein Ermessensfehler vor.[1026]

422 ■ Zur Rechtswidrigkeit einer auf der Grundlage des § 66 SGB I ausgesprochenen Versagung bei **Unzumutbarkeit der Mitwirkung** (§ 65 Abs. 1 Nr. 2 SGB I), etwa weil es um Nachweise von einem nicht am Sozialleistungsverhältnis beteiligten **Dritten** geht, die dem Leistungsempfänger nicht bekannt sind,[1027] und bei ausdrücklicher Verweigerung der Auskunft durch den Dritten; zum Fehlen einer Mitwirkungsobliegenheit iSd § 60 Abs. 1 SGB I.[1028] Bei der Prüfung des Anordnungsanspruchs wird der Umstand, dass die Hilfebedürftigkeit wegen der fehlenden Informationen von dem Dritten nicht feststeht, jedenfalls solange nicht zulasten des Antragstellers ins Gewicht fallen können, wie die Behörde nicht von ihrer Möglichkeit zur Auskunftsbeschaffung unmittelbar vom Dritten nach § 60 Abs. 4 S. 1 Nr. 1 SGB II Gebrauch gemacht hat.[1029] Zu beachten ist ferner, dass dem Antragsteller die Rechtsmacht fehlt, eine gemeinsame Antragstellung mit dem Dritten zu verlangen.[1030] – Keine Feststellung der **Partnerschaft** aufgrund fehlender Ermittlungen im Verwaltungsverfahren trotz Aufforderung gegenüber der vermeintlichen Lebenspartnerin zur Vorlage einer Einkommensbescheinigung und Darlegung ihrer Vermögensverhältnisse; Bestreiten der Lebenspartnerschaft; zur Ausgestaltung der Auskunftspflichten des § 60 Abs. 1–4 SGB II als öffentlich-rechtliche Leistungspflicht (Schuld) des Dritten[1031] – zur Konkretisierung der gesetzlichen Auskunftspflicht des Dritten durch Verwaltungsakt (§ 40 Abs. 1 S. 1 SGB II, § 21 Abs. 1 S. 2 Nr. 2 SGB X; §§ 62 f. SGB II)[1032] – Keine Versagung von einstweiligem Rechtsschutz trotz unterlassener Mitwirkung des Betroffenen.[1033] – Nicht am Sozialleistungsverhältnis beteiligte Dritte; statthafte Rechtsschutzform im gerichtlichen Eilverfahren.[1034]

423 ■ Den Anforderungen an die Mitwirkung des Antragstellers kann für sich genommen **verfassungsrechtliche Bedeutung** zukommen. So wurde die Ablehnung der **Wohnungsbesichtigung** nicht als Zugeständnis einer eheähnlichen Gemeinschaft gewertet.[1035] § 21 Abs. 1 S. 2 Nr. 2 SGB X käme als **gesetzliche Grundlage** für einen Hausbesuch in Betracht; ein Hausbesuch als Augenscheinnahme iSd § 21 Abs. 1 S. 2 Nr. 2 SGB X sei aber nur zulässig, soweit Erforderlichkeit, die in jedem Fall umfassend zu prüfen sei, bejaht werden könne. Die Auslegung des § 21 Abs. 1 S. 2 Nr. 2 SGB X habe im Lichte des **Art. 13 GG** zu erfolgen. Eine weitergehende Mitwirkungspflicht bestehe nur, wenn diese gesetzlich vorgesehen sei, § 21 Abs. 2 SGB X; dies sei hier nicht der Fall. Ein Hausbesuch könne daher nur mit Zustimmung des Antragstellers erfolgen und nicht nach § 66 SGB I erzwungen werden. Vor einem Hausbesuch müsse die Behörde die berechtigten Zweifel an den Angaben des Antragstellers darlegen; die Geeignetheit des Hausbesuchs als Mittel zur Sachverhaltsaufklärung sei von der Behörde zu prüfen und im Gerichtsverfahren darzulegen, sonst sei ein Hausbesuch nicht erforderlich iSd § 21 Abs. 1 S. 2 Nr. 2 SGB X. Liegen die genannten Voraussetzungen vor, müsse der Antragsteller den Hausbesuch dulden oder nachteilige Folgen einer Verweigerung in Kauf nehmen.[1036]

1026 LSG Bln-Bbg 5.4.2007 – L 28 B 295/07 AS ER, juris Rn. 8; zur Überbewertung von Mitwirkungsdefiziten LSG Bln-Bbg 20.7.2015 – L 10 AS 193/15 B ER.

1027 Dazu BSG 10.3.1993 – 14b/4 REg 1/91; 25.10.1988 – 7 RAr 70/87.

1028 Ebenso LSG Bln-Bbg 14.6.2007 – L 28 B 769/07 AS ER, juris Rn. 3; vgl. dazu auch Kampe in juris PK-SGB I § 65 Rn. 18.

1029 Für eine entsprechende Verpflichtung der Behörde: LSG Nds-Brem 30.3.2007 – L 7 B 13/07 AS; 6.9.2007 – L 7 AS 263/07 ER; 4.10.2007 – L 7 AS 546/07 ER; LSG Bln-Bbg 14.6.2007 – L 28 B 769/07 AS ER mit Hinweis auf die Möglichkeit der Zeugeneinvernahme (§§ 21 f. SGB X); LSG Bln-Bbg 24.11.2006 – L 18 B 1057/06 AS ER, L 18 B 1059/06 AS PKH.

1030 Vgl. LSG Nds-Brem 29.6.2006 – L 9 AS 239/05 ER.

1031 Dazu Eicher/Spellbrink/Blüggel SGB II § 60 Rn. 7, 44, 53.

1032 LSG Bln-Bbg 12.11.2007 – L 28 B 1830/07 AS ER, L 28 AS 1844/07 AS PKH juris 9 f.

1033 LSG BW 12.1.2006 – L 7 SO 5532/05 ER-B.

1034 LSG Nds-Brem 14.1.2008 – L 7 AS 772/07 ER.

1035 LSG Halle (Saale) 22.4.2005 – L 2 B 9/05 AS ER, Breithaupt 2005, 668, juris PR-SozR 26/2005 Nr. 2 mAnm Berlit und Hinweis auf SchlHOVG 2.1.2002 – 2 M 104/01.

1036 HessLSG 30.1.2006 – L 7 AS 13/06 ER, juris, insbes. Rn. 35; SG Wiesbaden 21.3.2005 – S 16 AS 16/05 ER; zu den Pflichten der Behörde BVerwG 30.7.1991 – 5 ER 657/91. Vgl. zur Zulässigkeit von Hausbesuchen LSG RhPf 2.7.2014 – L 3 AS 315/14 B ER, juris Rn. 22

- Gewährt das Gericht einstweiligen Rechtsschutz gegen eine Versagung nach § 66 SGB I, kommen **Leistungen für einen begrenzten Zeitraum** in Betracht, um dem Antragsgegner Gelegenheit zu geben, die notwendigen Feststellungen nachzuholen. Erfolgt die Nachholung iR des Widerspruchsverfahrens, kann sich das Gericht – ausgehend von dem Zeitpunkt der Beschlussfassung – an § 88 Abs. 2 SGG orientieren (Zeitraum von drei Monaten als angemessene Frist für eine Entscheidung über einen Widerspruch).[1037] 424

b) Behördliche Entscheidung in der Sache

Geht es nicht um eine Versagung von Leistungen auf der Grundlage des § 66 SGB I, sondern um eine behördliche Ablehnung der begehrten Leistung in der Sache, ist zu prüfen, ob in Bezug auf die begehrte Leistung ein Anordnungsanspruch und -grund vorliegen. Ein Anordnungsanspruch ist gegeben, wenn der Hauptsacheerfolg überwiegend wahrscheinlich ist, ein Anordnungsgrund, wenn ohne Eilrechtsschutz mit überwiegender Wahrscheinlichkeit ein wesentlicher Nachteil droht. Eine Verletzung von Mitwirkungspflichten führt ggf. dazu, dass sich der prospektive Hauptsacheerfolg oder der Eintritt von Rechtsverletzungen überhaupt nicht oder dass sich nur geringere Wahrscheinlichkeiten feststellen lassen. Der Eilantrag ist dann abzulehnen, es sei denn, § 86b Abs. 2 SGG ist verfassungskonform auszulegen. Dann ist eine Güter- und Folgenabwägung unter Berücksichtigung der konkreten Wahrscheinlichkeits- und Beeinträchtigungsgrade durchzuführen. Die Bedeutung der Mitwirkung für die Wahrscheinlichkeit des Hauptsacheerfolgs und des ohne Eilrechtsschutz drohenden Eintritts von Rechtsverletzungen lässt sich nur im konkreten Fall bestimmen. 425

Beispiele: 426

- Bei der Güter- und Folgenabwägung kann zulasten des Antragstellers berücksichtigt werden, dass er es in der Hand hat, den Sachverhalt zu seinen Gunsten zu klären, dies aber aus nicht nachvollziehbaren Gründen unterlässt.[1038]
- Ein Antrag, Leistungen zur Grundsicherung im Alter im Wege der einstweiligen Anordnung zuzusprechen, kann ohne die unter Berücksichtigung des Zeitdrucks mögliche Sachverhaltsaufklärung nicht mit der Begründung zurückgewiesen werden, es lägen **unklare Vermögensverhältnisse** vor. Die Behörde hat zunächst den Sachverhalt von Amts wegen aufzuklären und kann sich nicht sofort auf den Standpunkt zurückziehen, die Vermögensverhältnisse seien ungeklärt.[1039] Sie muss vielmehr unter Angabe von Tatsachen konkret vortragen, über welches Einkommen und Vermögen der Antragsteller aktuell verfügt, sodass diesem iR seiner Mitwirkung eine Widerlegung möglich ist.[1040]
- Zur Beachtung eines grob verfahrensfehlerhaften **Verhaltens der Behörde** zugunsten des Antragstellers (lange Nichtentscheidung über Antrag; überzogene oder fehlerhafte Anforderungen an den Nachweis der Hilfebedürftigkeit durch die Behörde, zB bzgl. des Verlangens der Vorlage von Kfz-Briefen bzw. von Mietquittungen, obwohl keine Miete bezahlt wurde).[1041]

1037 LSG Bln-Bbg 3.5.2007 – L 28 B 598/07 AS ER, juris Rn. 14.

1038 BayLSG 4.10.2010 – L 7 AS 672/10 B ER, juris Rn. 21; 12.4.2010 – L 8 AS 136/10 B ER, juris Rn. 19.

1039 Vgl. dazu aber die Tendenzen in der verwaltungsgerichtlichen Rspr. zum BSHG, bei Nichtaufklärbarkeit der Hilfebedürftigkeit aufgrund der materiellen Beweislast den Anordnungsanspruch zu verneinen, weil es sich bei dem Fehlen eigener Mittel gem. § 11 Abs. 1 S. 1 BSHG um ein negatives Tatbestandsmerkmal für den Anspruch auf laufende HLU handele, für das der Antragsteller die materielle Beweislast trage, zB OVG Bbg 17.9.2003 – 4 B 39/03, FEVS 55, 262 ff.; vgl. ferner zur materiellen Beweislast OVG Bbg 25.10.2001 – 4 B 297/01; 11.8.2003 – 4 B 141/03; BVerwGE 21, 208 (212, 213); 67, 163 (171, 172).

1040 HessLSG 8.8.2008 – L 7 AS 149/08 B ER, juris Rn. 22, 35; 26.10.2005 – L 7 AS 65/05 ER; BVerfG 12.5.2005 – 1 BvR 569/05, juris Rn. 30; vgl. auch LSG NRW 16.12.2013 – L 9 SO 485/13 B ER, L 9 SO 486/13 B.

1041 LSG Bln-Bbg 2.2.2006 – L 14 B 1157/05 AS ER.

- Zweifelhaft ist die obergerichtlich aufgestellte Forderung, dass der **Mehraufwand** für eine kostenaufwändige Ernährung vom Antragsteller substantiiert **dargelegt** werden müsse.[1042] Dies trägt dem Untersuchungsgrundsatz jedenfalls dann nicht in ausreichendem Maße Rechnung, wenn das Gericht nicht zugleich deutlich macht, dass es alles zur Aufklärung des Sachverhalts Mögliche unternommen hat. Nicht überzeugend ist ferner die Behauptung, Anhaltspunkte für ein unwirtschaftliches und damit unangemessenes **Heizverhalten** seien im Zweifel vom Leistungsträger konkret darzulegen und ggf. zu beweisen.[1043]

4. Inhalt der einstweiligen Anordnung nach Ermessen des Gerichts

a) Ermessen bzgl. des „Wie", nicht bzgl. des „Ob"

427 Steht nach summarischer Prüfung fest, dass Anordnungsanspruch und Anordnungsgrund vorliegen, darf das Gericht den Erlass der einstweiligen Anordnung nicht ablehnen. Fehlt eine dieser Voraussetzungen, hat der Eilantrag (außer in den Fällen, in denen zugunsten des Antragstellers ein modifizierter Maßstab gilt) keinen Erfolg. Ein Ermessen des Richters besteht nicht. Die gerichtliche Eilentscheidung ergeht auch bei Vornahmesachen immer als Rechtsentscheidung.[1044] Das gilt auch, wenn aufgrund einer Güter- und Folgenabwägung nach verfassungskonformer Auslegung des § 86b Abs. 2 SGG entschieden wird. Führt diese Abwägung zu dem Ergebnis, dass die Interessen des Antragstellers überwiegen, ist Eilrechtsschutz zu gewähren. Hinsichtlich des „Ob" der einstweiligen Anordnung besteht auch in dieser Konstellation kein Ermessen.

428 Auch in Vornahmesachen steht es hinsichtlich des „Wie", also des Inhalts der einstweiligen Anordnung, im **Ermessen des Gerichts**, welche Anordnungen zur Erreichung des Zwecks des einstweiligen Rechtsschutzverfahrens getroffen werden. Das Gesetz spricht von freiem Ermessen, vgl. § 86b Abs. 2 S. 4 SGG, § 938 Abs. 1 ZPO.[1045] Es ist im Einzelfall zu bestimmen, welche einstweilige Regelung zur Erreichung des Zwecks notwendig ist, der Schaffung solcher vollendeter Tatsachen zuvorzukommen, die, wenn sich eine Maßnahme bei endgültiger richterlicher Prüfung als rechtswidrig erweist, nicht mehr rückgängig gemacht werden können. Es besteht dabei keine Verpflichtung für das Gericht, eine Regelungsanordnung für die gesamte (voraussichtliche) Dauer des anhängigen Hauptsacheverfahrens beziehungsweise über den gesamten Streitgegenstand zu treffen.[1046] Das Ermessen ist aber in mehrfacher Hinsicht erheblich **eingeschränkt**. Das Gericht muss bei der Bestimmung des Inhalts seiner Anordnung den Verhältnismäßigkeitsgrundsatz und die (Grund-) Rechte der Beteiligten beachten. Eine Einschränkung ergibt sich ferner durch den Sicherungszweck des Eilverfahrens und damit durch das Klagebegehren des Hauptsacheverfahrens.[1047] In Vornahmesachen bedeutet dies, dass das Gericht die Maßnahme des einstweiligen Rechtsschutzes so festlegt, dass der gefährdete Hauptsacheanspruch gesichert ist bzw. dass die gebotene Zustandsveränderung herbeigeführt wird.[1048] Hierfür reicht grundsätzlich eine Verpflichtung der Behörde zur Vornahme der Maßnahme, ggf. verbunden mit der Verpflichtung zu einem unverzüglichen Tätigwerden bzw. zu einem Tätigwerden innerhalb einer vorgegebenen Frist, aus.[1049] Darüber hinausgehende Anordnungen des Gerichts würden wegen der Funktionentren-

---

1042 SchlHLSG 6.9.2005 – L 9 B 186/05 SO ER; vgl. zum Mehrbedarf für kostenaufwändige Ernährung bei Mehrfacherkrankung BayLSG 21.11.2007 – L 8 B 998/07 SO ER; ferner SächsLSG 26.1.2006 – L 3 B 299/05 AS-ER.

1043 HessLSG 5.9.2007 – L 6 AS 145/07 ER; 21.3.2006 – L 9 AS 124/05 ER, juris Rn. 5.

1044 MKLS/Keller SGG § 86b Rn. 30; zu § 123 VwGO Schoch, Vorläufiger Rechtsschutz, S. 1392 f.; Schoch/Schneider/Schoch § 123 Rn. 132; Kopp/Schenke § 123 Rn. 23; Finkelnburg/Jank VorlRS Rn. 20, 172, 196.

1045 Rechtliche Grundlage für den Inhalt der Eilentscheidung sind diese Vorschriften und nicht etwa die §§ 54 ff. SGG, die den Entscheidungsgegenstand der Klage regeln.

1046 BVerfG 9.6.2020 – 1 BvR 1182/20, juris Rn. 4.

1047 Finkelnburg/Jank VorlRS Rn. 257 ff. und insbes. Rn. 262.

1048 Schoch/Schneider/Schoch § 123 Rn. 135.

1049 Abw. Schoch/Schneider/Schoch § 123 Rn. 163e.

nung zwischen Judikative und Exekutive verfassungsrechtlichen Bedenken begegnen. Unter Beachtung der Schranke des Sicherungszwecks ist eine Überschreitung der Hauptsache grundsätzlich nicht zulässig.[1050] Handelt es sich also bspw. im Hauptsacheverfahren um eine Verpflichtungsklage, kann auch im Wege der einstweiligen Anordnung nur eine Verpflichtung zum Erlass des fraglichen Verwaltungsakts zuerkannt werden. Ein Erlass des Verwaltungsakts durch das Gericht ist nicht zulässig. Andererseits kann die einstweilige Anordnung auch auf eine vorläufige und unter dem Vorbehalt des Ausgangs der Hauptsache stehende Befriedigung des Hauptsacheanspruchs gerichtet sein, wenn dies wie zB häufig im Grundsicherungsbereich zur Verhinderung von Beeinträchtigungen bis zur Hauptsacheentscheidung erforderlich ist. Handelt es sich in der Hauptsache um eine Feststellungsklage, wird eine entsprechende vorläufige Feststellung ebenfalls immer unter dem Vorbehalt der Hauptsacheentscheidung stehen. Innerhalb des aufgezeigten Rahmens können grundsätzlich alle Regelungen getroffen werden, die geeignet und erforderlich sind, um den Sicherungszweck zu gewährleisten. Das Gericht kann – sofern es für den Schutz der Rechte des Antragstellers ausreicht – mit der einstweiligen Anordnung hinter dem Antrag zurückbleiben.[1051] Es kann aber auch eine geeignete andere als die beantragte Regelung treffen.

b) Nebenbestimmungen

Das Gericht ist – ebenso wie die vom Gericht kontrollierte Behörde – auch berechtigt, Nebenbe- 429
stimmungen anzuordnen. Für Vornahmesachen ergibt sich die Berechtigung zum Erlass einer einstweiligen Anordnung mit Nebenbestimmungen aus den § 86b Abs. 2 S. 4 SGG, § 938 ZPO.[1052] Die Anordnung einer Nebenbestimmung steht im Ermessen des Gerichts. Nebenbestimmungen in Eilentscheidungen dienen vor allem der Beachtung des Verhältnismäßigkeitsgrundsatzes. Die **Befristung** vorläufig zuerkannter Leistungen bestimmt das Gericht nach seinem Ermessen unter Beachtung der Sicherungs- und Rechtsschutzfunktion des Eilverfahrens. Vorläufige laufende Verpflichtungen können zB erst ab dem Erlass des Gerichtsbeschlusses zuerkannt oder auf einen bestimmten Zeitraum, etwa bis zum Abschluss des Widerspruchsverfahrens oder bis zur Hauptsacheentscheidung, begrenzt werden (s. a. → Rn. 348 ff.). Das Fehlen einer entsprechenden zeitlichen Begrenzung im Entscheidungstenor macht die gerichtliche Eilentscheidung aber nicht rechtswidrig.[1053] Im Übrigen könnte der Eintritt der Bestandskraft des angefochtenen Bescheids bzw. der rechtskräftige Abschluss des Hauptsacheverfahrens ggf. im Wege eines Abänderungsantrags nach § 86b Abs. 1 S. 4 SGG geltend gemacht werden.

Die Anordnung einer **Sicherheitsleistung** ist in Vornahmesachen gem. § 86b Abs. 2 S. 4 SGG, § 921 430
ZPO zulässig, wenn die Vollziehung zu Schäden führen kann, die nach § 945 ZPO zu ersetzen sind.[1054] Das Gesetz sieht also zum Ausgleich der dem Gegner drohenden Nachteile die Festsetzung einer Sicherheitsleistung vor. Einstweilige Anordnungen sind nicht selten auf die vorläufige Erbringung einer Sozialleistung in Geld gerichtet. Dient die einstweilige Anordnung der Sicherung einer Geldleistung, kann das Gericht einen Geldbetrag festsetzen, durch dessen Hinterlegung die Vollziehung der Anordnung gehemmt wird. Allerdings wird sich die Festsetzung einer Sicherheitsleistung im Sozialrecht häufig als widersinnig erweisen, da Eilbedürftigkeit oft nur bei einer entsprechenden wirtschaftlichen Notlage des Antragstellers gegeben sein wird, der die Sicherheitsleistung allenfalls von der vorläufig zuerkannten Sozialleistung erbringen könnte. Die Anordnung einer Sicherheitsleistung wäre dann unzumutbar. Dient die einstweilige Anordnung nicht der Sicherung einer Geldleistung, gilt § 939 ZPO. IErg kann danach dem Antragsgegner durch das

1050 LSG BW 10.9.2012 – L 13 AS 2976/12 ER-B.
1051 Vgl. Kopp/Schenke § 123 Rn. 11.
1052 Insofern fungiert § 938 Abs. 1 ZPO für die Vornahmesachen als funktionales Äquivalent zu § 86b Abs. 1 S. 3 SGG, vgl. zu 123 VwGO Schoch/Schneider/Schoch § 123 Rn. 136.
1053 S. dazu LSG NRW 31.10.2016 – L 7 SF 449/16 ER.
1054 Da die praktische Bedeutung des § 945 ZPO gering ist, gilt dies auch für § 921 ZPO.

Gericht gestattet werden, die Aufhebung der einstweiligen Anordnung gegen Sicherheitsleistung zu erwirken. Die praktische Bedeutung dieser Vorschrift ist äußerst gering, da sich nicht vermögensrechtliche Begünstigungen kaum durch Sicherheitsleistung ausgleichen lassen werden.[1055]

431 **Beispiele:**

- Das Gericht kann die einstweilige Anordnung mit der Maßgabe versehen, dass der verpflichtete Leistungsträger vor Auszahlung **Sicherheitsleistung** in Form der Abtretung einer dem Leistungsempfänger zustehenden Forderung verlangen darf. Dies gilt auch für Forderungen, deren Entstehung zur Zeit der Abtretung nur möglich erscheint, zB bzgl. einer im Strafverfahren gepfändeten Forderung gegen eine Bank, deren Verfall im Falle der Verurteilung in Betracht kommt.[1056]
- Bzgl. der **Dauer des Gewährungszeitraumes** von Leistungen der Grundsicherung nach dem SGB II kann iR einer einstweiligen Anordnung eine Orientierung an § 41 Abs. 3 S. 2 SGB II erfolgen,[1057] bei Leistungen nach dem SGB XII an § 44 Abs. 3 SGB XII; s. a. → Rn. 535.

432 ▶ **Muster Antrag – Ablehnung Sicherheitsleistung**

Antrag:

Der Antragsteller beantragt, den Antrag des Antragsgegners auf Anordnung einer Sicherheitsleistung abzulehnen.

Gründe:

Mit Schreiben vom ... hat der Antragsgegner hilfsweise die Anordnung einer Sicherheitsleistung beantragt. Die Erbringung einer Sicherheitsleistung ist vorliegend unzumutbar, weil der einstweilige Rechtsschutz bei Anordnung einer Sicherheitsleistung ins Leere liefe. Denn der Antragsteller müsste die infolge der einstweiligen Anordnung gezahlten Beträge wiederum für die Sicherheitsleistung einsetzen. Die Anordnung einer Sicherheitsleistung wäre daher unverhältnismäßig und ermessensfehlerhaft. ◀

433 Auch in Vornahmesachen ist einstweiliger Rechtsschutz unter einer **Bedingung nicht zulässig.** Unzulässig ist insbes. die (auflösende) Bedingung, dass die einstweilige Anordnung außer Kraft tritt, falls der Antragsteller nicht binnen einer bestimmten Frist Klage erhebt, da wegen § 926 Abs. 1 ZPO ein Antrag erforderlich ist, um den Antragsteller in ein Klageverfahren zu zwingen. Durch die Verweisung des § 86b Abs. 2 S. 4 SGG auf § 926 Abs. 1 ZPO, der die Verpflichtung des Antragstellers zur Klageerhebung von einem entsprechenden Antrag des Antragsgegners abhängig macht, wird klargestellt, dass das Gericht den Betroffenen zur Erhebung der Hauptsacheklage nur anhalten, aber nicht zwingen kann. Nur der Antragsgegner kann den Antragsteller in ein Hauptsacheverfahren zwingen.[1058]

5. Vollstreckung von Eilentscheidungen in Vornahmesachen

a) Einstweilige Anordnung als Vollstreckungstitel

434 Die einstweilige Anordnung ist auch Vollstreckungstitel,[1059] vgl. § 199 Abs. 1 Nr. 2 SGG. Entspricht die dort ausgesprochene Verpflichtung des Antragsgegners im Hauptsacheverfahren einem Fall des § 131 SGG und kommt die Behörde der Anordnung nicht nach, kann gem. § 201 SGG vollstreckt werden. Das bedeutet: Das Gericht kann auf Antrag unter Fristsetzung ein Zwangsgeld bis zu 1000.- EUR durch Beschluss androhen und nach vergeblichem Fristablauf (auch wiederholt) festsetzen. Für das Sozialrecht von besonderer Bedeutung ist es, dass die Vollstreckbarkeit einer einstweiligen Anordnung zB bzgl. der Verpflichtung der Behörde zur Erbringung

1055 Vgl. auch die Kritik von Spiolek ZFSH/SGB 2001, 80 (82), am Fehlen einer Verweisung auf § 934 ZPO.
1056 LSG BW 29.1.2007 – L 7 SO 5672/06 ER-B, juris Rn. 7.
1057 Vgl. SächsLSG 21.10.2016 – L 7 AS 973/16 B ER, juris Rn. 42.
1058 Dazu Finkelnburg/Jank VorlRS Rn. 255.
1059 MKLS/Keller SGG § 86b Rn. 46.

laufender Geldleistungen nicht dadurch entfällt, dass die Behörde nach Erlass der einstweiligen Anordnung einen von dieser Anordnung abweichenden Verwaltungsakt erlässt. Die einstweilige Anordnung bleibt auch in diesem Fall bestehen.[1060] Haben sich nach Erlass der einstweiligen Anordnung die Umstände geändert, kann die Behörde Beschwerde einlegen. Falls der Eilbeschluss bereits rechtskräftig ist, kann die Behörde eine Abänderung des Beschlusses gem. § 86b Abs. 1 S. 4 SGG (→ Rn. 200 ff.) beantragen. Keine Anwendung findet § 201 SGG auf einstweilige Anordnungen, mit denen eine Pflicht zum Unterlassen auferlegt wurde. In diesen Fällen wird gem. § 198 Abs. 1 SGG, § 890 ZPO vollstreckt.[1061] Die Vollstreckung zugunsten der öffentlichen Hand richtet sich gem. § 200 SGG nach den Vorschriften des Verwaltungsvollstreckungsgesetzes. Davon zu unterscheiden ist die Vollstreckung von Geldforderungen durch die Behörde aufgrund Verwaltungsakts, die gem. § 66 Abs. 1 SGB X nach dem Verwaltungsvollstreckungsgesetz erfolgen kann[1062] oder gem. § 66 Abs. 4 SGB X in entsprechender Anwendung der ZPO.[1063] Statthafter Rechtsbehelf für einstweiligen Rechtsschutz iR des Vollstreckungsschutzes (einstweilige Einstellung der Vollstreckung) ist die Regelungsanordnung. Die Einwendungen müssen Gründe iSd §§ 769, 767 Abs. 1 ZPO betreffen.

Beispiele: 435

- Zur Vollstreckung einer Regelungsanordnung nach § 201 SGG.[1064]
- Zum Rechtsschutzbedürfnis im Beschwerdeverfahren, wenn die Behörde als Beschwerdeführerin der vom Sozialgericht auferlegten Verpflichtung nachgekommen ist, um eine Zwangsvollstreckung abzuwenden bzw. zu vermeiden.[1065]
- Zur Vollstreckung von Geldforderungen durch die Behörde aufgrund Verwaltungsakts (zu unterscheiden von der Vollstreckung zugunsten der öffentlichen Hand aus einem sozialgerichtlichen Titel nach § 200 SGG); zum vorläufigen Rechtsschutz in Bezug auf vorläufigen Vollstreckungsschutz gem. § 769 ZPO analog; Statthaftigkeit der Regelungsanordnung[1066] (beachte: hier geht es nicht um die Vollstreckung der einstweiligen Anordnung, sondern eines Verwaltungsaktes); s. a. → Rn. 15.

▶ **Muster Gerichtsbeschluss:**

(zum Antrag → Rn. 434)

I. Dem Antragsgegner wird die Festsetzung eines Zwangsgeldes in Höhe von 1.000 EUR für den Fall angedroht, dass er nicht bis spätestens ... (Datum, Uhrzeit) die Anordnung ... (nähere Bezeichnung) des Beschlusses des Sozialgerichts vom ... Az. ... zugunsten des Antragstellers vollzogen hat.

II. Der Antragsgegner hat dem Antragsteller die notwendigen außergerichtlichen Kosten des Zwangsvollstreckungsverfahrens zu erstatten. ◀

1060 Zu § 80 VwGO HmbOVG NVWZ-RR 1994, 366 (367).

1061 Vgl. BSG 20.4.1988 – 3/8 RK 4/87 = BSGE 63, 144 (149); MKLS/Keller SGG § 201 Rn. 2b.

1062 Dazu LSG Bln-Bbg 7.3.2007 – L 28 B 134/07 AS, L 28 B 119/07 AS PKH; LSG Bln 17.3.2003 – L 14 B 81/02 AL.

1063 BayLSG 15.2.2008 – L 8 B 420/07 SO ER; LSG NRW 8.11.2004 – L 17 U 201/03; LSG Bln 16.3.2004 – L 9 B 165/03 KR ER; BayVGH 22.5.2007 – 8 C 07.1022; 23.10.2006 – 22 C 06.2640.

1064 LSG BW 5.11.2007 – L 8 AL 3045/07 B, L 8 AL 3045/07, juris Rn. 13; LSG Bln-Bbg 27.9.2006 – L 10 B 752/06 AS ER; zur Kostenentscheidung → Rn. 520.

1065 Str.: bejahend LSG Bln-Bbg 25.9.2007 – L 32 B 1565/07 AS ER; LSG BW 9.12.2005 – L 7 SO 4890/05; LSG BW 9.12.2005 – L 7 SO 4890/05 ER-B (Rechtsschutzbedürfnis wegen Vorbereitung der eventuellen Rückabwicklung); verneinend LSG Hmb 29.5.2007 – L 5 B 591/06 ER AS; LSG Bln-Bbg 4.10.2006 – L 10 B 654/06 AS ER (Beschwerde unzulässig).

1066 BayLSG 15.2.2008 – L 8 B 420/07 SO ER; LSG Bln 16.3.2004 – L 9 B 165/03 KR ER; BayVGH 22.5.2007 – 8 C 07.1022; 23.10.2006 – 22 C 06.2640; LSG Bln-Bbg 7.3.2007 – L 28 B 134/07 AS; LSG NRW 14.1.2015 – L 11 KA 77/14 B ER ua.

b) Beachtung der Vollziehungsfrist

436 Die Vollziehungsfrist des § 929 Abs. 2 ZPO gilt für die Vollstreckung einstweiliger Anordnungen im sozialgerichtlichen Bereich nicht mehr.[1067]

6. Schadensersatz- und Erstattungsanspruch

a) Schadensersatzanspruch

437 § 86b Abs. 2 S. 4 SGG regelt mit seiner Verweisung auf § 945 ZPO die nachprozessuale Risikoverteilung. Die Vorschrift beruht auf dem allgemeinen Rechtsgedanken, dass die Vollstreckung aus einem noch nicht endgültigen Titel auf Gefahr des Gläubigers geht. Gem. § 86b Abs. 2 S. 4 SGG, § 945 ZPO kann den Antragsteller ein verschuldensunabhängiger Schadensersatzanspruch treffen.[1068] Die Vorschrift gilt nur für Vornahmesachen.[1069] Die unterschiedliche gesetzgeberische Bewertung der nachprozessualen Risikoverteilung in Anfechtungs- und Vornahmesachen trägt den entsprechenden unterschiedlichen Interessenlagen Rechnung: In Vornahmesachen geht es um eine vorzeitige Realisierung eines Vollziehungsinteresses bzgl. eines idR nur summarisch geprüften materiellen Rechts und damit um die ungesicherte Verwirklichung eines vorläufigen Titels. Der einstweilige Rechtsschutz in Anfechtungssachen betrifft dagegen lediglich ein Erhaltungsinteresse, also den rechtlich geschützten status quo und damit ein Vollziehungsabwehrinteresse. Nach § 945 ZPO setzt ein Anspruch auf Schadensersatz voraus, dass sich die einstweilige Anordnung als von Anfang an ungerechtfertigt erweist oder dass sie aufgrund des § 926 Abs. 2 ZPO aufgehoben wird.[1070]

aa) Anordnung von Anfang an ungerechtfertigt

438 Ein Schadensersatzanspruch besteht, wenn die einstweilige Anordnung (nach späterer Erkenntnis) von Anfang an ungerechtfertigt war. Diese Feststellung ist im Schadensersatzprozess zu treffen, es sei denn, es liegt bereits eine rechtkräftige Entscheidung im Hauptsacheverfahren vor. Dann ist der Schadensersatzrichter an diese Entscheidung gebunden, soweit es um den Anordnungsanspruch geht, über den im Hauptsacheverfahren entschieden wurde. Keine Bindung tritt bzgl. des Anordnungsgrundes und der Interessenabwägung ein, da die Hauptsacheentscheidung darüber keine Aussage trifft. An eine rechtskräftige Entscheidung im Eilverfahren ist der Schadensersatzrichter nicht gebunden, und zwar auch dann nicht, wenn eine Eilentscheidung im Beschwerdeverfahren aufgehoben wurde, da auch in diesem Verfahren nur eine vorläufige und summarische Prüfung stattfand. Die einstweilige Anordnung war (nach späterer Erkenntnis) von Anfang an ungerechtfertigt, wenn die Anordnung bei richtiger Beurteilung der Sach- und Rechtslage zum Zeitpunkt der Entscheidung rechtsfehlerhaft war[1071] und nicht hätte erlassen werden dürfen, wenn also der Anordnungsanspruch oder der Anordnungsgrund nicht gegeben waren, wenn die Interessenabwägung zu Unrecht zugunsten des Antragstellers ausgefallen war oder wenn der Entscheidungsinhalt nicht den gesetzlichen Maßgaben entsprach.

bb) Aufhebung der einstweiligen Anordnung nach § 926 Abs. 2 ZPO

439 Auch die Aufhebung der einstweiligen Anordnung nach § 926 Abs. 2 ZPO kann eine Schadensersatzpflicht des Antragstellers auslösen. Gem. § 86b Abs. 2 S. 4 SGG, § 926 Abs. 1 ZPO hat

1067 Art. 7 des Gesetzes zur Neuorganisation der bundesunmittelbaren Unfallkassen, zur Änderung des Sozialgerichtsgesetzes und zur Änderung anderer Gesetze (BUK NOG) vom 19.10.2013 (BGBl. I 3836), in Kraft getreten am 25.10.2013.

1068 Dazu Plagemann ASR 2001, 87; MKLS/Keller SGG § 86b Rn. 49a.

1069 Vgl. für Anfechtungssachen → Rn. 298; zu § 80 Abs. 5 VwGO Kopp/Schenke § 80 Rn. 208.

1070 Für den Schadensersatzanspruch ist der ordentliche Rechtsweg gegeben BGH 23.9.1980 – VI ZR 165/78 = NJW 1981, 349.

1071 Str. für formell rechtswidrige Anordnungen, Finkelnburg/Jank VorlRS Rn. 147 mwN.

das Sozialgericht auf Antrag ohne mündliche Verhandlung anzuordnen, dass die Partei, die die Eilentscheidung erwirkt hat, binnen einer zu bestimmenden Frist Klage zu erheben habe, sofern die Hauptsache noch nicht anhängig ist. Gem. § 926 Abs. 2 ZPO ist auf Antrag die Aufhebung der Eilentscheidung auszusprechen, wenn der Anordnung des Gerichts nach § 926 Abs. 1 ZPO nicht Folge geleistet wird. Auf diesem Weg kann das Gericht gegenüber dem Antragsteller bzgl. der Erhebung der Klage Druck ausüben, allerdings nur auf Antrag des Antragsgegners.

cc) Umfang des Schadensersatzes

Der Antragsteller hat bei Vorliegen der oben genannten Voraussetzungen dem Antragsgegner den Schaden zu ersetzen, der diesem durch die Vollziehung der einstweiligen Anordnung oder dadurch entstanden ist, dass der Antragsgegner Sicherheit geleistet hat, um die Vollziehung abzuwenden oder die Aufhebung der Anordnung zu erwirken, § 945 ZPO. Ersetzt werden also Vollziehungs- und Vollziehungsabwehrschäden[1072] nach den allgemeinen Regeln des Schadensersatzrechts (§§ 249 ff. BGB).[1073] Insofern wird kaum jemals ein Schaden entstehen bzw. nachgewiesen werden können. Die praktische Bedeutung des § 945 ZPO ist daher gering,[1074] was dadurch unterstrichen wird, dass Schäden, die infolge freiwilliger Erfüllung der einstweiligen Anordnung zur Abwendung der Vollziehung entstehen, nicht von § 945 ZPO erfasst werden. Denn Vollziehung iSd § 945 ZPO bedeutet im Gegensatz zu dem Vollziehungsbegriff des § 86a SGG Vollstreckung. Dies ergibt sich aus § 928 ZPO sowie daraus, dass § 945 ZPO den Vollziehungsabwehrschaden ausdrücklich auf die Sicherheitsleistung begrenzt. Eine weiter gefasste Auslegung würde den Bürger unverhältnismäßig belasten, da er schon mit Erlass der einstweiligen Anordnung dem Schadensersatzanspruch der Behörde ausgesetzt wäre, ohne selbst auf dessen Entstehung Einfluss nehmen zu können.[1075] Der Schadensersatzanspruch kann nur vom Antragsgegner, nicht auch vom Beigeladenen geltend gemacht werden.[1076] Im dreiseitigen Rechtsverhältnis hat der von der einstweiligen Anordnung betroffene Dritte keinen Schadensersatzanspruch aus § 945 ZPO. Anspruchsberechtigt ist nach dem eindeutigen Wortlaut der Vorschrift nur der Antragsgegner.[1077] 440

b) Erstattungsanspruch

Sozialleistungen, die der Antragsteller per gerichtlicher Eilentscheidung zugesprochen erhält, stehen unter dem Vorbehalt der Rückforderung, und zwar sowohl in Anfechtungs- als auch in Vornahmesachen. Die Erstattungspflicht nach § 86b Abs. 2 S. 4 SGG, § 945 Abs. 1 ZPO in entsprechender Anwendung kann aber auch durch ein angenommenes Anerkenntnis im Verfahren des einstweiligen Rechtsschutzes begründet werden.[1078] Im Übrigen kann hier auf die Ausführungen zum Erstattungsanspruch in Anfechtungssachen verwiesen werden (→ Rn. 299 ff.). 441

Muster für Hinweis im Beschluss zu Schadensersatz-/Erstattungsanspruch → Rn. 458

7. Die Abänderbarkeit der gerichtlichen Eilentscheidung in Vornahmesachen

Nach dem Standort des § 86b Abs. 1 S. 4 SGG gilt das Abänderungsverfahren nur für Anfechtungssachen. § 86b Abs. 2 SGG enthält keine dem § 86b Abs. 1 S. 4 SGG vergleichbare Vorschrift. 442

1072 MKLS/Keller SGG § 86b Rn. 49a.
1073 Vgl. Schoch/Schneider/Schoch § 123 Rn. 197.
1074 Für § 123 VwGO Finkelnburg/Jank VorlRS Rn. 573, 574 f., 588; Schoch/Schneider/Schoch 123 Rn. 194.
1075 Schoch/Schneider/Schoch § 123 Rn. 198.
1076 BGH 23.9.1980 – VI ZR 165/78 = NJW 1981, 349.
1077 Vgl. Schoch/Schneider/Schoch § 123 Rn. 199 f.
1078 BSG 13.12.2016 – B 1 KR 10/16 R, juris Rn. 10.

Dennoch gilt § 86b Abs. 1 S. 4 SGG auch für den Bereich der einstweiligen Anordnung.[1079] Dies lässt sich zwar nicht mit § 927 ZPO begründen, da § 86b Abs. 2 S. 4 SGG diese Vorschrift ausdrücklich ausnimmt.[1080] Die Bejahung einer Abänderungsmöglichkeit auch im einstweiligen Anordnungsverfahren ergibt sich aber aus dem verfassungsrechtlich fundierten Sicherungszweck des Eilverfahrens.[1081] Ist in einer Vornahmesache aufgrund einer Änderung der Sach- oder Rechtslage die getroffene Zwischenregelung nicht mehr geeignet, die Sicherung des materiellen Rechts zu gewährleisten, wird die Effektivität des einstweiligen Rechtsschutzes auch hier durch eine Abänderung der Eilentscheidung sichergestellt. Die mit dem Fehlen eines Abänderungsverfahrens im Bereich der einstweiligen Anordnung bestehende planwidrige Unvollständigkeit des Gesetzes[1082] ist über eine analoge Anwendung des § 86b Abs. 1 S. 4 SGG zu schließen. Im Übrigen kann auf die Ausführungen zum Abänderungsverfahren bei den Anfechtungssachen verwiesen werden (→ Rn. 200 ff.).

8. Vergleich der Strukturen des einstweiligen Rechtsschutzes in Anfechtungs- und Vornahmesachen – Rechtspolitischer Ausblick

443 Vergleicht man die Grundstrukturen der Voraussetzungen des sozialgerichtlichen einstweiligen Rechtsschutzes in Anfechtungs- und Vornahmesachen, werden grundlegende Gemeinsamkeiten und Unterschiede sowie in rechtspolitischer Hinsicht die Möglichkeit eines einheitlichen gesetzlichen Tatbestands für alle Eilverfahren deutlich.

a) Gemeinsamkeiten und Unterschiede

444 In Anfechtungssachen gibt es einen **gesetzesbewirkten** und **behördlichen** Eilrechtsschutz. Gem. § 86a Abs. 1 S. 1 SGG tritt von Gesetzes wegen aufschiebende Wirkung und gem. § 86a Abs. 2 Nr. 1–4, Abs. 4 SGG sofortige Vollziehbarkeit ein. Gem. § 86a Abs. 2 Nr. 5 SGG kann die Behörde die Vollziehbarkeit anordnen und gem. § 86a Abs. 3 S. 1, 2 SGG aussetzen. In Vornahmesachen sieht das SGG weder einen gesetzlich vermittelten noch einen behördlich (vgl. aber die sog. vorläufigen Verwaltungsentscheidungen → Rn. 494 ff., 501 ff.) zu gewährenden einstweiligen Rechtsschutz vor. Was den **gerichtlichen** Eilrechtsschutz betrifft, geht es bei der Begründetheit des Eilantrags sowohl in Anfechtungs- als auch in Vornahmesachen um dieselben jeder einstweiligen Rechtsschutzgewährung zugrundeliegenden Fragen des prospektiven Hauptsacheerfolgs und der ohne Eilrechtsschutz drohenden Beeinträchtigungen. Im Eilverfahren sind stets die Wahrscheinlichkeit des prospektiven Hauptsacheerfolgs sowie der Grad und die Wahrscheinlichkeit der drohenden Beeinträchtigungen zu bestimmen. Abgesehen von dem Spezialfall des § 86a Abs. 3 S. 2, Abs. 2 Nr. 1 SGG fehlt in Anfechtungssachen aber eine gesetzliche Regelung des Prüfungsmaßstabs. Insbes. Wahrscheinlichkeits- und Beeinträchtigungsgrade sind nicht gesetzlich geregelt. Die genannten Kriterien werden hier in einer offenen Abwägung berücksichtigt. Ein erfolgreicher Antrag in Vornahmesachen setzt dagegen nach der den Sozialrichter grundsätzlich bindenden gesetzlichen Regelung (§ 86b Abs. 2 SGG, § 920 Abs. 2 ZPO) voraus, dass Hauptsacheerfolg und ohne Eilrechtsschutz eintretende erhebliche Beeinträchtigungen

1079 Vgl. LSG BW 11.10.2010 – L 7 SO 3392/10 ER-B, juris Rn. 4 mwN; BayLSG 16.7.2009 – L 8 SO 85/09 B ER; 21.12.2010 – L 8 SO 249/10 B ER; LSG Bln 26.10.2004 – L 15 B 88/04 KR ER; 10.7.2002 – L 15 B 39/02 KR ER, NZS 2002, 670; doppelte Analogie: Übertragung von Abs. 1 auf Abs. 2 des § 86b SGG und Erstreckung auf die Fälle, in denen dem Antrag auf einstweiligen Rechtsschutz nicht entsprochen wurde. Abw. LSG Nds-Brem 10.10.2013 – L 7 AS 1144/13 ER, juris Rn. 10: keine analoge Anwendung weder des § 86b Abs. 1 S. 4 SGG noch des § 927 ZPO; Rechtsschutz sei vielmehr über die Abänderungsklage gem. § 323 ZPO bzw. im Wege der Vollstreckungsabwehrklage nach § 767 ZPO zu gewähren; s. zum Ganzen auch Bühs ZFSH SGB 2017, 680: Abänderung einer einstweiligen Anordnung vor dem Sozialgericht; Harks jurisPR-SozR 16/2020 Anm. 1.

1080 LSG Bln 26.10.2004 – L 15 B 88/04 KR ER; 10.7.2002 – L 15 B 39/02 KR ER.

1081 Dazu Grunsky JuS 1977, 217 (222).

1082 Ebenso zu § 123 VwGO Schoch, Vorläufiger Rechtsschutz, S. 1702, 1704.

überwiegend wahrscheinlich sind (Anordnungsanspruch und -grund). Eine Kompensation unterhalb der gesetzlich geforderten überwiegenden Wahrscheinlichkeiten findet nach diesem vom Gericht aufgrund der Gesetzesbindung zu beachtenden Prüfungsmaßstab grundsätzlich nicht statt. Drohen ohne Eilrechtsschutz schwere Beeinträchtigungen oder sonst eine Verletzung des Verhältnismäßigkeitsgrundsatzes, ist jedoch aus verfassungsrechtlichen Gründen eine Modifikation der einfachgesetzlich vorgeschriebenen Mindestwahrscheinlichkeiten geboten, wenn sich die einfachgesetzlich geforderten überwiegenden Wahrscheinlichkeiten nicht feststellen lassen und die drohende Beeinträchtigung über den einfachgesetzlich geforderten wesentlichen Nachteil hinausgeht; insofern sind die § 86b Abs. 2 SGG, § 920 Abs. 2 ZPO verfassungskonform auszulegen. Es besteht dann keine Bindung an die gesetzlichen Wahrscheinlichkeits- und Beeinträchtigungsgrade. Um eines effektiven Rechtsschutzes willen kann in diesen Fällen ein Eilantrag auch dann Erfolg haben, wenn Hauptsacheerfolg und schwere Beeinträchtigungen nur möglich sind.

b) Rechtspolitischer Ausblick

In rechtspolitischer Hinsicht ist eine Regelung des einstweiligen Rechtsschutzes als einheitlicher 445
gesetzlicher Tatbestand denkbar, der sowohl für Anfechtungs- als auch für Vornahmesachen gilt. Bekennt sich der Gesetzgeber dabei zu der richterlichen Abwägung als Modus der Rechtsanwendung, könnte er sich damit begnügen, den Richter zu verpflichten, die zwingend zu beachtenden Abwägungselemente prospektiver Hauptsacheerfolg, ohne Eilrechtsschutz drohende Beeinträchtigungen und öffentliche Interessen sowie die zugrundeliegenden Abwägungsbelange zu benennen und eine begründete Abwägung unter Berücksichtigung der im konkreten Fall festgestellten Wahrscheinlichkeits- und Beeinträchtigungsgrade durchzuführen. Eine normative Vorregelung der Gewichtung der Abwägungselemente durch den Gesetzgeber, etwa durch normativ vorgegebene Wahrscheinlichkeits- und Beeinträchtigungsgrade, würde wieder die Gefahr einer verfassungswidrigen Regelung in sich bergen. Aus verfassungsrechtlichen Gründen sollte daher auf die gesetzliche Regelung von Mindestwahrscheinlichkeiten[1083] und Beeinträchtigungsgraden, wie sie de lege lata gelten (Glaubhaftmachung als Beweismaß; wesentlicher Nachteil), verzichtet werden.

1083 Ein solcher Verzicht entspräche auch internationalen Gepflogenheiten, vgl. zB zur normativen Vorregelung bei der *freezing injunction* und einem Genügen der Erfolgsaussicht der Hauptsache unter 50 % Heinze RIW 2003, 922 (924).

VII. Überblick, Checklisten und Muster

1. Überblick zum einstweiligen Rechtsschutz in Vornahmesachen

446

Rechtsfolge	Rechtsgrundlage (behördlich)[1084]	Bedeutung	Gerichtliche Maßnahme	Rechtsgrundlage (gerichtlich)
Sicherung der bestehenden Rechtsposition				
(sog. Sicherungsanordnung)	–	sichert ein bestehendes Recht bei drohender Rechtsbeeinträchtigung ohne VA und ohne Erweiterung der Rechtsposition	zB Feststellung des bestehenden Rechts oder Unterlassungsanordnung	§ 86b Abs. 2 S. 1
Erweiterung der Rechtsposition				
(sog. Regelungsanordnung)	–	erweitert vorläufig die Rechtsposition	Erweiterung der Rechtsposition zB durch vorläufige Zuerkennung einer Sozialleistung	§ 86b Abs. 2 S. 2

a) Voraussetzungen des Anordnungsanspruchs

447 Ein Anordnungsanspruch ist gegeben, wenn das Obsiegen des Antragstellers in der Hauptsache überwiegend wahrscheinlich ist,[1085] dh wenn der zu sichernde Hauptsacheanspruch dem Antragsteller mit (durch Glaubhaftmachung oder Amtsermittlung herbeigeführter)[1086] überwiegender Wahrscheinlichkeit zusteht.[1087]

b) Voraussetzungen des Anordnungsgrunds

448 Ein Anordnungsgrund ist gegeben, wenn im Interimszeitraum bis zur Hauptsacheentscheidung mit (durch Glaubhaftmachung oder Amtsermittlung herbeigeführter) überwiegender Wahrscheinlichkeit eine über Randbereiche hinausgehende Rechtsverletzung (wesentlicher Nachteil) droht.

c) Voraussetzungen der Güter- und Folgenabwägung

449 ■ Verfassungsrechtlich bedingte Modifikation der einfachgesetzlichen Maßgaben erforderlich (s. a. Orientierungshinweis → Rn. 384, Muster → Rn. 452)

1084 Auf behördlicher Ebene können vorläufige Entscheidungen getroffen werden → Rn. 494 ff., 501 ff.
1085 So zu § 123 VwGO Schoch/Schneider/Schoch § 123 Rn. 69, 74; abw. für die Sicherungsanordnung § 123 Rn. 70: Erfolg in der Hauptsache mindestens ebenso wahrscheinlich wie Misserfolg.
1086 Schoch/Schneider/Schoch § 123 Rn. 62 f.
1087 Finkelnburg/Jank VorlRS Rn. 219 mwN; Kopp/Schenke § 123 Rn. 23.

- Feststellung der Abwägungsbelange in Bezug auf die Abwägungselemente
  - prospektiver Hauptsacheerfolg
  - ohne Eilrechtsschutz drohende Beeinträchtigungen
  - öffentliche Interessen
- Feststellung der konkreten Wahrscheinlichkeits- und Beeinträchtigungsgrade
- Gewichtung der Abwägungselemente unter Berücksichtigung der Besonderheiten des konkreten Falles

> **Hinweis:** Eine („freie“) Abwägung ohne Bindung an die in § 86b Abs. 2 SGG geregelten Wahrscheinlichkeits- und Beeinträchtigungsgrade erfolgt nur, wenn aus verfassungsrechtlichen Gründen eine Modifikation des (einfach-) gesetzlich vorgesehenen Prüfungsmaßstabs geboten ist!

2. Checkliste zur Begründetheit eines Eilantrags in Vornahmesachen

1. Sind Hauptsacheerfolg und ohne Eilrechtsschutz eintretende erhebliche Rechtsverletzungen überwiegend wahrscheinlich (= Anordnungsanspruch und -grund)? 450

   Ja: Der Eilantrag hat Erfolg.[1088] Nein → 2.

2. Ist ein Hauptsacheerfolg zumindest möglich?

   Nein: Der Eilantrag hat keinen Erfolg. Ja → 3.

3. Sind ohne Eilrechtsschutz schwere Beeinträchtigungen oder eine sonstige Verletzung des Verhältnismäßigkeitsgrundsatzes möglich?

   Nein: Der Eilantrag hat keinen Erfolg. Ja → 4.

4. § 86b Abs. 2 SGG ist verfassungskonform auszulegen.
   - Güter- und Folgenabwägung ohne Bindung an die in § 86b Abs. 2 SGG geregelten Wahrscheinlichkeits- und Beeinträchtigungsgrade mit den Abwägungselementen
     - Prospektiver Hauptsacheerfolg
     - Ohne Eilrechtsschutz drohende Beeinträchtigungen
     - Öffentliche Interessen
   - Feststellung der im konkreten Fall gegebenen Wahrscheinlichkeits- und Beeinträchtigungsgrade
   - Gewichtung der Abwägungselemente unter Berücksichtigung der festgestellten (konkreten) Wahrscheinlichkeits- und Beeinträchtigungsgrade

1088 An dem Erfordernis einer zusätzlichen Interessenabwägung (so noch die 2. Aufl. Rn. 316) wird für diese Konstellation nicht mehr festgehalten; ebenso zu § 123 VwGO Schoch/Schneider/Schoch § 123 Rn. 65 f.

3. Muster (Formulierung von Obersätzen in Entscheidungs-/Antragsbegründungen)

> Hinweis: Muster sind stets mit Blick auf die Gegebenheiten des konkreten Falles zu verwenden!

451 ▶ **Muster Antrag/Beschluss Regelungsanordnung – § 86b Abs. 2 SGG ohne verfassungskonforme Auslegung (Anordnungsanspruch und -grund als Prüfungsmaßstab)**

Tenor / Antrag

Der Antragsgegner wird im Wege der einstweiligen Anordnung verpflichtet, dem Antragsteller ab xx.xx.xxxx bis zur bestandskräftigen Entscheidung in der Hauptsache, längstens aber bis xx.xx.xxxx Arbeitslosengeld I in Höhe von monatlich ... zu zahlen.[1089]

bei nur teilweiser Stattgabe zusätzlich: Im Übrigen wird der Antrag abgelehnt.

bei völligem Unterliegen: Der Antrag auf Erlass einer einstweiligen Anordnung vom xx.xx.xxxx wird abgelehnt.

Der Antragsgegner hat dem Antragsteller die notwendigen außergerichtlichen Kosten (*bei nur teilweiser Stattgabe*: zu .../...) zu erstatten.[1090]

bei völligem Unterliegen: Außergerichtliche Kosten sind nicht zu erstatten.

Gründe:

Die Voraussetzungen für den Erlass der beantragten Eilentscheidung liegen nicht vor (*oder*: liegen vor.)

Gem. § 86b Abs. 2 S. 2 SGG sind einstweilige Anordnungen auch zur Regelung eines vorläufigen Zustands in Bezug auf ein streitiges Rechtsverhältnis (= tatbestandlicher Anknüpfungspunkt für die Prüfung des Hauptsacheerfolgs) zulässig, wenn eine solche Regelung zur Abwendung wesentlicher Nachteile nötig erscheint (= tatbestandlicher Anknüpfungspunkt für die Prüfung der Eilbedürftigkeit). Im Hinblick auf den zu fordernden Überzeugungsgrad verweist § 86b Abs. 2 S. 4 SGG u.a. auf § 920 Abs. 2 ZPO, wonach (Hauptsache-)Anspruch und Anordnungsgrund glaubhaft, dh überwiegend wahrscheinlich zu machen sind. Allerdings gilt auch im sozialgerichtlichen Eilverfahren der Amtsermittlungsgrundsatz des § 103 SGG. Aus den genannten Vorschriften ist der Überzeugungsgrad der überwiegenden Wahrscheinlichkeit als Beweismaßstab abzuleiten. Dieser Beweismaßstab ist durch seine Relativität gekennzeichnet (BSG 8.8.2001 – B 9 U 23/01 B, juris Rn. 4 f. und 14.12.2006 – B 4 R 29/06 R, juris Rn. 116). Anders als bei der hinreichenden Wahrscheinlichkeit, bei der absolut mehr für als gegen die jeweilige Tatsache, etwa in Bezug auf den ursächlichen Zusammenhang, sprechen muss (vgl. dazu BSG 27.6.2006 – B 2 U 20/04 R, SozR 4-2700 § 9 Nr. 7 und 9.5.2006 – B 2 U 1/05 R, SozR 4-2700 § 8 Nr. 17), reicht bei der überwiegenden Wahrscheinlichkeit das Vorliegen einer guten Möglichkeit aus, wobei durchaus gewisse Zweifel bestehen bleiben können (MKLS/Keller, 13. Aufl. 2020, SGG § 86b Rn. 41, 16b, § 128 Rn. 3d). Aus alledem ergibt sich, dass der Erfolg eines Eilantrags nach der Vorschrift des § 86b Abs. 2 SGG das Vorliegen eines Anordnungsanspruchs und eines Anordnungsgrundes in dem Sinne voraussetzt, dass ein Anordnungsanspruch gegeben ist, wenn der zu sichernde Hauptsacheanspruch dem Antragsteller mit überwiegender Wahrscheinlichkeit zusteht, und ein Anordnungsgrund, wenn im Interimszeitraum bis zur Hauptsacheentscheidung mit überwiegender Wahrscheinlichkeit ein wesentlicher Nachteil iSe über Randbereiche hinausgehenden Rechtsverletzung droht (vgl. Krodel/Cantzler, Das sozialgerichtliche Eilverfahren, 5. Aufl. 2022, Rn. 382 f., 372, 362 f., jeweils mwN).

Dieser einfachgesetzliche und für den Richter grundsätzlich bindende (Art. 20 Abs. 3, 97 Abs. 1 GG) Prüfungsmaßstab ist nach der Rspr. des BVerfG unter Berücksichtigung des Rechtsschutzziels ggf. zu modifizieren. Werden die gesetzlich vorgeschriebenen überwiegenden Wahrschein-

---

1089 Einer expliziten Erwähnung der Vorläufigkeit der getroffenen Regelung bedarf es nicht (vgl. dazu → Rn. 465 ff., 41).

1090 Bei kostenpflichtigen Verfahren nach § 197a SGG: Der Antragsgegner trägt die Kosten des Verfahrens (bei nur teilweiser Stattgabe: Der Antragsgegner trägt die Kosten des Verfahrens zu .../..., der Antragsteller zu .../...).

lichkeiten nicht erreicht und droht bei Ablehnung des Eilantrags eine Verletzung des Verhältnismäßigkeitsgrundsatzes, weil schwere, über den wesentlichen Nachteil hinausgehende Beeinträchtigungen möglich sind, ist eine verfassungskonforme Auslegung des § 86b Abs. 2 SGG geboten.

Der Antrag auf einstweiligen Rechtsschutz zielt auf die vorläufige Gewährung von Leistungen nach dem ... (*zB AsylbLG*). Es sind jedoch keine Umstände ersichtlich, aus denen geschlossen werden könnte, dass bei Nichtgewährung des beantragten einstweiligen Rechtsschutzes schwere Beeinträchtigungen des Antragstellers iSd oben genannten Rspr. des BVerfG wie etwa eine existenzielle Notlage eintreten. Nach seinem Vorbringen hat der Antragsteller derzeit keinen ungedeckten Bedarf. ... Vor diesem Hintergrund verbleibt es bei den einfachgesetzlichen Regelungen des § 86b SGG.

Ein Anordnungsanspruch ist nicht gegeben. Der Antragsteller hat (nur) möglicherweise dem Grunde nach Anspruch auf Leistungen nach dem ... (*zB AsylbLG*). Es besteht jedoch keine überwiegende Wahrscheinlichkeit dafür, dass dem Antragsteller dieser Anspruch für den hier fraglichen Zeitraum ab xx.xx.xxxx zusteht. Dies ergibt sich bereits daraus, dass ... Ohne entsprechende Mitwirkung des Antragstellers war dem Senat eine weitere Aufklärung des Sachverhalts nicht möglich... Nach alledem ist ein Anspruch des Antragstellers auf Leistungen nach dem ... (*zB AsylbLG*) zwar theoretisch möglich, aber keinesfalls überwiegend wahrscheinlich.

Auch ein Anordnungsgrund ist nicht gegeben. Es ist nicht überwiegend wahrscheinlich, dass dem Antragsteller ohne Eilrechtsschutz ein wesentlicher Nachteil droht ...

Begründung Kostenentscheidung

Da das Eilverfahren keinen Erfolg hat, war der Antragsgegner nicht zur Erstattung der außergerichtlichen Kosten zu verpflichten, § 193 SGG analog.[1091]

oder bei vollem Obsiegen:

Da das Eilverfahren erfolgreich war, hat der Antragsgegner die außergerichtlichen Kosten des Antragstellers zu erstatten, § 193 SGG analog.[1092]

oder bei nur teilweiser *Stattgabe:*

Da das Eilverfahren nur teilweise erfolgreich war, hat der Antragsgegner die außergerichtlichen Kosten des Antragstellers entsprechend dem Umfang des Obsiegens und somit zu .../... zu erstatten, § 193 SGG analog.[1093] ◀

▶ **Muster Antrag/Beschluss Regelungsanordnung – Güter- und Folgenabwägung (nach verfassungskonformer Auslegung des § 86b Abs. 2 SGG)** 452

Tenor / Antrag

Der Antragsgegner wird im Wege der einstweiligen Anordnung verpflichtet, dem Antragsteller ab xx.xx.xxxx bis zur bestandskräftigen Entscheidung in der Hauptsache, längstens aber bis xx.xx.xxxx Arbeitslosengeld II in Höhe von monatlich ... zu zahlen.[1094]

Bei nur teilweiser Stattgabe zusätzlich: Im Übrigen wird der Antrag abgelehnt.

Bei völligem Unterliegen: Der Antrag auf Erlass einer einstweiligen Anordnung vom xx.xx.xxxx wird abgelehnt.

Der Antragsgegner hat dem Antragsteller die notwendigen außergerichtlichen Kosten (*bei nur teilweiser Stattgabe*: zu .../...) zu erstatten.[1095]

1091 Bei kostenpflichtigen Verfahren nach § 197a SGG: Der Antragsteller trägt die Kosten des Verfahrens, § 197a Abs. 1 S. 1 SGG iVm § 154 Abs. 1 VwGO analog.

1092 Bei kostenpflichtigen Verfahren nach § 197a SGG: Der Antragsgegner trägt die Kosten des Verfahrens, § 197a Abs. 1 S. 1 SGG iVm § 154 Abs. 1 VwGO analog.

1093 Bei kostenpflichtigen Verfahren nach § 197a SGG: Der Antragsteller trägt die Kosten des Verfahrens zu .../..., der Antragsgegner zu .../..., § 197a Abs. 1 S. 1 SGG iVm § 155 Abs. 1 VwGO analog.

1094 Einer expliziten Erwähnung der Vorläufigkeit der getroffenen Regelung bedarf es nicht (→ Rn. 465 ff., 41).

1095 Bei kostenpflichtigen Verfahren nach § 197a SGG: Der Antragsgegner trägt die Kosten des Verfahrens (bei nur teilweiser Stattgabe: Der Antragsgegner trägt die Kosten des Verfahrens zu .../..., der Antragsteller zu .../...).

bei völligem Unterliegen: Außergerichtliche Kosten sind nicht zu erstatten.

Gründe:

Die Voraussetzungen für den Erlass der beantragten Eilentscheidung liegen vor.

Gem. § 86b Abs. 2 S. 2 SGG sind einstweilige Anordnungen auch zur Regelung eines vorläufigen Zustands in Bezug auf ein streitiges Rechtsverhältnis (= tatbestandlicher Anknüpfungspunkt für die Prüfung des Hauptsacheerfolgs) zulässig, wenn eine solche Regelung zur Abwendung wesentlicher Nachteile nötig erscheint (= tatbestandlicher Anknüpfungspunkt für die Prüfung der Eilbedürftigkeit). Im Hinblick auf den zu fordernden Überzeugungsgrad verweist § 86b Abs. 2 S. 4 SGG unter anderem auf § 920 Abs. 2 ZPO, wonach (Hauptsache-)Anspruch und Anordnungsgrund glaubhaft, dh überwiegend wahrscheinlich zu machen sind. Allerdings gilt auch im sozialgerichtlichen Eilverfahren der Amtsermittlungsgrundsatz des § 103 SGG. Aus den genannten Vorschriften ist der Überzeugungsgrad der überwiegenden Wahrscheinlichkeit als Beweismaßstab abzuleiten. Dieser Beweismaßstab ist durch seine Relativität gekennzeichnet (BSG 8.8.2001 – B 9 U 23/01 B, juris Rn. 4 f. und 14.12.2006 – B 4 R 29/06 R, juris Rn. 116). Anders als bei der hinreichenden Wahrscheinlichkeit, bei der absolut mehr für als gegen die jeweilige Tatsache, etwa in Bezug auf den ursächlichen Zusammenhang, sprechen muss (vgl. dazu BSG 27.6.2006 – B 2 U 20/04 R, SozR 4-2700 § 9 Nr. 7 und 9.5.2006 – B 2 U 1/05 R, SozR 4-2700 § 8 Nr. 17), reicht bei der überwiegenden Wahrscheinlichkeit das Vorliegen einer guten Möglichkeit aus, wobei durchaus gewisse Zweifel bestehen bleiben können (MKLS/Keller, 13. Aufl. 2020, SGG § 86b Rn. 41, 16b, § 128 Rn. 3d). Aus alledem ergibt sich, dass der Erfolg eines Eilantrags nach der Vorschrift des § 86b Abs. 2 SGG das Vorliegen eines Anordnungsanspruchs und eines Anordnungsgrundes in dem Sinne voraussetzt, dass ein Anordnungsanspruch gegeben ist, wenn der zu sichernde Hauptsacheanspruch dem Antragsteller mit überwiegender Wahrscheinlichkeit zusteht, und ein Anordnungsgrund, wenn im Interimszeitraum bis zur Hauptsacheentscheidung mit überwiegender Wahrscheinlichkeit ein wesentlicher Nachteil iSe über Randbereiche hinausgehenden Rechtsverletzung droht (vgl. Krodel/Cantzler, Das sozialgerichtliche Eilverfahren, 5. Aufl. 2022, Rn. 382 f., 372, 362 f., jeweils mwN).

Dieser einfachgesetzliche und für den Richter grundsätzlich bindende (Art. 20 Abs. 3, 97 Abs. 1 GG) Prüfungsmaßstab ist nach der Rspr. des BVerfG unter Berücksichtigung des Rechtsschutzziels ggf. zu modifizieren. Werden die gesetzlich vorgeschriebenen überwiegenden Wahrscheinlichkeiten nicht erreicht und droht bei Ablehnung des Eilantrags eine Verletzung des Verhältnismäßigkeitsgrundsatzes, weil schwere, über den wesentlichen Nachteil hinausgehende Beeinträchtigungen möglich sind, ist eine verfassungskonforme Auslegung des § 86b Abs. 2 SGG geboten. Die Verhältnismäßigkeit im konkreten Fall ist dann durch offene Abwägung unter Berücksichtigung der festgestellten Wahrscheinlichkeits- und Beeinträchtigungsgrade zu gewährleisten. IR des verfassungsrechtlich Zulässigen sind aber unter Beachtung der Gesetzesbindung der Gerichte (Art. 20 Abs. 3, 97 Abs. 1 GG) auch dann die Regelungen des § 86b SGG zur Anwendung zu bringen. Ob der Eilantrag des Antragstellers Erfolg hat, ist daher nach Feststellung der Möglichkeit eines prospektiven Hauptsacheerfolgs und der ohne Eilrechtsschutz drohenden Beeinträchtigungen (als aus § 86b Abs. 2 SGG abgeleitete und daher wegen der Gesetzesbindung zwingend zu beachtende Abwägungselemente) nach offener Abwägung unter Berücksichtigung aller Umstände des konkreten Falles zu entscheiden. Die in Vornahmesachen als Beweismaß gesetzlich vorgegebene Glaubhaftmachung wird zum variablen, komparativen Begriff in Abhängigkeit vom Grad der drohenden Beeinträchtigung, der auch über den gesetzlich geforderten wesentlichen Nachteil hinaus Berücksichtigung findet. Die Wahrscheinlichkeiten des Eintritts der Beeinträchtigung und des Hauptsacheerfolgs werden in Relation gesetzt zur Schwere der drohenden Beeinträchtigung. IR des so verfassungskonform ausgelegten § 86b Abs. 2 SGG bedeutet dies zusammenfassend, dass die in die Eilentscheidung einzubeziehenden Abwägungselemente des prospektiven Hauptsacheerfolgs und der ohne Eilrechtsschutz drohenden Beeinträchtigungen nach Beeinträchtigungs- und Wahrscheinlichkeitsgraden iR einer offenen Abwägung vom Richter zu gewichten sind (vgl. dazu BVerfG 25.7.1996 – 1 BvR 638/96: eingehende Prüfung der Sach- und Rechtslage bei entsprechendem Anlass; BVerfG 22.11.2002 – 1 BvR 1586/02, juris Ls. 4 und Rn. 9: besonders intensive und nicht nur summarische Prüfung bei mittelbarer Lebensgefahr; BVerfG 12.5.2005 – 1 BvR 569/05, juris Rn. 25: abschließende Prüfung bei möglicher Verletzung der Menschenwürde; BVerfG 6.2.2013 – 1 BvR 2366/12, juris Rn. 3, und BVerfG 6.8.2014 – 1 BvR 1453/12, juris Rn. 10: Pflicht, desto intensiver zu prüfen, je gewichtiger die drohende Grundrechtsverletzung und je höher ihre Eintrittswahrscheinlichkeit ist). Sind keine schweren, über einen wesentlichen Nachteil hinausgehenden Beeinträchtigungen möglich, verbleibt es bei der einfachgesetzlichen Regelung des § 86b SGG.

Vorliegend ist bei Nichtgewährung von einstweiligem Rechtsschutz der Eintritt schwerer Beeinträchtigungen des Antragstellers, insbes. Verletzungen des ... (Art. 1 GG, 2 Abs. 2 GG) möglich. Daher ist eine Güter- und Folgenabwägung durchzuführen. Diese Abwägung fällt zugunsten des Antragstellers aus. Was das Abwägungselement des prospektiven Hauptsacheerfolgs betrifft, lässt sich aufgrund der sich im Eilverfahren darstellenden Sachlage eine abschließende Prüfung in der Hauptsache nicht durchführen. Das Gericht kann nicht sicher ausschließen, dass der Antragsteller den behaupteten Hauptsacheanspruch hat. Es ist möglich, dass ein solcher Anspruch besteht ...

Was das Abwägungselement der Eilbedürftigkeit (vgl. § 86b Abs. 2 S. 2 SGG: zur Abwendung eines wesentlichen Nachteils nötig erscheint) betrifft, drohen dem Antragsteller ohne Eilrechtschutz möglicherweise schwere Rechtsverletzungen iSd oben dargestellten Rspr. des BVerfG. ... Bei der Abwägung steht unter Zugrundelegung der verfassungsgerichtlichen Rspr. auch eine geringe Wahrscheinlichkeit des Hauptsacheerfolgs einem Erfolg des Eilantrags nicht entgegen. Zulasten des Antragsgegners fällt insbes. ins Gewicht, dass bei einer Realisierung der drohenden Beeinträchtigungen der Antragsteller wegen seiner bestehenden Gesundheitsstörungen besonders schwer betroffen ist. Die Gesundheitsstörungen ergeben sich aus ... Der vorliegenden Eilanordnung stehen auch keine wichtigeren öffentlichen Interessen entgegen ... Sie ist daher auch iSd Verhältnismäßigkeitsgrundsatzes angemessen. Dies zeigt auch die Abwägung unter Zugrundelegung der vom BVerfG entwickelten Doppelhypotheseprüfung: Bei Nichtanordnung und späterem Erfolg der Hauptsache besteht wegen ... die Gefahr, dass der Antragsteller irreversible Nachteile erleidet. Ergeht die Anordnung und hat die Hauptsache keinen Erfolg, läuft der Antragsteller Gefahr, der Antragsgegnerin die vorläufigen Leistungen ganz oder teilweise zurückzahlen zu müssen. Diese Folge ist gegenüber den für den Antragsteller drohenden Nachteilen gering zu achten. Die Gesamtabwägung ergibt, dass das Gewicht des Abwägungselements der ohne Eilrechtschutz drohenden Rechtsverletzungen und der sonstigen für den Antragsteller sprechenden Belange die Gewährung einstweiligen Rechtsschutzes dem Grunde nach (nicht) gebietet.

bei Stattgabe: Was Höhe und Dauer der vorläufigen Leistung betrifft, ... (s. Textbaustein für Inhalt der Eilentscheidung bei Stattgabe → Rn. 457).

Begründung Kostenentscheidung

Da das Eilverfahren erfolgreich war, hat der Antragsgegner die außergerichtlichen Kosten des Antragstellers zu erstatten, § 193 SGG analog.[1096]

oder bei vollem Unterliegen:

Da das Eilverfahren keinen Erfolg hat, war der Antragsgegner nicht zur Erstattung der außergerichtlichen Kosten zu verpflichten, § 193 SGG analog.[1097]

oder bei nur teilweiser Stattgabe:

Da das Eilverfahren nur teilweise erfolgreich war, hat der Antragsgegner die außergerichtlichen Kosten des Antragstellers entsprechend dem Umfang des Obsiegens und somit zu .../... zu erstatten, § 193 SGG analog.[1098] ◀

1096 Bei kostenpflichtigen Verfahren nach § 197a SGG: Der Antragsgegner trägt die Kosten des Verfahrens, § 197a Abs. 1 S. 1 SGG iVm § 154 Abs. 1 VwGO analog.

1097 Bei kostenpflichtigen Verfahren nach § 197a SGG: Der Antragsteller trägt die Kosten des Verfahrens, § 197a Abs. 1 S. 1 SGG iVm § 154 Abs. 1 VwGO analog.

1098 Bei kostenpflichtigen Verfahren nach § 197a SGG: Der Antragsteller trägt die Kosten des Verfahrens zu .../..., der Antragsgegner zu .../..., § 197a Abs. 1 S. 1 SGG iVm § 155 Abs. 1 VwGO analog.

453 ▶ **Muster Antrag/Beschluss Regelungsanordnung – Fehlen eines sicherungsfähigen Rechts**

Tenor

Der Antrag auf Erlass einer einstweiligen Anordnung vom xx.xx.xxxx wird abgelehnt.

Außergerichtliche Kosten sind nicht zu erstatten.

Gründe (Kurzfassung):

Für den Erfolg einer Regelungsanordnung ist stets ein sicherungsfähiges Recht des Antragstellers zu fordern (vgl. dazu ausdrücklich vom BVerfG 29.7.2003 – 2 BvR 311/03, juris Rn. 14). Ansonsten geht der Eilantrag ins Leere. Aus der aus Art. 19 Abs. 4 GG abgeleiteten Sicherungsfunktion und in Vornahmesachen wie der vorliegenden zusätzlich aus der Bindung des Gerichts an § 86b Abs. 2 SGG, wo der Hauptsacheanspruch tatbestandlich verankert ist (dazu Krodel/Cantzler, Das sozialgerichtliche Eilverfahren, 5. Aufl. 2022, Rn. 393 f.), ergibt sich von Verfassungs wegen zwingend das Gebot, die Rechtsfragen der Hauptsache im Verfahren des einstweiligen Rechtsschutzes zu prüfen und der Entscheidung (neben anderen Belangen) zugrunde zu legen; die materielle Rechtslage ist als obligatorisches Prüfungs- und Entscheidungskriterium für das sozialgerichtliche Eilverfahren verfassungsrechtlich und einfachgesetzlich vorgegeben (vgl. zur VwGO Windoffer, Die Klärungsbedürftigkeit und -fähigkeit von Rechtsfragen in verwaltungsgerichtlichen Verfahren des einstweiligen Rechtsschutzes, S. 41). Steht bereits im Eilverfahren fest, dass die Hauptsache erfolglos ist, gibt es kein im Eilverfahren sicherungsfähiges Recht. Zur vollen Überzeugung der Kammer steht fest, dass der vom Antragsteller geltend gemachte Anspruch nicht besteht ...

Gründe (längere Version):

Die gesetzlichen Voraussetzungen für einstweiligen Rechtsschutz liegen nicht vor. Statthaft ist die Regelungsanordnung gem. § 86b Abs. 2 S. 2 Sozialgerichtsgesetz – SGG –. Der (materielle) Prüfungsmaßstab der Regelungsanordnung ergibt sich grundsätzlich aus § 86b Abs. 2, 2, 4 SGG. § 86b SGG verlangt für einen Erfolg des Eilantrags jeweils eine überwiegende Wahrscheinlichkeit des Hauptsacheerfolgs und der Abwendung wesentlicher Nachteile (Anordnungsanspruch und -grund als Prüfungsmaßstab; § 86b Abs. 2 S. 4 SGG, § 920 Abs. 2 ZPO, § 103 SGG: Glaubhaftmachung als Beweismaß). In Eilverfahren der Fachgerichte hängt der Prüfungsmaßstab nach der Rspr. des BVerfG – BVerfG – zudem vom Rechtsschutzziel ab. Ist bei dem Antragsteller – wie bei den hier in Frage stehenden existenzsichernden Leistungen in Höhe des Regelbedarfs – ohne die Gewährung einstweiligen Rechtsschutzes eine schwere Beeinträchtigung möglich, ist entweder eine abschließende Prüfung der Hauptsache durchzuführen oder eine Güter- und Folgenabwägung vorzunehmen (vgl. zB für den Bereich der Existenzsicherung BVerfG 12.5.2005 – 1 BvR 569/05, juris Rn. 25; zu Leistungen nach dem SGB V BVerfG 6.2.2007 – 1 BvR 3101/06; ferner BVerfG 25.2.2009 – 1 BvR 120/09, juris Rn. 11). Ferner sind iR des verfassungsrechtlich Zulässigen unter Beachtung des Gesetzesbindungspostulats der Art. 20 Abs. 3, 97 Abs. 1 GG die Regelungen des § 86b Abs. 2 SGG zu beachten. Danach ist ein sicherungsfähiger Hauptsacheanspruch zu fordern, an dem es hier fehlt. Auch bei Zugrundelegung der Rspr. des BVerfG ist für einen Erfolg des Eilantrags ein sicherungsfähiges Recht des Antragstellers zu fordern (so ausdrücklich BVerfG 29.7.2003 – 2 BvR 311/03, juris Rn. 14). Ansonsten geht der Eilantrag ins Leere. Aus der aus Art. 19 Abs. 4 GG abgeleiteten Sicherungsfunktion und in Vornahmesachen wie der vorliegenden zusätzlich aus der Bindung des Gerichts an § 86b Abs. 2 SGG, wo der Hauptsacheanspruch tatbestandlich verankert ist, ergibt sich von Verfassungs wegen zwingend das Gebot, die Rechtsfragen der Hauptsache im Verfahren des einstweiligen Rechtsschutzes zu prüfen und der Entscheidung (neben anderen Belangen) zugrunde zu legen. Die materielle Rechtslage ist als obligatorisches Prüfungs- und Entscheidungskriterium für das sozialgerichtliche Eilverfahren verfassungsrechtlich und einfachgesetzlich vorgegeben (vgl. zur VwGO Windoffer, Die Klärungsbedürftigkeit und -fähigkeit von Rechtsfragen in verwaltungsgerichtlichen Verfahren des einstweiligen Rechtsschutzes, S. 41). Auch die Rspr. des BVerfG zur einstweiligen verfassungsgerichtlichen Anordnung auf der Grundlage des § 32 Abs. 1 BVerfGG belegt dies. Danach ist über verfassungsgerichtlichen Eilrechtsschutz grundsätzlich ohne Berücksichtigung der Gründe, die für die Verfassungswidrigkeit des angegriffenen Hoheitsakts vorgetragen werden, aufgrund einer Folgenabwägung zu entscheiden. Selbst hier ist aber wegen der Sicherungsfunktion der einstweiligen Anordnung für deren Erlass iR eines Verfassungsbeschwerdeverfahrens kein Raum, wenn davon auszugehen ist, dass die Verfassungsbeschwerde gem. §§ 93a, 93b BVerfGG nicht zur Entscheidung anzunehmen sein wird (stRspr; vgl. BVerfG 20.7.2004 – 2 BvR 1001/04; BVerfGE 7, 367 [371]; 68, 233 [235]; 71, 158 [161]; 79, 379 [383]). Eine entsprechende unter dem Aspekt der Sicherungsfunktion des Eilverfahrens zu stellende Mindestanforderung muss auch für das sozialgerichtliche Eilverfahren gelten, bei dem die rechtsnormativen Grundlagen in Vornahmesachen den Hauptsacheanspruch sogar in Bezug nehmen (vgl. § 86b Abs. 2 S. 2 SGG „streitiges Rechtsverhältnis"). Das gilt auch in gerichtlichen Eilverfahren, die die Gewährung existenzsichernder Leistungen betreffen. Auch hier begegnet es keinen verfassungsrechtlichen Bedenken, wenn sich die Fachgerichte bei der Beurteilung der Sach- und Rechtslage an den Erfolgsaussichten der Hauptsache orientieren, wenn sie die Sach- und Rechtslage abschließend prüfen (BVerfG 15.1.2007 – 1 BvR 2971/06, juris Rn. 14).

Ein zu sicherndes Recht ist hier nicht gegeben. Der Antragsteller hat zur vollen Überzeugung des Senats keinen Anspruch auf...

Begründung Kostenentscheidung

Da das Eilverfahren keinen Erfolg hat, war der Antragsgegner nicht zur Erstattung der außergerichtlichen Kosten zu verpflichten, § 193 SGG analog.[1099] ◀

▶ **Muster Antrag/Beschluss – Sicherungsanordnung** 454

Tenor:

Dem Antragsgegner wird im Wege der einstweiligen Anordnung untersagt, Sozialdaten des Antragstellers an X weiterzugeben.

Gründe:

Der Antragsteller ist drogenabhängig. Er bezieht von der Antragsgegnerin Leistungen der medizinischen Rehabilitation. Wie die Antragsgegnerin dem Antragsteller mit anliegendem Schreiben vom xx.xx.xxxx mitgeteilt hat, beabsichtigt sie, dem ausländischen Versicherungsträger X Sozialdaten des Antragstellers durch Übersendung der gesamten Akten der Antragsgegnerin zu übermitteln. Daher ist die beantragte Untersagung der Auskunftserteilung an X im Wege der einstweiligen Anordnung auszusprechen. Statthaft ist insofern die Sicherungsanordnung, da weder das Schreiben vom xx.xx.xxxx noch die Weitergabe der Sozialdaten selbst (anfechtbare) Verwaltungsakte sind. In der Hauptsache wäre, da es sich um ein erstmaliges Offenbaren handeln würde, die vorbeugende Unterlassungsklage statthaft. Begehrt wird nicht die vorläufige Erweiterung einer Rechtsposition, sondern die Sicherung eines bestehenden Rechts aus § 35 SGB I. Diese Vorschrift gewährt auch ein sicherungsfähiges Recht iSd § 86b Abs. 2 S. 1 SGG, nämlich ein subjektiv-öffentliches Recht darauf, dass die Antragsgegnerin die Geheimnisse nicht unbefugt offenbart. Anordnungsanspruch und -grund liegen vor. Es besteht eine überwiegende Wahrscheinlichkeit für das Zustehen eines Unterlassungsanspruchs und die Gefahr seiner Vereitelung. Denn eine Offenbarung von zum persönlichen Lebensbereich des Antragstellers gehörenden Geheimnissen (Drogenabhängigkeit; persönlicher und beruflicher Werdegang; zerrüttete familiäre Verhältnisse; Arbeitsunfähigkeitszeiten; durch Arbeitgeberkündigung aufgelöste Arbeitsverhältnisse usw) verletzt das Recht des Antragstellers auf informationelle Selbstbestimmung. Ein Interesse an der Kenntniserlangung des X ist nicht erkennbar. Eine Zustimmung des Antragstellers zur Weitergabe der Daten, vgl. dazu die anliegende eidesstattliche Versicherung, oder eine gesetzliche Mitteilungspflicht liegen nicht vor. ◀

▶ **Muster Antrag/Beschluss (Textbaustein) – vorläufige Leistungen erst ab Eingang des Eilantrags bei Gericht** 455

... Die tatbestandliche Herleitung des Beginns der vorläufig zuzuerkennenden Leistung folgt für die hier statthafte Regelungsanordnung (§ 86b Abs. 2 S. 2 SGG) aus dem Tatbestandsmerkmal der „Abwendung" eines wesentlichen Nachteils. Die Abwendung einer Beeinträchtigung durch gerichtliche Eilanordnung kann grundsätzlich nur für einen Zeitraum ab Eingang des Eilantrags

1099 Bei kostenpflichtigen Verfahren nach § 197a SGG: Der Antragsteller trägt die Kosten des Verfahrens, § 197a Abs. 1 S. 1 SGG iVm § 154 Abs. 1 VwGO analog.

bei Gericht erfolgen. Abzustellen ist daher grundsätzlich auf diesen Zeitpunkt.[1100] Im Hinblick auf idS in der Vergangenheit liegende Rechtsbeeinträchtigungen ist eine Leistungsanordnung damit grundsätzlich ausgeschlossen.[1101] Für den Zeitraum ab Eingang des Eilantrags beim SG hält das Gericht vorläufige Leistungen zur Abwendung eines wesentlichen Nachteils iSd § 86b Abs. 2 S. 2 SGG für notwendig.... Insofern ist daher ein Anordnungsgrund gegeben. ◀

456 ▶ **Muster Antrag/Beschluss (Textbaustein) – sog. Nachholbedarf**

... Der Antragsteller macht auch vorläufige Leistungen für den Zeitraum ab xx.xx.xxxx und somit vor Eingang des Eilantrags bei Gericht geltend. Auch insofern ist ein Anordnungsgrund gegeben. Für vor dem Eilantrag liegende Zeiträume liegt – was hier der Fall ist – Eilbedürftigkeit vor, wenn ein sog. Nachholbedarf besteht. Nachholbedarf ist gegeben, wenn bei nicht rückwirkender Leistungsgewährung, also bei „Nichtnachholung" von in der Vergangenheit, dh vor Stellung des Eilantrags bei Gericht, liegenden Leistungen, erhebliche Rechtsverletzungen für die Zukunft drohen (vgl. HessLSG 20.6.2005 – L 7 AL 100/05 ER; LSG BW 13.10.2005 – L 7 SO 3804/05 ER-B; LSG Bln-Bbg 5.4.2006 – L 23 B 19/06 SO ER). Die im abgelaufenen Zeitraum liegenden Umstände müssen in die Gegenwart und Zukunft hinein wirken und so die aktuelle Dringlichkeit begründen. Die vom Antragsteller geltend gemachten Umstände beziehen sich auf aktuelle Nachteile. Denn ohne Gewährung der Leistungen für den Zeitraum vom xx.xx.xxxx bis xx.xx.xxxx (vor Eingang des Eilantrags) droht eine sofortige Energiesperre durch das Energieversorgungsunternehmen des Antragstellers (vgl. anliegendes Schreiben der X-Energie-AG vom xx.xx.xxxx). ◀

457 ▶ **Muster Beschluss (Textbaustein) – Inhalt der Eilentscheidung bei Stattgabe**

... (Eilrechtsschutz steht dem Grunde nach zu) ... Der Inhalt der Eilanordnung steht im Ermessen des Gerichts, § 86b Abs. 2 S. 4 SGG, § 938 Abs. 1 ZPO. Im Hinblick auf die Rechtsschutzfunktion des § 86b SGG und unter Berücksichtigung der grundgesetzlichen Gewährleistung des Art. 19 Abs. 4 GG ist es geboten, dem Antragsteller für einen begrenzten Zeitraum einen bestimmten Geldbetrag zuzuerkennen. Dabei war insbes. zu berücksichtigen, dass ...

Was die Dauer der zuerkannten Leistung betrifft, macht das Gericht von seinem Ermessen (§ 86b Abs. 2 S. 4 SGG, § 938 Abs. 1 ZPO) dahin gehend Gebrauch, dass es die Leistungen in Anlehnung an ... *(zB dem in § 43 Abs. 3 S. 2 SGB II oder § 44 Abs. 3 SGB XII normierten Zeitraum)* für xx Monate festlegt, und zwar ab xx.xx.xxxx (*grundsätzlich Eingang des Eilantrags beim SG, späterer oder bei Nachholbedarf früherer Zeitpunkt*)[1102]. In Bezug auf das Ende des Zeitraums geht das Gericht davon aus, dass bis zum xx.xx.xxxx eine Klärung des Bedarfs – *ggf. durch ein von Amts wegen (§ 20 SGB X) einzuholende Gutachten* – herbeigeführt sein wird.

Was die Höhe der vorläufigen Leistungsgewährung betrifft, war der Regelsatz im Hinblick auf die Vorläufigkeit der im Wege des Eilrechtsschutzes zu erbringenden Leistungen und wegen der hohen Fragwürdigkeit einer Rückforderungsmöglichkeit für den Fall eines Obsiegens der Antragsgegnerin im Hauptsacheverfahren um 20 % zu kürzen.[1103]... ◀

1100 LSG Bln-Bbg 10.1.2007 – L 28 B 53/07 AS ER; LSG NRW 8.9.2006 – L 20 B 105/06 SO ER, juris Rn. 13; LSG Bln-Bbg 5.4.2006 – L 23 B 19/06 SO ER; HessLSG 24.4.2006 – L 9 AS 39/06 ER; 20.6.2005 – L 7 AL 100/05 ER; HessLSG Breithaupt 2006, 56 (63); SächsLSG 19.9.2005 – L 3 B 155/05 AS-ER; LSG BW 17.8.2005 – L 7 SO 2117/05 ER-B; BayLSG 14.6.2005 – L 11 B 206/05 SO ER, Breithaupt 2005, 774 (775); LSG Nds-Brem 28.4.2005 – L 8 AS 57/05 ER, FEVS 2005, 503 (508); LSG Hmb 2.3.2005 – L 3 B 43/05 ER SO.

1101 LSG Hmb 2.3.2005 – L 3 B 43/05 ER SO; BayLSG 14.6.2005 – L 11 B 206/05 SO ER, Breithaupt 2005, 774 (775); SächsLSG 19.9.2005 – L 3 B 155/05 AS-ER, juris Ls. 4; BayLSG 7.4.2005 – L 11 B 117/05 SO ER, Breithaupt 2005, 779; 14.6.2005 – L 11 B 218/05 AS ER, Breithaupt 2005, 786; HessLSG 26.10.2005 – L 7 AS 65/05 ER; LSG Bln-Bbg 7.6.2007 – L 28 B 743/07 AS ER, juris Rn. 9.

1102 S. dazu → Rn. 348 ff.

1103 Vgl. zur verfassungsrechtlichen Unbedenklichkeit einer solchen Kürzung in Bezug auf den Regelsatz BVerfG 12.5.2005 – 1 BvR 569/05, juris Rn. 26 aE → Rn. 635; ferner SG Düsseldorf 16.2.2005 – S 35 SO 28/05 ER, juris Rn. 26; LSG BW 29.1.2007 – L 7 SO 5672/06 ER-B, juris Rn. 5; LSG Bln-Bbg 2.2.2006 – L 14 B 1157/05 AS ER: 70 %; abw. LSG Nds-Brem 28.4.2005 – L 8 AS 57/05 ER, juris Rn. 33; LSG MV 5.2.2007 – L 8 B 211/06, juris Rn. 15.

▶ Muster Beschluss – Hinweis zu Schadensersatz- / Erstattungsanspruch 458

Die Kammer/Der Senat weist ausdrücklich darauf hin, dass Sozialleistungen, die der Antragsteller per gerichtlicher Eilentscheidung zugesprochen erhält, unter dem Vorbehalt der Rückforderung stehen, und dass, sollte sich in einem möglichen Hauptsacheverfahren erweisen, die einstweilige Anordnung von Anfang an ganz oder teilweise ungerechtfertigt war, der Antragsteller verpflichtet ist, der Antragsgegnerin den Schaden zu ersetzen, der ihr aus der Vollziehung dieser Anordnung entsteht, § 86b Abs. 2 S. 4 SGG, § 945 ZPO.[1104] ◀

▶ Muster Antrag – Vollstreckung der gerichtlichen Eilentscheidung 459

(zum Muster Gerichtsbeschluss → Rn. 435)

Antrag:

Der Antragsteller beantragt, gegen den Antragsgegner ein Zwangsgeld in Höhe von 1.000 EUR festzusetzen.

Gründe:

Mit Beschluss vom xx.xx.xxxx hat das Gericht den Antragsgegner im Wege der einstweiligen Anordnung zur Zahlung von monatlich 364 EUR ab xx.xx.xxxx verpflichtet. Der Antragsgegner kommt dieser Verpflichtung trotz mehrfacher Aufforderung und Zwangsgeldandrohung durch das Gericht nicht nach. Daher ist die Festsetzung eines Zwangsgeldes in beantragter Höhe geboten. ◀

1104 Nach LSG Bln-Bbg 5.12.2007 – L 26 B 1888/07 AS ER, L 26 B 1900/07 AS PKH.

D. Funktion und Rechtsnatur der Eilentscheidung und verfassungsrechtliche Fragen des einstweiligen Rechtsschutzes

I. Funktion der Eilentscheidung

1. Sicherungsfunktion

460 Der einstweilige Rechtsschutz in Anfechtungssachen und beide Anordnungstypen des § 86b Abs. 2 SGG haben das Rechtsschutzziel, der Entwertung des Hauptsacherechtsschutzes vorzubeugen.[1105] Der einstweilige Rechtsschutz sichert also die Effektivität des Hauptsacherechtsschutzes. Dies geschieht durch Sicherung der dort streitigen Rechtsposition für die Dauer des Rechtsstreits gegen ihre Entwertung durch Zeitablauf[1106] oder durch den Vollzug behördlicher Entscheidungen (**Sicherungsfunktion**). Dieser funktionale Zusammenhang mit dem materiellen Recht kennzeichnet zugleich die dienende Funktion des einstweiligen Rechtsschutzverfahrens.[1107]

2. Rechtsschutzfunktion

461 Effektiver Rechtsschutz iSd Art. 19 Abs. 4 GG gebietet es daher, dass materiellrechtliche Rechtspositionen nicht durch unzureichende Verfahren entwertet werden dürfen.[1108] Im Hinblick auf das zeitliche Moment wäre Hauptsacherechtsschutz häufig ein unzureichendes Verfahren, weil Rechtsverletzungen bis zur Hauptsacheentscheidung schon eingetreten sein können. Schutz vor einer Entwertung der materiellen Rechtsposition kann dann nur das einstweilige Rechtsschutzverfahren gewährleisten.[1109] Darin besteht die **Rechtsschutzfunktion** des Eilverfahrens. Die Rechtsschutzfunktion des öffentlich-rechtlichen Eilverfahrens gewinnt umso mehr an Bedeutung, wenn man das Selbsttitulierungsrecht der Verwaltung bedenkt. Insofern stellt der durch die §§ 86a und 86b SGG gewährte einstweilige Rechtsschutz einen einfachgesetzlichen Ausgleich für die Überlegenheit der Verwaltung dar.

3. Offenhalte- und Zwischenregelungsfunktion

462 Die endgültige Entscheidung muss allerdings dem Hauptsacheverfahren vorbehalten bleiben. Der Zweck des einstweiligen Rechtsschutzverfahrens besteht also darin, den Rechtsstreit so offen zu halten, dass ein Hauptsacheverfahren noch wirksamen Rechtsschutz gewähren kann. Es geht um die Offenhaltung der Entscheidungsfähigkeit des Hauptsacheverfahrens durch Sicherung des Hauptsacheanspruchs (**Offenhaltefunktion**). Das ist häufig nicht anders möglich als durch eine Regelung für den Zwischenzeitraum bis zur endgültigen Entscheidung, etwa durch die Zuerkennung vorläufiger Leistungen (**Zwischenregelungsfunktion**),[1110] wenn nur so drohende Rechtsverletzungen vermieden werden können.

1105 Vgl. zu § 123 VwGO Finkelnburg/Jank VorlRS Rn. 12 aE.
1106 Vgl. BVerfG NJW 1989, 827; 1995, 950 (951).
1107 Vgl. zur VwGO Finkelnburg/Jank VorlRS Rn. 48.
1108 BVerfG 20.12.1979 – 1 BvR 385/77, BVerfGE 53, 30 (65 f.).
1109 IdS geht der Normzweck der §§ 86a und 86b SGG letztlich in Art. 19 Abs. 4 GG auf, vgl. dazu Schoch/Schneider/Schoch § 80 Rn. 11, 18 und zum Ganzen Finkelnburg/Jank VorlRS Rn. 45 ff.
1110 Auch als interimistische Befriedungsfunktion, vgl. Finkelnburg/Jank VorlRS Rn. 46, oder Zwischenzeitüberbrückungsfunktion, vgl. Vogg NJW 1993, 1357 (1360), bezeichnet.

4. Verhältnis von Sicherungs- und Rechtsschutzfunktion

Offenhalte- und Zwischenregelungsfunktion erweisen sich gleichsam als Unterfunktionen der Sicherungs- und Rechtsschutzfunktion. Zwischen Offenhalte- und Zwischenregelungsfunktion kann ein Spannungsverhältnis bestehen. Durch die Zwischenregelung werden nicht selten irreversible oder doch zumindest irreparable Zustände geschaffen, das Verfahren wird durch die Zwischenregelung für den entsprechenden Zeitraum oft gerade nicht offen gehalten, weil durch die Zwischenregelung die Hauptsache vorweggenommen wird (→ Rn. 396 ff.). Dieses Spannungsverhältnis kann auch dann zugunsten der Zwischenregelungsfunktion zu entscheiden sein, wenn die Zwischenregelung zu einer (vorläufigen) Befriedigung des Hauptsacheanspruchs führt. Im Hinblick auf die naturgesetzlich vorgegebene Dimension Zeit und um eines effektiven Rechtsschutzes willen hat die Zwischenregelungsfunktion insofern oft Vorrang vor der Offenhaltefunktion. Die Entscheidung kann nur für den konkreten Fall getroffen werden. Das Ergebnis hängt ab von der Gewichtung der aus den genannten Funktionen des Eilrechtsschutzes abgeleiteten Prüfungskriterien des prospektiven Hauptsacheerfolgs und der ohne Eilrechtsschutz drohenden Rechtsverletzungen. Diese Gewichtung hat der Gesetzgeber in den Vornahmesachen für den Richter grundsätzlich verbindlich vorgenommen (vgl. oben C, insbes. → Rn. 412), für Anfechtungssachen fehlt eine gesetzliche Regelung der Voraussetzungen des Eilrechtsschutzes (vgl. oben B, insbes. → Rn. 208, 210, 262). Aus verfassungsrechtlicher Sicht darf eine gerichtliche Eilentscheidung den Verhältnismäßigkeitsgrundsatz nicht verletzen, insbes. keine falsche Gewichtung betroffener Grundrechte des Antragstellers enthalten. 463

Das BVerfG fordert daher in entsprechenden Fällen eine besondere Ausgestaltung des Eilverfahrens, die letztlich die Beachtung des Verhältnismäßigkeitsgrundsatzes gewährleisten soll und die auch das Verhältnis zwischen Sicherungs- und Rechtsschutzfunktion des Eilverfahrens betrifft. Die vom BVerfG aufgestellten Grundsätze beziehen sich in erster Linie auf die Anforderungen an die für den Hauptsacheerfolg (in Vornahmesachen: „Anordnungsanspruch“) und die drohenden Rechtsverletzungen (in Vornahmesachen: „Anordnungsgrund“) zu fordernden Wahrscheinlichkeits- und Beeinträchtigungsgrade, die sich am Rechtsschutzziel[1111] zu orientieren haben, das der Beschwerdeführer mit seinem Begehren verfolgt.[1112] Diese Anforderungen sind – wie ausgeführt – für die Vornahmesachen gesetzlich geregelt. Für einen Erfolg des Eilantrags sind hier ein drohender wesentlicher Nachteil (Beeinträchtigungsgrad) und überwiegende Wahrscheinlichkeiten zu fordern (§ 86b Abs. 2 S. 2, 4 SGG, § 920 Abs. 2 ZPO). Nur wenn eine darüber hinausgehende schwere Beeinträchtigung oder sonst eine Verletzung des Verhältnismäßigkeitsgrundsatzes droht, darf der Richter im Wege der verfassungskonformen Auslegung von diesen gesetzlichen Vorgaben abweichen. Dann gilt auch für die Vornahmesachen, was für die Anfechtungssachen mangels einfachgesetzlicher Regelung ohnehin gilt: Je schwerer die ohne Eilrechtsschutz drohende Beeinträchtigung ist, umso intensiver muss die Prüfung der Erfolgsaussichten der Hauptsache ausfallen, damit der Aspekt des prospektiven Hauptsacheerfolgs ein durchschlagendes Gewicht zulasten des Antragstellers erlangen kann. Droht eine entsprechend schwere Verletzung des Art. 1 GG (Rechtsschutzfunktion), darf Eilrechtsschutz unter Orientierung an den Erfolgsaussichten des Hauptsacheverfahrens (Sicherungsfunktion) sogar nur versagt werden, wenn insofern eine abschließende Prüfung möglich ist.[1113] Aus verfassungsrechtlicher Sicht gewinnt also die Rechtsschutzfunktion mit der Schwere der drohenden Beeinträchtigungen im Verhältnis zur Sicherungsfunktion immer mehr an Bedeutung für das Ergebnis des Eilverfahrens. Auf der anderen 464

1111 Abw. LSG Bln-Bbg 17.1.2006 – L 29 B 1104/05 AS ER (angeblich vordringliches Abstellen auf die Erfolgsaussichten des Rechtsmittels).

1112 BVerfG 12.5.2005 – 1 BvR 569/05, juris Rn. 23; BVerfG, NVwZ 2004, 95 (96). Vgl. aber zur angeblich fehlenden Glaubhaftmachung HessLSG 28.3.2006 – L 7 AS 122/05 ER.

1113 Solche Fälle stellen aber nur eine Ausnahme, nicht die Regel dar, vgl. BVerfG 26.6.2018 – 1 BvR 733/18.

Seite muss ein Hauptsacheerfolg zumindest möglich sein, es darf also nicht mit an Sicherheit grenzender Wahrscheinlichkeit feststehen, dass der Hauptsacheanspruch dem Antragsteller nicht zusteht. Dies ergibt sich aus der aus Art. 19 Abs. 4 GG abgeleiteten Sicherungsfunktion des Eilverfahrens, in Vornahmesachen zusätzlich aus der Bindung des Gerichts an § 86b Abs. 2 SGG (Gesetzesbindungspostulat), wo der Hauptsacheanspruch tatbestandlich verankert ist (→ Rn. 340 f.).

II. Die Rechtsnatur der Eilentscheidung

465 Aus den beschriebenen Funktionen des einstweiligen Rechtsschutzes und seiner rechtsnormativen Grundlage in den Vorschriften des SGG wird die Rechtsnatur der Eilentscheidung deutlich. Bei den §§ 86a und 86b SGG handelt es sich um prozessrechtliche Vorschriften,[1114] die eine Entscheidung in der Sache selbst nicht vorsehen. In Anfechtungssachen ist Streitgegenstand lediglich die Frage der sofortigen Geltung des Verwaltungsaktes, in Vornahmesachen die Gestaltung der vorläufigen Sicherung oder Regelung des im Hauptsacheverfahren streitigen materiellen Rechts. Die Eilentscheidung gewährt **kein materielles Zwischenrecht**, sondern schafft eine **prozessrechtliche Zwischenregelung**, die allerdings bzgl. des abgelaufenen Zeitraumes oft irreversible Zustände schafft und schon insofern von dem materiellen Recht nicht abgekoppelt werden kann. Diese dienende Funktion des Prozessrechts gegenüber dem materiellen Recht findet ihre funktionale Entsprechung in dem Sicherungszweck der prozessrechtlichen Eilentscheidung gegenüber der in der Hauptsache begehrten Rechtsposition. Die auf Prozessrecht beruhende Sicherung und das materielle Recht des Hauptsacheverfahrens, das der Verwirklichung des subjektiven Rechts des Klägers dient, stehen in einer Wechselbeziehung.[1115] Die prozessrechtlichen Vorschriften des einstweiligen Rechtsschutzes haben mithin keinen Selbstzweck, sondern zielen stets auf das im Hauptsacheverfahren zugrunde liegende materielle, meist subjektiv öffentliche Recht.[1116] Andererseits folgt aus der naturgesetzlich vorgegebenen Dimension Zeit, dass die durch die Eilentscheidung getroffene Zwischenregelung für den unwiederbringlichen Interimszeitraum bis zur Hauptsacheentscheidung oft irreversibel ist. Die Genehmigung ist genutzt worden, die gewährte Leistung bezogen und verbraucht, das gesicherte Recht in Anspruch genommen. Bei einer Divergenz zum Ergebnis des Hauptsacheverfahrens lassen sich allenfalls die Folgen der Eilentscheidung nachträglich korrigieren.

466 **Beispiel:** Der Bezieher einer Sozialleistung, der die aufschiebende Wirkung eines Rechtsbehelfs[1117] gegen eine Leistungsentziehung „nützt" und diese Sozialleistung aufgrund der Regelungen des einstweiligen Rechtsschutzes weiter bezieht, tut dies in rechtmäßiger Weise aufgrund der prozessrechtlichen Regelungen der §§ 86a und 86b SGG. Stellt sich im Hauptsacheverfahren später heraus, dass die Leistungsentziehung zu Recht erfolgt ist, wird die im Interimszeitraum aufgrund der aufschiebenden Wirkung erfolgte Weitergewährung der Sozialleistung nicht rechtswidrig. Sie war und ist von den prozessrechtlichen Vorschriften des einstweiligen Rechtsschutzes gedeckt. Eine andere Frage ist, ob die nach materiellem Recht zu Unrecht erfolgten Leistungen zurückgewährt werden müssen und so die von der Dimension Zeit vorgegebenen Divergenzen zwischen den Ergebnissen des Prozessrechts und des materiellen Rechts ausgeglichen werden können.

467 Das Hauptsacheverfahren dient der Verwirklichung des materiellen Rechts, das einstweilige Rechtsschutzverfahren seiner Sicherung. Einstweiliger Rechtsschutz ist im Verhältnis zum

1114 Dazu BSG SozR 1500 § 97 SGG Nr. 7 S. 8, 9; BSGE 63, 74.

1115 Einerseits beeinflussen Grundrechte das Verfahren, andererseits ist Grundrechtsschutz weitgehend auch durch die Gestaltung von Verfahren zu bewirken, vgl. BVerfG E 53, 30 (65 f.) und Schoch, Vorläufiger Rechtsschutz, S. 189.

1116 Damit verbietet sich für die Anwendung und Auslegung der §§ 86a und 86b SGG die Überbetonung prozessualer Eigengesetzlichkeiten, vgl. Heinze SGb 1984, 390 (392).

1117 ZB des Widerspruchs in den Fällen des § 86a Abs. 2 Nr. 3 SGG.

Hauptsacherechtsschutz also kein Minus, sondern ein Aliud.[1118] Das Ziel des einstweiligen Rechtsschutzes geht dahin, über eine für ihren Zeitraum ggf. auch endgültig wirkende Interimsregelung die Entscheidung in der Hauptsache zur wirksamen Durchsetzbarkeit der betroffenen Rechte offen zu halten. Sowohl aufschiebende Wirkung als auch einstweilige Anordnung zielen also auf eine durch die Hauptsacheentscheidung auflösend bedingte Interimslösung. Das Ziel geht nicht dahin, über den Streitgegenstand des Hauptsacheverfahrens endgültig zu entscheiden. Um der Effektivität des Rechtsschutzes willen kann es aber erforderlich sein, den im Hauptsacheverfahren begehrten Anspruch schon während des Interimszeitraums bis zur Hauptsacheentscheidung zu befriedigen.[1119] Insofern handelt es sich um eine endgültige, auf prozessrechtlichen Vorschriften beruhende Entscheidung über eine vorläufige Regelung, die um des effektiven Rechtsschutzes willen zu einer vorläufigen Verwirklichung des materiellen Rechts führen kann. Ein materielles Zwischenrecht wird aber nicht gewährt. Aus der Rechtsnatur der Eilentscheidung als Zwischenregelung und ihrer Funktion ergibt sich, dass es einer expliziten Erwähnung der Vorläufigkeit im Tenor der gerichtlichen Eilentscheidung nicht bedarf.[1120]

III. Verfassungsrechtlich geprägter Prüfungsmaßstab der fachgerichtlichen Eilentscheidung

Einstweiliger Rechtsschutz muss aus verfassungsrechtlicher Sicht, insbes. im Hinblick auf Art. 19 Abs. 4 GG, gewährleisten, dem Antragsteller während des Interimszeitraums bis zur Hauptsacheentscheidung drohende, irreversible Grundrechtsverletzungen zu verhindern,[1121] und sicherstellen, dass nicht irreversible Fakten geschaffen werden, die Hauptsacherechtsschutz unmöglich machen. Hierfür muss zum einen eine einfachgesetzliche Rechtsgrundlage vorhanden sein. Zum anderen muss diese Grundlage den beschriebenen verfassungsrechtlichen Gewährleistungen entsprechen. Das verfassungsrechtliche Gebot effektiven Rechtsschutzes hat der Gesetzgeber für den Bereich des sozialgerichtlichen einstweiligen Rechtsschutzes in den §§ 86a und 86b SGG mit dem Sechsten Gesetz zur Änderung des Sozialgerichtsgesetzes[1122] einfachgesetzlich konkretisiert. Danach wird einstweiliger Rechtsschutz in **Anfechtungssachen** dadurch gewährt, dass die aufschiebende Wirkung grundsätzlich mit der Anfechtung eines Verwaltungsakts von selbst eintritt.[1123] Der Gesetzgeber ist aber befugt, Ausnahmen vom Grundsatz der aufschiebenden Wirkung wie in § 86a Abs. 2 SGG zu normieren.[1124] Art. 19 Abs. 4 GG wird dadurch nicht verletzt, weil § 86b Abs. 1 S. 1 SGG für diese Fälle eine gerichtliche Kontrollmöglichkeit vorsieht und die Fachgerichte in ihrer Entscheidung insbes. beachten können, dass für die sofortige Vollziehung eines Verwaltungsaktes ein besonderes öffentliches Interesse erforderlich ist, das über jenes hinausgeht, das den Verwaltungsakt selbst rechtfertigt.[1125] Auch der in **Vornahmesachen** zugrunde zu legende Prüfungsmaßstab, der grundsätzlich in der einfachgesetzlichen Rechtsgrundlage des § 86b Abs. 2 SGG zu finden ist,[1126] wird durch die verfassungsrechtlichen Vorgaben geprägt (→ Rn. 464, 469, → Rn. 384 ff.). 468

1118 Vgl. Schoch/Schneider/Schoch Vorb. § 80 Rn. 56.
1119 Vgl. Schoch/Schneider/Schoch Vorb. § 80 Rn. 1, 45; Schoch, Vorläufiger Rechtsschutz, S. 193.
1120 Vgl. auch LSG NRW 31.10.2016 – L 7 SF 449/16 ER.
1121 Vgl. BVerfG 25.10.1988 – 2 BvR 745/88, NJW 1989, 827; 25.1.1995 – 2 BvR 2689/94, 2 BvR 52/95, NJW 1995, 950 (951); 16.5.1995 – 1 BvR 1087/91, NJW 1995, 2477.
1122 MW ab 2.10.2002 (BGBl. 2001 I 2137 [2148 f.]).
1123 Aus verfassungsrechtlicher Sicht muss Eilrechtsschutz nicht zwingend durch gesetzlich vermittelte aufschiebende Wirkung erfolgen, diese stellt aber eine adäquate Ausprägung der verfassungsrechtlichen Rechtsschutzgarantie dar, BVerfG 19.6.1973 – 1 BvL 39/69, 1 BvL 14/72; 13.6.1979 – 1 BvR 699/77; 30.10.2009 – 1 BvR 2395/09; s. dazu auch Schoch/Schneider/Schoch § 80 Rn. 11 ff., 24.
1124 BVerfG 30.10.2009 – 1 BvR 2395/09, juris Rn. 6.
1125 Vgl. zB BVerfG 30.10.2009 – 1 BvR 2395/09, juris Rn. 7 zu § 39 Nr. 1 SGB II.
1126 Dazu, dass im sozialgerichtlichen Bereich auch in Vornahmesachen Eilrechtsschutz verfassungsrechtlich geboten ist s. BVerfG 19.10.1977 – 2 BvR 42/76; 25.1.1995 – 2 BvR 2689/94, 2 BvR 52/95.

IV. Verfassungsrechtlich gebotene Grundsätze der Rechtsanwendung

469 Bei der Auslegung und Anwendung der §§ 86a und 86b SGG sind die Fachgerichte gehalten, dem Gesetzesbindungspostulat (Art. 20 Abs. 3, 1 Abs. 3, 97 GG) und den Erfordernissen eines effektiven Rechtsschutzes iSd Art. 19 Abs. 4 GG Rechnung zu tragen und dabei die verfassungsrechtlich fundierte Sicherungs- und Rechtsschutzfunktion des Eilverfahrens zu beachten. Die Fachgerichte müssen daher zunächst feststellen, dass ein Hauptsacheerfolg und ohne Eilrechtsschutz eintretende Rechtsverletzungen zumindest möglich sind. Aus der Rechtsschutzfunktion folgt, dass die Fachgerichte iR ihrer Eilentscheidung diejenigen Folgen erwägen müssen, die mit der Versagung vorläufigen Rechtsschutzes für den Bürger verbunden sind,[1127] insbes. die Verletzung betroffener Grundrechte. Die Ausgestaltung der der Eilentscheidung zugrunde zu legenden Maßgaben muss daher vom Rechtsschutzziel her erfolgen. Die Rechtsschutzfunktion des Eilverfahrens kann insofern gegenüber der Sicherungsfunktion im Vordergrund stehen und auch eine verfassungskonforme Auslegung des § 86b Abs. 2 SGG erfordern. Ggf. reicht bei Drohen entsprechend schwerer Rechtsverletzungen (Rechtsschutzfunktion) die bloße Möglichkeit des Zustehens des zu sichernden Hauptsacheanspruchs (Sicherungsfunktion) für eine stattgebende Eilentscheidung aus[1128] bzw. ist umgekehrt für eine den Eilantrag ablehnende Eilentscheidung eine volle Überzeugung des Nichtzustehens des Hauptsacheanspruchs zu fordern. So ist den Fachgerichten bspw. in den Fällen, in denen es um existenzsichernde Leistungen geht, eine lediglich summarische Prüfung der Sach- und Rechtslage verwehrt, vielmehr haben sie die Sach- und Rechtslage in diesen Fällen abschließend zu prüfen,[1129] wenn sie den Eilantrag unter Orientierung an der Hauptsache ablehnen wollen.

Allgemein lässt sich – vorbehaltlich der grundsätzlich für den Richter bindenden Maßgaben des § 86b Abs. 2 SGG – iSe Vorrangregel formulieren: Je schwerer die sich ohne Eilrechtsschutz ergebenden Belastungen wiegen, je geringer die Wahrscheinlichkeit ist, dass sie im Falle des Obsiegens in der Hauptsache rückgängig gemacht werden können, umso weniger darf das Interesse an einer vorläufigen Regelung oder Sicherung der geltend gemachten Rechtsposition zurückgestellt werden.[1130] IR der prozessrechtlichen Vorschriften der §§ 86a und 86b SGG zeigt sich, dass Grundrechtsschutz auch durch die Gestaltung von Verfahren bewirkt werden muss.[1131] Wirksamer einstweiliger Rechtsschutz ist also ein wesentliches Element der materiellen Grundrechte, die nicht durch unzureichende (Eil-)Verfahren entwertet werden dürfen.[1132]

V. Verfassungsbeschwerde und Rechtswegerschöpfung

470 Gegen die sozialgerichtliche Eilentscheidung ist die Verfassungsbeschwerde statthaft, da das Eilverfahren ein selbstständiges Verfahren mit selbstständiger Entscheidung darstellt. Das BVerfG verlangt jedoch im Grundsatz zusätzlich, dass vorrangig vor einer Verfassungsbeschwerde das entsprechende Hauptsacheverfahren und das Abänderungsverfahren durchgeführt wurden.

1127 BVerfG 8.4.2010 – 1 BvR 2709/09, juris Ls. 3a; 25.7.1996 – 1 BvR 638/96, juris Rn. 15; BVerfGE 35, 382 (402); 65, 1 (70); 67, 43 (58); 69, 315 (363); 79, 69 (74).

1128 BVerfG 12.5.2005 – 1 BvR 569/05, juris Rn. 25 f.

1129 BVerfG 15.1.2007 – 1 BvR 2971/06, juris Rn. 14 zu einer in verfassungsgemäßer Weise erfolgten Verweigerung existenzsichernder Leistungen nach dem AsylbLG im Eilverfahren.

1130 BVerfG 12.5.2005 – 1 BvR 569/05; 6.2.2007 – 1 BvR 3101/06, juris Rn. 16, 18 mwN; 25.7.1996 – 1 BvR 638/96, DVBl 1996, 1367 f.

1131 BVerfG 20.12.1979 – 1 BvR 385/77, BVerfGE 53, 30 (65 f.).

1132 BVerfG NJW 1979, 534; NJW 1981, 1436; BVerfG NJW 1989, 827.

1. Subsidiarität der Verfassungsbeschwerde bei vorrangigem Hauptsacheverfahren

Der Betroffene muss grundsätzlich zunächst ein Hauptsacheverfahren durchführen, bevor er 471 Verfassungsbeschwerde gegen die Eilentscheidung einlegen kann. Das gilt insbes. dann, wenn sich die behauptete Grundrechtsverletzung auf das Hauptsacheverfahren und nicht speziell auf das Eilverfahren bezieht. Der Grundsatz der Subsidiarität fordert über das Gebot der Rechtswegerschöpfung hinaus, dass der Beschwerdeführer die ihm zur Verfügung stehenden weiteren Möglichkeiten ergreift, um eine Korrektur der geltend gemachten Verfassungsverletzung zu erreichen oder diese gar zu verhindern. Daher ist die Erschöpfung des Rechtswegs in der Hauptsache geboten, wenn dort nach der Art des gerügten Grundrechtsverstoßes die Gelegenheit besteht, der verfassungsrechtlichen Beschwer abzuhelfen.[1133] Die Verfassungsbeschwerde ist nur dann nicht subsidiär, wenn dem Betroffenen durch die Verweisung auf das Hauptsacheverfahren schwere Nachteile entstünden.[1134] Im Wesentlichen ist zu fragen, ob die gerügte Grundrechtsverletzung gerade in der Versagung einstweiligen Rechtsschutzes zu sehen ist. Das ist dann der Fall, wenn die drohende Rechtsverletzung entsprechend schwer und der drohende Rechtsverlust irreversibel ist und die Hauptsache der Beschwer nicht abhelfen kann. Dabei spielen insbes. auch Zumutbarkeitserwägungen eine Rolle.[1135]

2. Subsidiarität der Verfassungsbeschwerde bei vorrangigem Abänderungsverfahren

Eine Verfassungsbeschwerde gegen eine Eilentscheidung ist ferner nur zulässig, wenn zuvor alle 472 anderen verfahrensrechtlichen Wege genutzt wurden, um der gerügten Grundrechtsverletzung zu begegnen. Das bedeutet für das Eilverfahren, dass der Betroffene zunächst ein Abänderungsverfahren durchführen muss[1136] (zum Abänderungsverfahren → Rn. 200 ff.). Die Grenzen der Subsidiarität sind unklar.[1137] IErg ist eine Subsidiarität der Verfassungsbeschwerde auch hier abzulehnen, wenn dem Betroffenen durch die Verweisung auf das Abänderungsverfahren schwere Nachteile entstünden.

VI. Einstweiliger Rechtsschutz und Aussetzung gem. Art. 100 GG

1. Anwendbarkeit des Art. 100 GG im Eilverfahren

Ob auch im einstweiligen Rechtsschutzverfahren eine **Vorlagepflicht** gem. Art. 100 Abs. 1, 2 GG 473 besteht, ist umstritten. Nach zutr. Auffassung ist auch in den Verfahren nach §§ 86a, 86b SGG, Art. 100 GG grundsätzlich zu beachten. Auch im einstweiligen Rechtsschutzverfahren kann es auf die Verfassungsmäßigkeit einer gesetzlichen Bestimmung iSd Art. 100 GG ankommen.[1138] Dies ergibt sich aus dem Wortlaut des Art. 100 Abs. 1 S. 1 GG („… bei der Entscheidung …“). Entscheidung iSd Art. 100 Abs. 1 S. 1 GG ist immer eine gerichtliche Entscheidung, die vom Gericht spezifisch in Wahrnehmung seiner Rechtsprechungsfunktion erlassen wird. Darunter fallen nach dem weiten Entscheidungsbegriff des BVerfG nicht nur Streitentscheidungen, sondern jegliche Entscheidungen des Gerichts über sein Tätigwerden.[1139] Bei der Eilentscheidung handelt es sich um eine Streitentscheidung und damit sogar um eine gerichtliche Entscheidung im engeren Sinn.

1133 BVerfG 2.12.2010 – 1 BvR 2414/10, juris Rn. 20; BVerfG 9.10.2001 – 1 BvR 622/01; stRspr.
1134 Vgl. BVerfG 16.5.1995 – 1 BvR 1087/91, DVBl 1995, 1069.
1135 Vgl. BVerfG 12.5.2005 – 1 BvR 569/05 und BVerfG 6.2.2007 – 1 BvR 3101/06.
1136 Vgl. BVerfG 23.3.1995 – 2 BvR 492/95, 2 BvR 493/95, InfAuslR 1995, 246 (251); krit. dazu Schoch/Schneider/Schoch § 80 Rn. 545, 580.
1137 S. dazu Kopp/Schenke § 80 Rn. 189.
1138 BVerfGE 63, 1 ff.; 131 ff.; Dürig/Herzog/Scholz/Dederer Art. 100 Rn. 152; abw. MKLS/Keller SGG § 86b Rn. 13; MKLS/Leitherer SGG § 41 Rn. 24.
1139 Dürig/Herzog/Scholz/Dederer Art. 100 Rn. 145.

2. Der Normenkonflikt zwischen Art. 100 GG und Art. 19 Abs. 4 GG

474 Hält das Sozialgericht ein für die Entscheidung im Eilverfahren erhebliches Gesetz im formellen Sinn mit der in Art. 100 GG geforderten Überzeugung für verfassungswidrig, ist allerdings zu prüfen, ob bei einer Vorlage gem. Art. 100 GG das **Gebot effektiven Rechtsschutzes** (Art. 19 Abs. 4 GG) verletzt und welcher verfassungsrechtlichen Norm der Vorrang einzuräumen ist. Das Sozialgericht muss also zwischen dem Gebot effektiven Rechtsschutzes gem. Art. 19 Abs. 4 GG und der Vorlagepflicht nach Art. 100 GG abwägen. Eine Vorlage scheidet aus, wenn das Gericht zu dem Ergebnis kommt, dass einstweiliger Rechtsschutz ohne Vorlage im Interesse eines effektiven Rechtsschutzes geboten erscheint.[1140] IdR wird eine Vorlage gem. Art. 100 GG im Hinblick auf die durch den Zeitverlust zu befürchtenden Rechtsbeeinträchtigungen ausscheiden,[1141] in jedem Fall dann, wenn bei Durchführung des Vorlageverfahrens das Recht des Antragstellers endgültig verloren wäre. Dabei ist auch zu berücksichtigen, dass die Vorlage nach Art. 100 GG im Hauptsacheverfahren noch erfolgen kann. In Ausnahmefällen kann es aber geboten sein, die Sache dem BVerfG vorzulegen.[1142] Ein solcher Ausnahmefall kann insbes. dann vorliegen, wenn abzusehen ist, dass es gar nicht zu einem Hauptsacheverfahren kommt,[1143] etwa weil sich die Angelegenheit durch Zeitablauf in der Hauptsache erledigt, im Verfahren des einstweiligen Rechtsschutzes eine abschließende Entscheidung ergeht bzw. die beantragte vorläufige Regelung die endgültige Entscheidung weitgehend vorwegnimmt[1144] oder die Klärung der Frage nur für das Eilverfahren entscheidend ist.[1145] Eine Vorlage kann hier schon deshalb geboten sein, um zu verhindern, dass wegen des Vorrangs des Art. 19 Abs. 4 GG im Eilverfahren die (wahrscheinliche) Verfassungswidrigkeit einer Norm immer wieder unbeachtet bleibt, und so das Prüfungsmonopol des BVerfG unterlaufen wird. Bejaht das Gericht eine Vorlage wegen Vorrangs des Art. 100 GG, muss es prüfen, ob für den Zwischenzeitraum bis zur Entscheidung des BVerfG einstweiliger Rechtsschutz etwa im Wege des sog. Hängebeschlusses (→ Rn. 488 ff.) zu gewähren ist, um auch bei Annahme einer Vorlagepflicht die Gewährung effektiven Rechtsschutzes zu gewährleisten.[1146]

1140 Vgl. BVerfG NJW 1992, 2749 (2750); vgl. auch NJW 1989, 827; iErg ebenso Schoch/Schneider/Schoch § 123 Rn. 129; § 80 Rn. 390; anders noch BVerfG NJW 1983, 1179 (Vorrang des Art. 100 GG).
1141 IErg ebenso MKLS/Keller SGG § 86b Rn. 13.
1142 Vgl. zuletzt BVerfG 26.2.2020 – 1 BvL 1/20, juris Rn. 7 mwN, wonach eine Vorlage nach Art. 100 Abs. 1 S. 1 GG iR eines fachgerichtlichen Eilverfahrens nur ausnahmsweise zulässig ist.
1143 Vgl. Schoch/Schneider/Schoch § 123 Rn. 129b.
1144 Vgl. BVerfG 19.7.1996 – 1 BvL 39/95, juris Rn. 7 mwN; Dürig/Herzog/Scholz/Dederer Art. 100 Rn. 152.
1145 Vgl. Schoch/Schneider/Schoch § 80 Rn. 391.
1146 S. dazu Dürig/Herzog/Scholz/Dederer Art. 100 Rn. 258, 152; s. zu der Problematik auch Kopp/Schenke § 80 Rn. 162 mwN.

E. Die Abgrenzung der §§ 86a und 86b SGG von anderen Entscheidungen und Leistungen

I. Spezielle Regelungen des einstweiligen Rechtsschutzes

Das Sozialrecht enthält eine Reihe von Vorschriften, die den einstweiligen Rechtsschutz iwS spezialgesetzlich regeln. In Abgrenzung zu den §§ 86a und 86b SGG sind hier die Regelungen der §§ 175, 180 Abs. 4, 181 S. 2, 199 Abs. 2 SGG, § 57 Abs. 5 und 6 SGB IV, § 146 Abs. 6 S. 6 SGB III und § 131 Abs. 5 SGG zu nennen und in das Regelungssystem des sozialgerichtlichen einstweiligen Rechtsschutzes einzuordnen. 475

1. Einstweilige Aussetzung des Vollzugs der angefochtenen Entscheidung gem. § 175 SGG

Gem. § 175 S. 3 SGG kann das Gericht oder der Vorsitzende, dessen Beschluss durch Beschwerde angefochten wird („iudex a quo"), bestimmen, dass der Vollzug der angefochtenen Entscheidung einstweilen auszusetzen ist. Daneben besteht auch die Möglichkeit der Aussetzung der Vollstreckung durch den Vorsitzenden des Rechtsmittelgerichts gem. § 199 Abs. 2 SGG (→ Rn. 479). Beschwerden haben aufschiebende Wirkung, wenn sie die Feststellung eines Ordnungs- oder Zwangsmittels zum Gegenstand haben (§ 175 S. 1 SGG) oder wenn das GVG oder die ZPO dies anordnen (§ 175 S. 2 SGG). Daraus folgt, dass die Beschwerde in allen anderen Fällen keine aufschiebende Wirkung hat. Für diese Fälle eröffnet § 175 S. 3 SGG die Möglichkeit der einstweiligen Vollziehungsaussetzung. Die Entscheidung erfolgt in Abweichung von § 86b SGG auf Antrag *oder* von Amts wegen und steht im Ermessen des Gerichts, dessen Entscheidung angefochten wird. Die Entscheidung ergeht durch Beschluss nach einer Interessenabwägung unter Einbeziehung der Erfolgsaussichten des Rechtsbehelfs; dabei kann auch berücksichtigt werden, ob der Vollzug vollendete Tatsachen schaffen würde.[1147] Bei einer stattgebenden Entscheidung, dh bei einer Aussetzung des Vollzugs, darf die Zwangsvollstreckung nicht eingeleitet werden. Die gem. § 175 S. 3 SGG getroffene vorläufige Regelung erledigt sich durch den Erlass der Beschwerdeentscheidung.[1148] 476

Beispiele und Muster → Rn. 480 f. (Die Entscheidung ergeht nach denselben Grundsätzen wie die nach § 199 Abs. 2 SGG.)

2. Bestimmung des Leistungspflichtigen im Wiederaufnahmeverfahren, § 180 Abs. 4 SGG

Eine einstweilige Anordnung ist auch möglich zur Bestimmung des Leistungspflichtigen in einem Wiederaufnahmeverfahren gem. § 180 Abs. 4, ggf. iVm § 181 S. 2 SGG. Sind trotz der gesetzlichen Beiladungspflicht des § 75 Abs. 2 SGG[1149] und trotz § 182 SGG[1150] einander widersprechende Entscheidungen der Verwaltungsträger oder von Gerichten ergangen, geben die §§ 180, 181 SGG die Möglichkeit der Wiederaufnahme. Das Gericht bestimmt in diesen Fällen unter Aufhebung entgegenstehender Verwaltungsakte oder Urteile den Leistungspflichtigen gem. § 180 Abs. 4 SGG. Im Falle des § 180 Abs. 4 SGG muss der fragliche Anspruch unzweifelhaft bestehen, zu bestimmen ist lediglich der Leistungspflichtige. Ist zweifelhaft, ob der Anspruch überhaupt besteht, gilt § 180 Abs. 4 SGG nicht.[1151] Bei einem negativen Kompetenzkonflikt gem. § 180 Abs. 1 Nr. 2 SGG erfolgt die Bestimmung des Leistungspflichtigen idR durch Urteil, nicht durch Beschluss. 477

1147 Ähnl. MKLS/Keller SGG § 175 Rn. 4.
1148 Vgl. Plagemann Rn. 212.

478 **Beispiel:** § 181 SGG kann im Verfahren nach § 86b Abs. 2 S. 2 SGG analog angewendet werden in Fällen, in denen das erkennende Gericht die sachliche Zuständigkeit oder Passivlegitimation eines anderen Versicherungsträgers anders beurteilt, als dies in einer endgültigen (rechtskräftigen oder bestandskräftigen) Entscheidung geschehen ist, eine an sich gebotene Verpflichtung des anderen Versicherungsträgers im Wege der Beiladung ausscheidet und dem Antragsteller aufgrund einer gegenwärtigen Notlage eine erhebliche Verletzung in seinen Rechten droht, die ansonsten nicht mehr beseitigt werden kann. Dies gilt auch im Verhältnis zwischen einem Träger der Sozialhilfe und einem Träger der Grundsicherung für Arbeitsuchende.[1152]

3. Aussetzung der Vollstreckung gerichtlicher Entscheidungen durch einstweilige Anordnung gem. § 199 SGG

479 Gem. § 199 Abs. 2 SGG kann der Vorsitzende des Rechtsmittelgerichts die Vollstreckung aus Entscheidungen nach Abs. 1 – gerichtliche Entscheidungen, soweit nach den Vorschriften des SGG kein Aufschub eintritt; einstweilige Anordnungen; Anerkenntnisse und gerichtliche Vergleiche; Kostenfestsetzungsbeschlüsse; Vollstreckungsbescheide – durch einstweilige Anordnung aussetzen, soweit das dagegen eingelegte Rechtsmittel keine aufschiebende Wirkung hat. Auch die einstweilige Anordnung gem. § 86b Abs. 2 SGG ist Vollstreckungstitel, § 199 Abs. 1 Nr. 2 SGG. Eine Vollstreckung ist allerdings nur möglich, wenn die gerichtliche Entscheidung einen vollstreckungsfähigen Inhalt hat.[1153] Die Beschwerde hat bzgl. der Anordnung der vorläufigen Leistung keine aufschiebende Wirkung. Der Vorsitzende des Rechtsmittelgerichts kann aber die Vollstreckung durch einstweilige Anordnung aussetzen. Die Entscheidung setzt dem Gesetzeswortlaut nach keinen Antrag voraus, kann also auch von Amts wegen ergehen. Ergeht sie auf Antrag, werden Antragsteller und Rechtsmittelführer regelmäßig identisch sein. Zwingend ist dies aber nicht; erforderlich ist nur, dass gegen den vollstreckungsfähigen Teil einer gerichtlichen Entscheidung Rechtsmittel eingelegt wurde.[1154] Bei der Aussetzung nach § 199 Abs. 2 SGG handelt sich um ein gegenüber dem „Hauptsacheverfahren" – also dem Rechtsmittelverfahren – rechtlich selbstständiges Verfahren.[1155] Die Aussetzung erfolgt jedenfalls dann, wenn das Rechtsmittel offensichtlich Aussicht auf Erfolg hat.[1156] Ansonsten ist eine umfassende Abwägung geboten (s. Muster → Rn. 481).

1149 § 75 Abs. 2 SGG regelt Folgendes: „Sind an dem streitigen Rechtsverhältnis Dritte derart beteiligt, dass die Entscheidung auch ihnen gegenüber nur einheitlich ergehen kann oder ergibt sich im Verfahren, dass bei der Ablehnung des Anspruchs ein anderer Versicherungsträger, ein Träger der Grundsicherung für Arbeitsuchende, ein Träger der Sozialhilfe einschließlich der Leistungen nach Teil 2 des Neunten Buches Sozialgesetzbuch, ein Träger der Leistungen nach dem Asylbewerberleistungsgesetz oder in Angelegenheiten des sozialen Entschädigungsrechts ein Land als leistungspflichtig in Betracht kommt, so sind sie beizuladen" (§ 75 SGG in der ab 1.7.2020 gültigen Fassung).

1150 § 182 Abs. 2 SGG regelt Folgendes: „Hat das Bundessozialgericht oder ein Landessozialgericht die Leistungspflicht eines Versicherungsträgers rechtskräftig verneint, weil ein anderer Versicherungsträger verpflichtet sei, so kann der Anspruch gegen den anderen Versicherungsträger nicht abgelehnt werden, weil der im früheren Verfahren befreite Versicherungsträger leistungspflichtig sei (Abs. 1). Das gleiche gilt im Verhältnis zwischen einem Versicherungsträger und einem Land, wenn die Leistungspflicht nach dem sozialen Entschädigungsrecht streitig ist (Abs. 2)".

1151 Vgl. BSG 7.3.1979 – 9 S 3/78, SozR 1500 § 180 Nr. 1.

1152 LSG RhPf 12.2.2010 – L 1 SO 84/09 B ER, L 1 SO 95/09 B, juris Rn. 44.

1153 S. dazu MKLS/Schmidt SGG § 199 Rn. 3a.

1154 S. dazu LSG NRW 9.10.2019 – L 11 SF 119/19 ER.

1155 BSG 6.8.1999 – B 4 RA 25/98 B, juris Rn. 36; s. dazu auch HessLSG 15.3.2021 – L 2 SO 112/20 B.

1156 BSG 6.5.1960 – 11 RV 92/60, BSGE 12, 138.

Beispiele: 480

- Zur Anordnung der Vollstreckungsaussetzung nach § 199 Abs. 2 SGG als **Ermessensentscheidung** (str.).[1157]
- Zu den **Abwägungsbelangen** Wahrscheinlichkeit einer (zu vollstreckenden) Fehlentscheidung, Bedeutung und Dringlichkeit der Interessen, Möglichkeit einer späteren Rückgängigmachung; erhebliche Verfahrensfehler.[1158]
- Ablehnung der Aussetzung der Vollstreckung eines Beschlusses, mit dem die Beigeladene verpflichtet wurde, bis zu einer Entscheidung in der Hauptsache die notwendigen Kosten für eine Maßnahme zur Qualifizierung in der Seniorenbetreuung zu übernehmen.[1159]
- Erfolgreicher Aussetzungsantrag betreffend eine einstweilige Anordnung, mit der dem Antragsteller ein **vertragsärztlicher Status** zugesprochen wurde.[1160]
- Zum Antrag des SGB II-Leistungsträgers nach § 199 Abs. 2 SGG im Beschwerdeverfahren; Vorrangregel zugunsten des Leistungsbeziehers.[1161] Der Antrag eines zu **Leistungen nach dem SGB II oder dem SGB XII** verurteilten Leistungsträgers auf Aussetzung der Vollstreckung im Wege des Verfahrens nach § 199 Abs. 2 S. 1 SGG kann nur in seltenen Fällen zur vorläufigen Nichtgewährung zugesprochener existenzsichernder Leistungen führen.[1162]

▶ **Muster Antrag/Beschluss – Aussetzung der Vollstreckung gerichtlicher Entscheidungen (§ 199 SGG)** 481

Der Antrag des Antragstellers (Behörde), die Vollstreckung aus dem mit der Beschwerde angegriffenen Beschluss des Sozialgerichts X vom xx.xx.xxxx auszusetzen, wird abgelehnt.

Der Antragsteller hat die außergerichtlichen Kosten des Antragsgegners zu erstatten.

Gründe:

... Der Antrag auf Aussetzung ist unbegründet. Gem. § 199 Abs. 2 S. 1 SGG kann der Vorsitzende ... (Gesetzestext). Die vom Antragsteller eingelegte Beschwerde hat von Gesetzes wegen keine aufschiebende Wirkung. Der Antrag, die Vollstreckung aus dem mit der Beschwerde angegriffenen, vollstreckungsfähigen Beschluss des Sozialgerichts X vom xx.xx.xxxx auszusetzen, ist nach einer Abwägung der Interessen abzulehnen, weil das Vollstreckungsinteresse des Antragsgegners (Leistungsempfängers) derzeit höher zu bewerten ist als das Aussetzungsinteresse des Antragstellers (Behörde). IR der Aussetzungsentscheidung nach § 199 Abs. 2 SGG muss eine Abwägung des Interesses des Vollstreckungsgläubigers an der Vollziehung gegenüber dem Interesse des Vollstreckungsschuldners daran, nicht vor endgültiger Klarstellung leisten zu müssen, unter Einbeziehung der Erfolgsaussicht des Rechtsmittels erfolgen (vgl. dazu BSG 5.9.2001 – B 3 KR 47/01 R). Das Ergebnis dieser Abwägung führt zur Ablehnung des Aussetzungsantrags oder zur Aussetzung der Vollstreckung, ein Ermessen des Gerichts besteht nicht. Der Wortlaut des § 199 Abs. 2 SGG ist insofern irreführend (vgl. dazu BSG 6.8.1999 – B 4 RA 25/98 B, SozR 3-1500 § 199 Nr. 1: Gebundene Entscheidung „Kompetenz – Kann", vgl. zum Ermessen auch BSG 5.9.2001 – B 3 KR 47/01 R, juris Rn. 7). Die Erfolgsaussicht des Rechtsmittels fungiert als ein Abwägungsbelang, der ggf. entscheidend ins Gewicht fallen kann, zB wenn die Erfolgsaussichten der Berufung offensichtlich sind (vgl. dazu BSG 5.9.2001 – B 3 KR 47/01 R). Ferner sind insbes. die Nachteile gegeneinander abzuwägen, die bei Vollstreckung bzw. Nichtvollstreckung des Urteils eintreten würden; die diesbezügliche gesetzgeberische Wertung ist in die Abwägung einzubeziehen. Die Abwägung fällt hier zugunsten des Antragsgegners aus...

1157 Für die Anordnung als Ermessensentscheidung u.a. LSG BW 27.4.2007 – L 8 AS 1503/07 ER; 26.1.2006 – L 8 AS 403/06 ER; BSG 26.11.1991 – 1 RR 10/91 = USK 91155; BSG 8.12.2009 – B 8 SO 17/09 R; Hennig/Ruppelt SGG § 199 Rn. 20; abw. BayLSG 1.12.2020 – L 18 SB 160/20 ER; BSG 6.8.1999 – B 4 RA 25/98 B = SozR 3-1500 § 199 Nr. 1; LSG Bln-Bbg 9.10.2008 – L 3 U 593/08 ER; offen gelassen BSG 5.9.2001 – B 3 KR 47/01 R; BayLSG 3.12.2019 – L 7 AS 754/19 ER.

1158 ThürLSG 9.10.2006 – L 6 R 625/06 ER (zu Verschuldenskosten).

1159 BayLSG 19.5.2010 – L 10 AL 127/10 ER.

1160 LSG Bln-Bbg 11.12.2009 – L 7 KA 143/09 ER, juris Rn. 3.

1161 BayLSG 8.2.2006 – L 10 AS 17/06 ER, juris Rn. 4 = Breithaupt 2006, 418 f.; LSG NRW 7.3.2017 – L 6 SF 61/17 ER.

1162 Vgl. BVerfG 4.8.2016 – 1 BvR 380/16.

Tenor alternativ: Die Vollstreckung aus dem mit der Beschwerde angegriffenen Beschluss des Sozialgerichts X vom xx.xx.xxxx wird ausgesetzt.

Außergerichtliche Kosten sind nicht zu erstatten. ◀

4. Einstweilige Anordnung im Wahlverfahren, § 57 Abs. 5 und § 57 Abs. 6 SGB IV

482 Eine einstweilige Anordnung ist ferner möglich im Wahlverfahren gem. § 57 Abs. 5 und VI SGB IV. Gem. § 57 **Abs. 5 SGB IV** kann das Gericht auf Antrag während des Wahlverfahrens eine einstweilige Anordnung treffen, wenn ein Wahlverstoß bei der Wahl der Selbstverwaltungsorgane, Versichertenältesten und Vertrauenspersonen nach §§ 43 ff. SGB IV vorliegt, der dazu führen würde, dass die Wahl im Wahlanfechtungsverfahren für ungültig erklärt wird. Die einstweilige Anordnung gem. § 57 Abs. 5 SGB IV soll spätere Wahlanfechtungsverfahren überflüssig machen.[1163] Voraussetzung ist hier, dass der Wahlverstoß in tatsächlicher und rechtlicher Hinsicht unzweifelhaft ist.[1164] Diese in Abweichung von den allgemeinen Regelungen des einstweiligen Rechtsschutzes strengeren Anforderungen rechtfertigen sich aus dem Umstand, dass die einstweilige Anordnung nach § 57 Abs. 5 SGB IV idR für das nach der Bestimmung des Gerichts weitergeführte Wahlverfahren endgültig ist.

Gem. § 57 **Abs. 6 SGB IV** kann das Gericht auf Antrag eine einstweilige Anordnung hinsichtlich der personellen Besetzung der Selbstverwaltungsorgane erlassen, wenn es eine Entscheidung nach § 131 Abs. 4 SGG, dh eine Feststellung der (teilweisen) Ungültigkeit einer Wahl zu den Selbstverwaltungsorganen, getroffen hat. Damit soll verhindert werden, dass eine fehlerhafte Besetzung der Selbstverwaltungsorgane bis zur Rechtskraft der gerichtlichen Entscheidung und damit möglicherweise über Jahre hinaus bestehen bleibt.[1165] § 57 Abs. 6 SGB IV setzt eine durch Urteil vorgenommene Feststellung der Ungültigkeit einer Wahl zu den Selbstverwaltungsorganen und damit eine entsprechende volle Überzeugung des Gerichts voraus. Insofern unterscheidet sich auch die einstweilige Anordnung gem. § 57 Abs. 6 SGB IV grundlegend von der nach § 86b Abs. 2 SGG.

483 **Beispiel:** Zur einstweiligen Anordnung auf weitere Wahrnehmung der Aufgaben des 1. Vorstandsvorsitzenden bis zur rechtskräftigen Entscheidung über eine Wahlanfechtungsklage; zum Anordnungsanspruch (Vorliegen von Verstößen gegen Wahlregeln); zum fehlenden Anordnungsgrund; Abwägung zwischen dem Interesse, durch einen ordnungsgemäß gewählten Vorstand vertreten zu werden, und dem öffentlichen Interesse an einer Sicherstellung der ordnungsgemäßen Erledigung der der Antragsgegnerin obliegenden Aufgaben; Gefährdung der Funktionsfähigkeit der Kassenärztlichen Vereinigung durch den Erlass der einstweiligen Anordnung.[1166]

5. Einstweilige Anordnung nach § 160 Abs. 6 S. 6 SGB III

484 Gem. § 160 Abs. 6 S. 6 SGB III kann das BSG auf Antrag eines Fachspitzenverbandes eine einstweilige Anordnung, gerichtet auf die einstweilige Aufhebung der Entscheidung des Neutralitätsausschusses, erlassen. Diese einstweilige Anordnung bezieht sich nur auf die Entscheidung des Neutralitätsausschusses (§ 380 SGB III) nach § 160 Abs. 5 SGB III, der nach S. 1 dieser Vorschrift feststellt, ob die Voraussetzungen des § 160 Abs. 3 S. 1 Nr. 2a und b SGB III vorliegen. Materiell geht es um das Ruhen des Arbeitslosengeldanspruchs im Arbeitskampf. In prozessrechtlicher Hinsicht sind die Vorschriften des § 86b Abs. 2–4 SGG anzuwenden. Es gelten die dazu entwickelten Grundsätze. Für höhere Anforderungen an Anordnungsanspruch und Anord-

1163 BT-Drs. 10/1162, 7.
1164 Hauck/Noftz/Rombach SGB IV § 57 Rn. 12.
1165 BT-Drs. 10/1162, 8.
1166 LSG RhPf 16.11.1998 – L 5 ER-Ka 43/98, juris, insbes. Rn. 34, vgl. auch SG München 30.7.2003 – S 32 KA 5070/03 ER.

nungsgrundbietet das Gesetz keinen Anhaltspunkt.[1167] Dass mit einer einstweiligen Aufhebung der Entscheidung des Neutralitätsausschusses immer der Hauptsache vorgegriffen wird, liegt in der Natur der Sache. Würde die Anwendung des § 86b Abs. 2 SGG, der für einen dem Eilantrag stattgebenden Beschluss eine überwiegende Wahrscheinlichkeit des Hauptsacheerfolgs und des Eintritts eines wesentlichen Nachteils verlangt (→ Rn. 382 f.), zu einer Verletzung des Verhältnismäßigkeitsgrundsatzes und damit zu einem verfassungswidrigen Ergebnis führen, ist auch hier eine von der einfachgesetzlichen Regelung abweichende Güter- und Folgenabwägung des Gerichts geboten (→ Rn. 384).

6. Einstweilige Regelung gem. § 131 Abs. 5 S. 3 SGG[1168]

Hält das Gericht eine weitere Sachaufklärung für erforderlich, kann es, ohne in der Sache selbst 485
zu entscheiden, den Verwaltungsakt und den Widerspruchsbescheid aufheben, soweit nach Art oder Umfang die noch erforderlichen Ermittlungen erheblich sind und die Aufhebung auch unter Berücksichtigung der Belange der Beteiligten sachdienlich ist, § 131 Abs. 5 S. 1 SGG. Dies gilt auch bei Klagen auf Verurteilung zum Erlass eines Verwaltungsakts und bei Klagen nach § 54 Abs. 4 SGG; der Anwendungsbereich des § 131 Abs. 5 SGG wurde ab 1.4.2008[1169] auf Anfechtungs- und Leistungsklagen ausgedehnt. Eine Entscheidung nach § 131 Abs. 5 S. 1 SGG kann nur binnen sechs Monaten seit Eingang der Akten der Behörde bei Gericht ergehen. Die Regelung des § 131 Abs. 5 SGG soll eine sachwidrige Aufwandsverlagerung auf die Gerichte iR des Untersuchungsgrundsatzes verhindern. In allen Anwendungsfällen des § 131 Abs. 5 SGG, auch bei Anfechtungs- und Leistungsklagen, ergeht kein Bescheidungsurteil, sondern es werden gemäß der Anordnung in S. 1 die bereits erlassenen ablehnenden Bescheide lediglich aufgehoben (bloße Kassation).[1170]

Die **Regelung ist in Verfahren des einstweiligen Rechtschutzes** schon aus systematischen Gründen **nicht analog anwendbar.**[1171] Sie stellt eine Sonderregelung für Urteilsformeln dar, also für abschließende Entscheidungen in der Hauptsache. Dies kommt auch darin zum Ausdruck, dass eine Entscheidung nach § 131 Abs. 5 SGG die Aufhebung des angefochtenen Verwaltungsakts und des Widerspruchsbescheids beinhaltet. Eine vorläufige Aufhebung von Verwaltungsakten ist in Verfahren des einstweiligen Rechtsschutzes jedoch nicht möglich. Zudem sieht die Sonderregelung ihrerseits in § 131 Abs. 5 S. 3 SGG die Möglichkeit einer einstweiligen Regelung durch das Gericht auf Antrag vor. Letztlich fallen Sachverhalte, in denen in der Hauptsache noch weitere Sachaufklärung – auch durch die Verwaltung (vgl. § 103 S. 1 Hs. 1 SGG) – erforderlich ist, originär in den Anwendungsbereich des § 86b SGG und sind mit den dort vorgesehenen gerichtlichen Entscheidungsmöglichkeiten lösbar. Ein Bedürfnis für eine analoge Anwendung des § 131 Abs. 5 SGG besteht daher nicht.

Auf Antrag kann das Gericht bis zum Erlass des neuen Verwaltungsakts eine **einstweilige Regelung** treffen, insbes. bestimmen, dass Sicherheiten geleistet werden oder ganz oder zum Teil bestehen bleiben und Leistungen zunächst nicht zurückgewährt werden müssen, § 131 Abs. 5 S. 3 SGG. Der Beschluss kann jederzeit geändert oder aufgehoben werden. Die spezielle Regelung verdrängt in ihrem Anwendungsbereich die allgemeinen Regelungen des § 86b SGG zum sozialgerichtlichen einstweiligen Rechtsschutz im Zeitraum bis zum Erlass des neuen 486

1167 Anders Brand/Düe SGB III § 160 Rn. 72.
1168 IdF d. G v. 26.3.2008 (BGBl. I 444) mWv 1.4.2008 und d. Art. 8 Nr. 2 G v. 21.12.2008 (BGBl. I 2933) mWv 1.1.2009. § 131 Abs. 5 SGG wurde eingefügt mWv 1.9.2004 durch 1. Justizmodernisierungsgesetz (BGBl. I 2198).
1169 Art. 1 Nr. 22 Buchst. b G v. 26.3.2008 (BGBl. I 444) mWv 1.4.2008.
1170 BSG 10.12.2008 – B 6 KA 45/07 R, juris Rn. 31.
1171 AA ohne nähere Begründung SchlHLSG 14.1.2016 – L 5 R 236/15 B ER.

Verwaltungsakts. Diese können jedoch in entsprechender Anwendung ergänzend herangezogen werden.

II. Vorläufige Leistungen, die nicht das Bestehen des Anspruchs voraussetzen

487 Abzugrenzen sind die auf den §§ 86a und 86b SGG beruhenden Eilentscheidungen auch von anderen Arten der vorläufigen Leistungsgewährung. Zu unterscheiden sind vorläufige Leistungen, die das Bestehen des fraglichen Anspruchs nicht voraussetzen und solche, die sein Bestehen voraussetzen. Zu den erstgenannten zählen der sog. Hängebeschluss, die vom BSG entwickelte Rechtsfigur der Vorwegzahlung, die vorläufige Leistungsgewährung aufgrund eines mit einer Nebenbestimmung versehenen Verwaltungsakts und die vorläufige Entscheidung gem. § 328 SGB III und § 41a SGB II.

1. Der Hängebeschluss

a) Natur und Rechtsgrundlage

488 Auch ein sog. Hängebeschluss (Zwischenregelung)[1172] ist in Ausnahmefällen möglich,[1173] und zwar sowohl in Anfechtungs- als auch in Vornahmesachen.[1174] Unter einem Hängebeschluss ist eine Sachentscheidung des Gerichts für den Zeitraum bis zur eigentlichen Eilentscheidung zu verstehen. Die verfassungsrechtlich fundierte Befugnis des Gerichts zu einer solchen Regelung leitet sich aus Art. 19 Abs. 4 GG her. Der dort garantierte effektive Rechtsschutz ist nämlich dann nicht gewährleistet, wenn eine das Eilverfahren abschließende Eilentscheidung noch nicht in Betracht kommt, ohne Zwischenregelung bis zur eigentlichen Eilentscheidung aber vollendete Tatsachen geschaffen würden und eine irreversible Rechtsbeeinträchtigung droht.[1175] Die einfachgesetzlich fundierte gerichtliche Befugnis zur Zwischenregelung ergibt sich für Anfechtungssachen aus § 86b Abs. 1 S. 1 Nr. 2 SGG,[1176] für Vornahmesachen aus den § 86b Abs. 2 S. 4 SGG, § 938 ZPO. Nach § 938 Abs. 1 ZPO bestimmt das Gericht nach freiem Ermessen, welche Anordnungen zur Erreichung des Zwecks erforderlich sind. Um einen Rechtsverlust bis zur eigentlichen Eilentscheidung zu verhindern, muss daher auch eine Zwischenregelung bis zur eigentlichen Eilentscheidung möglich sein. Die durch Hängebeschluss angeordnete Zwischenregelung ist trotz der in § 86b Abs. 1 S. 4 SGG vorgesehenen Abänderungsbefugnis des Gerichts nicht überflüssig.[1177] Es würde keinen effektiven Rechtsschutz bedeuten, den Eilantrag zunächst abzulehnen, die Entscheidung ggf. rechtskräftig werden zu lassen und eine Klärung dann in einem Abänderungsverfahren herbeizuführen. Optimaler Rechtsschutz wird unter den noch darzustellenden Voraussetzungen vielmehr durch das Zwischenverfahren gewährt, mit dem das Eilverfahren offen gehalten wird, das seinerseits der Offenhaltung des Hauptsacheverfahrens dient. Insofern geht es bei dem Zwischenverfahren um die **Sicherung der Sicherungsmöglichkeit**. Zum Zwecke dieser Sicherung wird durch Hängebeschluss in Anfechtungssachen befristet über das geltend gemachte Aussetzungsbegehren,[1178] in Vornahmesachen befristet über den Anordnungsanspruch entschieden. Das Eilverfahren wird also durch den Hängebeschluss noch nicht abge-

1172 Die auch verwendete Bezeichnung „Zwischenregelung" erscheint als unglücklich, da auch die einstweilige Anordnung als solche schon eine Zwischenregelung (bis zur Hauptsacheentscheidung) darstellt.
1173 S. dazu zB MKLS/Keller SGG § 86b Rn. 14, 32; LSG NRW 27.7.2010 – L 11 KA 3/10 B ER; LSG BW 28.10.2008 – L 11 KR 4810/08 ER-B, juris Rn. 25 f.; LSG BW 3.9.2003 – L 13 AL 3445/03 ER-B; LSG NRW 23.8.2002 – L 10 B 12/02 KA ER; zur VwGO Guckelberger NVwZ 2001, 275 ff.
1174 S. zur VwGO Schoch/Schneider/Schoch § 123 Rn. 164; § 80 Rn. 357 f.
1175 LSG NRW 23.8.2002 – L 10 B 12/02 KA ER mwN.
1176 LSG BW 3.9.2003 – L 13 AL 3445/03 ER-B; abw. zur VwGO Guckelberger NVwZ 2001, 275 (276) (Art. 19 Abs. 4 GG).
1177 Krit. zur VwGO Schoch/Schneider/Schoch § 80 Rn. 358.
1178 Vgl. zu § 80 VwGO ThürOVG 30.5.2002 – 4 VO 48/02, juris Rn. 3.

schlossen. Ein Hängebeschluss kommt in Betracht, wenn das Gericht wegen einer bei weiterem Zuwarten drohenden Beeinträchtigung von Rechten eines Beteiligten unter einem besonderen Zeitdruck steht, andererseits aber noch Zeit benötigt, um über den eigentlichen Antrag nach § 86b SGG entscheiden zu können, zB um rechtliches Gehör zu gewähren oder eine komplexe Sach- und Rechtslage (soweit im Eilverfahren möglich) aufzuklären.

b) Voraussetzungen

Für einen Hängebeschluss ist vorauszusetzen,[1179] dass (1.) der Eilantrag nicht offensichtlich aussichtslos ist[1180], aber eine Eilentscheidung aus tatsächlichen oder rechtlichen Gründen noch nicht ergehen kann,[1181] dass (2.) die Interessen- und Folgenabwägung[1182] im Zeitpunkt der Entscheidung über die Zwischenregelung zugunsten des Antragstellers ausfällt (Abwägungsbelange sind zB ohne Zwischenregelung eintretende vollendete Tatsachen,[1183] irreversible Rechtsbeeinträchtigungen) und dass (3.) der stattgebende Hängebeschluss unter dem Vorbehalt der eigentlichen Eilentscheidung steht.[1184] 489

c) Inhalt

Der Inhalt des Hängebeschlusses steht im **Ermessen** des Gerichts (für Vornahmesachen: § 86b Abs. 2 S. 4 SGG, § 938 ZPO). Das Gericht kann seine Entscheidung auf die dringendsten Maßnahmen beschränken, etwa um Zeit für eine weitere Sachaufklärung zu gewinnen. Es kann auch für den Interimszeitraum bis zu einer bevorstehenden Verwaltungsentscheidung oder bis zur eigentlichen Eilentscheidung die begehrte Maßnahme anordnen. In Anfechtungssachen wird es sich empfehlen, zunächst eine Stellungnahme der Behörde einzuholen mit dem Hinweis darauf, dass ggf. eine behördliche Verpflichtung aus Art. 19 Abs. 4 GG besteht, zunächst bis zur gerichtlichen Eilentscheidung von einer Vollziehung des fraglichen Verwaltungsakts abzusehen; eine verbindlich erklärte Bereitschaft der Behörde, von einer Vollziehung zunächst abzusehen, macht einen Hängebeschluss überflüssig. Eine eigenständige **Kostenentscheidung** ergeht nicht, sie bleibt vielmehr der eigentlichen, das einstweilige Rechtsschutzverfahren beendenden Eilentscheidung vorbehalten. Da der Hängebeschluss wie eine Teilstattgabe wirkt, ist er auch selbstständig mit der **Beschwerde** anfechtbar.[1185] allerdings wird meist das Rechtsschutzbedürfnis fehlen.[1186] 490

Beispiele: 491

- Zum **fehlenden Rechtsschutzinteresse** wegen fehlender Erfolgsaussicht des Eilantrags.[1187]
- Zum fehlenden Rechtsschutzinteresse für eine Beschwerde, wenn mit einer Zwischenentscheidung in einem einstweiligen Rechtsschutzverfahren über Grundsicherungsleistungen vorerst in Form eines sog. Hängebeschlusses durch das Sozialgericht eine einstweilige Regelung auf Gewährung vorläufiger Leistungen zugunsten des Antragstellers erlassen wurde.[1188]

1179 Vgl. auch LSG NRW 23.8.2002 – L 10 B 12/02 KA ER: Hängebeschluss, wenn der Antragsteller ohne die Zwischenregelung unzumutbar schweren, anders nicht abwendbaren Nachteilen ausgesetzt wäre und jedenfalls auf den ersten Blick eine offensichtliche Aussichtslosigkeit des auf Gewährung vorläufigen Rechtsschutzes gerichteten Begehrens nicht feststellbar ist; s. dazu auch Finkelnburg/Dombert/Külpmann VorlRS Rn. 918a.

1180 LSG NRW 23.8.2002 – L 10 B 12/02 KA ER juris Rn. 51; krit. Schoch/Schneider/Schoch § 80 Rn. 361.

1181 LSG BW 3.9.2003 – L 13 AL 3445/03 ER-B; LSG NRW 23.8.2002 – L 10 B 12/02 KA ER mwN.

1182 Zur Folgenabwägung LSG BW 3.9.2003 – L 13 AL 3445/03 ER-B; ThürOVG 3.5.2002 – 4 VO 48/02.

1183 Schoch/Schneider/Schoch § 80 Rn. 360.

1184 Zur VwGO Kopp/Schenke § 80 Rn. 170; Guckelberger NVwZ 2001, 275 (277).

1185 Vgl. auch MKLS/Keller SGG § 86b Rn. 14; LSG Nds-Brem 4.8.2016 – L 15 AS 166/16 B ER; zweifelnd LSG LSA 6.3.2012 – L 2 AS 92/12 B ER, juris Rn. 14. Zu § 80 VwGO ThürOVG 3.5.2002 – 4 VO 48/02, juris Rn. 2: keine nur prozessleitende Verfügung.

1186 Vgl. dazu LSG LSA 6.3.2012 – L 2 AS 92/12 B ER, juris Rn. 17.

1187 LSG Bln-Bbg 23.12.2015 – L 1 KR 550/15 KL ER.

1188 LSG LSA 6.3.2012 – L 2 AS 92/12 B ER.

- Zu den **Voraussetzungen** und zum **Inhalt** eines Hängebeschlusses: Ein Hängebeschluss ist aufzuheben, wenn das durch die erforderliche Klärung komplexer Sach- und Rechtsfragen folgende Hinausschieben einer gerichtlichen Entscheidung für den Antragsteller nicht mit existenziellen oder ähnlich schwerwiegenden Rechtsfolgen verbunden ist und sich der Beschluss sowohl vom zeitlichen Rahmen als auch vom Inhalt her nicht auf dringlichste Maßnahmen beschränkt.[1189]
- Zum Hängebeschluss in einem **Verfahren zur Untersagung** gegenüber einem Verfahrensbeteiligten, eine nicht oder nur schwer rückgängig zu machende Maßnahme zu treffen (hier: Veröffentlichung geänderter Methadonrichtlinien im Bundesanzeiger).[1190]

492 ▶ **Muster – Hängebeschluss Anfechtungssachen**[1191]

Tenor:

I. Die aufschiebende Wirkung der Klage gegen den Bescheid vom xx.xx.xxxx in der Gestalt des Widerspruchsbescheids vom xx.xx.xxxx wird vorläufig bis zur Entscheidung über den Eilantrag/die Beschwerde, längstens bis xx.xx.xxxx angeordnet.

II. Die Kostenentscheidung bleibt der eigentlichen Eil-/Beschwerdeentscheidung vorbehalten.

Gründe:

Vorliegend war eine Zwischenregelung bis zum Erlass der eigentlichen Eilentscheidung (sog. Hängebeschluss) geboten. Die Befugnis hierzu folgt aus § 86b Abs. 1 S. 1 Nr. 2 SGG iVm Art. 19 Abs. 4 GG. Wegen der fehlenden Akten und der komplexen Sach- und Rechtslage ist zum Zeitpunkt des Erlasses des vorliegenden Beschlusses auch die im Eilverfahren nur erforderliche überschlägige Prüfung des Hauptsacheerfolgs nicht möglich. Um dem Gericht die Möglichkeit der für die Eilentscheidung notwendigen Aufklärung der Sach- und Rechtslage zu verschaffen, ist trotz der Eilbedürftigkeit zwingend Zeitaufschub geboten. Aus diesem Grund, aber auch um den Beteiligten rechtliches Gehör gewähren zu können, war eine Zwischenregelung zu treffen. Die vorzunehmende Abwägung ergibt ein Überwiegen der Gründe, die für eine Anordnung der aufschiebenden Wirkung im Wege der Zwischenregelung sprechen. Bei Nichtanordnung der aufschiebenden Wirkung und späterem Erfolg der Beschwerde besteht die Gefahr, dass der Antragsteller ... (*zB nicht mehr an der von ihm seit xx.xx.xxxx wieder besuchten Maßnahme zum Fachinformatiker teilnehmen kann, sich seine Ausbildung noch mehr verzögert und das während der etwa zur Hälfte durchlaufenen Ausbildung erworbene Wissen weiter abnimmt und wieder erworben werden muss, sodass der Erfolg der mit öffentlichen Mitteln geförderten Ausbildung in Frage gestellt wird*). Wird die aufschiebende Wirkung hingegen vorläufig angeordnet, der Eilantrag aber später abgelehnt (*oder: die Beschwerde später zurückgewiesen*), läuft der Antragsteller Gefahr, der Antragsgegnerin die vorläufig weitergezahlten Leistungen ganz oder teilweise zurückzahlen zu müssen. Dieser Nachteil ist gegenüber den zuerst genannten Folgen gering zu achten. ◀

493 ▶ **Muster – Hängebeschluss Vornahmesachen**[1192]

Tenor:

I. Die Antragsgegnerin wird im Wege des sog. Hängebeschlusses verpflichtet, der Antragstellerin für die Monate März und April 2011 vorläufige Leistungen der Hilfe zur Pflege in Höhe von xx EUR monatlich zu zahlen.

II. Die Kostenentscheidung bleibt der eigentlichen Eil-/Beschwerdeentscheidung vorbehalten.

Gründe:

Vorliegend war eine Zwischenregelung bis zum Erlass der eigentlichen Eilentscheidung (sog. Hängebeschluss) geboten. Die Befugnis hierzu folgt aus § 86b Abs. 2 S. 2 SGG iVm Art. 19 Abs. 4 GG. Die Voraussetzungen für den Erlass eines Hängebeschlusses liegen vor. Die eigentliche Eil-

---

1189 LSG Nds-Brem 4.8.2016 – L 15 AS 166/16 B ER, juris Ls. 2.
1190 LSG NRW 23.8.2002 – L 10 B 12/02 KA ER mwN.
1191 Nach LSG BW 3.9.2003 – L 13 AL 3445/03 ER-B und LSG NRW 23.8.2002 – L 10 B 12/02 KA ER mwN.
1192 Nach BayLSG 24.2.2011 – L18 SO 22/11 B ER.

entscheidung ist nicht offensichtlich aussichtslos, sie kann aus tatsächlichen Gründen noch nicht ergehen und die Interessen- und Folgenabwägung im Zeitpunkt der Entscheidung über den Hängebeschluss fällt zugunsten der Antragstellerin aus (vgl. zum Hängebeschlusses auch LSG NRW 23.8.2002 – L 10 B 12/02 KA ER; LSG BW 3.9.2003 – L 13 AL 3445/03 ER-B; LSG NRW 23.8.2002 – L 10 B 12/02 KA ER mwN). Der Eilantrag ist nicht offensichtlich aussichtslos. Wegen der fehlenden Akten und der noch erforderlichen Anhörung der Antragsgegnerin ist zum Zeitpunkt des Erlasses des vorliegenden Beschlusses auch die im Eilverfahren nur erforderliche überschlägige Prüfung des Hauptsacheerfolgs nicht möglich. Die vorzunehmende Abwägung ergibt hier ein Überwiegen der Gründe, die für die obige, auf zwei Monate beschränkte Anordnung im Wege der Zwischenregelung sprechen. Bei Nichtanordnung und späterem Erfolg des Eilantrags besteht wegen der nicht mehr sichergestellten Pflege (vgl. dazu das Kündigungsschreiben des bisherigen Pflegedienstes vom xx.xx.xxxx) die Gefahr, dass die Antragstellerin irreversible Nachteile erleidet. Ergeht die Anordnung und wird der Eilantrag später abgelehnt, läuft die Antragstellerin Gefahr, der Antragsgegnerin die vorläufigen Leistungen ganz oder teilweise zurückzahlen zu müssen. Dieser Nachteil ist gegenüber den zuerst genannten Folgen gering zu achten. ◀

2. Die Rechtsfigur der Vorwegzahlung

Das BSG hat in mehreren Entscheidungen die Möglichkeit einer sog. Vorwegzahlung bejaht.[1193] 494
Vorausgesetzt wird insofern, dass eine Spezialregelung wie § 42 SGB I eine Vorwegzahlung tatbestandsmäßig nicht zulässt und der gesetzliche Zweck der Leistung nur erreicht werden kann, wenn die Leistung möglichst zeitnah zur Entstehung des Bedarfs, dem sie abhelfen soll, erbracht wird. Eine Sicherheit bzgl. des Bestehens des Anspruchs wird nicht gefordert. Die beantragte Geldleistung könne schon dann bewilligt werden, wenn eine abschließende Entscheidung nach dem Stand der Ermittlungen im Entscheidungszeitpunkt dem Grunde nach noch nicht möglich sei.[1194] Ermächtigungsgrundlage für diesen Anspruch soll § 17 Abs. 1 Nr. 1 SGB I iVm § 9 S. 2, § 32 Abs. 1 SGB X sein. Die Rechtsfigur der Vorwegzahlung ist abzulehnen, da sich den genannten Vorschriften eine Ermächtigung für einen vorläufigen Leistungsanspruch nicht entnehmen lässt. Denn § 17 Abs. 1 Nr. 1 SGB I stellt eine Regelung des Verfahrensrechts dar und gewährt selbst keinen materiellen Rechtsanspruch, setzt diesen vielmehr als gegeben voraus.[1195] Für die Rechtsfigur der Vorwegzahlung besteht im Übrigen auch kein praktisches Bedürfnis, da die Verwaltung ohnehin, um dem Beschleunigungsgebot des § 17 SGB I Rechnung zu tragen, ggf. einen Verwaltungsakt mit einer Nebenbestimmung erlassen muss.

Beispiele: 495

- Zu den Mindestanforderungen an die Bewilligung eines Vorschusses oder einer Vorwegzahlung.[1196]
- Ein bloßer Rückforderungsvorbehalt beinhaltet nicht zugleich auch die Regelung einer Vorwegzahlung.[1197]
- Zu den fehlenden Voraussetzungen einer Vorwegzahlung, weil die Behörde nicht zu erkennen gegeben habe, sie wolle ausnahmsweise im Wege der Vorwegzahlung Zahlungsansprüche nur einstweilig bewilligen, ohne geprüft zu haben, ob diese auch nur dem Grunde nach zustehen.[1198]

1193 BSGE 62, 32; BSGE 67, 104 = SozR 3-1300 § 32 Nr. 2; BSG SozR 3-1200 § 42 Nr. 2.
1194 Vgl. BSGE 67, 104.
1195 S. dazu Hauck/Noftz/Knecht SGB I § 17 Rn. 1 ff.
1196 BSG 29.4.1997 – 4 RA 46/96.
1197 BSG 2.11.2012 – B 4 KG 2/11 R, juris Rn. 18.
1198 BSG 9.10.2012 – B 5 R 8/12 R, juris Rn. 16.

3. Der Erlass eines Verwaltungsakts mit einer Nebenbestimmung

496 Um dem Beschleunigungsgebot des § 17 SGB I Rechnung zu tragen, muss die Verwaltung ggf. einen Verwaltungsakt mit einer Nebenbestimmung erlassen. Denn die sich aus § 17 Abs. 1 Nr. 1 SGB I ergebende Verpflichtung zur rechtzeitigen Leistungserbringung strahlt auf die Auslegung und Anwendung der Vorschriften über Vorschussleistungen und vorläufige Leistungen aus.[1199] Ist eine vorläufige Leistungsgewährung tatbestandlich ausgeschlossen, kann sich aus der materiellrechtlichen Rechtsgrundlage in Verbindung mit dem Verhältnismäßigkeitsgrundsatz eine Verpflichtung ergeben, den Anspruch nicht abzulehnen, sondern mit gewissen Einschränkungen zuzusprechen. Dies kann durch Vorbehalt der endgültigen Entscheidung oder durch eine auflösende Bedingung geschehen. IE ist eine Leistung unter Vorbehalt nur zulässig, wenn das Gesetz den Vorbehalt ausdrücklich zulässt oder wenn er im wohlverstandenen Interesse des Bürgers liegt. Das ist dann der Fall, wenn die Voraussetzungen eines Anspruchs nach Grund und Höhe noch nicht voll geklärt sind und die Klärung noch längere Zeit erfordert, die Bedürfnisse des Bürgers aber eine schnelle Leistungsgewährung nötig machen.[1200] Ob eine Leistung unter Vorbehalt zu gewähren ist, unterliegt dem pflichtgemäßen Ermessen der Behörde. Das Ermessen wird auf Null reduziert sein, wenn anders als durch einen mit einer Nebenbestimmung versehenen Verwaltungsakt den Bedürfnissen des Bürgers nicht in angemessener Zeit entsprochen werden kann.[1201] Ergeht der Verwaltungsakt unter dem Vorbehalt der Rückforderung, muss die Bewilligung selbst den Rückforderungsvorbehalt enthalten.[1202] Auch bei einer vorläufigen Leistungsgewährung aufgrund eines mit einer Nebenbestimmung versehenen Verwaltungsakts steht – wie bei einer vorläufigen Leistung aufgrund von §§ 86a, 86b SGG – der materielle Anspruch also nicht fest. In Abgrenzung zur gerichtlichen Eilentscheidung sind zwei Kriterien zu nennen: Bei der vorläufigen Leistungsgewährung aufgrund eines mit einer Nebenbestimmung versehenen Verwaltungsakts ist vorauszusetzen, dass der Anspruch ungewiss ist, ohne dass – wie in Vornahmesachen – ein bestimmter Wahrscheinlichkeitsgrad vorgegeben wäre. Eine schnelle Leistungsgewährung muss „nötig" sein. Zum zweiten entscheidet die Verwaltung selbst, ob eine Vorbehaltsleistung gewährt wird oder nicht. Besteht Streit über die Gewährung einer (materiellrechtlichen) Leistung unter Vorbehalt, ist gerichtlicher einstweiliger Rechtsschutz möglich.

4. Die vorläufige Entscheidung gem. § 328 SGB III

497 Für die hier vorzunehmende Abgrenzung zu den §§ 86a und 86b SGG interessiert nur die Nr. 3 des § 328 Abs. 1 S. 1 SGB III. Über die vorläufige Erbringung von Geldleistungen entscheidet zunächst die Behörde (nicht das Gericht), wenn zur Feststellung der Voraussetzungen des Anspruchs eines Arbeitnehmers auf Geldleistungen voraussichtlich längere Zeit erforderlich ist, die Voraussetzungen für den Anspruch mit hinreichender Wahrscheinlichkeit vorliegen und der Arbeitnehmer die Umstände, die einer sofortigen abschließenden Entscheidung entgegenstehen, nicht zu vertreten hat. Auf Antrag ist vorläufig zu entscheiden, § 328 Abs. 1 S. 3 SGB III.[1203] § 328 SGB III kommt nicht zur Anwendung, wenn der Anspruch dem Grunde nach feststeht und nur die Höhe streitig ist; dann ist nach § 42 SGB I ein Vorschuss zu gewähren.[1204]

498 Wie bei den §§ 86a und 86b SGG muss bei § 328 SGB III der Anspruch nur wahrscheinlich sein. In Abgrenzung zum einstweiligen Rechtsschutz nach dem SGG verlangt § 328 SGB III aber eine

---

1199 Hauck/Noftz/Knecht SGB I § 17 Rn. 13.
1200 Vgl. BSGE 37, 155; BSGE 42, 184; BSGE 48, 120; BSG SozR 4100 § 40 Nr. 17; BSG SozR 4100 § 78 Nr. 3; BSG SozR 3-5870 § 11 Nr. 1.
1201 Vgl. Gagel SGB III, Std. 7/99, vor § 323 Rn. 62.
1202 Vgl. BSG SozR 3-5870 § 11 BKGG Nr. 1 S. 5.
1203 IdF des G v. 24.4.2006 (BGBl. I 926). Zum Zweck der Vorschrift BT-Drs. 13/2440, 32 zu Art. 4 Nr. 3.
1204 Brand/Düe SGB III § 328 Rn. 3; Behn ZfS 1994, 161 (172); Marschner ZfSH/SGB 1995, 178 (179); abw. Schmidt-De Caluwe NZS 2001, 240 (245); zu § 42 SGB I auch → Rn. 387 f.

hinreichende Wahrscheinlichkeit für das Bestehen des Anspruchs. Das bedeutet, dass ein deutliches Übergewicht der für das Bestehen des Anspruchs sprechenden Umstände gegeben sein muss.[1205] IR der §§ 86a, 86b SGG reicht grundsätzlich eine überwiegende Wahrscheinlichkeit (zu den Wahrscheinlichkeitskategorien → Rn. 368 ff.). Ab wann die Feststellung der Leistungsvoraussetzungen voraussichtlich längere Zeit in Anspruch nehmen wird, lässt sich nicht abstrakt beantworten. Die Zeitspanne ist im konkreten Fall unter Berücksichtigung des Zwecks der Regelung zu bestimmen, den potenziell Berechtigten, der auf die Leistungen zur Lebensführung angewiesen ist, vor Härten zu bewahren. In funktionaler Hinsicht entspricht diesem Merkmal der Anordnungsgrund, bei dem es um die Abwendung einer drohenden Rechtsbeeinträchtigung für den Interimszeitraum bis zur Hauptsacheentscheidung geht. Der wichtigste Unterschied zwischen den §§ 86a, 86b SGG und § 328 SGB III ist darin zu sehen, dass es bei §§ 86a, 86b SGG nicht auf ein Verschulden des Betroffenen ankommt, während § 328 SGB III voraussetzt, dass der Arbeitnehmer die für die Entscheidungsverzögerung ursächlichen Umstände nicht zu vertreten hat, wobei auch eine leichte Fährlässigkeit eine vorläufige Leistung ausschließt.[1206] § 328 SGB III eröffnet der Verwaltung ein Ermessen. Eine gebundene Entscheidung ergeht nur, wenn der Betroffene die vorläufige Leistung beantragt. IErg sind die Maßgaben des § 328 SGB III für den potenziell Leistungsberechtigten schwerer zu erfüllen als die Voraussetzungen des § 86b SGG. Besteht Streit darüber, ob eine vorläufige Leistung zu erbringen ist, ist ein entsprechender Eilantrag an das Gericht möglich, das dann nach den Maßgaben des § 86b Abs. 2 S. 2 SGG insbes. darüber entscheidet, ob in Bezug auf § 328 SGB III ein Anordnungsanspruch und ein Anordnungsgrund gegeben sind.

Beispiele: 499

- Zum vorläufigen Rechtsschutz bei einer vorläufigen Entscheidung iSd § 40 Abs. 2 Nr. 1 SGB II aF, § 328 SGB III.[1207]
- Zu vorläufigen Leistungen nach § 40 Abs. 1 Nr. 1a SGB II aF, § 328 Abs. 1 S. 1 Nr. 3 SGB III wegen fehlender Ermittlungen zum Hilfebedarf.[1208]
- Eine vorläufige Entscheidung nach § 328 Abs. 1 S. 1 Nr. 3 SGB III über die Erbringung von Alg „bis zur Feststellung der Erwerbsunfähigkeit“ ist kaum denkbar. Wenn der Verdacht auf Erwerbsunfähigkeit im Raume steht, dürften die Voraussetzungen für den Anspruch auf Alg eben gerade nicht „mit hinreichender Wahrscheinlichkeit vorliegen“, es sei denn, es handelte sich um den untypischen Fall oder die „Sonderform“ der Entscheidung über Alg nach § 125 SGB III.[1209]

5. Die vorläufige Entscheidung gem. § 41a Abs. 1 S. 1 Nr. 1 SGB II

Für den Bereich der Grundsicherung für Arbeitsuchende war die Möglichkeit der vorläufigen Entscheidung über einen Leistungsanspruch – die das Bestehen des fraglichen Anspruchs nicht voraussetzt – bis zum 31.7.2016 über eine Verweisung in § 40 Abs. 2 Nr. 1 SGB II auf § 328 SGB III geregelt. Zum 1.8.2016 ist diese Verweisung weggefallen. Stattdessen ist diese Möglichkeit der vorläufigen Entscheidung nunmehr umfassend und eigenständig in § 41a SGB II kodifiziert[1210], genauer in § 41a Abs. 1 S. 1 Nr. 1, S. 3 SGB II. § 41a Abs. 1 S. 1 Nr. 2, S. 3 SGB II er- 500

1205 Vgl. Marschner ZfSH/SGB 1995, 178 (180); Schmidt-De Caluwe NZS 2001, 240 (245).
1206 Vgl. Schmidt-De Caluwe NZS 2001, 240 (246).
1207 LSG NRW 24.2.2014 – L 19 AS 2286/13, juris Rn. 20 ff.; LSG LSA 8.11.2010 – L 5 AS 200/10 B ER, juris Rn. 29; LSG MV 29.6.2007 – L 8 B 229/06, juris Rn. 21.
1208 LSG Bln-Bbg 11.1.2007 – L 5 B 1125/06 AS ER, juris 12.
1209 BSG 30.1.2002 – B 5 RJ 6/01 R, juris Rn. 21.
1210 Eingefügt durch Art. 1 Nr. 36 des Neunten Gesetzes zur Änderung des Zweiten Buches Sozialgesetzbuch – Rechtsvereinfachung – sowie zur vorübergehenden Aussetzung der Insolvenzantragspflicht (BGBl. 2016 I 1824).

fasst hingegen den Fall einer vorläufigen Entscheidung bei Bestehen des Anspruchs dem Grunde nach.

Über die Erbringung von Geld- und Sachleistungen hat die Behörde – es besteht also kein Ermessen – vorläufig zu entscheiden, wenn zur Feststellung der Voraussetzungen des Anspruchs auf Geld- und Sachleistungen voraussichtlich längere Zeit erforderlich ist und die Voraussetzungen für den Anspruch mit hinreichender Wahrscheinlichkeit vorliegen. Eine vorläufige Entscheidung ergeht aber nicht, wenn Leistungsberechtigte die Umstände, die einer sofortigen abschließenden Entscheidung entgegenstehen, zu vertreten haben. Die Vorschrift ist somit – im Hinblick auf die Voraussetzungen der vorläufigen Entscheidung – im Wesentlichen inhaltsgleich zu § 328 Abs. 1 S. 1 Nr. 3 SGB III. Es wird lediglich noch zusätzlich die Gewährung von Sachleistungen (vgl. § 4 Abs. 1 Nr. 3 SGB II) erfasst; dieser kommt in der Grundsicherung für Arbeitsuchende allerdings keine maßgebliche Rolle zu. Wegen der Inhaltsgleichheit der Vorschriften kann daher hinsichtlich der Unterschiede zwischen dem einstweiligen Rechtsschutz nach §§ 86a und 86b SGG und der vorläufigen Entscheidung nach § 41a SGB II auf → Rn. 497 ff. verwiesen werden.

III. Vorläufige Leistungen, die das Bestehen des Anspruchs voraussetzen

501 Als vorläufige Leistungen, die das Bestehen des Anspruchs voraussetzen, kommen vorläufige Leistungen bei einem Grundurteil, Vorschüsse gem. § 42 Abs. 1 S. 1 SGB I, vorläufige Leistungen des zuerst angegangenen Leistungsträgers gem. § 43 Abs. 1 SGB I und Abschlagszahlungen auf Geldleistungen gem. § 337 Abs. 4 SGB III in Betracht.

1. Vorläufige Leistung bei einem Grundurteil, § 130 Abs. 1 S. 2 SGG

502 Die vorläufige Leistung bei einem Grundurteil ist in § 130 Abs. 1 S. 2 SGG[1211] geregelt. Nach dieser Vorschrift kann im Urteil eine einmalige oder laufende vorläufige Leistung angeordnet werden, um dem Kläger schnell zu helfen. Aus dem Grundurteil selbst kann nicht vollstreckt werden, weil über die Höhe der Leistung nichts ausgesagt wird. Die gem. § 130 Abs. 1 S. 2 SGG zuerkannte vorläufige Leistung muss beziffert werden und darf nicht wiederum nur dem Grunde nach bestimmt werden. Es handelt sich dabei nicht um eine Anordnung in Analogie zu § 86b Abs. 2 S. 2 SGG. Dies wird schon daraus ersichtlich, dass für § 130 Abs. 1 S. 2 SGG eine volle Überzeugung des Gerichts bzgl. des Bestehens des im Urteil zuerkannten Anspruchs vorliegen muss. Ferner ergeht eine Anordnung im Wege des einstweiligen Rechtsschutzes durch gesonderten Beschluss in einem selbstständigen Verfahren, während die Anordnung nach 130 Abs. 1 S. 2 SGG Teil des Urteils ist. Die Anordnung auf vorläufige Leistungen gem. § 130 Abs. 1 S. 2 SGG steht im Ermessen des Gerichts und hat den Sinn einer finanziellen Überbrückungshilfe, bis der Leistungsträger den nach dem Grundurteil zu zahlenden Geldbetrag ermittelt hat. Bei der Ermessensausübung werden die wirtschaftlichen Verhältnisse des Klägers, insbes. die Möglichkeit einer Rückzahlung,[1212] zu berücksichtigen sein. Die Anordnung nach § 130 Abs. 1 S. 2 SGG ist nicht gesondert anfechtbar, § 130 Abs. 1 S. 3 SGG.

2. Vorschüsse gem. § 42 Abs. 1 S. 1 SGB I

503 Gem. § 42 Abs. 1 S. 1 SGB I kann der zuständige Leistungsträger **Vorschüsse** zahlen, deren Höhe er nach pflichtgemäßem Ermessen bestimmt, wenn ein Anspruch auf Geldleistungen dem Grunde nach besteht und zur Feststellung seiner Höhe voraussichtlich längere Zeit erforderlich ist. Der Leistungsträger muss hinreichend deutlich machen, dass er wegen eines nach seiner Ansicht dem Grunde nach bestehenden Anspruchs auf Geldleistungen, dessen genaue Höhe noch

1211 Früher § 130 S. 2 SGG aF.
1212 Vgl. Plagemann Rn. 201, 203.

nicht zeitnah festgestellt werden kann, ein Recht auf Zahlungen bewilligt, das noch keinen dauerhaften Rechtsgrund für das Behaltendürfen des Gezahlten darstellt und dessen Ausübung daher wirtschaftlich mit dem Risiko einer möglichen Rückzahlungspflicht behaftet ist.[1213] Nach § 42 Abs. 1 S. 1 SGB I entscheidet der zuständige Leistungsträger selbst über den Vorschuss. Entsteht Streit über das Bestehen des Anspruchs, hilft also auch die Vorschussmöglichkeit nicht weiter. Nach dem eindeutigen Wortlaut des § 42 Abs. 1 S. 1 SGB I ist für eine Vorschussleistung das Bestehen des Anspruchs dem Grunde nach zu fordern. Die vom BSG bejahte analoge Anwendung des § 42 Abs. 1 S. 1 SGB I[1214] für den Fall, dass das Bestehen des Anspruchs zwar nicht sicher ist, aber eine diesbezügliche nahezu volle Überzeugung gegeben ist und der Leistungsberechtigte einen Vorschuss ausdrücklich unter vollem Rückforderungsvorbehalt beantragt hat, ist abzulehnen. Eine für eine Analogie zu fordernde planwidrige Regelungslücke liegt im Hinblick auf die anderweitigen Möglichkeiten der behördlichen Gewährung einer vorläufigen Leistung und im Hinblick auf den gerichtlichen einstweiligen Rechtsschutz nicht vor. Im Unterschied zu den §§ 86a, 86b SGG müssen bei § 42 Abs. 1 S. 1 SGB I und den entsprechenden Spezialgesetzen nach deren eindeutigem Wortlaut alle materiellrechtlichen Voraussetzungen der in Frage stehenden Norm mit Ausnahme der Höhe des Anspruchs feststehen.[1215]

Als lex specialis zu § 42 Abs. 1 S. 1 SGB I ist § 60a BVG zu nennen. Auch hier ist – im Unterschied zu den §§ 86a, 86b SGG – nicht das Bestehen, sondern die Höhe des Anspruchs ungewiss. § 60a Abs. 1 S. 2 BVG ermöglicht bei nicht feststehenden Einkünften die vorläufige Feststellung von **Ausgleichsrenten** entsprechend den im Zeitpunkt der Bescheiderteilung bekannten Einkommensverhältnissen.

Beispiele: 504

- Zu den Mindestanforderungen an die Bewilligung eines Vorschusses oder einer Vorwegzahlung und zur Rückabwicklung der Leistungsbeziehung; zur Anwendung des § 50 Abs. 3 SGB X (Festsetzung der zu erstattenden Leistung durch schriftlichen Verwaltungsakt) und § 42 Abs. 2, 3 SGB I.[1216]
- Zur Verpflichtung zum Erlass einer bloß einstweiligen Regelung nach Art. 45 Abs. 1 EWG VO 574/72 und nach § 42 Abs. 1 SGB I vor Abschluss des Verwaltungsverfahrens (vorläufige Leistung, Vorschuss oder Vorwegzahlung); zur Rechtserheblichkeit des verfahrensrechtlichen Verstoßes gegen das Verbot des vorzeitigen Verfahrensabschlusses iSv § 42 S. 1 SGB X, weil eine andere Entscheidung in der Sache, nämlich eine nur einstweilige Regelung, hätte getroffen werden müssen.[1217]

3. Vorläufige Leistungen des zuerst angegangenen Leistungsträgers, § 43 Abs. 1 SGB I

Gem. § 43 Abs. 1 S. 1 SGB I kann der zuerst angegangene Leistungsträger vorläufig Leistungen 505
erbringen, wenn ein Anspruch auf Sozialleistungen besteht und zwischen mehreren Leistungsträgern streitig ist, wer zur Leistung verpflichtet ist. Auf Antrag des Leistungsberechtigten hat er spätestens nach Ablauf eines Kalendermonats nach Eingang des Antrags Leistungen zu erbringen (§ 43 Abs. 1 S. 2 SGB I). Auch hier soll ein Leistungsträger selbst, also die Exekutive, über die vorläufige Leistungserbringung entscheiden.

1213 BSG 26.6.2007 – B 2 U 5/06 R, juris Rn. 17.

1214 Vgl. BSG SozR 3-1200 § 42 Nr. 2; krit. dazu BSG SozR 3-1200 § 42 SGB I Nr. 5, S. 15.

1215 Vgl. KassKomm/Schifferdecker SGB I § 42 Rn. 19.

1216 BSG 29.4.1997 – 4 RA 46/96; BSG SozR 1200 § 42 Nr. 4; BSGE 67, 104 = SozR 3-1300 § 32 Nr. 2; SozR 3-1300 § 32 Nr. 4; BSGE 72, 50 (55) = SozR 3-8570 § 10 Nr. 1; BSGE 77, 77 = SozR 3-2200 § 1401 Nr. 1; SozR 3-1300 § 31 Nr. 10 und 14.5.1996 – 4 RA 62/94.

1217 BSG 28.6.1990 – 4 RA 57/89 juris Rn. 44; BSG 11.6.1987 – 7 RAr 105/85 = BSGE 62, 32 = SozR 4100 § 71 Nr. 2.

506 Als lex specialis zu § 43 Abs. 1 S. 1 SGB I ist der am 1.7.2001 in Kraft getretene § 14 SGB IX[1218] zu nennen. Diese Sonderbestimmung für den Bereich der Rehabilitation, in dem ungeklärte Zuständigkeitsfragen häufig eine Rolle spielen, soll im Interesse behinderter und von Behinderung bedrohter Menschen durch schnelle Klärung der Zuständigkeit in einem auf Beschleunigung gerichteten Verwaltungsverfahren (§ 14 Abs. 1–3 SGB IX) die möglichst schnelle Leistungserbringung sichern.[1219] Leitet der Träger, bei dem der Antrag eingeht, diesen nicht binnen zweier Wochen an einen anderen Träger weiter, ist er ohne Rücksicht auf seine materielle Zuständigkeit leistungspflichtig. Leitet der erstangegangene Träger den Antrag fristgerecht an einen anderen Träger weiter, so ist dieser ohne Rücksicht auf seine materielle Zuständigkeit leistungspflichtig, vgl. § 14 Abs. 2 S. 4 SGB IX.[1220] Fraglich ist in den genannten Fällen die Zuständigkeit des Leistungsträgers, nicht das Bestehen des Leistungsanspruchs. Bei § 43 Abs. 1 S. 1 SGB I und § 14 SGB IX müssen mit Ausnahme der Zuständigkeit des Leistungsträgers sämtliche Anspruchsvoraussetzungen gegeben sein.[1221]

507 Die §§ 42 Abs. 1 S. 1, 43 Abs. 1 S. 1 SGB I und die entsprechenden Spezialgesetze enthalten mithin Regelungen bzgl. der Erfüllung von unstreitig feststehenden materiellrechtlichen Ansprüchen. Erhält der Betroffene vom zuständigen Leistungsträger Vorschüsse (§ 42 SGB I) oder von dem zuerst angegangenen Leistungsträger vorläufige Leistungen (§ 43 SGB I), wird idR ein Rechtsschutzbedürfnis für eine Eilentscheidung nach § 86b SGG zu verneinen sein.[1222]

508 **Beispiele:**

- Zur Verpflichtung des Grundsicherungsträgers nach dem SGB II zur Vorleistung als zuerst angegangener Leistungsträger iSd § 43 Abs. 1 SGB I trotz grundsätzlicher Zuständigkeit des Sozialhilfeträgers bei einer Ermessensreduzierung auf Null hinsichtlich der Übernahme von Energieschulden (Behebung einer der Obdachlosigkeit vergleichbaren Notlage).[1223]
- Zur vorläufigen Leistungspflicht nach § 43 SGB I im Verfahren des einstweiligen Rechtsschutzes.[1224]

4. Abschlagszahlungen auf Geldleistungen gem. § 337 Abs. 4 SGB III

509 Gem. § 337 Abs. 4 SGB III können zur Vermeidung unbilliger Härten Abschlagszahlungen auf Geldleistungen geleistet werden. Eine unbillige Härte ist zu bejahen, wenn der Berechtigte seinen Lebensunterhalt von der entstandenen Leistung bestreiten muss und andere Mittel nicht zur Verfügung hat. Bei § 337 Abs. 4 SGB III geht es nicht um Vorauszahlungen auf zu erwartende Ansprüche, sondern um die Befriedigung von bis zum Zeitpunkt der Auszahlung entstandenen, aber noch nicht fälligen Ansprüchen. Zweck der Regelung ist es zu vermeiden, dass der Berechtigte wegen der Fälligkeitsregelung des § 337 SGB III gezwungen ist, Sozialhilfe in Anspruch zu nehmen. Abschlagszahlungen werden nach pflichtgemäßem Ermessen auch ohne Antrag gewährt, setzen aber eine unbillige Härte voraus, während § 42 Abs. 1 S. 1 SGB I nur Ungewissheit bzgl. der Höhe der Leistungen fordert.

Beispiel: Zum Zweck der Abschlagszahlungen iSv § 337 Abs. 4 SGB III; kein Dauercharakter.[1225]

1218 Früher § 6 Abs. 2 RehaAnglG.
1219 Vgl. Hauck/Noftz/Götze SGB IX § 14 Rn. 2 f.
1220 Gagel SGb 2004, 464 (465).
1221 Vgl. KassKomm/Schifferdecker SGB I § 43 Rn. 5 und 7, 16.
1222 Krasney/Udsching V Rn. 46; s. a. → Rn. 26 ff., 34.
1223 SächsLSG 11.7.2006 – L 3 B 193/06 AS-ER; vgl. auch → Rn. 260.
1224 Ua SchlHLSG 19.9.2006 – L 5 B 376/06 KR ER; LSG NRW 25.4.2007 – L 19 B 3/07 AL ER; LSG NRW 22.3.2016 – L 7 AS 354/16 B ER, L 7 AS 355/16 B; LSG NRW 19.7.2016 – L 7 AS 934/16 B ER, 21.7.2016 – L 7 AS 1045/16 B ER.
1225 LSG BW 8.3.1999 – L 13 AL 2002/98, juris Rn. 16.

5. Die vorläufige Entscheidung gem. § 41a Abs. 1 S. 1 Nr. 2 SGB II

§ 41a Abs. 1 S. 1 Nr. 2, S. 3 SGB II regelt – in Abgrenzung zu § 41a Abs. 1 S. 1 Nr. 1, S. 3 SGB II 510
(→ Rn. 500) – die Möglichkeit der vorläufigen Entscheidung über Grundsicherung für Arbeitsuchende für den Fall, dass der Anspruch dem Grund nach gegeben ist, aber dessen Höhe noch nicht feststeht. Die Behörde hat über die Erbringung von Geld- und Sachleistungen vorläufig zu entscheiden, wenn ein Anspruch auf Geld- und Sachleistungen dem Grunde nach besteht und zur Feststellung seiner Höhe voraussichtlich längere Zeit erforderlich ist. Eine vorläufige Entscheidung ergeht nur dann nicht, wenn Leistungsberechtigte die Umstände, die einer sofortigen abschließenden Entscheidung entgegenstehen, zu vertreten haben. Der § 41a Abs. 1 S. 1 Nr. 2, S. 3 SGB II ist damit eine für den Bereich der Grundsicherung spezielle Regelung zur Leistung von Vorschüssen, die die allgemeine Vorschussregelung des § 42 SGB I (→ Rn. 503) verdrängt. Sie unterscheidet sich von dieser in den Voraussetzungen in zwei Punkten: Die Vorschrift ist auch bei Sachleistungen einschlägig. Die Leistungspflicht ist davon abhängig, dass der Leistungsberechtigte die Umstände der Verzögerung nicht zu vertreten hat. Auch in der Rechtsfolge gibt es zwei Unterschiede: Liegen die Voraussetzungen des § 41a Abs. 1 S. 1 Nr. 2, S. 3 SGB II vor, hat die Behörde vorläufige Leistungen zu bewilligen; ein Ermessen besteht nicht. Zudem ist die Höhe der zu erbringenden Leistungen nicht nach pflichtgemäßem Ermessen zu bestimmen. Vielmehr ist die vorläufige Leistung so zu bemessen, dass der monatliche Bedarf der Leistungsberechtigten zur Sicherung des Lebensunterhalts gedeckt ist (vgl. § 41a Abs. 2 S. 2 f. SGB II).

Für den Fall, dass der Leistungsanspruch dem Grunde nach nicht im Vollbeweis feststellbar ist, ist eine vorläufige Entscheidung nach § 41a Abs. 1 S. 1 Nr. 2 SGB rechtlich nicht zulässig. Ggf. kommt dann eine Leistungsgewährung iR des einstweiligen Rechtsschutzes nach § 86b Abs. 2 S. 2 SGG in Betracht. Dort genügt grundsätzlich eine überwiegende Wahrscheinlichkeit für das Vorliegen des Leistungsanspruchs. Zudem muss allerdings ein Anordnungsgrund gegeben sein.

F. Kosten- und Prozesskostenhilfeentscheidung

511 Eilverfahren sind kostenrechtlich eigenständige Verfahren.[1226] Daher sind eigenständige Entscheidungen über die Kosten[1227] und ggf. über die Gewährung von Prozesskostenhilfe veranlasst.

I. Kostenentscheidung

1. Gerichtskosten

a) Grundsatz der Gerichtskostenfreiheit und § 197a SGG

512 Auch das einstweilige Rechtsschutzverfahren ist nach Maßgabe der §§ 183 ff. SGG grundsätzlich, also für kostenprivilegierte Beteiligte (Versicherte, Leistungsempfänger, Behinderte usw), **gerichtskostenfrei.** Es fallen allerdings die Pauschgebühren nach § 184 SGG an.[1228] Zu beachten ist **aber § 197a SGG.**[1229] Nach dessen Abs. 1 finden die §§ 184–195 SGG keine Anwendung, wenn in einem Rechtszug weder der Kläger noch der Beklagte zu den in § 183 SGG genannten Personen gehört. Das bedeutet, dass die Regelungen über die Pauschgebühr ebenso wenig anwendbar sind wie die Regelungen über die Auslagenvergütung für Beteiligte, über die Missbrauchskosten und über die Grundsätze der Kostenentscheidung nach §§ 194–195. Vielmehr werden die §§ 154–162 VwGO (mit Ausnahme des § 161 Abs. 2 VwGO für den Fall der Klagerücknahme) für entsprechend anwendbar erklärt. § 197a SGG erlangt Bedeutung insbes. in Eilverfahren von Sozialleistungsträgern untereinander, in Eilverfahren betreffend Beitragsstreitigkeiten eines Unternehmers und von Arbeitgebern gegen die Einzugsstelle für den Sozialversicherungsbeitrag, in Eilverfahren von Arbeitgebern gegen die Bundesagentur für Arbeit sowie für einstweilige Rechtsschutzverfahren aus dem Vertragsarztrecht, zB zwischen Ärzten und den kassenärztlichen Vereinigungen bzw. den Zulassungsgremien für die Vertragsarztzulassung oder in Streitigkeiten über die Höhe der Vergütung.[1230] In diesen Verfahren haben die Beteiligten auch im einstweiligen Rechtsschutzverfahren je nach Prozesserfolg Gerichtskosten zu tragen. Der unterliegende Teil trägt also auch insofern die Kosten des Verfahrens, § 154 Abs. 1 VwGO. Bei teilweisem Obsiegen werden die Kosten gegeneinander aufgehoben oder verhältnismäßig geteilt, § 155 Abs. 1 VwGO. Die Kosten des Verfahrens sind die Kosten aller Instanzen,[1231] maßgeblich ist also in Eilverfahren, wer letztlich, dh ggf. vor dem Landessozialgericht, obsiegt.

513 ▶ **Muster Antrag/Beschluss – Kosten in gerichtskostenfreien Verfahren**

Außergerichtliche Kosten sind nicht zu erstatten.

Oder insbes. bei mehreren Beteiligten:

Die Beteiligten haben einander außergerichtliche Kosten nicht zu erstatten.

1226 LSG NRW 19.9.2007 – L 7 B 183/07 AS ER; zur Beschwerde gegen die Kostenentscheidung als Nebenentscheidung im Beschlussverfahren LSG NRW 4.4.2007 – L 19 B 7/07 AS ER; zur Anfechtung einer Kostenentscheidung grundsätzlich nur zusammen mit der „Hauptsache", dh hier der Entscheidung über den Eilantrag LSG Nds-Brem 15.11.2004 – L 4 B 23/04 KR.

1227 BSG 6.9.1993 – 6 RKa 25/91 = SozR 3-1500 § 193 Nr. 6.

1228 Nach hM (vgl. ua HessLSG 10.10.2019 – L 2 SF 45/19 E; BayLSG 7.5.2019 – L 12 SF 152/19 E; ThürLSG 19.12.2018 – L 1 SF 1289/18 E; aA LSG Nds-Brem 30.10.2020 – L 7 SF 7/20 E (R) mzustAnm Loytved jurisPR-SozR 5/2021 Anm. 6) tritt keine Gebührenermäßigung nach § 186 SGG ein, wenn das Verfahren des einstweiligen Rechtsschutzes durch Beschluss entschieden wird.

1229 Eingefügt mWv 2.1.2002 durch das 6. SGG-ÄndG (BGBl. 2001 I 2137 [2148 f.).

1230 Vgl. für die Hauptsacheverfahren Wenner SozSich 2001, 422 (426).

1231 Vgl. Krasney/Udsching XII Rn. 122.

Gründe:

...

Da der Eilantrag erfolglos geblieben ist, hat der Antragsgegner dem Antragsteller keine Kosten zu erstatten.[1232] Die Entscheidung beruht auf § 193 Abs. 1 S. 1 SGG. ◀

▶ **Muster Antrag/Beschluss – Kosten in gerichtskostenpflichtigen Verfahren**

Der Antragsgegner hat die Kosten des Verfahrens zu tragen.

Gründe:

...

Da der Antragsteller in vollem Umfang obsiegt hat, hat der Antragsgegner gem. § 197a Abs. 1 S. 1 SGG iVm § 154 Abs. 1 VwGO die Kosten zu tragen. ◀

Beispiele zur Gerichtskostenpflicht: 514

- Verfolgt der Antragsteller keine Rechte als Versicherter auf Leistungen aus der gesetzlichen Unfallversicherung, sondern wendet er sich vielmehr gegen die Erhebung von Beiträgen von ihm als Unternehmer, kommt eine Kostenprivilegierung gem. § 183 SGG nicht in Betracht.[1233] Zum Streitwert → Rn. 517 aE.
- Zur Gerichtskostenpflicht bei Geltendmachung eigener Ansprüche von nicht erb- bzw. pflichtteilsberechtigten Mitgliedern einer **Bedarfsgemeinschaft** in Verfahren nach § 33 SGB II.[1234]
- Gerichtskostenpflicht für einen Antragsteller, der sich gegen eine **Überleitungsbescheid** des Sozialhilfeträgers nach **§ 93 Abs. 3 SGB XII** zur Wehr setzt[1235] (s. a. → Rn. 144).

b) Streitwert bei Gerichtskosten nach dem GKG

In den von § 197a SGG erfassten Fällen, also bei einstweiligen Rechtsschutzverfahren, deren Beteiligte keine kostenmäßig privilegierten Personen sind, werden Kosten nach den Vorschriften des GKG erhoben. Für die Gerichtskosten gilt also im Verhältnis zur Staatskasse das GKG.[1236] Die Gerichtskosten richten sich grundsätzlich nach der Bedeutung der Sache für den Antragsteller, also nach dessen wirtschaftlichem Interesse an der Entscheidung, § 53 Abs. 2 Nr. 4, § 52 Abs. 1, 3 GKG.[1237] In Verfahren des einstweiligen Rechtsschutzes nach § 86b SGG ist der Streitwert nach § 52 Abs. 1 und 2 zu bestimmen (§ 53 Abs. 2 Nr. 4 GKG). Die – nach Maßgabe des § 63 Abs. 2 S. 1 GKG von Amts wegen erfolgende – Festsetzung des **Streitgegenstandswerts** bei einstweiligen Rechtsschutzverfahren orientiert sich allgemein am Streitwertkatalog 2017 (SK) für die Sozialgerichtsbarkeit.[1238] Nach Punkt A.II.10.1 des SK kann ein Viertel bis zur Hälfte des Streitwerts der Hauptsache je nach deren wirtschaftlicher Bedeutung angesetzt werden; bei Vorwegnahme der Hauptsache sei idR der volle Streitwert festzusetzen. Nach Punkt A.II.10.2 des SK ist bei Verfahren nach § 86l Abs. 2 und § 86b Abs. 1 S. 1 Nr. 2 SGG ein Viertel des Hauptsachestreitwertes anzusetzen.[1239] Das erscheint widersprüchlich. Letztlich wird das Gericht im konkreten Eilverfahren unter Zugrundelegung der Vorschriften des GKG entscheiden, 515

1232 Vgl. zur fehlenden Erstattungsfähigkeit der Kosten des Antragsgegners § 193 Abs. 4 SGG.

1233 BSG 5.3.2008 – B 2 U 353/07 B, juris Rn. 6; 14.7.2006 – B 2 U 98/06 B; 3.1.2006 – B 2 U 367/05 B; 23.11.2006 – B 2 U 258/06 B; Köhler, SGB 2008, 76.

1234 BayLSG 23.4.2007 – L 11 B 818/06 AS ER.

1235 BayLSG 25.11.2010 – L 8 SO 136/10; LSG NRW 9.1.2007 – L 20 B 137/06 SO, juris Rn. 7; BayLSG 22.6.2009 – L 18 SO 56/09 B; Grube/Wahrendorf/Flint/Giere SGB XII § 93 Rn. 36; abw. HessLSG 1.11.2007 – L 9 SO 79/07 ER; LSG Bln-Bbg 16.8.2007 – L 23 B 150/07 SO ER.

1236 IdF des Kostenrechtsmodernisierungsgesetzes 2004 (BGBl. I 718) mWv 1.7.2004. In Rechtsstreitigkeiten, die vor dem 1.7.2004 anhängig geworden sind, gilt noch das GKG in der aF vom 15.12.1975 (BGBl. I 3047), vgl. § 71 Abs. 1 S. 1 GKG nF.

1237 § 53 idF des G v. 30.7.2009 (BGBl. I 2479) mWv 2.9.2009.

1238 Streitwertkatalog für die Sozialgerichtsbarkeit, 5. Aufl. 2017, Stand März 2017, abrufbar im Internet unter www.sozialgerichtsbarkeit .de .

1239 S. dazu die dort befindlichen Nachweise aus der Rechtsprechung.

welchen Bruchteil des Hauptsachestreitwertes es unter Berücksichtigung der Bedeutung des Eilverfahrens festsetzt oder ob der volle Streitwert angemessen ist. Der von der Konferenz der Präsidentinnen und Präsidenten der Landessozialgerichte verfasste und durch das LSG RhPf in regelmäßigen Zeitabständen aktualisierte und fortgeschriebene Streitwertkatalog für die Sozialgerichtsbarkeit ist nicht verbindlich. Der Streitwertkatalog soll lediglich dazu beitragen, die Maßstäbe der Festsetzung des Streitwerts zu vereinheitlichen und die Entscheidungen der Gerichte vorhersehbar zu machen. Er erhebt jedoch keinen Anspruch auf Vollständigkeit. Der Streitwertkatalog ist vielmehr lediglich als eine Empfehlung zu verstehen, ohne verbindliche Wirkung für die Gerichte der Sozialgerichtsbarkeit.[1240]

Zu Punkt B.VI. des SK (**Vertragsarztrecht**)

Punkt B.VI.10.11 des SK nennt für die Fälle der **Honorarstreitigkeiten** (§ 85 Abs. 4 ff. SGB V) einen Streitwert bei einstweiliger Anordnung (Umsatz für ein Jahr). Punkt B.VI.14.6 des SK nennt für die Fälle der **Wirtschaftlichkeitsprüfung** (§ 106 SGB V) einen Streitwert bei einstweiliger Anordnung wegen Auszahlung des Honorars (wirtschaftliches Interesse bemisst sich nach der Dauer des Hauptsacheverfahrens und dem Zinsinteresse). Punkt B.VI.15. nennt für die Fälle der **Zulassungsverfahren** von Ärzten, Zahnärzten und Psychotherapeuten (§ 95 SGB V iVm den Zulassungsverordnungen nach § 98 SGB V) einen Streitwert bei einstweiliger Anordnung (15.3: Höhe der Einnahmen (wie bei B.VI.15.7.) während der voraussichtlichen Verfahrensdauer von einem Jahr ohne Abschlag) und bei Anordnung der sofortigen Vollziehung eines Zulassungsbeschlusses (15.4: Voraussichtliche Honorareinahmen im Zeitraum zwischen dem Zulassungsbeschluss bis zur positiven gerichtlichen Entscheidung; bei Ablehnung Jahresbetrag des erwarteten Honorars). Punkt B.VI.17.4 nennt für die Fälle der **Praxisübernahme** (§ 103 Abs. 4 SGB V) einen Streitwert bei Anordnung der sofortigen Vollziehung eines Zulassungsbeschlusses im Nachbesetzungsverfahren (Honorarumsätze abzüglich der Praxiskosten für die (voraussichtliche) Dauer des Widerspruchsverfahrens).

516 ▶ **Muster Antrag / Tenor Streitwertfestsetzung in gerichtskostenpflichtigen Verfahren**

Der Streitwert wird auf *2.500 EUR* festgesetzt.

Gründe:

Es handelt sich um ein Verfahren nach § 197a SGG, weil die Beteiligten keine kostenmäßig privilegierten Personen iSd § 183 SGG sind. Daher ist von Amts wegen ein Streitwert festzusetzen, § 63 Abs. 2 S. 1 GKG, nach dem die Gerichtskosten (§ 197a Abs. 1 S. 1 SGG iVm GKG) und die Anwaltsgebühren zu berechnen sind (§ 3 Abs. 1 S. 2, § 23 Abs. 1 RVG). Der Streitwert bei einstweiligen Rechtsschutzverfahren wird nach § 52 Abs. 1–4 GKG, § 53 Abs. 2 Nr. 4 GKG und dem Streitwertkatalog für die Sozialgerichtsbarkeit – SK – bemessen. Die Gerichtskosten richten sich grundsätzlich nach dem wirtschaftlichen Interesse des Antragstellers an der Entscheidung, § 52 Abs. 1 GKG.

Fehlen wie hier Anhaltspunkte für dieses Interesse, ist von dem Auffangwert von 5.000 EUR auszugehen, § 52 Abs. 2 GKG. Dieser Wert ist, da es sich beim vorliegenden Verfahren um ein Verfahren des einstweiligen Rechtsschutzes handelt, gem. Pkt. A.II.10.1 SK um *1/2* auf einen Streitwert von *2.500 EUR* herabzusetzen.

oder:

Das Hauptsacheverfahren ist auf eine bezifferte Geldleistung iHv *10.000 EUR* gerichtet, sodass von diesem Wert auszugehen ist (§ 52 Abs. 3 S. 1 GKG). Dieser Wert ist, da es sich beim vorliegenden Verfahren um ein Verfahren des einstweiligen Rechtsschutzes handelt, unter Berücksichtigung der wirtschaftlichen Bedeutung des Verfahrens für den Antragsteller gem. Pkt. A.II.10.1 des SK um *1/4* auf einen Streitwert von *2.500 EUR* herabzusetzen.

1240 Vgl. Vorb. im SK; BayLSG 14.4.2014 – L 5 R 245/14 B, juris Rn. 8; LSG LSA 10.1.2011 – L 10 KR 71/10 B, juris Rn. 2; LSG BW 14.2.2007 – L 5 KR 2854/06 W-A, juris Rn. 3.

oder:

Das Hauptsacheverfahren ist nicht auf eine bezifferte Geldleistung gerichtet. Vielmehr beantragt der Antragsteller, ... Hieraus ergibt sich unter Berücksichtigung des Umstandes, dass ..., dass die Sache für den Antragsteller dahin gehend Bedeutung hat, dass ... In wirtschaftlicher Betrachtungsweise setzt das Gericht daher in Ausübung seines Ermessens (vgl. § 52 Abs. 1 GKG) für den Rechtsstreit einen Wert von *5.000 EUR* an. Dieser Wert ist, da es sich beim vorliegenden Verfahren um ein Verfahren des einstweiligen Rechtsschutzes handelt, unter Berücksichtigung der wirtschaftlichen Bedeutung des Verfahrens für den Antragsteller gem. Pkt. A.II.10.1 des SK um *1/4* auf einen Streitwert von *2.500 EUR* herabzusetzen. ◀

Beispiele: 517

- **Herabsetzung auf die Hälfte** des geltend gemachten Betrags[1241]; Streitwert im Eilverfahren regelmäßig die Hälfte des Streitwerts der Hauptsache.[1242]
- Abzug vom **Auffangstreitwert** (§§ 53 Abs. 3 – jetzt Abs. 2 – Nr. 4, 52 Abs. 2 GKG) von mindestens 25 % im einstweiligen Rechtsschutzverfahren; Streitwert für die zweite Instanz durch Addition, § 39 GKG; Rechtsgrundlage für die Abänderung der Streitwertfestsetzung für die erste Instanz, § 63 Abs. 3 GKG.[1243]
- Zur **Streitwertbegrenzung bei Festbetragsfestsetzung**; § 35 Abs. 7 S. 2 SGB V.[1244]
- Zur Streitwertsetzung in Höhe von 1/4 der geltend gemachten Forderung in Verfahren über die **Aussetzung der Vollziehung**; §§ 63 Abs. 2, 52 Abs. 1 GKG; **Befugnis zur Änderung der Festsetzung in erster Instanz**, § 63 Abs. 3 GKG; Streitwertkatalog für die Sozialgerichtsbarkeit.[1245]
- Bei **Begehren auf Zahlungsaufschub** im einstweiligen Rechtsschutzverfahren 1/4 des Hauptsachestreitwerts.[1246]
- Zur Festsetzung des vollen Regelstreitwerts für **Eilverfahren in Wettbewerbsstreitigkeiten zwischen gesetzlichen Krankenkassen**, § 197a Abs. 1 S. 1 SGG, § 52 Abs. 1, 2, § 53 Abs. 3 Nr. 4 (jetzt 53 Abs. 2 Nr. 4) GKG.[1247]
- **Vertragsärztliche Versorgung**; Ausschreibung einer Belegarztstelle; Berechnung des Streitwertes nach den durchschnittlichen Einkünften der Arztgruppe, vermindert um die durchschnittlichen Praxiskosten, für einen Dreijahreszeitraum.[1248]
- Bietet der Sachverhalt keine genügenden Anhaltspunkte für die Bestimmung des Streitwerts, ist bei einer Zulassungssache im Vertragsarztrecht (Fachärztin für Frauenheilkunde und Geburtshilfe mit der Zusatzbezeichnung Psychotherapie) im vorläufigen Rechtsschutz idR von einem Streitwert von 4 x 5.000 Euro = 20.000 Euro auszugehen.[1249]
- Vertragsärztliches Zulassungsverfahren, Konkurrentenverfahren um eine Praxisnachfolge (Nachbesetzungsverfahren), Streitwertfestsetzung 1/3 des Wertes für vertragsärztliche Zulassungsverfahren.[1250]
- Streitwert bei Entziehung der Zulassung zur vertragsärztlichen Versorgung; Einnahmengegenüberstellung; Dreijahresprognose.[1251]

1241 LSG Bln-Bbg 15.1.2007 – L 7 B 101/06 KA.
1242 LSG BW 12.7.2006 – L 8 AL 570/06 W-B.
1243 LSG Bln-Bbg 12.4.2006 – L 1 B 170/05 KR ER.
1244 LSG Bln-Bbg 17.12.2007 – L 1 B 435/07 KR ER.
1245 LSG BW 10.7.2007 – L 10 U 2777/07 ER-B ua, juris Rn. 14; 14.2.2007 – L 5 KR 2854/06 W-A; LSG RhPf 20.2.2004 – L 2 ER 59/03 U.
1246 LSG BW 14.2.2007 – L 5 KR 2854/06 W-A.
1247 SchlHLSG 26.9.2007 – L 5 B 522/07 KR ER; LSG Saarl 21.6.2006 – L 2 B 5/06 KR; LSG RhPf 25.11.2005 – L 5 ER 99/05 KR.
1248 HessLSG 2.3.2007 – L 4 KA 5/07 ER, juris Rn. 35.
1249 LSG RhPf 25.5.2016 – L 5 KA 1/18 B, juris Ls.
1250 SchlHLSG 28.6.2007 – L 4 B 269/06 KA ER, juris Rn. 17; abw. LSG BW 6.2.2007 – L 5 KA 3385/06 W-A (1/2 des Hauptsacheverfahrens).
1251 LSG Nds-Brem 20.9.2005 – L 3 KA 92/05 ER, juris Rn. 50; 23.3.2004 – L 3 KA 101/01; BSG 22.3.2016 – B 6 KA 69/15 B.

- Streitwert bei vertragsärztlichen Honorarstreitigkeiten; wirtschaftliches Interesse des antragstellenden Vertragsarztes nach in der Vergangenheit erzielten Umsätzen; Einjahreszeitraum; kein Pauschalabzug; Abschlag von 50 % im Eilverfahren.[1252]
- Zur Bestimmung des Streitwertes in einem Verfahren des einstweiligen Rechtsschutzes gegen die Veröffentlichung eines Transparenzberichtes.[1253]
- Zu **§ 93 Abs. 3 SGB XII**: Streitwert nach der Höhe der übergeleiteten Forderung;[1254] abw.: Auffangstreitwert nach § 197a SGG, § 52 Abs. 2 GKG;[1255] s. a. → Rn. 144, 514.
- **Kein Beschwerderecht gegen die vorläufige Festsetzung des Streitwerts** nach § 63 Abs. 1 S. 1 GKG; zu § 32 Abs. 2 S. 1 RVG.[1256]
- Bei **Beitragsstreitigkeiten** (zB eines landwirtschaftlichen Unternehmers) ist in der Hauptsache mindestens der gesetzliche Auffangstreitwert zugrunde zu legen, weil die den Gegenstand des Prozesses bildenden Rechtsfragen idR über den konkret streitigen Zeitraum hinaus auch für die Beitragsfestsetzung in späteren Jahren von Bedeutung sind.[1257] Im Eilverfahren wird idR ein Viertel dieses Wertes anzusetzen sein, vgl. Pkt. 7 des Streitwertkatalogs, NZS 2009, 427 (428).

2. Außergerichtliche Kosten

518 Für **gerichtskostenfreie** Eilverfahren ist die Erstattung der außergerichtlichen Kosten in § 193 SGG geregelt. Danach hat das Gericht im Eilbeschluss zu entscheiden, ob und in welchem Umfang die Beteiligten einander Kosten zu erstatten haben (§ 193 Abs. 1 S. 1 SGG). Entscheidend hierfür ist, wer im Eilverfahren obsiegt hat. Bei einem teilweisen Obsiegen kann eine entsprechende Quotelung erfolgen. Die Kosten der Gebührenpflichtigen iSd § 184 Abs. 1 SGG, insbes. des obsiegenden Sozialleistungsträgers sind nicht zu erstatten, § 193 Abs. 4 SGG.[1258]

519 In **gerichtskostenpflichtigen** Eilverfahren muss der unterlegene Beteiligte gem. § 197a Abs. 1 SGG iVm § 154 Abs. 1 VwGO die Kosten tragen. Bei teilweisem Obsiegen kommt eine Kostenteilung in Betracht, § 155 Abs. 1 VwGO. Zu den Kosten gehören neben den Gerichtskosten auch die außergerichtlichen Kosten, insbes. die Anwaltskosten des Gegners.

520 **Beispiele:**

- Zur Kostentragung bei **Anerkenntnis im** nach § 197a SGG **kostenpflichtigen Eilverfahren.**[1259]
- Zur **Tragung der außergerichtlichen Kosten** durch vor- oder nachrangig zuständigen Leistungsträger als **Beigeladener** bei Antrag zur Aufnahme in die Krankenversicherung als freiwillig Versicherter, wenn der Antragsteller zu den Empfängern von Leistungen nach dem 3. und 5. bis 9. Kapitel des SGB XII gehört; Versicherungsschutz nach § 264 Abs. 2 SGB V.[1260]
- Das **Vollstreckungsverfahren** ist ein außergerichtliche Kosten auslösendes Verfahren. Die außergerichtlichen Kosten des Vollstreckungsverfahrens sind vom Antragsgegner zu tragen, wenn die Voraussetzungen der Vollstreckung vorlagen und Anlass bestand, die Vollstre-

---

1252 LSG NRW 24.5.2007 – L 10 B 27/06 KA, juris Rn. 11–16; zum hälftigen Abschlag vgl. auch LSG Bln-Bbg 15.1.2007 – L 7 B 101/06 KA.

1253 LSG NRW 2.5.2012 – L 10 P 5/12 B ER, juris Rn. 28 (Aufgabe von LSG NRW 5.7.2010 – L 10 P 10/10 B ER sowie L 10 P 59/10 B ER RG).

1254 BayLSG 22.6.2009 – L 18 SO 56/09 B; Grube/Wahrendorf/Flint/Giere SGB XII § 93 Rn. 36: Streitwert in Höhe des Auffangstreitwerts, wenn die Überleitung nur dem Grunde nach erfolgt ist; andernfalls in Höhe des übergeleiteten Betrags.

1255 BayLSG 30.7.2015 – L 8 SO 146/15 B ER, juris Rn. 31 (voller Auffangstreitwert); SächsLSG 11.6.2012 – L 7 SO 22/10 B ER, juris Rn. 30 (halber Auffangstreitwert); LSG NRW 9.1.2007 – L 20 B 137/06 SO, juris Rn. 3.

1256 SchlHLSG 9.7.2012 – L 4 SF 80/11 B SG, juris Rn. 6; LSG BW 3.12.2007 – L 5 KA 3492/07 W-B, L 5 KA 3492/07.

1257 BSG 5.3.2008 – B 2 U 353/07 B, juris Rn. 7 mwN.

1258 S. dazu MKLS/Schmidt SGG § 193 Rn. 3a, b; Wenner SozSich 2001, 422 (426 f.).

1259 LSG BW 6.4.2005 – L 13 AL 220/05 AK-A.

1260 SchlHLSG 19.9.2006 – L 5 B 376/06 KR ER, juris Rn. 8, 15.

ckung zu betreiben. Vom Antragsgegner wird eine zeitnahe Umsetzung des gerichtlichen Beschlusses erwartet.[1261] S. a. → Rn. 434 ff., 459.

3. Festsetzung und Höhe der Anwaltsgebühr

In **gerichtskostenfreien** Eilverfahren entstehen Betragsrahmengebühren, § 3 Abs. 1 S. 1 RVG.[1262] 521
Der Rechtsanwalt bestimmt wie im Hauptsacheverfahren seine Gebühr selbst, § 14 Abs. 1 S. 1 RVG.[1263] Maßgeblich sind dabei vier Kriterien zu berücksichtigen: Der Umfang der anwaltlichen Tätigkeit, die Schwierigkeit des Rechtsstreits, die Bedeutung der Angelegenheit für den Vertretenen und dessen Einkommens- und Vermögensverhältnisse. Im Einzelfall können noch weitere berücksichtigungswürdige Umstände hinzutreten, zB ein besonderes anwaltliches Haftungsrisiko (vgl. § 14 Abs. 1 S. 3 SGG). Der Urkundsbeamte des zuständigen Sozialgerichts prüft allenfalls, ob die Gebühr unbillig und deswegen nicht verbindlich ist, § 14 Abs. 1 S. 4 RVG.[1264] Grundsätzlich sind die Betragsrahmengebühren zu erstatten. Diese Rahmengebühr besteht aus einer Verfahrensgebühr (vor dem SG 60 bis 660 EUR;[1265] vor dem LSG 72 bis 816 EUR[1266]) und einer Terminsgebühr.[1267] Grundsätzlich ist bei der Verfahrensgebühr von der Mittelgebühr auszugehen.[1268] Die Mittelgebühr, also die Mitte des Gebührenrahmens, ist für „Normalfälle" bzw. „Durchschnittsfälle", in denen sich die Tätigkeit des Rechtsanwalts nicht nach oben oder unten vom Durchschnitt abhebt, zu Grunde zu legen.[1269] Eine Terminsgebühr fällt in den Eilverfahren nach der seit 1.1.2013 gültigen Fassung der Nr. 3104 (1) Nr. 3 und 3106 Nr. 3 VV RVG nicht allein wegen eines angenommenem Anerkenntnisses an, da eine mündliche Verhandlung für diese Verfahren nicht vorgeschrieben ist (vgl. § 124 Abs. 3 SGG).

In **gerichtskostenpflichtigen** Eilverfahren werden die Gebühren nach dem Gegenstandswert 522
berechnet, § 3 Abs. 1 S. 2 RVG. Nach § 23 Abs. 1 S. 1 RVG[1270] bestimmt sich der Gegenstandswert für die Anwaltsgebühr grundsätzlich nach den für die Gerichtsgebühren geltenden Vorschriften.[1271] Insofern kann auf die obigen Ausführungen unter → Rn. 515 ff. (mit **Muster**) verwiesen werden.

Beispiele: 523

- Zur Festsetzung der **Rahmengebühr**, § 14 Abs. 1 RVG; Berücksichtigung aller Umstände durch den Rechtsanwalt; Grundsatz der Mittelgebühr; Eilverfahren auf Übernahme von Fahrkosten für eine Methadonsubstitution.[1272]

1261 LSG Bln-Bbg 27.9.2006 – L 10 B 752/06 AS ER, juris Rn. 5.
1262 Zu § 3 RVG Klier NZS 2004, 469 ff.
1263 Entspricht § 12 Abs. 1 S. 1 BRAGO; s. zur Gebührenbestimmung im einstweiligen Rechtschutz Hinne ASR 2020, 14.
1264 Entspricht § 12 Abs. 1 S. 2 BRAGO.
1265 VV Nr. 3102, Anlage 1 zu § 2 Abs. 2 RVG; Mittelgebühr 360 EUR.
1266 VV Nr. 3204, Anlage 1 zu § 2 Abs. 2 RVG; Mittelgebühr 444 EUR.
1267 VV Nr. 3106, 3205: vor dem Sozialgericht und dem Landessozialgericht jeweils 60 bis 610 EUR; Mittelgebühr 335 EUR.
1268 SächsLSG 19.9.2014 – L 8 AS 1441/13 B KO, juris Rn. 14; HessLSG 23.6.2014 – L 2 AS 568/13 B, juris Rn. 35; LSG NRW 29.11.2010 – L 19 B 91/09 AS, juris Rn. 35.
1269 BayLSG 29.1.2016 – L 15 SF 386/13 E, juris Rn. 28 mwN; BSG 1.7.2009 – B 4 AS 21/09 R.
1270 Entspricht § 8 Abs. 1 S. 1 BRAGO. Dazu BSG SozR 1930 § 8 Nr. 2, 5; SozR 3-1930 § 8 Nr. 3 zu § 8 BRAGO.
1271 Vgl. MKLS/Keller SGG § 197 Rn. 7e; Krasney/Udsching XII Rn. 144 ff.; zur Gegenstandswertfestsetzung nach altem Recht LSG RhPf 18.12.2002 – L 2 ER-U 18/02 (1/4 bei § 86a Abs. 2 Nr. 1); ThürLSG 23.4.2002 – L 6 RJ 113/02 ER (1/2); LSG Nds-Brem 13.3.2003 – L 6/3 U 462/02 ER, Breithaupt 2003, 575 (579) (1/4); BSG 12.7.1994 – 7 Rar 44/9.
1272 LSG Nds-Brem 24.4.2006 – L 4 B 4/05 KR SF, juris Rn. 6 ff.; s. dazu auch ThürLSG 6.3.2008 – L 6 B 198/07 SF; LSG NRW 3.2.2016 – L 19 AS 1854/15 B: Bemessung unter Abwägung der fünf Kriterien des § 14 RVG.

- **Ermessensspielraum des Rechtsanwalts** bei der Bestimmung der Gebühr gem. § 14 RVG; keine Unbilligkeit, wenn Bestimmung des Anwalts die nach Ansicht des Gerichts angemessene Gebühr um nicht mehr als 20 % übersteigt;[1273] Voraussetzungen der **Höchstgebühr**.[1274]
- Aufgrund der Charakteristika der Verfahren des einstweiligen Rechtsschutzes (regelmäßig kurze Laufzeit, häufig weniger intensiver Schriftwechsel, oft nur summarische Prüfung der Rechtslage) wird einem durchschnittlichen Eilverfahren regelmäßig eine auf zwei Drittel **abgesenkte Mittelgebühr** gerecht.[1275]
- Eine Geschäftsgebühr, die ein Rechtsanwalt für die **Vertretung im Widerspruchsverfahren** erhalten hat, ist auf der Grundlage von Vorbemerkung 3 Abs. 4 VV RVG hälftig auf die Verfahrensgebühr für ein in inhaltlichem Zusammenhang stehendes gerichtliches Eilverfahren anzurechnen, str.[1276]
- Wird ein Verfahren auf Erlass einer einstweiligen Anordnung dadurch erledigt, dass sich die Beteiligten im Antragsverfahren endgültig über die Hauptsache vergleichsweise einigen, entsteht die **Einigungsgebühr** nach Nr. 1006 VV RVG im Verfahren des einstweiligen Rechtsschutzes.[1277]
- Eine **fiktive Terminsgebühr** nach Nr. 3106 VV RVG (in der seit dem 1.8.2013 geltenden Fassung) fällt in Verfahren des einstweiligen Rechtsschutzes nicht an.[1278]

4. Kostenentscheidung in Hänge- und Abänderungsbeschlüssen

524 Auch im Änderungsverfahren nach § 86b Abs. 1 S. 4 SGG (→ Rn. 200 ff.) ist eine eigene Kostenentscheidung veranlasst.[1279] Im Gegensatz dazu ist für den Fall des Hängebeschlusses (→ Rn. 488 ff.) keine eigene Kostenentscheidung zu treffen, da es sich nicht um eine das einstweilige Rechtsschutzverfahren beendende Entscheidung handelt.[1280] Im Tenor des Hängebeschlusses kommt insofern etwa die Formulierung „Die Kostenentscheidung bleibt der eigentlichen Eilentscheidung vorbehalten" in Betracht (s. Muster → Rn. 492 f.).

II. Prozesskostenhilfeentscheidung

525 Bzgl. der im einstweiligen Rechtsschutzverfahren ggf. zu treffenden eigenständigen Prozesskostenhilfeentscheidung ist bei der Beurteilung der hinreichenden Erfolgsaussicht iSd § 73a Abs. 1 S. 1 SGG, § 114 ZPO[1281] zu berücksichtigen, dass auch iR des einstweiligen Rechtsschutzverfahrens nur eine summarische Prüfung durchgeführt wird und dass über den PKH-Antrag häufig zusammen mit dem in der gebotenen Schnelligkeit herbeizuführenden Eilbeschluss selbst entschieden wird[1282]. Allerdings führt dies nicht dazu, dass die Ablehnung des Antrags auf Gewährung einstweiligen Rechtsschutzes zwingend die Ablehnung des Antrags auf PKH nach sich ziehen muss. So kann auch bei letztlich negativer Entscheidung im Eilverfahren eine PKH-Bewilligung geboten sein.[1283] Bei der Prüfung der Erfolgsaussichten iR der PKH-Entscheidung ist dabei regelmäßig auf den Zeitpunkt der Bewilligungsreife des PKH-Antrags abzustellen.[1284] Fehlt im Zeitpunkt der Entscheidung über

---

1273 LSG NRW 29.11.2010 – L 19 B 91/09 AS, juris Rn. 35.
1274 LSG NRW 26.4.2007 – L 7 B 36/07 AS, juris Rn. 17.
1275 HessLSG 26.10.2015 – L 2 SO 95/15 B, juris Ls.; 23.6.2014 – L 2 AS 568/13 B; abl. Hinne ASR 2020, 14; aA auch LSG NRW 3.2.2016 – L 19 AS 1854/15 B.
1276 ThürLSG 20.7.2017 – L 6 SF 950/15 B; aA Gerold/Schmidt/Mayer RVG § 3 Rn. 26 mwN; BayLSG 21.6.2016 – L 15 SF 39/14 E.
1277 HessLSG 24.1.2011 – L 2 SF 30/09 E, juris Rn. 30.
1278 Vgl. BayLSG 5.10.2016 – L 15 SF 282/15.
1279 LSG BW 11.10.2010 – L 7 SO 3392/10 ER-B, juris Rn. 16; 17.12.2009 – L 7 SO 5021/09 ER.
1280 LSG Bln-Bbg 23.12.2015 – L 1 KR 550/15 KL ER (Ablehnung eines Hängebeschlusses ohne Kostenentscheidung).
1281 Zum Maßstab bei der Beurteilung der Erfolgsaussichten der Rechtsverfolgung s. BVerfG 16.4.2019 – 1 BvR 2111/17, juris Rn. 22 ff.
1282 Zur Zulässigkeit dieser Handhabung s. BVerfG 14.2.2017 – 1 BvR 2507/16, juris Rn. 17.
1283 Vgl. dazu BVerfG 16.4.2019 – 1 BvR 2111/17.
1284 BVerfG 16.4.2019 – 1 BvR 2111/17, juris Rn. 25.

den einstweiligen Rechtsschutz die Bewilligungsreife, ist der PKH-Antrag abzulehnen, auch wenn dem Antrag im Eilverfahren (teilweise) stattgegeben wird. Ansonsten ergeben sich bei der Prozesskostenhilfeentscheidung gegenüber dem Hauptsacheverfahren keine Besonderheiten. Insbes. ist die Beschwerde gegen die Ablehnung eines Antrags auf Bewilligung von Prozesskostenhilfe im Verfahren des einstweiligen Rechtsschutzes nach § 172 Abs. 3 Nr. 2c, Nr. 1 SGG nur statthaft, wenn die Berufung in der Hauptsache nicht der Zulassung bedürfte (s. a. → Rn. 57).

Beispiel: Zum **Entfallen des Rechtsschutzbedürfnisses für eine PKH-Entscheidung** in Bezug auf eine Beschwerde, mit der neben der erstinstanzlichen Eilentscheidung die Versagung der Gewährung von Prozesskostenhilfe für das Verfahren erster Instanz angegriffen wird, wenn der Antragsgegner die außergerichtlichen Kosten des Antragstellers auch für das Verfahren erster Instanz zu tragen hat.[1285] Unterliegt der Antragsgegner im Verfahren des einstweiligen Rechtsschutzes und muss er deshalb die notwendigen außergerichtlichen Kosten des Antragstellers tragen, so kann PKH für den Antragsteller nicht mit der Begründung versagt werden, dem Antrag fehle wegen dieses Kostenersatzanspruchs das Rechtsschutzinteresse; denn der im Wege der PKH beigeordnete Rechtsanwalt hat ein Wahlrecht, ob er sich wegen seines Vergütungsanspruchs gem. § 45 RVG an die Staatskasse oder an den erstattungspflichtigen Gegner wendet.[1286] 526

▶ **Muster Antrag/Beschluss – Prozesskostenhilfe** 527

Dem Antragsteller wird für das Eilverfahren vor dem Sozialgericht xx Prozesskostenhilfe ohne Ratenzahlung bewilligt und Rechtsanwalt X, München, beigeordnet.

Gründe:

Der Antragsteller hat für das Verfahren vor dem SG Az. xx einen Anspruch auf Bewilligung von PKH unter Beiordnung von Rechtsanwalt X, München. Nach § 73a Abs. 1 SGG iVm § 114 ZPO erhält ein Beteiligter, der nach seinen persönlichen und wirtschaftlichen Verhältnissen die Kosten der Prozessführung nicht, nur zum Teil oder nur in Raten aufbringen kann, auf Antrag PKH, wenn die beabsichtigte Rechtsverfolgung hinreichende Aussicht auf Erfolg bietet und nicht mutwillig erscheint. Ist eine Vertretung durch Anwälte nicht vorgeschrieben, wird der Partei auf ihren Antrag ein zur Vertretung bereiter Rechtsanwalt ihrer Wahl beigeordnet, wenn die Vertretung erforderlich erscheint oder der Gegner durch einen Rechtsanwalt vertreten ist (§ 121 Abs. 2 S. 1 ZPO). Die Voraussetzungen der § 114 S. 1 ZPO, § 73a Abs. 1 S. 1 des SGG liegen vor. Insbes. kann der Antragsteller die Kosten der Prozessführung nicht aufbringen, wie sich aus der Anlage ergibt.[1287] Eine hinreichende Erfolgsaussicht im vorgenannten Sinne ist gegeben. Bei der Prüfung der hinreichenden Aussicht auf Erfolg iR der PKH erfolgt nur eine vorläufige Prüfung. Dabei ist der verfassungsrechtlich gezogene Rahmen (Art. 3 Abs. 1, 20 Abs. 3, 19 Abs. 4 GG) zu beachten. Deshalb dürfen keine überspannten Anforderungen gestellt werden (BVerfG 7.4.2000 – 1 BvR 81/00, NJW 2000, 1936). Eine hinreichende Erfolgsaussicht ist anzunehmen, wenn das Gericht den Rechtsstandpunkt des Klägers aufgrund der Sachverhaltsschilderung und der vorliegenden Unterlagen für zutreffend oder zumindest für vertretbar hält und in tatsächlicher Hinsicht von der Möglichkeit der Beweisführung überzeugt ist (Meyer-Ladewig/Keller/Leitherer, SGG, Kommentar, 11. Aufl. 2014, § 73a Rn. 7, 7a) bzw. wenn die Erfolgsaussicht nicht nur eine entfernte ist (vgl. zB BVerfG 13.7.2005 – 1 BvR 175/05; BVerfGE 81, 347 f.; stRspr). Der Zweck der PKH, dem Unbemittelten weitgehend gleichen Zugang zu Gericht wie dem Bemittelten zu gewähren, gebietet, ihn einem solchen Bemittelten gleichzustellen, der seine Prozessaussichten vernünftig abwägt und dabei auch das Kostenrisiko mitberücksichtigt (BVerfGE 81, 347 [356 ff.] = NJW 1991, 413 f.; BVerfG FamRZ 1993, 664 [665]). Unter Zugrundelegung dieser Maßgaben ist eine hinreichende Aussicht auf Erfolg iSd § 114 ZPO zu bejahen. Nach der hier nur gebotenen summarischen Prüfung liegt eine hinreichende Aussicht auf (teilweisen) Erfolg des auf die vorläufige Ge-

1285 LSG Bln-Bbg 29.1.2008 – L 25 B 2146/07 AS ER; 30.11.2010 – L 34 AS 1501/10 B ER, L 34 AS 1518/10 B PKH.

1286 LSG NRW 1.2.2016 – L 20 SO 517/15 B ER, juris Rn. 37.

1287 Es empfiehlt sich die Verwendung des entsprechenden Formblatts. Im Gerichtsverfahren darf der Inhalt des Formblattes dem Antragsgegner nur mit Zustimmung des Antragstellers zugängig gemacht werden, § 127 Abs. 1 S. 3 ZPO idF des PKH-ÄndG vom 10.10.1994.

währung von ... gerichteten Eilverfahrens vor. .... Im Hinblick auf die schwierige Rechtslage (ggf. die grundrechtliche Relevanz des Eilantrags) erscheint die Beiordnung von Rechtsanwalt X iSd § 121 Abs. 2 S. 1 ZPO als erforderlich. ◀

G. Eilverfahrensspezifische Fragen zur Grundsicherung

I. Statthaftigkeit: Anfechtungs- oder Vornahmesache?

1. Anfechtungssachen

Die Anfechtungssituation liegt vor, wenn in der Hauptsache eine Anfechtungsklage statthaft ist, dh wenn die vorläufige Nichtgeltung eines belastenden Verwaltungsakts dem Rechtsschutzbegehren des Antragstellers Rechnung trägt, zB wenn der Leistungsberechtigte gegen einen Verwaltungsakt vorgeht, mit dem eine bereits **bewilligte Leistung aufgehoben** wird (s. a. → Rn. 8, 15, 73 f.). Wird ein Eilantrag gestellt, handelt es sich um somit eine Anfechtungssache. Was den einstweiligen Rechtsschutz in Anfechtungssachen im **Bereich des SGB II** betrifft, regelt § 39 SGB II, dass Widerspruch und Anfechtungsklage gegen einen Verwaltungsakt, der Leistungen der Grundsicherung für Arbeitsuchende aufhebt, zurücknimmt, widerruft, entzieht, die Pflichtverletzung und die Minderung des Auszahlungsanspruchs feststellt oder Leistungen zur Eingliederung in Arbeit oder Pflichten erwerbsfähiger Leistungsberechtigter bei der Eingliederung in Arbeit regelt, keine aufschiebende Wirkung haben (→ Rn. 126 ff.). Insofern ist ein Antrag auf gerichtliche Anordnung der aufschiebenden Wirkung gem. § 86b Abs. 1 S. 1 Nr. 2 SGG statthaft. Auch bei einer **Minderung des Alg II** nach § 31a SGB II nach einer Pflichtverletzung (§ 31 SGB II) oder nach § 32 SGB II bietet ein Antrag auf Anordnung der aufschiebenden Wirkung des Rechtsbehelfs effektiven Rechtsschutz, ggf. verbunden mit einem Antrag auf Aufhebung der Vollziehung nach § 86b Abs. 2 S. 1 SGG (s. a. → Rn. 533, Bsp. → Rn. 534). Wie mittlerweile üblich und nach den fachlichen Weisungen der Bundesagentur für Arbeit zu §§ 31 ff. SGB II vorgesehen, verfügt der Leistungsträger nach dem SGB II im Sanktionsbescheid neben der Feststellung der Pflichtverletzung und des Umfangs der Minderung der Leistung auch deren Umsetzung durch Aufhebung der bereits ergangenen Bewilligungsentscheidung (s. a. → Rn. 127). Der gegen den Sanktionsbescheid eingelegte Widerspruch umfasst somit beide Regelungen.[1288] Gleiches gilt aber auch, wenn die Verfügungen in getrennten Bescheiden ergehen und der Widerspruch erst nach Ergehen beider Bescheide eingelegt wird. Denn die beiden Bescheide bilden eine rechtliche Einheit im Sinne eines einheitlichen Bescheids.[1289] Andernfalls sind die Bescheide jeweils gesondert anzufechten. In all diesen Fällen ist aber letztlich eine Erweiterung der Rechtsposition nicht erforderlich, da bei Anordnung der aufschiebenden Wirkung – maßgeblich ist hierbei letztlich die Bewilligungsaufhebung – die ursprüngliche Leistungsbewilligung wieder gilt. § 39 Nr. 1 SGB II[1290] regelt eindeutig, dass die aufschiebende Wirkung nur in Bezug auf die Aufhebung entfällt. Rechtsbehelfe gegen **Erstattungsverwaltungsakte** haben somit gem. § 86a Abs. 1 S. 1 SGG aufschiebende Wirkung,[1291] wenn die Behörde keine sofortige Vollziehbarkeit gem. § 86a Abs. 2 Nr. 5 SGG anordnet. In solchen Fällen ist dann – bei Nichtbeachtung durch die Behörde – ein Antrag auf gerichtliche Feststellung der aufschiebenden Wirkung gem. § 86b Abs. 1 S. 1 Nr. 2 SGG analog statthaft (s. a. → Rn. 128, 195, 197 f.). 528

Beispiel: Zu den besonderen Anforderungen an die **Anordnung der sofortigen Vollziehbarkeit** eines Bescheides über die Aufhebung einer Leistungsbewilligung und die Rückforderung gewährter Leistungen der Grundsicherung im Alter und bei Erwerbsminderung sowie die Aufrechnung gegen laufende Leistungen.[1292] 529

1288 Vgl. auch BSG 3.9.2020 – B 14 AS 24/17 R, juris Rn. 14.

1289 BSG 22.3.2010 – B 4 AS 68/09 R, juris Rn. 9.

1290 Die hier relevante Änderung, die ausdrücklich nur noch die Aufhebung, nicht aber die Rückforderung einschließt, erfolgte bereits durch § 39 idF des Art. 2 Nr. 14 G v. 21.12.2008 (BGBl. I 2917) mWv 1.1.2009. Anders noch § 39 idF bis 31.12.2008: Verwaltungsakt, der über Leistungen der Grundsicherung für Arbeitsuchende entscheidet.

1291 LSG NRW 12.3.2010 – L 12 B 140/09 AS ER, juris Rn. 45; SächsLSG 12.1.2010 – L 7 AS 653/09 ER.

1292 LSG 21.12.2016 – L 15 SO 301/16 B ER, L 15 SO 302/16 B ER PKH.

2. Vornahmesachen

530 Alle gerichtlichen Eilentscheidungen nach § 86b SGG setzen einen **Antrag** voraus, vgl. § 86b Abs. 1 S. 1, Abs. 2 S. 1 SGG. Das gilt auch für § 86b Abs. 2 S. 2 SGG.[1293] Eine Entscheidung von Amts wegen ist dem Gericht verwehrt. Ist die **Leistung** – das Alg II – **noch nicht bewilligt** oder ist der Bewilligungszeitraum abgelaufen und wird ein entsprechender Leistungsantrag abgelehnt, wären in der Hauptsache Verpflichtungsklage bzw. kombinierte Anfechtungs- und Leistungsklage[1294] zu erheben. IR des einstweiligen Rechtsschutzes ist Alg II dann nach den für Vornahmesachen geltenden Grundsätzen (→ Rn. 326 ff., Checkliste → Rn. 450, Muster → Rn. 451 ff.) zu prüfen und ggf. zu gewähren. Der Antragsteller begehrt insofern nicht nur die Erhaltung des status quo, sondern eine Erweiterung seiner Rechtsposition. Damit ist die Regelungsanordnung statthaft. Zu prüfen ist also grundsätzlich, ob dem Antragsteller mit überwiegender Wahrscheinlichkeit ein Anordnungsanspruch auf Alg II zusteht, insbes. ob der Antragsteller mit überwiegender Wahrscheinlichkeit erwerbsfähig (§ 8 SGB II) und hilfebedürftig (§ 9 SGB II) ist, und ob insofern ein Anordnungsgrund besteht (→ Rn. 382 f.). Bei drohenden schweren, über den wesentlichen Nachteil hinausgehenden Beeinträchtigungen können auch geringere Wahrscheinlichkeitsgrade für einen Erfolg des Eilantrags ausreichen (→ Rn. 384 ff., Überblick → Rn. 449, Checkliste → Rn. 450, Muster → Rn. 451 f.). Die ist in Fällen, in denen es um Leistungen der Grundsicherung geht, oftmals der Fall.

II. Beispiele aus dem Bereich des SGB II: BVerfG vom 9.2.2010 und BSG vom 29.4.2015

531 Mit dem Gesetz zur Ermittlung von Regelbedarfen und zur Änderung des Zweiten und Zwölften Buches Sozialgesetzbuch[1295] wurde die Grundsicherung für Arbeitsuchende und der Sozialhilfe im Wesentlichen mW ab 1.1.2011 bzw. 1.4.2011 unter Berücksichtigung der Vorgaben des Urteils des BVerfG vom 9.2.2010[1296] (→ Rn. 640) angepasst, Leistungen für Bildung und Teilhabe für Kinder und Schüler als Gutschein geschaffen, der Anpassungsmechanismus des Regelbedarfs geändert und die regionale Festlegung der Angemessenheit von Kosten für Unterkunft und Heizung durch Rechtsverordnung ermöglicht. Um den besonderen altersbezogenen und schulischen Bedarf von hilfebedürftigen Kindern zu sichern, wurden **Leistungen für Bildung und Teilhabe** nach §§ 19, 28 SGB II geschaffen. Kinder, Jugendliche und junge Erwachsene bis 25 haben nunmehr[1297] nach Maßgabe des **§ 28 SGB II** Ansprüche auf Übernahme der Aufwendungen für Schulausflüge und Klassenfahrten (§ 28 Abs. 2), Ausstattung mit persönlichem Schulbedarf in Höhe von grundsätzlich 150 EUR (§ 28 Abs. 3 iVm § 34 Abs. 3 und 3a SGB XII), Berücksichtigung der Aufwendungen für Schülerbeförderung (§ 28 Abs. 4), Berücksichtigung von Lernförderung (§ 28 Abs. 5), Berücksichtigung der Aufwendungen für Mittagsverpflegung bei der Schule oder Kindertagesstätten (§ 28 Abs. 6) und auf Berücksichtigung von monatlich 15 Euro für tatsächliche Aufwendungen für Aktivitäten in den Bereichen Sport, Spiel, Kultur und Geselligkeit, Unterricht in künstlerischen Fächern (zB Musikunterricht) und vergleichbare angeleitete Aktivitäten der kulturellen Bildung und Freizeiten (§ 28 Abs. 7). Die Leistungen wer-

1293 Vgl. zu § 123 Abs. 1 S. 2 VwGO Finkelnburg/Jank VorlRS Rn. 99.

1294 Bei Bestehen eines Rechtsanspruchs auf die Leistung, § 54 Abs. 4 SGG.

1295 BGBl. 2011 I 453 ff. mWv 1.4.2011, zum Teil mWv 1.1.2011; vgl. auch Siebtes Gesetz zur Änderung des SGB II – § 46 Abs. 6 SGB II betreffend die Finanzierung der Grundsicherung (BGBl. 2011 I 452 ff.) mWv 1.1.2011.

1296 BVerfG 9.2.2010 – 1 BvL 1/09, 1 BvL 3/09 und 1 BvL 4/09 (BGBl. I 193).

1297 Bis zu dieser Neuregelung konnten die nach § 7 SGB II Leistungsberechtigten einen Anspruch zur Sicherstellung eines unabweisbaren, laufenden, nicht nur einmaligen, besonderen Bedarfs nach Maßgabe der Gründe des Urteils des BVerfG 9.2.2010 – 1 BvL 1/09, 1 BvL 3/09 und 1 BvL 4/09 unmittelbar aus Art. 1 Abs. 1 GG iVm Art. 20 Abs. 1 GG zulasten des Bundes geltend machen, vgl. BVerfG aaO, Punkt 3 des Tenors.

den erbracht in Form von Sach- und Dienstleistungen, insbes. in Form von personalisierten Gutscheinen, Direktzahlungen an Anbieter von Leistungen zur Deckung dieser Bedarfe (Anbieter) oder Geldleistungen (§ 29 Abs. 1 SGB II).

In Bezug auf all diese Ansprüche ist auch eine vorläufige Zuerkennung im Wege des einstweiligen Rechtsschutzes denkbar. Anzuwenden sind die dargestellten Grundsätze des Eilrechtsschutzes. Liegt noch **keine Bewilligung** vor, wird eine Erweiterung der Rechtsposition angestrebt. Es handelt sich dann um eine **Vornahmesache.** Für einen Erfolg des Eilantrags sind in diesem Fall grundsätzlich Anordnungsanspruch und -grund zu fordern (→ Rn. 382 f.). Sind ohne Eilrechtsschutz schwere Beeinträchtigungen möglich, sind die Maßgaben zugunsten des Antragstellers zu modifizieren (iE → Rn. 384 ff.). Mit der erarbeiteten Dogmatik der Eilentscheidung lassen sich alle Fragen des Eilrechtsschutzes auch im Grundsicherungsbereich lösen (Muster → Rn. 451 f.). Wird eine bereits **bewilligte Leistung entzogen**, liegt eine **Anfechtungssituation** vor, soweit die Bewilligung reicht. Eilrechtsschutz wird dann nach § 86b Abs. 1 S. 1 SGG gewährt (→ Rn. 189, 208 ff., Muster → Rn. 313). 532

Das BSG hat im Zusammenhang mit der **Minderung von SGB II-Leistungen wegen Pflichtverletzung** in einer Entscheidung vom 29.4.2015 der Auffassung eine klare Absage erteilt, der zufolge ergangene Bewilligungsbescheide wegen des Gesetzeswortlauts des § 31b Abs. 1 S. 1 SGB II keiner gesonderten förmlichen Aufhebungsentscheidung nach § 48 SGB X bedürfen (Bsp. → Rn. 534): Mindere sich kraft Gesetzes der „Auszahlungsanspruch" einer zuerkannten Leistung zu einem bestimmten Zeitpunkt, so bedeute das nicht, dass die zugrunde liegende Bewilligung selbst abweichend von § 48 Abs. 1 S. 2 SGB X ohne ausdrückliche (Teil-)Aufhebung partiell ihre Regelungswirkung verlieren könnte.[1298] Für den Eilrechtsschutz im Bereich des SGB II hat dies folgende Auswirkungen: Kommt es wegen einer Pflichtverletzung (§§ 31 ff. SGB II) zu einer Minderung einer bewilligten Leistung, liegt die Anfechtungssituation vor (§ 86b Abs. 1 S. 1 Nr. 2 SGG). Sowohl ein von der Behörde erlassener Minderungsbescheid (§ 31b Abs. 1 S. 1 iVm § 31a bzw. § 32 SGB II) als auch ein Aufhebungsbescheid, der auf der Grundlage des § 48 SGB X ergeht, sind gem. § 39 Nr. 1 SGB II sofort vollziehbar (zur Erstattung → Rn. 128, 528).[1299] Nach mittlerweile wohl allgA bedarf es für die rechtswirksame Umsetzung einer Minderung infolge Pflichtverletzung oder Meldeversäumnisses des Erlasses beider Verwaltungsakte, die aber in einem Sanktionsbescheid zusammengefasst werden können (s. a. → Rn. 127).[1300] Dies gilt unabhängig von der Frage, ob die Sanktionsereignisse bei Pflichtverletzungen nach § 31 SGB II bereits von Gesetzes wegen eintreten, wenn die tatbestandsmäßigen Voraussetzungen erfüllt sind.[1301] Der Betroffene ist also in jedem Falle auf gerichtlichen (Eil-)Rechtsschutz angewiesen, den er ggf. auf Grundlage des § 86b Abs. 1 S. 1 Nr. 2 SGG durch die richterliche Anordnung der aufschiebenden Wirkung des oder der eingelegten Rechtsbehelfe, ggf. verbunden mit einer Aufhebung der bereits vollzogenen Minderung nach § 86b Abs. 2 S. 1 SGG (s. a. → Rn. 528), erhält. 533

Beispiel: Die (nach dem Urteil des BSG vom 29.4.2015 praktisch gelösten) rechtlichen Probleme des Eilrechtsschutzes im Zusammenhang mit einem Sanktionsbescheid fasste das LSG NRW in einem Beschluss vom 17.10.2014 unter Darstellung der unterschiedlichen Auffassungen zur Notwendigkeit der Aufhebung einer vorliegenden Leistungsbewilligung zusammen: „Die Frage, ob bei bereits bewilligten Leistungen im Rahmen der Sanktionsentscheidung auch eine Aufhebung der ursprünglichen Bewilligungsentscheidung erforderlich ist, ist umstritten, kann aber keinen Anspruch des Antragstellers auf Anordnung der aufschiebenden Wirkung des Wider- 534

1298 BSG 29.4.2015 – B 14 AS 19/14 R, juris Rn. 16.

1299 Vgl. zum Ganzen Eicher/Luik/Harich/Hahn SGB II § 31b Rn. 5 ff. mwN.

1300 Vgl. BSG 29.4.2015 – B 14 AS 19/14 R, juris Rn. 14 ff.; LPK-SGBII/Berlit § 31b Rn. 3f; jurisPK-SGB II/Weber § 31b Rn. 18 ff.

1301 S. dazu Hauck/Noftz/Valgolio SGB II § 31b Rn. 11 mwN.

spruchs begründen. Folgt man der Auffassung, dass eine Aufhebung des Bewilligungsbescheides nicht erforderlich ist, weil der Wortlaut der zum 1.4.2012 in Kraft getretenen Neuregelung des § 31b Abs. 1 S. 1 SGB II (Minderung des „Auszahlungsanspruchs“) dafür spricht, dass die Bewilligung dem Grunde nach bestehen bleibt und lediglich die Auszahlung betroffen ist, sodass die Minderung kraft Gesetzes eintritt, ergibt sich daraus zwar, dass der Eilantrag als Antrag auf Anordnung der aufschiebenden Wirkung zulässig ist, weil in der Hauptsache gegen den Sanktionsbescheid allein eine isolierte Anfechtungsklage statthaft wäre. Es würde dann aber an der Begründetheit des Antrags fehlen, weil die fehlende Aufhebung des Bewilligungsbescheides diesen gerade nicht rechtswidrig machen würde. Geht man demgegenüber davon aus, dass es der Aufhebung des „formalrechtlichen Anspruchs“ aus dem Bewilligungsbescheid bedarf und der Absenkungsbescheid auch nicht als konkludente Aufhebung des Bewilligungsbescheides angesehen werden kann, stünde dem Antragsteller grundsätzlich ein Anspruch aus dem dann nicht aufgehobenen Bewilligungsbescheid zu, den er im Rahmen des Eilverfahrens als Antrag auf Erlass einer einstweiligen Anordnung zu verfolgen hätte. Fehlt es an einer – zumindest konkludenten – Aufhebung des Bewilligungsbescheides, kann der Leistungsberechtigte unmittelbar aus diesem Bescheid auf Leistung klagen (§ 54 Abs. 5 SGG) bzw. im Rahmen des Eilrechtsschutzes einen Antrag auf Erlass einer einstweiligen Anordnung stellen, weil der Sanktionsbescheid der Auszahlung dann – unabhängig von seiner Rechtmäßigkeit – nicht entgegensteht, sondern „ins Leere“ geht.“[1302]

III. Regelungszeitraum

1. Anfechtungssachen

535 In Anfechtungssachen wirkt die gerichtliche Anordnung der aufschiebenden Wirkung grundsätzlich auf den Zeitpunkt des Erlasses des (aufhebenden) Verwaltungsakts zurück (→ Rn. 93). Die aufschiebende Wirkung sichert lediglich den status quo in Bezug auf den **Bewilligungszeitraum**, der im bewilligenden Verwaltungsakt festgelegt wurde.[1303] Das Gericht kann im Eilbeschluss abweichende Regelungen zu Beginn und Ende der vorläufigen Leistung treffen (→ Rn. 290 f., 348 ff.). Bewilligungsbescheide für Folgezeiträume werden grundsätzlich nicht gem. § 96 SGG analog einbezogen.[1304] Von entscheidender Bedeutung für die Statthaftigkeit eines Eilantrags (Anfechtungs- oder Vornahmesache) ist also die Dauer des im bewilligenden Verwaltungsakt bestimmten Bewilligungszeitraums. Alg II wird grundsätzlich für ein Jahr gewährt, in bestimmten Fällen nur für 6 Monate, § 41 Abs. 3 SGB II; Grundsicherung im Alter und bei voller Erwerbsminderung grundsätzlich für 12 Monate, bei vorläufiger Leistungsbewilligung für 6 Monate, § 44 Abs. 3 SGB XII.[1305] Für den Bewilligungszeitraum für Leistungen der Eingliederungshilfe im Eilverfahren wurde auch schon auf § 44 SGB XII analog zurückgegriffen.[1306] Für HLU enthält das SGB XII keine verbindliche Regelung für die regelmäßige Bewilligungsdauer.[1307] Es steht dem Sozialhilfeträger deshalb frei, HLU in Anlehnung an diese Regelungen für einen Monat[1308] oder für einen längeren Zeitraum als nur für einen Monat durch Dauerverwaltungsakt zu bewilligen.[1309] Strukturprinzipien des Sozialhilferechts stehen dem nicht entgegen. Ob ein sog. Dauerverwaltungsakt erlassen wurde, ist im Einzelfall objektiv nach dem Empfän-

1302 LSG NRW 17.10.2014 – L 2 AS 1460/14 B ER juris Rn. 9 f. mwN.

1303 LSG LSA 15.5.2009 – L 5 AS 124/09 B ER zum Sanktionszeitraum.

1304 BSG 16.10.2007 – B 8/9b SO 2/06 R, juris Rn. 10; BSG SozR 4-4200 § 20 Nr. 1 Rn. 30 und SozR 4-4300 § 428 Nr. 3 Rn. 13 f.

1305 Die Bewilligung erfolgt wegen des vorläufigen Charakters der einstweiligen Anordnung idR befristet und darlehensweise, vgl. LSG BW 1.8.2005 – L 7 AS 2875/05 ER-B, FEVS 2006, 72.

1306 LSG Nds-Brem 10.5.2007 – L 8 SO 20/07 ER, juris Rn. 24.

1307 §§ 27a Abs. 2 S. 1, 29 Abs. 2 S. 1 SGB XII nennen aber *monatliche* Regelsätze. Leistungen zur Deckung von Bedarfen nach § 42 werden gem. § 44 Abs. 3 S. 1 SGB XII idR für einen Bewilligungszeitraum von zwölf Kalendermonaten bewilligt.

1308 Die Gewährung von Hilfe zum Lebensunterhalt ist kein Verwaltungsakt mit Dauerwirkung, so SchlHLSG 6.9.2005 – L 9 B 186/05 SO/ER.

1309 So schon zum BSHG BVerwG 19.1.1972 – V C 10.71 = BVerwGE 39, 261.

gerhorizont zu entscheiden.[1310] Handelt es sich bei dem Bewilligungsbescheid um einen Verwaltungsakt mit Dauerwirkung, darf der Antragsgegner eine Änderung der bewilligten Leistungen nur unter den Voraussetzungen der §§ 45 ff. SGB X vornehmen. Ein danach ergehender Änderungs- oder Aufhebungsbescheid ist ein belastender Verwaltungsakt, der vom Leistungsberechtigten mit Widerspruch und Anfechtungsklage angefochten werden kann. Diese Rechtsbehelfe haben – sofern keine behördliche Vollziehbarkeitsanordnung vorliegt (§ 86a Abs. 2 Nr. 5 SGG) – im Bereich des SGB XII nach § 86a Abs. 1 S. 1 SGG kraft Gesetzes aufschiebende Wirkung, da ein Ausnahmefall gem. § 86a Abs. 2 Nr. 1–4 SGG nicht vorliegt.[1311] Die aufschiebende Wirkung ist ggf. in entsprechender Anwendung von § 86b Abs. 1 SGG durch (deklaratorischen) Beschluss vom Gericht festzustellen (→ Rn. 195, 198). Im Bereich des SGB II kommt eine gerichtliche Anordnung der aufschiebenden Wirkung in Betracht, soweit eine Entscheidung nach § 39 Nr. 1 SGB II vorliegt.

2. Vornahmesachen

In Vornahmesachen werden Sozialleistungen vom Gericht maximal für den **Zeitraum** gewährt, der als äußere zeitliche Grenze für den jeweiligen Leistungsanspruch vorgesehen ist (→ Rn. 535). Dabei kann iR der einstweiligen Anordnung aber wegen des vorläufigen Charakters der Leistungsgewährung regelmäßig eine Orientierung an den gesetzlich möglichen kürzeren Leistungszeiträumen erfolgen, also bei Leistungen der Grundsicherung für Arbeitsuchende an § 41 Abs. 3 S. 2 SGB II und bei Leistungen der Sozialhilfe – jedenfalls bei der Grundsicherung im Alter und bei Erwerbsminderung – an § 44 Abs. 3 S. 2 SGB XII.[1312] Die Leistungsgewährung erfolgt **ab Stellung des** (erforderlichen) **Eilantrags** beim Sozialgericht; das gilt für Grundsicherungsleistungen nach dem SGB II[1313] und grundsätzlich auch für vorläufige Leistungen nach dem SGB XII[1314] (s. a. → Rn. 348). Einstweilige Anordnungen, die sich auf vergangene Zeiträume vor der Antragstellung bei Gericht[1315] beziehen, scheiden in Vornahmesachen grundsätzlich aus. Für den Antrag, Sozialleistungen für diese Zeiträume zu gewähren, fehlt es grundsätzlich an einem Anordnungsgrund.[1316] Für einen finanziellen Ausgleich für die **Vergangenheit** ist ausnahmsweise dann Eilbedürftigkeit zu bejahen, wenn dieser zur Beseitigung einer bis in die Ge- 536

1310 HessLSG 18.4.2007 – L 7 SO 85/06 ER, juris Rn. 26; grundsätzlich gegen die Annahme eines Dauerverwaltungsakts wohl SchlHLSG 6.9.2005 – L 9 B 186/05 SO ER. Zum AsylbLG s. BayLSG 16.5.2014 – L 18 AY 8/14 B PKH.

1311 Rothkegel, Sozialhilferecht, 1. Aufl. 2005, Teil V, S. 104, Rn. 9 mwN.

1312 Vgl. SächsLSG 21.10.2016 – L 7 AS 973/16 B ER, juris Rn. 42.

1313 Zum Beginn bzw. zum Zeitraum der Leistungsgewährung unter Berücksichtigung der Gewährleistung effektiven Rechtsschutzes LSG Bln-Bbg 14.6.2007 – L 28 B 769/07 AS ER, juris Rn. 6; LSG Nds-Brem 28.4.2005 – L 8 AS 57/05 ER, FEVS 2005, 503 (508); Abweichung von der verwaltungsgerichtlichen Rspr., vgl. zB NdsOVG 29.1.2004 – 12 LB 454/02, FEVS 2005, 358 (363) (ab 1. Monat, in dem eine Entscheidung in der Sache erging).

1314 LSG BW 17.8.2005 – L 7 SO 2117/05 ER-B. Vom Antrag bei Gericht ist der Antrag auf die Leistung bei der Behörde bzw. im Bereich des SGB XII die Kenntnis des Sozialhilfeträgers zu unterscheiden, die für den Beginn von Grundsicherungsleistungen maßgeblich sind, § 37 Abs. 1 SGB II bzw. § 18 Abs. 1 SGB XII.

1315 LSG Nds-Brem 28.4.2005 – L 8 AS 57/05 ER, FEVS 2005, 503 (508); LSG BW 17.8.2005 – L 7 SO 2117/05 ER-B.

1316 LSG Hmb 4.3.2005 – L 3 B 43/05 ER SO; ebenso BayLSG 14.6.2005 – L 11 B 206/05 SO ER, Breithaupt 2005, 774 (775).

genwart fortwirkenden Notlage notwendig ist (sog. Nachholbedarf, s. a. → Rn. 349 ff.).[1317] Bei einer unbegrenzten Ablehnung der Leistung erstreckt sich der Eilantrag grundsätzlich auf den gesamten Zeitraum bis zur Entscheidung des Gerichts in der Hauptsache. Dies gilt aber nicht, wenn der Leistungsberechtigte später einen **neuen Leistungsantrag** beim Leistungsträger stellt und daraufhin weitere Entscheidungen des Leistungsträgers wegen der erneuten Leistungsbegehren für weitere Zeiträume ergehen. Dann werden diese Verwaltungsakte nicht nach § 96 SGG Gegenstand eines bereits anhängigen Klageverfahrens wegen der ersten Leistungsablehnung. Auch das auf die Leistungsgewährung gerichtete einstweilige Rechtsschutzbegehren wird begrenzt bis zum Eingang des neuen Antrags beim Leistungsträger. Denn im Eilverfahren kann nicht mehr verlangt werden als im Hauptsacheverfahren, dem das Eilverfahren vorgeschaltet ist.[1318] Im Hinblick auf die Dauer eines gerichtlichen Eilverfahrens wird diese Problematik wohl nur in Ausnahmefällen eine Rolle spielen. Geht es um eine **höhere** als die bewilligte **Leistung**, erfolgt ebenfalls grundsätzlich keine analoge Anwendung des § 96 SGG auf Bewilligungsbescheide für Folgezeiträume.[1319] Der Eilantrag auf die höhere vorläufige Leistung bezieht sich also nur auf den jeweiligen Bewilligungsabschnitt.

IV. Rechtsschutzziel und Schwere der drohenden Beeinträchtigung

537 Aus verfassungsrechtlicher Sicht ist ausgehend vom Rechtsschutzziel[1320] eine besondere Ausgestaltung des Verfahrens des einstweiligen Rechtsschutzes geboten, wenn ohne die Gewährung vorläufigen Rechtsschutzes schwere und unzumutbare, anders nicht abwendbare Beeinträchtigungen entstehen können, die durch das Hauptsacheverfahren nicht mehr zu beseitigen wären.[1321] Das ist im Bereich des SGB II und XII häufig der Fall, da es oft um Fragen der Existenzsicherung und damit um eine mögliche Verletzung des Art. 1 GG geht. Hier gilt: **Mit der Schwere der drohenden Beeinträchtigung sinkt zugunsten des Antragstellers die Bedeutung des prospektiven Hauptsacheerfolgs.** Um einem Eilantrag stattzugeben, kann – nach verfassungskonformer Auslegung auch in Vornahmesachen (→ Rn. 384) – die Wahrscheinlichkeit des Hauptsacheerfolgs und des Eintritts der Rechtsverletzungen gering sein, wenn die drohende Rechtsverletzung entsprechend schwer ist. Umgekehrt muss in solchen Fällen für eine Ablehnung des Eilantrags unter Orientierung an der Hauptsache eine nicht nur summarische, sondern besonders eingehende,[1322] intensive[1323] oder

1317 LSG BW 13.10.2005 – L 7 SO 3804/05 ER-B; SächsLSG 19.9.2005 – L 3 B 155/05 AS-ER, juris Ls. 4; ähnl. BayLSG 7.4.2005 – L 11 B 117/05 SO ER, Breithaupt 2005, 779 und 14.6.2005 – L 11 B 218/05 AS ER, Breithaupt 2005, 786; zu Beitragsrückständen in der KV LSG BW 13.10.2005 – L 7 SO 3804/05. Zur Rspr. der Verwaltungsgerichte zum BSHG SchlHOVG 13.1.1993 – 5 M 112/92; zur laufenden HLU als einer Hilfe in einer gegenwärtigen Notlage BayVGH 18.11.2002 – 12 CE 02.2430; BayVGH 14.4.2003 – CE 03.347; OVG Bbg 17.9.2003 – 4 B 39/03; NdsOVG 25.10.2001 – 4 MA 2958/01 (Betreiben eines Vollstreckungsverfahrens gegen den Hilfesuchenden durch unbefriedigt gebliebene Gläubiger); SächsOVG 6.12.2000 – 1 BS 268/00 (konkret drohender Verlust der Unterkunft durch Verzug von Mietzinsleistungen aufgrund rechtswidriger Leistungsverweigerung bei Bereitschaft des Vermieters zur Fortsetzung des Mietverhältnisses); OVG NRW 16.3.2000 – 16 B 308/00, ZFSH/SGB 2000, 558 f.; OVG Bbg 17.9.2003 – 4 B 39/03 (konkrete Benennung und Glaubhaftmachung der aufgrund des Nachholbedarfs drohenden Gefahren für die Sicherung des laufenden Unterhalts).

1318 LSG NRW 27.9.2010 – L 6 AS 1099/10 B ER, juris Rn. 19.

1319 BSG 16.10.2007 – B 8/9b SO 2/06 R, juris Rn. 10; BSG SozR 4-4200 § 20 Nr. 1 Rn. 30 und SozR 4-4300 § 428 Nr. 3 Rn. 13 f.

1320 BVerfG 12.5.2005 – 1 BvR 569/05 juris Rn. 23 ff.; BVerfG NVwZ 2004, 95 (96); BVerfG 6.8.2014 – 1 BvR 1453/12, juris Rn. 12.

1321 BVerfG 12.5.2005 – 1 BvR 569/05, juris Rn. 26; 22.11.2002 – 1 BvR 1586/02, NJW 2003, 1236 (1237); 29.7.2003 – 2 BvR 311/03, NVwZ 2004, 95 (96); BVerfG NJW 2003, 1236 (1237); NVwZ 2004, 95 (96); 25.2.2009 – 1 BvR 120/09, juris Rn. 17; 6.2.2013 – 1 BvR 2366/12, juris Rn. 2; 20.5.2020 – 1 BvR 2289/19, juris Rn. 9; s. aber auch BVerfG 1.10.2020 – 1 BvR 1106/20, wonach allein der Umstand, dass Grundleistungen der sozialen Sicherung betroffen sind, nicht genügt, um einen unabwendbaren Nachteil im verfassungsprozessrechtlichen Sinn darzulegen.

1322 BVerfG 25.7.1996 – 1 BvR 638/96 juris Os. 2 a; 25.2.2009 – 1 BvR 120/09, juris Rn. 17.

1323 BVerfG 22.11.2002 – 1 BvR 1586/02, juris Rn. 9.

sogar abschließende Prüfung der Sach- und Rechtslage[1324] erfolgen. Ausgangspunkt der Prüfung eines Eilantrags muss aus verfassungsrechtlichen Gründen daher die Schwere und Eintrittswahrscheinlichkeit der ohne Eilrechtsschutz drohenden Rechtsverletzungen sein. Denn davon kann die Ausgestaltung des Prüfungsmaßstabs abhängen, insbes. die für ein Obsiegen des Antragstellers zu fordernden Wahrscheinlichkeitsgrade bzgl. des Hauptsacheerfolgs und der drohenden Rechtsverletzung ab (iE für Vornahmesachen → Rn. 384 ff.; für Anfechtungssachen → Rn. 256 ff.).

Die aus verfassungsrechtlichen Gründen gebotene Ausgestaltung des Prüfungsmaßstabs bereitet iR des § 86b Abs. 1 S. 1 SGG (**Anfechtungssachen**) keine Schwierigkeiten, da § 86b Abs. 1 S. 1 SGG nach seinem Wortlaut keinen Prüfungsmaßstab vorgibt (→ Rn. 208, 248). Hier ist immer eine offene Abwägung durchzuführen, in der die vorgenannten Grundsätze berücksichtigt werden können. Anders sieht es bei § 86b Abs. 2 SGG (**Vornahmesachen**) aus. Hier gibt es gesetzliche Tatbestandsmerkmale, an die der Richter gebunden ist (Art. 20 Abs. 3, 97 Abs. 1 GG) und die sowohl Beeinträchtigungsgrad (wesentlicher Nachteil) als auch Wahrscheinlichkeitsgrad (Glaubhaftmachung als Beweismaß = überwiegende Wahrscheinlichkeit) regeln. Eine Modifikation dieser Merkmale kann nur im Wege der verfassungskonformen Auslegung stattfinden. Ist diese nicht erforderlich, weil keine schwere, über den wesentlichen Nachteil hinausgehende Beeinträchtigung droht, bleibt es in Vornahmesachen bei den in § 86b Abs. 2 SGG geregelten Wahrscheinlichkeitsanforderungen. Droht eine schwere, über den wesentlichen Nachteil hinausgehende Beeinträchtigung, ist eine Abwägungsentscheidung ohne Bindung an die gesetzlich geregelten Beeinträchtigungs- und Wahrscheinlichkeitsgrade geboten. Der erste Eindruck, dass es bei Zugrundelegung der genannten Maßgaben in Eilverfahren im Grundsicherungsbereich nur noch dem Eilantrag stattgebende Beschlüsse gibt, täuscht. Zum einen drohen, auch wenn der Existenzsicherungsbereich berührt ist, nicht immer schwere, über den wesentlichen Nachteil hinausgehende Beeinträchtigungen; es bleibt dann bei den einfachgesetzlichen Maßgaben des § 86b Abs. 2 SGG.[1325] Zum anderen kann auch eine Abwägungsentscheidung zu Ungunsten des Antragstellers ausfallen. 538

Beispiele: 539

- Trotz der grundsätzlichen existenziellen Bedeutung der entsprechenden Leistungen war die Ablehnung eines Eilantrags auf dem Gebiet des Asylbewerberleistungsgesetzes rechtmäßig, insbes. verfassungsmäßig, weil die Abwägung zu Recht zu Ungunsten der Antragstellerin ausgefallen ist. Diese war ihren **Mitwirkungspflichten nicht ordnungsgemäß nachgekommen**, weil sie sich nicht an der Aufklärung der Frage beteiligt hatte, ob Ihre Wohnung in Bukarest zu schützendes Vermögen sei (→ Rn. 637).
- Es macht einen Unterschied, ob es um die **Grundsicherungsleistung insgesamt oder „nur"** um **deren geringfügige Kürzung** geht. Im letztgenannten Fall werden nicht immer schwere Beeinträchtigungen drohen. In Vornahmesachen bleibt es dann bei der Anwendung des § 86b Abs. 2 SGG. Dh, es sind überwiegende Wahrscheinlichkeiten (und nicht nur bloße Möglichkeiten) und ein wesentlicher Nachteil zu fordern. IR der Eilentscheidung wird insofern zu berücksichtigen sein, dass im Regelsatz auch Ansparbeträge enthalten sind und der Gesetzgeber in § 31 SGB II selbst von einer mit der Verfassung vereinbaren Kürzungsmöglichkeit ausgeht. Auch die verfassungsgerichtlichen Wertungen bzgl. des AsylbLG können hier einfließen (→ Rn. 623 f.).

1324 BVerfG 12.5.2005 – 1 BvR 569/05, juris Rn. 26; BVerfG 22.11.2002 – 1 BvR 1586/02, NJW 2003, 1236 (1237); 29.7.2003 – 2 BvR 311/03, NVwZ 2004, 95 (96); vgl. BVerfG, NJW 2003, 1236 (1237); NVwZ 2004, 95 (96); 6.2.2007 – 1 BvR 3101/06, juris Rn. 18.

1325 S. dazu BVerfG 1.10.2020 – 1 BvR 1106/20, wonach allein der Umstand, dass Grundleistungen der sozialen Sicherung betroffen sind, nicht genügt, um einen unabwendbaren Nachteil im verfassungsprozessrechtlichen Sinn darzulegen. Zum fehelenden Anordnungsgrund bei Bagatellbeträgen s. a. Wündrich SGb 2009, 267 (269).

- Auch die Eilanträge, gerichtet auf die vorläufige Übernahme der Kosten eines prepaid-handys im Wege der Eingliederungshilfe (§§ 53 ff. SGB XII),[1326] der Kosten für ein kleineres Doppelbett[1327] oder einer Telefonhilfe[1328] zeigen, dass im Bereich der Sozialhilfe ohne Eilrechtsschutz nicht immer schwere Rechtsverletzungen drohen. In solchen Fällen ist § 86b Abs. 2 SGG ohne verfassungskonforme Auslegung anzuwenden. Besteht dann keine überwiegende Wahrscheinlichkeit für den Hauptsacheerfolg oder den Eintritt eines wesentlichen Nachteils, hat der Eilantrag keinen Erfolg.

V. Mindestwahrscheinlichkeit für ein sicherungsfähiges Recht – Bestandskraft der Ablehnung

540 Auch wenn es um existenzsichernde Leistungen geht, muss ein **Sozialleistungsanspruch zumindest möglich** sein. Steht bereits im Eilverfahren fest, dass die Hauptsache erfolglos ist, gibt es kein im Eilverfahren sicherungsfähiges Recht (BVerfG 29.7.2003 – 2 BvR 311/03, → Rn. 633: „Ist die geltend gemachte materielle Rechtsposition grundsätzlich sicherungsfähig, …"; s. a. Muster → Rn. 453). Insbes. ist darauf zu achten, dass bzgl. des geltend gemachten Anspruchs keine bestandskräftige Entscheidung vorliegt, dass also gegen den Bescheid, mit dem eine bewilligte Leistung aufgehoben oder eine beantragte Leistung abgelehnt wurde, Rechtsbehelf eingelegt wurde.[1329] Bei der Regelungsanordnung setzt die Zuerkennung von Leistungen ebenfalls voraus, dass vorher durch Anordnung der aufschiebenden Wirkung ein Versagungsbescheid außer Vollzug gesetzt worden ist; ohne die Anordnung der aufschiebenden Wirkung bzgl. der Versagungsentscheidung ist die Leistungsgewährung eben wegen des Versagungsbescheids gesperrt.[1330] Ist ein Sozialleistungsanspruch zumindest möglich, ist dann zu prüfen, mit welcher Wahrscheinlichkeit der Hauptsacheanspruch zusteht.

VI. Beschränkung des Leistungsbetrags, Deckungslücke, Darlehen

541 Bei einer **Reduzierung des Regelsatzes** auf 90 % wurde in der obergerichtlichen Rspr. Eilbedürftigkeit bejaht[1331] und verneint.[1332] Mitunter wird die zu erbringende Leistung von den Sozialgerichten „zur Vermeidung einer Vorwegnahme der Hauptsache" – und zwar mit ausdrücklicher Billigung des BVerfG[1333] – auf 80 % der nach dem SGB II zu erbringenden Leistung begrenzt,[1334] etwa als „das zum Lebensunterhalt Unerlässliche in analoger Anwendung des § 26 Abs. 1 SGB XII".[1335] Wegen bestehender Zweifel an der Hilfebedürftigkeit wurden auch nur 70 % der Regelleistung ab Antragstellung zuerkannt.[1336] IdS soll ein Anordnungsgrund erst bei einer Differenz von mehr als 30 % zum Regelsatz zu bejahen sein.[1337] Umgekehrt soll ein An-

1326 BayLSG 28.1.2008 – L 8 B 1161/07 SO ER.
1327 BayLSG 20.3.2007 – L 8 B 49/07 SO ER.
1328 BayLSG 28.9.2007 – L 8 B 549/07 SO ER.
1329 LSG 24.4.2006 – L 9 AS 39/06 ER; LSG NRW 27.9.2010 – L 6 AS 1099/10 B ER, juris Rn. 19; 16.9.2010 – L 6 AS 949/10 B ER; 12.3.2009 – L 19 B 45/09 AS ER; 9.7.2009 – L 7 B 132/09 AS ER; MKLS/Keller SGG § 86b Rn. 26d; Spellbrink Sozialrecht aktuell 2007, 1 (3).
1330 BayLSG 13.8.2009 – L 7 AS 542/09 ER.
1331 LSG Bln-Bbg 3.5.2007 – L 18 B 472/07 AS ER, juris Rn. 5; SchlHLSG 8.8.2005 – L 9 B 158/05 (Anordnungsgrund bei Grundsicherung im Alter auch bei einem Bedarf von 34 EUR).
1332 LSG Bln-Bbg 13.2.2007 – L 19 B 1042/06 AS ER, juris Rn. 14 (zu § 20 Abs. 3 SGB II); LSG Bln-Bbg 11.9.2006 – L 19 B 698/06 AS ER.
1333 BVerfG 12.5.2005 – 1 BvR 569/05, juris Rn. 26 aE.
1334 SG Düsseldorf 16.2.2005 – S 35 SO 28/05 ER, juris Rn. 26.
1335 LSG BW 29.1.2007 – L 7 SO 5672/06 ER-B, juris Rn. 5.
1336 LSG Bln-Bbg 2.2.2006 – L 14 B 1157/05 AS ER.
1337 LSG Bln-Bbg 11.9.2006 – L 19 B 698/06 AS ER; zum Anordnungsgrund bei Bagatellbeträgen s. a. Wündrich SGb 2009, 267 (269).

ordnungsgrund für die Bewilligung von Leistungen nach dem SGB II nicht bereits dann zu verneinen sein, wenn dem Hilfebedürftigen 70 bis 80 % des Regelsatzes zur Verfügung stehen.[1338]

Nach zutr. Auffassung ist im jeweiligen Einzelfall vom erkennenden Gericht festzulegen, in welcher Höhe die vorläufige Sozialleistung zuzuerkennen ist. Eine vom Regelsatz abweichende Gewährung im genannten Umfang ist grundsätzlich möglich. Dafür spricht, dass in den Grundsicherungsleistungen Ansparbeträge enthalten sind, die vom Hilfebedürftigen für anzuschaffende einmalige Bedarfe zurückzulegen sind; diese Beträge sind nicht immer notwendig, um Rechtsverletzungen im Zeitraum bis zur Hauptsacheentscheidung zu vermeiden. Für einen prozentualen Abschlag spricht auch die in § 31a SGB II vorgesehene Kürzungsmöglichkeit,[1339] die zeigt, dass der Gesetzgeber die Gewährung eines vom Regelsatz abweichenden Betrages für mit Art. 1 GG vereinbar hält.[1340] Aus denselben Gründen muss der Antragsteller kleinere **Deckungslücken** hinnehmen. Eine Deckungslücke von 130 EUR monatlich wurde aber zB als ausreichend angesehen, um den Leistungsberechtigten in akute wirtschaftliche Not zu bringen;[1341] vertreten wird auch, es könne einem Leistungsberechtigten nicht zugemutet werden, sich vorläufig mit einem geringeren Lebensunterhalt zu begnügen, wenn er einen entsprechenden Anspruch glaubhaft gemacht habe.[1342]

Die vorläufige Leistungsgewährung kann auch als **Darlehen** erfolgen. Im Falle der darlehensweisen Leistungsgewährung wird es regelmäßig an einem Anordnungsgrund für den Erlass einer einstweiligen Anordnung fehlen.[1343] **542**

Beispiele:

- Zur **Möglichkeit und Zulässigkeit**, Leistungen der Hilfe zum Lebensunterhalt als Darlehen zuzusprechen (§ 91 SGB XII).[1344]
- Zur darlehensweisen Bewilligung von Grundsicherungsleistungen für einen Auszubildenden bei **besonderer Härte**.[1345]
- Zur Verpflichtung der Gewährung eines **Darlehens mit Tilgungspflicht**.[1346]
- Zur Rechtmäßigkeit einer **Rückzahlungsvereinbarung** im Darlehensvertrag und zum Abstellen auf § 51 Abs. 1 SGB I; Beurteilung des **Einbehalts** als Aufrechnung; zur zins- und tilgungsfreien Gewährung eines Darlehens für eine Mietkaution nach § 22 Abs. 3 S. 3 SGB II; zur **Tilgungsvereinbarung** als Rechtsgrundlage für Aufrechnung oder Verzicht (§ 61 S. 2 SGB X bzw. § 46 Abs. 1 Hs. 1 SGB I).[1347]
- Entschließungsermessen nur bzgl. der **Höhe der Tilgungsraten** des Darlehens, ggf. auch bzgl. zeitweiser Reduzierung der Tilgungsraten auf Null, nicht aber bzgl. **Verzicht** auf Rückzahlung; keine Verpflichtung, bei der Entscheidung über Darlehen über **Erlass der Rückforderung** zu befinden.[1348]

1338 LSG NRW 2.5.2007 – L 20 B 310/06 AS ER, juris Rn. 21.
1339 AA LSG MV 5.2.2007 – L 8 B 211/06, juris Rn. 16.
1340 S. aber einschränkend BVerfG 5.11.2019 – 1 BvL 7/16 zur Verfassungsmäßigkeit der Minderung des Alg II nach § 31a Abs. 1 S. 1–3 SGB II.
1341 LSG LSA 26.8.2010 – L 5 AS 353/10 B ER, juris Rn. 35.
1342 LSG Nds-Brem 28.4.2005 – L 8 AS 57/05 ER, juris Rn. 33; LSG MV 5.2.2007 – L 8 B 211/06, juris Rn. 15.
1343 S. dazu Wündrich SGb 2009, 267 (269).
1344 LSG BW 17.8.2005 – L 7 SO 2117/05 ER-B; 1.8.2005 – L 7 AS 2875/05 ER-B; 29.1.2007 – L 7 SO 5672/06 ER-B, juris Rn. 5.
1345 LSG NRW 30.8.2010 – L 7 AS 778/10 B ER.
1346 LSG Bln-Bbg 5.12.2007 – L 5 B 1597/07 AS ER, juris Rn. 5.
1347 HessLSG 5.9.2007 – L 6 AS 145/07 ER, juris Rn. 7–9; LSG BW 6.9.2006 – L 13 AS 3108/06 ER, info also 2007, 119.
1348 LSG Bln-Bbg 5.12.2007 – L 5 B 1597/07 AS ER; LSG Hmb 19.9.2005 – L 5 B 167/05 ER AS.

VII. Verweisung auf Sozialhilfe

543 Das Gericht hat zu prüfen, ob die Voraussetzungen des § 86b SGG für die vorläufige Zuerkennung der begehrten Sozialleistung durch das Gericht vorliegen. Ist dies der Fall, kann der Antragsteller iR des einstweiligen Rechtsschutzverfahrens **nicht** auf die Inanspruchnahme von Sozialhilfe verwiesen werden.[1349] Denn das Verhältnis zwischen den Sozialleistungen ist gesetzlich geregelt. Materiellrechtlich geht Alg I dem Alg II vor und derjenige, dem etwa Alg II, Sozialgeld oder Grundsicherung nach §§ 41 ff. SGB XII zusteht, erhält keine HLU nach §§ 27 ff. SGB XII (§ 5 Abs. 2 S. 1 SGB II, §§ 19 Abs. 2 S. 2, 21 S. 1 SGB XII); neben der Grundsicherung nach §§ 41 ff. SGB XII, die auf volle Bedarfsdeckung ausgerichtet ist und vom Umfang her der Hilfe zum Lebensunterhalt außerhalb von Einrichtungen entspricht, werden grundsätzlich keine (anderen) Sozialhilfeleistungen gewährt,[1350] vgl. §§ 19 Abs. 2 S. 3, 42 SGB XII.[1351] Prozessrechtlich gibt § 86b SGG unter bestimmten Voraussetzungen (→ Rn. 381–384) einen Anspruch auf entsprechende vorläufige Leistungen. Die HLU fungiert auch nicht mehr wie nach BSHG-Recht als Auffangnetz. Die zuerst und iR des **gerichtlichen** einstweiligen Rechtsschutzes zu stellende Frage geht also dahin, ob die Voraussetzungen für eine vorläufige Leistung von Arbeitslosengeld I, Alg II, Sozialgeld oder für eine Grundsicherung nach §§ 41 ff. SGB XII mit der zu fordernden Wahrscheinlichkeit gegeben sind. Ist dies nicht der Fall und besteht auch nicht die zu fordernde Wahrscheinlichkeit dafür, dass eine andere vorrangige Sozialleistung zusteht, kommt die Gewährung von HLU nach Maßgabe der §§ 27 ff. SGB XII in Betracht. Eine „Verweisung auf die HLU" ohne Prüfung der Voraussetzungen für eine vorläufige Zuerkennung der spezielleren Sozialleistung auf der prozessrechtlichen Grundlage des § 86b SGG ist nicht zulässig.[1352]

Beispiel: Bei einem auf **vorläufige Gewährung von Verletztengeld oder Verletztenrente** gerichteten Antrag hat das Gericht zu prüfen, ob die Voraussetzungen des § 86b SGG für die vorläufige Zuerkennung der begehrten Sozialleistung vorliegen. Ist dies der Fall, kann der Antragsteller iR des einstweiligen Rechtsschutzverfahrens nicht auf die Inanspruchnahme von Sozialhilfe verwiesen werden. Das Verhältnis zwischen den Sozialleistungen ist gesetzlich geregelt. Materiellrechtlich sind Grundsicherungsleistungen gegenüber anderen Sozialleistungen nachrangig. Prozessrechtlich gibt § 86b SGG unter bestimmten Voraussetzungen einen Anspruch auf entsprechende vorläufige Leistungen.[1353]

544 Auf **behördlicher** Ebene kann der Sozialhilfeträger wie bisher zur Abwendung einer Hilfebedürftigkeit für den Zeitraum bis zum Erlass einer sozialgerichtlichen Eilentscheidung Sozialhilfe gewähren, ggf. mit Hinweis auf den Nachrang der Sozialhilfe unter dem Vorbehalt der gerichtlichen Eilentscheidung. Ein solches Eingreifen der Sozialhilfe beruht auf der aus dem Sozialstaatsprinzip und Art. 1, 2 GG folgenden Verpflichtung zur Gewährung der Existenzsicherung.[1354] Hat der Hilfesuchende noch keinen Eilantrag bei Gericht gestellt, kommt der Sozialhilfeträger aber zu dem Ergebnis, dass ein vorrangiger vorläufiger Sozialleistungsanspruch zusteht, wird er den Hilfesuchenden auf diese Möglichkeit aufmerksam machen und die Gewährung von HLU ablehnen. Ist ungewiss, ob die Voraussetzungen für die Gewährung einer vorrangigen vorläufi-

1349 HessLSG 20.6.2005 – L 7 AL 100/05 ER; 14.9.2004 – L 10 AL 98/04 ER, info also 2004, 246; ebenso zur Arbeitslosenhilfe und Verweisung auf Sozialhilfe HessLSG 14.9.2004 – L 10 AL 98/04 ER. Zum alten Recht war dies umstr., vgl. die Nachweise S. 194 Fn. 1124 der 1. Auflage.

1350 Vgl. LSG NRW 8.12.2010 – L12 SO 535/10 B ER; Dünn/Rüb, Deutsche Rentenversicherung 2004, 614, 617.

1351 Zu ergänzenden Darlehen vgl. § 42 Nr. 5, § 37 SGB XII.

1352 Ähnl. HessLSG 14.9.2004 – L 10 AL 98/04 ER: IR des einstweiligen Rechtsschutzverfahrens kann der Arbeitslosenhilfe beanspruchende Antragsteller nicht auf die Inanspruchnahme von Sozialhilfe verwiesen werden, wenn die Realisierung von Sozialhilfeleistungen fern liegt.

1353 BayLSG 9.12.2011 – L 17 U 356/11 B ER, juris Rn. 24; abw. ohne Begründung zum Nachrang ThürLSG 9.8.2011 – L 6 R 997/11 B ER, juris Rn. 21.

1354 Vgl. BVerfGE 82, 60 (80) = NJW 1990, 2869; BVerfGE 87, 153 = NJW 1992, 3153; für das Zivilrecht Thran FamRZ 1993, 1395 (1398).

gen Sozialleistung vorliegen, ändert eine eventuelle Sozialhilfegewährung durch die Behörde wegen einer akuten Notlage nichts an dem grundsätzlichen Nachrang der Sozialhilfe. Insofern wandelt sich der materiellrechtliche Nachrang der Sozialhilfe aufgrund ihrer Funktion bei der behördlichen Entscheidung über die Leistungsgewährung trotz der eigentlich vorrangigen, vorläufigen Sozialleistung gleichsam zum vorläufigen Vorrang.[1355] Das Nachrangprinzip wird insofern vorläufig durchbrochen.[1356] Eine solche Hilfegewährung schließt grundsätzlich nicht die Eilbedürftigkeit iSd § 86b SGG aus. Dies gilt jedenfalls für den Zeitraum ab der Entscheidung des Gerichts. Ob die vorläufige Sozialleistung gem. § 86b SGG trotz Sozialhilfegewährung durch die Behörde rückwirkend ab dem Zeitpunkt der Eilantragstellung zuerkannt werden muss,[1357] ist jeweils im Einzelfall zu entscheiden.[1358] In diesem Zusammenhang ist auch auf die Möglichkeit des Gerichts hinzuweisen, einen Hängebeschluss (→ Rn. 488 ff.) zu erlassen. Die Behörde hätte bei zur Abwendung der Notlage erfolgter Leistungsgewährung eventuell einen Erstattungsanspruch gegen den eigentlich verpflichteten Sozialleistungsträger bzw. einen Rückforderungsanspruch gegen den Hilfesuchenden. Eine stattgebende gerichtliche Eilentscheidung ist daher in jedem Falle auch dem leistenden Sozialhilfeträger bekannt zu geben.

1355 Vgl. für das Zivilrecht Thran FamRZ 1993, 1395 (1398).
1356 Fichtner BSHG § 2 Rn. 25.
1357 Vgl. OLG Düsseldorf FamRZ 1987, 1057 (1058).
1358 Bejahend die im Zivilrecht hM, vgl. Baumbach/Hartmann § 940 Rn. 25.

H. Ausgewählte sozialgerichtliche Eilentscheidungen im Bereich der SGB II – XII und des AsylbLG

I. SGB II

545 § 7 Abs. 1, 2

Vgl. statt vieler LSG Bln-Bbg 21.12.2015 – L 25 AS 3035/15 B ER zur Anwendung des europarechtskonformen[1359] Leistungsausschlusses des § 7 Abs. 1 S. 2 Nr. 2 SGB II wegen **Aufenthalts zum Zweck der Arbeitssuche** in der Bundesrepublik Deutschland und zur Verpflichtung des im Eilverfahren beigeladenen Sozialhilfeträgers zu Leistungen nach dem 3. Kapitel des SGB XII.[1360]

546 § 7 Abs. 3, 3a

- Zur **Anspruchsberechtigung** der einzelnen Mitglieder der **Bedarfsgemeinschaft,** insbes. auch in Verfahren des einstweiligen Rechtsschutzes.[1361]
- Zur Vermutung eines wechselseitigen Willens, Verantwortung füreinander zu tragen und füreinander einzustehen, nach § 7 Abs. 3a SGB II; kein Anknüpfen allein an das Tatbestandsmerkmal „länger als ein Jahr zusammenleben", weil ansonsten auch eine Wohngemeinschaft iSe gemeinsam genutzten Wohnung erfasst würde.[1362]
- Zu den (nicht abschließenden, nicht kumulativ erforderlichen) Indizien für eine **Einstehensgemeinschaft** (bestehende Wohngemeinschaft, Dauer des Zusammenlebens, Betreuung gemeinsamer Kinder, gegenseitige Verfügungsmacht über Einkommen und Vermögen, Dauer und Intensität der Bekanntschaft vor dem Zusammenziehen, Anlass für das Zusammenziehen und nach außen erkennbare Intensität der gelebten Gemeinschaft);[1363] Ernsthaftigkeit einer Beziehung, Dauerhaftigkeit, Kontinuität; Begünstigung des Partners in Lebensversicherungsverträgen und Abschluss von Versicherungen für den Partner;[1364] Gesamtbetrachtung der Umstände;[1365] zum Aktualitätsprinzip;[1366] Bedeutung der Behauptungen;[1367] Zusammenwohnen der Beteiligten.[1368] – Keine Bedarfsgemeinschaft bei räumlich getrenntem Leben;[1369] kein Anordnungsgrund für bereits abgelaufenen Zeitraum.[1370] – Zur Folgenabwägung bei vermeintlicher eheähnlicher Lebensgemeinschaft; doppelte Gefahr bei Versagung von Unterstützungsleistungen vom vermeintlichen Partner und vom Sozialleistungsträger.[1371]

547 ■ **Hausbesuch** („Augenscheinnahme"); § 21 Abs. 1 S. 2 Nr. 2 SGB X als gesetzliche Grundlage; Erforderlichkeit; Art. 13 GG; Zustimmungserfordernis; keine Erzwingung des Hausbe-

1359 EuGH 15.9.2015 – C-67/14 – Alimanovic.
1360 Dazu BSG 3.12.2015 – (insbes.) B 4 AS 44/15 R.
1361 BSG 7.11.2006 – B 7b AS 8/06 R; LSG NRW 29.3.2007 – L 20 B 22/07 AS ER, juris Rn. 12; SG Duisburg 27.8.2019 – S 49 AS 3368/19 ER.
1362 LSG Bln-Bbg 5.12.2007 – L 26 B 1888/07 AS ER, L 26 B 1900/07 AS PKH; dazu Wenner SozSich 2006, 146 ff.; zur Verantwortungs-/Einstehensgemeinschaft LPK-SGB II/Geiger § 7 Rn. 86 ff.
1363 BVerfG 17.11.1992 – 1 BvL 8/87 = SozR 3-4100 § 137 Nr. 3.
1364 SächsLSG 13.9.2007 – L 2 B 312/07 AS-ER, juris Rn. 34 f.; LSG Bln-Bbg 15.12.2006 – L 10 AS 1404/05.
1365 LSG NRW 21.4.2005 – L 9 B 6/05 SO ER, NJW 2005, 2253.
1366 LSG BW 22.3.2007 – L 7 AS 640/07 ER-B.
1367 SächsLSG 13.9.2007 – L 2 B 312/07 AS-ER, juris Rn. 36.
1368 LSG Nds-Brem 10.9.2007 – L 9 AS 439/07 ER, juris Rn. 4.
1369 Zum Erfordernis des gemeinsamen Haushalts LSG NRW 7.2.2007 – L 1 B 45/06 AS ER; LSG BW 16.1.2007 – L 13 AS 3747/06 ER – B. Zur bloß vorübergehenden räumlichen Trennung BayLSG 12.4.2010 – L 8 AS 136/10 B ER.
1370 LSG Bln-Bbg 7.6.2007 – L 28 B 743/07 AS ER, juris Rn. 9.
1371 HessLSG 16.3.2006 – L 7 AS 23/06 ER Rn. 36.

suchs, § 21 Abs. 2 SGB X; Folge der Verweigerung[1372] – Zur Rechtmäßigkeit der Ablehnung der **Wohnungsbesichtigung** wegen Art. 13 GG und zur Beweislast.[1373]

§ 7 Abs. 4 548

- Zum Antrag auf **Genehmigung einer Ortsabwesenheit** nach § 7 Abs. 4a SGB II.[1374]

§ 7 Abs. 5 549

- Zur Förderungsfähigkeit einer Ausbildung iSd § 7 Abs. 5 S. 1 SGB II[1375] – Zur darlehensweisen Bewilligung von Grundsicherungsleistungen für einen Auszubildenden bei besonderer Härte.[1376]
- Zur Zuerkennung einer **Ermessens**leistung (§ 7 Abs. 5 S. 2 SGB II) im Wege des vorläufigen Rechtsschutzes, wenn hohe Wahrscheinlichkeit dafür spricht, dass der Träger der Sozialhilfe sein Ermessen sachgerecht dahin wird ausüben müssen, die Hilfe zu gewähren[1377] (s. a. → Rn. 415) – Zum **Härtefall** iSd § 7 Abs. 5 S. 2 SGB II.[1378]

§ 8 550

- Solange **keine überwiegende Wahrscheinlichkeit für fehlende Erwerbsfähigkeit** besteht, unterfällt der Antragsteller grundsätzlich dem SGB II (und nicht dem SGB XII). Die Vorlage lediglich einer Arbeitsunfähigkeitsbescheinigung reicht nicht.[1379]
- Zur **rechtlichen Erwerbsfähigkeit** eines Ausländers.[1380]

§ 9 551

- Zur Beurteilung der **Hilfebedürftigkeit** im Eilverfahren.[1381]
- Kein Anordnungsgrund bei Erzielung eines monatlichen Einkommens sowie freier Unterkunft und Verpflegung, wenn hierdurch der **voraussichtliche Bedarf gedeckt** wird.[1382]
- Keine durchgreifenden Zweifel an der Hilfebedürftigkeit trotz Veräußerung von Gegenständen über ein Internet-Aktionshaus, Zahlungseingängen auf Konto, Darlehen von Bekannten und Bedeutung des grob verfahrensfehlerhaften Verhaltens der Behörde[1383] oder trotz Zweifel bzgl. Einkommens aus einer An- und Verkaufstätigkeit über die Internetplattform Ebay.[1384] – Zur Unzulässigkeit der Argumentation, das Überleben sei auch ohne die Hilfe gesichert gewesen, nachdem einem Hilfesuchenden die Hilfe von der Behörde zunächst verweigert worden war.[1385]
- Zweifel an der Hilfebedürftigkeit wegen angeblicher Geschäfte (ua Darlehensvereinbarung) mit einem nahen Angehörigen kurz vor der Beantragung von Alg II; Scheingeschäft.[1386] – Verneinung der Hilfebedürftigkeit wegen ungeklärter Einkommens- oder Vermögenssituati-

1372 HessLSG 30.1.2006 – L 7 AS 13/06 ER, juris Rn. 35; zu den Pflichten der Behörde BVerwG 30.7.1991 – 5 ER 657/91.
1373 LSG Halle (Saale) 22.4.2005 – L 2 B 9/05 AS ER, Breithaupt 2005, 668.
1374 BayLSG 7.10.2010 – L 7 AS 734/10 B ER.
1375 SächsLSG 22.3.2011 – L 7 AS 217/09 B ER.
1376 LSG NRW 30.8.2010 – L 7 AS 778/10 B ER.
1377 LSG Nds-Brem 14.4.2005 – L 8 AS 36/05 ER.
1378 LSG Nds-Brem 14.4.2005 – L 8 AS 36/05 ER ASR 2005, 61, FEVS 2005, 511.
1379 LSG NRW 8.12.2010 – L 12 SO 535/10 B ER.
1380 LSG RhPf 12.2.2010 – L 1 SO 84/09 B ER, L 1 SO 95/09 B.
1381 LSG Bln-Bbg 17.1.2007 – L 5 B 640/06 AS ER, L 5 B 720/06 AS PKH, juris Rn. 4; LSG NRW 20.1.2010 – L 12 B 97/09 AS ER, juris Rn. 16.
1382 LSG Nds-Brem 31.3.2016 – L 15 AS 12/16 B ER.
1383 LSG Bln-Bbg 2.2.2006 – L 14 B 1157/05 AS ER; vgl. auch HessLSG 22.2.2006 – L 9 SO 40/05 ER.
1384 LSG NRW 2.7.2008 – L 7 B 130/08 AS ER.
1385 LSG Bln-Bbg 22.11.2005 – L 29 B 1212/05 AS ER; HessLSG 7.12.2005 – L 7 AS 102/05 ER.
1386 LSG BW 16.2.2007 – L 7 AS 117/07 ER-B, juris Rn. 6; zum Scheingeschäft BSG 24.5.2005 – B 11a AL 7/05 R; 13.9.2006 – B 11a AL 13/06 R.

on.[1387] – Anordnungsgrund und damit eine Eilbedürftigkeit nicht gegeben, wenn der Betroffene trotz behaupteter Vermögens- und Einkommenslosigkeit über einen längeren Zeitraum (hier: neun Monate) seinen notwendigen Lebensunterhalt selbst bestreiten konnte, ohne die Einnahmequellen offen zu legen.[1388] – Zur nicht ausreichenden Glaubhaftmachung von Hilfebedürftigkeit iSv § 9 Abs. 1 SGB II, wenn die gerichtlich angeforderten Kontoauszüge nicht vorgelegt werden sowie zu sonstigen Unstimmigkeiten (zB bei den Kontobewegungen, zur Höhe des Erwerbseinkommens, zur Existenz anderer Konten) auf Anforderung nicht (ausreichend) Stellung genommen wird.[1389]

552 ■ Zur Verpflichtung, Beweismittel zu bezeichnen und auf Verlangen des zuständigen Leistungsträgers vollständige und nachprüfbare Beweisurkunden, auch für Zeiträume vor der Antragstellung vorzulegen; zur Erheblichkeit (§ 60 Abs. 1 S. 1 SGB I).[1390] – Zur Verletzung der **Mitwirkungspflicht**, auf Verlangen des Grundsicherungsträgers vollständig lesbare (ungeschwärzte) Kontoauszüge vorzulegen.[1391] – Zur Rechtmäßigkeit der Aufforderung, Kontoauszüge über mehrere Monate vorzulegen, wenn die Vorlage der Auszüge für einen bestimmten Zeitraum verlangt wird und die geforderten Kontoauszüge Rückschlüsse auf die Hilfebedürftigkeit ermöglichen.[1392] – Zur Ermittlung der Hilfebedürftigkeit gegenüber Dritten bei Bedarfsgemeinschaft.[1393] – Zur Erheblichkeit für die Leistung, § 60 SGB I (Vorlage von Kontoauszügen für die Vergangenheit).[1394] – Unterhaltsansprüche Dritter gegen ein Mitglied der Bedarfsgemeinschaft.[1395]

■ Zur Möglichkeit der Gewährung von **Lebensmittelgutscheine** im Verfahren des einstweiligen Rechtsschutzes.[1396]

553 § 15

■ Zur vorläufigen Feststellung im Eilverfahren, dass keine Verpflichtung aus einer **Eingliederungsvereinbarung** nach § 15 SGB II besteht; Rechtsschutzbedürfnis/Feststellungsinteresse.[1397]

554 Ein **Verwaltungsakt zur Eingliederung in Arbeit** nach § 15 Abs. 1 S. 6 SGB II ist als Verwaltungsakt, der Leistungen zur Eingliederung in Arbeit oder Pflichten des erwerbsfähigen Hilfebedürftigen bei der Eingliederung in Arbeit regelt, gem. § 39 Nr. 1 SGB II in der ab 1.1.2009 geltenden Fassung sofort vollziehbar.[1398] Für einen Antrag auf Anordnung der aufschiebenden Wirkung ist idR ein Rechtsschutzinteresse zu bejahen.[1399]

■ Zum **Fehlen eines Rechtsschutzbedürfnisses** für einen Antrag auf aufschiebende Wirkung gegen einen Verwaltungsakt zur Eingliederung in Arbeit.[1400]

1387 LSG Bln-Bbg 2.1.2007 – L 18 B 1237/06 AS ER, juris Rn. 3.
1388 LSG NRW 3.11.2015 – L 2 AS 1101/15 B ER, L 2 AS 1102/15 B; vgl. auch 3.11.2015 – L 2 AS 1543/15 B ER.
1389 HessLSG 3.1.2007 – L 9 AS 246/06 ER, juris Rn. 15 ff.; LSG LSA 17.4.2015 – L 4 AS 137/15 B ER; s. dazu auch LSG NRW 9.11.2015 – L 7 AS 1234/15 B ER.
1390 LSG Bln-Bbg 2.1.2007 – L 18 B 1237/06 AS ER, juris Rn. 3; LSG NRW 14.6.2005 – L 1 B 2/05 AS ER; HessLSG 22.2.2006 – L 9 SO 40/05 ER.
1391 LSG BW 3.1.2008 – L 8 AS 5486/07 ER-B, L 8 AS 5486/07.
1392 LSG NRW 16.2.2007 – L 20 B 12/07 AS ER, juris Rn. 8 Bezug zu HessLSG 22.8.2005 – L 7 AS 32/05 ER.
1393 LSG Bln-Bbg 18.10.2007 – L 28 B 1637/07 AS ER, juris Rn. 13.
1394 LSG Nds-Brem 12.7.2007 – L 6 AS 378/07 ER; 22.8.2005 – L 7 AS 32/05 ER.
1395 LSG NRW 24.2.2005 – L 9 B 1/05 AS ER, FESV 2005, 402; BVerwGE 55, 148.
1396 LSG Bln-Bbg 18.10.2007 – L 28 B 1637/07 AS ER.
1397 SächsLSG 3.3.2008 – L 3 B 187/07 AS-ER; BayLSG 29.5.2015 – L 7 AS 365/15 B ER.
1398 BayLSG 15.7.2009 – L 7 AS 243/09 B ER; abw. zu § 39 SGB II aF LSG NRW 11.11.2005 – L 19 B 89/05 AS ER, juris Rn. 13.
1399 S. dazu BayLSG 1.8.2016 – L 7 AS 415/16 B ER.
1400 SG Dortmund 13.7.2016 – S 32 AS 317/16 ER.

- Eine nur **teilweise Anordnung der aufschiebenden Wirkung** des Widerspruchs oder der Klage gem. § 86b Abs. 1 S. 1 Nr. 2 SGG gegen einen Eingliederungsverwaltungsakt ist nicht möglich.[1401]

§ 16d 555

- Die Beschwerde gegen eine **Zuweisungsentscheidung** nach § 16d SGB II ist nicht nach § 172 Abs. 3 Nr. 1 SGG iVm § 144 Abs. 1 S. 1 Nr. 1 SGG unstatthaft, weil sich die Bedeutung der Zuweisung nicht in der Vorbereitung einer späteren Sanktion erschöpft, sondern eigenständige Handlungspflichten des Leistungsberechtigten begründet.[1402]

§ 21 556

- Kein **Mehrbedarfszuschlag** für Alleinerziehende, wenn Enkelkind, Mutter und Großmutter gemeinsam in einem Haushalt leben; Wohn- und Wirtschaftsverhältnisse; Tagesabläufe der handelnden Personen.[1403]

§ 22[1404] 557

- Eine Verpflichtung des SGB II-Leistungsträgers zur Übernahme von Kosten der Unterkunft im Verfahren des einstweiligen Rechtsschutzes kommt grundsätzlich nicht in Betracht, wenn der Leistungsberechtigte die **Wohnung**, für die diese Kosten geltend gemacht werden, **nicht mehr bewohnt**.[1405]
- Ist das **Konzept über die Angemessenheit von Unterkunftskosten** eines Jobcenters höchstrichterlich als schlüssig bestätigt worden, fehlt es im Eilverfahren bei einem für die Folgejahre fortgeschrieben Konzept regelmäßig an einem Anordnungsanspruch, es sei denn, ein Leistungsberechtigter hat konkret Gründe glaubhaft gemacht, die das Konzept in Frage stellen können.[1406]
- Die Glaubhaftmachung eines Anordnungsgrundes als Grundlage einer einstweiligen Anordnung bedarf bei **Mietverhältnissen zwischen Verwandten** regelmäßig besonderer Prüfung und ist nur ausnahmsweise anzunehmen.[1407]
- Im einstweiligen Rechtsschutzverfahren kann ein SGB II-Leistungsträger in aller Regel nicht zur Erteilung einer **Zusicherung für die neue Unterkunft** iSd § 22 Abs. 4 SGB II verpflichtet werden, sondern allenfalls zur vorläufigen Übernahme der tatsächlichen Kosten der Unterkunft;[1408] nach aA entfällt im Streit um die Erteilung einer Zusicherung für die Anmietung einer neuen Wohnung durch einen Empfänger von Leistungen zur Grundsicherung für Arbeitsuchende der Anordnungsgrund im einstweiligen Rechtsschutzverfahren nicht schon deshalb, weil die Anmietung der Wohnung grundsätzlich auch ohne eine Zusicherung möglich ist. Denn es ist dem Betroffenen regelmäßig nicht zuzumuten, auf eigenes Kostenrisiko

1401 LSG RhPf 28.4.2015 – L 3 AS 99/15 B ER.
1402 ThürLSG 18.5.2016 – L 9 AS 449/16 B ER, juris Ls. 1.
1403 LSG Nds-Brem 27.7.2007 – L 13 AS 50/07 ER, juris Rn. 13 ff.
1404 S. dazu auch Merold, Das sozialgerichtliche Eilverfahren unter besonderer Berücksichtigung der Bedarfe nach § 22 SGB II, ASR 2016, 184.
1405 LSG LSA 27.12.2016 – L 4 AS 701/16 B ER.
1406 BayLSG 3.6.2014 – L 7 AS 360/14 B ER, juris Ls. 2.
1407 LSG Nds-Brem 26.10.2016 – L 13 AS 287/16 B ER, juris Ls.
1408 LSG BW 26.6.2019 – L 1 AS 1858/19 ER-B; idS auch LSG NRW 4.3.2015 – L 12 AS 117/15 B ER, L 12 AS 118/15 B.

umzuziehen.[1409] Zusammenfassend zur Frage des Rechtsschutzbedürfnisses für eine einstweilige gerichtliche Regelung zur vorläufigen Zusicherung iSd § 22 Abs. 4 SGB II.[1410]

558 Der zur Bewilligung von einstweiligem Rechtsschutz erforderliche Anordnungsgrund besteht, wenn der **Energieversorger** eine Ratenzahlungsvereinbarung ausgeschlossen hat und ein anderer Anbieter nicht ersichtlich ist.[1411]

Zur Anordnung der aufschiebenden Wirkung bei **direkter Zahlung** der Stromkosten **an den Stromlieferanten** als konkludenter Verwaltungsakt über die Einbehaltung eines Teils der Regelleistung; zur offensichtlichen Rechtswidrigkeit wegen fehlender Rechtsgrundlage.[1412]

559 § 24

Bietet ein Jobcenter für die im Eilantrag begehrte **Wohnungserstausstattung** ein **Darlehen** an, fehlt es zumindest an einem Anordnungsgrund.[1413]

560 § 26 – Krankenversicherungsschutz und SGB II

- Zur Eilbedürftigkeit wegen drohenden Verlusts des Krankenversicherungsschutzes.[1414] Anordnungsgrund wegen Übernahme eines Eigenanteils zur PKV zu den Krankheitskosten durch den Sozialleistungsträger nur dann, wenn eine gegenwärtige Notlage besteht, indem etwa eine Arztrechnung unbezahlt geblieben oder eine medizinische Behandlung gefährdet ist.[1415]
- Übernahme der Beiträge zur privaten Krankenversicherung nur bis zum hälftigen Basistarif.[1416]
- Zur Leistungspflicht einer gesetzlichen Krankenkasse für einen Bezieher von **Alg II** bei Eilbedürftigkeit der Behandlung[1417] – Ein Beitragsrückstand bei der privaten KV während des Bezuges von Alg II gefährdet nicht den KV – Schutz des Antragstellers, weil nach § 193 Abs. 6 S. 5 VVG das Ruhen der KV-Leistungen wegen eines Beitragsrückstandes endet, wenn der Versicherungsnehmer hilfebedürftig nach dem SGB II wird.[1418] Das Entstehen von Beitragsschulden führt nicht zu einer gegenwärtigen, akuten Notlage.[1419] – Keine Zuordnung des KV/PV-Versicherungsschutzes zum Bedarf für Alg II; Abdeckung über Krankenhilfe des SGB XII bzw. § 264 Abs. 2 SGB V.[1420]

561 § 27

- Die Ausschlusswirkung des § 7 Abs. 5 SGB II stellt bis zum Abschluss eines einstweiligen Rechtsschutzverfahrens vor dem Verwaltungsgericht um Leistungen nach dem BAföG eine besondere Härte nach § 27 Abs. 3 SGB II dar.[1421]

1409 LSG NRW 26.1.2015 – L 7 AS 617/14 B, juris Os.; einschränkend LSG NRW 23.3.2015 – L 19 AS 2347/14 B ER, L 19 AS 2348/14 B: strenge Maßstäbe; s. dazu auch LSG Nds-Brem 11.10.2007 – L 7 AS 623/07 ER: Glaubhaftmachung eines Anordnungsgrundes wegen der Beeinträchtigung der Persönlichkeitsentwicklung von Kindern infolge der aktuellen Wohnsituation und Ablauf der Wohnungsreservierung.
1410 SächsLSG 26.10.2015 – L 7 AS 932/15 B ER.
1411 LSG NRW 25.5.2016 – L 7 AS 580/16 B ER, juris Ls. 2.
1412 LSG Hamburg 9.6.2005 – L 5 B 71/05 ER AS.
1413 BayLSG 3.6.2014 – L 7 AS 360/14 B ER, juris Ls. 3.
1414 LSG Bln-Bbg 31.5.2006 – L 10 B 386/06 AS ER.
1415 LSG Bln-Bbg 16.9.2011 – L 5 AS 1125/11 B ER, L 5 AS 1129/11 B PKH, juris Rn. 3.
1416 LSG BW 16.8.2011 – L 7 AS 1953/11 ER-B, juris Rn. 11.
1417 LSG Nds-Brem 19.4.2005 – L 4 KR 42/05 ER, FEVS 2005, 517.
1418 LSG NRW23.3.2010 – L 19 AS 235/10 B ER, juris Rn. 15; 7.6.2013 – L 12 AS 751/13 B ER; LSG LSA 4.1.2012 – L 5 AS 455/11 B ER.
1419 LSG LSA 4.1.2012 – L 5 AS 455/11 B ER, juris Rn. 27.
1420 SächsLSG 14.4.2005 – L3 B 30/05 AS-ER, Breithaupt 2005, 794, ASR 2005, 66.
1421 LSG Bln-Bbg 15.6.2020 – L 31 AS 585/20 B ER, juris Ls.

§ 31, § 31a, § 31b 562

- Zur **Minderung von SGB II-Leistungen** wegen Pflichtverletzungen: Ein ergangener Bewilligungsbescheid verliert ohne ausdrückliche (Teil-)Aufhebung nach § 48 SGB X nicht seine Regelungswirkung;[1422] der Sanktionsbescheid legt lediglich den Sanktionszeitraum kalendermäßig fest.[1423] Der (parallel bzw. ergänzend ergehende) Aufhebungsbescheid ist gem. § 39 Nr. 1 SGB II sofort vollziehbar; gerichtlicher Eilrechtsschutz erfolgt auf der Grundlage des § 86b Abs. 1 S. 1 Nr. 2 SGG ggf. durch Anordnung der aufschiebenden Wirkung des gegen den Aufhebungsbescheid eingelegten Rechtsbehelfs (s. a. → Rn. 528, 533 f.). Der oder die Anträge auf Anordnung der aufschiebenden Wirkung sind erforderlichenfalls – soweit die Absenkung von der Behörde bereits umgesetzt wurde – mit einem Antrag auf Aufhebung der Vollziehung nach § 86b Abs. 2 S. 1 SGG zu verbinden.[1424]
- Zu den **Anforderungen an die Interessenabwägung** in Eilverfahren gegen die Minderung des Alg II.[1425]
- Das Grundrecht auf effektiven Rechtsschutz (Art. 15 Abs. 4 S. 1 der Verfassung von Berlin) verpflichtet die Gerichte auch in Verfahren des vorläufigen Rechtsschutzes, die angefochtenen Akte der öffentlichen Gewalt in rechtlicher und tatsächlicher Hinsicht umfassend nachzuprüfen. Dementsprechend kann dieses Recht u.a. dann verletzt sein, wenn das Fachgericht Eilbedürftigkeit nach **schematischer Prüfung und ohne Würdigung des Einzelfalls** verneint. Steht die sanktionsweise Minderung von ALG II in Rede, so ist bei einer Minderung des Regelbedarfs um 30 Prozent bei noch laufendem Bewilligungszeitraum grundsätzlich von Eilbedürftigkeit auszugehen. Das gebietet das Recht auf ein menschenwürdiges Existenzminimum aus Art. 6 der Verfassung von Berlin iVm dem Sozialstaatsprinzip. Es fehlt daher an der gebotenen Würdigung des Einzelfalls, wenn bei der Dringlichkeitsprüfung allein schematisch auf die Minderungshöhe abgestellt wird.[1426]
- Erfolg des Eilantrags betreffend einen Sanktionsbescheid, wenn der Grundsicherungsträger die maßgeblichen **Leistungsakten** dem Gericht **nicht vorlegt** und das Gericht die Rechtmäßigkeit der Sanktionsentscheidung nicht überprüfen kann.[1427]
- Erfolgloser Antrag nach § 86b Abs. 1 S. 2 SGG auf Aufhebung der Vollziehung eines Verwaltungsaktes wegen fehlender Notlage bei bereits **abgelaufenem Sanktionszeitraum**.[1428]

§ 32, § 59 563

Zum Nachweis eines **wichtigen Grundes** iSd § 32 SGB II für das Nichterscheinen zu einem Meldetermin reicht jedenfalls iR eines Verfahrens des einstweiligen Rechtsschutzes ohne besondere Umstände des Einzelfalls eine Arbeitsunfähigkeitsbescheinigung aus.[1429]

Der Widerspruch gegen eine **Meldeaufforderung** des Grundsicherungsträgers nach § 59 SGB II iVm § 309 SGB III hat keine aufschiebende Wirkung. Hat sich die Meldeaufforderung durch Verstreichen des Meldetermins erledigt, so ist für eine Anordnung der aufschiebenden Wirkung

1422 BSG 29.4.2015 – B 14 AS 19/14 R, juris Rn. 16.
1423 BayLSG 30.9.2013 – L 11 AS 593/13 B ER: Erfolgt eine Leistungseinbehaltung ohne entsprechende (Teil-)Aufhebung der Bewilligung, kommt somit selbst bei erfolglosem Antrag auf Anordnung der aufschiebenden Wirkung gegen den Sanktionsbescheid der Erlass einer einstweiligen Anordnung bzgl. der Auszahlung der bewilligten Leistungen in Betracht.
1424 S. zum Antrag auf Aufhebung der Vollziehung nach § 86b Abs. 2 S. 1 SGG als Annexantrag zum Antrag auf Anordnung der aufschiebenden Wirkung ua SG Dortmund 13.7.2016 – S 32 AS 317/16 ER; SächsLSG 11.9.2019 – L 7 AS 857/19 B ER.
1425 BayLSG 6.12.2016 – L 18 AS 770/16 B ER.
1426 VerfGH Berlin 11.12.2019 – 43/17, juris Ls. 1a und 1b.
1427 LSG Bln-Bbg 12.1.2011 – L 26 AS 2321/10 B ER.
1428 LSG NRW 29.11.2010 – L 6 AS 981/10 B ER.
1429 SG Aurich 18.3.2015 – S 55 AS 43/15 ER, juris Ls.

des Widerspruchs kein Raum mehr;[1430] Gleiches gilt für den Termin einer ärztlichen Untersuchung.[1431]

564 § 36

- Für einen Antrag auf Anordnung der aufschiebenden Wirkung eines Widerspruchs oder einer Klage gegen einen Aufhebungsbescheid, der wegen des **Wechsels der örtlichen Zuständigkeit** erlassen worden ist und der jedenfalls auch die von § 6 Abs. 1 S. 1 Nr. 1 SGB II erfassten Leistungen betrifft, ist das Rechtsschutzbedürfnis nicht schon deshalb ausgeschlossen, weil ein Antrag auf Erlass einer einstweiligen Anordnung gegenüber dem nach dem Umzug örtlich zuständigen Jobcenter gestellt werden könnte.[1432]

565 § 37

- Keine HLU nach dem SGB XII bei Weigerung, den **Antrag** nach § 37 Abs. 1 SGB II **bei der Behörde** zu stellen.[1433]
- Wurde vom Hilfebedürftigen ein Weiterzahlungsantrag nicht gestellt, so ist bereits aus diesem Grund mangels eines bestehenden Rechtsverhältnisses die Gewährung von einstweiligem Rechtsschutz zu versagen.[1434] Es fehlt bereits an der Glaubhaftmachung des Anordnungsgrundes, wenn keine Antragstellung auf Leistungen des SGB II nachgewiesen werden kann.[1435]

566 § 39

- Bei der **Aufhebung eines Bewilligungsbescheides** handelt es sich um eine Entscheidung über Leistungen der Grundsicherung iSd § 39 Nr. 1 SGB II, sodass der Rechtsbehelf dagegen keine aufschiebende Wirkung entfaltet (→ Rn. 126 f.).[1436] Das für die Aufrechterhaltung der sofortigen Vollziehbarkeit eines solchen Verwaltungsaktes erforderliche öffentliche Interesse kann darin bestehen, Rückforderungsansprüche bereits zeitnah vollziehen zu können, um die Gefahr späterer Zahlungsunfähigkeit des Betroffenen zu vermeiden. Gleiches gilt für das Vermeiden von Überzahlungen, die zu Rückzahlungsansprüchen führen. Ausreichend ist insofern, dass die spätere Realisierbarkeit des Zahlungsanspruches ernstlich gefährdet ist, wovon bei der Rückforderung von Sozialleistungen regelmäßig auszugehen ist.[1437]
- Der in § 39 Nr. 1 SGB II angeordnete Sofortvollzug von Leistungsentziehungen setzt voraus, dass die Entziehungsentscheidung als nach **Klärung der Sach- und Rechtslage** das Verwaltungsverfahren abschließende endgültige Entscheidung ergangen ist. Verstößt die Verwaltung gegen das Verbot des vorzeitigen Verfahrensabschlusses und entzieht sie die Leistung ohne Klärung der wesentlichen entscheidungserheblichen Fragen auf Verdacht, kommt im Abwägungsprozess dem sich sonst aus § 39 Nr. 1 SGB II ergebenden grundsätzlichen Vorrangs des öffentlichen Vollzugsinteresses keine ausschlaggebende Bedeutung zu.[1438]

567 § 40

- Die Behörde vollzieht die Aufhebung einer Bewilligung und die damit verbundene Rückforderung von in der Vergangenheit geleisteten Beträgen häufig per Aufrechnung oder Verrechnung der Rückforderungsbeträge gegen zukünftig noch zustehende Leistungen. Sofern die

1430 LSG Hamburg 7.11.2016 – L 4 AS 360/16 B ER, juris Os.
1431 BayLSG 7.11.2016 – L 11 AS 641/16 B ER.
1432 LSG 4.9.2017 – L 2 AS 397/17 B ER, juris Ls. 1.
1433 LSG Hamburg 28.1.2005 – L 3 B 16/05, juris Rn. 3.
1434 LSG LSA 26.5.2010 – L 5 AS 139/10 B ER, juris Rn. 29.
1435 LSG NRW 12.5.2010 – L 19 AL 115/10 B ER, juris Rn. 21.
1436 LSG Bln-Bbg 5.9.2007 – L 32 B 1312/07 AS ER; 19.2.2007 – L 19 B 1087/06 AS ER; 24.11.2006 – L 5 B 949/06 AS ER; 25.8.2006 – L 5 B 549/06 AS ER; LSG BW 14.6.2006 – L 13 AS 1824/06 ER.
1437 LSG BW 14.3.2019 – L 7 AS 632/19 ER-B, juris Ls. 1.
1438 LSG BW 13.3.2007 – L 13 AS 211/07 ER-B, juris Ls. 1 und 2.

Behörde – § 43 Abs. 4 S. 1 SGB II nF regelt nunmehr, dass die Aufrechnung (vgl. § 43 Abs. 1 SGB II) durch Verwaltungsakt zu erklären ist – die **Aufrechnung/Verrechnung** in der Form eines VA erklärt,[1439] haben Widerspruch und Anfechtungsklage aufschiebende Wirkung, § 86a Abs. 1 S. 1 SGG, weil Aufrechnung und Verrechnung den Sozialleistungsanspruch selbst unberührt lassen und daher keine Entziehung iSd § 86a Abs. 2 Nr. 2, 3 SGG darstellen (→ Rn. 124). S. zur Aufrechnung auch → Rn. 19, 129, 196.

- Ist eine **vorläufige Zahlungseinstellung** (vgl. § 40 Abs. 2 Nr. 4 SGB II) erfolgt und ist die eingestellte Leistung unverzüglich nach § 331 Abs. 2 SGB III nachzuzahlen, weil der ursprüngliche Bewilligungsbescheid zwei Monate nach der vorläufigen Einstellung der Zahlung nicht mW für die Vergangenheit aufgehoben worden ist, kann der Antragsteller nicht zumutbar auf das Hauptsacheverfahren verwiesen werden.[1440]
- Wird nach einer vorläufigen Zahlungseinstellung mit einem Rücknahmebescheid die ursprüngliche Leistungsbewilligung aufgehoben, kommt der Erlass einer einstweiligen Anordnung nicht mehr in Betracht, da dann ein Antrag auf Anordnung der aufschiebenden Wirkung des gegen den Rücknahmebescheid eingelegten Widerspruchs vorrangig ist.[1441]

§ 60 568

- In Fällen des § 60 Abs. 4 SGB II (**Auskunftspflicht bei zu berücksichtigendem Einkommen oder Vermögen der Partnerin oder des Partners**) kann das allgemeine rechtsstaatliche Interesse am ordnungsgemäßen Gesetzesvollzug die Anordnung der sofortigen Vollziehung rechtfertigen.[1442]
- Solange die aufschiebende Wirkung von Widerspruch und Klage gegen ein Auskunftsverlangen nach § 60 Abs. 2 SGB II andauert und die Behörde diese nicht bestreitet, fehlt es an einem **Rechtsschutzbedürfnis** für vorbeugenden Rechtsschutz gegen ein künftiges Zwangsgeld oder Bußgeldverfahren.[1443]

Die Vorlage aktueller Kontoauszüge zur **Glaubhaftmachung eines Anordnungsgrundes** ist idR 569
nicht erforderlich, wenn die Antragsteller aktuell im Leistungsbezug stehen. Auch der Umstand, dass die Antragsteller einer Weitergabe ihrer beim Sozialgericht eingereichten **Kontoauszüge** an den Antragsgegner widersprechen, ist irrelevant, wenn dieser ohnehin regelmäßig Einsicht in die Kontoauszüge erhält.[1444]

- Zur Eilbedürftigkeit als Folge der **existenzsichernden Funktion** der SGB II-Leistungen.[1445]
- Der Erlass einer einstweiligen Anordnung setzt auch bei existenzsichernden Leistungen im Regelfall voraus, dass sich die antragstellende Person mit ihrem Anliegen an den Leistungsträger gewandt hat, bevor sie gerichtliche Hilfe in Anspruch nimmt.[1446]
- Ein für den Antragsteller sprechendes dringendes Interesse, die einbehaltenen Beträge des SGB II unmittelbar zum jetzigen Zeitpunkt anstatt nach einem etwaigen Obsiegen in der Hauptsache ausgezahlt zu bekommen, ist zu verneinen, wenn dessen Lebensunterhalt auch bei Einbehalt des Sanktionsbetrags (hier: durch Pflegebedarf und Pflegegeld) gesichert ist.[1447]

1439 Der Große Senat des BSG hat die Zulässigkeit der einseitigen Verrechnung durch VA mit einer öffentlich-rechtlichen Forderung bejaht, soweit der Verrechnungsgegner Inhaber eines Sozialleistungsanspruchs ist und diesen nicht im Wege der Rechtsnachfolge erworben hat, BSG 31.8.2011 – GS 2/10. Dies muss auch für die Aufrechnung gelten.
1440 LSG NRW 24.2.2006 – L 19 B 100/05 AS ER.
1441 So BayLSG 22.11.2016 – L 11 AS 742/16 B ER.
1442 SchlHLSG 22.6.2015 – L 6 AS 102/15 B ER, juris Ls.
1443 BayLSG 14.10.2015 – L 7 AS 663/15 B ER.
1444 LSG Bln-Bbg 29.11.2016 – L 9 AS 2282/16 B ER.
1445 LSG Bln-Bbg 5.12.2007 – L 26 B 1888/07 AS ER, L 26 B 1900/07 AS PKH.
1446 LSG Bln-Bbg 3.2.2016 – L 15 SO 15/16 B ER, L 15 SO 14/16 B ER PKH, juris Rn. 10.
1447 LSG NRW10.10.2016 – L 7 AS 1473/16 B ER.

- Zum einstweiligen Rechtsschutz bei der Vollstreckung aus einem **bestandskräftigem Erstattungsbescheid** bei gestelltem Antrag auf Erlass nach § 44 SGB II und laufendem Überprüfungsverfahren nach § 44 SGB X.[1448]

II. SGB III

570 - Keine Verweisung auf die Inanspruchnahme von **Leistungen nach dem SGB II** oder dem **SGB XII**;[1449] s. a. → Rn. 543.

571 - Der für den Erlass einer einstweiligen Anordnung auf Gewährung von **Berufsausbildungsbeihilfe** (§ 56 SGB III) erforderliche Anordnungsgrund setzt voraus, dass die Aufnahme der begehrten Berufsausbildung für den Antragsteller unaufschiebbar ist.[1450]
- Für die Gewährung von Berufsausbildungsbeihilfe im Wege des einstweiligen Rechtschutzes ist für das Vorliegen eines Anordnungsgrundes zu fordern, dass aufgrund der gegenwärtigen Notlage der Abbruch der Berufsausbildung droht.[1451]
- Für die Förderung der **beruflichen Weiterbildung** durch einstweiligen Rechtsschutz muss der Antragsteller glaubhaft machen, dass er den Abschluss der Ausbildung durch eine Finanzierung des dritten Ausbildungsjahres sicherstellen kann (§§ 77 ff. aF = 81 ff. nF SGB III).[1452]
- Zu den Anforderungen an Anordnungsanspruch (hohe Wahrscheinlichkeit, dass eine erneute Ermessensbetätigung zugunsten der Anspruchstellers ausgeht) und Anordnungsgrund (durch den zu erwartenden Zeitablauf in einem Hauptsacheverfahren Gefährdung des bisher erreichten Ausbildungsstandes eines jungen behinderten Menschen) bei der Geltendmachung von Leistungen der **Teilhabe am Arbeitsleben** nach §§ 97 ff. SGB III aF (= §§ 112 ff. SGB III nF), die grundsätzlich im Ermessen der Verwaltung stehen.[1453]

III. SGB IV

572 - Zur Zulässigkeit eines Antrags auf Anordnung des Sofortvollzugs nach § 86b Abs. 1 Nr. 1 SGG bei einem **Statusfeststellungsbescheid nach § 7a SGB IV**.[1454]
- Rechtsbehelfe gegen **Beitragsbescheide prüfender Rentenversicherungsträger** nach § 28p Abs. 1 S. 5 SGB IV haben weder in unmittelbarer noch in entsprechender Anwendung des § 7a Abs. 6 S. 1 SGB IV aufschiebende Wirkung.[1455]
- Sprechen bei der Überprüfung, ob eingesetzte Personen **selbstständig** tätig **oder abhängig** beschäftigt sind, ausreichende Indizien für eine weisungsgebundene Eingliederung in den Betrieb des Unternehmers, so ist der Antrag des Arbeitgebers auf Gewährung von einstweiligem Rechtsschutz zurückzuweisen (hier: Beschäftigung als Fahrer).[1456]

1448 BayLSG 29.4.2014 – L 7 AS 260/14 B ER; s. a. LSG Nds-Brem 28.1.2008 – L 11 AL 165/07 ER (laufendes Verfahren nach § 44 SGB X); LSG NRW 24.10.2016 – L 7 AS 882/16 B ER (gestellter Antrag auf Erlass nach § 44 SGB II).

1449 HessLSG 20.6.2005 – L 7 AL 100/05 ER; ebenso bzgl. Arbeitslosenhilfe und Verweisung auf Sozialhilfe HessLSG 14.9.2004 – L 10 AL 98/04 ER, info also 2004, 246; abw. LSG NRW 8.11.2010 – L 19 AL 244/10 B ER; 12.5.2010 – L 19 AL 115/10 B ER.

1450 LSG Bln-Bbg 16.4.2007 – L 4 B 101/07 AL ER, juris Os. 1.

1451 LSG NRW 6.10.2016 – L 9 AL 159/16 B ER.

1452 LSG Bln-Bbg 8.10.2007 – L 12 B 468/06 AL ER.

1453 LSG Nds-Brem 16.10.2006 – L 12 AL 202/06 ER.

1454 LSG Bln-Bbg 7.12.2016 – L 1 KR 268/16 B ER.

1455 So hM (schon zu § 7a Abs. 7 S. 1 SGB IV aF), vgl. u.a. LSG NRW 11.5.2015 – L 8 R 106/15 B ER, juris Rn. 77 f.; BayLSG 16.3.2010 – L 5 R 21/10 B ER; LSG BW 11.5.2010 – L 11 KR 1125/10 ER-B; HessLSG 22.8.2013 – L 1 KR 228/13 B ER; SchlHLSG 7.9.2015 – L 5 KR 147/15 B ER; LSG Bln-Bbg 15.12.2015 – L 9 KR 192/15 B ER; aA u.a. LSG LSA 1.12.2017 – L 1 R 312/17 B ER; 10.11.2016 – L 1 R 153/16 B ER jeweils mwN; ThürLSG 3.6.2015 – L 12 R 539/15 B ER; zum Einstweiligen Rechtsschutz gegen Betriebsprüfungsbescheide s. Freudenberg B+P 2020, 422 ff.

1456 LSG NRW 10.7.2016 – L 8 R 977/15 B ER.

- Will der Beitragsschuldner im Wege des einstweiligen Rechtsschutzes gegen einen Betriebsprüfungsbescheid vorgehen, der bestandskräftig ist und sich **in der Vollstreckung** befindet, so ist zuständiger Antragsgegner nicht der Rentenversicherungsträger, sondern die Einzugsstelle.[1457]

IV. SGB V

- Lässt sich eine vorangegangene Versicherung eines Antragstellers in der PKV im vorläufigen Rechtsschutzverfahren nicht feststellen und sind die weiteren Voraussetzungen der **Auffangversicherung des § 5 Abs. 1 Nr. 13 SGB V** gegeben, kann ein Antragsteller von einer gesetzlichen Krankenkasse die Erbringung von Leistungen der GKV ohne Berücksichtigung seiner wirtschaftlichen Leistungsfähigkeit bis zum rechtskräftigen Abschluss des Hauptsacheverfahrens verlangen, auf die er unaufschiebbar angewiesen ist.[1458] 573
- Zur Beeinträchtigung der Funktionsfähigkeit der Krankenkasse bei aufschiebender Wirkung einer Anfechtungsklage gegen Bescheide, die die **freiwillige Mitgliedschaft** eines Versicherten **beenden**; zum Abwägungsbelang der Möglichkeit der sofort vollziehbaren Geltendmachung der Beitragsforderung.[1459]
- Sowohl die Entscheidung über das **Ende der Mitgliedschaft gem. § 191 Nr. 3 SGB V**[1460] als auch über die **Beendigung einer Familienversicherung**[1461] stellen keine Entscheidung über das Bestehen einer Versicherungspflicht iSd § 86a Abs. 2 Nr. 1 SGG dar, sodass Widerspruch und Klage aufschiebende Wirkung entfalten. Die Verwaltung hat die Möglichkeit, die sofortige Vollziehbarkeit ihres Bescheides gem. § 86a Abs. 2 Nr. 5 SGG anzuordnen.

- Zur **Glaubhaftmachung eines Anordnungsanspruchs auf eine Leistung nach § 2 Abs. 1a SGB V** iR des einstweiligen Rechtsschutzes gehört auch die Mitteilung über die aktuelle Ausprägung und den Schweregrad der Erkrankung.[1462] 574
- Zum Anspruch auf Versorgung mit Medizinal-**Cannabis**-Blüten zur Behandlung eines Aneroxie-Kachexie-Syndroms nach § 2 Abs. 1a SGB V im gerichtlichen Eilverfahren;[1463] zum Anspruch auf Kostenübernahme für Cannabis-Extrakt-Tropfen zur Behandlung von Morbus Bechterew.[1464] Keine Versorgung zulasten der GKV mit dem Rezepturarzneimittel Dronabinol bei Fibromyalgie im Wege des einstweiligen Rechtschutzes.[1465]
- Zum Anspruch eines Versicherten auf Bewilligung von **Lp(a)-Apherese** im vorläufigen Rechtsschutzverfahren.[1466]
- Zum Anspruch eines Versicherten auf Versorgung mit dem Arzneimittel Fampyra bei molekulargenetisch gesicherter episodischer **Ataxie Typ II**.[1467]
- Ein Anspruch auf Versorgung mit **Zolgensma** im Wege des einstweiligen Rechtsschutzes setzt auch nach der Zulassung durch die Europäische Arzneimittelagentur voraus, dass glaubhaft gemacht wird, dass die Behandlung im Einzelfall medizinisch erforderlich und

1457 LSG NRW 23.9.2015 – L 8 R 677/14 B ER.
1458 LSG Bln-Bbg 11.5.2015 – L 9 KR 103/15 B ER, juris Ls. 3.
1459 SächsLSG 13.7.2005 – L 1 B 68/05 KR-ER.
1460 S. LSG RhPf 17.6.2005 – L 5 ER 37/05 KR; SächsLSG 13.7.2005 – L 1 B 68/05 KR-ER; abw. LSG Hmb 21.2.2006 – L 1 B 390/05 ER KR: Einstweiliger Rechtsschutz gegen die Beendigung der Mitgliedschaft nur nach § 86b Abs. 2 S. 2 SGG, weil die entspr. Mitteilung der Krankenkasse keine Regelung enthalte.
1461 S. HessLSG 21.8.2008 – L 1 KR 145/08 B ER, juris Rn. 19 f.; LSG BW 7.1.2019 – L 11 KR 4007/18 ER-B.
1462 SchlHLSG 12.11.2015 – L 5 KR 203/15 B ER, juris Ls.
1463 LSG Bln-Bbg 4.5.2015 – L 1 KR 221/15 B ER.
1464 LSG Nds-Brem 22.9.2015 – L 4 KR 276/15 B ER.
1465 BayLSG 26.11.2015 – L 4 KR 419/15 B ER.
1466 LSG Bln-Bbg 16.6.2015 – L 9 KR 99/15 B ER.
1467 LSG Bln-Bbg 24.11.2015 – L 1 KR 476/15 ER.

von den behandelnden Ärzten beabsichtigt ist. Der alleinige Behandlungswunsch des Versicherten reicht nicht aus.[1468]

- Für den Erlass einer auf die vorläufige Zahlung von **Krankengeld** gerichtete einstweilige Anordnung fehlt es bei dem Bezug von Arbeitslosengeld an einem Anordnungsgrund.[1469]

575 - Zum einstweiligen Rechtsschutz gegen die Vollstreckung von (bestandskräftigen) **Beitragsforderungen.**[1470]
- Zur **Festbetragsfestsetzung** als Allgemeinverfügung; § 35 Abs. 7 S. 2 SGB V: „Klagen gegen die Festsetzung der Festbeträge haben keine aufschiebende Wirkung; Festbetragsgruppe 2; Antianämika; EPO; Erythropetin; Epoetin; Darbepoetin; Vergleichbarkeit; andere geeignete Vergleichsgröße; Festbetragsgruppenbildung; keine ernsthaften Rechtmäßigkeitszweifel.[1471]

576 - **Vertragsärztliche Versorgung** – Gesamtvergütung § 85 SGB V
- Besteht der für die Gewährung von einstweiligem Rechtsschutz erforderliche Anordnungsanspruch auf die begehrte **Vergütung,** so muss der Vertragsarzt zur Glaubhaftmachung des Anordnungsgrundes darlegen, personelle und organisatorische Effizienzoptimierungsmaßnahmen ausgeschöpft zu haben, unmittelbar von Insolvenz bedroht zu sein oder zumindest eine nennenswerte Einschränkung seines Praxisbetriebs befürchten zu müssen.[1472]
- Im einstweiligen Rechtsschutzverfahren über die Aussetzung der Vollziehung einer **Honorarrückforderung** ist eine Abwägung der Interessen des Vertragsarztes und der Kassenärztlichen Vereinigung (KV) vorzunehmen.[1473]
- Für die Glaubhaftmachung des ist es erforderlich, dass der Vertragsarzt personelle und organisatorische Effizienzoptimierungsmaßnahmen ausgeschöpft hat, unmittelbar von Insolvenz bedroht ist oder die Schließung, zumindest aber eine nennenswerte Einschränkung seines Praxisbetriebs zu befürchten hat. Zahlungsverpflichtungen, die nicht kausal durch den Betrieb der Arztpraxis entstanden sind, zB aus Unterhaltspflichten, und in die persönliche Sphäre fallen, können dem Regress- bzw. Rückzahlungsanspruch nicht entgegengehalten werden.[1474]
- Zur sofortigen Vollziehbarkeit einer Honorarrückforderung wegen implausibler Honorarabrechnung,[1475] bei bislang fehlenden Feststellungen zum Nachweis von Abrechnungsauffälligkeiten.[1476]

577 - Zur Spezialität der allgemeinen Regelungen des § 86a Abs. 2 Nr. 5 SGG gegenüber den Regelungen in Zulassungssachen (§§ 96, 97 SGB V).[1477]
- Zur Anordnung der sofortigen Vollziehbarkeit der **Entziehung der Zulassung** zum Vertragsarzt (§ 95 Abs. 6 S. 2 SGB V); zum Erfordernis hinreichend konkreter Anhaltspunkte für eine Gefährdung der Funktionsfähigkeit der vertragsärztlichen Versorgung ohne die Anord-

1468 LSG Nds-Brem 22.6.2020 – L 16 KR 223/20 B ER, juris Ls.
1469 SchlHLSG 17.8.2015 – L 5 KR 149/15 B ER, juris Ls.
1470 SchlHLSG 6.1.2016 – L 5 KR 209/15 B ER; LSG BW 30.7.2015 – L 11 KR 3149/15 ER.
1471 LSG Bln-Bbg 17.12.2007 – L 1 B 435/07 KR ER.
1472 Vgl. LSG NRW 14.1.2015 – L 11 KA 44/14 B ER, juris, zur fallwertbezogenen Budgetierung der Vergütung spezieller vertragsärztlicher Laborleistungen.
1473 LSG Bln-Bbg 7.5.2007 – L 7 B 97/06 KA ER, juris Os. 1.
1474 LSG NRW 13.6.2016 – L 11 KA 76/15 B ER und L 11 KA 75/15 B ER.
1475 LSG NRW 2.1.2018 – L 11 KA 39/17 B ER.
1476 LSG NRW 20.3.2019 – L 11 KA 76/18 B ER.
1477 SG Marburg 7.6.2018 – S 12 KA 148/18 ER mwN; BSG 5.6.2013 – B 6 KA 4/13 B; aA LSG Nds-Brem 20.9.2005 – L 3 KA 92/05 ER, juris Rn. 29, wonach die §§ 96, 97 SGB V die spezielleren Vorschriften sein sollen; ähnl. auch LSG NRW 19.5.2014 – L 11 KA 99/13 B ER.

nung der sofortigen Vollziehung.[1478] Zu den Voraussetzungen der Anordnung des Sofortvollzugs bei Entziehung der vertragsärztlichen Zulassung wegen Alkoholabhängigkeit.[1479] Zur Entziehung der Zulassung zur vertragsärztlichen Versorgung unter Anordnung der sofortigen Vollziehung; Verhältnismäßigkeit;[1480] s. dazu auch die Entscheidungen des BVerfG bei → Rn. 641–643.

- Zur Anordnung der sofortigen **Vollziehung einer erteilten Zulassung**: Keine Anordnung bei nicht ausreichender Auseinandersetzung der Zulassungsgremien mit der Versorgungssituation im Planungsbereich[1481] oder allein mit der Begründung der Notwendigkeit einer lückenlosen Regelung.[1482] Wegen der mit der Anordnung der sofortigen Vollziehung für das System der gesetzlichen Krankenversicherung jedenfalls für den Zeitraum der Geltung der Anordnungsentscheidung verbundenen Vorwegnahme der Hauptsache, kommt eine Anordnung nur dann in Betracht, wenn die dafür sprechenden Gründe erheblich über diejenigen hinausgehen, die die Erteilung der **Sonderbedarfszulassung** selbst rechtfertigen.[1483]
- Bestehen keine Anhaltspunkte dafür, dass ohne die begehrte **Anstellungsgenehmigung** die Versorgungssituation der gesetzlich Versicherten im Einzugsbereich eines MVZ auf herzchirurgischem Gebiet gefährdet wäre, so ist bei im Übrigen überwiegenden Erfolgsaussichten des Rechtsmittels die Vollstreckung aus dem ergangenen Urteil im Wege der einstweiligen Anordnung nach § 199 Abs. 2 SGG auszusetzen.[1484]
- Ist das Begehren des Antragstellers darauf gerichtet, einen Vertragsarztsitz zu übernehmen, um die Praxis durch einen angestellten Arzt fortführen zu lassen und ist er bereits auf einen Vertragsarztsitz zugelassen, so hat für ihn das **Nachbesetzungsverfahren** keine wirtschaftlichen Auswirkungen, welche ein Abwarten der Hauptsacheentscheidung unzumutbar machen. Dem Antragsteller wird allenfalls eine Einkommensoptimierung verwehrt.[1485]

- Zum Ausschluss eines Vertragsarztes von der Teilnahme am **vertragsärztlichen Notdienst** 578
wegen Ungeeignetheit; zum besonderen öffentlichen Interesse.[1486]
- Zur Unzulässigkeit eines Eilantrags betreffend die **Altersgrenze** für Vertragsärzte.[1487]
- Zur Erweiterung des **Zulassungsstatus**; zum Anordnungsanspruch eines als Praktischer Arzt an der vertragsärztlichen Versorgung teilnehmenden Arztes allenfalls gegenüber den Zulassungsgremien, nicht aber gegenüber der zuständigen Kassenärztlichen Vereinigung auf Führung der Bezeichnung als Facharzt für Pharmakologie und Toxikologie.[1488]
- Bei einem Verfahren, das sich gegen ein von der Kassenärztlichen Vereinigung gegenüber einem nicht zugelassenen Vertragsarzt ausgesprochenes **Hausverbot** für die von ihr betriebenen Bereitschaftspraxen richtet, handelt es sich um eine öffentlich-rechtliche Streitigkeit, bei der wegen des Zusammenhangs mit der übertragenen Aufgabe, die ärztliche Versorgung zu sprechstundenfreien Zeiten sicherzustellen (§ 75 Abs. 1b S. 1 SGB V), der Rechtsweg zu den Sozialgerichten eröffnet ist.[1489]

1478 LSG RhPf 3.11.2005 – L 5 ER 91/05 KA; s. zu den Anforderungen an das besondere öffentliche Interesse an der sofortigen Vollziehung auch LSG NRW 16.4.2014 – L 11 KA 76/13 B ER; SG Dortmund 30.11.2016 – S 52 KA 127/16 ER.
1479 LSG Nds-Brem 18.11.2015 – L 3 KA 105/15 B ER.
1480 LSG Nds-Brem 20.9.2005 – L 3 KA 92/05 ER, juris, insbes. Rn. 29, 34, 46.
1481 BayLSG 28.1.2015 – L 12 KA 135/14 B ER.
1482 ThürLSG 12.2.2015 – L 11 KA 1626/14 B ER.
1483 LSG Bln-Bbg 19.5.2016 – L 7 KA 51/15 B ER, juris Ls. 2.
1484 LSG NRW 9.10.2019 – L 11 SF 119/19 ER, juris Rn.
1485 LSG NRW 16.11.2015 – L 11 KA 42/15 B ER, juris Ls. 2.
1486 SchlHLSG 18.7.2007 – L 4 B 445/07 KA ER, juris Rn. 26 f.
1487 SchlHLSG 22.10.2007 – L 4 B 583/07 KA ER Rn. 15.
1488 Bsp. nach SächsLSG 4.4.2007 – L 1 B 84/06 KA-ER.
1489 SG München 8.1.2019 – S 38 KA 282/18 ER.

579 ■ Zum einstweiligen Rechtsschutz einer Krankenkasse auf **Unterlassung** von Handlungen (**Werbung** mit dem Versprechen auf Geld bei Begründung der Mitgliedschaft) einer anderen Krankenkasse, die vom gesetzlichen Auftrag der Krankenversicherung nicht gedeckt sind; Wiederholungsgefahr.[1490]

580 ■ Ein Anordnungsanspruch nach § 86b Abs. 2 SGG kann sich aus einem grundrechtlichen Abwehranspruch aus Art. 12 Abs. 1, 14 Abs. 1 GG ergeben. Ein Pharmaunternehmen kann geltend machen, durch die Qualifizierung eines Präparates durch eine KÄV als „Me-Too-Präparat" iSe Arzneimittelvereinbarung in seinen Chancen auf gleichberechtigten **Zugang zum Markt der** in der GKV eingesetzten **Arzneimittel** beeinträchtigt zu sein, sofern es für das Handeln der KÄV keine Rechtsgrundlage gibt bzw. die Qualifizierung inhaltlich unzutr. Ist.[1491]

■ Zur Berechtigung der Antragsgegnerin zum Führen eines von der Antragstellerin vertriebenen **Arzneimittels** auf einer **im Internet** (insbes. den Vertragsärzten) zugänglichen Liste; zu Art. 12 Abs. 1, 14 Abs. 1 GG; Beurteilung des wesentlichen Nachteils nach den wirtschaftlichen Folgen; Vorrang des Interesses an der Umsetzung der Arzneimittelvereinbarung und dem Erreichen der Wirtschaftlichkeitsziele.[1492]

■ Zur Untersagung der weiteren Förderung des **Versandhandels mit Arzneimitteln** gegenüber einer Krankenversicherung (Abwägung zwischen dem öffentlichen Interesse an der Unterbindung der Förderung des Versandhandels mit Arzneimitteln und dem Aufschubinteresse, die Versicherten über den kostengünstigen Bezug von Arzneimitteln zu informieren).[1493]

581 ■ Kein Anordnungsgrund wegen der Aussicht, nach einer beabsichtigten **Beitragssatzsenkung** zu den bundesweit günstigsten gesetzlichen Krankenkassen zu gehören, auch nicht im Hinblick auf das Interesse der Beitragszahler an der Beitragssatzsenkung; es sei auch zu berücksichtigen, dass eine gesetzliche Krankenkasse mittelbare Staatsgewalt als deren organisatorisch verselbstständigter Teil ausübe, der öffentlichen Gewalt iSv Art. 19 Abs. 4 S. 1 GG zugehörig sei und sich grundsätzlich nicht auf die Rechtsweggarantie dieser Vorschrift berufen könne[1494]

■ Zum vorläufigen Verbot durch einstweilige Anordnung, die **Zulassung zur Abgabe von Hilfsmitteln an gesetzlich Krankenversicherte** (§ 126 Abs. 1 SGB V) zu widerrufen. Es sei grundsätzlich zumutbar, den Erlass eines Widerrufsbescheids nach § 126 Abs. 4 SGB V abzuwarten.[1495]

582 ■ § 89 SGB V – Keine Gewährung von vorläufigem Rechtsschutz, der – und sei es auch nur als Vorfrage eines Leistungs- oder Feststellungsbegehrens – eine eigene **Gestaltung** oder Feststellung **gesamtvertraglicher Regelungen** durch die Sozialgerichte erfordert; zur Fortgeltung befristeter Gesamtverträge und Abschlagszahlungen[1496]

■ Zur **vorrangigen Einschaltung der Aufsichtsbehörde** als gesetzlich zur Verfügung gestelltes Verwaltungsinstrument zur Regelung von Streitigkeiten (§§ 87 Abs. 1, 89 SGB IV); Fehlen eines Anordnungsgrundes.[1497]

■ Ordnet der Gesetzgeber das Entfallen der aufschiebenden Wirkung der **Klage gegen eine aufsichtsrechtliche Beanstandung einer Entscheidung des Schiedsamts** nach § 89 Abs. 10

1490 LSG NRW 15.11.2006 – L 16 B 28/06 KR ER.
1491 LSG NRW 27.6.2006 – L 11 B 30/06 KA ER, juris Rn. 26.
1492 LSG NRW 23.11.2007 – L 10 B 11/07 KA ER, juris Rn. 48, 50.
1493 Bsp. nach LSG Hmb 1.12.2003 – Breithaupt 2004, 617.
1494 SchlHLSG 31.8.2005 – L 5 B 210/05.
1495 LSG BW 20.4.2006 – L 5 KR 890/06 ER-B.
1496 LSG Berlin 20.1.2005 – L 7 B 20/04 KA ER.
1497 SchlHLSG 26.9.2007 – L 5 B 522/07 KR ER; LSG NRW 15.11.2006 – L 16 B 28/06 KR ER; HessLSG 8.9.1999 – L 1 KR 981/99 ER; abw. LSG NRW 28.5.2002 – L 5 B 29/02 KR ER; LSG RhPf 21.6.2007 – L 5 ER 158/07 KR.

S. 7 SGB V an, rechtfertigen allein die regelmäßigen Folgen des Sofortvollzugs (hier die Nichtumsetzung einer Vergütungsvereinbarung) bei einer Abwägung der Interessen nicht die Anordnung der aufschiebenden Wirkung. Besondere Umstände, die eine ausnahmsweise Abweichung von der gesetzgeberischen Grundentscheidung für den Sofortvollzug rechtfertigen, können in einer erheblichen Gefährdung der Versorgungsstrukturen liegen.[1498]

- Zur Leistungspflicht einer gesetzlichen Krankenkasse für einen Bezieher von **Alg II** bei Eilbedürftigkeit der Behandlung.[1499] 583
- Zur Bedeutung des Art. 2 Abs. 2 S. 1 GG iR des § 86b Abs. 2 S. 1 SGG; vorläufige Übernahme der Kosten für die **Versorgung mit einem Hilfsmittel** (Multifunktionsrollstuhl als Sachleistung für einen in einer Pflegeeinrichtung untergebrachten Schwerstpflegebedürftigen);[1500] s. a. BVerfG bei → Rn. 638.

- Zum Fehlen eines Anordnungsgrunds bei einem Antrag zur Aufnahme in die Krankenversicherung als freiwillig Versicherter, wenn der Antragsteller zu den **Empfängern von Leistungen nach dem 3. und 5.–9. Kapitel des** SGB XII gehört; Versicherungsschutz nach § 264 Abs. 2 SGB V; Krankenhilfe nach § 54 SGB XII; zur Tragung der außergerichtlichen Kosten durch vor- oder nachrangig zuständigen Leistungsträger als Beigeladener.[1501] – Grundsätzlich kein Anordnungsgrund für die Feststellung eines krankenversicherungsrechtlichen Status; Leistungen nach dem SGB II im Falle einer finanziellen Notlage; kein Verlust der Mitgliedschaft in der gesetzlichen Krankenversicherung mit dem **Bezug von Grundsicherungsleistungen nach dem SGB II.**[1502] 584

- Zum **Beitrittsrecht zur freiwilligen Krankenversicherung**; ein Anordnungsgrund liege vor, da der Antragsteller nicht auf den Ausgang des Hauptsacheverfahrens verwiesen werden könne (chronische Erkrankungen, ständige Kosten der Krankenbehandlung); der Ast sei auch nicht auf Krankenhilfe gem. § 48 SGB XII iVm § 264 SGB V verweisbar, weil der Sozialhilfeträger (beigeladen) die Gewährung der Leistungen bestandskräftig abgelehnt habe.[1503] 585

- Zur Anordnung der aufschiebenden Wirkung einer Klage (s. dazu § 195 Abs. 2 S. 3 SGB V) gegen die Anordnung der Streichung einer durch eine andere, vormals zuständige Aufsichtsbehörde genehmigten **Satzungsregelung einer Krankenkasse.**[1504] 586

- Zur Zulässigkeit des Antrags eines pharmazeutischen Unternehmens, die sofortige Vollziehung eines Bescheids des Bundesamts für Wirtschaft und Ausfuhrkontrolle über die vorläufige Befreiung vom **Herstellerrabatt** nach § 130a Abs. 4 S. 3 SGB V anzuordnen.[1505] 587

V. SGB VI

- Zum einstweiligen Rechtsschutz betreffend Erwerbsminderungsrente nach Veranlassung der Rentenantragstellung durch die Arbeitsverwaltung[1506] – Einstweilige Anordnung betreffend **Rentenneuberechnung** unter Zugrundelegung eines Zugangsfaktors von 1,0 unter Berufung 588

1498 LSG BW 25.5.2020 – L 5 KA 1421/20 KL-ER.
1499 LSG Nds-Brem 19.4.2005 – L 4 KR 42/05 ER FEVS 2005, 517.
1500 SächsLSG 10.7.2006 – L 1 B 267/05 KR-ER, juris Rn. 33.
1501 LSG Bln-Bbg 7.1.2008 – L 1 B 336/07 KR ER; 7.11.2007 – L 9 B 519/07 KR ER; andererseits 14.2.2007 – L 9 B 541/06 KR ER; 1.10.2007 – L 24 B 477/07 KR ER; SchlHLSG 19.9.2006 – L 5 B 376/06 KR ER, juris Rn. 8, 15; LSG NRW 17.8.2006 – L 5 B 41/06 KR ER.
1502 LSG Bln-Bbg 18.12.2006 – L 1 B 455/06 KR ER; vgl. auch ThürLSG 13.10.2005 – L 6 KR 522/05 ER.
1503 LSG NRW 2.1.2008 – L 16 B 80/06 KR ER, juris 30.
1504 SchlHLSG 7.12.2016 – L 5 KR 151/16 KL ER.
1505 HessLSG 22.1.2018 – L 8 KR 441/17 B ER.
1506 LSG Bln-Bbg 17.9.2014 – L 2 R 430/14 B ER, juris Rn. 8 ff.

auf BSG 16.5.2006 – B 4 RA 22/05 R. Verneinung eines Anordnungsgrundes, obwohl bei Heranziehung der vom BSG vertretenen Rechtsauffassung der geltend gemachte Anspruch begründet wäre.[1507]

- Kein Anordnungsgrund für eine **höhere** als die bereits bezogene **Regelaltersrente** bei geltend gemachter „Dauer des Verfahrens“, „Beeinträchtigungen der Lebensqualität viele Jahre lang“; ausreichender Rechtsschutz durch das Hauptsacheverfahren.[1508]

589 ■ **Onkologische Rehabilitationsmaßnahme** bei fortgeschrittenem Krebsleiden[1509] – Durchführung einer **stationären Entwöhnungsmaßnahme** bei Drogenabhängigkeit[1510] – Kein Anordnungsanspruch auf Gewährung einer bestimmten **Umschulungsmaßnahme**, falls keine Ermessensreduzierung auf Null gegeben ist[1511]

590 ■ Keine Leistungen zur Teilhabe am Arbeitsleben.[1512] – Zur Übernahme der Kosten für eine **Haushaltshilfe** im Wege der einstweiligen Anordnung (§ 33 Abs. 4 S. 2 SGB IX, § 33 Abs. 3 Nr. 6 SGB IX, §§ 33 Abs. 4, 54 SGB IX).[1513]

VI. SGB VII

591 ■ Vgl. zur Eilentscheidung in Fällen des § 86a Abs. 2 Nr. 1 SGG (Beitragspflichten usw) → Rn. 190 f., 215; zu ernstliche Zweifel → Rn. 183; Muster → Rn. 318.

- Zur Feststellung der aufschiebenden Wirkung des Rechtsbehelfs gegen die Einstellung der Verletztengeldzahlung (§ 86b Abs. 1 S. 1 Nr. 2 analog).[1514]
- Zur Feststellung, hilfsweise Anordnung, der aufschiebenden Wirkung der Klage gegen **Haftungsbescheide** (§ 150 Abs. 3 SGB VII), insbes. zum Prüfungsmaßstab.[1515]

592 ■ Zur vorläufigen darlehensweisen Gewährung der Kostenübernahme für eine stationäre Neuro**rehabilitation**; zur Bejahung von Anordnungsgrund und Anordnungsanspruch.[1516]

- Zur Gewährung eines persönlichen Budgets gem. § 86b Abs. 2 S. 2 SGG, § 26 SGB VII, SGB IX.[1517]

593 ■ **Verletztenrente** – fehlender Anordnungsgrund[1518] – Zur Zumutbarkeit der Sicherstellung des Lebensunterhalts durch Antrag auf Leistungen nach dem SGB II bzw. XII.[1519]

- Zur Ablehnung von **Waisenrente** im Wege der einstweiligen Anordnung.[1520]

1507 LSG Nds-Brem 13.12.2006 – L 2 R 466/06 ER.
1508 ThürLSG 3.1.2006 – L 6 R 886/05 ER; BSG 26.11.1993 – 4 RA 17/93.
1509 LSG Bln-Bbg 9.11.2010 – L 8 R 764/10 B ER.
1510 LSG NRW 10.12.2010 – L 8 R 949/10 B ER.
1511 BayLSG 20.4.2009 – L 13 R 152/09 B ER.
1512 BayLSG 23.3.2015 – L 1 R 138/15 B ER; SchlHLSG 11.9.2014 – L 5 R 158/14 B ER.
1513 LSG Bln-Bbg 24.3.2006 – L 22 B 300/06 R ER.
1514 LSG BW 6.5.2015 – L 8 U 1502/15 ER-B, juris Rn. 19.
1515 LSG Bln-Bbg 5.2.2007 – L 3 B 307/06 U ER, juris Rn. 18, 22 f.; 20.4.2006 – L 3 B 1138/05 U ER, juris Rn. 13 ff.
1516 HessLSG 13.9.2007 – L 3 U 160/07 ER.
1517 ThürLSG 7.7.2014 – L 1 U 215/14 B ER, juris Rn. 26 ff.
1518 BayLSG 16.6.2009 – L 17 U 189/09 B ER; HessLSG 27.3.2009 – L 3 U 271/08 B ER.
1519 HessLSG 27.3.2009 – L 3 U 271/08 B ER verneint einen Anordnungsgrund wegen Zumutbarkeit eines Antrags auf Leistungen nach dem SGB II bzw. XII für zumutbar. Dem kann nicht gefolgt werden; für diese Auffassung findet sich keine rechtsnormative Grundlage. Die vorläufige Zuerkennung von Verletztenrente nach § 86b Abs. 2 SGG setzt eine überwiegende Wahrscheinlichkeit eines entsprechenden Anspruchs und einen ohne Eilrechtsschutz mit überwiegender Wahrscheinlichkeit eintretenden wesentlichen Nachteil voraus; drohen schwere Beeinträchtigungen, können auch niedrigere Wahrscheinlichkeiten für einen Erfolg des Eilantrags ausreichen, → Rn. 384 ff.; zum auch im Eilverfahren geltenden Nachrang der Grundsicherungsleistungen → Rn. 543.
1520 LSG Bln-Bbg 6.3.2007 – L 3 B 28/07 U ER.

VII. SGB IX

- Die Feststellung des Vorliegens der gesundheitlichen Voraussetzungen für **Merkzeichen** ist genauso wie die Anerkennung eines **höheren GdB** im Weg des einstweiligen Rechtsschutzes regelmäßig nicht möglich;[1521] zum Merkzeichen „B";[1522] zu den Merkzeichen „G" und „aG";[1523] zum grundsätzlichen Ausschluss der Zuerkennung der Schwerbehinderteneigenschaft im Eilverfahren.[1524] 594
- Für die vorläufige Feststellung von Merkzeichen im Verfahren des einstweiligen Rechtsschutzes bedarf es zur Glaubhaftmachung eines Anordnungsgrundes der Darlegung schwerer und unzumutbaren Nachteile und in diesem Zusammenhang einer besonderen Härte. Ein Antragsteller hat darzulegen, welche besonderen Nachteile zu erwarten sind, wenn er auf den Ausgang des Hauptsacheverfahrens verwiesen wird, wobei schwerwiegende Gründe erforderlich sind, die über den mit jedem Verfahren verbundenen Zeitablauf hinausgehen. Im Hinblick auf die Erteilung des **Merkzeichens aG** im Wege der einstweiligen Anordnung setzt die Glaubhaftmachung eines Anordnungsgrundes ua regelmäßig den Nachweis über den erfolglosen Versuch der Erlangung einer räumlich und zeitlich begrenzten Ausnahmegenehmigung durch die örtliche Verkehrsbehörde (§ 46 Abs. 1 S. 1 Nr. 11 StVO) bzw. den substantiierten Vortrag, dass die danach möglichen Parkerleichterungen nicht ausreichend sind, voraus.[1525]

- Zur **Zuständigkeit** (sachlich) des zuerst angegangenen Trägers nach **§ 14 SGB IX**; **§ 43 SGB I** nur in Ausnahmefällen.[1526] – Zur Befugnis des erstangegangenen Rehabilitationsträgers zur Weiterleitung, wenn dieser sich – wenn auch möglicherweise zu Unrecht – zunächst für zuständig erklärt hat[1527] – Zum Vorrang des § 14 SGB IX vor § 43 SGB I bei Rehaträgern; verbleibende Zuständigkeit des bisherigen Leistungsträgers nicht nur bei einem Wechsel von einer stationären in eine weitere stationäre Einrichtung (§ 98 Abs. 2 SGB XII) bzw. in eine ambulante Einrichtung (§ 98 Abs. 5 SGB XII) und auch in eine teilstationäre Einrichtung, die der Unterstützung im Lebensbereich „Wohnen" dient.[1528] – Zur Zuständigkeit des zuerst angegangenen Rehabilitationsträgers gem. § 14 Abs. 1 SGB IX bei Nichtweiterleitung des Antrags; zur Formfreiheit des Antrags nach § 14 SGB IX; Abgrenzung von Teilhabe- und Pflegeleistungen; zum Vorrang von § 14 SGB IX vor § 43 Abs. 1 SGB I.[1529] – Zur Anwendung von § 14 SGB IX, wenn Leistungen zur Teilhabe iSv §§ 4, 55 Abs. 1 Hs. 1 SGB IX (Verwirklichung eines Teilhabeziels) geltend gemacht werden, zB Unterbringung eines behinderten Menschen in einer vollstationären Pflegeeinrichtung mit vorgegebenen Tagesstrukturen und geregeltem Tagesablauf.[1530] – Zum Verhältnis von § 14 SGB IX und **§ 98 SGB XII.**[1531] – Zum Anspruch auf Versorgung eines unter dreijährigen Versicherten mit einem Therapiestuhl gegenüber dem zweitangegangenen Rehabilitationsträger iSd § 14 SGB IX.[1532] 595

1521 BayLSG 14.6.2016 – L 15 SB 97/16 B ER, juris Ls. 1.
1522 LSG MV 4.8.2014 – L 3 SB 16/14 B ER, L 3 SB 56/14 B PKH, juris Rn. 29.
1523 LSG LSA 21.9.2015 – L 7 SB 48/14 B ER.
1524 SchlHLSG 18.2.2008 – L 2 B 315/08 SB ER.
1525 LSG Nds-Brem 6.2.2020 – L 13 SB 18/20 B ER, juris Ls. 1 und Os. 2.
1526 LSG Nds-Brem 21.6.2007 – L 13 SO Rn. 13; vgl. auch LSG Bln-Bbg 26.7.2006 – L 15 B 125/06 SO ER Rn. 26, 30.
1527 LSG Bln-Bbg 16.5.2008 – L 23 B 26/08 SO ER, juris Rn. 19.
1528 SchlHLSG 9.11.2005 – L 9 B 268/05 SO ER.
1529 BayLSG 27.9.2006 – L 11 B 342/06 SO ER, juris Rn. 23, 26 ff.
1530 BayLSG 24.4.2006 – L 11 B 637/05 SO ER, juris Rn. 23.
1531 BayLSG 24.4.2006 – L 11 B 637/05 SO ER, juris Rn. 26; LSG Nds-Brem 21.6.2007 – L 13 SO 5/07 ER.
1532 LSG LSA 27.5.2015 – L 6 KR 55/15 B ER, juris Rn. 27 ff.

596 ■ Zur Teilhabe am Arbeitsleben, Eingangsverfahren und Berufsbildungsbereich in **Werkstätten für Behinderte**; Zuständigkeit des Gerichts bei Streit über vertraglich vereinbarte Vergütungssätze, Berechnung des angemessenen Vergütungssatzes.[1533]

■ Zur Gewährung einer **Haushaltshilfe** (§ 33 Abs. 4 S. 2, Abs. 3 Nr. 6, § 54 SGB IX idF bis 31.12.2017, nunmehr § 49 Abs. 4 S. 2, Abs. 3 Nr. 7, § 74 SGB IX).[1534]

VIII. SGB X

597 ■ Die durch eine im Verwaltungsverfahren **unterbliebene Anhörung** (§ 24 SGB X) bedingte formelle Rechtswidrigkeit eines Verwaltungsakts ist trotz ihrer Nachholbarkeit (vgl. § 41 Abs. 1, 2 SGB X) geeignet, einen Antrag auf Anordnung der aufschiebenden Wirkung nach § 86b Abs. 1 S. 1 Nr. 2 SGG zu begründen (str.).[1535]

■ Zu **§ 44 SGB X** → Rn. 46 ff.

IX. SGB XI

598 ■ Vgl. zur Eilentscheidung in Fällen des § 86a Abs. 2 Nr. 1 SGG (Beiträge, Versicherungspflicht ...) → Rn. 190 f., 215; zu ernstliche Zweifel → Rn. 183; Muster → Rn. 318.

■ Zu ernstlichen Zweifeln an der Rechtmäßigkeit eines Beitragsbescheids der Krankenkasse über die **Beitragspflicht** nach einem Einkommen oberhalb der **Mindestbemessungsgrundlage** eines freiwillig Krankenversicherten bei widersprüchlichen Angaben und umfangreichen Aufklärungsmöglichkeiten in der Hauptsache.[1536]

■ Zu ernstlichen Zweifeln an der Rechtmäßigkeit eines Beitragsbescheids der Krankenkasse betreffend **Beitragsforderungen zur Pflegeversicherung** ohne Hinweis auf eine durch Vertrag oder Satzung eingeräumte Befugnis.[1537] Zur Befugnis der Krankenkasse als Einzugsstelle, auch Pflegeversicherungsbeiträge geltend zu machen und darüber zu entscheiden.[1538] Zur Befugnis der Pflegekasse, bei anderen Personen als pflichtversicherten Beschäftigten, insbes. bei den freiwillig Krankenversicherten, für den Beitragseinzug zu sorgen.[1539]

■ Zur Angemessenheit von **Beiträgen** eines gesetzlich pflegeversicherten Hilfeempfängers zu einer privaten **Zusatz-Pflegeversicherung**, wenn eine künftige Verbesserung der Lebenssituation des Hilfeempfängers wie eine künftige Entlastung des Grundsicherungsträgers nicht absehbar ist und wenn die Beitragsentrichtung den Lebensunterhalt einer Vergleichsperson mit Einkommen knapp oberhalb der Sozialhilfegrenze gefährden würde.[1540]

599 ■ Zum Antrag nach §§ 86b Abs. 1 S. 1 Nr. 2, 86a Abs. 2 Nr. 3 SGG bei **Entziehung**[1541] oder Herabsetzung[1542] von Leistungen der Pflegeversicherung.

■ Zur Abwägungsentscheidung bei **Vollziehung einer fristlosen Kündigung**; Gewichtung des wirtschaftlichen Interesses, der vom MDK festgestellten, aber über einen Zeitraum von 1 1/2 Jahren hingenommenen Mängel, der fehlenden unmittelbaren Gefährdung der zu

---

1533 LSG BW 22.2.2006 – L 5 AL 4767/03.

1534 LSG Bln-Bbg 24.3.2006 – L 22 B 300/06 R ER Rn. 26.

1535 ThürLSG 17.3.2021 – L 9 AS 852/20 B ER; aA LSG BW 13.2.2020 – L 7 AY 4273/19 ER-B; s. a. BayLSG 31.7.2015 – L 7 R 506/15 B ER zur unterbliebenen Beteiligung nach § 12 SGB X im Verwaltungsverfahren.

1536 LSG NRW 16.1.2007 – L 16 B 79/06 KR ER, juris Rn. 31.

1537 LSG NRW 16.1.2007 – L 16 B 79/06 KR ER, juris Rn. 18.

1538 Vgl. §§ 28d ff. SGB IV sowie § 60 Abs. 3 S. 1 SGB XI.

1539 BSGE 81, 177 (182); BSG SozR 3-3300 § 55 Nr. 1; s. a. BSG in: Urteilssammlung der Krankenkassen – USK-9740.

1540 HessLSG 9.6.2006 – L 9 SO 13/06 ER, juris Ls. und Rn. 31.

1541 LSG LSA 6.10.2010 – L 4 P 13/10 B ER.

1542 LSG Bln-Bbg 4.5.2011 – L 27 P 85/10 B ER.

pflegenden Personen und bestehender Organisationsmängel und Mängel der Weiterbildung und der Umgangsformen.[1543]

- Zur Auswirkung der aufschiebenden Wirkung einer Anfechtungsklage gegen die Beendigung einer freiwilligen **Mitgliedschaft** in der gesetzlichen **Krankenversicherung** auf die Pflichtmitgliedschaft in der sozialen Pflegeversicherung.[1544]
- Zur Sofortvollziehbarkeit eines Maßnahmenbescheids – Maßnahmen zur Mängelbeseitigung (§ 115 Abs. 2, § 73 Abs. 2 S. 2 Hs. 2 SGB XI).[1545]

- Anspruch auf kostenfreie Barauszahlung von Pflegegeld;[1546] Pflegeleistungen, Fehlen eines Anordnungsanspruchs[1547] und -grunds;[1548] fehlender Anordnungsgrund bei Möglichkeit der Sicherstellung des geltend gemachten Pflegebedarfs bis zur Hauptsacheentscheidung durch den Antragsteller[1549] oder bei fehlenden aktuellen Gefahren für den Pflegebedürftigen bei Fortsetzung der bisherigen Pflege[1550] – kein Anordnungsanspruch für Pflegeleistungen[1551] – keine vorläufigen Leistungen nach der Pflegestufe I bei nicht dokumentiertem Eintritt des Leistungsfalls und verbessertem Allgemeinzustand[1552] – kein Anordnungsgrund, wenn bei Fortsetzung der bisherigen Pflege keine aktuellen Gefahren drohen[1553] – **stattgebender Beschluss** für vorläufiges **Pflegegeld** nach der Pflegestufe II.[1554] 600
- Zum Anspruch neben dem Arbeitslosengeld II gegen den Sozialhilfeträger auf **Hilfe zur Pflege** durch Übernahme der Kosten einer **Haushaltshilfe** für einen erwerbsfähigen Behinderten mit Pflegestufe 0 (§ 61 Abs. 1 S. 2 SGB XII).[1555]

- Zur Abgrenzung der Zuständigkeit von gesetzlicher **Krankenversicherung** und sozialer **Pflegeversicherung** für die Versorgung mit einem **Multifunktionsrollstuhl;**[1556] Abgrenzung nicht danach, ob das begehrte Hilfsmittel vorrangig dem Behinderungsausgleich dient, s. a. BVerfG bei → Rn. 638. 601
- Zum Anspruch auf höheres Entgelt für Investitionskosten nach § 82 Abs. 4 SGB XI, § 75 Abs. 5 S. 3 SGB XII.[1557]

X. SGB XII

- Zum **Dauerverwaltungsakt**[1558] (s. a. → Rn. 74 f.); zur Statthaftigkeit des Eilantrags (aufschiebende Wirkung oder einstweilige Anordnung) – Zur Leistungsbewilligung nach §§ 27 ff. SGB XII „bis auf weiteres“, „solange die persönlichen und wirtschaftlichen Verhältnisse sich nicht ändern“;[1559] „ab“ einem bestimmten Zeitpunkt;[1560] zur Umdeutung der 602

1543 LSG Bln-Bbg 31.8.2006 – L 24 B 31/06 P ER, juris Rn. 31.
1544 SächsLSG 13.7.2005 – L 1 B 68/05 KR-ER.
1545 LSG LSA 20.4.2015 – L 5 P 14/15 B ER.
1546 LSG LSA 19.12.2013 – L 4 P 21/13 B ER.
1547 BayLSG 17.11.2010 – L 2 P 79/10 B ER.
1548 BayLSG 11.10.2010 – L 2 P 69/10 B ER.
1549 LSG Bln-Bbg 19.4.2010 – L 27 P 9 /10 B ER.
1550 LSG Bln-Bbg 30.9.2009 – L 27 P 42/09 B ER.
1551 BayLSG 17.11.2010 – L 2 P 79/10 B ER.
1552 BayLSG 31.8.2010 – L 2 P 35/10 B ER.
1553 LSG Bln-Bbg 30.9.2009 – L 27 P 42/09 B ER.
1554 LSG Bln-Bbg 24.10.2008 – L 27 P 98/08 ER.
1555 LSG BW 7.3.2006 – L 7 SO 509/06 ER-B. Vgl. auch LSG Nds-Brem 24.8.2005 – L 8 SO 78/05 ER, juris Rn. 7, 9.
1556 LSG NRW 29.11.2005 – L 16 B 90/05 KR ER, juris Rn. 3.
1557 LSG NRW 1.12.2005 – L 9 B 22/05 SO ER.
1558 Zum sozialhilferechtlichen Problem des fehlenden Charakters einer Dauerleistung BVerwGE 25, 307 (309); 28, 216 f.; 57, 237 (239); BVerwG DVBl 1996, 857 f.
1559 LSG Bln-Bbg 27.1.2006 – L 15 B 1105/05 SO ER.
1560 LSG BW 18.10.2006 – L 7 SO 3313/06 ER-B.

gestellten Anträge, um dem erkennbar gewordenen Rechtsschutzziel zum Erfolg zu verhelfen[1561] (s. a. → Rn. 3 f.).

- Zu den **Anforderungen an die Anordnung der sofortigen Vollziehung** eines Rücknahme-, Erstattungs- und Aufrechnungsbescheides betreffend Leistungen der Grundsicherung im Alter und bei Erwerbsminderung nach dem SGB XII[1562] bzw. eines Änderungsbescheids über die Bewilligung von Hilfe zur Pflege nach dem SGB XII.[1563]

603 - Zum Grundsatz der Negativevidenz;[1564] zur gem. § 86a Abs. 2 Nr. 4 SGG, § **93 Abs. 3** SGB XII sofort vollziehbaren **Überleitung eines Anspruchs** auf Rückforderung der Schenkung[1565] (s. a. → Rn. 144, zur Kostenentscheidung → Rn. 514); zum zeitlichen Bezug des überzuleitenden Anspruchs und der Hilfegewährung;[1566] zum Zweck des § 93 Abs. 3 SGB XII (keine Ermöglichung der Vermögensbildung; allgemeines Lebensrisiko, zurückgelegtes Kapital vorzeitig zur Deckung des Bedarfs iR des SGB XII einzusetzen).[1567]

604 - Zum **Mehrbedarf**; Feststellung der aufschiebenden Wirkung; Vollzugsfolgenbeseitigung.[1568]

605 - Zur Versagung/Entziehung von Hilfeleistungen wegen **fehlender Mitwirkung** → Rn. 281 ff., 417 ff.

606 - Zum Leistungsausschluss nach dem SGB XII bei Weigerung des Hilfebedürftigen, den für Leistungen nach dem SGB II erforderlichen **Antrag** zu stellen.[1569]
- Leistungsträger dürfen existenzsichernde Leistungen nicht aufgrund von bloßen Mutmaßungen verweigern, die sich auf vergangene Umstände stützen, wenn diese zur gegenwärtigen Lage eines Anspruchstellers keine eindeutigen Erkenntnisse zulassen. Aufgelaufene Mietschulden sprechen für Mittellosigkeit. Die schlichte Annahme, es müssten weitere finanzielle Mittel vorhanden sein, ist für eine Leistungsverweigerung nicht ausreichend.[1570]

607 - Sozialhilfe für **Deutsche** im **Ausland**; zur außergewöhnlichen Notlage, wenn ohne die Hilfeleistung eine Beeinträchtigung existenzieller Rechtsgüter droht; zur Unabweisbarkeit (Behebung der Notlage nicht anders als durch die Hilfeleistung im Ausland).[1571] – Zur restriktiven Auslegung der Notlage – Lebensgefahr oder Beeinträchtigung existenzieller Rechtsgüter, Unmöglichkeit der Rückkehr nach Deutschland[1572] – Zum (fehlenden) Anspruch auf Sozialhilfe für einen sich seit mehr als einem Jahr aufgrund einer Klimatherapie im Ausland aufhaltenden, nicht in stationärer Betreuung befindlichen Schwerbehinderten mit Pflegestufe 1[1573] – Zur Zuständigkeit für die Gewährung von Hilfen zur **Rückreise aus dem Ausland.**[1574]

1561 LSG Bln-Bbg 27.1.2006 – L 15 B 1105/05 SO ER.
1562 SG Berlin 26.10.2016 – S 145 SO 1411/16 ER; LSG Bln-Bbg 21.12.2016 – L 15 SO 301/16 B ER, L 15 SO 302/16 B ER PKH; 3.1.2017 – L 23 SO 339/16 B ER, L 23 SO 340/16 B ER PKH; 9.1.2017 – L 23 SO 327/16 B ER, L 23 SO 328/16 B ER PKH; 8.3.2017 – L 23 SO 56/17 B ER.
1563 LSG BW 8.11.2016 – L 7 SO 3546/16 ER-B, insbes. zur Begründung des besonderen Interesses unter formellen und materiellen Gesichtspunkten.
1564 BayLSG 30.7.2015 – L 8 SO 146/15 B ER, juris Rn. 18 mwN; SächsLSG 11.6.2012 – L 7 SO 22/10 B ER, juris Rn. 27.
1565 BayLSG 28.12.2007 – L 8 B 995/07 SO ER.
1566 Prinzip der Gleichzeitigkeit, vgl. dazu auch § 90 Abs. 1 S. 2 BSHG.
1567 LSG Bln-Bbg 5.4.2006 – L 23 B 19/06 SO ER, juris Ls. 7; BayVGH 27.9.2005 – 12 BV 03.1439.
1568 BayLSG 14.3.2007 – L 8 B 48/07 SO ER.
1569 LSG Hmb 28.1.2005 – L 3 B 16/05 ER SO FEVS 2005, 521; LSG Bln-Bbg 27.1.2006 – L 15 B 1105/05 SO ER, juris Ls. 3.
1570 LSG NRW 24.2.2016 – L 19 AS 1834/15 B ER, L 19 AS 1835/15 B, juris Ls. 1.
1571 LSG BW 21.12.2005 – L 7 SO 4166/05 ER-B.
1572 LSG NRW 6.2.2006 – L 20 B 50/05 SO ER.
1573 HessLSG 4.4.2006 – L 7 SO 12/06 ER.
1574 HessLSG 3.3.2006 – L 7 SO 38/05 ER.

■ **Sozialhilfe für Ausländer** – Zum Anordnungsanspruch für die Bewilligung von SGB XII-Leistungen bei fortwährender Bewilligung von Leistungen nach dem Asylbewerberleistungsgesetz;[1575] zur Einschränkung von Sozialhilfeleistungen, wenn die Einreise erfolgt ist in der Absicht, Sozialleistungen zu erhalten,[1576] – Nach § 7 Abs. 2 S. 2 Nr. 2 SGB II sind Ausländer von Leistungen nach dem SGB II ausgeschlossen, deren Aufenthaltsrecht sich allein aus dem Zweck der Arbeitsuche ergibt. – Zur Verpflichtung des im Eilverfahren beigeladenen Sozialhilfeträgers zu Leistungen nach dem 3. Kapitel des SGB XII vor dem Hintergrund der Rspr. des BSG, Urteile vom 3.12.2015, insbes. B 4 AS 44/15 R.[1577] 608

■ Zur grundsätzlich vorrangigen **Feststellung der Erwerbsfähigkeit** durch die Bundesagentur für Arbeit (§ 44a SGB II); keine Annahme der fehlenden Erwerbsfähigkeit durch den Sozialhilfeträger bei Leistungsgewährung nach §§ 27 ff. SGB XII. Allein der Umstand, dass der Hilfebedürftige schwerbehindert ist, führe nicht dazu, dass der Sozialhilfeträger nach § 45 Abs. 1 SGB XII verfahren und den zuständigen Träger der Rentenversicherung zur Prüfung einer vollen Erwerbsminderung iSd § 41 Abs. 1 Nr. 2 SGB XII veranlassen müsste.[1578] 609

■ Kein Anordnungsanspruch für SGB XII-Leistungen, wenn der Rentenversicherungsträger festgestellt hat, dass es nicht unwahrscheinlich ist, dass die **volle Erwerbsminderung behoben** werden kann; Ersuchen nach § 45 Abs. 1 SGB XII.[1579]

■ § 27 SGB XII – Inhalt des **Regelbedarfs**; Kosten für Einmalleistungen für einen Fernseher, Fahrrad usw[1580] – Fahrkosten als Regelleistung;[1581] s. dazu auch BVerfG 9.2.2010 – 1 BvL 1/09, 1 BvL 3/09, 1 BvL 4/09 bei → Rn. 640. 610

■ Zuzug von außerhalb; Freizügigkeit; Maßstab für die Angemessenheit der Unterkunftskosten, Vorschriften im neuen Wohnbereich.[1582] – Kosten der Gartenpflege als Unterkunftskosten; Mietrecht; Betriebskosten-VO.[1583] – Zum Antrag auf Umzugskosten (Rechtzeitigkeit); Anordnungsgrund trotz bereits erfolgten Umzugs; Angemessenheitskriterium für Wohnungsgröße; Überschreitung des Kostenvoranschlags.[1584] – Zu **Kautions**kosten.[1585] 611

■ Kein Anordnungsgrund bei gerichtlichem Vergleich des Inhalts, dass die vom Vermieter ausgesprochenen Kündigungen gegenstandslos sind und der Antragsteller die Mietrückstände abbezahlen kann, da dann keine **Wohnungslosigkeit** droht[1586] – Ein Anordnungsgrund kann fehlen, wenn der Vermieter erklärt hat, nicht zu kündigen, wenn keine weiteren Mietschulden entstehen.[1587]

■ § 30 SGB XII – **Mehrbedarf für kostenaufwändige Ernährung**; zu Anordnungsanspruch und Anordnungsgrund bzw. Güter- und Folgenabwägung;[1588] zur Bedeutung der Empfehlungen für die Gewährung von Krankenkostzulagen in der Sozialhilfe des Deutschen Vereins für öf- 612

1575 HessLSG 11.7.2006 – L 7 SO 19/06 ER.
1576 LSG NRW 4.9.2006 – L 20 B 73/06 SO ER.
1577 LSG Bln-Bbg 21.12.2015 – L 25 AS 3035/15 B ER, juris Rn. 8 mwN.
1578 LSG Bln-Bbg 27.1.2006 – L 15 B 1105/05 SO ER, juris Ls. 2.
1579 LSG NRW 8.9.2006 – L 20 B 105/06 SO ER, juris Rn. 19.
1580 LSG Hamburg 26.4.2005 – L 3 B 84/05 ER SO ASR 2005, 65.
1581 LSG Nds-Brem 28.4.2005 – L 8 AS 57/05 ER FEVS 2005, 503 (508), Breithaupt 2005, 960.
1582 LSG Bln-Bbg 22.11.2006 – L 5 B 760/06 AS ER.
1583 HessLSG 14.3.2006 – L 7 SO 4/06 ER; LSG Nds-Brem 15.12.2005 – L 8 AS 427/05 ER.
1584 LSG Nds-Brem 5.6.2007 – L 13 SO 7/06 ER.
1585 LSG NRW 26.3.2007 – L 20 B 4/07 SO ER.
1586 LSG BW 1.8.2006 – L 7 SO 2938/06 ER-B, juris Rn. 4 § 34 SGB XII.
1587 HessLSG 22.2.2006 – L 9 SO 40/05 ER.
1588 LSG Nds-Brem 13.10.2006 – L 8 SO 97/06 ER.

fentliche und private Fürsorge („Katalogfälle");[1589] Intention der Empfehlungen;[1590] Abdeckung des Existenzminimums durch Mehrbedarfszuschläge; Art. 2 GG; Mehrfacherkrankung.[1591] – zur Mitwirkungspflicht beim **Mehrbedarf** für kostenaufwändige **Ernährung** (substantiierte Darlegung);[1592] zur grundsätzlichen Bejahung eines Anordnungsgrundes, da Mehrbedarfe das Existenzminimum abdecken.[1593]

613 ■ § 35 SGB XII – Zum schlüssigen Konzept bei der Ermittlung der Angemessenheitsgrenze. – Zur Verpflichtung des Sozialhilfeträgers zur Übernahme unangemessen hoher Kosten idR für sechs Monate bei Unzumutbarkeit des Umzugs in eine kostengünstigere Wohnung aus gesundheitlichen Gründen.[1594] – Die festgestellte, angemessene Referenzmiete oder die Mietobergrenze muss so gewählt werden, dass es dem Hilfebedürftigen möglich ist, im konkreten Vergleichsraum eine angemessene Wohnung anzumieten.[1595] – Zum Rückgriff auf die Tabellenwerte des § 12 Wohngeldgesetz.[1596]

■ § 36 SGB XII – Sonstige Hilfen zur Sicherung der Unterkunft

■ Hat der Antragsteller gegen den Vermieter Darlehensrückzahlungsansprüche, die er gegen dessen Mietzinsforderungen mit der Folge aufrechnen kann, dass die Mietzinsforderungen erlöschen würden und eine wegen Zahlungsverzugs ggf. ausgesprochene fristlose Kündigung unwirksam werden würde, so ist regelmäßig die Unterkunft des Antragstellers nicht gefährdet und es fehlt an einem Anordnungsgrund.[1597]

614 ■ §§ 41, 42 SGB XII – Zur Zumutbarkeit der Inanspruchnahme einer **Darlehensleistung** zur Abwendung der vorgetragenen Notlage.[1598]

■ Kein Anordnungsgrund für **Grundsicherung im Alter** (§§ 24 Abs. 1, 41 Abs. 1 SGB XII) für einen sich seit mehr als einem Jahr aufgrund einer Klimatherapie im Ausland aufhaltenden, nicht in stationärer Betreuung befindlichen Schwerbehinderten mit Pflegestufe 1.[1599]

615 ■ §§ 53 ff. SGB XII – Zur **Eingliederungshilfe** durch Übernahme der Kosten für einen **Integrationshelfer** für den Besuch einer regulären Grundschule. – Zum Anordnungsgrund (zur Unzumutbarkeit, die Begleitung auf dem Schulweg und in den „besonderen Unterrichtssituationen" bei schulischen Unternehmungen außerhalb des Schulgeländes sicherzustellen).[1600] – Zum Anspruch auf Übernahme der Kosten für einen Integrationshelfer als pädagogische Fachkraft.[1601] – Zum Integrationshelfer als Begleitperson für den Schulweg bei fehlendem Anspruch auf Schülerbeförderung.[1602]

■ Zur Erfüllung der Aufgabe der Eingliederungshilfe (§ 53 Abs. 3 SGB XII) durch Besserung auch des **seelischen Zustandes** durch eine Maßnahme; Minderung der Folgen der Behinde-

1589 LSG Bln-Bbg 12.7.2006 – L 15 B 114/06 SO ER; 7.5.2007 – L 15 B 265/06 SO ER, juris Rn. 18 mwN; zur Nichteignung anderer „Begutachtungsleitfäden" insbes. LSG Nds-Brem 13.10.2006 – L 8 SO 97/06 ER; zur Fachkunde: LSG Nds-Brem 13.10.2006 – L 8 SO 97/06 ER, juris Rn. 10; ebenso LSG NRW 20.1.2006 – L 20 (9) B 34/05 SO ER; LSG Bln-Bbg 12.7.2006 – L 15 B 114/06 SO ER; vgl. ferner LSG NRW 20.1.2006 – L 20 (9) B 34/05 SO ER.

1590 LSG Bln-Bbg 7.5.2007 – L 15 B 265/06 SO ER, juris Rn. 21

1591 SächsLSG 26.1.2006 – L 3 B 299/05 AS-ER.

1592 SchlHLSG 6.9.2005 – L 9 B 186/05 SO ER.

1593 LSG Bln-Bbg 12.7.2006 – L 15 B 114/06 SO ER.

1594 HessLSG 15.5.2014 – L 4 SO 19/14 B ER, L 4 SO 20/14 B, juris Rn. 29 ff.

1595 HessLSG 6.11.2013 – L 4 SO 166/13 B ER Rn. 26.

1596 LSG NRW 11.12.2012 – L 9 SO 391/12 B ER, L 9 SO 392/12 B, juris Rn. 17 f.

1597 LSG BW 11.12.2019 – L 7 SO 3980/19 ER-B, juris Ls. 2.

1598 LSG Bln-Bbg 5.4.2006 – L 23 B 19/06 SO ER, juris 21.

1599 HessLSG 4.4.2006 – L 7 SO 12/06 ER Rn. 22 ff.

1600 SächsLSG 24.7.2006 – L 3 B 81/06 SO-ER, juris Rn. 40 ff., 62; LSG Bln-Bbg 21.12.2005 – L 23 B 1064/05 SO ER (Besuch einer Regelschule).

1601 LSG NRW 20.11.2014 – L 9 SO 382/14 B ER, juris Rn. 7.

1602 LSG LSA 20.4.2015 – L 8 SO 49/14 B ER, juris Rn. 31.

rung (Verhütung einer weiteren Verschlimmerung) als ausreichendes Ziel der Eingliederungshilfe, §§ 53 Abs. 3 S. 1, 54 Abs. 1 S. 1 SGB XII, § 26 SGB IX; kein Ausschluss der Eingliederungshilfe trotz bestehenden und nicht zu behebenden Pflegebedarfs.[1603]

- Zur Übernahme von Kosten für **schulvorbereitende Leistungen** iR der **Eingliederungshilfe** gem. §§ 54 Abs. 1 S. 1 Nr. 1, 12 Nr. 1 SGB XII.[1604]
- Zum Anspruch auf Übernahme der **Betriebskosten eines KfZ** aus Mitteln der Sozialhilfe für behinderte Menschen und zum Bewilligungszeitraum[1605]
- Zur Frage des **Ermessens** bei Leistungen der Eingliederungshilfe.[1606]

- § 61 SGB XI; zur Übernahme von Kosten für die Unterbringung in einem Senioren Centrum; Folgenabwägung; Mehrkostenvorbehalt; stationäre Pflege; Wunsch- und Wahlrecht[1607] – Hilfe zur (ambulanten) Pflege und Eingliederungshilfe im sog. Assistenzmodell durch selbstbeschafftes Personal[1608] –; stationäre Pflege; erweiterte Hilfe; notwendiger Lebensunterhalt in Einrichtungen; Verhältnismäßigkeit; Wunschrecht.[1609] 616
- Zur Zuordnung des Bedarfs zur **Hilfe zur Pflege** nach § 61 Abs. 1 S. 2 SGB XII in Abgrenzung zur „großen Haushaltshilfe" nach § 70 SGB XII einerseits und zur „kleinen Haushaltshilfe" nach § 27 Abs. 3 SGB XII aF trotz Fehlens eines messbaren Grundpflegebedarfs.[1610]
- Zur Hilfe zur Pflege nach § 61 Abs. 1 S. 2 SGB XII.[1611]
- Reduziertes Pflegegeld; § 64 SGB XII.[1612]
- Zur **Abgrenzung** von Teilhabe- und Pflegeleistungen.[1613]

- § 70 SGB XII – Fehlende Eigenbemühungen bei der Suche einer **Haushaltshilfe.**[1614] 617

- § 73 SGB XII – **Umgangsrecht** mit getrennt lebenden Kindern.[1615] 618

- Im Wege des einstweiligen Rechtschutzes können gesondert berechnete **Investitionskosten eines Alten- und Pflegeheims** nach § 75 Abs. 5 S. 3 SGB XII auch dann zugesprochen werden, wenn zwischenzeitlich die Schiedsstelle den Antrag auf Festsetzung der Kosten abgelehnt hat.[1616] 619
- Zum Eilrechtsschutz des Einrichtungsträgers gegenüber dem Sozialhilfeträger bzgl. des **Abschlusses einer Leistungsvereinbarung nach § 75 SGB XII.**[1617]
- Im Falle eines Widerspruchs gegen eine **Entscheidung der Schiedsstelle** nach § 80 SGB XII (aF, jetzt § 81 SGB XII) ist ein Antrag auf Anordnung der sofortigen Vollziehung des Schiedsspruchs nach § 86b Abs. 1 S. 1 Nr. 1 SGG gegen den anderen Beteiligten und nicht gegen die Schiedsstelle zu richten; die Anordnung hat nicht zu ergehen, auch wenn der Leistungserbringer ohne die im Schiedsspruch festgesetzte Vergütung ein Defizit erleidet, solange dieses Defizit ihn nicht ernsthaft wirtschaftlich gefährdet.[1618]

1603 LSG LSA 24.8.2005 – L 8 B 2/05 SO ER.
1604 ThürLSG 30.3.2007 – L 8 SO 116/07 ER, juris Rn. 17.
1605 LSG Nds-Brem 10.5.2007 – L 8 SO 20/07 ER, juris Rn. 18 ff., 24.
1606 LSG Nds-Brem 10.5.2007 – L 8 SO 20/07 ER, juris Rn. 21.
1607 LSG Bln-Bbg 13.4.2011 – L 23 SO 20/11 B ER.
1608 LSG LSA 3.3.2011 – L 8 SO 24/09 B ER.
1609 BayLSG 21.12.2010 – L 8 SO 243/10 B ER.
1610 HessLSG 4.7.2006 – L 9 SO 24/06 ER.
1611 LSG BW 7.3.2006 – L 7 SO 509/06 ER-B. Vgl. auch LSG Nds-Brem 24.8.2005 – L 8 SO 78/05 ER, juris Rn. 7 ff.
1612 LSG Bln-Bbg 9.1.2006 – L 23 B 1009/05 SO ER, L 23 B 1010/05 SO ER PKH.
1613 BayLSG 27.9.2006 – L 11 B 342/06 SO ER, juris Rn. 23.
1614 HessLSG 14.2.2006 – L 7 SO 1/06 ER; BayLSG 8.6.2010 – L 18 SO 71/10 B ER.
1615 LSG NRW 10.5.2007 – L 20 B 24/07 SO ER.
1616 LSG NRW 1.12.2005 – L 9 B 22/05 SO ER, juris Rn. 20.
1617 LSG BW 13.7.2006 – L 7 SO 1902/06 ER-B; vgl. auch Lechler Sozialrecht aktuell 2007, 125.
1618 LSG Bln-Bbg 11.3.2015 – L 15 SO 322/14 KL ER.

620 ■ Zur Kostenübernahme für eine ambulant betreute **Wohnmöglichkeit** (§ 98 **Abs. 5 SGB XII**).[1619]

■ Zur Zuständigkeitsregelung (örtlich) in § 98 Abs. 5 SGB XII.[1620]

■ Keine Notwendigkeit der Klärung der örtlichen **Zuständigkeit** des Leistungsträgers beim ambulant betreuten Wohnen im Eilverfahren; Kostenübernahme für ambulant betreutes Wohnen.[1621] – Betreutes Wohnen eines Drogenabhängigen nach Entlassung aus der stationären Einrichtung; keine Verurteilung des **beigeladenen** Sozialhilfeträgers in analoger Anwendung des § 75 Abs. 5 SGG[1622] (s. zur Beiladung auch → Rn. 55).

■ Zum Verhältnis von § 14 SGB IX und § 98 SGB XII[1623] (s. a. → Rn. 595).

621 ■ **Kein Anordnungsgrund,** wenn die geforderten oder **gleichwertige Leistungen** angeboten werden.[1624]

■ Zum **Nachholbedarf** → Rn. 348 ff.

622 ■ Zur Verpflichtung des notwendig **Beigeladenen** nach § 75 Abs. 5 SGG im Eilverfahren (zur Beiladung auch → Rn. 55).[1625]

■ Zu **Krankenhilfe/Krankenversicherungsschutz,** § 264 Abs. 2 SGB V → Rn. 584.

XI. AsylbLG

623 ■ Zum **Prüfungsmaßstab** im sozialgerichtlichen Eilverfahren.[1626]

■ Wurden **Leistungen nach dem AsylbLG auf Dauer bewilligt,** ist gegen den aufhebenden Bescheid iR des einstweiligen Rechtsschutzes ein Antrag auf Anordnung der aufschiebenden Wirkung nach § 86b Abs. 1 S. 1 Nr. 2 SGG statthaft.[1627]

■ Zur evident zu geringen Höhe von Geldleistungen; Gewährleistung eines **menschenwürdigen Existenzminimums.**[1628]

■ Zur Verfassungsmäßigkeit der Verweigerung des einstweiligen Rechtsschutzes trotz der existenziellen Bedeutung der Leistungen nach dem AsylbLG; Pflicht zum **vorrangigen Verbrauch von verfügbarem Vermögen,** § 7 Abs. 1 S. 1 AsylbLG; fehlende Darlegung von zu schützendem Schonvermögen[1629] (s. a. → Rn. 637).

624 ■ Zur Erforderlichkeit der **hinreichenden Bestimmtheit** gehört bei einer **Anspruchseinschränkung** nach § 1a AsylbLG auch, dass der Lebenssachverhalt, der der Anspruchseinschränkung zugrunde liegt, im Verwaltungsakt hinreichend bestimmt bezeichnet ist.[1630]

■ § 1a Nr. 2 AsylbLG (aF) ist auch unter Berücksichtigung des Urteils des BVerfG 18.7.2012 – 1 BvL 10/10 ua nicht verfassungswidrig und weiter anzuwenden; zu den **Voraussetzungen der Anspruchseinschränkung.**[1631] Der Erlass eines feststellenden Verwaltungsakts ist für

1619 LSG Nds-Brem 21.6.2007 – L 13 SO 5/07 ER.
1620 LSG Nds-Brem 21.6.2007 – L 13 SO 5/07 ER.
1621 BayLSG 27.9.2006 – L 11 B 342/06 SO ER, juris Rn. 29.
1622 SchlHLSG 9.11.2005 – L 9 B 268/05 SO ER.
1623 BayLSG 24.4.2006 – L 11 B 637/05 SO ER, juris Rn. 26.
1624 BayLSG 7.4.2005 – L 11 B 117/05 SO ER, Breithaupt 2005, 779.
1625 LSG Nds-Brem 21.6.2007 – L 13 SO 5/07 ER.
1626 BayLSG 19.3.2019 – L 18 AY 12/19 B ER, juris Rn. 26 ff., BeckRS 2019, 5064.
1627 Vgl. HessLSG 31.5.2019 – L 4 AY 7/19 B ER; LSG BW 1.7.2019 – L 7 AY 1783/19 ER-B.
1628 BVerfG 18.7.2012 – 1 BvL 10/10, 1 BvL 2/11, juris Rn. 81 ff.
1629 BVerfG 15.1.2007 – 1 BvR 2971/06 (Nichtannahmebeschluss), juris Rn. 16 f.
1630 BayLSG 8.7.2019 – L 18 AY 21/19 B ER, juris Os. 2; 29.5.2019 – L 18 AY 14/19 B ER.
1631 LSG Nds-Brem 8.4.2014 – L 8 AY 57/13 B ER, juris Rn. 18 ff.

eine rechtswirksame Anspruchseinschränkung nach § 1a AsylbLG Voraussetzung[1632], ebenso die Befristung der Anspruchseinschränkung.[1633]

- Zur Verfassungsmäßigkeit der Anspruchseinschränkung nach § 1a Abs. 4 S. 2 AsylbLG.[1634]
- Zur gesetzlichen Leistungsminderung im Falle der **mangelnden Mitwirkung des Ausländers** (§ 1a AsylbLG) bei der Beschaffung von Identitätspapieren.[1635]
- Zur Verpflichtung des Leistungsträgers zur vorläufigen **Gewährung uneingeschränkter Leistungen nach § 3 AsylbLG** (aF) durch einstweiligen Rechtsschutz.[1636]

Zur **rechtsmissbräuchlichen Beeinflussung der Aufenthaltsdauer** durch zeitversetzte Beantragung von Asylgewährung.[1637] **625**

- **Leistungen bei Krankheit**; Transportkosten aus Anlass einer ärztlichen Behandlung.[1638] **626**

1632 BayLSG 1.3.2018 – L 18 AY 2/18 B ER, juris Ls.
1633 BayLSG 19.3.2018 – L 18 AY 7/18 B ER.
1634 BayLSG 8.7.2019 – L 18 AY 21/19 B ER.
1635 LSG BW 25.8.2005 – L 7 AY 3115/05 ER-B, SGb 2005, 587.
1636 HessLSG 6.1.2014 – L 4 AY 19/13 B ER; vgl. auch BayLSG 24.1.2013 – L 8 AY 2/12 B ER, juris Rn. 32 f.
1637 BayLSG 8.4.2005 – L 11 B 103/05 AY ER, Breithaupt 2005, 776.
1638 LSG LSA 9.3.2015 – L 8 SO 23/14 B ER, juris Rn. 27.

I. Bundesverfassungsgericht: Wichtige Entscheidungen zum Prüfungsmaßstab der sozialgerichtlichen[1639] Eilentscheidung

627 ■ vom 13.6.1979: „Bei der **Entscheidung über die Wiederherstellung der aufschiebenden Wirkung nach Vollziehbarkeitsanordnung der Behörde** hat das Gericht die Interessen des Antragstellers und des Antragsgegners gegeneinander abzuwägen. Bereits überschaubare Erfolgsaussichten des Hauptsacheverfahrens sind in die Überlegungen mit einzubeziehen. Außer den Interessen von Antragsteller und Antragsgegner sind auch alle sonst betroffenen öffentlichen oder privaten Interessen zu berücksichtigen, auch diejenigen sonstiger Beteiligter"[1640] – „Nach überwiegender Ansicht muss das Gericht aufgrund einer Abwägung der beteiligten öffentlichen und privaten Interessen über den Erlass der Anordnung entscheiden, wobei diese Interessenabwägung nach den gleichen Grundsätzen zu erfolgen hat, welche die Gerichte bei der Aussetzung des sofortigen Vollzugs nach § 80 Abs. 5 VwGO zu leiten haben".[1641]

628 ■ vom 15.2.1982: „Von Verfassungs wegen ist es nicht zu beanstanden, wenn die Gerichte die **Anordnung der aufschiebenden Wirkung** dann ablehnen, wenn sie den angegriffenen Verwaltungsakt aufgrund näherer Prüfung der Sachlage und Rechtslage nicht als offensichtlich rechtswidrig erachten, vielmehr zu dem Ergebnis gelangen, er sei aller Voraussicht nach rechtmäßig, und mithin würden die vom Beschwerdeführer in der Hauptsache eingelegten Rechtsbehelfe erfolglos bleiben".[1642]

629 ■ vom 16.5.1995:[1643] „Im Rahmen der fachgerichtlichen Prüfung, ob einstweiliger Rechtsschutz zu gewähren ist, kommt hinsichtlich der Dringlichkeit und Bedeutung des geltend gemachten Anspruchs der Dauer des Zustands die Bedeutung eines Indizes für die **Schwere des Nachteils** zu. Insbesondere liegt es nicht fern, die Frage der Zumutbarkeit eines Nachteils für die Betroffenen danach zu beurteilen, wie sich die Lage in der Vergangenheit für diese gestaltet hat und wie sie damit umgegangen sind".[1644]

630 ■ vom 25.7.1996:[1645] „Im Eilverfahren sind die Fachgerichte, wenn sie ihre **Entscheidung** nicht an einer Abwägung der widerstreitenden Interessen, sondern **an den Erfolgsaussichten in der Hauptsache ausrichten**, gemäß Art. 19 Abs. 4 GG gehalten, die Versagung vorläufigen Rechtsschutzes jedenfalls dann auf eine eingehende Prüfung der Sach- und Rechtslage zu stützen, wenn diese Versagung zu schweren und unzumutbaren Nachteilen führt. Dies bedeutet auch, dass die Prüfung der Erfolgsaussichten in der Hauptsache Fragen des Grundrechtsschutzes einbeziehen muss, wenn dazu Anlass besteht" ... – „Der in Art. 19 Abs. 4 S. 1 GG verankerte Anspruch des Bürgers auf eine tatsächlich und rechtlich wirksame Kontrolle verpflichtet die Gerichte, bei ihrer Entscheidungsfindung diejenigen Folgen zu erwägen, die mit der Versagung vorläufigen Rechtsschutzes für den Bürger verbunden sind. Je schwerer die sich daraus ergebenden Belastungen wiegen, je geringer die Wahrscheinlichkeit ist, dass sie im Falle des Obsiegens in der Hauptsache rückgängig gemacht werden können,

1639 Zum Teil beziehen sich die zitierten Urteile auf verwaltungsgerichtliche Eilverfahren; die genannten Grundsätze sind aber auch für den sozialgerichtlichen Bereich von Relevanz.
1640 BVerfG 13.6.1979 – 1 BvR 699/77, juris Rn. 42.
1641 BVerfG 13.6.1979 – 1 BvR 699/77, juris Rn. 44.
1642 BVerfG 15.2.1982 – 2 BvR 1492/81, juris Os. 1.
1643 BVerfG 16.5.1995 – 1 BvR 1087/91.
1644 BVerfG 16.5.1995 – 1 BvR 1087/91, juris Os. 7a.
1645 BVerfG 25.7.1996 – 1 BvR 638/96, juris Os. 2a.

umso weniger darf das Interesse an einer vorläufigen Regelung oder Sicherung der geltend gemachten Rechtsposition zurückgestellt werden".[1646]

- vom 27.5.1998:[1647] „Nach Sinn und Zweck des Eilverfahrens kann es grundsätzlich nicht Aufgabe der Gerichte sein, schon im Verfahren des vorläufigen Rechtsschutzes eine **umfassende rechtliche Prüfung der Hauptsache** vorzunehmen. Denn damit würde die Effektivität dieses Verfahrens und damit des gerichtlichen Rechtsschutzes insgesamt geschwächt. Auch wenn es von Verfassungs wegen regelmäßig nicht zu beanstanden ist, wenn Gerichte bei der Entscheidung über die Gewährung einstweiligen Rechtsschutzes auch die Erfolgsaussichten des eingelegten Rechtsbehelfs in der Hauptsache in den Blick nehmen (vgl. BVerfG 15.2.1982 – 2 BvR 1492/81, NVwZ 1982, 241), ist vorläufiger Rechtsschutz deshalb grundsätzlich sowohl in Anfechtungs- wie auch in Vornahmesachen auf der Grundlage einer Abwägung der öffentlichen und der jeweils beteiligten privaten Interessen zu gewähren (vgl. BVerfG 13.6.1979 – 1 BvR 699/77, BVerfGE 51, 268 [280, 286]). Der summarische Charakter des verwaltungsgerichtlichen Eilverfahrens folgt aus dem Wesen vorläufiger Rechtsschutzgewährung und steht mit GG Art. 19 Abs. 4 nicht in Widerspruch"... – „Eine **umfassendere rechtliche Prüfung des im Hauptsacheverfahren geltend gemachten Anspruchs** als Bestandteil der Abwägung bereits im Eilverfahren kann von Verfassungs wegen ausnahmsweise dann geboten sein, wenn das einstweilige Rechtsschutzverfahren vollständig die Bedeutung des Hauptsacheverfahrens übernimmt und eine endgültige Verhinderung der Grundrechtsverwirklichung eines Beteiligten droht".[1648] 631
- vom 22.11.2002:[1649] „Da sich der Beschwerdeführer nach Einschätzung der ihn behandelnden Ärzte in einer **lebensbedrohlichen Situation** befindet, sofern er das fragliche Medikament nicht mehr erhält, kann eine Entscheidung der Gerichte über die Verpflichtung der Antragsgegnerin zur vorläufigen Übernahme der Kosten nicht ohne Berücksichtigung des GG Art. 2 Abs. 2 S. 1 erfolgen, sodass iVm GG Art. 19 Abs. 4 das LSG eine besonders intensive und nicht nur summarische Prüfung der Erfolgsaussichten oder eine Folgenabwägung vorzunehmen hat, welche die verfassungsrechtlich geschützten Belange des Beschwerdeführers hinreichend zur Geltung bringt".... „Die Gerichte sind, wenn sie ihre Entscheidung nicht an einer Abwägung der widerstreitenden Interessen, sondern an den **Erfolgsaussichten in der Hauptsache** orientieren, in solchen Fällen gemäß Art. 19 Abs. 4 S. 1 GG gehalten, die Versagung vorläufigen Rechtsschutzes auf eine eingehende Prüfung der Sach- und Rechtslage zu stützen"[1650]... „Daraus (aus dem hohen Wert der betroffenen Grundrechte)[1651] folgt in Verbindung mit Art. 19 Abs. 4 S. 1 GG, dass das Landessozialgericht im vorliegenden Fall aufgrund der gesundheitlichen Situation des Beschwerdeführers eine besonders intensive und nicht nur summarische Prüfung der Erfolgsaussichten oder – was hier mit Rücksicht auf die komplizierte Sach- und Rechtslage näher liegt – eine Folgenabwägung vorzunehmen hat, welche die verfassungsrechtlich geschützten Belange des Beschwerdeführers hinreichend zur Geltung bringt".[1652] 632

1646 Vgl. BVerfG 25.7.1996 – 1 BvR 638/96, juris Rn. 15; BVerfG 25.7.1996 – 1 BvR 638/96; BVerfGE 35, 382 (402); 65, 1 (70); 67, 43 (58); 69, 315 (363); 79, 69 (74).
1647 BVerfG 27.5.1998 – 2 BvR 378/98, juris Os. 2a = Rn. 17.
1648 BVerfG 27.5.1998 – 2 BvR 378/98, juris Os. 2ab = Rn. 18; BVerfG 14.5.1985 – 1 BvR 233/81, BVerfGE 69, 315 (363 f.).
1649 BVerfG 22.11.2002 – 1 BvR 1586/02, juris Os. 4.
1650 BVerfG 22.11.2002 – 1 BvR 1586/02, juris Rn. 7.
1651 Anm. des Verf.
1652 BVerfG 22.11.2002 – 1 BvR 1586/02, juris Rn. 9.

633 ■ vom 29.7.2003:[1653] „Droht dem Antragsteller bei Versagung des einstweiligen Rechtsschutzes eine erhebliche, über den Randbereich hinausgehende **Verletzung in seinen Grundrechten, die ... nicht mehr beseitigt werden kann**, so ist – erforderlichenfalls unter eingehender tatsächlicher und rechtlicher Prüfung des im Hauptverfahren geltend gemachten Anspruchs – einstweiliger Rechtsschutz zu gewähren, wenn nicht ausnahmsweise gewichtige Gründe entgegenstehen.“.[1654] ... „Der Maßstab, der an die Glaubhaftmachung eines Anordnungsanspruchs und damit des zu sichernden Rechts, dessen Verwirklichung ohne den Erlass einer einstweiligen Anordnung vereitelt oder wesentlich erschwert würde, anzulegen ist, hat sich an dem Rechtsschutzziel zu orientieren, das der Beschwerdeführer mit seinem Begehren verfolgt. Ist die geltend gemachte materielle Rechtsposition grundsätzlich sicherungsfähig, hängt die Bejahung eines Anordnungsanspruchs nach der Rechtsprechung der Verwaltungsgerichte regelmäßig davon ab, welche Erfolgsaussichten im Hauptsacheverfahren bestehen. Diese verwaltungsgerichtliche Praxis ist verfassungsrechtlich grundsätzlich unbedenklich“.[1655] ... „Der bei einer Beförderungsauswahl unterlegene Beamte, der hiergegen verwaltungsgerichtlichen Eilrechtsschutz in Anspruch nimmt, muss nach § 123 Abs. 3 VwGO in Verbindung mit § 920 Abs. 2 ZPO glaubhaft machen, dass die **Auswahlentscheidung** in verfahrens- oder materiellrechtlicher Hinsicht fehlerhaft ist. Hierzu hat er die den Anordnungsanspruch und den Anordnungsgrund begründenden Tatsachen so darzulegen, dass das Gericht von ihrer überwiegenden Wahrscheinlichkeit ausgehen kann“.[1656]

634 ■ vom 10.10.2003: „In den Fällen des § 80 Abs. 2 S. 1 Nr. 1, 2 und 3 VwGO hat der Gesetzgeber einen **grundsätzlichen Vorrang des Vollziehungsinteresses** angeordnet, sodass es besonderer Umstände bedarf, um eine hiervon abweichende Entscheidung zu rechtfertigen. Aufgrund dieser gesetzlichen Entscheidung sind die Gerichte in diesem Fall zu einer Einzelfallbetrachtung grundsätzlich nur im Hinblick auf solche Umstände angehalten, die von den Beteiligten vorgetragen werden und die Annahme rechtfertigen können, dass im konkreten Fall von der gesetzgeberischen Grundentscheidung ausnahmsweise abzuweichen ist. Die Folgen, die sich für den Beschwerdeführer mit dem Sofortvollzug verbinden, sind nur insoweit beachtlich, als sie nicht schon als regelmäßige Folge der gesetzlichen Anordnung des Sofortvollzugs in der gesetzgeberischen Grundentscheidung Berücksichtigung gefunden haben.“[1657]

635 ■ vom 12.5.2005: „Das Verfahren des einstweiligen Rechtsschutzes verlangt eine besondere Ausgestaltung, wenn ohne die Gewährung vorläufigen Rechtsschutzes **schwere und unzumutbare, anders nicht abwendbare Beeinträchtigungen entstehen können, die durch das Hauptsacheverfahren nicht mehr zu beseitigen wären**“[1658]... „Will sich das entscheidende Gericht in einem solchen Fall an den Erfolgsaussichten der Hauptsache orientieren, dann muss es die **Sach- und Rechtslage** nicht nur summarisch, sondern **abschließend prüfen**, und Fragen des Grundrechtsschutzes einbeziehen“[1659] ... „Entscheidet das Gericht anhand einer Folgenabwägung, so sind auch hier die grundrechtlichen Belange des Antragstellers umfassend in die Abwägung einzustellen“[1660] ... „Hierbei (bei Eilentscheidungen)[1661] dürfen Entscheidungen grundsätzlich sowohl auf eine Folgenabwägung wie auch auf eine summarische Prüfung der

1653 BVerfG 29.7.2003 – 2 BvR 311/03 = NVwZ 2004, 95 f.
1654 BVerfG 29.7.2003 – 2 BvR 311/03, juris Rn. 12.
1655 BVerfG 29.7.2003 – 2 BvR 311/03, juris Rn. 14.
1656 BVerfG 29.7.2003 – 2 BvR 311/03, juris Rn. 16.
1657 BVerfG 10.10.2003 – 1 BvR 2025/03, juris Os. 3 a–c und Rn. 21 f.
1658 BVerfG 12.5.2005 – 1 BvR 569/05, juris Os. 2a.
1659 BVerfG 12.5.2005 – 1 BvR 569/05, juris Os. 2b.
1660 BVerfG 12.5.2005 – 1 BvR 569/05, juris Os. 2c.
1661 Anm. des Verf.

Erfolgsaussichten in der Hauptsache gestützt werden[1662] ... „Jedoch stellt Art. 19 Abs. 4 GG besondere Anforderungen an die Ausgestaltung des Eilverfahrens, wenn ohne die Gewährung vorläufigen Rechtsschutzes schwere und unzumutbare, anders nicht abwendbare Beeinträchtigungen entstehen können, die durch das Hauptsacheverfahren nicht mehr zu beseitigen wären"[1663] ... „Die Gerichte müssen in solchen Fällen, wenn sie sich an den Erfolgsaussichten der Hauptsache orientieren wollen, die Sach- und Rechtslage nicht nur summarisch, sondern abschließend prüfen"[1664] ... „Ist dem Gericht dagegen eine vollständige Aufklärung der Sach- und Rechtslage im Eilverfahren nicht möglich, so ist anhand einer Folgenabwägung zu entscheiden. ... Diese besonderen Anforderungen an Eilverfahren schließen andererseits nicht aus, dass die Gerichte den Grundsatz der unzulässigen Vorwegnahme der Hauptsache vermeiden, indem sie zum Beispiel Leistungen nur mit einem Abschlag zusprechen ..."[1665] „Auch das Landessozialgericht hat die Unklarheiten und Zweifel an der Hilfebedürftigkeit nicht abschließend aufgeklärt. Ebenso wenig hat es abschließend überprüft, welche konkreten Obliegenheiten nach § 60 SGB I die Beschwerdeführer verletzt haben sollen. Auf der anderen Seite ist das Landessozialgericht auch nicht in eine Abwägung eingetreten. Dies genügt nicht den verfassungsrechtlichen Anforderungen".[1666]

- vom 6.2.2007: „In gerichtlichen Eilverfahren begegnet es grundsätzlich keinen verfassungsrechtlichen Bedenken, wenn sich die Fachgerichte bei der Beurteilung der Sach- und Rechtslage an den Erfolgsaussichten der Hauptsache orientieren. Allerdings ist ihnen in den Fällen, in denen es um **existentiell bedeutsame Leistungen der Krankenversicherung** für den Antragsteller geht, eine lediglich summarische Prüfung der Sach- und Rechtslage verwehrt. Sie haben unter diesen Voraussetzungen die Sach- und Rechtslage abschließend zu prüfen. Ist dem Gericht eine vollständige Aufklärung der Sach- und Rechtslage im Eilverfahren nicht möglich, so ist anhand einer Folgenabwägung zu entscheiden; die grundrechtlichen Belange des Antragstellers sind umfassend in die Abwägung einzustellen. Die Gerichte müssen sich schützend und fördernd vor die Grundrechte des Einzelnen stellen."[1667] 636

- vom 15.1.2007: „Trotz der existenziellen Bedeutung der hier in Frage stehenden Leistungen begegnet ihre Verweigerung im fachgerichtlichen Verfahren des einstweiligen Rechtsschutzes wegen der Besonderheiten des vorliegenden Falls keinen verfassungsrechtlichen Bedenken. Das Grundgesetz verpflichtet den Staat, die Mindestvoraussetzungen für ein menschenwürdiges Dasein seiner Mitbürger zu schaffen. Dies umfasst insbesondere die Fürsorge für Hilfsbedürftige. Eine solche Hilfsbedürftigkeit ist nicht anzunehmen, soweit der Betroffene über eigenes Vermögen verfügt, das er zumutbar verwerten kann, bevor er staatliche Fürsorgeleistungen in Anspruch nimmt. Diesem Grundsatz entspricht die Vorschrift des **§ 7 Abs. 1 S. 1 AsylbLG** über die **Pflicht zum** vorrangigen Verbrauch von verfügbarem Vermögen. Sie verpflichtet den Antragsteller zu einem umfassenden **Vermögenseinsatz.** Anders als das allgemeine Sozialhilferecht sieht das Asylbewerberleistungsgesetz keine Bestimmungen über ein von der Verwertungspflicht ausgenommenes geschütztes Schonvermögen vor. Dies wird in der Literatur kritisiert (...). Vorliegend bedarf es allerdings keiner Auseinandersetzung mit dieser Streitfrage, da die Beschwerdeführerin nicht dargelegt hat, inwieweit es sich bei 637

1662 BVerfG 12.5.2005 – 1 BvR 569/05, juris Rn. 23; BVerfG, NVwZ-RR 1999, 217 (218).
1663 BVerfG 12.5.2005 – 1 BvR 569/05, juris Rn. 24.
1664 BVerfG 12.5.2005 – 1 BvR 569/05, juris Rn. 25; BVerfG NJW 2003, 1236 f.; NVwZ 2004, 95 f.
1665 BVerfG 12.5.2005 – 1 BvR 569/05, juris Rn. 26; BVerfG, 2. Kammer des Ersten Senats NVwZ-RR 2001, 694 (695).
1666 BVerfG 12.5.2005 – 1 BvR 569/05, juris Rn. 30.
1667 BVerfG 6.2.2007 – 1 BvR 3101/06, juris Rn. 18 (stattgebender Beschluss zur Zuerkennung einer Apheresebehandlung bei schwerer Krankheit im Wege des vorläufigen Rechtsschutzes).

der Wohnung in Bukarest um zu schützendes Schonvermögen handelt. Die Angaben ihrer Eltern, die Wohnung sei als Erbschaft für die Kinder gedacht, ändert hieran nichts. Die Beschwerdeführerin ist bereits Miteigentümerin der Wohnung. Wenn überhaupt käme lediglich in Betracht, dass sie die Wohnung später als eigenen Wohnsitz nehmen will. Eine entsprechende Absicht ist jedoch weder vorgetragen noch ersichtlich."[1668]

638 ■ vom 25.2.2009: „Die Fachgerichte ließen das aktuelle Interesse der Beschwerdeführerin, im Wohnumfeld einen Rest an Mobilität zu erhalten, wegen einer von ihnen selbst lediglich für möglich gehaltenen Gefahr beim Betrieb des **Elektrorollstuhls** zurücktreten. Dabei hätten sie den Vortrag der Beschwerdeführerin, mit dem sie eine solche Gefahr unter Beweisantritt bestritt, nicht unter Hinweis auf lediglich denkbare Gefahrenlagen beiseite schieben dürfen."[1669] – „Je schwerer die Belastungen des Betroffenen wiegen, die mit der Versagung vorläufigen Rechtsschutzes verbunden sind, umso weniger darf das Interesse an einer vorläufigen Regelung oder Sicherung der geltend gemachten Rechtsposition zurückgestellt werden. Art. 19 Abs. 4 GG verlangt auch bei Vornahmesachen jedenfalls dann vorläufigen Rechtsschutz, wenn ohne ihn **schwere und unzumutbare, anders nicht abwendbare Nachteile** entstünden, zu deren nachträglicher Beseitigung die Entscheidung in der Hauptsache nicht mehr in der Lage wäre. Die Gerichte sind, wenn sie ihre Entscheidung nicht an einer Abwägung der widerstreitenden Interessen, sondern an den Erfolgsaussichten in der Hauptsache orientieren, in solchen Fällen gemäß Art. 19 Abs. 4 S. 1 GG gehalten, die Versagung vorläufigen Rechtsschutzes auf eine **eingehende Prüfung der Sach- und Rechtslage** zu stützen. Ist dem Gericht dagegen eine vollständige Aufklärung der Sach- und Rechtslage im Eilverfahren nicht möglich, so ist anhand einer Folgenabwägung zu entscheiden. Auch in diesem Fall sind die grundrechtlichen Belange des Antragstellers umfassend in die Abwägung einzustellen. Die Gerichte müssen sich schützend und fördernd vor die Grundrechte des Einzelnen stellen. Dies gilt ganz besonders, wenn es um die Wahrung der Würde des Menschen geht. Eine Verletzung dieser grundgesetzlichen Gewährleistung, auch wenn sie nur möglich erscheint oder nur zeitweilig andauert, haben die Gerichte zu verhindern."[1670] – Eine **Vorwegnahme der Hauptsache** kann „bei drohenden schweren und unzumutbaren Nachteilen durchaus geboten sein. Die diesbezüglichen Ausführungen der Gerichte übersehen ... bereits, dass die Versorgung der Beschwerdeführerin im Rahmen einer einstweiligen Anordnung mit einem Elektrorollstuhl, selbst wenn dieser speziell für die Beschwerdeführerin hergerichtet werden muss, trotzdem nur eine vorläufige und keine endgültige Regelung ist. Denn die Wirkungen einer derartigen einstweiligen Anordnung können nachträglich für die Vergangenheit korrigiert werden."[1671]

639 ■ vom 30.10.2009: „Für die **sofortige Vollziehung eines Verwaltungsaktes** ist ein **besonderes öffentliches Interesse** erforderlich, das über jenes hinausgeht, das den Verwaltungsakt selbst rechtfertigt. Soweit die Fachgerichte dies beachten, ist nicht zu beanstanden, dass im Rahmen der Abwägungsentscheidung über die Anordnung der aufschiebenden Wirkung auch die Erfolgsaussichten des Rechtsbehelfs berücksichtigt werden. § 39 Nr. 1 Alt. 2 SGB II gewährleistet dem Betroffenen die Möglichkeit, eine gerichtliche Anordnung der aufschiebenden Wirkung zu erlangen, in hinreichender Weise."[1672]

1668 BVerfG 15.1.2007 – 1 BvR 2971/06, juris Rn. 16 f. (Nichtannahmebeschluss; AsylbLG).
1669 BVerfG 25.2.2009 – 1 BvR 120/09, juris Ls. 3a (stattgebender Beschluss zur Versorgung mit einem Elektrorollstuhl).
1670 BVerfG 25.2.2009 – 1 BvR 120/09, juris Rn. 11.
1671 BVerfG 25.2.2009 – 1 BvR 120/09, juris Rn. 17.
1672 BVerfG 30.10.2009 – 1 BvR 2395/09, juris Rn. 6 f.

- vom 9.2.2010:[1673] „Die Gewährleistung eines menschenwürdigen Existenzminimums muss durch einen gesetzlichen Anspruch gesichert sein. Dies verlangt bereits unmittelbar der Schutzgehalt des Art. 1 Abs. 1 GG. Ein Hilfebedürftiger darf nicht auf freiwillige Leistungen des Staates oder Dritter verwiesen werden, deren Erbringung nicht durch ein subjektives Recht des Hilfebedürftigen gewährleistet ist. Die verfassungsrechtliche Gewährleistung eines menschenwürdigen Existenzminimums muss durch ein Parlamentsgesetz erfolgen, das einen konkreten Leistungsanspruch des Bürgers gegenüber dem zuständigen Leistungsträger enthält."[1674] „Der Leistungsanspruch aus Art. 1 Abs. 1 GG ist dem Grunde nach von der Verfassung vorgegeben. Der Umfang dieses Anspruchs kann im Hinblick auf die Arten des Bedarfs und die dafür erforderlichen Mittel jedoch nicht unmittelbar aus der Verfassung abgeleitet werden. Er hängt von den gesellschaftlichen Anschauungen über das für ein menschenwürdiges Dasein Erforderliche, der konkreten Lebenssituation des Hilfebedürftigen sowie den jeweiligen wirtschaftlichen und technischen Gegebenheiten ab und ist danach vom Gesetzgeber konkret zu bestimmen."[1675] „Die **Regelleistung zur Sicherung des Lebensunterhalts** dient nach der Definition in § 20 Abs. 1 S. 1 **SGB II** beziehungsweise in § 20 Abs. 1 SGB II nF sowohl dazu, die physische Seite des Existenzminimums sicherzustellen, als auch dazu, dessen soziale Seite abzudecken, denn die Regelleistung umfasst in vertretbarem Umfang auch die Beziehungen zur Umwelt und eine Teilnahme am kulturellen Leben.[1676] Es ist verfassungsrechtlich grundsätzlich nicht zu beanstanden, dass das Sozialgesetzbuch Zweites Buch dazu übergegangen ist, **einmaligen Bedarf**, der nur in unregelmäßigen Abständen, etwa zur Anschaffung von Winterkleidung, entsteht, durch Anhebung der monatlichen Regelleistungen in der Erwartung zu decken, dass der Hilfebedürftige diesen erhöhten Anteil für den unregelmäßig auftretenden Bedarf zurückhält."[1677] 640

- vom 15.3.2010: „Die gebotene Abwägung führt zum Erlass der beantragten einstweiligen Anordnung. Erginge die einstweilige Anordnung nicht, erwiese sich die Verfassungsbeschwerde aber als begründet, so entstünden der Beschwerdeführerin durch den **Sofortvollzug der Entziehung der Zulassung** zur Teilnahme an der vertragsärztlichen Versorgung **schwere und nahezu irreparable berufliche und wirtschaftliche Nachteile**. Sie müsste den Betrieb des medizinischen Versorgungszentrums ab dem 1.4.2010 einstellen. Infolgedessen würde sie das medizinische Versorgungszentrum aufgeben und ihren angestellten Ärzten und Mitarbeitern kündigen müssen. Zugleich würde sie den Patientenstamm ihres medizinischen Versorgungszentrums verlieren. Diese Konsequenzen wären bei einem späteren Erfolg der Verfassungsbeschwerde praktisch kaum noch rückgängig zu machen. Erginge die einstweilige Anordnung, hätte die Verfassungsbeschwerde später aber keinen Erfolg, so könnte die Beschwerdeführerin ihr medizinisches Versorgungszentrum einstweilen weiter betreiben. Für die Gesundheit der dort versorgten Patienten drohen hierdurch nach den im Ausgangsverfahren getroffenen Feststellungen keine Gefahren. Es ist danach auch nicht konkret anzunehmen, dass die Beschwerdeführerin bei einer weiteren Berufstätigkeit während des Verfahrens ihre Pflichten verletzen wird; eine Wiederholungsgefahr wurde vom Landessozialgericht nicht gesehen. Soweit das Landessozialgericht generalpräventive Erwägungen im Hinblick auf den Betrieb von medizinischen Versorgungszentren angestellt hat, ist nicht ersichtlich, dass sich entsprechende Gefahren infolge des Erlasses der einstweiligen Anordnung gerade während des laufenden Verfassungsbeschwerdeverfahrens realisie- 641

1673 BVerfG 9.2.2010 – 1 BvL 1/09, 1 BvL 3/09, 1 BvL 4/09.
1674 BVerfG 9.2.2010 – 1 BvL 1/09, 1 BvL 3/09, 1 BvL 4/09, juris Rn. 136.
1675 BVerfG 9.2.2010 – 1 BvL 1/09, 1 BvL 3/09, 1 BvL 4/09, juris Rn. 138.
1676 BVerfG 9.2.2010 – 1 BvL 1/09 – 1 BvL 3/09, 1 BvL 4/09, juris Rn. 148.
1677 BVerfG 9.2.2010 – 1 BvL 1/09, 1 BvL 3/09, 1 BvL 4/09, juris Rn. 150.

ren könnten. Die aufgezeigten Folgen einer weiteren Betätigung der Beschwerdeführerin fallen somit weniger stark ins Gewicht, während andererseits die beruflichen Folgen für die Beschwerdeführerin bei Ablehnung der einstweiligen Anordnung existenziell wären. Die grundrechtlich geschützten Belange der Beschwerdeführerin überwiegen daher das Interesse der Allgemeinheit an der sofortigen Vollziehung der Entziehung der Zulassung zur vertragsärztlichen Versorgung."[1678]

642 ■ vom 8.4.2010: „Der Verwaltungsgerichtshof geht schließlich in Verkennung der maßgeblichen Aussagen des Beschlusses der Kammer vom 24.10.2003 (BVerfGK 2, 89) davon aus, bereits die offensichtliche Rechtmäßigkeit der Maßnahme (also des **Widerrufs**) erlaube auch unter Beachtung der Verhältnismäßigkeit (nicht) ihre **sofortige Vollziehung**. Das Gegenteil ist nach der genannten Entscheidung der Fall... Zwar führt der Senat darüber hinaus an, der Sofortvollzug sei auch zum Schutz des Vertrauens in die Ärzteschaft und damit im Interesse eines wichtigen Gemeinschaftsguts geboten. Den verfassungsrechtlichen Maßstäben wird jedoch auch insofern nicht genügt. Eine Abwägung der ... angenommenen Gefahren für das genannte Gemeinschaftsgut mit dem grundrechtlich geschützten Interesse des Beschwerdeführers unter Berücksichtigung der Umstände des Einzelfalls findet nicht statt. Soweit die aus dem Sofortvollzug resultierenden Folgen für den Beschwerdeführer überhaupt Erwähnung finden, geht der Verwaltungsgerichtshof vielmehr ausdrücklich davon aus, dass es hierauf nicht ankomme. Diese Verkennung der verfassungsrechtlichen Anforderungen verletzt den Beschwerdeführer in seinem Grundrecht der Berufsfreiheit. Es fehlt in den angegriffenen Entscheidungen zudem die verfassungsrechtlich haltbare Feststellung einer konkreten Gefahr für wichtige Gemeinschaftsgüter durch eine weitere Berufstätigkeit des Beschwerdeführers schon vor Rechtskraft des Hauptsacheverfahrens."[1679] ... „Andere Tatsachen, aufgrund derer eine aus der weiteren ärztlichen Tätigkeit des Beschwerdeführers drohende konkrete Gefahr für wichtige Gemeinschaftsgüter angenommen werden könnte, werden in den angegriffenen Entscheidungen nicht benannt. Damit ist die Feststellung des Bestehens einer derartigen Gefahr verfassungsrechtlich nicht haltbar, ..."[1680] ... „Zugleich verletzen die ... Entscheidungen das Grundrecht des Beschwerdeführers auf effektiven Rechtsschutz aus Art. 19 Abs. 4 GG. Art. 19 Abs. 4 GG gewährt nicht nur das formelle Recht und die theoretische Möglichkeit, die Gerichte anzurufen, sondern auch die Effektivität des Rechtsschutzes; der Grundrechtsträger hat einen substantiellen Anspruch auf eine tatsächlich wirksame gerichtliche Kontrolle ... Der Rechtsschutzgarantie des Art. 19 Abs. 4 GG kommt daher nicht nur die Aufgabe zu, jeden Akt der Exekutive, der in Rechte des Grundrechtsträgers eingreift, vollständig der richterlichen Prüfung zu unterstellen, sondern auch irreparable Entscheidungen, wie sie durch die sofortige Vollziehung einer hoheitlichen Maßnahme eintreten können, soweit als möglich auszuschließen ... Allerdings können überwiegende öffentliche Belange es rechtfertigen, den Rechtsschutzanspruch des Grundrechtsträgers einstweilen zurückzustellen, um unaufschiebbare Maßnahmen im Interesse des allgemeinen Wohls rechtzeitig in die Wege zu leiten. Dabei ist der Rechtsschutzanspruch umso stärker und darf umso weniger zurückstehen, je schwerwiegender die auferlegte Belastung ist und je mehr die Maßnahmen der Verwaltung Unabänderliches bewirken ... Dem werden die gerichtlichen Beschlüsse wegen der unhaltbar begründeten Annahme einer konkreten Gefahr für Gemeinschaftsgüter während der Dauer des Hauptsa-

1678 BVerfG 15.3.2010 – 1 BvR 722/10, juris Rn. 10–12 (stattgebender Beschluss zum Erlass einer einstweiligen Anordnung, die sofortige Vollziehung der Entziehung der Zulassung zur vertragsärztlichen Versorgung einstweilen auszusetzen).

1679 BVerfG 8.4.2010 – 1 BvR 2709/09, juris Rn. 17 f. (stattgebender Beschluss zur Verletzung der Berufsfreiheit sowie des Anspruchs auf effektiven Rechtsschutz durch sofort vollziehbaren Widerruf einer ärztlichen Approbation).

1680 BVerfG 8.4.2010 – 1 BvR 2709/09, juris Rn. 20.

cheverfahrens und wegen der unzureichenden Abwägung der gegenläufigen Interessen im Rahmen der Verhältnismäßigkeitsprüfung nicht gerecht."[1681]

- vom 8.11.2010: „Die Anordnung der sofortigen Vollziehung der **Entziehung der vertragsärztlichen Zulassung** ... stellt einen selbstständigen Eingriff in das Grundrecht aus Art. 12 Abs. 1 GG dar."[1682] ... „Da die durch den Sofortvollzug bewirkten Beschränkungen angesichts des hohen Anteils der gesetzlich krankenversicherten Patienten einem vorläufigen Berufsverbot zumindest nahekommen, sind sie – wie dieses – nur unter strengen Voraussetzungen zur Abwehr konkreter Gefahren für wichtige Gemeinschaftsgüter und unter strikter Beachtung des Grundsatzes der Verhältnismäßigkeit statthaft ... Allein die hohe Wahrscheinlichkeit, dass das Hauptsacheverfahren zum Nachteil des Betroffenen ausgehen wird, reicht mithin nicht aus. Die Anordnung der sofortigen Vollziehung setzt vielmehr voraus, dass überwiegende öffentliche Belange es auch mit Blick auf die Berufsfreiheit des Betroffenen rechtfertigen, seinen Rechtsschutzanspruch gegen die Grundverfügung einstweilen zurückzustellen, um unaufschiebbare Maßnahmen im Interesse des allgemeinen Wohls rechtzeitig in die Wege zu leiten. Ob diese Voraussetzungen gegeben sind, hängt von einer Gesamtwürdigung der Umstände des Einzelfalls und insbesondere davon ab, ob eine weitere Berufstätigkeit schon vor Rechtskraft des Hauptsacheverfahrens konkrete Gefahren für wichtige Gemeinschaftsgüter befürchten lässt"[1683] ... „... mit der Annahme, es seien zwischenzeitlich erneute fehlerhafte Abrechnungen zu befürchten, nimmt das Gericht eine konkrete Gefahr für ein schutzwürdiges Gemeinschaftsgut in den Blick. Die Verlässlichkeit des Abrechnungssystems ist eine der Bedingungen für das Funktionieren der vertragsärztlichen Versorgung und dient damit der Sicherung eines besonders wichtigen Allgemeininteresses, das Beschränkungen des Art. 12 Abs. 1 GG grundsätzlich auch im Rahmen des Sofortvollzugs erlaubt ... Soweit das Gericht eine konkrete Gefahr bejaht, fehlt es jedoch an einer ausreichenden, den Anforderungen des Art. 12 Abs. 1 GG genügenden Abwägung der für beziehungsweise gegen die Verwirklichung einer solchen Gefahr sprechenden Gesichtspunkte. Das Sozialgericht berücksichtigt bei seiner Prüfung ausschließlich die für die Beschwerdeführerin ungünstigen Umstände, während die für sie günstigen Aspekte – wie die Entbindung des Standortmanagers von seiner Funktion und die Beauftragung eines Unternehmens, das die zukünftigen Abrechnungen überprüfen soll – keine Erwähnung finden. Auch die für die Beurteilung einer möglichen Wiederholungsgefahr in der Regel gebotenen Feststellungen dazu, ob seit dem Entzug der Zulassung erneut Abrechnungsfehler aufgetreten sind, fehlen gänzlich..."[1684] „Das LSG begründet die Annahme einer – den Sofortvollzug rechtfertigenden – konkreten Gefahr in unhaltbarer Weise. Zum einen sieht es den Sofortvollzug als Mittel der Generalprävention, obwohl eine entsprechende Gefahrenlage weder von der Beschwerdeführerin verursacht wurde noch ihr zugerechnet werden kann. Zum anderen legt das LSG im Hinblick auf andere an der vertragsärztlichen Versorgung teilnehmenden Leistungserbringer keine konkrete Gefahr von Missständen dar."[1685] 643

- vom 18.7.2012: „Die ... **Geldleistungen nach** § 3 Abs. 2 S. 2 und 3 iVm Abs. 1 S. 4 **AsylbLG** sind evident unzureichend. Die Höhe der Geldleistungen im Asylbewerberleistungsgesetz ist trotz erheblicher Preissteigerungen seit 1993 nicht verändert worden... Der Gesetzgeber 644

1681 BVerfG 8.4.2010 – 1 BvR 2709/09, juris Rn. 21 ff.
1682 BVerfG 8.11.2010 – 1 BvR 722/10, juris Rn. 12 (stattgebender Beschluss wegen fehlerhafter Abwägung und unhaltbarer Annahme einer konkreten Gefahr bei Anordnung der sofortigen Vollziehung des Entzugs der Zulassung zur kassenärztlichen Versorgung gem. § 95 Abs. 6 SGB V wegen Unregelmäßigkeiten in der Abrechnung eines Medizinischen Versorgungszentrums).
1683 BVerfG 8.11.2010 – 1 BvR 722/10, juris Rn. 13.
1684 BVerfG 8.11.2012 – 1 BvR 722/10, juris Rn. 15.
1685 BVerfG 8.11.2010 – 1 BvR 722/10, juris Rn. 16 fOs. 2.b.bb.

hatte im Jahr 1993 selbst einen Anpassungsmechanismus vorgesehen, der Verordnungsgeber diesen aber nie umgesetzt... Dass die Höhe der Geldleistungen evident unzureichend ist, zeigt sich beispielsweise an den Leistungen für einen erwachsenen Haushaltsvorstand im Vergleich mit der aktuellen Leistungshöhe des allgemeinen Fürsorgerechts des Zweiten und des Zwölften Buches Sozialgesetzbuch. Zwar sind die Leistungen angesichts der unterschiedlichen Regelungsstruktur nicht unmittelbar vergleichbar. Doch offenbart ein erheblicher Abstand von einem Drittel zu Leistungen nach dem Zweiten und Zwölften Buch Sozialgesetzbuch, deren Höhe erst in jüngster Zeit zur Sicherung des Existenzminimums bestimmt ..., ein Defizit in der Sicherung der menschenwürdigen Existenz."[1686]

645 ■ vom 6.2.2013: „Die Gewährleistung effektiven Rechtsschutzes verlangt grundsätzlich die Möglichkeit eines Eilverfahrens, wenn ansonsten dem Betroffenen eine **erhebliche, über Randbereiche hinausgehende Verletzung seiner Rechte** droht, die durch die Entscheidung in der Hauptsache **nicht mehr beseitigt werden kann**. Dies gilt gleichfalls für Anfechtungs- wie für Vornahmesachen. Die Entscheidungen dürfen sowohl auf eine Folgenabwägung wie auch auf eine summarische Prüfung der **Erfolgsaussichten in der Hauptsache** gestützt werden, erforderlichenfalls unter eingehender tatsächlicher und rechtlicher Prüfung des im Hauptverfahren geltend gemachten Anspruchs. Hierbei ist dem Gewicht der in Frage stehenden und gegebenenfalls miteinander abzuwägenden Grundrechten Rechnung zu tragen, um eine etwaige Verletzung von Grundrechten nach Möglichkeit zu verhindern. Je gewichtiger die drohende Grundrechtsverletzung und je höher ihre Eintrittswahrscheinlichkeit ist, desto intensiver hat die tatsächliche und rechtliche Durchdringung der Sache bereits im Verfahren des vorläufigen Rechtsschutzes zu erfolgen (vgl. BVerfGE 79, 69 <75>). Ist eine der drohenden Grundrechtsverletzung entsprechende Klärung der Sach- und Rechtslage im Eilverfahren nicht möglich – etwa weil es dafür weiterer, in der Kürze der zur Verfügung stehenden Zeit nicht zu verwirklichender tatsächlicher Aufklärungsmaßnahmen bedürfte –, ist es von Verfassungs wegen nicht zu beanstanden, wenn die Entscheidung über die Gewährung vorläufigen Rechtsschutzes dann auf der Grundlage einer Folgenabwägung erfolgt."[1687]

646 ■ vom 6.8.2014: „Zwar muss bereits im fachgerichtlichen Eilverfahren die tatsächliche und rechtliche Durchdringung der Sache umso intensiver erfolgen, je gewichtiger die drohende Grundrechtsverletzung und je höher ihre Eintrittswahrscheinlichkeit ist. Können jedoch in einem solchen Verfahren die erforderlichen Aufklärungsmaßnahmen aufgrund der Kürze der verfügbaren Zeit nicht vorgenommen werden, so kann auch auf der Grundlage einer Folgenabwägung entschieden werden. Die **Anforderungen an die Glaubhaftmachung hängen** dabei **vom** jeweils verfolgten **Rechtsschutzziel ab.**[1688] ... Bei der Prüfung der Hilfebedürftigkeit als Voraussetzung eines Anspruchs auf Leistungen zur Sicherung des Lebensunterhalts nach dem SGB II (§ 7 Abs. 1 Satz 1 Nr. 3, § 9 SGB II) ist daher auf die gegenwärtige tatsächliche Situation der Antragstellenden abzustellen; **Umstände aus der Vergangenheit** dürfen nur insoweit herangezogen werden, als sie eindeutige Erkenntnisse über die gegenwärtige Lage ermöglichen (vgl. BVerfGK 5, 237 <243>). ... Zwar haben die Beschwerdeführerinnen und Beschwerdeführer im gerichtlichen Verfahren eine eidesstattliche Versicherung vorgelegt, wonach sie seit Oktober 2011 keine Einnahmen mehr erzielt hätten. Diese Erklärung durfte das Landessozialgericht aber als insgesamt ungeeignet zur Glaubhaftmachung ansehen, weil nach den gerichtlichen Feststellungen noch im November 2011 ein Ge-

1686 BVerfG 18.7.2012 – 1 BvL 10/10, 1 BvL 2/11, juris Rn. 81 ff.
1687 BVerfG 6.2.2013 – 1 BvR 2366/12, juris Rn. 2 f.
1688 BVerfG 6.8.2014 – 1 BvR 1453/12, juris Rn. 10.

winn aus einem Gewerbebetrieb in Höhe von ... EUR erwirtschaftet worden war, sich die eidesstattliche Erklärung also in einem wesentlichen Punkt als unzutreffend erwies. Deshalb ist auch die Argumentation des Landessozialgerichts vertretbar, es sei nicht geltend und erst recht nicht glaubhaft gemacht, die Gewinnerwartung für die Zeit nach Februar 2012 habe sich nicht erfüllt. Schließt das Gericht daraus auf das Fehlen einer **Bedürftigkeit**, überspannt es nicht die Anforderungen an die Glaubhaftmachung des Anordnungsanspruchs."[1689]

- vom 27.5.2016: „Ob die Anordnung des Sofortvollzugs an formellen Fehlern leidet, ist im Verfahren auf einstweiligen Rechtsschutz eine Frage von zentraler Bedeutung. Im Verfahren nach § 86b Abs. 1 Satz 1 Nr. 2 SGG hat das Gericht die behördliche Anordnung stets formell und materiell zu prüfen (vgl. BVerfGK 16, 320 <324>). An die behördliche Begründung des Sofortvollzugs werden hohe Anforderungen gestellt; sie kann nach herrschender Meinung nicht mit heilender Wirkung nachgeholt werden ... Eine fehlende oder unzureichende **Begründung des Sofortvollzugs** führt zur Wiederherstellung der aufschiebenden Wirkung oder zur Aufhebung der Anordnung des Sofortvollzugs (str.). ... Vorliegend steht der Erheblichkeit des Vortrags der Beschwerdeführer nicht entgegen, dass die Ausführungen im Rahmen der Begründung des Hilfsantrags gemacht wurden. Das Gericht muss grundsätzlich das gesamte Vorbringen in tatsächlicher und rechtlicher Hinsicht zur Kenntnis nehmen. Anderes gilt nur dann, wenn das Prozessrecht ausnahmsweise die Nichtberücksichtigung des Vorbringens zulässt. Vorliegend durfte das Landessozialgericht zwar die Begründetheit des Hilfsantrags ungeprüft lassen, weil es (vertretbar) von dessen Unstatthaftigkeit ausgegangen ist. Dies bedeutet aber nicht, dass das Gericht auch den Vortrag zur Begründung des Hilfsantrags unberücksichtigt lassen durfte. Ist der Vortrag zum Hilfsantrag – wie hier – auch für den statthaften Hauptantrag erheblich, muss das Gericht ihn in seine Erwägungen zum Hauptantrag mit einbeziehen. Dies gilt jedenfalls in den vom Grundsatz der Amtsermittlung und Fürsorgepflichten geprägten Verfahren vor den Sozialgerichten."[1690] 647

- vom 1.8.2017: „Die **Beurteilung des Anordnungsgrundes** darf nicht schematisch erfolgen. Das Gericht muss vielmehr prüfen, ob ein wesentlicher Nachteil im konkreten Einzelfall vorliegt. ... Entsprechend haben die Gerichte der Sozialgerichtsbarkeit in Verfahren des Eilrechtsschutzes zu den Kosten der Unterkunft auch unter Berücksichtigung der Zielsetzung des § 22 Abs. 1 Satz 1 SGB II zu prüfen, welche negativen Folgen im konkreten Einzelfall drohen. Relevante Nachteile können nicht nur in einer **Wohnungs- beziehungsweise Obdachlosigkeit** liegen (...). § 22 Abs. 1 Satz 1 SGB II gibt vielmehr die Übernahme der „angemessenen" Kosten vor und dient im Zusammenwirken mit anderen Leistungen dazu, über die Verhinderung der bloßen Obdachlosigkeit hinaus das Existenzminimum sicherzustellen (vgl. BVerfGE 125, 175 <228>). Dazu gehört es, den gewählten Wohnraum in einem bestehenden sozialen Umfeld nach Möglichkeit zu erhalten (vgl. in diesem Zusammenhang BSG, Urteil vom 7.11.2006 – R 7b AS 18/06 R -, juris, Rn. 21). Daher ist bei der Prüfung, ob ein Anordnungsgrund für den Eilrechtsschutz vorliegt, im Rahmen der wertenden Betrachtung zu berücksichtigen, welche negativen Folgen finanzieller, sozialer, gesundheitlicher oder sonstiger Art ein Verlust gerade der konkreten Wohnung für die Betroffenen hätte. Diesen Anforderungen wird das Landessozialgericht vorliegend nicht gerecht. Es stellt allein und schematisch auf die Erhebung der Räumungsklage ab und legt seiner Entscheidung damit ein der gesetzgeberischen Zwecksetzung nicht entsprechendes, zu enges Verständnis des we- 648

1689 BVerfG 6.8.2014 – 1 BvR 1453/12, juris Rn. 12; zur Berücksichtigung von Umständen aus der Vergangenheit bei der Prüfung der gegenwärtigen finanziellen Situation s. a. BVerfG 12.9.2016 – 1 BvR 1630/16.

1690 BVerfG 27.5.2016 – 1 BvR 1890/15, juris Rn. 19 f.

sentlichen Nachteils zugrunde. ... Damit sei zu befürchten, dass dem Beschwerdeführer die Kosten einer Räumungsklage von über 2.000 EUR auferlegt würden. Dieses Risiko, die Kosten des zivilgerichtlichen Rechtsstreits tragen zu müssen, wird auch weder durch das Prozesskostenhilferecht noch durch das Sozialrecht sicher beseitigt, sodass dieser Aspekt nicht von vornherein der wertenden Betrachtung hätte entzogen werden dürfen. ... Das Landessozialgericht überspannt die Anforderungen an den Anordnungsgrund nach § 86b Abs. 2 Satz 2 SGG auch dadurch, dass es schematisch auf eine schon erhobene Räumungsklage und damit auf einen starren und späten Zeitpunkt abstellt, zu dem eine erhebliche Beeinträchtigung der Rechtsstellung der Betroffenen bereits eingetreten ist. Auch damit vernachlässigt es die erforderliche Würdigung der Umstände des Einzelfalles (...). Insbesondere kann nach Rechtshängigkeit der Räumungsklage nicht ohne Weiteres davon ausgegangen werden, dass der Verlust der Wohnung noch sicher abgewendet werden kann. Wird der rückständige Mietzins innerhalb von zwei Monaten nach Rechtshängigkeit der Räumungsklage nachgezahlt, wird zwar die außerordentliche Kündigung des Mietverhältnisses nach § 569 Abs. 3 Nr. 2 Satz 1 BGB unwirksam. Doch hat dies auf die Wirksamkeit einer ordentlichen Kündigung keine Auswirkungen. Es kann nicht pauschal davon ausgegangen werden, dass diese unwirksam ist. Zwar ist nach der Rechtsprechung des Bundesgerichtshofs die Mietpartei im Fall der ordentlichen Kündigung durch eine unverschuldete Zahlungsunfähigkeit entlastet (...). Maßgeblich für das Verschulden im Hinblick auf die Zahlungsunfähigkeit sind aber die Umstände des Einzelfalls. Damit hat sich das Landessozialgericht vorliegend jedoch nicht befasst."[1691]

649 ■ vom 26.6.2018: „Allerdings hat die Kammer bereits in einem Beschluss vom 6.2.2013 (BVerfGK 20, 196) festgehalten, dass sich aus den aus Art. 19 Abs. 4 GG folgenden Anforderungen an den fachgerichtlichen Eilrechtsschutz **nur ausnahmsweise die Notwendigkeit einer Vollprüfung** ergibt (vgl. hierzu und zum Folgenden BVerfGK 20, 196 <197 f.>). Die Fachgerichte müssen vielmehr die Sach- und Rechtslage nur umso eingehender prüfen, je gewichtiger die drohende Grundrechtsverletzung und je höher ihre Eintrittswahrscheinlichkeit ist. Findet eine gemessen am Gewicht der geltend gemachten Grundrechtsverletzungen genügend intensive Durchdringung der Sach- und Rechtslage statt, kann es unschädlich sein, wenn das Fachgericht den Ausgang des Hauptsacheverfahrens gleichwohl als offen einschätzt und die von ihm vorgenommene Prüfung selbst als summarisch bezeichnet, ohne deswegen allein auf eine Folgenabwägung abzustellen, sofern nur deutlich wird, dass das Fachgericht den Ausgang des Hauptsacheverfahrens für weitgehend zuverlässig prognostizierbar hält. Die in § 31 Abs. 6 Satz 1 Nr. 2 Sozialgesetzbuch Fünftes Buch (SGB V) normierte Voraussetzung für eine Versorgung mit Cannabis, dass eine nicht ganz entfernt liegende Aussicht auf eine spürbare positive Einwirkung auf den Krankheitsverlauf oder auf schwerwiegende Symptome bestehen muss, hat das Landessozialgericht nicht etwa offengelassen, sondern abschließend festgestellt, dass diese nicht vorliegt."[1692]

650 ■ vom 14.3.2019: „Hieraus ergeben sich Anforderungen an die Auslegung und Anwendung der jeweiligen Gesetzesbestimmungen über den Eilrechtsschutz (vgl. BVerfGE 49, 220 <226>; 77, 275 <284>). Hinsichtlich des fachgerichtlich begründeten Erfordernisses der **Glaubhaftmachung eines Anordnungsanspruchs** bedeutet dies, dass die Anforderungen an dessen Vorliegen, gemessen an der drohenden Rechtsverletzung, nicht überspannt werden dürfen (vgl. BVerfG, Beschluss der 1. Kammer des Zweiten Senats vom 24.9.2002 – 2 BvR 857/02 -, www.bverfg .de , Rn. 11; entsprechend zum Anordnungsgrund BVerfGE 93, 1 <15>; BVerfG, Beschluss

1691 BVerfG 1.8.2017 – 1 BvR 1910/12, juris Rn. 14 ff.
1692 BVerfG 26.6.2018 – 1 BvR 1 BvR 733/18, juris Rn. 4 f.

der 1. Kammer des Ersten Senats vom 12.9.2016 – 1 BvR 1630/16 -, www.bverfg .de , Rn. 9). Die Entscheidungen dürfen sowohl auf eine Folgenabwägung wie auch auf eine summarische Prüfung der Erfolgsaussichten in der Hauptsache gestützt werden, erforderlichenfalls unter eingehender tatsächlicher und rechtlicher Prüfung des im Hauptsacheverfahren geltend gemachten Anspruchs. Hierbei ist dem Gewicht der in Frage stehenden und gegebenenfalls miteinander abzuwägenden Grundrechte Rechnung zu tragen, um eine etwaige Verletzung von Grundrechten nach Möglichkeit zu verhindern ... Je gewichtiger die drohende Grundrechtsverletzung und je höher ihre Eintrittswahrscheinlichkeit ist, desto intensiver hat die tatsächliche und rechtliche Durchdringung der Sache bereits im Verfahren des vorläufigen Rechtsschutzes zu erfolgen ... Ist eine der drohenden Grundrechtsverletzung entsprechende Klärung der Sach- und Rechtslage im Eilverfahren nicht möglich – etwa weil es dafür weiterer, in der Kürze der zur Verfügung stehenden Zeit nicht zu verwirklichender tatsächlicher Aufklärungsmaßnahmen bedürfte –, ist es von Verfassungs wegen nicht zu beanstanden, wenn die Entscheidung über die Gewährung vorläufigen Rechtsschutzes dann auf der Grundlage einer Folgenabwägung erfolgt. ... Dem Beschwerdeführer droht eine offensichtlich über Randbereiche hinausgehende Verletzung in eigenen Rechten. Er hat durch Vorlage von Kontoauszügen nachgewiesen, dass er sein **Assistenzmodell mit** dem derzeit gewährten **Persönlichen Budget** von monatlich 7.221 EUR bei nachgewiesenen monatlichen Ausgaben in Höhe von durchschnittlich 11.003,90 EUR für seine Assistenzkräfte zuzüglich der Kosten für das Case-Management in Höhe von monatlich 1.800 EUR nur noch ungefähr drei Monate aufrechterhalten kann. Dass das sozialgerichtliche Hauptsacheverfahren innerhalb von drei Monaten beendet sein wird, ist unwahrscheinlich, zumal selbst das den Bewilligungszeitraum Juli 2014 bis Juli 2015 betreffende und damit wesentlich ältere Hauptsacheverfahren ... noch vor dem Sozialgericht ... anhängig ist. Damit ist absehbar, dass der Beschwerdeführer seine derzeit organisierte Betreuung nicht bis zum Abschluss des sozialgerichtlichen Hauptsacheverfahrens fortsetzen können wird."[1693]

- vom 20.5.2020: „Soweit der Antragsteller geltend macht, dass ihm der auch nur vorübergehende **Einsatz seines Schonvermögens** jedenfalls deshalb nicht zugemutet werden könne, da er unstreitig sozialhilfeberechtigt sei und deshalb auch eine etwaige zu Recht bestehende Deckungslücke in Folge der Leistungskürzung der Krankenkasse jedenfalls vom Träger der Sozialhilfe zu schließen sei, vermag dies einen möglichen Verfassungsverstoß nicht hinreichend plausibel aufzuzeigen. Wird im Verfahren des einstweiligen Rechtsschutzes eine Anordnung nach § 86b Abs. 2 Satz 2 SGG beantragt, haben die Gerichte zu prüfen, ob dem Antragsteller ein Abwarten der Entscheidung in der Hauptsache zuzumuten ist oder ob eine vorläufige Regelung zur Abwendung wesentlicher Nachteile im Einzelfall notwendig ist. Bei dieser Prüfung ist zu berücksichtigen, ob der Antragsteller die Zeit bis zu einer Entscheidung in der Hauptsache mit eigenen Mitteln oder mit zumutbarer Hilfe Dritter überbrücken kann. ... Hierbei ist auch Vermögen eines Antragstellers zu berücksichtigen, bei dem es sich um Schonvermögen im Sinne von § 12 Abs. 2 und Abs. 3 SGB II sowie § 90 Abs. 2 SGB XII handelt und welches deshalb bei der Frage, ob der Antragsteller einen Anspruch auf ihm endgültig verbleibende Leistungen nach dem SGB XII hat, außer Betracht bleibt. ... Soweit der Antragsteller dies als verfassungswidrig ansieht, weil aufgrund seiner Sozialhilfebedürftigkeit eine etwaige zu Recht bestehende Deckungslücke in Folge der Leistungskürzung der Krankenkasse jedenfalls vom Träger der Sozialhilfe zu schließen sei, ist zwar der Verweis des Antragstellers auf die in diesem Fall bestehende Eintrittspflicht des Trägers der Sozialhilfe zutreffend. Denn nach § 61 Satz 1 SGB XII haben Personen, die im Sinne des § 61a 651

1693 BVerfG 14.3.2019 – 1 BvR 169/19, juris Rn. 14 ff.

SGB XII pflegebedürftig sind, Anspruch auf Hilfe zur Pflege, soweit ihnen und ihren nicht getrennt lebenden Ehegatten oder Lebenspartnern nicht zuzumuten ist, die hierfür erforderlichen Mittel aus dem Einkommen und Vermögen nach Maßgabe der §§ 82 ff. SGB XII aufzubringen. Sofern gleichartige Leistungen nicht im Rahmen der Behandlungspflege nach § 37 Abs. 2 SGB V von der Krankenkasse zu erbringen sind, steht der Eintrittspflicht des Trägers der Sozialhilfe auch der in § 63b Abs. 1 SGB XII verankerte allgemeine Nachranggrundsatz nicht entgegen. Jedoch berücksichtigt der Antragsteller nicht, dass es im Rahmen des einstweiligen Rechtsschutzes nur um die Zumutbarkeit einer vorübergehenden Inanspruchnahme eigener Mittel geht und nicht, wie bei der Prüfung der materiellen Leistungsberechtigung, darum, ob der Antragsteller eigene Mittel dauerhaft für die Deckung seines Bedarfs einsetzen muss. ... Eine abschließende Prüfung der Sach- und Rechtslage im Verfahren des einstweiligen Rechtsschutzes ist zur Gewährleistung effektiven Rechtsschutzes nur dann erforderlich, wenn die Gerichte sich an den Erfolgsaussichten der Hauptsache orientieren wollen und wenn ohne die Gewährung vorläufigen Rechtsschutzes schwere und unzumutbare, anders nicht abwendbare Beeinträchtigungen entstehen können, die durch eine spätere Entscheidung im Hauptsacheverfahren nicht mehr zu beseitigen wären. ... Hieran fehlt es vorliegend. So wurde der Antrag des Antragstellers auf Erlass einer einstweiligen Anordnung nicht wegen fehlender Erfolgsaussichten der Hauptsache, sondern wegen fehlender Eilbedürftigkeit abgewiesen. Ferner ist nicht ersichtlich, dass dem Antragsteller durch die Versagung vorläufigen Rechtsschutzes schwere und unzumutbare Beeinträchtigungen entstehen, die durch das Hauptsacheverfahren nicht mehr beseitigt werden können. Denn der Antragsteller hat ausreichende, unmittelbar zur Verfügung stehende finanzielle Mittel um sicherzustellen, dass die von ihm benötigten Pflegeleistungen auch weiterhin in dem erforderlichen Umfang erbracht werden. Auch ist – wie bereits dargelegt – weder vorgetragen noch sonst ersichtlich, dass der Antragsteller diese Mittel aktuell für andere Zwecke benötigt. Der mit der vorübergehenden Verauslagung dieser Mittel verbundene Nachteil kann damit durch eine spätere Leistungsgewährung für den entsprechenden Zeitraum ausgeglichen werden."[1694]

652 ▪ vom 4.6.2020: „Die Gewährung effektiven Rechtsschutzes verlangt grundsätzlich die Möglichkeit eines Eilverfahrens, wenn ansonsten dem Betroffenen eine erhebliche, über Randbereiche hinausgehende Verletzung in seinen Rechten droht, die durch die Entscheidung in der Hauptsache nicht mehr beseitigt werden kann (vgl. BVerfGE 79, 69 <74>; 93, 1 <13 f.>; 126, 1 <27>). Hierbei ist anerkannt, dass Entscheidungen im fachgerichtlichen Eilverfahren sowohl auf eine Folgenabwägung als auch auf eine summarische Prüfung der Erfolgsaussichten in der Hauptsache gestützt werden können (vgl. BVerfGE 126, 1 <28>; BVerfGK 5, 237 <242>; 20, 196 <197>). Die **Folgenabwägung steht unter der Bedingung, dass eine der drohenden Grundrechtsverletzung entsprechende Klärung der Sach- und Rechtslage im Eilverfahren nicht möglich ist** (BVerfGK 5, 237 <242>). Die Kürze der zur Verfügung stehenden Zeit ist hierfür der klassische Fall (BVerfGK 20, 196 <197>)."[1695]

653 ▪ vom 9.6.2020: „Die Beschwerdeführerin hat zudem keine Verpflichtung der Fachgerichte aufgezeigt, eine Regelungsanordnung für die gesamte (voraussichtliche) Dauer des anhängigen Hauptsacheverfahrens beziehungsweise über den gesamten Streitgegenstand von 50 ambulanten Therapieeinheiten zu treffen. Ein solcher Grundsatz kann aus Art. 19 Abs. 4 GG auch nicht abgeleitet werden, weil Regelungsanordnungen im einstweiligen Rechtsschutzverfahren nur der Schaffung solcher vollendeter Tatsachen zuvorkommen sollen, die dann,

1694 BVerfG 20.5.2020 – 1 BvR 2289/19, juris Rn. 6 ff.
1695 BVerfG 4.6.2020 – 1 BvR 2846/16, juris Rn. 10.

wenn sich eine Maßnahme bei endgültiger richterlicher Prüfung als rechtswidrig erweist, nicht mehr rückgängig gemacht werden können (vgl. BVerfGE 37, 150 <153>; 65, 1 <70>). **Welche einstweilige Regelung** zur Erreichung dieses Zwecks **notwendig ist, kann nur im Einzelfall bestimmt werden** (vgl. § 86b Abs. 2 Satz 4 SGG iVm § 938 Zivilprozessordnung); es handelt sich in der Regel um eine vorläufige Regelung, die sich auf einen begrenzten Zeitraum bezieht, nach dem die Sachlage erneut zu bewerten ist."[1696]

- Vom 1.10.2020: „Auch wenn **irreparable Grundrechtsverletzungen von erheblichem Ge-** 654 **wicht drohen**, ist das Gericht indessen nicht von vornherein daran gehindert, auch zu solchen Rechtsfragen eine „abschließende" rechtliche Prüfung vorzunehmen, die schwierig und ungeklärt sind oder die im entscheidungserheblichen Zeitpunkt als hoch streitig eingestuft werden müssen. Das Gericht hat in solchen Fällen allerdings in den Blick zu nehmen, dass sich eine solche Prüfung im Eilverfahren auf die Möglichkeiten des Rechtsschutzsuchenden auswirkt, die Entscheidungsfindung im Hauptsacheverfahren und im Rahmen prozessrechtlich vorgesehener Rechtsmittelverfahren zu beeinflussen (vgl. BVerfG, Beschluss der 1. Kammer des Zweiten Senats vom 20.11.2018 – 2 BvR 80/18 -, Rn. 8; Beschluss der 1. Kammer des Zweiten Senats vom 1.8.2019 – 2 BvR 1556/17 -, Rn. 11). Daraus ergeben sich **Anforderungen an die Begründungstiefe.** Insbesondere kann eine „abschließende" Prüfung eine – zumindest knappe – Auseinandersetzung mit dem Meinungsstand erfordern (vgl. BVerfG, Beschluss der 1. Kammer des Zweiten Senats vom 20.11.2018 – 2 BvR 80/18 -, Rn. 11; Beschluss der 1. Kammer des Zweiten Senats vom 1.8.2019 – 2 BvR 1556/17 -, Rn. 14). Nach diesen Maßstäben verletzt der angegriffene Beschluss Art. 19 Abs. 4 Satz 1 GG. Vorliegend ist der Anspruch auf Gewährung eines menschenwürdigen Existenzminimums aus Art. 1 in Verbindung mit Art. 20 Abs. 1 GG betroffen, dessen Beeinträchtigung auch nachträglich bei einem erfolgreichen Abschluss des – möglicherweise noch längere Zeit in Anspruch nehmenden – Hauptsacheverfahrens nicht mehr ausgeglichen werden kann, weil der elementare Lebensbedarf eines Menschen grundsätzlich nur in dem Augenblick befriedigt werden kann, in dem er besteht (vgl. BVerfGE 125, 175 <225>). Angesichts des Gewichts einer solchen Grundrechtsbeeinträchtigung hätte das Landessozialgericht nur dann auf die Erfolgsaussichten in der Hauptsache abstellen dürfen, wenn es die Sach- und Rechtslage abschließend geprüft hätte. Das ist nicht der Fall."[1697]

- Vom 1.10.2020: „Die Beschreitung des Rechtswegs in der Hauptsache ist hier nicht unzumut- 655 bar. Es ist nicht ersichtlich, dass der Beschwerdeführerin bei Abwarten der Entscheidung im Hauptsacheverfahren ein schwerer und unabwendbarer Nachteil im Sinne von § 90 Abs. 2 BVerfGG drohte. Tatsächlich ist zwar eine schnelle Entscheidung zur Sicherung des verfassungsrechtlich garantierten Existenzminimums regelmäßig geboten. Doch **genügt allein der Umstand, dass Grundleistungen der sozialen Sicherung betroffen sind, nicht, um einen unabwendbaren Nachteil im verfassungsprozessrechtlichen Sinn darzulegen.** Vielmehr müssen durch eine spätere Entscheidung nicht mehr korrigierbare, irreparable Schäden drohen (vgl. BVerfG, Beschluss der 2. Kammer des Ersten Senats vom 19.9.2017 – 1 BvR 1719/17 -, Rn. 8). Insofern genügt es nicht, allgemein auf die voraussichtliche Dauer eines Hauptsacheverfahrens und auf die generell berechnete Höhe existenzsichernder Leistungen zu verweisen. Der konkret für die Beschwerdeführerin unabwendbare und irreparable Nachteil, der eine Entscheidung des Bundesverfassungsgerichts rechtfertigen kann, bevor die Fachgerichte endgültig entschieden haben, ist damit nicht erkennbar. ... So dürfen die Anforderungen an die Glaubhaftmachung eines Anordnungsgrundes nicht überspannt werden (vgl. BVerfGE 93, 1 <15>; BVerfG,

1696 BVerfG 9.6.2020 – 1 BvR 1182/20, juris Rn. 4.
1697 BVerfG 8.7.2020 – 1 BvR 932/20 sowie 1 BvR 1094/20, jeweils juris Rn. 12 f.

Beschluss der 1. Kammer des Ersten Senats vom 12.9.2016 – 1 BvR 1630/16 -, Rn. 9). Die Beurteilung darf nicht schematisch erfolgen, denn das Gericht soll eine Einzelfallentscheidung treffen (zu § 86b Abs. 2 Satz 2 SGG BT-Drucks 14/5943, S. 25). Erforderlich ist eine wertende Betrachtung, ob im konkreten Einzelfall ein wesentlicher Nachteil vorliegt, der die Anordnung rechtfertigen kann (vgl. BVerfG, Beschluss der 2. Kammer des Ersten Senats vom 1.8.2017 – 1 BvR 1910/12, Rn. 12 ff., 15 f.). Hier ist nicht hinreichend dargelegt, warum das Sozialgericht nicht darauf abstellen durfte, dass ein Anordnungsgrund zur Auszahlung höherer Leistungen fehlte. Zwar kann im Fall des Eilantrags auf existenzsichernde Leistungen, die der Gesetzgeber als Pauschalbetrag berechnet, nicht verlangt werden, im Einzelnen darzulegen, welche Bedarfe in welchem Umfang nicht gedeckt sind. Doch muss nachvollziehbar sein, dass aufgrund der konkret-individuellen Lebensumstände wesentliche Nachteile eintreten, wenn keine Eilentscheidung ergeht.“[1698]

1698 BVerfG 1.10.2020 – 1 BvR 1106/20, juris Rn. 14 ff.; s. dazu auch BVerfG 19.9.2017 – 1 BvR 1719/17.

Stichwortverzeichnis

Die Zahlen beziehen sich auf die Randnummern.

Kolibri 360 GmbH
Ferdinand-Jühlke-Straße 7
99095 Erfurt, Deutschland
produktsicherheit@kolibri360.de